CUIDADO E O DIREITO DE SER

RESPEITO E COMPROMISSO

coordenação
Tânia da Silva Pereira
Guilherme de Oliveira
Antônio Carlos Mathias Coltro

CUIDADO E O DIREITO DE SER

RESPEITO E COMPROMISSO

GZ
EDITORA

RIO DE JANEIRO
2018

1ª edição – 2018

CIP – BRASIL. CATALOGAÇÃO-NA-FONTE.
SINDICATO NACIONAL DOS EDITORES DE LIVROS, RJ.

C973

Cuidado e o direito de ser: respeito e compromisso / coordenação Tânia da Silva Pereira, Guilherme de Oliveira, Antônio Carlos Mathias Coltro. – 1. ed. – Rio de Janeiro: LMJ Mundo Jurídico, 2018.
546 p.; 25 cm.

Inclui índice
ISBN 978-85-9524-027-8

1. Direitos humanos. 2. Direitos fundamentais. I. Pereira, Tânia da Silva. II. Oliveira, Guilherme de. III. Coltro, Antônio Carlos Mathias.

17-44872

CDU: 342.7

contato@editoragz.com.br
www.editoragz.com.br

Av. Erasmo Braga, 299 – sala 202 – 2º andar – Centro
CEP: 20020-000 – Rio de Janeiro – RJ
Tels.: (0XX21) 2240-1406 / 2240-1416 – Fax: (0XX21) 2240-1511

Impresso no Brasil
Printed in Brazil

PREFÁCIO

O que se opõe ao descuido e ao descaso é o cuidado. Cuidar é mais que um ato; é uma atitude. Portanto, abrange mais que um momento de atenção. Representa uma atitude de ocupação, preocupação, de responsabilização e de envolvimento afetivo com o outro.

Leonardo Boff

Na esteira do que se vem desenvolvendo desde 2005, em parceria com o professor Guilherme de Oliveira, apresenta-se a presente obra como a continuidade de um estudo diversificado e interdisciplinar sobre o *Cuidado*, analisado sob a ótica jurídica e também humanista.

O cuidado, induvidosamente e cada vez mais, se apresenta como um *valor jurídico* inserido no próprio conceito constitucional da dignidade da pessoa humana, segundo o amplo espectro e o relevo que possui. As pesquisas relativas ao Cuidado acompanharam efetivamente sua vinculação à vulnerabilidade, à responsabilidade, à sustentabilidade e à afetividade.

Dando prosseguimento aos estudos, foi proposto um novo eixo norteador - o ***Cuidado e o direito de ser***, tendo como personagem central o *ser humano*, com suas fragilidades e conquistas, e buscando no ***respeito*** e no ***compromisso*** o objetivo maior das pesquisas.

Cuidado, respeito e *compromisso* são valores essenciais, considerado o ser humano como sujeito da sua história. O *direito ao respeito*, previsto em diversas disposições do ordenamento jurídico brasileiro, traduz, em última análise, a garantia do direito do outro de *ser*, encontrando sua instrumentalização na responsabilidade que cada indivíduo possui em sua relação com o outro.

Esse compromisso com a alteridade revela-se nos mais diversos campos, sendo a construção de uma sociedade livre, justa e solidária o primeiro objetivo fundamental apontado pela Constituição Federal de 1988 (art. 3º, I). O exercício da autonomia do ser humano encontra seu alicerce e seu limite no respeito e na responsabilidade perante os demais, que se revelam como condições para o livre desenvolvimento personalidade.

Consolidou-se no direito brasileiro e na doutrina internacional vasta bibliografia relativa ao tema, merecendo especiais referências Martin Heidegger, por sua efetiva liderança sobre o tema com a obra *Ser e Tempo* ao identificar no cuidado a essência do ser humano. Cite-se, também, entre outros, Mayeroff, Nodding, Griffin, Roach, Watson, Leininger. Mais recentemente, cabe menção especial a obra de Maria Teresa Martín Palomo intitulada *Cuidado, vulnerabilidade e interdependências: Nuevos retos políticos*, publicada na Espanha e premiada em 2014.[1] Entre nós se destacam Vera

---

1 PALOMO, Maria Teresa Martín. Centro de Estudios Políticos y Constitucionales,

Regina Waldow e especialmente Leonardo Boff, ao introduzir, de forma singela, o pensamento de Heiddeger, o que muito ajudou na intercessão entre o cuidado e a justiça na dimensão ética concernente ao tema.[2]

Nesta nova obra, os autores procuraram priorizar temas atinentes ao exercício da autodeterminação humana, como reflexo do seu direito de ser, abordando questões relativas à relação médico-paciente, ao direito de ser (ou não ser) pai ou mãe, ao direito de ser educado e de ser respeitado. Sob a ótica do *cuidado*, resultaram ainda diversos temas sensíveis, como vida, morte, relações familiares, adoção, memória e esquecimento, dentre outros.

Diante do reconhecimento da vulnerabilidade do humano e da necessidade de se garantir condições para a defesa de sua autonomia, sempre sob a ótica da responsabilidade, nota-se a firme e necessária presença do cuidado, que se fortalece nos mais variados setores da vida.

Agradecemos à nossa companheira Livia Teixeira Leal que, além de nos presentear com um primoroso texto, nos proporcionou um efetivo auxílio na uniformização e revisão dos textos, cuidando para que a nossa obra reflita o compromisso e o respeito de todos nós.

Tânia da Silva Pereira[3]
Antônio Carlos Mathias Coltro[4]

Madrid, 2016. Prêmio "Juan José Linz", 2014. Para a autora, a noção de cuidado envolve diferentes níveis: individual, relacional, coletivo e institucional. Reportando-se a Claude Martin, a autora se refere a uma dimensão pública do cuidado ao afirmar que "o cuidado *se parece a la vez a un deseo y a uma responsabilidade, toma las formas de prácticas remuneradas o no, puede ser dispensado de forma informa e forma*". Acrescenta ainda: "*Com dicha palavra también se nombran uma serie de atividades desarrolladas em el âmbito doméstico, de lo higiénico a lo social, e ayuda a pesonas que carecen de, o tienen uma autonomia insuficiente, es decir, todo lo que assegura el cuidado de la vida*".

2 BOFF, Leonardo. "Justiça e Cuidado: Opostos ou Complementares". In: *O Cuidado como valor jurídico* (coord. Tânia da Silva Pereira e Guilherme de Oliveira). Rio de Janeiro: Forense, 2008, p. 11. O autor aponta que "*Justiça e cuidado são as pilastras sobre as quais se sustenta a morada humana (ethos em grego) e que produzem a possível felicidade e o suficiente bem-estar para todos*".

3 Advogada especializada em Direito de Família, Sucessões, Infância e Juventude. Autora de obras e textos nessas especialidades. Mestre em Direito Privado pela UFRJ, com equivalência em Mestrado em Ciências Civilísticas pela Universidade de Coimbra (Portugal). Professora de Direito aposentada da PUC-Rio e da UERJ. Membro do IBDFAM.

4 Desembargador do TJSP. Mestre em Direito das Relações Sociais (PUC-SP). Diretor-Presidente do Instituto Brasileiro de Direito Constitucional. Membro Efetivo da Academia Paulista de Direito e da Academia Paulista de Magistrados. Ex-Regente de Ensino na PUC-SP (1990/2005).

APRESENTAÇÃO

Nesta obra, os autores contribuíram com reflexões sobre temas variados que se agregam sob a ótica do *respeito pela pessoa* e do *compromisso com o outro*.

O *respeito pela pessoa* quer sublinhar o crescente valor da pessoa humana, do sujeito de direitos, no quadro de um Direito tradicionalmente patrimonial. Felizmente, pode registarse um movimento importante de ampliação dos direitos fundamentais, que ocuparam áreas novas e têm influenciado a legislação ordinária, quer através da produção de normas novas quer através da interpretação atualizada das normas antigas.

O respeito pela pessoa é também a valorização da pessoa humana *concreta* – na sua diversidade e capacidade de transformação, ou na sua vulnerabilidade; é o reconhecimento de um "direito ao desenvolvimento da personalidade" e a proteção das aspirações concretas do indivíduo, com os limites mínimos que o respeito de outrem impuser.

Mas os progressos que se verificaram não bastam. A verdade é que a pessoa se tem encontrado cada vez mais desprotegida perante as crises económicas, mais esquecida pelos poderes públicos, mais sacrificada pelas desigualdades que persistem. Por outro lado, a Família mudou, e embora a relação-a-dois continue a ser a grande ambição afetiva, o grupo familiar perdeu a velha capacidade protetora. E, por fim, o individualismo poderoso desvalorizou as comunidades intermédias – bairros, paróquias, associações – que enquadravam os indivíduos e constituíam os territórios onde se cultivava uma espécie de "ecologia da Família" (Mary-Ann Glendon).

O *compromisso com o outro*, por sua vez, quer sublinhar o significado etimológico esquecido da solidariedade: o sentimento de viver *in solidum*, em um mundo só – inteiro, indivisível – onde todos são responsáveis por todos, e onde o bem-estar de todos depende do bem-estar de cada um.

Os artigos reunidos nesta obra dedicam-se ao Cuidado com o outro – à descoberta e à revelação de uma forma de responsabilidade cívica total – que é inerente à pessoa e, portanto, inalienável.

Este livro mostra, afinal, que *sempre resta o Direito*.

Mas também este, apesar da sua autoridade moral e da sua força orientadora, tem de estugar o passo atrás das mudanças sociais, se quer desempenhar o seu papel. Um Direito conformado enferruja-se, e deixa de ser competente.

Como exemplo, cito as dificuldades que surgiram na aplicação das leis de segurança quando aplicadas a cidadãos com deficiência mental, que levaram ao encarceramento repetido de muitos indivíduos que precisariam, na verdade, de cuidados de saúde – cfr. o *Relatório do Criminal Justice / Mental Health Consensus Project*, de 2002.[1]

---

1 Council of State Governments. *Criminal Justice / Mental Health. Consensus Project*. New York, June 2002. Disponível em: <https://csgjusticecenter.org/wp-content/uploads/2013/03/consensus-project-full-report.pdf>.

Como exemplo, refiro também a constatação de que as autoridades de segurança pública e o sistema de justiça – apesar de as leis serem adequadas – não sabem interagir com as crianças. Daí os esforços envidados pelo Conselho da Europa, sumariados nas *Diretrizes do Comité de Ministros do Conselho da Europa sobre a justiça adaptada às crianças*, de 2010.[2]

Isto é: ainda que as normas existam, os operadores do Direito nem sempre conhecem os instrumentos adequados para uma aplicação efetiva da justiça que as pessoas reclamam.

Cada trabalho apresentado neste livro ajuda a iluminar o tema a que se dedica, para que se possa fazer um juízo mais informado e mais atual do Direito que existe, no sentido de se obter uma regulação mais fina que contribua para a felicidade das pessoas.

Sim, o património, o investimento, a moeda e as trocas são essenciais; *primum vivere*..., claro. Mas os valores imateriais não são menos importantes, porque nem tudo se pode resumir ao corpo e à fisiologia...

O Direito está aí também para cuidar da alma, e os esforços sistemáticos dos colegas brasileiros nesta direção já tiveram o mérito de instalar a noção de *Cuidado* nos sistemas jurídicos.

Guilherme de Oliveira[3]

2 Conselho da Europa. *Diretrizes do Comité de Ministros do Conselho da Europa sobre a justiça adaptada às crianças*. Council of Europe Publishing, 2013. Disponível em: <https://rm.coe.int/16806a45f2>.

3 Professor jubilado da Faculdade de Direito da Universidade de Coimbra. www.guilhermedeoliveira.pt.

SOBRE OS AUTORES

Alexandre Morais da Rosa
Doutor em Direito (UFPR). Professor da UFSC e UNIVALI. Juiz de Direito (TJSC).

Álvaro Villaça Azevedo
Doutor em Direito. Professor Titular de Direito Civil. Regente de Pós-Graduação e ex-Diretor da Faculdade de Direito da Universidade de São Paulo – USP. Professor Titular de Direito Romano, de Direito Civil e ex-Diretor da Faculdade de Direito da Universidade Presbiteriana Mackenzie, em São Paulo. Professor Titular de Direito Romano e ex-Diretor da Faculdade de Direito da Fundação Armando Alvares Penteado – FAAP, em São Paulo. Advogado e ex-Conselheiro Federal e Estadual da Ordem dos Advogados do Brasil. Parecerista e Consultor Jurídico.

Ana Carolina Brochado Teixeira
Doutora em Direito pela UERJ. Mestre em Direito Privado pela PUC Minas. Professora no curso de graduação do Centro Universitário UNA. Pesquisadora do Centro de Estudos em Biodireito - CEBID.

Ana Maria Iencarelli
Psicanalista de Criança e Adolescente. Agente de Cidadania. C.E.O. da ONGuardians, Proteção da Maternidade, Infância e Juventude. Autora do livro "Abuso Sexual, uma tatuagem na alma de meninos e meninas".

Ana Sofia Carvalho
Doutoranda em Direito Público pela Universidade Nova de Lisboa. Mestre em Direito Tributário e Fiscal pela Universidade do Minho. Licenciada em Direito pela Universidade do Porto. Investigadora do Centro de Investigação Jurídico-Económica, Universidade do Porto e do Centro de I&D sobre Direito e Sociedade, Universidade Nova de Lisboa.

Antônio Carlos Mathias Coltro
Desembargador TJSP. Presidente do IBDC. Mestre em Direito (PUC-SP). Membro Efetivo da Academia Paulista de Direito e Paulista de Magistrados. Vice-Presidente do Tribunal de Alçada Criminal (2005/2006). Presidente do TRE-SP (2014/2015).

Atahualpa Fernandez
Membro do Ministério Público da União/MPU/MPT/Brasil (Fiscal/Public Prosecutor); Doutor (Ph.D.) Filosofía Jurídica, Moral y Política/ Universidad de Barcelona/ España; Postdoctorado (Postdoctoral research) Teoría Social, Ética y Economia/ Universitat Pompeu Fabra/Barcelona/España; Mestre (LL.M.) Ciências Jurídico-civilísticas/Universidade de Coimbra/Portugal; Postdoctorado (Postdoctoral research)/Center for Evolutionary Psychology da University of California/Santa Barbara/

USA; Postdoctorado (Postdoctoral research)/ Faculty of Law/CAU- Christian-Albrechts-Universität zu Kiel/Schleswig-Holstein/Deutschland; Postdoctorado (Postdoctoral research) Neurociencia Cognitiva/ Universitat de les Illes Balears-UIB/ España; Especialista Direito Público/UFPa./Brasil; Profesor Colaborador Honorífico (Associate Professor) e Investigador da Universitat de les Illes Balears, Cognición y Evolución Humana / Laboratório de Sistemática Humana/ Evocog. Grupo de Cognición y Evolución humana/Unidad Asociada al IFISC (CSIC-UIB)/Instituto de Física Interdisciplinar y Sistemas Complejos/UIB/España; Independent Investigator and Theoretician.

Bruna de Cássia Ferreira Gomes
Bacharel em Comunicação Social e bacharelanda em Direito pela Newton Paiva.

Carla Carvalho
Doutora, Mestre e Bacharel em Direito pela UFMG. Professora universitária. Advogada.

Carlos Jesus Gil
Geógrafo. Investigador colaborador no Instituto de Psicologia Cognitiva e Desenvolvimento Humano e Social (FCT-UC)/Portugal. Colaborador e membro dos corpos sociais da Plataforma PAJE – Apoio a Jovens (EX) acolhidos. Autor publicado em diversas antologias da lusofonia.

Christine Santini
Desembargadora no Tribunal de Justiça do Estado de São Paulo, integrante da 1ª Câmara de Direito Privado. Faculdade de Direito da Universidade de São Paulo (graduação). Universidade de Seijo, Tóquio, Japão (pesquisa).

Diogo Luna Moureira
Doutor e Mestre em Direito Privado pela PUC Minas. Professor dos cursos de graduação da Fundação Comunitária de Ensino Superior de Itabira (FUNCESI) e da Universidade do Estado de Minas Gerais (UEMG). Pesquisador do Centro de Estudos em Biodireito – CEBID.

Fernanda E. Nöthen Becker
Mestranda em Direito (UFSC). Analista jurídico (TJSC).

Guilherme Calmon Nogueira da Gama
Mestre e Doutor em Direito Civil pela UERJ. Professor Titular de Direito Civil da UERJ e Professor Permanente do PPGD da UNESA (RJ). Pesquisador. Desembargador do Tribunal Regional Federal da 2ª Região (RJ-ES). Membro da Academia Brasileira de Direito Civil e do IBDFAM.

Heloisa Helena Barboza
Professora Titular de Direito Civil da Faculdade de Direito da Universidade do Estado do Rio de Janeiro (UERJ). Doutora em Direito pela UERJ e em Ciências pela ENSP/FIOCRUZ. Procuradora de Justiça do Estado do Rio de Janeiro (aposentada). Advogada.

João Pedro Gaspar
Doutor (PhD) Psicologia da Educação/Universidade de Coimbra/Portugal. Mestre (Sc.M.) Geociências /Universidade de Coimbra/Portugal. Investigador Instituto de Psicologia Cognitiva e Desenvolvimento Humano e Social (FCT-UC)/Portugal; Centro de Estudos Interdisciplinares do Século XX (FCT-UC); Laboratório Interdisciplinar de Pesquisa e Intervenção Social (PUC/RJ – Brasil); Centro do Direito da Família (UC – Portugal). Supervisor de equipas técnicas e educativas. Mentor e coordenador da Plataforma PAJE – Apoio a Jovens (Ex)acolhidos.

Jorge Gracia
Doutor em Sociologia Jurídica e Instituições Políticas (PhD) e licenciado em Direito pela Universidad de Zaragoza (Espanha). Professor Visitante equiparado a Professor Auxiliar da Escola de Criminologia, Faculdade de Direito da Universidade do Porto (FDUP) (Portugal). Investigador do Laboratorio de Sociología Jurídica, Universidad de Zaragoza (Espanha).

José Manoel de Arruda Alvim Netto
Doutor e Livre-docente. Advogado em São Paulo, Brasília, Rio de Janeiro e Porto Alegre. Professor Titular da Pós-graduação stricto sensu (Mestrado e Doutorado) da Pontifícia Universidade Católica de São Paulo - PUC-SP.

Kátia Regina Ferreira Lobo Andrade Maciel
Titular da 2ª Procuradoria de Justiça da Infância e da Juventude do Ministério Público do Estado do Rio de Janeiro. Mestre em Direitos Fundamentais e Novos Direitos pela UNESA. Professora do Curso de Pós-graduação de Direito da Infância e Juventude do Instituto de Educação e Pesquisa do Ministério Público do Rio de Janeiro. Professora do Curso de Pós-graduação de Direito das Famílias e das Sucessões da Pontifícia Universidade Católica do Rio de Janeiro (PUC-RJ). Vice-presidente da Comissão da Infância e Juventude do Instituto Brasileiro de Direito de Família no biênio 2016-2017.

Livia Teixeira Leal
Mestranda pela Universidade do Estado do Rio de Janeiro – UERJ. Pós-Graduada pela Escola da Magistratura do Estado do Rio de Janeiro – EMERJ. Membro do Conselho Assessor da Revista Brasileira de Direito Civil – RBDCivil. Advogada.

Lauro Luiz Gomes Ribeiro
Promotor de Justiça em São Paulo. Especialista pela Escola Superior do MP/SP, Mestre e Doutor em Direito pela PUC/SP. Professor Universitário.

Luciana Dadalto
Doutora em Ciências da Saúde pela Faculdade de Medicina da UFMG. Mestre em Direito Privado pela PUC Minas. Administradora do portal www.testamentovital.com.br.

Marcelo Santoro Pires de Carvalho Almeida
Doutorando em direitos fundamentais pela Unesa. Mestre em Direito pela Unesa. Professor no curso de graduação da Faculdade Presbiteriana Mackenzie Rio.

Professor do Curso de Especialização em Direito de Família e das Sucessões na PUC-RJ. Professor dos cursos de extensão em Direito de Família e das Sucessões da Escola de Magistratura do Rio de Janeiro. Membro da Comissão de Direito de Família da OAB/RJ. Vice-presidente da Comissão de Direito de Família e das Sucessões do IAB.

Márcia Lopes de Carvalho
Psicóloga pela UNISAL-SP. Doutora em Psicologia Social na Universidade John F. Kennedy - Buenos Aires – Capital Federal da Argentina. Especialista em Direito Especial da Criança e do Adolescente – UERJ. Psicopedagoga pela UNIFOA – Volta Redonda/RJ. Terapeuta de Família. Especialista em Família Substituta – Núcleo Pesquisa – Rio de Janeiro. Psicanalista pela Letra Freudiana – Rio de Janeiro.

Maria Berenice Dias
Vice-Presidente Nacional do Instituto Brasileiro de Direito de Família – IBDFAM. Advogada especializada em Direito Homoafetivo, Direito das Famílias e Sucessões. Presidente da Comissão Especial da Diversidade Sexual e Gênero do Conselho Federal da OAB. Membro do Conselho de Desenvolvimento Econômico e Social da Presidência da República. Pós-graduada em Processo Civil pela Pontifícia Universidade Católica do Rio Grande do Sul. Mestra em Processo Civil pela Pontifícia Universidade Católica do Rio Grande do Sul. Desembargadora Aposentada do Tribunal de Justiça do Rio Grande do Sul.

Maria de Fátima Freire de Sá
Doutora em Direito pela UFMG. Mestre em Direito pela PUC Minas. Professora nos cursos de graduação e pós-graduação (mestrado e doutorado) em Direito da PUC Minas. Pesquisadora do Centro de Estudos em Biodireito - CEBID.

Marianna Chaves
Secretária de Relações Internacionais do Instituto Brasileiro de Direito de Família – IBDFAM. Doutoranda em Direito Civil pela Universidade de Coimbra em regime de cotutela com a Universidade de São Paulo. Mestra em Ciências Jurídicas pela Universidade de Lisboa. Pesquisadora do Centro de Investigação em Teoria e História do Direito da Universidade de Lisboa (THD-ULisboa). Pós-Graduada em Consentimento Informado pelo Centro de Direito Biomédico/Universidade de Coimbra. Pós-Graduada em Direito da Bioética e da Medicina pela APDI e Universidade de Lisboa. Pós-Graduada em Direito e Medicina da Reprodução pelo Centro de Direito Biomédico/Universidade de Coimbra. Membro da International Society of Family Law, da World Association for Medical Law e da American BAR Association, onde faz parte das Comissões de Direito das Famílias e Técnicas de Reprodução Assistida. Advogada e Consultora Jurídica nas áreas de Direito das Famílias, Direito da Medicina e Bioética.

Marília Campos Oliveira e Telles
Advogada. Mediadora de família e Advogada Colaborativa. Formada em Artes Cênicas pela USP. Especialista em Direito de Família e Sucessões pela Escola Paulista de Direito – EPD. Membro do Instituto Brasileiro de Direito de Família – IBDFAM, da International Society of Family Law – ISFL, da IACP – International Academy of Collaborative Professionals e do CBAr – Comitê Brasileiro de Arbitragem – no Gemep

– Grupo de Mediação Empresarial. Participante do grupo Novas Configurações Familiares do Instituto Sedes Sapientiae. Coordenadora da obra conjunta "Problemas da Família no Direito", autora de artigos jurídicos e contos de ficção.

Marina Lacerda Nunes
Advogada. Pesquisadora. Graduada pela Faculdade de Direito da UERJ.

Marly Fernandez
Doutora (Ph.D.) Humanidades y Ciencias Sociales/ Universitat de les Illes Balears-UIB/España; Postdoctorado (Postdoctoral research) Filogènesi de la moral y Evolució ontogènica/ Laboratório de Sistemática Humana- UIB/España; Mestre (M. Sc.) Cognición y Evolución Humana/ Universitat de les Illes Balears- UIB/España; Mestre (LL.M.) Teoría del Derecho/ Universidad de Barcelona- UB/ España; Investigadora da Universitat de les Illes Balears- UIB / Laboratório de Sistemática Humana/ Evocog. Grupo de Cognición y Evolución humana/Unidad Asociada al IFISC (CSIC-UIB)/ Instituto de Física Interdisciplinar y Sistemas Complejos/UIB/España.

Nuria Belloso Martín
Catedrática Acreditada de Filosofía del Derecho en la Universidad de Burgos –UBU- (España). Mediadora Civil y Mercantil. Directora del Departamento de Derecho Público. Coordinadora del Máster en Derecho de la Empresa y de los Negocios. Directora del Curso de Especialista en Mediación Familiar. Directora del Curso de Mediación Civil, y Mercantil. Miembro del Comité de Evaluación para la evaluación de Complementos Retributivos Individuales al Personal Docente e Investigador de la Universidad del país Vasco (UNIBASQ). En relación a la investigación, es Investigadora del Centro do Estudos Sociológicos –CES- Laboratorio Associado-Universidade de Coimbra (Portugal). Directora de Relaciones Internacionales y Cooperación del Grupo de Investigación "Minga. Constitucionalismo democrático latinoamericano, novas intersubjetividades e emancipação social" (Brasil). Participa del Grupo de Investigación: "Ordenación del territorio, desarrollo y medio ambiente sostenible" -ORDITER- (UBU) y del Grupo de Pesquisa: "Observatório de Politicas Públicas, Direito e Proteção Social" de la UNESA (Rio de Janeiro). Actualmente es miembro del Proyecto de Investigación"Fundamentos teóricos del neoconstitucionalismo: un modelo jurídico para la sociedad global", de la Universidad de Sevilla.

Paulina Cymrot
Analista Didata da Sociedade Brasileira de Psicanálise de São Paulo e da Associação Psicanalítica Internacional. Docente e Supervisora da Sociedade Brasileira e Psicanálise de São Paulo. Clinica em Consultório. Doutora em Psicologia Clínica.

Pedro Caetano de Carvalho
Filósofo e Juiz de Direito aposentado. Ex-membro da Ordem dos Clérigos Regulares Teatinos. Autor de diversas publicações sobre família, criança e adolescente.

Rodrigo Cardoso Fernandes
Advogado. Professor Convidado do Curso de Pós-graduação de Direito Especial da Criança e do Adolescente da Universidade do Estado do Rio de Janeiro (UERJ). Professor Titular de Prática Processual Civil da Universidade Candido Mendes -

Campus Tijuca. Professor da Pós-Graduação de Direito Imobiliário da Universidade Candido Mendes - Campus Jacarepaguá. Advogado responsável pelo setor Cível do Escritório Modelo - FUCAM, do Campus Tijuca da Universidade Candido Mendes (2011/2014).

Rodrigo da Cunha Pereira
Presidente Nacional do Instituto Brasileiro de Direito de Família – IBDFAM. Advogado especializado em Direito de Família, com ênfase interdisciplinar em Psicanálise. Professor de Direito Civil – Direito de Família – PUC/MG, desde 01/09/93 (atualmente licenciado). Doutor em Direito pela Universidade Federal do Paraná. Mestre em Direito Civil pela Universidade Federal de Minas Gerais. Graduado pela Universidade Federal de Minas Gerais. Conselheiro da OAB/MG, no período de 1998 a 2003. Membro da International Society of Family Law (Sociedade Internacional de Direito de Família). Autor de Livros e Artigos Jurídicos. Membro do Conselho da Editora Del Rey. Coordenador e Conselheiro da Revista IBDFAM: Famílias e Sucessões.

Sergio Nick
Médico psiquiatra e Psicanalista, membro da Sociedade Brasileira de Psicanálise do RJ, filiada à IPA – International Psychoanalytical Association.

Sérgio Roxo da Fonseca
Advogado. Professor Livre-Docente da UNESP (aposentado). Procurador de Justiça (aposentado).

Tânia da Silva Pereira
Advogada especializada em Direito de Família, Sucessões, Infância e Juventude. Autora de obras e textos nessas especialidades. Mestre em Direito Privado pela UFRJ, com equivalência em Mestrado em Ciências Civilísticas pela Universidade de Coimbra (Portugal). Professora de Direito aposentada da PUC-Rio e da UERJ. Membro do IBDFAM.

Tatiana Rocha Seixas
Bacharel em Direito. Especialista em Direito Especial da Criança e do Adolescente. Professora do Curso de Pós-graduação de Direito Especial da Criança e do Adolescente da Universidade do Estado do Rio de Janeiro (UERJ). Funcionária Pública do Tribunal de Justiça do Estado do Rio de Janeiro. Membro do IBDFAM.

Vitor de Azevedo Almeida Junior
Doutorando e Mestre em Direito Civil pela Universidade do Estado do Rio de Janeiro (UERJ). Professor Assistente do Curso de Direito da Universidade Federal Rural do Rio de Janeiro (ITR/UFRRJ). Professor dos cursos de especialização e extensão do PUC-Rio, CEPED-UERJ e EMERJ. Advogado.

SUMÁRIO

O SUJEITO DO "CUIDADO" EM FACE DO SUJEITO *HOMO ECONOMICUS*

Alexandre Morais da Rosa[1]

Fernanda E. Nöthen Becker[2]

INTRODUÇÃO

Desde a perspectiva da ideia de sujeito como aquele que é o destinatário do direito posto, a teoria da Análise Econômica do Direito, de crescente influxo no Brasil, sistematiza e revela uma aproximação do sujeito tal como é na realidade: um maximizador de seus interesses. A visão econômica das relações e das soluções ganha espaço diante da similitude de objeto de enfrentamento: a escassez de recursos/bens da vida em oposição às necessidades infinitas/sempre crescentes dos sujeitos. Diante desse paradoxo, surge o *homo economicus*, alcunhado pela ciência econômica, entendido como ser que se situa precipuamente como otimizador de seus benefícios, racional e egoísta, em convergência com o pragmatismo utilitarista. Esse lugar preponderante assumido pelo sujeito *homo economicus* contém simplificação em que a própria noção de cuidado como valor jurídico, a moral e a ética são relegados ao patamar de análise de custos. Essa visão informada por um modelo de pensar economicista, ainda que assim não se nomeie, pode ser modulada a partir de uma proposta de sujeito no paradigma do cuidado.

1. O SUJEITO E O CUIDADO: DEFINIÇÕES

A estrutura jurídica maior de nosso ordenamento registrou-se na Constituição da República a partir de significantes que procuram estabelecer uma sociedade mais justa e igualitária. Nesse contexto, tem relevância a discussão da força da normativa da Constituição, se de aplicabilidade imediata

---

1 Doutor em Direito (UFPR). Professor da UFSC e UNIVALI. Juiz de Direito (TJSC).

2 Mestranda em Direito (UFSC). Analista jurídico (TJSC).

ou não, que definirá o grau de concretização dos fundamentos e dos princípios que refletem o ideal social.

A própria ideia moderna de Constituição é resposta à história do exercício do poder. Ainda que de ampla ramificação e diversidade de causas, pode-se centralizar o grande drama humano a partir do ponto de vista do poder e de seu exercício abusivo. Daí se deriva a intensa produção religiosa desde que se formaram agrupamentos sociais, que, na modernidade, romperam com a ideia de uma autoridade supra-humana e imanente, entronizando a razão humana em seu lugar. Esse movimento, que se constituiu no ápice da modernidade, representou uma modificação fundamental do eixo em relação ao qual a humanidade girava.

Assim, pode-se falar em indivíduo, compreendido como valor e como categoria (L. Dumont), como produto da ruptura com a teodiceia (J. Elster),[3] de modo que a vida não está mais estruturada em torno das relações com o divino, mas, sim, das relações do indivíduo com a sociedade. Até porque se pode notar que, até o surgimento dessa categoria – indivíduo – (fala de *status* comum a todos), as funções que cada um desempenhava na estrutura social confundiam-se com o ser de cada um – escravos, senhores, mulheres etc., de modo que a categoria indivíduo pode ser pensada como um esboço emancipatório do valor humano. Daí que o iluminismo é o ápice da elaboração do conceito de indivíduo, e duas concepções modernas de pensamento sobre o indivíduo se opõem: uma concepção racionalista e voluntarista (teorias do direito natural e do contrato), ao lado de uma concepção empírica (um de seus representantes é David Hume).[4]

Assim, embora o iluminismo tenha consolidado o valor do ser enquanto ele mesmo, outras forças atuam no indivíduo, de modo que, no sentido normativo, abstrato, existe uma dignidade comum a todos, que não observável na prática. É nesse contexto empírico que se diz que é o poder que distorcerá as relações entre indivíduo-indivíduo. A partir da emancipação da razão humana, o problema crucial do exercício do poder sempre apontou para a necessidade de reconhecimento do outro enquanto ser, e da necessidade de seu cuidado, num sentido de responsabilidade.

Uma das bases comuns dos movimentos sociais ao longo da história é o fato de se constituírem em reação ao poder desvirtuado no seu exercício em formações desequilibradas. A vinculação do poder à força é imanente, e o aperfeiçoamento tecnológico e intelectual apenas sofisticou as possibilidades de seu abuso. Daí que se conclui para o grande problema

3 GAUTIER, Claude. Trad. Paulo Neves. Indivíduo. In: CANTO-SPERBER, Monique. *Dicionário de Ética e Filosofia Moral*. Vol. 1. São Leopoldo: Editora Unisinos, 2007, p. 806.

4 Idem, p. 806.

dos totalitarismos: não importa de que se constituam, anunciam sempre o desequilíbrio diante da tendência humana para o mau uso do poder. Assim, como produto da reação a morticínios históricos, as declarações de direitos humanos revelam a necessidade de obtenção de consensos, muito embora se tenha que consignar o óbvio.

Pertencente ao conjunto destes consensos básicos, o cuidado pode ser extraído como derivante do que se consignou ser um dos fundamentos da República – a dignidade da pessoa humana.[5] A dignidade no sentido filosófico ou jurídico apresenta múltiplos conteúdos, e é concebida também como conceito em desenvolvimento. A formulação legal presente na Declaração de Direitos Humanos vincula-se à ideia kantiana[6] de que o homem é um fim em si mesmo, e jamais pode ser instrumentalizado. É atributo do patrimônio imaterial do homem, e constitui expressão da condição humana.

A partir da normativa internacional pode-se entrever uma noção de ética universal, achada, como se afirmou acima, a partir do mal. Nesse prisma, os direitos humanos são direitos ao "não-mal", de modo que se poderia falar, com Badiou,[7] na construção de uma ética universal, que é coordenada por direitos humanos e ações humanitárias tendo em vista um homem universal, que se reconhece mediante o reconhecimento coletivo do mal que lhe é feito. A partir dessa observação, Badiou fala da impossibilidade de uma ética universal, pois toda humanidade se faz na identificação de situações singulares e não nas coletivas.

E é nas situações singulares, ou seja – no âmbito relacional – que a noção de Cuidado se insere. Adota-se a perspectiva dessa faceta micro, a ser verificada nas relações estabelecidas, uma vez que a análise macro, ao que se entende, estaria relegada ao campo normativo-abstrato, das prescrições. Conforme escorço de José Roque Junges,[8] cuidado surge na tradição literária antiga romana pela palavra latina *cura* – cuidado, atenção, interesse – e, até Martin Heidegger, a visão é romântica e existencialista; somente a partir de Heidegger é que se tem uma fundamentação antropológica para o conceito, que, aliás, é ponto central de seu sistema filosófico:

---

5 PEREIRA, Tânia da Silva. O "Cuidado" chega ao Superior Tribunal de Justiça (Decisão Comentada). In: PEREIRA, Tânia da Silva, OLIVEIRA, Guilherme de (coord.). *Cuidado e Responsabilidade*. Rio de Janeiro: Atlas, 2011, p. 372.

6 SARLET, Ingo Wolfgang. "Princípio da Dignidade Humana no direito constitucional". In: TORRES, Ricardo Lobo; KATAOKA, Eduardo Takemi; GALDINO, Flavio (orgs.) *Dicionário de Princípios Jurídicos*. Rio de Janeiro: Elsevier, 2011, p. 330/331.

7 BADIOU, Alain. *Ética:* um ensaio sobre a consciência do mal. Rio de Janeiro: Relume Dumará, 1995, p. 24/28.

8 JUNGES, José Roque. "Ética do Cuidado". In: BARRETO, Vicente de Paulo *et al. Dicionário de filosofia do direito*. São Leopoldo: Unisinos, 2006, p. 175/176.

> O cuidado torna-se um modo de ser do ser-aí (*Dasein*); recebe o status de categoria ontológica. Heidegger distingue entre *Besorgen* (em inglês *taking care of*) e *Fürsorge* (em inglês *Care for*). O primeiro corresponde à preocupação pelas necessidades e carências do outro; o segundo identifica-se com a solicitude pelas pessoas, por grupos humanos, pela natureza etc. o primeiro nos remete à sobrevivência e à finitude do ser humano; o segundo supera e transcende a ansiedade da preocupação, desenvolvendo as potencialidades da solicitude que caracterizam o ser humano.

Segundo Junges,[9] ainda, o cuidado promove uma perspectiva inter-relacional, necessária à aplicação do direito, uma vez que a perspectiva puramente individual não consegue dar a dimensão correta do problema e pode gerar analogias indevidas. Jonathan Rée[10] resume a importância do cuidado na perspectiva de Heidegger:

> As peculiaridades da existência como clarificação do ser podem ser todas capturadas, sugere Heidegger, por uma única palavra: "cuidado" (*Sorge*). O mundo pode ser definido como aquilo a que dedicamos nosso cuidado, e nós podemos ser definidos como aquilo que dedica cuidado ao mundo. Mas, enquanto cuidado, estamos fendidos em dois, de uma maneira que recorda os movimentos irreconciliáveis da "projeção lançada": estamos divididos, poder-se-ia dizer, entre o ter cuidado por (que pesa sobre nós como uma carga do passado) e o tomar cuidado com (em relação a possibilidades que projetamos no futuro). Não somos, enquanto cuidado, um objeto fixo no interior do mundo, mas uma extensa rede de atenções para com ele. Contrário ao que imaginaria o próprio-impessoal, não podemos nos aproximar da autenticidade tentando ausentar-nos do mundo, mas apenas identificando-nos escrupulosamente com as tramas de cuidados que amarram o mundo. O cuidado revela nossa existência como sempre "à-frente-de-si-mesma-ao-já-estar-em-um-mundo" (*Sich-vorweg-im-schon-sein-in-einer-Welt*).

Para Heidegger,[11] o cuidado localiza-se antes de qualquer atitude e situação do ser, de modo que se encontra em toda atitude e situação deste. Está na raiz do ser humano, como um modo-de-ser essencial, numa dimen-

---

9 Idem, p. 180.

10 RÉE, Jonathan. *Heidegger*: história e verdade em" Ser e tempo". Ed. UNESP, Univ. Estadual Paulista, 2000, p. 37.

11 HEIDEGGER, M. *Ser e tempo*, parte I. Petrópolis: Vozes, 1989, p. 243/300.

são ontológica, originária: está na substância e constituição humanas. Sem o cuidado, deixa-se de ser humano. É a partir do cuidado que surge a historicidade, corporeidade do homem. Portanto, pode-se concluir que o cuidado é o proto-princípio, o material básico original do princípio da dignidade da pessoa humana.

2. A CONSTRUÇÃO DO *HOMO ECONOMICUS*

Consta que foi provavelmente Alfred Marshall, em sua "Aula inaugural do curso de economia de Cambridge de 1885", que utilizou, pela primeira vez, o termo *homo economicus* no sentido pelo qual se estabeleceu; a propagação se deu com os italianos Vilfredo Pareto, Vito Volterra e Maffeo Pantaleoni, segundo Caruso; mas foi com os trabalhos seminais de Herbert Simon, Vernon Smith, Daniel Kahneman e Amos Tversky que a controvérsia em relação ao *homo economicus* ganhou projeção, pois foram essenciais no surgimento e consolidação de dois novos programas de pesquisa, a Economia Experimental e a Economia Comportamental, de modo que essa discussão abriu espaço para a aproximação da economia com outras áreas – e a importância é a teorização do indivíduo pela teoria econômica.[12]

Em relação ao Direito, a entrada é através do movimento da Análise Econômica do Direito, multifacetado, com premissas diversas, abordagens distintas, dissidências.[13] A proposta é a de leitura do direito para além da

---

12 DE SOUZA, Daniel Fernando. *O Homo Economicus no século XXI*: a emergência de um novo conceito de indivíduo?. p. 7. Disponível em <http://www.portaldoeconomista.org.br/arquivos/publicacoes/32.pdf>. Acesso em: 10 ago. 2017.

13 MACKAAY, Ejan; ROUSSEAU, Stéphane. *Análise Econômica do Direito*. Trad. Rachel Sztajn. São Paulo: Atlas, 2015; POSNER, Richard A. *Economic analysis of law*. New York: Aspen, 2010; BECKER, Gary. Crime and punishment: an economic approach. *Journal of political economy*: Essays in the economics of crime and punishment. National Bureau of Economic Reserach, p. 169-217, 2001; COOTER, Robert; ULLEN, Thomas. *Direito & Economia*. Trad. Luis Marcos Sander e Francisco Araújo da Costa. Porto Alegre: Bookman, 2010; MORAIS DA ROSA, Alexandre; AROSO LINHARES, José Manuel. *Diálogos com a Law & Economics*. Rio de Janeiro: Lumen Juris, 2011; SALAMA, Bruno Meyerhof. *O fim da responsabilidade limitada no Brasil*. São Paulo: Malheiros, 2014; TIMM, Luciano Benetti (org.). *Direito e economia no Brasil*. São Paulo: Atlas, 2011; RIBEIRO, Marcia Carla Pereira; KLEIN, Vinicius. (coord.). *O que é Análise Econômica do Direito* – Uma introdução. Belo Horizonte: Fórum, 2011; GALDINO, Flávio. *Introdução à Teoria dos Custos dos Direitos*: direitos não nascem em árvores. Rio de Janeiro, 2005; GICO JÚNIOR, Ivo. "Introdução ao direito e economia". In: TIMM, Luciano Benetti (org.). *Direito e economia no Brasil*. São Paulo: Atlas, 2011; PORTO, Antônio Maristrello; SAMPAIO, Patrícia. *Direito e Economia em dois mundos*. Rio de Janeiro: FGV, 2014; PATRÍCIO, Miguel Carlos Teixeira. *Análise Económica da Litigância*. Almedina: Lisboa, 2005; RIBEIRO, Marcia Carla Pereira; GALESKI JUNIOR, Irineu. *Teoria Geral dos Contratos*: contratos empresariais e análise econômica. Rio de Janeiro: Elsevier, 2009; ZYLBERSZTAJN, Décio; SZTAJN, Rachel. *Direito e economia*: análise econômica do direito e das organizações. Rio de Janeiro:

razão abstrata e geral, com base em abordagem interdisciplinar, com protagonismo da economia.[14] O ferramental manejado procura inventariar as consequências das decisões judiciais e das alterações legislativas, vinculadas à obtenção de maior eficiência (Pareto ou Kaldor-Hicks[15]) em um mundo de escassez de recursos, no qual as deliberações são tomadas a partir de agentes com interesses diversos. A abordagem pode ser: a) positiva (descritiva); ou b) normativa (prescritiva). A teoria dos jogos é invocada, constantemente, pelos autores da Análise Econômica do Direito, como dispositivo para compreensão e decisão em face das constantes interações.

Dada essa aproximação da economia ao direito, a concepção sobre o sujeito, o destinatário das normas, passa a admitir que esse destinatário é alguém que busca maximizar seus interesses, às vezes a todo custo. Essa ideia de sujeito foi muito bem trabalhada na noção de "*bad man*", o "bandido", por Holmes,[16] entendida desde o ponto de vista moral, que implica em reconhecer que o "*bad man*", assim como o sujeito correto, buscam evitar ônus para si, mas o primeiro sopesará todas as consequências, não se importando que ocorram, ou porque são remotas, ou porque pagará o preço para ter aquele benefício que a má conduta resulta.[17] A leitura das condutas, portanto, segundo o "*bad man*" holmesiano, demandaria pensar um sujeito que compreende o Direito, os deveres, as relações, tal qual faria um "homem

Elsevier, 2005; FRANÇA, Phillip Gil. Breves reflexões sobre o direito, a economia e a atividade regulatória do Estado. *Revista Zênite de Direito Administrativo e LRF*, Curitiba, ano 4, n. 71, jun. 2007. HEINEN, Luana Renostro. *A Análise Econômica do Direito de Richard Posner e os pressupostos irrealistas da economia neoclássica*. Disponível em: <http://www.publicadireito.com.br/artigos/?cod=991c0955da231335>. Acesso em: 10 ago. 2017; CASTRO JÚNIOR, Osvaldo Agripino de. *Introdução à História do Direito*: Estados Unidos x Brasil. Florianópolis: IBRADD. CESUSC, 2001.

14 MORAIS DA ROSA, Alexandre. *Processo penal conforme a teoria dos jogos*. Florianópolis: Empório do Direito, 2017.

15 COOTER, Robert; ULLEN, Thomas. *Direito & Economia*. Trad. Luis Marcos Sander e Francisco Araújo da Costa. Porto Alegre: Bookman, 2010, p. 64/65. GONÇALVES, Everton; STELZER, Joana. Crítica e Possibilidades da Análise Econômica do Direito. *IV Colóquio Internacional de Epistemologia e Sociologia da Ciência da Administração*, 2014, Florianópolis. Disponível: <http://coloquioepistemologia.com.br/site/wp-content/uploads/2014/03/ADE103.pdf>. Acesso em: 10 ago. 2017.

16 HOLMES JR., Oliver Wendell. *The Essential Holmes*. Chicago: Chicago University Press, 1992, p. 161.

17 HOLMES JR, Oliver Wendell. *La senda del derecho*. Trad. José Ignacio Solar Cayón. Madrid: Marcial Pons, 2012, p. 58: "Se queres conhecer o que é o Direito, e nada mais que o Direito, deves o ver como faria um homem mau, a quem só importam as consequências materiais que tal conhecimento lhe permite predizer, e não como o faz um homem bom, que encontra as razões para sua conduta – se tratem ou não de Direito – nas mais vagas sanções de sua consciência". (tradução livre).

mau". Nessa lógica, portanto, o sujeito que procura um advogado não está preocupado com os princípios lógicos do sistema jurídico, ou com valores morais, mas sim com a solução mais favorável de sua questão, potencializando suas recompensas e ganhos.

A questão da economia é a possibilidade de previsão do comportamento do homem, que, no caso, interessa ao direito no sentido de que as normas, ou as decisões, também ocasionarão comportamentos, influenciando condutas. A necessidade de previsão acerca de comportamentos fez surgir uma concepção específica sobre o comportamento do sujeito, que foi concebido a partir da "pior" postura que poderia assumir: movido por seus próprios interesses, sem preocupação com os efeitos de sua conduta sobre a coletividade – a análise econômica do direito concebe o sujeito como um otimizador – e essa construção metodológica do *homo economicus* é propiciada a partir da retirada de temas ligados à filosofia moral do âmbito da economia.[18]

Segundo Cooter e Ullen,[19] juristas têm respondido a perguntas acerca de como uma sanção afetará o comportamento praticamente da mesma maneira que o faziam 2 mil anos antes: consultando a intuição e quaisquer fatos que estivessem disponíveis. No entanto, a economia apresentou uma teoria científica para prever os efeitos das sanções legais sobre o comportamento. Para os economistas, as sanções se assemelham aos preços, e, presumivelmente, as pessoas reagem às sanções da mesma maneira como reagem aos preços: consumindo menos do produto mais caro. Assim, supostamente, também reagem a sanções legais mais duras praticando menos da atividade sancionada. Acerca dessa análise dos efeitos dos preços (sanções) sobre o comportamento, a economia tem teorias matematicamente precisas (teoria do preço e teoria dos jogos) e métodos empiricamente sólidos (estatística e econometria).

Em face da dificuldade de tratar os sujeitos como homogêneos, dada a pluralidade de crenças e expectativas, a teoria dos jogos se apresenta como possibilidade, como um modelo formal em que se pode antever comportamentos que estejam em questão em um determinado contexto de interação. Constitui-se de mecanismo hábil para compreender e prever ações em dado contexto.[20] É, também, da perspectiva do sujeito, uma forma de organizar o pensamento diante de todas as variáveis que influenciam uma interação. A

18 LOPES, Thiago Henrique Carneiro Rios *et al.* Homo Economicus: O Pilar Metodológico convencional Resiste Empiricamente? *Anais do XL Encontro Nacional de Economia* [Proceedings of the 40th Brazilian Economics Meeting]. ANPEC-Associação Nacional dos Centros de Pósgraduação em Economia [Brazilian Association of Graduate Programs in Economics], 2014, p. 2.

19 COOTER, Robert; ULLEN, Thomas; tradução: Luis Marcos Sander, Francisco Araújo da Costa. *Direito & Economia*. 5. ed. Porto Alegre: Bookman, 2010, p. 25/26.

20 MORAIS DA ROSA, Alexandre. *Processo penal conforme a teoria dos jogos*. Florianópolis: Empório do Direito, 2017, p. 73/76.

matriz formal compreende saber as regras em vigência em uma determinada interação, bem como quem são os jogadores, quais as recompensas (ganhos), e a partir dessa análise estabelecer a estratégia e as táticas. A definição de Anne Rooney[21] esclarece:

> Apesar do seu nome, a teoria dos jogos lida com assuntos sérios da economia e não com a frivolidade dos jogos. Morgenstern e von Newman viram que os modelos matemáticos desenvolvidos para sistemas em física e outras áreas da ciência eram ferramentas deficientes para trabalhar com economia e outros estudos que envolvem comportamento humano, já que elas eram baseadas em ações de partes desinteressadas. Quando as pessoas fazem escolhas, elas tentam maximizar os benefícios para si próprias. Elas podem também minimizar o prejuízo para os outros – ou podem não dar nenhuma importância ao impacto sobre os outros, até mesmo agir no sentido de prejudicá-las. A teoria dos jogos tenta levar em conta os motivos das pessoas que estão agindo na situação que é modelada, bem como muitos outros aspectos relevantes. Por exemplo, jogadores – que podem ser indivíduos, grupos, nações ou corporações – podem estar em competição direta ou podem cooperar com maior ou menor grau. Eles podem estar competindo por um recurso finito ou recursos infinitos. Eles podem ter todas as informações relevantes, incluindo ações dos outros jogadores, ou podem ter acesso apenas parcial às informações. Há diferentes modelos da teoria dos jogos para abranger estas e outras possibilidades. A teoria dos jogos muitas vezes produz uma matriz de resultados que podem então ser analisados.

O marco de cisão entre o mundo da metafísica e da moralidade e a emancipação da economia em relação à filosofia se deu com a publicação de *Uma investigação sobre a natureza e as causas da riqueza das nações*, por Adam Smith (1776), sob influência de Thomas Hobbes (1588-1679), Bernard de Mandeville (1670-1733) e Claude Adrien Helvétius (1715-1771): a obra é marco referenciado como o nascimento da economia enquanto disciplina autônoma.[22] Em torno do cerne do autointeresse, portanto, a economia desenvolveu-se com base na observação do comportamento médio, tido como o egoísta.

Esse afastamento das questões morais da finalidade de estudo da ciência econômica se deu a partir da assunção do desejo de obter riquezas, com destaque para Adam Smith, e se transformou em virtude de influências teórico-

21 ROONEY, Anne. *A história da matemática*. Rio de Janeiro: M Books, 2012, p. 177.

22 LOPES, Thiago Henrique Carneiro Rios *et al*. Op. cit., p. 3.

-metodológicas: individualismo, utilitarismo, e o positivismo, que originam a concepção de homem autocentrado e desprovido de considerações outras que não a predominância de seu interesse e ganho. O termo *homo economicus*, segundo Paulani, não foi cunhado por John Stuart Mill, mas surgiu em referência ao seu trabalho.[23]

Ao lado do avanço da ciência econômica, o individualismo de Hobbes e de Mandeville retratam o sujeito como primordialmente egoísta, servindo de base para ideais liberais.[24] Avila[25] afirma que a partir do postulado do autointeresse, em Adam Smith, até o egoísmo, "consolidou-se a impressão de que a ciência econômica faz apologia do egoísmo. Ou seja, não apenas assume que os agentes são egoístas como mostra benefícios desse comportamento". Trata-se de afirmativa ilustrativa do nível de afastamento da concepção de sujeito do ideal normativo, com repercussões práticas. E o pensamento econômico-eficiente ao assim operar gera, no influxo de forças em um sistema político, a título exemplificativo, a alocação de recursos não necessariamente conforme a necessidade ou evidência, mas conforme os interesses que detenham o poder em determinada circunstância de tempo e lugar.

Portanto, o cuidado deve se configurar como relação ética na concepção de políticas públicas, sempre com vistas às consequências de uma decisão. O cuidado como valor deve permear a ação humana, em todos os âmbitos que tenham reflexos em outros indivíduos. A concepção e adoção do conceito do *homo economicus* tem repercussões importantes quando assumidas pela ciência econômica, tal qual o autor acima afirma. Cooter e Ulen[26] afirmam:

> O direito frequentemente se defronta com situações em que há poucos tomadores de decisões e em que a ação ótima a ser executada por uma pessoa depende do que outro agente econômico escolher. Essas situações são como os jogos, pois as pessoas precisam decidir por uma estratégia. Uma estratégia é um plano de ação que responde às reações de outras pessoas. A teoria dos jogos lida com qualquer situação em que a estratégia seja importante.

Tem-se, assim, com o imbricamento da ciência jurídica à ciência econômica, uma área cinzenta, em que a concepção de sujeito é formatada na necessidade de constante superação ou defesa das ações alheias. Segundo

---

23 Idem, p. 8.

24 Idem, p. 4.

25 AVILA, Róber Iturriet. Construção do homo economicus e a sua necessária desconstrução. *Ensaios FEE*, Porto Alegre, v. 35, n. 2, p. 309-336, dez. 2014, p. 21.

26 COOTER, Robert; ULEN, Thomas. *Direito & Economia*. Trad. Luisa Marcos Sander, Francisco Araújo da Costa. Porto Alegre: Bookman, 2010, p. 56.

Michel Callon,[27] o *homo economicus* que a Teoria Econômica diz apenas descrever não é mera ficção, mas é estabelecido em um sistema que possibilite a ruptura dos laços entre este e os bens, ou entre este e outros agentes e seres, a fim de que a mercantilização desse bem se opere – e as relações, assim, recaem para a esfera do calculável:

> A denúncia de que seria uma ficção é, geralmente, feita pela Sociologia que adota duas posturas frente ao *homo economicus* da Teoria Econômica: procura enriquecê-lo demonstrando a complexidade dos fenômenos econômicos e agregando as ideias de valor, regras, cultura e paixões; denuncia o reducionismo do conceito de *homo economicus* da Teoria Econômica para desqualificá-la e substituir a Teoria Econômica.

De fato, por meio da concepção teórica, o *homo economicus* se torna o agente de um contexto de trocas em que suas relações com o mundo são da ordem do calculável. Nesse sentido, o termo corrente da economia, as "externalidades",[28] reveste-se de escoamentos que refogem à margem do calculável e, por mais que sejam previstas no cálculo (internalizadas), novas

27 HEINEN, Luana Renostro. *Performatividade:* o Direito transformado em dispositivo pela Análise Econômica do Direito. 2016. 360 f. Tese (Doutorado) - Curso de Programa de Pós-Graduação em Direito da Universidade Federal de Santa Catarina, Centro de Ciências Jurídicas, Universidade Federal de Santa Catarina, Florianópolis, 2016. Cap. 3, p. 187. Disponível em: <http://tede.ufsc.br/teses/PDPC1227-T.pdf>. Acesso em: 23 fev. 2016.

28 A presença do que os economistas chamam de "externalidades" - entendida como fonte da falha de mercado - compreende tanto os benefícios externos que têm origem em uma troca, quanto os custos externos a ela, ambos refletindo em outras partes não explicitamente envolvidas nela. O exemplo trazido por Cooter e Ulen (COOTER, Robert; ULLEN, Thomas. *Direito & Economia*. Trad. Luis Marcos Sander e Francisco Araújo da Costa. Porto Alegre: Bookman, 2010, p. 61/62), que tipifica a ideia de custo externo (simplesmente, externalidade) que aqui referimos, é o de uma fábrica que despeje materiais tóxicos no rio como subproduto de seu processo produtivo, impondo um custo inesperado aos moradores: eles é que têm que assumir custos adicionais para purificar a água ou providenciar de outro lugar. "De que maneira o mercado falhou neste exemplo? A razão pela qual o mercado falha na presença de custos externos é que o gerador da externalidade não precisa pagar pelo prejuízo que causa a outros e, assim, exerce muito pouco autodomínio. Ele age como se o custo da destinação de resíduos fosse zero, quando, na verdade, há custos reais em jogo, como as pessoas da cidade rio abaixo podem atestar. [...] Quais políticas públicas induzirão o gerador da externalidade a levar em conta os custos externos? Esta é uma das perguntas centrais que este livro tentará responder. A chave para atingir o ótimo social onde há externalidades é induzir os maximizadores de lucro privados a restringir sua produção ao ponto socialmente ótimo, e não ao ponto privadamente ótimo. Isto é feito por políticas públicas que levem a empresa a operar ao longo da curva do custo marginal social, e não ao longo da curva do custo marginal privado. Quando se atinge isso, diz-se que a externalidade foi internalizada, no sentido de que a empresa privada agora a leva em consideração".

externalidades surgem na sequência, ao que Callon[29] aduz a ideia de transbordamento – a impossibilidade de os cálculos alcançarem todas as probabilidades previstas que envolvam todas as relações e todos os seus efeitos.

Assim, é o *homo economicus* reduzido e clivado a um contexto de cálculo, externalidades, ganhos, dentre outras nomenclaturas da ciência econômica, arrebatando a ciência jurídica em espécie de sedução por suas soluções eficientes, otimizadoras e que, no entanto, podem servir a interesses que não considerem perspectivas de justiça, cuidado ou de dignidade da pessoa humana. Assim, conceitos da economia são transportados para o direito, sem consideração sobre sua possível instrumentalização[30] aos interesses de grupos de força que estejam no poder – e a implementação de direitos, por exemplo, custa, e haverá manipulação ideológica da alocação dos recursos finitos.

A nova lógica, com a consequente e inevitável subordinação do Direito ao econômico, estabelece que as normas constitucionais que declaram e garantem Direitos Fundamentais passem a ser interpretadas sob a égide da ótica custo-benefício. Considerando a escassez de recursos, em Galdino,[31] defende-se que a racionalidade econômica é a que deve preponderar como parâmetro de proporcionalidade e razoabilidade para a busca do equilíbrio das contas públicas e o alcance da justiça social. O Direito, nessa perspectiva, passa a ser reduzido a mero 'instrumental' do econômico; e, com Heinen a partir de Michel Callon, o *homo economicus*, ou seja, o homem racional maximizador não é o pressuposto da teoria, mas o seu próprio objetivo performativo, em que a performação não se dá somente no sentido teoria-realidade, mas também realidade-teoria, e opera por meio de dispositivos materiais que formatam as ações das agências envolvidas nas atividades econômicas.[32]

29 HEINEN, Luana Renostro. *Performatividade:* o Direito transformado em dispositivo pela Análise Econômica do Direito. 2016. 360 f. Tese (Doutorado) - Curso de Programa de Pós-Graduação em Direito da Universidade Federal de Santa Catarina, Centro de Ciências Jurídicas, Universidade Federal de Santa Catarina, Florianópolis, 2016. Cap. 3, p. 192. Disponível em: <http://tede.ufsc.br/teses/PDPC1227-T.pdf>. Acesso em: 23 fev. 2016.

30 MIRANDA COUTINHO, Jacinto Nelson de. Efetividade do Processo Penal e Golpe de Cena: Um problema às reformas processuais. *JURISPOIESIS* – Revista Jurídica dos Cursos de Direito da Universidade Estácio de Sá. Rio de Janeiro, ano 4, n. 5, p. 31-36, 2002, p. 34: "Não é admissível, em hipótese alguma, sinonimizar efetividade com eficiência, principalmente por desconhecimento. Afinal, aquela reclama uma análise de *fins*; esta, a eficiência, desde a base neoliberal, responde aos *meios*".

31 GALDINO, Flávio. *Introdução a Teoria dos Custos dos Direitos*: direitos não nascem em árvores. Rio de Janeiro: Lumen Juris, 2005.

32 HEINEN, Luana Renostro. *Performatividade:* o Direito transformado em dispositivo pela Análise Econômica do Direito. 2016. 360 f. Tese (Doutorado) - Curso de Programa de Pós-Graduação em Direito da Universidade Federal de Santa Catarina, Centro de Ciências Jurídicas, Universidade Federal de Santa Catarina, Florianópolis, 2016. Cap. 3, p. 212. Disponível em: <http://tede.ufsc.br/teses/PDPC1227-T.pdf>. Acesso em: 23 fev. 2016.

3. UM MODELO DE SUJEITO NO PARADIGMA DE CUIDADO

Pode-se afirmar, com Olandina Pacheco,[33] que, no âmbito da filosofia, procurou-se avançar para o que fosse a construção da ideia de sujeito, o que tem seu ápice em Descartes, considerado o verdadeiro criador do sujeito, inaugurador de uma nova época do pensamento que teve o sujeito como centro – para uma crítica desta filosofia do sujeito e da consciência, uma proposta de morte do sujeito para alguns pensadores, ou de uma nova teoria do sujeito, para outros:

> De qualquer modo, o que está em jogo na filosofia sem sujeito, ou com um novo sujeito, é a crítica deste como fundamento último, como consciência e representação. Na sua desconstrução, na sua destruição ou em qualquer outra proposta radical de transformação do conceito do sujeito moderno, o que chama a atenção é que resta um lugar de criação, porque marcado pela singularidade, tal como na psicanálise e no novo conceito de sujeito sugerido por Alain Badiou.

O sujeito, para Badiou,[34] somente é a partir de uma teoria da verdade, uma vez que sustenta que, fundamentalmente, um sujeito é apenas um ponto de verdade; ou, a dimensão, meramente *local,* do processo de uma verdade:

> A filosofia moderna é uma crítica da verdade como adequação. A verdade não é *adequatio rei et intellectus.* A verdade não se limita à forma do juízo. Hegel mostra que a verdade é *percurso.* Partirei da idéia seguinte: uma verdade é primeiro uma novidade. Aquilo que transmite, aquilo que repete, nós o chamaremos um *saber.* Distinguir verdade de saber é essencial. Essa é uma distinção que já existe na obra de Kant: a distinção entre razão e entendimento. Para Heidegger é capital esta distinção: a que existe entre verdade, *alethéia,* e conhecimento, ou ciência, *techné.*

Para a psicanálise, segundo Pacheco,[35] Freud traça um sujeito trágico, indelevelmente marcado por uma determinação inexorável, que cumprirá

---

33 PACHECO, Olandina M. C. de Assis. *Sujeito e Singularidade*: ensaio sobre a construção da diferença. Rio de janeiro: Jorge Zahar. Ed, 1996, p. 96/97.

34 BADIOU, Alain.Verdade e sujeito. *Estud. av.* [online]. 1994, vol. 8, n. 21, p. 177-184. ISSN 0103-4014. Disponível em: <http://dx.doi.org/10.1590/S0103-40141994000200011>. Acesso em: 24 jul. 2017.

35 PACHECO, Olandina M. C. de Assis. *Sujeito e Singularidade*: ensaio sobre a construção da diferença. Rio de janeiro: Jorge Zahar, 1996, p. 72.

mesmo que não queira – a representação é a tragédia Édipo Rei, de Sófocles, de que Freud concebeu o complexo de Édipo. Mesmo diante da possível liberdade, que o marcará no sentido da insistência no seu desejo, as sobredeterminações o condicionam. Para a filosofia,[36] com Kant, para quem o sujeito está limitado ao tempo-espaço que conhece, e que condicionam o seu conhecimento; assim, a finitude do sujeito é sua marca de impossibilidade:

> Voltando a Kant, o sujeito é aquele a quem o tempo e o espaço são dados como experiência e como condição *a priori* de conhecimento; ou seja, é porque o homem é finito, já que sua percepção se faz no tempo- espaço, que ele conhece. Mas, porque é assim, o que ele conhece não é o mundo em si, mas aquilo que do mundo é recortado pelas suas categorias sensíveis: o fenômeno. A soberania do 'eu penso' está para sempre abalada, pois este sujeito, que é finito na consciência, cujo fundo é sempre impensado, e é histórico enquanto vive, trabalha e tem linguagem, exige a formulação de um questionamento radical: 'Que posso eu saber?' – que é a base da *Crítica da razão pura;* 'Que devo fazer?' – o fundo da *Crítica da razão prática;* 'Que me é permitido esperar?' – alicerce da *Crítica do juízo ou Crítica da faculdade de julgar.* Como bem observam os intérpretes Kantianos mais antenados, o que há é a pergunta maior e mais estranha, pois indaga sobre o que até então fora evidência: 'O que é o homem?.

A importância de Heidegger[37] se faz perceber pela rejeição da proposta kantiana de indagar o ser a partir de um sujeito ideal, lançando, ao contrário, uma análise estrutural diferenciadora de ser e ente – em que o ser se compreende dentro do horizonte do tempo e em que o tempo é a verdade do ser. Nesse sentido, Stein[38] pontua que, a partir da definição fundamental do homem como cuidado, em Heidegger, é que este define uma estrutura prática a que chamará o "estar-no-mundo", e aí a partir dela que se entende o sujeito do cuidado, que, por esse viés, é o sujeito-em-si, o sujeito propriamente dito, na dimensão ontológica.

O ser,[39] portanto, está significado temporalmente, enquanto horizonte de compreensão. A partir daí tem-se a questão do "ser-no-mundo"; ao

---

36 Idem, p. 74.

37 MORAIS DA ROSA, Alexandre. *Decisão Penal:* A Bricolage de Significantes. Rio de Janeiro: Lumen Juris, 2006, p. 178/184.

38 STEIN, Ernildo. *Seis Estudos sobre 'Ser e Tempo'*. Petrópolis: Vozes, 1988, p. 243/300.

39 MORAIS DA ROSA, Alexandre. *Decisão Penal*: A Bricolage de Significantes. Rio de Janeiro: Lumen Juris, 2006, p. 178/182.

contrário das pedras, carros, o ser-no-mundo pode existir, revelando uma relação originária, ontológica, em que não há possibilidade de se isolar o ser-no-mundo, como se este se constituísse sozinho, apartado: perde o sentido a noção sujeito-objeto e a possibilidade de conhecimento neutro e desinteressado, dado que o ser-no-mundo é co-originário da possibilidade de enunciar o mundo, pela linguagem. Assim é que o ser-aí não pode ser visto isoladamente; relaciona-se com os utensílios, envia-se para alguma coisa – e a multiplicidade de envios é o que Heidegger denomina mundo (horizonte de significantes). O ser-aí é singular e além das coisas que subsistem (utensílios), está inserido com outros ser-aí, de modo que não subsiste isolado, mas sempre com-outro, em que mesmo a solidão ainda acontece – em face de outros. Essa relação é decorrente de existirem mais de um ser-aí: é impossível fugir dessa influência, prendendo-se na ditadura do impessoal: a "gente". Tal dispersão do ser-aí no "a gente" chama-se "queda/abatimento" e é parte da constituição ontológica do ser: eterna autenticidade/inautenticidade. Quando o ser-aí vai enviar-se para alguma coisa (o ser-em), abre-se para o mundo. O ser-aí, em sua singularidade vai revelar o mundo conforme três comportamentos fundamentais: disposição, compreensão e discurso.[40]

Desse movimento de um ser que se lança em projeto autêntico,[41] Heidegger denomina estes três momentos (disposição, compreensão e discurso) de "cuidado" – que representa a estrutura fundamental do ser-aí enquanto ser-no-mundo – em que a "disposição" representa o humor/tonalidade, que revela o ser-aí sempre de maneira diversa; a "compreensão" liga o mundo e o ser-no-mundo, que compreendendo descobre onde está consigo, projetando o mundo em seu poder-ser – ser-já-no-mundo, e em que o "discurso" representa a discursividade em que o ser-aí se liga ao mundo ao descobri-lo, porque além de falar, pode compreender. Assim, articulando disposição e compreender, o ser-aí se lança como projeto na discursividade/linguagem – ser-junto-do-ente. Em vista da antecipação da morte, o ser-aí é temporal, que segue três direções em busca do cuidado autêntico: o futuro originário, em que o ser-aí antecipa o poder-ser; o passado, o seu já-estar-lançado-no-mundo, o ter-sido; e o futuro como projeção o poder-ser, em que o passado jorrando (ser-sempre-já) revela o instante, o presente originário/autêntico, em um processo co-originário que em sua unidade demonstra a temporalidade e possibilita o cuidado.

Assim, somente se poderá falar de sujeito a partir da linguagem.[42] Isso porque não existem objetos, coisas as quais se descreve, se relaciona. Existe,

40 MORAIS DA ROSA, Alexandre. *Decisão Penal*: A Bricolage de Significantes. Rio de Janeiro: Lumen Juris, 2006, p. 182/184.

41 Idem, p. 182/183.

42 WITTGENSTEIN. Ludwig. *Investigações filosóficas*. Trad. José Carlos Bruni. São Paulo: Nova Cultural, 1999.

ao contrário, o poder nominador do verbo, linguagem, de modo que nada é, mas tudo é o que se nomeia.[43] O mundo em que estamos imersos, conforme Streck,[44] "somente aparece (como mundo) na e pela linguagem. [...] Esse poder-dizer é linguisticamente mediado, porque nossa capacidade de agir e de dizer-o-mundo é limitada e capitaneada pela linguagem". A linguagem, portanto, no sentido do cuidado, será relacional, sempre considerará que existe um outro, que é um mundo, porque uma história significada pela linguagem, e que, pela linguagem, existe.

Com efeito, com Stein,[45] o cuidado é a marca da condição humana no sentido existencial do ser-aí, significando que o homem não é mais exterior ao mundo, dele não se aparta em uma posição de observador; o mundo se dedica ao cuidado e o ser é aquele que dedica cuidado ao mundo, na maneira de uma rede de atenções tanto em relação ao passado como ao futuro no presente, inseridas no mundo da linguagem: o sentido do ser, em que se reconhece que o homem é o único ente que pode compreender, o ser-aí, que é ser-no-mundo, que é cuidado, e é temporal. Daí não há o sujeito universal, mas um sujeito relacional. Não se pode deslocar disso. Mas a construção do *homo economicus* é virtualizada, e baseada na filosofia da consciência,[46] em que o sujeito é apartado do mundo, na posição de contemplador. O homem não se pode apartar do mundo, nem de sua essencialidade, cujo material é cuidado.

No entanto, as consequências do autointeresse individualizado nem sempre levam a ganhos maiores. A questão que se põe, fundamentalmente, em toda interação humana é: cooperar ou trair?[47] O impasse está na matriz do discurso dos contratualistas (Hobbes, Locke, Rousseau, etc.). No direito atual se vincula à proibição de cartel, de *trust*, de colaboração/delação premiada, por exemplo. No entanto, mesmo a teoria dos jogos, na aplicação do Dilema do Prisioneiro demonstra que, em certos contextos de interação, a decisão dominante (a que trará maior benefício ao sujeito) pode levar ao pior resultado, apontando para a necessidade da cooperação. O Dilema do Prisioneiro consiste na seguinte situação de interação: dois suspeitos de um crime violento são mantidos em celas diferentes, e a cada um é oferecido o seguinte acordo pelo promotor: 'Se você confessar e o outro prisioneiro não o

---

43 MORAIS DA ROSA, Alexandre. *Decisão Penal*: A Bricolage de Significantes. Rio de Janeiro: Lumen Juris, 2006, p. 178/182.

44 STRECK, Lenio Luiz. *Hermenêutica Jurídica e(m) crise*: uma exploração hermenêutica da construção do direito. 5. ed. Porto Alegre: Livraria do Advogado, 2004, p. 204.

45 MORAIS DA ROSA, Alexandre. *Decisão Penal*: A Bricolage de Significantes. Rio de Janeiro: Lumen Juris, 2006, p. 183/184.

46 MORAIS DA ROSA, Alexandre. *Decisão Penal*: A Bricolage de Significantes. Rio de Janeiro: Lumen Juris, 2006, p. 195.

47 MORAIS DA ROSA, Alexandre. *Processo penal conforme a teoria dos jogos*. Florianópolis: Empório do Direito, 2017, p. 78.

fizer, você será libertado; se o outro prisioneiro também confessar, você receberá uma sentença moderada. Se nenhum de vocês confessar, vocês receberão uma sentença menor do que se ambos confessarem; se o outro confessar, mas você não, você receberá a sentença máxima.[48] O paradoxo da oferta é o seguinte:[49] dois prisioneiros ingênuos, demasiado ignorantes para acompanhar essa argumentação, permanecem calados e sofrem apenas um ano de reclusão. Dois prisioneiros mais experientes, contando com o melhor apoio que lhe pode oferecer a teoria dos jogos, confessam e sofrem cinco anos de prisão, durante os quais poderão congratular-se pela própria sagacidade, que lhes levou a um resultado pior.

Assim, a concepção do *homo economicus* leva a resultados que são piores para todos de um determinado contexto. E é aqui que se apresenta a essencialidade da concepção do cuidado na interação humana. Pode-se visualizar o sujeito do cuidado como o que se preocupa com ele e com o outro, e, de forma cooperativa, ambos ganham. Propõe-se o sujeito do cuidado como aquele que atenta para as necessidades alheias e, na medida em que pode atendê-las, assim o faz, mediante cooperação, inclusive. Não obstante, estudos concluem que a construção do *homo economicus* não corresponde à realidade, devido a diversos fatores:[50]

> Muitos autores assumem que a confiança (*trust*) é 'calculista' e está baseada na expectativa da *trustworthiness*. Porém, pesquisadores experimentais têm mostrado que, ao invés de ser motivado pela expectativa de retorno, um agente pode confiar em outro porque ele simplesmente gosta de confiar nos demais. Essa bondade incondicional pode ser devido às preferências sociais como o altruísmo, aversão a desigualdade e benefícios psicológicos. Além disso, uma pessoa pode ser confiável numa ocasião e não o ser em outra – isso depende dos incentivos e das circunstâncias. Outros trabalhos sugerem que o padrão de comportamento, que tem sido observado num curto jogo de confiança e reciprocidade, é inconsistente com o equilíbrio perfeito de um subjogo. Verificou-se que o comportamento humano não é homogêneo e, ademais, não resta dúvida

48 TSEBELIS, George. *Jogos Ocultos:* escolha racional no campo da política comparada. Trad. Luiz Paulo Rouanet. São Paulo: Editora USP, 1998, p. 69.

49 DAVIS, Morton David. *Teoria dos Jogos*: uma introdução não-técnica. Trad. Leonidas Hegenberg e Otanny Silveira da Mota. São Paulo: Cultrix, 1973, p. 107.

50 LOPES, Thiago Henrique Carneiro Rios *et al.* Homo Economicus: O Pilar Metodológicoconvencional Resiste Empiricamente?. *Anais do XL Encontro Nacional de Economia* [Proceedings of the 40th Brazilian Economics Meeting]. ANPEC-Associação Nacional dos Centros de Pós-graduação em Economia [Brazilian Association of Graduate Programs in Economics], 2014, p. 16.

> que o ambiente cultural e os valores morais, por exemplo, influenciam no comportamento das pessoas. Alguns autores afirmam que não foi possível encontrar evidências de que a confiança é percebida como uma decisão arriscada e, por fim, considerando o *Trust Game*, observou-se que apenas uma fração relativamente pequena do dinheiro dado pelos *trustors* e retornado pelos *trustees* foi devido às expectativas de reciprocidade.

Apesar de talvez uma grande maioria de fato não se comportar de acordo com a maximização de seus benefícios, contabilizando as relações, ainda sim, um rastro permanece, como fruto do paradigma predominante de uma época. Temos aqui, portanto, a realidade do *homo economicus*, o protótipo do hedonista racional.[51] Esse hedonismo racional como modelo humano é o da maximização de benefícios, ainda que a custos exorbitantes. Esse protótipo, predominante no sistema, acaba por condicionar comportamentos, uma vez que se precise contabilizar, também, para sobreviver.

Nesse contexto, o vencedor, o *homo economicus* é o que apresenta seus despojos de guerra nas redes sociais, porque não basta ter, será necessário ostentar,[52] exibindo-se ao gozo coletivo. O acoplamento de bens valiosos coletivamente (de marca), imaginariamente concede o conforto de parecer incluído e gozar – psicanaliticamente – diferente, expondo a armadura com que se veste: as marcas, a moda, os sapatos, carros, enfim, constitui todo o sujeito semblante, em que qualquer subjetividade é tomada. Aliás, busca alinhar-se ao sujeito do mercado que consome e parece feliz; se o é ou não já não interessa. O amor pela novidade, apresentado por Campbell,[53] surge com a burguesia e o avanço do modo capitalista, em que a infinidade de desejos pode ser satisfeita, pelo qual a falta nossa de cada dia procura preencher-se.

Os desejos também são contabilizados e mercantilizados. O sujeito, hoje, é o que pode "ostentar", num mundo onde se é quando se consome – o espetáculo das imagens,[54] em que também se é produto. Assim, ambos, do lado de dentro e do lado de fora do castelo do consumo, estão na mesma mendicância de sentidos, na mesma mendicância, em que não há subjetividade, apenas a

---

51 MORAIS DA ROSA, Alexandre. *Processo penal conforme a teoria dos jogos*. Florianópolis: Empório do Direito, 2017, p. 327/328.

52 MORAIS DA ROSA, Alexandre; AMARAL, Augusto Jobim do. *Cultura da punição*: a ostentação do horror. Empório do Direito, 2015.

53 CAMPBELL, Colin. *A ética romântica e o espírito do consumismo moderno*. Rio de Janeiro: Rocoo, 2001.

54 BAUDRILLARD, Jean. *A violência do mundo*. Trad. Leneide Duarte-Plon. Rio de Janeiro: Anima, 2004, p. 40/41.

lógica do acontecimento visual, sem leitura,[55] em que novos tipos de violência, como a simbólica, se tornam produtos de mercado e colonizam o sujeito.

Essa é a vida nua[56] a partir e com base na qual os produtos culturais são desenhados, e na qual o *homo economicus* se torna também imagem, que se deve manter e contabilizar. É ingênuo aderir a esse mover, ainda que dele não se possa afastar. Mas é preciso percepção de quais forças operam e como se articulam. Assim, questionamento e liberdade estão atrelados. E, principalmente, para que alistamentos em guerras em que se luta sem saber não ocorram – para que não se seja instrumentalizado. Com Ferrell:[57]

> No mesmo sentido, o tédio nos proporciona uma abertura emotiva e experimental através da qual podemos visualizar as falhas do projeto modernista. O tédio emitido pelos escaninhos dos escritórios e pelos shoppings não é infeliz efeito colateral; ele decorre diretamente dos processos de desumanização e das promessas fraudulentas sobre as quais são gerados. Tais situações são entediantes precisamente porque são sistematicamente drenadas das habilidades e das possibilidades humanas, a despeito da incerteza e da surpresa inerentes à criatividade à sua condição. Elas compartilham a supressão intencional da possibilidade humana e a preclusão de variações de ritmo, significado e intenção; implacáveis na gestão do detalhe deixam espaço apenas para o tédio e as suas consequências. Assim, enquanto alguns morrem um pouco a cada dia, outros procuram destruir o tédio instituído, ora com uma lata de spray, ora com repentinas interrupções do tráfego de automóveis. E em várias destas grandes e pequenas revoluções, é evidente a procura de algo além da excitação. A excitação, ao que parece, representa um meio para se chegar a um fim, um fragmento daquilo que emerge como um antídoto ao tédio moderno: o envolvimento humano.

Nessa lógica de mercado, as pulsões são exploradas, e vendem bem, porque prometem o preenchimento do vazio constitutivo. No contexto em que os mercados operam, pode-se entender porque a cooperação, apesar de comprovadamente funcionar melhor e gerar menos custos, não é adotada. Mas o modelo de sujeito *homo economicus* é modelo cínico ou alienado, pois a violência sempre voltará para destruir os *bunkers* em que os grandes ven-

55 ZIZEK, Slavoj. *Acontecimento*. Trad. Raquel Vicedo. Madrid: Sexto Piso, 2014.

56 AGAMBEN, Giorgio. *Estado de Exceção*. Trad. Iraci Poleti. São Paulo: Boitempo, 2004; TIMM DE SOUZA, Ricardo. *Justiça em seus Termos*: Rio de Janeiro: Lumen Juris, 2013.

57 FERRELL, Jeff. Tédio, crime e criminologia: um convite à criminologia cultural. *Revista Brasileira de Ciências Criminais*, Revista dos Tribunais, ano 18, n. 82, p. 339-360, jan./fev. 2010, p. 349/350.

cedores do sistema se aninham. Principalmente, no que aqui importa, está o fundamento da violência e alistamento: quando não se tem qualquer expectativa de vencer o sistema e se tornar um Consumidor – o *homo economicus* por excelência – transforma-se assim, o sujeito, em um ser não-digno.[58]

CONCLUSÕES

Falar a partir da categoria do cuidado exige que se permita acolher outras nuances, normalmente tão contrastantes com a lógica individualista com que o Direito se depara. Em uma sociedade carente de recursos – e não só dos financeiros –, cuidado é um valor que pode nortear a atuação. Aliás, o contexto do humano é o da falta, sempre. Diante dessa condição, não se pode confundir o cuidado com a empolgação ante qualquer evolução dita social, em que o Poder Judiciário funciona como um garante dos impossíveis, a exemplo das indenizações por abandono afetivo, que também expressam um axioma neoliberal – tem valor porque se vende. A consequência lógica é a estipulação objetiva da obrigação e, com sua quitação, a distância que se quer manter está garantida: paga-se para não se relacionar.

De fato, talvez a marca do nosso tempo seja a da negação da dor, da dificuldade, da dúvida. O grande avanço das drogas (também as lícitas) é sintomático de uma geração que não pode mais suportar o real. E morre de overdose. É como se tivesse chegado a um tempo em que muitas respostas já foram dadas, e a grande expectativa fosse a felicidade – que não resultou delas. Daí as promessas da nossa época, de poderem conter o sofrimento, o humano, o fugidio. O Direito não se alheia desse processo, antes, dele toma parte.

O sujeito do nosso tempo, assim entendido o *homo economicus*, uma instância que contabiliza sua esfera de vida, sofreu uma ruptura, quando também participa de uma vida virtualizada – que é possível editar. Quem ele é (mostra ser) no virtual, que é distante, que é programado, que é tão limpo, uma versão idealizada, é um personagem executado, mas, e depois, dispositivos à parte, o sujeito que resta é insatisfatório, porque não foi construído, senão amalgamado com os produtos que a cultura oferece. Uma junção interdependente. E nisso vai estabelecida a própria identidade, que a exemplo do que a constitui, é fugidia, rápida, confusa porque é, ao mesmo tempo, muitas, porque um reflexo superficial do que em voga hoje, em que a subjetividade, as singularidades sucumbem diante da exigência rápida da imagem. Vestimo-las, as imagens, porque são as roupagens que se nos oferecem.

Quem se é, o que e do que se gosta, como se diz o que se diz, porque se pensa o que se diz – o sujeito vê-se clivado por um mar democrático de opções restritas e homogeneizadas. Ao fim e ao cabo, fragmentaram-se os re-

58 ZACCONE, Orlando. *Indignos de vida*: a forma jurídica da política de extermínio de inimigos na cidade do Rio de Janeiro. Rio de Janeiro: Revan, 2015.

dutos de sentido para o eu, que se vê premido de algo e de um onde em que se possa compreender – ainda que o todo, indiviso, em que se é mais um. Nesse sentido, Jonathan Rée[59] demonstra que Heidegger aponta como o autêntico ser-com-outros degenera em mero "ser-entre-outros" (Untereinandersein), e, assim, em inautenticidade (Uneigentlichkeit). Para ele, caímos no drama da inautenticidade quando não "possuímos" a nós mesmos – quando negligenciamos a peculiaridade de nossa existência como intérpretes do mundo, isto é, como 'Daseins', e tratamo-nos como se fôssemos apenas mais uma das entidades à-mão ou simples-existências com que deparamos no curso de nossa experiência. Afinal, "o sujeito, no fim da análise, deverá confrontar-se com a realidade da condição humana, a desolação – Hilflosigkeit –, experiência última, lá onde a solidão é absoluta, no seu isolamento radical, fora do simbólico, da estrutura".[60] Mas se pode optar pelo conforto do pertencimento, não importa a quê, a um coletivo que o exime de se abrir para a construção de uma história singular,[61] que também não pode fugir da realidade de ser-no-mundo, do outro, portanto.

O *homo economicus* é concebido como um centro, em que se processam as entradas e saídas, e dada a fatalidade das crises econômicas, que se define ainda mais em razão do poder de compra. O fenômeno da junção entre direito e economia não será demovido, dada a predominância dos mercados especialmente em nações periféricas, dependentes da volatilidade do capital móvel, que condiciona suas próprias instituições; a proposta, portanto, é a de expor e compreender o mecanismo que colonizou o Direito e as relações (conforme visto, se dão num contexto de cálculo, em que são contabilizadas), para saber operá-lo, dado que realidade, e através dele se poder manter nichos em que o cuidado permaneça como norte das relações. E, a necessidade de se contabilizar também colonizou o afeto e as relações, o que se pode perceber das decisões, como se a economia afetiva individual do sujeito pudesse se traduzir por uma contabilidade financeira – em que a perda afetiva fosse recuperável por essa via. É sintomática essa concepção de uma sociedade em que o cuidado também se contabilizou. O desafio perene é erigir-se como sujeito que se dá conta disso, que percebe as engrenagens e a realidade, e saiba neles operar, e, com isso, possa apenas demonstrar com mais veemência, por suas ações, que a realidade da necessidade do cuidado como valor é um ativo necessário, primordial. Do contrário, o sistema não mais se sustentará, mais dia ou menos dia.

---

59 RÉE, Jonathan. *Heidegger:* história e verdade em" Ser e tempo". Ed. UNESP, Univ. Estadual Paulista, 2000, p. 31.

60 PACHECO, Olandina M. C. de Assis (Olandina Monteiro Cruz de Assis). *Sujeito e Singularidade*: ensaio sobre a construção da diferença. Rio de janeiro: Jorge Zahar, 1996, p. 48.

61 STEIN, Ernildo. *A caminho de uma fundamentação pós-metafísica*. Porto Alegre: Edipucrs, 1997, p. 107/108.

ENSAIO SOBRE O CUIDADO E O DIREITO DE SER

Álvaro Villaça Azevedo[1]

SUMÁRIO: **1.** Generalidades. **2.** Teoria do mínimo ético. **3.** Direitos da personalidade. **3.1.** Generalidades. Noções. **3.2.** Nascituro. **3.3.** Embriões excedentários. **3.4.** Paternidade responsável e direito à identidade. **3.5.** Código Civil de 2002. **3.6.** Aborto e eutanásia. **3.7.** Dignidade da pessoa humana e direito à vida. **3.8.** Conceito de direito da personalidade e características. **3.9.** Alguns outros direitos da personalidade. **4.** Palavras finais.

1. GENERALIDADES

Um ponto perdido no infinito é vida que desponta assistindo o ser necessitado de cuidados.

Cuidados e carinhos ao ser vivente, remédios indispensáveis à sua relativa capacidade de existir, são doces afagos espirituais, que formam sonhos de felicidade, colocados ao seu lado.

A lição de Jesus pela qual devemos nos amar uns aos outros nada mais é do que uma mensagem de que o ser humano necessita de cuidados, de amor e de carinho, para que todos vivam integrados na sociedade, sem preferências, em total igualdade, sem qualquer discriminação.

Todos os seres humanos buscam o Direito e seu sistema normativo que os reconhece como sujeitos de direitos merecedores da tutela jurídica.

O Direito, como disse Celso,[2] é a arte do bom e do justo (*ius est ars boni et aequi*).

Mais as essências da Ciência Jurídica, acentuadas por Ulpiano,[3] são os preceitos do Direito, baseados em Aristóteles, quais: viver honestamente (*honeste vivere*), não lesar o próximo (*alterum non laedere*) e dar a cada um o seu (*suum cuique tribuere*).

---

1 Doutor em Direito. Professor Titular de Direito Civil. Regente de Pós-Graduação e ex-Diretor da Faculdade de Direito da Universidade de São Paulo – USP. Professor Titular de Direito Romano, de Direito Civil e ex-Diretor da Faculdade de Direito da Universidade Presbiteriana Mackenzie, em São Paulo. Professor Titular de Direito Romano e ex-Diretor da Faculdade de Direito da Fundação Armando Alvares Penteado – FAAP, em São Paulo. Advogado e ex-Conselheiro Federal e Estadual da Ordem dos Advogados do Brasil. Parecerista e Consultor Jurídico.

2 DL1,1,1 (Ulpiano citando definição de Celso).

3 DL1,1,10.

Realmente, nada mudou além desses ensinamentos básicos, pois o Direito é realmente uma arte, em que o texto frio das leis aquece-se pela interpretação, aplicando-se à solução dos casos concretos; é, também, inspirado no bem, naquilo que é bom, e na justiça que é a própria meta que o Direito busca.

No plano relativo, indagamos: o que é bom e justo? A resposta só existe no Direito Natural e na consciência de cada um.

Essa situação vai melhorando, dia a dia, apurando-se, com a substituição do que é individual pelo coletivo.

O homem há que viver honestamente, respeitando o próximo, pensando mais neste do que em sua própria pessoa.

Por outro lado, não lesando o próximo, o ser humano qualifica-se como ser, tornando-se destinatário dos benefícios jurídicos.

Esse é o móvel maior da ciência jurídico, pois a ausência de prática ilícita eleva o Direito à categoria de solidariedade entre os seres humanos, de seu melhor entendimento de viver, dando a cada um o seu; não se assenhoreando do que for de outrem.

Todavia, encontramo-nos em face de uma meta, que é a contenção dos seres humanos para formarem justamente o seu patrimônio físico e moral.

Esse é o grande sonho do Direito, que se completa com a essência do Direito Natural, que Deus integrou no ser humano, como uma *ratio*, que o diferencia dos outros animais, que deve também proteger.

Por tudo isso que conceituo o Direito como a própria vida, vivida entre os seres humanos, e suas circunstâncias.

Ao bom e ao justo as benesses do Direito, em perfeito equilíbrio.

2. TEORIA DO MÍNIMO ÉTICO

A teoria do *minimum eticum*, pregada por Georg Jellinek,[4] resulta na ideia de que todo ser tem, primeiramente, o direito de existir (mínimo ético), para poder pedir proteção do Estado para continuar vivendo.

Entendo que o Estado tem de garantir a vida, a existência do ser humano, que deve assim ser portador de um mínimo ético, para que ele possa inserir-se na sociedade para viver, para que possa cobrar do Estado o conteúdo da norma.

O jurista alemão Georg Jellinek definiu esse direito subjetivo público como "o poder da vontade humana que, protegido e reconhecido pelo orde-

4 JELLINEK, Georg. *Teoria General del Estado*. Trad. da 2. ed. Alemã e prefácio de Fernando de Los Rios. Buenos Aires: Editorial Albatros, 1954; JELLINEK, Georg. *Sistema dei Diritti Pubblici Subiettivi*. Trad. Italiana de Gaetano Vitagliano, da 2. ed. tedesca. Milano: Società Editrice Libraria, 1912.

namento jurídico, tem por objeto um bem ou interesse" (Jellinek, 1910:10), acentuou Clarice Seixas Duarte.[5]

O ser humano, sendo sujeito de direito, de sua personalidade resulta a possibilidade de provocar o Estado para atender o interesse humano, pondo em movimento as normas integrantes do ordenamento jurídico.[6]

O ser humano pode transformar a norma geral e abstrata contida no Direito, em seu favor. Os cuidados da lei são dela extraídos para proteger o ser humano.

3. DIREITOS DA PERSONALIDADE

3.1. Generalidades. Noções

Os direitos da personalidade aninham-se no interior do ser e merecem toda a atenção e os cuidados jurídicos.

Na lição de Friedrich Karl Von Savigny,[7] os direitos atuam em três planos: na pessoa, na família e na sociedade.

A atuação na pessoa guarda-se na intimidade desta e lhe diz respeito, tal o direito à vida, à liberdade, ao decoro, ao nome, à disposição do próprio corpo, a escolha de tratamento médico, entre muitos outros. São os direitos da personalidade, ligados à própria pessoa, daí o sentido da personalidade, que é a condição de ser pessoa.

Quando os direitos exercem-se fora da pessoa, sobre um bem jurídico exterior, no âmbito da família e na sociedade, estes são os chamados de direitos de valor econômico ou patrimoniais reais ou obrigacionais (pessoais ou de crédito).

Os direitos da personalidade asseguram-se em nossa Constituição, de 5 de outubro de 1988, no art. 5º, que declara a igualdade de todos perante a lei, sem qualquer distinção, garantindo o direito à vida, à liberdade, à segurança e à propriedade (caput), tornando invioláveis a intimidade, a vida privada, a honra e a imagem das pessoas, garantindo o direito de indenização por dano material e moral, decorrente de sua violação (inciso X).

Essa mesma Constituição, apresenta como um de seus princípios fundamentais o respeito à dignidade humana (art. 1º, inciso III).

Onde estiver a pessoa humana, será sempre ela alvo dos cuidados da ciência jurídica.

---

5 JELLINEK, Georg. Direito Público Subjetivo e Políticas Educacionais. *São Paulo em Perspectiva*, 2004, p. 113.

6 JELLINEK, Georg. *Sistema dei Diritti Pubblici Subiettivi*. Trad. Italiana de Gaetano Vitagliano, da 2. ed. tedesca. Milano: Società Editrice Libraria, 1912, p. 92/93.

7 SAVIGNY, Friedrich Karl Von. *Traité de Droit Romain*. Trad. do alemão por Ch. Guenoux. Paris: Librairie de Firmin Didot Frères, 1855, Tomo primeiro, § LIII, § 53.

Por causa dos homens, o direito foi constituído, declarou Hermogeniano[8] (*hominum causa, omne ius constitutum est*).

Encimando a principiologia dos cuidados do Direito e da Lei, ao ser humano é a sua própria vida que desponta, base da existência e do respeito que integra o conceito de Direito, como vida humana em que se objetivam os interesses antes do ser humano, depois da sociedade, onde ele se insere.

Direito é, portanto, a conduta humana, com as circunstâncias que ela cria e que merecem proteção jurídica, solução e cuidados.

3.2. Nascituro

Nasciturus é o que vai nascer. *Conceptus sed non natus*.

A lei e a jurisprudência têm reconhecido seus direitos, o que já é suficiente para reconhecer sua condição de ser, de personalidade, necessitando dos cuidados especiais do Direito.

Isso malgrado o Código Civil só reconheça a personalidade do ser humano ao nascer com vida (art. 2º do CC), embora ressalve seus direitos, por sua capacidade de direito, de adquirir direitos; isso, desde a concepção.

Recebe o nascituro todos os cuidados do Direito, no útero materno, que se apagam se ele, nascer morto, como se nada tivesse existido.

O ideal seria alcançado em eventual novo texto, escudado em nossas tradições cristãs, sob o ensinamento de Augusto Teixeira de Freitas, pelo qual a personalidade do ser humano começa desde a concepção, pois, com ele, já existe em embrião, que necessita de ser respeitado.

Os cuidados com o nascituro não deveriam ser condicionais, sob condição de nascimento.

Sua proteção deve ser incondicional, como têm admitido a jurisprudência, com sua capacidade processual;[9] seu direito de receber reparação por danos morais, com a perda de pai atropelado por composição férrea;[10] seu direito de pleitear alimentos e de ingressar com ação investigatória de paternidade, sendo representado por sua mãe;[11] seu direito a alimentos por sua mãe grávida (alimentos gravídicos – Lei nº 11.804, de 05.11.2008), entre outros casos.

Também o Código Civil lhe reconhece direitos: de receber doação, se aceita por seu representante legal (art. 542); a ter curador (*curator ventris*), se seu pai falecer estando grávida sua mãe, sem o poder familiar (art. 1.779), a legitimidade de suceder (art. 1798).

---

8 In Digesto, 1, 5, 2.

9 RT 625/177 e 587/182.

10 STJ, 4ª Turma, REsp 399028, Rel. Min. Sálvio de Figueiredo Teixeira, julg. 26.02.2002.

11 TJRJ, 7ª Câmara Cível, Apelação Cível. 1999.001.01187, Rel. Des. Luiz Roldão Gomes, julg. 25.05.1999.

Ressalte-se, ainda que o nascituro, se receber a doação de um imóvel ou uma herança, é contribuinte, por seus representantes legais, do imposto de transmissão *inter vivos* (no caso de doação) e *causa mortis* (no caso de herança).

A doutrina, também, tem acolhido o entendimento de que o nascituro é pessoa. Nessa corrente concepcionista (contrariamente à teoria do Código Civil, natalista) estão, entre outros, Rubens Limongi França,[12] Silmara Chinelato e Almeida;[13] Francisco Amaral[14] e Maria Helena Diniz[15] (nascituro e embrião *in vitro* ou *in útero* são pessoas), neste caso apoiando o PL n. 6.960, de 2002, em que se propõe a alteração do art. 2º do Código Civil.

A tendência é a de considerar-se o embrião como pessoa humana, pois, como demonstra Mário Bigotte Chorão,[16] "Partindo dos dados científicos da embriologia, cada vez mais numerosos e precisos, e lançando mão do indispensável exercício da razão metafísica, encontramo-nos, a partir do zigoto, com uma realidade humana nova e irredutível, a que é difícil não reconhecer a identidade e dignidade pessoais: o ser concebido é alguém e não apenas uma coisa".

Tanto a biologia como a medicina mostram a existência de um corpo em desenvolvimento após a concepção, ensina Gérard Mémeteau,[17] citando M. Vigneau, a demonstrar que os dados atuais da ciência confirmam essa "permanência do ser humano desde a concepção até a morte".

Pelo que expus, o nascituro, destinatário de tanta proteção e cuidados pela lei, pela jurisprudência e pela Doutrina, merece o reconhecimento e o direito de ser, desde a concepção (momento em que se aloja no organismo humano).

Portanto, entendo o nascituro como pessoa, desde a concepção.

---

12 FRANÇA, Rubens Limongi. *Manual de Direito Civil*. 3. ed. São Paulo: Revista dos Tribunais, 1975, vol. I, p. 143/145 ("personalidade já existe com a concepção").

13 ALMEIDA, Silmara Chinelato e. *Tutela civil do nascituro*. São Paulo: Saraiva, 2000, p. 161 e 55.

14 AMARAL, Francisco. *Direito Civil:* introdução. 5. ed. Rio de Janeiro: Renovar, 2003, p. 222/224, n. 4. i.

15 DINIZ, Maria Helena. *Curso de Direito Civil Brasileiro:* teoria geral do direito civil. 27. ed. Vol. 1. São Paulo: Saraiva, 2010, p. 207, nota 119.

16 CHORÃO, Mário Bigotte. Direito e Inovações Biotecnológicas, a pessoa como questão crucial do biodireito, *Revista "O Direito"*, 1994, III – IV, p. 419 a 466, especialmente p. 460.

17 MÉMETEAU, Gérard. Vie biologique et personnalité juridique. In: *La Personne Humaine, Sujet de Droit*. Paris: Presses Universitaires de France, 1994, p. 21 a 56, especialmente p. 37 e 38.

3.3. Embriões excedentários

Quanto ao congelamento de embriões, mostra-nos o Doutor Paulo César Serafini[18] que:

> Em vez de amadurecer apenas um óvulo, como ocorre naturalmente todo mês no corpo feminino, a estimulação provoca o amadurecimento de vários óvulos, aumentando-se as possibilidades de sucesso na fertilização artificial. Com um só embrião, existem possibilidades entre 7% e 17%, da paciente engravidar; com quatro embriões, essas possibilidades aumentam entre 15% a 40%.

Entretanto, a não utilização de todos os embriões implica o descarte de um ou alguns deles, em verdadeira prática abortiva ou aniquiladora da vida humana.

O ideal será que, na inseminação homóloga ou na heteróloga, em útero próprio com sêmen alheio, somente um embrião, por vez, seja criado e inseminado, para que se evite a eliminação dos mencionados embriões excedentes (excedentários).

3.4. Paternidade responsável e direito à identidade

De destacar-se, nesse ponto, que, com o advento da Constituição Federal de 1988, por seu artigo 227, parágrafo 6º, erigiu-se, como princípio, no Direito Brasileiro, o princípio da "paternidade responsável",[19] sendo certo que a verdade jurídica deve, preferencialmente, não divergir da verdade moral.[20]

Após as colocações feitas, sou favorável, tão-somente, à inseminação homóloga, ou seja, realizada com embrião constituído de espermatozoide do marido ou do companheiro, aplicado no óvulo da esposa ou da companheira, no próprio útero destas; tudo, sem que existam embriões excedentes. Estes são seres humanos, vidas que devem ser preservadas.

A inseminação heteróloga, com material próprio ou alheio (sêmen e óvulo próprios ou alheios, sêmen próprio e óvulo alheio ou vice-versa), resulta em embriões a serem implantados em útero alheio, ou ainda, em útero próprio, com material alheio (sêmen e óvulo; sêmen ou óvulo), pelas razões até aqui apontadas, fere a legislação vigente e as bases do Direito Natural.

É como se, permitam-me dizer, o direito humano estivesse a intrometer-se no direito divino, fazendo, por artifício humano, o que compete à Divina

---

18 SERAFINI, Paulo César. As Técnicas de Reprodução Assistida. *Revista Manchete*, Saúde. Rio de Janeiro: Bloch, p. 12 a 15, especialmente p. 14.

19 Conforme RT 665/140.

20 Confira-se in RT 600/37.

Natureza. Se esta, que é obra de Deus, negou ao homem seu filho, não há que admitir-se a reprodução *in vitro*.

Diante da impossibilidade, em quaisquer circunstâncias, de que se realize a inseminação artificial, com os riscos que apresenta e dificuldades, muito mais artificial mostra-se ela do que o próprio instituto da adoção, que, com o passar do tempo, aperfeiçoou-se, legislativamente, ao ponto de constarem os filhos adotivos, na Constituição Federal de 1988 (artigo 227, parágrafo 6º), em completa igualdade de direitos com os consanguíneos.

O direito é vida humana, um não pode existir sem o outro. A Ética faz parte do Direito humano, por isso é que este não pode contrariar o Direito Natural.

3.5. Código Civil de 2002

Merece relevo, nessa oportunidade, menção ao atual Código Civil, que cuida da matéria aqui exposta na parte referente às relações de parentesco, acentuando, no art. 1.593, que este é natural ou civil, consoante resulte, respectivamente, da consanguinidade ou da adoção.

Tentando tratar da fecundação artificial homóloga e heteróloga, nos incisos III a V, do art. 1.597, no capítulo da filiação, o legislador inseriu matéria de alta complexidade e que deveria existir em um estatuto próprio cuidando de todo o tema envolvente da fecundação assistida.

O citado art. 1.597 presume, assim, concebidos na constância do casamento, entre outros, os filhos "havidos por fecundação artificial homóloga, mesmo que falecido o marido" (inciso III); ou "havido, a qualquer tempo, quando se tratar de embriões excedentários, decorrentes de concepção artificial homóloga" (inciso IV).

Nesse caso, ainda que seja homóloga a fecundação, permite a lei que existam embriões "excedentários", o que implica a ideia de permitir vidas humanas em risco, de embriões que podem não ser inseminados e terminem por ser destruídos.

No caso de "inseminação artificial heteróloga", "com prévia autorização do marido" (inciso V), a situação fica pior, pois a hipótese possibilita que espermatozoide de terceiro seja inseminado artificialmente no óvulo de uma mulher casada, ou de uma companheira, o que excepciona a ideia do parentesco consanguíneo previsto no citado art. 1.593, já que o filho do titular dos espermatozoides não será consanguíneo do marido, a não ser *ex lege*.

Ressalte-se, finalmente, que não se cogita de fecundação *in vitro*; todavia, menciona-se a possibilidade de existirem embriões excedentários, decorrentes de concepção artificial homóloga. Esses embriões estarão, certamente, *in vitro*, e podem, como disse, não ser aproveitados. Se tiverem sido inseminados na mulher, um só poderá nidar, sendo os outros eliminados, mesmo para salvar a vida da gestante; contudo, sem justificativa, pois esse risco de vida foi criado pelos que consentiram nesse tipo de inseminação.

Por outro lado, a locução "inseminação artificial heteróloga" é muito ampla, não tendo sido expressamente proibida a inseminação em útero de terceira pessoa, conhecida como "mãe de aluguel", ainda que nada receba para gestar filho alheio. Na inseminação em útero alheio, se fosse permitido, deveria existir autorização de ambos os cônjuges ou conviventes.

3.6. Aborto e eutanásia

Portanto, reafirmo que o nascituro é pessoa e a Ciência Jurídica reforça (ou deve reforçar) essa situação também no âmbito do Direito Público Penal, punindo o aborto. Nem se digna que este é proteção à vida e não à pessoa, pois esta é direito da pessoa, que tem o direito de existir.

A vida do feto é vida humana, com capacidade de direito.

Flamínio Fávero[21] conceitua o aborto como "interrupção da gestação, com morte do produto da concepção".

Por esse conceito, o produto da concepção é o feto.

Um tanto genérico, mas que dá a perceber a proteção jurídica do feto, antes de nascer.

O feto é vida humana, que deve receber toda a proteção e cuidados da lei, pois tem o direito de existir.

Aventa o Código Penal Brasileiro, de 1940, em seus arts. 124 a 126, o crime de aborto, nas situações que estabelece.

São cuidados, proteções ao feto, ser humano que vai nascer (nascituro).

O embrião tem o direito de existir.

O Supremo Tribunal Federal considerou lícito o aborto, quando realizado até três meses depois da concepção, por acórdão relatado pelo Ministro Marco Aurélio, e Luiz Roberto Barroso[22] redator para o acórdão.

Esse entendimento alterou o significado da lei penal brasileira, com julgamento *contra legem*; sim, porque o aborto, pelo art. 124 a 126 do Código Penal não estabelece termo até quando se permita o aborto fora das prescrições legais (terapêutico, para salvar a vida da gestante ou resultante de estupro).

O analisado julgamento considerou, aprioristicamente, os direitos da gestante, deixando de lado o direito à vida do feto.

É difícil negar que, pelo menos após a concepção, exista um ser humano, que necessite de cuidados, como ser vivente.

Ao seu turno, também, atenta contra o Direito Natural, à criação, atuação humana em abreviar a duração da vida, ainda que para evitar sofrimentos.

---

21 FÁVERO, Flamínio. *Medicina Legal* (três volumes). 5. ed. São Paulo: Livraria Martins, 1962.

22 STF, 1ª Turma, HC 124.306-RJ, julg. 29.11.2017, embora seja decisão não vinculante.

Ao ser humano não cabe julgar sobre a vida e a morte.

O direito de existir deve ser preservado até quando possível pela ciência, por essa razão não há como defender a vida de quem tem seus órgãos vivos porque ligados à máquina. É o caso, por exemplo da constatação da morte cerebral.

As dúvidas existem sobre quando a alma é implantada no ser humano e quando dele se desliga.

Ante a ignorância humana, é preciso atentar ao Direito Natural, que é a inscrição de Deus na vida humana, bem como em tudo que existe.

Enquanto o ser existe, deve receber os cuidados e a proteção do Direito, não o critério eliminatório da vida (eutanásia).

3.7. Dignidade da pessoa humana e direito à vida

Como um dos princípios fundamentais da República, assenta-se no inciso III do artigo 1º da Constituição Federal, de 05 de outubro de 1988, o respeito à dignidade humana.

A dignidade dá origem a todos os outros direitos fundamentais, como o direito à vida.

A liberdade e a autonomia integram a dignidade. Cada direito fundamental contém o reflexo da dignidade (de autonomia e de liberdade).

O direito à vida, também garantido constitucionalmente (art. 5º, *caput* da CF) pressupõe não apenas o direito de existir biologicamente. Se o direito à vida é um direito fundamental alicerçado na dignidade humana, a vida assegurada pela Constituição existe com autonomia e liberdade.

Se citássemos como exemplo o direito de escolha de tratamento médico sem sangue, por parte das Testemunhas de Jeová, tem ele amparo constitucional e civil (art. 15 do CC). Sua posição não implica recusa a tratamento médico, mas escolha de tratamento. Não pode ser encarada tal escolha como menosprezo pela vida e não é uma atitude suicida. Logo, não há conflito entre o direito à vida e o direito de liberdade religiosa, prestigiando-se o direito de escolha de tratamento médico (da personalidade).

Há, sim, exercício do direito à vida digna, tendo em conta a liberdade e a autonomia de cada pessoa, fundamentos de sua dignidade.

O ser humano tem, em si, o direito de viver uma vida digna, sem o que de que vale a vida?

O direito de ser deve respeitar as prerrogativas deste, que necessita viver em clima de dignidade, liberdade e autonomia.

Os cuidados e o direito de ser são conferidos, antes pelo Direito Nacional, para que a pessoa possa agir escolhendo o melhor, segundo seu entendimento.

3.8. Conceito de direito da personalidade e características

Vimos estudando e preparando esse conceito do direito da personalidade como "as faculdades jurídicas cujo objeto são os diversos aspectos da própria pessoa do sujeito, bem assim as suas emanações e prolongamentos", no dizer de Rubens Limongi França.[23]

Contrariando Adriano De Cupis, da corrente positivista, que entende os direitos da personalidade, que dão essência ao ser humano, tão somente concedidos pelo ordenamento jurídico, acrescenta Limongi França que eles se expressam também pelo Costume e pelo Direito Científico (conclusões da Ciência Jurídica), tendo como fundamento primeiro o Direito Natural. Prefere esse autor a expressão direitos privados da personalidade, porque os juristas alemães só lhes reconheciam a proteção pública, pelo Direito Constitucional e pelo Direito Penal.[24]

Os direitos da personalidade subjetivos privados, conservando essa natureza, têm sido classificados como públicos, ante a forte tendência publicista. Entretanto, esses pontos de direito público não são deste propriamente, mas integram a categoria das normas de ordem pública, que mostram a intervenção do Estado no Direito Privado (*Ius cogens e não Ius publicum*).[25]

Assim, os direitos subjetivos privados, respeitando as pessoas, como simples seres humanos, asseguram o seu ser físico e espiritual. São direitos não patrimoniais (sem utilidade de ordem econômica e financeira – tipicamente pessoais); são direitos originários ou inatos (adquiridos naturalmente; são direitos de exclusão ou absolutos (*erga omnes*); são direitos imprescritíveis (podem ser exercidos a qualquer tempo); com o complemento do art. 11 do Código Civil, que os declara, com exceção dos casos previstos em lei, intransmissíveis e irrenunciáveis, não podendo o seu exercício sofrer limitação voluntária.[26] É norma de ordem pública.

Os direitos da personalidade, leciona Arnoldo Wald,[27] são verdadeiros direitos subjetivos, implicando o dever jurídico de abstenção para todos os integrantes da sociedade. São bens jurídicos protegidos pela lei penal e civil, como nos casos de cerceamento da liberdade sexual ou de injúria, calúnia ou difamação, prejudicando a honra alheia, com a necessidade de sanção penal e civil, obtendo-se, por meio desta a reparação dos prejuízos causados.

---

23 FRANÇA, Rubens Limongi. Op. cit., p. 403.

24 AZEVEDO, Álvaro Villaça. *Curso de Direito Civil*: Teoria Geral do Direito Civil - Parte Geral. São Paulo: Atlas, São Paulo, 2012, p. 32/33.

25 AZEVEDO, Álvaro Villaça. Op. cit., p.34.

26 AZEVEDO, Álvaro Villaça. Op. cit., p. 34.

27 WALD, Arnoldo. *Direito Civil*: Introdução e Parte Geral. 12. ed. São Paulo: Saraiva, 2010, p. 153.

Aduz esse autor que "As recentes descobertas biológicas, em especial a clonagem justificam a promulgação da Lei 11.105, de 24-3-2005, na qual restou proibida a clonagem humana (art. 6º, IV), ficando evidenciado que esta, com as pesquisas envolvendo novas técnicas, a par de seduzir os cientistas, é vista como uma ameaça à ética da medicina e também do direito".

O Estado cuida e protege as pessoas nessas manifestações da personalidade, com irrestrita atuação de segurança.

Como já mencionei, a enumeração dos direitos da personalidade na Constituição e no Código Civil, não é taxativa, como também a opção sexual de cada pessoa.

3.9. Alguns outros direitos da personalidade

Destaco, em seguida, o artigo 12 do CC que considera ilícita a ameaça ou a lesão ao direito da personalidade do morto, autorizando pagamento de perdas e danos, além de outras sanções estabelecidas em lei. Aqui, a simples ameaça de leão já poderá configurar-se em ilicitude, onde não só os danos morais, mas os materiais poderão ser devidos até cumulativamente.

É o caso, por exemplo da violação de túmulo ou de cadáver ou, ainda de maledicência contra o morto.

Em seguida, o art. 13, que proíbe ato de disposição do próprio corpo, quando isso acarretar diminuição permanente da integridade física ou contrariar os bons costumes, salvo por "exigência médica". Esta expressão quer dizer recomendação ou autorização, e não exigência propriamente dita, ante a existência de direito de personalidade.

Nesse caso, pode ocorrer e a inseminação artificial, a doação de órgãos em vida, a cirurgia estética e de mudança de sexo, entre outras situações.

Esclareça-se que há uma legislação especial, Lei n. 9.434, de 1997, que limita a realização de transplantes ou enxertos de tecidos, órgãos ou partes do corpo humano por estabelecimento de saúde, público ou privado e por equipe de médicos especializados nesse mister, previamente autorizados pelo órgão de gestão nacional do Sistema Único de Saúde (art. 2º, *caput*, da citada Lei).

A doação do próprio corpo, ou de parte dele, após a morte, é válida, desde que com objetivo científico ou altruísta (art. 14 do CC). Podem ocorrer transplantes ou enxerto de órgãos, de partes do corpo ou de tecidos humanos, matéria regulada pela Lei n. 9.434, de 1997.

O ato de disposição do próprio corpo pode ser livremente revogado, a qualquer tempo (parágrafo único do art. 14, citado)

A lei sempre assegurando cuidados e proteção aos direitos da personalidade.

O art. 15, seguinte, cuida da escolha do tratamento médico ou intervenção cirúrgica de risco.

Surge nesse item, como já foi referido atrás, o direito das testemunhas de Jeová de escolher seu tratamento médico sem transfusão de sangue, pois, caso contrário, estaria o paciente sofrendo verdadeira tortura.

Não há dúvidas[28] de que o direito de escolha de tratamento médico sem sangue tem amparo constitucional e civil como demonstrado.

Percebe-se, no caso, o cuidado máximo com a pessoa humana, em prol de sua dignidade, alvo primeiro da proteção legal.

Por outro lado, todo ser humano tem o direito à sua identidade (art. 16 do CC). Seu direito ao nome, que não pode ser empregado por outrem em publicação ou representação nociva (art. 17 do CC); nem ainda o nome alheio pode ser utilizado em propaganda comercial, sem autorização do titular (art. 18 do CC).

Protege, ainda, o Código Civil, pelo art. 19, o pseudônimo, quando utilizado em atividades lícitas.

O mesmo cuidado da lei em resguardar a palavra falada e escrita e a imagem das pessoas, salvo autorizadas, ou se necessárias à administração da justiça ou à manutenção da ordem pública.

Podem ser proibidas, além da indenização cabível, quando atingirem a honra, a boa fama ou a respeitabilidade das pessoas, ou se se destinarem a fins comerciais (art. 20 do CC).

O rol de direitos da personalidade, elencado no Código Civil, encerra-se com o art. 21, que cuida da inviolabilidade da vida privada, norma que, sendo violada, pode cessar por ordem judicial.

4. PALAVRAS FINAIS

O cuidado do Direito destinado ao ser humano preserva, antes de tudo, a figura deste e de sua alma, que devem existir.

Examinando a teoria do ser, dialogando com Glauco, Sócrates, pela palavra de Platão, conclui pela existência de duas espécies de ser, o visível e o inteligível.[29]

O ser, assim, por esses filósofos, assenta em sequência o autor Roland Corbisier, divide-se em duas grandes partes, o visível, ou sensível, e o invisível, ou inteligível, analisando,[30] em seguida o pensamento de Platão, no Fédon, que admite a alma como presa a um corpo, devendo a missão do filósofo "libertar os homens da caverna, da clausura em que se encontram,

---

28 AZEVEDO, Álvaro Villaça. Op. cit., p. 41/44.

29 CORBISIER, Roland. *Introdução à Filosofia*, tomo II, Parte Primeira – Filosofia Grega, citando a República de Platão, Livro VIII (últimas páginas). Rio de Janeiro: Civilização Brasileira, 1984, p. 148/149.

30 CORBISIER, Roland. Op. cit., p. 155 e 157.

convertendo-os do sensível ao inteligível, do visível ao invisível, do efêmero ao eterno". Assim, a alma é indestrutível.

Portanto, entendo que a alma habita o corpo e deve, com ele ser respeitada, sendo o ser humano merecedor dos cuidados do Direito.

Todas as pessoas têm o direito de ser, como base fundamental da Ciência Jurídica, para depois viver em sociedade.

Enquanto ser, a figura humana tem os seus direitos protegidos internamente e que são sua exclusiva propriedade moral e inata.

Por isso, tudo o que agride a esse interior do ser humano, e que impede a sua proteção e os cuidados de que é destinatário, deve inexistir.

O Estado deve esse cuidado e proteção aos seus súditos, que têm o direito de ser.

Cada direito interno do ser humano, desprotegido de sua alma ou de seu corpo é a perda irreparável de um tesouro que ele guarda por obra do Direito Natural ou Divino.

Que o cuidado do direito de ser seja, cada vez mais, aprimorado e humano, para que o Direito represente a expressão do divino a preservar a dignidade humana com soluções de conflitos pelo bom e pelo justo.

Cuidar é dever de cuidar do direito de ser.

Aquele ponto pedido no infinito, mencionado ao abrir deste ensaio, que é vida e que recebe os cuidados do direito de ser, desaparece, ao fim da jornada, na linha do horizonte e possa a existir em memória dos que não morreram, porque é imortal, porque permanece pela alma, essência humana, que se prepara para voltar à vida material, ao ciclo da vida, em outro corpo que vai padecer até a morte, no palco de nova existência, quantas vezes forem necessárias, sempre merecendo os cuidados do direito de ser, desde embrião.

Tudo, para o ser continuar a ser, vivendo em sociedade com os mesmos cuidados de viver.

Abril de 2017.

A FORMAÇÃO DIALÓGICA DA RELAÇÃO MÉDICO-PACIENTE COMO EXIGÊNCIA DEMOCRÁTICA À HUMANIZAÇÃO DO PARTO

Ana Carolina Brochado Teixeira[1]
Diogo Luna Moureira[2]
Maria de Fátima Freire de Sá[3]

1. INTRODUÇÃO

Atualmente, um novo fenômeno tem despertado a atenção do Direito para além das questões objetivas do momento do nascimento: a forma pela qual se dá o parto, o respeito às condições de saúde e aos desejos da mulher, situações que perpassam, inegavelmente, o conteúdo e a condução da relação médico-paciente e da formação do consentimento da gestante.

A compreensão do paciente como protagonista do seu tratamento e da relação com o médico se aplica ao momento do parto. A mulher deve tomar as decisões relevantes a respeito de sua história, sobre seu corpo, sobre a forma de dar à luz, além de ter assistência à saúde humanizada e segura. Para que o momento do parto – tão importante para a mulher que terá um filho – atenda a esses objetivos, ele deve ser baseado em um diálogo franco e esclarecido com o médico responsável, de modo a assegurar a saúde da criança e as determinações da mulher. Isso é possível por meio de uma relação médico-paciente saudável e adequadamente construída.

---

1 Doutora em Direito pela UERJ. Mestre em Direito Privado pela PUC Minas. Professora no curso de graduação do Centro Universitário UNA. Pesquisadora do Centro de Estudos em Biodireito - CEBID.

2 Doutor e Mestre em Direito Privado pela PUC Minas. Professor dos cursos de graduação da Fundação Comunitária de Ensino Superior de Itabira (FUNCESI) e da Universidade do Estado de Minas Gerais (UEMG). Pesquisador do Centro de Estudos em Biodireito - CEBID.

3 Doutora em Direito pela UFMG. Mestre em Direito pela PUC Minas. Professora nos cursos de graduação e pós-graduação (mestrado e doutorado) em Direito da PUC Minas. Pesquisadora do Centro de Estudos em Biodireito - CEBID.

Esse vínculo intersubjetivo que anima a relação entre o médico e o paciente é determinado pelo processo de formação do consentimento deliberativo sobre o ato médico. Afinal de contas, o objeto desta relação é a saúde do paciente que assume, junto do médico, a coparticipação na tomada de decisões. Porém, nem sempre foi assim. E para melhor compreender esta assertiva, e por exigência didática, é possível dizer que a relação jurídica médico-paciente pode assumir um caráter *paternalista*, ou um caráter *meramente informativo*, ou um caráter *dialógico* (ou discursivo).

Embalado pelo juramento de Hipócrates, durante muito tempo se defendeu que o agir do médico na relação com o paciente tinha como escopo ético beneficiar o paciente e protegê-lo de danos. O médico se revestia na figura de um pai para o enfermo, em um claro exercício de direito potestativo. Diante de cada situação específica, caberia ao médico definir o que era bom e em que medida o paciente estaria protegido de danos decorrentes da aplicação da técnica que o médico dominava.

Ao trazer tal *caráter paternalista* ao Direito, a relação jurídica médico-paciente assume uma dinâmica monológica, porquanto o médico delibera sobre o que é bom ou ruim para o paciente. A esta alternativa não resta senão a sujeição.

Igualmente prejudicial é a posição meramente informativa assumida pelo médico na relação com o paciente. A negação da participação ativa do médico é tão refutável quanto a negação da participação deliberativa do paciente.

É extramente prejudicial defender que o médico é um coadjuvante de somenos importância na relação com o paciente, deixando a este toda carga decisória. Atul Gawande define tal relacionamento como informativo. Neste, o que importa é informar fatos e números, já que o médico fornece "habilidades e conhecimentos atualizados". Quem decide é o paciente.[4]

Ao trazer tal *caráter informativo* ao Direito, a relação jurídica médico-paciente assume, também, uma dinâmica monológica, eis que o paciente delibera sobre o que é bom ou não para ele próprio, sem que o médico tenha qualquer participação na construção da decisão sobre a saúde. Ao médico não resta alternativa senão a sujeição.

Hoje, o que se busca no Direito Médico é uma mudança atitudinal que recai sobre o processo de formação, execução e acompanhamento do ato médico.

Para definir com precisão a forma como o consentimento deve ser formado na relação médico-paciente, não usaremos designações como consentimento livre, consentimento esclarecido ou consentimento informado, pois eles podem levar a compreensões extremas de uma realidade monológica que

4 GAWANDE, Atul. *Mortais*. Rio de Janeiro: Objetiva, 2015, p. 189.

pretendemos superar neste artigo. Para melhor definir nosso objetivo, denominaremos o consentimento como dialógico ou discursivo.

Atul Gawande definiu como *interpretativo* o relacionamento constituído a partir de uma dinâmica dialética entre médico e paciente. O médico e o paciente atuam de forma compartilhada para a formação de uma decisão adequada. Neste sentido, ilustra que os médicos perguntam: "'O que é mais importante para você? Quais são suas preocupações?".[5]

Somente quando se pensa a relação jurídica médico-paciente como fruto constitutivo de uma dinâmica dialógica é que se pode levar a sério a compreensão do consentimento como elemento de mensuração da responsabilidade civil.

Com o propósito de fomentar o debate acerca desta questão, apresentaremos a relação médico-paciente e a gestão participativa da saúde; os princípios normativos que sustentam a formação do consentimento discursivo; e, por fim, a violência obstétrica, que tem como uma das causas grave problema na formação do consentimento.

2. A RELAÇÃO JURÍDICA MÉDICO-PACIENTE E A GESTÃO PARTICIPATIVA DO SEU OBJETO

A dinâmica dialógica da relação jurídica médico-paciente é uma exigência do Estado Democrático de Direito. Isto porque o objeto da referida relação é a saúde, não compreendida como um bem ou interesse público, mas como a expressão de um direito cujo titular é o paciente e é por ele exercido.

Para melhor compreender a abrangência normativa do que se afirma é necessário discutir a redefinição do conceito de saúde a partir da autonomia corporal para, em seguida, compreender a exigência normativa do consentimento como produto da dialética entre o médico e o paciente.

O novo marco paradigmático da *International Classification of Functioning, Disability and Health* pressupõe a retirada da doença do centro das especulações médicas, colocando em seu lugar a pessoa, seu corpo e sua saúde.

O objetivo da CIF foi descrever a funcionalidade e a incapacidade relacionando-as às condições de saúde da pessoa, identificando o que ela pode ou não fazer em sua vida diária, "tendo em vista as funções dos órgãos ou sistemas e estruturas do corpo, assim como as limitações de atividades e da participação social no meio ambiente onde a pessoa vive".[6]

Saúde deixa de ser conceituada como um mero estado de ausência de doença, pressupondo a participação da pessoa na definição do seu conteúdo.

5 GAWANDE, Atul. Op. cit., p. 190.

6 FARIAS, Norma; BUCHALLA, Cássia Maria. A classificação internacional de funcionalidade, incapacidade e saúde da Organização Mundial de Saúde: conceitos, usos e perspectivas. *Revista Brasileira de Epidemiologia*, São Paulo, v. 8, n. 2, 2005, p. 189.

Saúde é, portanto, a expressão de uma liberdade que evidencia traços da individualidade.

É a partir do fluxo dinâmico e interativo de construção da pessoalidade que se torna possível definir saúde, já que esta não pode ser compreendida como uma realidade além da própria pessoa e sua dimensão corporal. Pessoa, saúde e corpo são conceitos que se definem em um mesmo movimento de liberdade.

O corpo deve ser tratado como elemento imprescindível para o reconhecimento da base sensível da pessoalidade que se manifesta através dele. Ser pessoa não é ser um corpo, mas ter um corpo.

Assumir a existência do corpo como algo pessoal implica, necessariamente, no reconhecimento da autonomia privada como forma de autodeterminação da pessoa humana, e evidentemente da sua identidade. O corpo é, portanto, a expressão da própria pessoa neste processo de autodeterminação, sobretudo para atribuir conteúdo à sua definição de saúde.

Assim, verifica-se que a tendência moderna de definição de saúde afasta-se do projeto "impassível" e "benevolente" dos tempos de outrora, exigindo-se a afirmação da própria pessoa na definição daquilo que será causa da projeção particularizada da sua identidade. Embora não seja muito claro, é possível depreender tal percepção dos dispositivos normativos que regulam a relação médico-paciente.

A Resolução CFM n. 1.391/09, que institui o Código de Ética Médica, dispõe como princípio fundamental que, no processo de tomada de decisões, o médico aceitará as escolhas de seus pacientes relativas aos procedimentos diagnósticos e terapêuticos por eles expressos, de acordo com seus ditames de consciência e as previsões legais, desde que adequadas ao caso e cientificamente reconhecidas.

A fim de assegurar as escolhas do paciente, o Código de Ética Médica definiu como sendo vedado ao médico deixar de obter o consentimento do paciente ou de seu representante legal após esclarecê-lo sobre o procedimento a ser realizado, salvo em caso de risco iminente de morte (art. 22). Tal dispositivo deve ser lido em consonância com o art. 24 do Código de Ética na medida em que se diz ser necessário garantir ao paciente o exercício do direito de decidir livremente sobre sua pessoa ou seu bem-estar, sendo vedado ao médico exercer sua autoridade para limitá-lo.

Não nos parece razoável interpretar que os dispositivos do Código de Ética Médica estariam a colocar o médico em uma posição meramente informativa na relação com o paciente. É necessário compreender adequadamente o processo de "obtenção" e de "aceitação" do consentimento, na medida em que o médico é copartícipe na construção da decisão sobre saúde.

É por tal razão que novas exigências são feitas para se compreender adequadamente a relação médico-paciente, eis que o objeto desta relação jurídica é a saúde do paciente, e sua operacionalização se define a partir de uma gestão compartilhada.

Se se trata da gestão compartilhada de um bem jurídico titularizado por um único indivíduo (o paciente), é preciso cautelas para compreender como se efetivará tal gestão. Até mesmo porque, em se tratando de uma relação jurídica, nela haverá direitos e deveres que se constituem e reconstituem a partir de demandas que envolvem benefícios e danos.

A gestão compartilhada da saúde somente se efetiva de forma adequada ao projeto democrático de Direito na medida em que o consentimento, delimitador das ações e das omissões médicas, seja construído de *forma discursiva*, respaldado nos princípios da autonomia, da lealdade e da transparência.

3. PRINCÍPIOS NORMATIVOS QUE JUSTIFICAM O CONSENTIMENTO DISCURSIVO

Ao entendermos o consentimento como meio de delimitação das ações e das omissões médicas, afastando qualquer pretensão de defender o papel paternalista ou meramente informativo do médico, assumimos que a relação jurídica médico-paciente só se efetiva a partir de uma dinâmica necessariamente dialógica.

Caso contrário, podemos falar em qualquer outra forma de relação jurídica, menos médico-paciente. Como vimos no tópico acima, o objeto de tal relação é um bem jurídico essencial ao próprio paciente, classificando-se como um direito da personalidade (corpo-saúde), de forma que a construção discursiva do consentimento é condição *sine qua non* para a adequada compreensão.

Com o escopo de demarcar a normatividade do consentimento discursivo, apresentaremos três princípios jurídicos a fundamentá-lo, quais sejam: a) o princípio da autonomia privada, b) o princípio da lealdade e c) o princípio da transparência.

3.1. Princípio da Autonomia Privada

A cultura moderna construiu um conceito de autonomia que, de início, foi definido a partir da compreensão de um "eu" cuja liberdade se bastava na determinação da sua realização, e presumia-se existir sem qualquer referência à rede de interlocução a qual estava integrada.

Lançadas as bases fundamentais do individualismo e a possibilidade dos indivíduos exercerem a própria autonomia, a consequência imediata de tais pressupostos teóricos revelou a exacerbação de uma autonomia independente que negou qualquer referencial de efetiva interação e interdependência.

É evidente que tal concepção de autonomia não mais se sustenta.

A afirmação da autonomia, na atualidade, pressupõe a construção compartilhada da liberdade que se constitui em um contexto democrático de interlocução e interdependência. Com isso, entendemos que a autonomia se constitui na medida em que todas as dimensões morais ou jurídicas da pessoa sejam devidamente consideradas em uma realidade compartilhada, que permite que autonomias se constituam e reconstituam como dinâmica da própria vida.

Na relação médico-paciente a autonomia privada delimita o espaço discursivo que será promovido pelo médico e o paciente na tomada de decisão sobre a gestão da saúde. É preciso que o médico compreenda que seu papel não é decidir o que é bom ou ruim para o paciente, e sequer lhe cabe ser meramente informante. Na relação com o paciente, compete ao médico possibilitar a autodeterminação daquele, afirmando-se como partícipe na tomada de decisão.

O primeiro passo, portanto, a ser dado pelo médico é conhecer o paciente (anseios, interesses, pretensões) e, por mais vulnerável que ele possa parecer, é dever do médico possibilitar ao paciente a capacidade deliberativa enquanto construtor de si próprio.

Na medida em que o médico, enquanto partícipe da tomada de decisão, permite a real autodeterminação do paciente na construção do consentimento discursivo, é que vislumbramos a efetivação do princípio da autonomia privada. E para que a manifestação de vontade seja válida, é preciso que o paciente tenha discernimento para consentir ou dissentir quanto ao tratamento sugerido pelo médico.

3.2. Princípio da Lealdade

Em qualquer vínculo da vida civil, as legítimas expectativas criadas devem ser preservadas, posto que orientam tomadas de decisões. Na relação médico-paciente esta dinâmica não é diferente. A formação do consentimento somente se efetiva de forma discursiva se as promessas feitas ao paciente e ao médico e as expectativas neles geradas forem cumpridas adequadamente. Trata-se de uma exigência comportamental às pessoas envolvidas na relação médico-paciente.

A lealdade é pressuposto para a formação do consentimento dialógico que definirá a gestão da saúde do paciente, haja vista a postura ética que a relação exige dos seus agentes. Tanto o médico quanto o paciente se submetem aos deveres decorrentes da lealdade, ainda que a decisão do paciente possa mostrar-se contrária a qualquer decisão que o médico poderia tomar como sendo a melhor ou a mais adequada. Afinal de contas, não se pode esquecer que o objeto da relação jurídica entre o médico e o paciente é a saúde deste.

Em geral, os profissionais da saúde têm grande dificuldade em aceitar tomadas de decisões contrárias àquelas que eles entendem corretas e adequadas. A dificuldade em respeitar a decisão do paciente é histórica e vem da cultura de que, sendo o médico detentor do saber, cabe a ele dizer qual caminho seguir. A justificativa pela conduta paternalista é sempre balizada na beneficência. Beneficência se traduz em fazer o bem. Mas, a pergunta é: o que é fazer o bem? Fazer o bem a quem? Tratar um paciente sem o seu consentimento é fazer o bem? Transfundir um paciente contra a sua vontade para garantir-lhe a vida biológica é fazer o bem? Submeter uma paciente a uma cesariana desnecessária, sendo que almeja um parto normal é fazer seu bem?

Desrespeitar a decisão de paciente competente implica desrespeitá-lo enquanto agente do processo de definição de si próprio. É ferir os deveres decorrentes da lealdade tais como: confidencialidade, cuidado e respeito.

Pessoas que se recusam a iniciar um tratamento mais invasivo; pessoas que pedem a suspensão de determinado tratamento; pessoas que professam a fé dos Testemunhas de Jeová e pessoas que buscam tratamentos alternativos não comprovados pela ciência, abandonando tratamentos médicos comprovados, são exemplos de casos que problematizam a lealdade.

Por mais intrincado que o caso possa parecer, o princípio da lealdade que dá sustentáculo ao consentimento discursivo imporá ao médico o dever de respeitar a decisão de pessoas competentes. É certo que os casos trazem luzes próprias e as particularidades sobressairão.

3.3. Princípio da Transparência

O princípio da transparência efetiva o respeito à pessoa e sua diversidade na tomada de decisão. Transparência pressupõe a adoção de mecanismos comunicativos capazes de promover a efetiva interlocução entre os sujeitos envolvidos no vínculo.

Somente quando o paciente estiver devidamente informado das possibilidades terapêuticas do seu quadro clínico é que ele poderá se portar como efetivo interlocutor (deliberativo) na formação do consentimento discursivo.

O aspecto deliberativo da atuação do paciente diz respeito à sua capacidade volitiva e cognitiva de posicionar de modo crítico no vínculo jurídico com o médico. É esta atuação deliberativa que fundamenta a legitimidade do consentimento discursivo, uma vez que o paciente, enquanto interlocutor responsável pelas suas manifestações, interpreta e estrutura os direitos e deveres construídos no vínculo jurídico.

É impossível pensar em um consentimento construído a partir de uma totalidade de informações. A transparência na relação entre o médico e o paciente viabiliza o compartilhar de informações que permite a construção adequada da decisão médica, eis que a autonomia privada do paciente só se realiza na medida em que a ele é dada a possibilidade de se autodeterminar, recebendo informações necessárias para a tomada de uma decisão efetivamente construída com o médico.

É a partir da compreensão adequada do princípio da transparência na formação do consentimento discursivo que se busca afirmar o compartilhamento de benefícios e danos entre os sujeitos envolvidos na relação médico-paciente.

4. VIOLÊNCIA OBSTÉTRICA E O NECESSÁRIO CUIDADO NO MOMENTO DO PARTO

Não obstante a violência obstétrica tenha múltiplas "razões" históricas – dentre as quais cabe citar a visão patológica do parto que não o encara como procedimento natural –, a vertente a ser estudada nesse artigo refere-se ao enquadramento desse tipo de violência inserido na relação médico-paciente, demonstrando como e o quanto é importante um consentimento qualificado pelos princípios anteriormente desenvolvidos. A costumeira visão de que é o médico quem define como será o parto – excepcionando situações de urgência e emergência com vistas a proteger a parturiente e o bebê – deve ser revista, pois é preciso inserir e considerar a participação, os anseios, as expectativas da gestante nesse momento, sendo necessário se instaurar uma nova lógica do cuidado no nascer. Passa-se da visão da medicalização do parto, como evento de risco de cunho médico-cirúrgico, a uma concepção humanizada do parto, que se instaura como "experiência altamente pessoal, sexual e familiar".[7]

A violência obstétrica pode acontecer de várias formas, principalmente em situações em que a mulher em condições de fazer escolhas (= paciente competente) tem seu corpo apropriado por outrem, geralmente profissionais de saúde que acabam assumindo o comando do pré-natal, do parto e do pós-parto, por meio de tratamento abusivo e desumanizado, que gera a perda da autonomia das mulheres. O que se visa reconhecer para combater, portanto, são ações ou omissões – geralmente cometidas por profissionais de saúde – geradoras de má qualidade da assistência de saúde na gestação e no parto que violam direitos fundamentais da mulher ou de seu bebê, causando-lhe dor ou sofrimento desnecessário.[8]

Esse debate, no âmbito médico, já existe há algum tempo no Brasil, merecendo destaque a Carta de Fortaleza, fruto de encontro ocorrido em 1985 cujo foco dos debates foi a saúde pública e a defesa dos direitos das mulheres. O documento "recomenda a participação das mulheres no desenho

---

7 DINIZ, Carmen Simone Grilo. *Humanização da assistência ao parto no Brasil: os muitos sentidos de um movimento*. Ciências e Saúde Coletiva, São Paulo, 10(3), p. 627-637, 2005. Disponível em: <http://www.scielo.br/scielo.php?script=sci_arttext&pid=S1413-81232005000300019>. Acesso em: 10 jul. 2017.

8 A lei argentina define nesses moldes: "Violencia obstétrica: aquella que ejerce el personal de salud sobre el cuerpo y los procesos reproductivos de las mujeres, expresada en un trato deshumanizado, un abuso de medicalización y patologización de los procesos naturales, de conformidad con la Ley 25.929." (Ley 26.485/2009, art. 6º, e). Em 2013, a Defensoria Pública do Estado de São Paulo publicou informativo importante para conscientizar os cidadãos da existência e das formas de manifestação da violência obstétrica, de forma sucinta, que está disponível em <https://www.defensoria.sp.def.br/dpesp/repositorio/41/violencia%20obstetrica.pdf>. Acesso em 7 jul. 2017.

e avaliação dos programas, a liberdade de posições no parto, a presença de acompanhantes, o fim dos enemas, raspagens e amniotomia, a abolição do uso de rotina da episiotomia e da indução do parto".[9]

A situação brasileira é preocupante. Pesquisa realizada em 2010 aponta que 25% das mulheres que tiveram parto normal, tanto na rede pública quanto no âmbito privado, relataram ter sofrido desrespeito e maus-tratos durante o trabalho de parto, no parto ou no pós-parto.[10] As agressões mais frequentes indicadas na pesquisa foram o exame de toque de forma dolorosa, a negativa de algum meio que alivie a dor, gritos com a mulher, omissão na informação sobre algum procedimento que está sendo feito em seu corpo, além de amarrar a mulher, tirando sua autonomia.

Embora o ordenamento jurídico brasileiro não tenha previsões específicas sobre a violência obstétrica, não há dúvidas de que ela deve ser evitada por regras e princípios já existentes de proteção à mulher e à criança. De todo modo, há Projeto de Lei tramitando no Congresso Nacional (nº 7.633/2014) que dispõe sobre as diretrizes e os princípios inerentes aos direitos da mulher durante a gestação, pré-parto e puerpério e a erradicação da violência obstétrica. O Projeto prevê a observância de alguns direitos da mulher, sendo relevante para esse estudo garantir "à gestante o direito de optar pelos procedimentos que lhe propiciem maior conforto e bem-estar, incluindo a disponibilização de métodos não farmacológicos e farmacológicos para o alívio da dor", "à gestante o direito de escolher as circunstâncias em que o parto deverá ocorrer, considerando local, posição do parto, uso de intervenções e equipe de assistência, seja este vivenciado em diferentes tipos de estabelecimentos de saúde, tais como: hospital, maternidade, centro de parto normal, ou ainda em domicílio", "a presença, junto à parturiente, de um(a) acompanhante, a ser por aquela indicado(a), durante todo o período de trabalho de parto, parto e pós-parto imediato".

Além disso, o Projeto de Lei determina que a assistência humanizada do parto e do nascimento devem ser informados pelos seguintes princípios: mínima interferência por parte da equipe de saúde, preferência pela utilização dos métodos menos invasivos e mais naturais, de escolha da parturiente, fornecimento de informações adequadas e completas à mulher, assim como a(o) acompanhante, referente aos métodos e procedimentos disponíveis para o atendimento à gestação, pré-parto, parto e puerpério, harmonização entre segurança e bem-estar da mulher e do concepto.

9 DINIZ, Carmen Simone Grilo. *Humanização da assistência ao parto no Brasil: os muitos sentidos de um movimento*. Ciência e Saúde Coletiva, São Paulo, 10(3), p. 627-637, 2005. Disponível em <http://www.scielo.br/scielo.php?script=sci_arttext&pid=S1413-81232005000300019>. Acesso em: 10 jul. 2017.

10 Pesquisa disponível em <http://www.apublica.org/wp-content/uploads/2013/03/www.fpa_.org_.br_sites_default_files_pesquisaintegra.pdf>. Acesso em: 11 jul. 17.

Nota-se, claramente, a aplicação dos princípios anteriormente desenvolvidos: (i) autonomia, para que a mulher tenha o autogoverno do seu corpo e a gestão do momento do parto, a partir das informações recebidas e dos seus anseios compartilhados com o médico e equipe de saúde; (ii) lealdade, para que a mulher tenha segurança e tranquilidade para a tomada de decisões, a partir da reflexão compartilhada dos riscos de algum procedimento com o médico; (iii) transparência, que pressupõe a compreensão das questões médicas pela mulher e dos seus desejos pelo médico, de modo a viabilizar a construção de um verdadeiro diálogo.

A fim de tornar mais evidente a violência obstétrica e facilitar seu combate, foi aprovada a Lei n. 17.097/2017 pelo Estado de Santa Catarina que tem como objeto medidas de informação e proteção à gestante e à parturiente no Estado. Para tais fins, a Lei considerou violência obstétrica "todo ato praticado pelo médico, pela equipe do hospital, por um familiar ou acompanhante que ofenda, de forma verbal ou física, as mulheres gestantes, em trabalho de parto ou, ainda, no período puerpério" (art. 2º). O art. 3º enumerou vários exemplos de conduta dos profissionais da saúde caracterizadas como atos violentos, tais como, tratar a gestante ou parturiente de forma agressiva, não empática, grosseira, zombeteira, ou de qualquer outra forma que a faça se sentir mal pelo tratamento recebido, fazer graça ou recriminar a parturiente por qualquer comportamento como gritar, chorar, ter medo, vergonha ou dúvidas, fazer graça ou recriminar a mulher por qualquer característica ou ato físico como, por exemplo, obesidade, pelos, estrias, evacuação e outros, não ouvir as queixas e dúvidas da mulher internada e em trabalho de parto, tratar a mulher de forma inferior, dando-lhe comandos e nomes infantilizados e diminutivos, tratando-a como incapaz, fazer a gestante ou parturiente acreditar que precisa de uma cesariana quando esta não se faz necessária, utilizando de riscos imaginários ou hipotéticos não comprovados e sem a devida explicação dos riscos que alcançam ela e o bebê, recusar atendimento de parto, haja vista este ser uma emergência médica, impedir que a mulher seja acompanhada por alguém de sua preferência durante todo o trabalho de parto, submeter a mulher a procedimentos dolorosos, desnecessários ou humilhantes, deixar de aplicar anestesia na parturiente quando esta assim o requerer, proceder a episiotomia quando esta não é realmente imprescindível, fazer qualquer procedimento sem, previamente, pedir permissão ou explicar, com palavras simples, a necessidade do que está sendo oferecido ou recomendado, entre outras condutas.

Um caso de violência obstétrica no Brasil tomou proporções internacionais. Em novembro de 2002, Alyne Pimentel buscou atendimento médico na rede pública de saúde de Belford Roxo-RJ, por estar com seis meses de gestação. Apresentava fortes dores e, mesmo assim, foi liberada apenas com analgesia. Retornou ao hospital sem melhoras, quando foi verificado o falecimento de seu bebê. Depois de muito esperar, foi submetida a uma cirurgia para retirar a placenta, quando se agravou e foi necessária sua transferência para outro hospital. Alyne faleceu no corredor do segundo hospital por hemorragia digestiva, causada por falta do atendimento médico necessário. O caso foi levado ao Comitê para a Eliminação de Discriminação contra a Mulher (CEDAW) da ONU e, pela primeira vez, em 2011, o Brasil foi condenado em razão da morte por negligência no serviço público de saúde, por ter falhado ao proteger os direitos à vida, à saúde, à igualdade e a não discriminação no acesso à saúde. Além de condenar o Brasil a pagar uma indenização à família, o Comitê também fez uma série de recomendações para se evitar outras mortes semelhantes.[11]

Infelizmente, há muitas Alynes sofrendo esse tipo de violência. O caso de Thamara Macêdo também chama a atenção: alguns dias após o parto, sofrendo fortes dores, febres, sangramentos, dificuldades de urinar e até mau cheiro, ela se dirigiu a um hospital e lá foi descoberto que o médico deixou um tampão para estancar o sangramento. Thamara não foi orientada da necessidade de retirá-lo vinte e quatro horas depois de ter sido colocado, de modo que ela não poderia sair do hospital com esse tampão.[12]

Também configura violência obstétrica quando há ofensa à integridade psíquica da mulher, num momento em que ela está fragilizada – como é o parto –, como se percebe pelo relato de Heloisa Benante:

> A médica me proibiu de gritar, estorou minha placenta sem a minha permissão, fez um pique desnecessário na minha vagina e sem anestesia. Ela só deu anestesia pq eu comecei a gritar no meio do procedimento, o corte foi tão bruto que eu fiquei roxa e com dores por 15 dias, mal conseguia me sentar. Minha vida sexual demorou muito a voltar, pois a dor me causou muito trauma.[13]

As hipóteses descritas como violência obstétrica na Lei catarinense e no Projeto de Lei citado vão desde erros médicos graves – como é o caso de Thamara – como de negligência com a paciente – como ocorreu com Alyne – até problemas que desbordam a relação médico-paciente – como se nota pelo depoimento de Heloisa. Trata-se de condutas a serem vivamente combatidas, sendo necessária uma mudança de comportamento – principalmente do profissional de saúde – que deve ter escuta mais ativa, fala mais informativa, de

---

11 Disponível em: <http://www.estadao.com.br/noticias/geral,onu-condena-pais-por-morte-de-gravida-imp-,759538>. Acesso em: 8 jul. 17.

12 Disponível em: <http://g1.globo.com/pi/piaui/noticia/2017/02/medica-encontra-tampao-dentro-de-mulher-no-piaui-20-dias-apos-o-parto.html>. Acesso em: 9 jul. 17.

13 Disponível em: <http://www.huffpostbrasil.com/debora-diniz/violencia-obstetrica-ela-existe-ou-e-mais-uma-invencao-de-femi_a_21718938/>. Acesso em: 9 jul. 17.

modo a efetivamente compreender, acolher e contribuir para a formação do consentimento da gestante.

Não é nova a possibilidade de condenação por danos morais em razão de atos médicos prejudiciais à parturiente e ao bebê: "A autora (2ª agravante) sustenta que foi mantida em trabalho de parto por aproximadamente 48 (quarenta e oito) horas, em razão da insistência dos médicos na utilização de intervenções desnecessárias para acelerar o parto normal, o que ocasionou sequelas irreversíveis ao bebê, em evidente decorrência de violência obstétrica";[14] "o feto morreu quando estava sob os cuidados médicos do Apelante, que deveria, a meu aviso, ter adotado as providências necessárias para a redução do sofrimento da mãe e do nascituro, contudo, negligenciou o caso, acarretando as consequências nefastas aqui narradas".[15] Verificamos, no entanto, apenas um julgado no TJMG que trate especificamente da fixação de dano moral gerado por atos de violência obstétrica, tratada como

> o conjunto de atos desrespeitosos - comissivos e omissivos -, abusos e maus-tratos que negligenciam o bem-estar e a vida da mulher e do bebê. Como exemplos, citam-se o tratamento desumanizado, o uso excessivo de medicamentos e a adoção de procedimentos não discutidos com a gestante durante a gestação, o parto e o abortamento.[16]

De fato, faz-se necessário um olhar atento a essa situação, na medida em que se depara com graves ofensas a direitos da personalidade da mulher, tanto na órbita de sua integridade física quanto psíquica. Por isso, o empoderamento feminino no momento do parto é feito por meio da participação da mulher em todo o processo do planejamento familiar, gravidez, parto e pós-parto, para que ela se torne sujeito ativo desse momento importante da sua vida.

Obviamente, a operacionalização desse objetivo se torna mais fácil na medida em que a mulher faz o acompanhamento pré-natal com o seu médico, também responsável pelo parto e pelo acompanhamento posterior, pois a possibilidade da instauração do diálogo e da confiança é muito maior. No entanto, os mesmos direitos da mulher devem ser atendidos em circunstâncias diferentes, tanto na rede pública quanto privada, pois o exercício de direitos da personalidade não está condicionado ao gozo de boas condições financeiras.

---

14 TJMG, 16ª CC, Agravo de Instrumento n. 1.0000.16.078500-2/001, Rel. Des. Kildare Carvalho, julg. 22.6.2017, DJ 23.6.2017.

15 TJMG, 9ª CC, Apelação Cível n. 1.0056.06.136384-4/001, Rel. Des. Márcio Idalmo Santos Miranda, julg. 9.5.2017, DJ 5.6.2017.

16 TJMG, 16ª CC, Apelação Cível n. 1.0024.14.097839-6/001, Rel. Des. José Marcos Rodrigues Vieira, julg. 13.7.2016, DJ 22.7.2016.

Notamos uma atenção do Projeto de Lei n. 7.633/2014 ao consentimento dialógico a partir do fortalecimento do vínculo da mulher com o médico e a equipe de saúde. O Projeto prevê a elaboração de um Plano Individual de Parto, no qual a mulher indicará as disposições de sua vontade (art. 6º) referentes à presença de acompanhante que ela indicar durante consultas de pré-natal, preparatórias para o parto e no trabalho de parto, à utilização de métodos não farmacológicos para alívio da dor, à realização de analgesia farmacológica para alívio da dor com administração de anestésicos, após ser a parturiente informada sobre os riscos e benefícios de tal procedimento para o binômio mãe-filho(a), ao modo como serão monitorados os batimentos cardiofetais, ao uso de posição verticalizada no parto, ao alojamento conjunto.

Para a tomada de tais decisões, a gestante será informada "de forma clara, precisa e objetiva pela equipe de saúde sobre as principais rotinas e procedimentos de assistência ao parto, assim como as implicações de cada um deles para o seu bem-estar físico e emocional e o da criança" (art. 7º). Seus desejos expressos durante o processo de formação do consentimento só podem ser modificados "forem necessárias intervenções para garantir a saúde da mãe e/ou do concepto em condições de urgência ou emergência que indiquem risco de morte materna e/ou fetal, devendo somente ser realizadas após o consentimento da mulher" (art. 8º). Tais alterações deverão ser registradas no prontuário da paciente de forma justificada pelo médico.

A construção do consentimento da mulher deve ser feita de forma processual. Como já afirmamos, o consentimento não se limita à simples assinatura em um formulário, quase como um "contrato de adesão". Ele deve ser entendido como um processo de diálogo e de compreensão da paciente sobre a situação que a envolve, através da construção de uma relação de confiança entre ela e os profissionais de saúde, na qual a paciente participa, pergunta, esclarece e compreende a situação no âmbito da própria concepção de vida boa, para então, decidir o que é melhor para si e para seu filho, dentro do próprio projeto de vida e de parto elaborado até então.

5. CONCLUSÃO

Não se pode presumir que na relação médico-paciente existe para o médico o dever de curar o paciente ou salvá-lo, como se depreende do discurso hipocrático, ou mesmo, de que o parto se realize por maneiras pré-estabelecidas – excetuando-se, obviamente, hipóteses de urgência e emergência.

O dever que o médico assume é proporcionar à parturiente o exercício da sua saúde, para potencializar a realização de seu projeto de vida. Saúde, parto, planejamento familiar são expressões de uma liberdade que evidencia traços da individualidade da pessoa.

Sendo assim, a formação do consentimento discursivo pressupõe a observância dos princípios da autonomia privada, da lealdade e da transparência, eis que os três, coordenados entre si, possibilitam a autodeterminação da parturiente, mediante a atuação coparticipativa do médico.

A escuta ativa da gestante pelo médico de forma a compartilhar riscos, prós e contras de determinados procedimentos dá à parturiente a tranquilidade para tomar as melhores decisões para si e para seu filho, que são mais coerentes com a arquitetura construída para sua vida. E o médico, por seu turno, terá maior respeito pelos valores fundamentais da sua paciente, saberá tratá-la de forma mais humanizada.

Por isso, o que se busca com esse estudo é reconhecer a existência da violência obstétrica nos hospitais e, para além da possibilidade de responsabilização do médico através da comprovação de ter agido em ofensa aos direitos da gestante, é relevante demonstrar a necessidade da dinâmica dialógica do consentimento, na medida em que entendemos ser esse o meio mais eficaz de combate a esse tipo de violência. Consolidar a ideia de consentimento dialógico configura uma forma prospectiva de melhor promover a dignidade da gestante – e também do bebê – nesse momento singular de suas vidas.

O DIREITO DE SER MÃE: CONQUISTAS E VIOLAÇÕES

Ana Maria Iencarelli[1]

SUMÁRIO: 1. Considerações Iniciais. 2. Tornar-se Mãe: as conquistas. 3. Tornar-se Mãe: violações e retrocessos. 4. Psicologicamente.

1. CONSIDERAÇÕES INICIAIS

Fazendo parte da Natureza, o Direito de Ser Mãe já foi compulsório. Hoje, uma escolha decisória. No entanto, a Maternidade tem tido avanços em sua garantia, mas desafios e violações deste Direito Primeiro. A dependência absoluta que nasce o bebê humano, pela incompletude do seu desenvolvimento na vida intrauterina, promove uma necessidade de um adulto referência. E, sendo a mãe a pessoa mais próxima deste ser que não é capaz de nenhuma competência, além do choro, para garantir sua sobrevida, a maternidade se torna indispensável à sobrevivência. A relação mãe-bebê é uma relação onde o afeto se confunde com o visceral. O bebê é um pedaço de carne saída do corpo da mãe, e para o bebê a mãe é uma extensão de seu corpo, de sua existência ainda mal dimensionada por ele. O Direito ao exercício da maternidade é pois, em essência, o Direito à vida. No entanto, o Direito de Ser Mãe ao mesmo tempo que alcançou leis de garantia, passa hoje por retrocessos que incluem até sua interrupção abrupta. Mães adolescentes, que ainda carecem da proteção do Estado, entram no processo de Maternidade de bebês microcefálicos, pela negligência deste mesmo Estado. Mães que perdem seus filhos na calçada, na escola, dentro de casa, porque eles estavam no trajeto de uma bala de fuzil que foi disparada em algum lugar. Mães que perdem seus filhos por ordem judicial que determina seu afastamento e entrega a sua criança pequena para um pai violento ou abusador, que o executa. A Maternidade tem sido atacada por preconceitos ou por dogmas que vem sendo criados. E, o Direito de Ser Mãe, ameaçado.

Compatibilizar tempo da Natureza com tempo virtual tem trazido o prejuízo do método de exclusão de um desses dois princípios. E, dentro do mesmo elemento, o espaço jurídico, por exemplo, encontramos a incoerência de um tempo de Natureza excessivamente prolongado, coabitando com atitudes

---

1 Psicanalista de Criança e Adolescente. Agente de Cidadania. C.E.O. da ONGuardians, Proteção da Maternidade, Infância e Juventude. Autora do livro "Abuso Sexual, uma tatuagem na alma de meninos e meninas".

sumárias, como nos ditos estudos psicossociais que se arrastam por toda uma infância e que pode ser surpreendido em seu longo curso, por um despacho de interrupção de maternagem abrupta, que é executada.

2. TORNAR-SE MÃE: AS CONQUISTAS

O bebê humano nasce muito incompleto no que tange ao neurológico. As capacitações para a locomoção, para a comunicação, e para sua alimentação são rudimentares, ele nasce, absolutamente, dependente de um adulto para que seu desenvolvimento se processe. Este adulto preferencial garantirá sua sobrevivência pelo cuidado com a sua alimentação e a sua higiene. E, este alimento não se refere apenas aos nutrientes, mas, também ao alimento afeto.

O momento do nascimento biológico se constitui em uma forte ruptura, que exige um processo de adaptação, a se iniciar de imediato. A mudança da vida intrauterina para a vida extrauterina é, possivelmente, muito desorganizador para o psiquismo, porquanto, uma perda de direção. O resgate com o reconhecimento dos batimentos cardíacos da mãe, ruído conhecido desde o aparecimento e desenvolvimento do nervo auditivo no feto, que perdura por toda a vida intrauterina, lhe proporciona segurança em meio à forte mudança. Estes batimentos cardíacos da mãe têm neste momento uma função organizadora, trazendo a possibilidade de ritmo, que o acompanhará pela vida, sendo sua linha alojada depois na musicalidade da linguagem e na música em toda a sua expressão. O colo materno exerce uma função calmante e cadenciada. Batimentos cardíacos, cheiro, voz, orientam, organizam e participam do desenvolvimento e da estruturação do psiquismo do bebê.

Então, a mãe é muito importante no início da vida da criança. Não que o pai não o seja, mas o pai não deve ser introduzido invasivamente. A necessidade de um filhote, em especial o humano, é de mãe. Assim como a criança logo é capaz de reconhecer a voz da mãe, na relação mãe-bebê, por volta da quarta semana, a mãe já é capaz de reconhecer choros do bebê por vários motivos. Ao longe ela aprende a discriminar se é choro de fome, se é choro de cólica, se é de sono, ela é capaz de fazer esta distinção porque ela está em sintonia com seu bebê. Desta sintonia depende o desenvolvimento saudável do bebê.

Hoje confunde-se o compartilhamento da responsabilidade com uma divisão equitativa de tempo cronológico, colocando-se a participação do pai em competição com a maternagem. Os prejuízos deste equívoco vão ser colhidos em alguns anos. Não é por posse que a mãe tem a primazia nos primeiros meses, e para uma parte do desenvolvimento, nos primeiros anos de vida de uma criança. A necessidade de mãe deve ser respeitada e contemplada. A ligação visceral que se transforma em afeto materno é uma evidência.

Harlow,[2] fisiologista, realizou uma experiência com bebês chipanzés que tinham ficado órfãos por ocasião do nascimento ou logo depois. O estudo demonstra a importância do aconchego, a importância do colo materno. Os bebês chimpanzés eram colocados um a um em uma sala onde haviam duas "macacas", uma confeccionada de arame com uma mamadeira contendo leite, e outra feita de trapos e lãs, mas que não tinham nenhum alimento. Os bebês chipanzés logo descobriam a mamadeira na macaca de arame, saciavam a fome e iam se alojar no colo de macaca de panos, onde se aconchegavam, e ali ficavam por muito tempo, no sossego daquele colo. Mas, contrariando o instinto de preservação, alguns bebês chipanzés deixavam de se alimentar do nutriente leite, indispensável para sua sobrevivência, para permanecer no aconchego do colo materno, se alimentando assim da sensação de afeto. Esta necessidade de afeto levou alguns deles à morte. Segundo Harlow, fica explícito que o afeto se sobrepôs ao instinto de preservação.

O conceito de Hospitalismo de Spitz[3] foi cunhado em 1949. René Spitz era um pediatra, chefe da Enfermaria de Pediatria de um Hospital Público de Paris. Ele observou que as crianças que eram deixadas pela mãe na Enfermaria, por motivo de doença, e que esta mãe espaçava as visitas ou deixava a criança entregue à Assistência Pública, apesar de todo o cuidado com tratamento, alimentação e higiene, entravam num estado de adoecimento afetivo com repercussões orgânicas que iam se agravando. Ou seja, estas crianças abandonadas por suas mães, começavam a apresentar quadro de depressão com alheamento, a perda de competências motoras e linguísticas já adquiridas, passavam a recusar o alimento, e o contato social, se isolavam, e, muitas, começavam a contrair infecções, mesmo com todo o cuidado higiênico que lhes era dispensado. Algumas delas entravam em estado do marasmo, perdiam peso, evoluíam para um processo de caquexia, que as levava ao óbito. Morreram de falta de mãe. Spitz, então, propôs a quebra do rodízio do serviço e estabeleceu a maternagem: uma única enfermeira passava a cuidar e se relacionar com a criança que era diagnosticada com Hospitalismo. Assim, lhes era oferecido uma adulta referência, uma mãe substituta. Esta medida, aparentemente simples, fazia com que as crianças acometidas de hospitalismo, retomassem seu desenvolvimento, voltassem a responder ao chamado desta enfermeira, olhassem de novo nos olhos, retornassem à curiosidade, readquirissem as aquisições motoras e linguísticas já desinvestidas, enfim, retornassem à vida.

O caráter visceral deste afeto da mãe pelo filho encontra em seu contra vetor o afeto necessidade contra a morte, promovendo um tipo de amor

2 HARLOW, H.H.F. *et al. L'attachement*. Suisse: Édit. Delachaux et Niestlé, 1974.

3 SPITZ, R. *De la naissance à la parole, la première année de la vie de l'enfant*. Paris: PUF, 1968.

único entre a dupla mãe-bebê. Desde o crescimento do ventre com os "chutes" que atestam para a mãe a existência de algo que tem vida própria, seguido pelo nascimento biológico, momento culminante do processo de parto, aquele pedaço de carne que sai de seu corpo confere à mãe a gerência da dependência absoluta daquele ser ainda tão frágil e impotente. Mas é por ocasião do episódio da depressão pós-parto, em intensidade quase imperceptível, leve, moderada ou severa, que a mãe se responsabilizará pelo processo de criação do filho. Este é o momento que podemos denominar de nascimento psicológico da criança.

Muito se tem avançado na direção de garantir com leis a Maternidade. Licenças para a dedicação ao bebê, extensivas hoje também ao pai, em alguma medida, são a prova da compreensão da importância deste período. No Brasil, a legislação foi acrescida do Marco Legal da Primeira Infância que privilegia com proteção e cuidado os 1.000 primeiros dias aponta para o reconhecimento da dimensão fundamental para a saúde biopsicossocial desta fase.

Mas, todo este processo bioafetivo tem seu tempo cronológico numa era de tempo digital. Os procedimentos tecnológicos tangenciam a gestação, mas ela deve ir a termo. O corpo e a subjetividade do homem pós-orgânico,[4] foram engolidos pelo pensamento das biopolíticas de controle e poder. As qualidades apreciadas dizem respeito à capacidade de volatilidade, característica necessária para as relações líquidas que vigoram nos tempos atuais.[5]

O choque de incomunicabilidade entre o tempo da Natureza, concretude da gestação e experiência da construção da relação mãe-bebê, na evolução vivenciada da maternalidade, que vai para além da maternidade, com o tempo virtual onde tempo e espaço desaparecem num click, promove uma grande perturbação no direito de ser mãe. Sob forte pressão social, a mulher/mãe se descobre tendo que atender a duas exigências incompatíveis. A Natureza, e seus ditames, só se sustenta se apoiada numa luta política. A amamentação, por exemplo, se tornou uma bandeira.

Bowlby[6] dedicou um título à fundamental importância dos cuidados maternos na saúde mental. O autor aponta a carência desses cuidados da mãe ao aparecimento de várias patologias que dificultarão o processo pleno de desenvolvimento humano. A privação materna está associada, segundo o autor, a personalidades que fazem contatos sociais superficiais, com ausência de afetividade real, incapacidade de se apegar ao outro, uma certa indiferença, falta de concentração na aprendizagem escolar, não raro, com sintomas de mentira e roubo.

---

4 SIBILIA, P. *O Homem Pós-orgânico:* corpo, subjetividade e tecnologias digitais. Rio de Janeiro: Relume Dumará, 2002

5 BAUMAN, Z. *Modernidade Líquida*. Rio de Janeiro: Jorge Zahar Editor, 2001.

6 BOWLBY, J. *Soins Maternels et Santé Mentale*. Genève: Organisation Mondiale de la Santé, 1954.

Reflexões e mesmo "receitas" proliferam em torno do tema da maternidade. Associada a ela, a criação dos filhos, o compromisso exigido desta criação de que sejam crianças felizes. A tentativa de descobrir o segredo de países onde tudo funciona a contento, até checar o que torna os filhos confiantes e capazes. A efetividade do respeito e dos direitos, certamente, garante parte desse êxito de ser mãe de crianças saudáveis. Nesta cultura de garantia de direitos, um lugar para o reenquadramento dos limites, inclusive do limite da realidade. Não se expor, mas também não se poupar a criança dos relatos de maldade, ou das histórias que não têm final feliz, ocupam um espaço distinto de nossa cultura que tenta ocultar das crianças uma parte da verdade saindo pela fantasia. É a introdução da realidade fazendo parte do mundo imaginário.

3. TORNAR-SE MÃE: VIOLAÇÕES E RETROCESSOS

O Direito de Ser Mãe tem sofrido ataques que violam seu exercício. Amparada em Lei que imputa à mãe atitude rancorosa e vingativa, milhares de mães tem tido seu vínculo afetivo com o filho ou filha, em sua maioria menores de 08 anos, interrompido. O afastamento da mãe durante a Primeira Infância aponta para o adoecimento psicológico, além de comprometer o próprio desenvolvimento em seus quatro eixos, psicomotor, cognitivo, linguístico e afetivo, como encontramos na literatura especializada. A subtração de filho pequeno, obstruindo o processo de maternidade, é o equivalente à tortura praticada em campos de concentração nazistas, entendido como tortura feminina por excelência.

O vínculo afetivo materno-infantil iniciado ainda durante a pré-maternidade do período gestacional, tendo como fio condutor o cuidado, alimento e higiene, que, evoluindo de um espaço visceral para a inserção no mundo, promove a estruturação do desenvolvimento saudável. Organizador e libertador, o exercício da maternidade também amplia a capacidade da mulher, trazendo mais possibilidade de amadurecimento, mais possibilidade de viver bons afetos. É a maior das responsabilidades.

A violação deste Direito Humano Fundamental, a Maternidade, tem sido naturalizada em retrocesso que trará graves consequências sociais. A violência é uma prática mais frequente do que parece. Ultrapassa os conflitos do como deve ser a Maternidade pela via da felicidade ou pela via da economia, uma ou outra, deixando sempre o saldo de uma espécie de fracasso na mãe. A violência assume também a concretude do abandono. A violência do abandono do companheiro por não concordar com a vinda de um filho, se desresponsabilizando pela sua concepção, atribuída exclusivamente à mulher. A negligência e, por vezes, a hostilidade obstétrica, o parto violento, com maus tratos por parte de equipes médicas. Esta queixa tem surgido em diferentes cantos sociais. A violência do abandono do Estado às mães contaminadas pelo vírus Zica. Carregando no colo, bebês portadores de microcefalia, mais de 2.600 mães, em sua grande maioria, solteiras e adolescentes, ficaram sozinhas e sem assistência nenhuma. São mais de 2.600 Direitos de Ser Mãe que foram ceifados.[7]

Qual seria a perspectiva de uma mãe solteira, jovem ou ainda adolescente, mergulhada no pequeno grande universo de criar um filho portador de microcefalia?

Em se considerando esta maioria da totalização, que pode estar subnotificada, encontram-se meninas na adolescência que ainda carecem da assistência e da proteção a que têm direito, por parte da família da sociedade e do Estado, e já iniciaram um processo de maternidade sem futuro. A criança com microcefalia será parcial ou totalmente dependente para o resto da vida. Incapacitada de adquirir as competências motoras, cognitivas, linguísticas, será também uma pessoa restrita afetivamente, devido a sua pouca capacidade de pensar emoções. A sobrecarga que é gerada por uma criança, que será pessoa, especial para uma mãe que não completou ainda seu desenvolvimento, não atingiu a maturidade da idade adulta, não deixa uma perspectiva, minimamente, razoável. Do ponto de vista econômico, para a mãe, para a família, para a sociedade, é desastroso quando o caso advém na precariedade de camadas desfavorecidas, como o é em sua maioria.

Uma adolescente só completará seu desenvolvimento cognitivo em torno dos 16 anos, considerando-se que tenha sido devidamente bem estimulada pelo processo de aprendizagem escolar. Piaget[8] afirma que somente entre 14 e 16 anos o processo de desenvolvimento cognitivo se completa com a segunda fase do pensamento abstrato, quando, finalmente, o pensamento hipotético-dedutivo pode prescindir completamente da presença de premissas concretas para realizar o pensamento lógico completo. Temos aqui um ponto a ser pensado. Como esperar, portanto, que, sem ainda ter a capacidade de pensar de maneira lógica, considerando as várias hipóteses de um dado problema, se espera de uma quase criança que ela assuma a maternidade de um bebê eterno? Esta situação de abandono social dessas adolescentes, já abandonadas pelo pai da criança, na sua maioria, aponta para a fragilidade e precariedade da relação mãe-bebê, porquanto exaustiva em dedicação da mãe sem retorno do bebê. Este cenário de imaturidade da mãe e negligência do Estado, aponta para os maus-tratos e o abandono da criança, que, pela patologia, é de prognóstico e expectativa de vida restritos.

---

7 ALEXANDER, J. J.; SANDAHL, I. D. *Crianças Dinamarquesas, o que as pessoas mais felizes do mundo sabem sobre criar filhos confiantes e capazes*. São Paulo: Fontanar, 2017.

8 PIAGET, J. *La naissance de l'intelligence chez l'enfant*. Paris: Neuchâtel, Delachaux et Niestlé, 1968.

Reportagem exibida em revista de circulação nacional traz o retrato de uma epidemia do nascimento de mais de 2.600 bebês portadores de microcefalia congênita, onde 25% deste número eram filhos de meninas de menos de 20 anos. Eram 760 os bebês que tinham mães com idades entre 10 e 19 anos.[9]

Olhares perdidos, semblante melancólico, essas meninas seguram seus bebês no colo, esperando muito tempo por um atendimento médico ou fisioterápico que deveria ter urgência para minorar as sequelas da patologia de seus bebês.

Fugir é a saída do desespero. Outro país ou o próprio país. A Mãe que toma este caminho de fuga é considerada "sequestradora do próprio filho", enquadrada como tal pelo Código Penal, e passa a ser caçada como animal perigoso. Polícias locais, e polícias internacionais são acionadas. Esta opção traz para as mães a sensação de estar oferecendo proteção para seu filho. No entanto, o custo de fugir é pago com a perda total da possibilidade de viver social e saudavelmente, perda do exercício da cidadania. Com mudanças de esconderijos sequenciais, produzem uma vivência de insegurança e de perseguição constantes nas crianças, que também sentem. O roteiro de um foragido da Lei, no caso, uma mãe foragida que tenta proteger seu filho de abusos sexuais e/ou violência doméstica, cumprindo o seu dever como rezam os artigos do Estatuto da Criança e do Adolescente, o Marco Legal da Primeira Infância, e a Constituição Federal, a exclui da vida social, porque ela passa a estar excluída de qualquer vestígio de existência. Viver se escondendo como se fosse um bandido homicida, como se fosse um grande traficante que defende seu "negócio" com armas pesadas, como se fosse um chefe de uma quadrilha de corrupção volumosa, como se fosse um condenado à pena de 180 anos de detenção por inúmeros crimes cometidos, mas que vivem bem instalados em mansões localizadas em condomínios de alta segurança, pois isto só é possível para competências contumazes na criminalidade e nos tortuosos caminhos jurídicos, com todas as suas brechas.

Estas mães não têm esta competência de foragidas contumazes. São apenas mulheres tentando proteger sua cria. Elas não corrompem agentes de nenhum instituto. Estas mães têm condenado, a penas rigorosas, mas de tempos indeterminados, o seu Direito de Ser Mãe, que leva nesse bojo o Direito de Ser, o direito à Existência. A tentativa desesperada de não entregar o filho ou filha para seu algoz, produz um desmoronamento de sua vida. A única coisa que oferecem como item da maternagem que possui um enorme cabedal de deveres, direitos, e responsabilidades, é evitar a desastrosa continuidade dos abusos. Abrem mão de tudo, correm todos os riscos, mas, algumas, se embrenham no sombrio caminho da fuga após constatarem que o sistema não

9 Revista Isto É. *Não aprendemos nada com a Zika*. Dados fornecidos pela Human Rights Watch. Ano 40, n. 2485.

lhes dá nem voz, nem crédito. Optam pela morte social, delas e carregam a responsabilidade da morte social do filho.

O Direito de Ser Mãe também tem sido abortado, e estampado em estatísticas alarmantes, para as mães que perdem seu filho ou filha, criança ainda muitas vezes, porque, na escola, na calçada, no parquinho de brinquedos, ou mesmo dentro de casa, eles estavam na trajetória de uma bala de fuzil. Esta é uma Violação de Maternidade que atinge, para além da mãe, todo o entorno. Por estar no sentido antinatural, não existe termo que defina a mãe que fica "órfã" de um filho. Esta é uma dor permanente, que se derrama por sobre a maternidade de outros filhos que ela tenha ou que venha a ter, que traz sombra para sua capacidade de ser mãe.

Esta crueldade, a vida ceifada de um filho pelo não cumprimento do Dever do Estado de Proteção à integridade física, mata também a mãe. A negligência com que foi tratada a vida do filho perdura na negligência da não punição aos autores do assassinato.

Hoje, apesar dos avanços de conquistas, de discursos politicamente corretos ao olhar a mulher, vivemos uma tendência mundial de desvalorização e desqualificação da voz da mulher. A exigência de profissionalização e de produtividade econômica que recaiu sobre a mulher, aniquilou a função da maternidade. É vergonhoso não ter uma profissão reconhecida no mercado de trabalho para preencher qualquer dado formulário. Este posicionamento social empurra a mulher/mãe para uma maior fragilidade quando seu parceiro pratica algum tipo de violência contra ela. Sobre ela paira a suspeita de que é desprezível, nem aquele homem 'aguentou", que ele deve ter todas as razões para ter "perdido" a paciência com ela. Se há leis que avançam, faz-se necessário lembrar que um comportamento não se modifica pela imposição de uma lei. Vivemos ainda uma cultura que vê a mulher como inferior. O binômio mulher/louca ainda é alimentado pela patologia que se popularizou: histérica porque tem *hysterus*, útero. Esta pecha habita os processos judiciais em que a mãe faz uma acusação de violência doméstica ou de abuso sexual contra o genitor do filho. Por esta facilidade de ligar a mulher/mãe à loucura/histeria, uma tese engendrada por um médico que defendia a pedofilia como benéfica às crianças porque, através dela, a preservação da espécie humana estaria garantida, obteve tanto sucesso no discurso psicojurídico. Richard Gardner escreve: "as atividades sexuais entre adultos e crianças são parte do repertório natural da atividade sexual humana, uma prática positiva para a procriação, porque a pedofilia estimula sexualmente a criança, torna-a muito sexualizada e a faz ansiar pelas experiências sexuais que redundarão num aumento da procriação".[10]

10 GARDNER, R. *True and False Accusations of Child Sex Abuse*. EUA: Creative Therapeutics, 1992.

Esta pseudoteoria, sem comprovação científica segundo as Associações Internacionais de Doenças, alojou-se dogmaticamente, cumprindo o papel ensejado por seu autor. Num conjunto de conceitos sem comprovação, em terreno de difícil comprovação de um crime contra o corpo e a alma de uma criança, foi o Direito de ser mãe que foi, letalmente, atingido. Desacreditar e desqualificar a palavra da mãe fere frontalmente seu compromisso de proteger sua cria do perigo de nova violação.

Configura-se, monotonamente, uma nova encenação do famoso livro de Kafka, *O Processo*.[11] A monótona repetição impressiona pela semelhança entre os casos. O roteiro segue igual. Após a separação dos pais, a criança revela para a mãe as práticas de abuso a que é submetida. A mãe cumpre o dever de levar para uma autoridade competente. Tendo comprovação, até Exame de Corpo de Delito de Instituto Médico Legal com positividade para conjunção carnal adversa, o que é mais raro, ou não tendo provas materiais, é decidido a partir de laudos subjetivos que não seguem nenhum protocolo, que é mentira da mãe e da criança. O gatilho está pronto: a mãe passa a ré, segundo a instrução de Gardner, e, no Brasil, único país no mundo, todos os outros já fizeram a revogação, este conceito se tornou Lei.

Como por um toque de mágica, está estabelecido um Processo Kafkaniano. A Mãe perde a guarda, são milhares hoje, é afastada do filho que é entregue, judicialmente, ao suspeito. Considerando que a criança revela somente quando se sente algo segura, a saída do abusador de casa a estimula a contar, e que a revelação para ela é o momento de certo alívio da culpa de estar fazendo algo proibido ou errado, porquanto é feito às escondidas e sob o compromisso de segredo total, é de grande sofrimento para a mãe ver o filho que compartilhou um sofrimento e deposita nela a expectativa de tirá-lo desta situação de opressão e tortura.

Por sua vez, a mãe também tem a ilusão de que será capaz de proteger seu filho pequeno. Para isso segue todas as normas ditadas pelas Instituições que tratam dessa área. A privação abrupta da convivência com o filho, Poe em cheque sua competência enquanto mãe. Fazendo parte do Manual de Instruções para livrar pais Abusadores/Violentos, Operadores de Justiça, incluindo os advogados da parte da mãe, acenam com ameaças de perda total de contato com o filho, o que acontece em qualquer condição. Esta é a meta. Impedir que a mãe exerça sua maternidade. O Direito de ser Mãe neste momento torna-se um barganhar qualquer pouquinho, e acordos sentenciais submetem as mães, que passam a mendigar migalhas de convívio, pelo medo de uma perda total, que sempre acaba por acontecer. A aceitação da violação de seu Direito de Ser Mãe é, psicologicamente, devastadora.

---

11 KAFKA, F. O *Processo*. São Paulo: Ed. Biblioteca O Globo, 2003.

Acreditando na Lei, a mais simples, aquela que a toda hora tem que repetir para a criança, "não pode", o *não*, limite que cerceia e estrutura, ela se vê na maior das incoerências, e exigindo do filho criança que obedeça às ordens judiciais que ferem, frontalmente, o *não pode* educativo. Esta incompatibilidade segue o tempo judicial de avaliações prolongadas e estendidas por petições, recursos, meses. Anos.

Surge a constatação de que seu filho ou filha não mais reclama quando se encontra com ela, se ela conseguiu recuperar algum espaço de convivência, mas sempre vigiada de perto por uma monitoração da visitação de algumas horas. Fica evidente que aquela criança passou por um processo de adaptação à situação de violência e/ou abuso sexual. Distanciado do amor materno porque precisa se defender do sofrimento que advém quando se aconchega e tem que perder de novo porque acabou o tempo da visita permitida à mãe, o Direito de Ser Mãe está pulverizado.

Muito frequentemente, estas crianças acusam esta mãe de não ter feito nada para tirá-las da situação de abuso e/ou violência. As tentativas junto ao Juízo não são visíveis para a criança. E, se ela contou para a mãe, que acreditava que tudo resolvia como acontecia com as febres que tinha, por que a mãe não respondeu a seu pedido de não mais conviver com seu algoz?

De difícil resposta porque nem mesmo os adultos sabem o que tem se passado na realidade quando se cumpre o dever de uma denúncia, tão amplamente incentivada, sendo por vezes dito na publicidade que ter conhecimento e não denunciar, é conivência.

Mas não se presta atenção para a conivência intrínseca da denúncia que é travestida em severa punição. A inversão Kafkaniana que ocorre aponta para uma falha social de cidadania. Não é possível esperar que crianças que são retiradas da mãe porque relataram abusos sexuais intrafamiliares não terão apreço pela Lei. Crescem sem confiança no outro. Só suportam relações muito superficiais. Praticam, facilmente, a transgressão. Mas, por vezes, se identificam com o adulto-referência transgressor, pai/ pai sócio-afetivo, avô, irmão, tio, e dão continuidade ao ciclo perverso da opressão sexual.

4. PSICOLOGICAMENTE

Este seria o espaço dedicado à discussão ou às conclusões. Preferimos trazer os efeitos bons e nefastos do Direito de Ser Mãe.

Tido como sagrado para os que seguem alguma religião, este direito que nasce da Natureza, vem sendo observado, estudado, protegido, mas, também atacado. Se ela garante a continuidade humana, democraticamente, porque não precisa se candidatar, toda mulher saudável, tem este direito, conseguimos através da ciência, recentemente, multiplicá-lo, e acrescentar mulheres que antes estavam fora da população da Mãe Natureza, através do método de inseminação, em laboratório.

No entanto, as modalidades do se tornar mãe têm custos psicológicos diversos. Se, nos primeiros séculos, o casal que não gerasse filhos era visto como amaldiçoado pelo Criador da humanidade, hoje isto é uma opção de casais que não veem o mundo como um lugar seguro para um ser tão frágil como um bebê.

Por outro lado, os casais se diversificaram. A maternagem, em qualquer par, deve ser exercida por um dos componentes, para que a boa saúde mental tenha mais chance de acontecer. A importância do laço afetivo faz parte do tecido da estruturação da personalidade.

O conceito de *maternalidade,* cunhado por Gillibert, amplia a maternidade que, segundo ele é uma parte de um processo que acompanha a mulher por toda sua vida. Tornando-se ela mãe, ou não, a maternalidade é parte integrante do *feminino,* do acervo de qualidades do feminino. As diversas modalidades do tornar-se mãe, que se entrelaçam, tendo um perfil predominante, estão, portanto, contidas neste conceito de maternalidade.[12]

A função mãe detém as várias necessidades de condutas e procedimentos que estão à disposição neste acervo da maternalidade, e que a mulher irá lançar mão sempre que se fizer necessário. Ou seja, quando uma dada situação requisitar da mulher esta conduta de mãe frente a outro que ficar no lugar de filho. Aqui temos situações de enternecimento, de afeto, de cuidado, de proteção, de limite, de correção, de estímulo, de compreensão, de incentivo.

Este exercício de maternagem alimenta, cotidianamente, a mente da mulher, desde sua infância. Ao brincar de "mãe e filha" com suas bonecas, a menina está praticando por identificação com o modelo de sua mãe, esta maternalidade. Este processo deve ter a liberdade de acontecer para as meninas que dele se aproximarem.

O filho de verdade detém todos estes desejos, fantasias e sonhos armazenados durante a infância. A relação com o feto durante a gestação tem um espaço real, corroborado pela concretude do ventre palpável. Se, por um lado o bebê intrauterino se vale dos batimentos cardíacos do organismo da mãe para seguir um ritmo, a mãe, se vale dos chamados chutes do bebê dentro do seu corpo. É, é esta intimidade maior que sediará a relação primeira de ambos.

Difícil definir esta relação mãe-filho, porquanto, nascendo de uma contingência visceral, é construída, inicialmente, em cuidados de qualidade assimétricos que caminham no sentido de uma inversão dos polos ao longo da vida. Quanto mais saudável for o cuidado dedicado pela mãe a seu filho, mais saudável o processo de maternalidade.

Faz-se necessário, no entanto, dedicar aqui o espaço para as consequências da precariedade por fatores extrínsecos e intrínsecos do Direito de ser

12 GILLIBERT, J. In: SOULÉ, M. *et al. Mère mortifère, mère meurtrière, m``ere mortifiée.* Paris: Les Éditions ESF, 1980.

mãe. Quando uma mãe é privada desde o início da relação, de exercer plenamente seu direito de ser mãe, como acontece com as meninas que deram à luz crianças portadoras de microcefalia, o processo de maternagem não se expande como deveria. A falta de assistência, entendendo-se aqui, a desassistência às adolescentes que engravidaram aos 10 anos ou aos 17 anos, e que não tiveram a sustentação terapêutica especializada para seus bebês acometidos desta patologia, faz com que elas não consigam evoluir neste Direito, o de Ser Mãe.

Quando em outras circunstâncias, seu processo de gestação, nascimento e início da maternidade foi a contento, mas a relação conjugal com o genitor da criança não se prolongou, e a separação trouxe a revelação, ou houve a separação porque houve a descoberta de uma situação abusiva intrafamiliar, a maternagem, tomando os caminhos hoje dogmáticos de atribuir à mãe, e tão somente à mãe, uma atitude depreciativa e um desejo de vingança contra o genitor, a punição draconiana esmaga a maternidade. O Direito de ser mãe é obstruído ou ceifado. A privação materna parcial faz seu estrago. Não é de fácil compreensão que o Marco Legal da Primeira Infância que reza a proteção pela convivência com os pais e suas famílias, seja violado sumariamente, e crianças de 3 anos, por exemplo, sejam afastados totalmente da mãe, de um minuto para o outro. Não é de fácil compreensão, mas é de fácil execução.

A Privação Materna sob alegação de Alienação Parental da mãe, não verificada cientificamente, conceito que carece de cientificidade, tem causado danos em crianças e em suas mães. Este é um retrocesso que terá graves consequências como já citadas acima. A queixa de abuso sexual é negada porque não provada. Sabe-se que este é um crime às escuras, em que o abusador não deixa vestígios. Foi ampliada a definição de estupro de vulnerável, incluindo toque e até práticas sem toques, carícias, beijos no corpo, como a pornografia infantil, mas na prática, exige-se que a mãe que denuncia prove com materialidade, com hímen rompido e sêmen. Este retrocesso tem acobertado numerosos abusos sexuais intrafamilares. Como se um homicídio que não é provada a autoria, não tivesse acontecido, e pudesse passar a ser mentira de quem denunciou que encontrou um corpo.

O trabalho de acompanhamento psicológico tem se estendido. Antes, recebia crianças e adolescentes que tinha sofrido abuso sexual e/ou violência doméstica, e adultos sobreviventes do incesto. Hoje, há uma legião de mães que pedem ajuda para continuar. Para continuar.

Saídas do livro de Kafka, elas chegam com a autoestima destruída, cobertas de auto-culpabilização, apresentando o tecido psicológico dilacerado. São mortas-vivas. Carregam o peso dos erros que acham que cometeram ao longo dos processos que roubam a infância e a adolescência de seus filhos. Sua voz foi caçada. Devidamente, amordaçadas, e, diria mesmo, mumificadas, ao mínimo movimento ou ruído, são comprovadas as práticas de alienação parental dela. O Sofisma é sólido e bem articulado. Sentem-se impotentes. Sentem-se erradas. Sentem-se incapazes.

Geralmente, a violência patrimonial também ocorreu. A violência psicológica salta aos olhos. Sozinhas, porque o entorno, incluindo a família, as abandona por não suportar a impotência diante de fato tão hediondo e tão frontalmente negado. O abuso sexual intrafamiliar é um horror humano que só uma mãe, e nem todas, enfrenta. Muitas sucumbem à negação, mas também sofrem porque, pelo menos, a dúvida vai acompanhá-las para sempre.

Muito se estudou sobre a privação materna em casos de abandono de crianças por suas mães, com consequências graves, chegando à depressão anaclítica, à psicose. Hoje, a justiça força e promove a privação materna, e privilegia o direito a convivência do pai em detrimento do dever de proteção que a mãe busca com uma denúncia. Interessante salientar que, só o pai tem garantido este direito de convivência, até quando ele é um cocainômano, avaliações psicológicas indicam a necessidade de convívio de uma criança pequena com pernoite, compartilhando o espaço com o consumo da substância. Quando se trata da mãe, este mesmo preceito não tem validade, e as avaliações psicológicas sugerem o afastamento até total.

Buscar uma réstia de esperança para o tratamento psicológico destas mães tem sido um desafio, por vezes, intransponível. Marcadas e esfoladas por frustrações, por aberrações, por injustiças, difícil é a tarefa de trazer alguma luz, algum alento para pessoas que não acreditam mais em nada nem em ninguém. A experiência de ter o Direito de Ser Mãe ceifado por um Silogismo Sofístico, que, como instruiu Gardner, inverte algoz e vítima, deixando a criança-vítima como algoz, e culpando a mãe, é de entendimento lógico impossível, porquanto absurdo.

O estado de destruição de uma mãe que passa por esta experiência é deplorável e assustador. Sabemos que esta era a tortura maior contra a mulher nos campos de concentração nazista. Era retirado o filho dos braços da mãe, e ele começava a morrer de falta de mãe. Mas a crueldade trazia de volta a criança para morrer, literalmente, nos braços da mãe. Assim matava-se também a mãe judia ou cigana ou gay. A Morte branca mata por dentro. Pode continuar a respirar, mas está morta por dentro.

Como o Processo de Kafka, também o Holocausto, que não é exclusividade brasileira, mas uma tendência mundial bem articulada para retroceder em conquistas femininas, o Holocausto é a céu aberto. Filhos, crianças pequenas muitas vezes, que deveriam ser contempladas com a atenção especial dos 1.000 primeiros dias, são retirados de suas mães, violando, assim, seu direito de ter mãe.

Como as crianças que serviam de tortura da mãe nos campos de concentração femininos, muitos, entre nós, têm sido assassinadas. Há sete anos, uma Joanna foi retirada por ordem judicial de sua mãe atendendo à alegação do genitor de que a mãe praticava alienação parental. Este pai tinha histórico de violência, mas a Justiça "acreditou" no que ele estava alegando. E foi determinado pela Vara de Família que a mãe se afastasse por 90 dias sem direito a nenhum contato, nem mesmo telefônico. Esta Joanna foi morta nos primeiros

30 dias, com marcas de hematomas variados, e de queimadura de cigarro. Esta Joanna morreu sendo torturada por dores diversas. E, certamente, sua maior dor foi a dor psicológica de ser o pai a machucá-la.

Também teve uma Isabella que foi torturada e, quase morta, foi arremessada pela janela de um andar alto. Era Guarda Compartilhada a determinação judicial. A mãe, estava próxima do local, e chegou a tempo de consolá-la na hora da morte.

Teria uma lista de crianças que têm sido mortas por seus pais como ataque máximo à maternidade, ao Direito de Ser Mãe. Algumas destas mortes incluem o suicídio do pai assassino, com mortes muito cruéis, com requintes de premeditação. Neste cenário midiático já ocorreu inclusive uma chacina de todas as mulheres de uma família, deixando o pai para matar o filho por penúltimo, para que o menino assistisse a todas as mortes antes de ser morto. Assim o menino teve muitas dores ao ver tias, avó, primas, a mãe morrendo, antes de também ganhar um tiro. O Infanticídio para atingir o Direito de Ser Mãe tem aumentado muito. Estas mães que tem seus filhos assassinados pelos próprios genitores das crianças, sucumbem e não procuram ajuda. Parece que a dor é insuperável, pois ela associa a perda antinatural de um filho à monstruosidade de matar um filho. No reino animal este comportamento acontece quando uma mãe de grande ninhada come um filhote doente ou fraco para melhorar a amamentação e garantir uma melhor condição de vida para o restante do grupo. O Infanticídio, que foi tolerado até o Século XVII, e ressurge agora sob esta roupagem de ataque à maternidade, é um comportamento sub-animal.

O Feminicídio tem sido também uma arma contra o exercício da maternidade. A mordaça mais eficaz é a morte. Assim, temos assistido no sentido anti-horário, um crescimento de casos de Feminicídio, apesar das leis de combate à violência contra a mulher cada vez mais bem elaboradas. Mas, uma Lei, por mais perfeita em sua letra, não muda uma cultura.

O Direito de Ser Mãe tem sofrido ameaças quando se pretendia a equidade da mulher. As conquistas parecem ter provocado uma espécie de irritação e o subjulgar de séculos, rapidamente, volta a se alojar em alguns recantos. Conciliar modernidade, profissão, produtividade, com cuidado primário, mas fundamental para o pleno desenvolvimento de uma criança, tem sido uma exigência a ter que fazer frente, e buscar soluções. Diante de números de violência contra a mulher, a cada 11 minutos, as contabilizadas, que sabemos são subnotificadas, se acrescida a totalidade de violências silenciosas, as psicológicas, as institucionais, todas estas elencadas contra o Direito de Ser Mãe, a contagem em minutos não seria possível. Talvez nem mesmo em segundos conseguíssemos um ritmo para exemplificar.

Sem desconsiderar as conquistas psicológicas e sociais e o tempo atual, precisamos valorizar e retomar o ritmo organizador da Natureza, que é dado no primeiro momento de vida, o do coração da mãe. O Direito de Ser Mãe se inicia e termina neste batimento. A voz primeira do Direito Qualitativo de Ser Mãe.

DIGNIDADE E DIREITO AO CUIDADO: UMA REFLEXÃO PARA UMA FUTURA DECLARAÇÃO UNIVERSAL DOS DIREITOS HUMANOS DAS PESSOAS IDOSAS

Ana Sofia Carvalho[1]
Jorge Gracia[2]

SUMÁRIO: **1.** Velhice, dignidade e Direitos Humanos. **1.1.** A dignidade da pessoa idosa, em especial em Portugal. **1.2.** O processo de especificação dos direitos humanos e o seu reconhecimento no sistema internacional. **1.3.** Em direção a uma Convenção Internacional dos direitos humanos das pessoas idosas. O debate acerca da pertinência. **1.4.** Um importante antecedente: A Convenção Interamericana sobre a Proteção dos Direitos Humanos dos Idosos (2015). **2.** Direito ao cuidado como direito humano. **2.1.** O cuidado numa perspetiva de direitos humanos. **2.2.** O direito ao cuidado na Convenção Interamericana: reflexões e contributo para uma convenção global. **3.** Algumas propostas e conclusões.

1. VELHICE, DIGNIDADE E DIREITOS HUMANOS

A dignidade de todas as pessoas constitui um princípio ético partilhado de forma generalizada, constante de todas as Declarações de Direitos que conhecemos, designadamente na Declaração Universal dos Direitos Humanos.[3] É por isso que começamos com uma reflexão acerca da questão da dignidade nas pessoas idosas, apresentada da perspetiva constitucional portuguesa,

---

1 Doutoranda em Direito Público pela Universidade Nova de Lisboa. Mestre em Direito Tributário e Fiscal pela Universidade do Minho. Licenciada em Direito pela Universidade do Porto. Investigadora do Centro de Investigação Jurídico-Económica, Universidade do Porto e do Centro de I&D sobre Direito e Sociedade, Universidade Nova de Lisboa.

2 Doutor em Sociologia Jurídica e Instituições Políticas (PhD) e licenciado em Direito pela Universidad de Zaragoza (Espanha). Professor Visitante equiparado a Professor Auxiliar da Escola de Criminologia, Faculdade de Direito da Universidade do Porto (FDUP) (Portugal). Investigador do Laboratorio de Sociología Jurídica, Universidad de Zaragoza (Espanha).

3 AGUIRRE ORAA, José María. "Reflexiones antropológicas y éticas sobre la vejez". In: GIRÓ MIRANDA, Joaquín (org.). *Envejecimiento, Autonomía y Seguridad*. Logroño: Universidad de La Rioja, 2007, p. 237/258.

para, a partir do sistema de direitos fundamentais nacional, estabelecer depois as fortes ligações com o sistema internacional de direitos humanos, com a especificação dos direitos e aplicação do princípio da dignidade às pessoas idosas.

1.1. A dignidade da pessoa idosa, em especial em Portugal

O idoso é uma pessoa jurídica e uma pessoa humana digna. Na ordem jurídica portuguesa, e com força vinculante, o artigo 1.º da Constituição da República Portuguesa proclama que Portugal é uma República soberana, baseada na dignidade da pessoa humana e na vontade popular. Gomes Canotilho e Vital Moreira afirmam que ao basear a República na dignidade da pessoa humana a Constituição explicita de forma inequívoca que o poder da República tem de assentar em dois pressupostos: a prioridade da pessoa humana sobre a organização política; a pessoa ser considerada um sujeito e não um objeto, ser fim e não meio de relações jurídico-sociais.[4] Constitui assim a dignidade da pessoa humana um dado prévio da legitimação da República, com três grandes dimensões: a dimensão intrínseca do ser humano, a dimensão aberta e carecedora de prestações e a dignidade como dimensão de reconhecimento recíproco.

A dignidade como dimensão intrínseca do ser humano articula-se com a liberdade de conformação e de orientação da vida segundo o projeto espiritual de cada pessoa: assim, a dignidade do ser humano entendida como um valor (bem) autónomo e específico que exige respeito e proteção leva, por exemplo, a que se proíba o tráfico de seres humanos.

A dignidade como dimensão aberta e carecedora de prestações relaciona-se com as novas exigências da pessoa humana que podem reclamar a necessidade de prestações (públicas ou privadas) enriquecedoras das irradiações físicas e espirituais da pessoa. Esta dimensão legitima e justifica a socialidade, que impõe desde logo a garantia de condições dignas de existência (cf. Acórdão do Tribunal Constitucional n.º 509/02, sobre o rendimento social de inserção).

A dignidade como dimensão de reconhecimento recíproco pressupõe relações de reconhecimento intersubjetivo, pois a dignidade de cada pessoa deve ser compreendida e respeitada em termos de reciprocidade de uns com os outros. Esta dimensão está na base de princípios jurídicos como o da ressocialização em matéria penal.

Ainda se deve ter em conta que a dignidade da pessoa humana legitima a imposição de deveres de proteção especiais: deveres públicos de proteção

4 Fazemos aqui uma síntese dos ensinamentos dos autores in CANOTILHO, J. J. Gomes; MOREIRA, Vital. *Constituição da República Portuguesa Anotada*. I volume. 4. ed. Coimbra: Coimbra Editora, 2007, p. 198/200.

de pessoas em situações especiais propícias a graves atentados a essa dignidade (ex.: refugiados), assim como deveres públicos de defesa da vida e integridade do ser humano (ex.: tráfico de seres humanos).

Jorge Miranda entende que é necessário reconhecer que não é possível determinar, com exatidão científica, todas as concretas implicações e consequências do princípio da dignidade da pessoa humana e que se terá de deixar nas mãos do legislador a escolha dos meios mais adequados à efetiva salvaguarda da dignidade da pessoa humana e dos direitos fundamentais que a especificam, sendo assim a concretização do princípio feita de forma histórico-culturalmente aberta.[5]

A dignidade da pessoa humana fundamenta a existência de direitos fundamentais. Com efeito, os direitos, liberdades e garantias e os direitos económicos, sociais e culturais têm a sua fonte ética na dignidade da pessoa, de todas as pessoas. Neste sentido, Cristina Queiroz sublinha que

> o princípio de uma «existência condigna» (Dasein) não se refere unicamente à mera sobrevivência fisiológica e psíquica, mas ainda ao «livre» desenvolvimento da personalidade e à inclusão na sociedade. Ou seja, o princípio da dignidade da pessoa humana não ostenta uma acepção meramente negativa, de não intromissão na esfera individual e íntima das pessoas, mas ainda positiva, isto é, relativa ao homem enquanto «pessoa» e «cidadão», dotado de idêntica «dignidade social» (artigo 13.º/1 da Constituição) e elemento participativo de uma comunidade social «bem ordenada».[6]

1.2. O processo de especificação dos direitos humanos e o seu reconhecimento no sistema internacional

A comunidade internacional não só é confrontada com o problema de fornecer garantias válidas para os direitos, mas também com a obrigação de melhorar continuamente o conteúdo da Declaração Universal, especificando-o, atualizando-o, com o intuito de evitar que o seu conteúdo traduza apenas fórmulas solenes, na verdade, mais rígidas e vazias.[7] Norberto Bobbio nomeou este processo como *especificação dos direitos*, sendo uma mudança gradual, mas sempre apontada para uma nova determinação dos sujeitos de direito.[8]

5 MIRANDA, Jorge e MEDEIROS, Rui. *Constituição Portuguesa Anotada*. Tomo I. 2. ed. Coimbra: Wolters Kluwer/Coimbra Editora, 2010, p. 78.

6 QUEIROZ, Cristina. *Direitos Fundamentais Sociais. Funções, âmbito, conteúdo, questões interpretativas e problemas de justiciabilidade*. Coimbra: Coimbra Editora, 2006, p. 114.

7 BOBBIO, Norberto. *El tiempo de los derechos*. Madrid: Editorial Sistema, 1991, p. 72.

8 BOBBIO, Norberto. Op. cit., p. 109/110.

Este processo vem acompanhar outros três processos presentes na evolução dos direitos humanos: positivação, generalização e internacionalização. Destarte, a especificação aparece como um processo dialético e complexo que vem misturar a afirmação dos direitos civis e políticos do liberalismo moderno com a posterior emergência dos direitos sociais, económicos e culturais.[9]

No caso especifico dos direitos humanos das pessoas idosas podemos falar de uma condição física e biológica que, como acontece no caso das crianças, as coloca numa situação de inferioridade nas relações sociais. Obrigaria, portanto, a uma proteção especial acrescentada, mas não vinculada ao valor de igualdade senão ao valor da solidariedade ou fraternidade.[10]

No seio da *sociedade idadista* - aliás, uma sociedade que discrimina as pessoas idosas - os direitos humanos dos idosos encontram-se continuamente expostos a serem violados quer por preconceitos, mitos, estereótipos, quer simplesmente pelo desconhecimento dos traços que caraterizam este período da vida.[11] Por isso, importa aqui, embora brevemente, percorrer os principais elementos desse processo inconcluso de especificação dos direitos humanos das pessoas idosas. Trata-se de um processo que podemos considerar como ainda inacabado, uma vez que, diferentemente do que acontece com outros grupos tradicionalmente conceitualizados de vulneráveis (e.g: mulheres e crianças), não temos ainda uma Convenção Internacional respeitante aos direitos humanos das pessoas idosas.

Com efeito, a comunidade internacional reuniu-se duas vezes em vinte anos para estudar a nível mundial a questão do envelhecimento: na Primeira Assembleia Mundial sobre Envelhecimento, em Viena em 1982 e, na Segunda Assembleia Mundial sobre Envelhecimento, decorrente em Madrid em 2002.

Na Assembleia de Viena foi aprovado o primeiro Plano de Ação Internacional sobre Envelhecimento,[12] que incluiu sessenta e duas recomendações pertinentes para os Estados signatários do Pacto Internacional sobre Direitos Económicos, Sociais e Culturais das pessoas idosas. Em 1991, a Assembleia Geral deu mais um passo nessa direção ao adotar os Princípios das Nações Unidas para as Pessoas Idosas, adotados pela Resolução n. 46/91, da Assembleia Geral das Nações Unidas, a 16 de dezembro 1991. Este do-

---

9 DAVOBE, Maria Isolina. Derechos humanos de las personas mayores en la nueva Convención Americana y sus implicancias bioéticas. *Revista Latinoamericana de Bioética,* 16 (1), 2016, p. 46.

10 PECES-BARBA MARTÍNEZ, Gregorio; ASÍS de ROIG Rafael; FENÁNDEZ LIESA, Carlos; LLAMAS GASCÓN, Angel. *Curso de derechos fundamentales: Teoría general.* Madrid: B.O.E., 1995, p. 181/182.

11 SÁNCHEZ SALGADO, Carmen Delia. *Gerontología Social.* Buenos Aires: Espacio Editorial, 2000, p. 30.

12 ONU. Asamblea General de las Naciones Unidas, *Plan de Acción Internacional sobre Envejecimiento, Viena,* 1982 (resolución 37/51).

cumento de *soft law*, vem elencar as principais linhas a seguir no reconhecimento efetivo dos direitos das pessoas idosas: independência, participação, assistência, realização pessoal e dignidade. De ressaltar que a proteção contra a discriminação em razão da idade é explicitada no ponto 18, onde se afirma que os idosos devem ser tratados de forma justa, independentemente da sua idade, género, origem racial ou étnica, deficiência ou outra condição, e ser valorizados independentemente da sua contribuição económica.

Neste instrumento se encontram explicadas e desenvolvidas uma série de questões centrais que se encontram ligadas a essas metas, objetivos e compromissos. Por seu turno, no Plano de Ação de Madrid,[13] que foi o principal fruto da segunda Assembleia sobre envelhecimento, tentou-se estabelecer o maior número possível de preocupações existentes sobre o envelhecimento numa perspetiva de Direitos Humanos. Nesse documento fixam-se uma série de recomendações para a adoção de ações estruturadas. Essas ações foram inseridas em três orientações prioritárias (pessoas idosas e desenvolvimento, promoção de saúde e bem-estar na velhice, e criação de um ambiente favorável e de habilitação).

No entanto, nenhum dos documentos mencionados até agora estabelecem obrigações legalmente vinculativas uma vez que apenas são incorporados neles regras e preceitos nos quais concordam os governos, mas sem qualquer exigência de cumprimento efetivo.

Contudo, isto não significa que o sistema internacional de direitos humanos não esteja a garantir a aplicação universal das normas que proíbem qualquer forma de discriminação em razão dos padrões etários. Neste sentido, importa ressaltar algumas previsões importantes nos diplomas vigentes de direitos humanos: Carta das Nações Unidas de 1945 (art. 55.º); Declaração Universal de Direitos Humanos, 1948 (arts. 3.º, 22.º, 25.º, 27.º); Pacto Internacional sobre Direitos Económicos, Sociais e Culturais de 1966 (arts. 9.º, que reconhece o direito de todos à segurança social, incluindo seguros sociais; 11.º, que consagra o direito a um padrão de vida adequado; 12.º, dedicado ao direito de todos ao gozo do mais alto nível possível de saúde física e mental). Geralmente estes instrumentos consagram o direito à vida, à liberdade e à segurança, com atenção especial para grupos mais vulneráveis (entre os quais podemos incluir as pessoas idosas), sendo especialmente relevante mencionar a segurança social e proteção da saúde.

Ainda no sistema das Nações Unidas, embora não seja um diploma dirigido especialmente às pessoas idosas, importa atentar na Convenção sobre os Direitos das Pessoas com Deficiência. Deve-se notar que as pessoas idosas

13 ONU. *Plano de ação internacional contra o envelhecimento*, 2002; tradução de Arlene Santos. Brasília: Secretaria Especial dos Direitos Humanos, 2003. (Série Institucional em Direitos Humanos; v. 1).

sem deficiência ficam, obviamente, fora do âmbito de proteção da Convenção. Todavia, a Convenção das pessoas com deficiência, menciona as pessoas idosas em várias disposições específicas, designadamente quando se refere ao combate a "estereótipos, preconceitos e práticas nocivas em relação a pessoas com deficiência, inclusive aqueles relacionados a sexo e idade, em todas as áreas da vida» [art. 8.º b.)]; do acesso à justiça "em igualdade de condições com as demais pessoas, inclusive mediante a provisão de adaptações processuais adequadas à idade" (art. 13.º) e da proteção contra "todas as formas de exploração, violência e abuso, assegurando, entre outras coisas, formas apropriadas de atendimento e apoio que levem em conta o género e a idade das pessoas com deficiência e de seus familiares e atendentes" (art. 16.º, n.º 2).

No plano do Conselho da Europa, embora não exista uma Convenção que se refira diretamente a idosos, como no caso interamericano que iremos analisar posteriormente, devem considerar-se aplicáveis aos idosos os direitos previstos na Convenção para a Proteção dos Direitos do Homem e das Liberdades Fundamentais, abreviadamente Convenção Europeia dos Direitos do Homem (CEDH). Nos termos do artigo 14.º da CEDH, o gozo dos direitos e liberdades reconhecidos na CEDH devem ser assegurados "sem quaisquer distinções, tais como as fundadas no sexo, raça, cor, língua, religião, opiniões políticas ou outras, a origem nacional ou social, a pertença a uma minoria nacional, a riqueza, o nascimento ou qualquer outra situação". No entanto, este artigo não protege por si só, apenas podendo ser invocado conjuntamente com outro ou outros artigos da Convenção. De notar que existe uma referência específica às pessoas idosas no artigo 23.º da Carta Social Europeia que consagra o direito das pessoas idosas a uma proteção social.

Importa ressalvar também, no plano do Conselho de Europa, a Recomendação CM/Rec (2014) 2 do Comité de Ministros dos Estados-Membros sobre a promoção dos direitos humanos das pessoas idosas, que tem por finalidade promover, proteger e assegurar o gozo pleno de todos os direitos humanos por parte deste grupo social e promover o respeito pela sua dignidade intrínseca, em igualdade de condições com as demais pessoas. Tal Recomendação consiste num conjunto de 54 medidas (agrupadas em sete capítulos), medidas essas acompanhadas de um relatório explicativo que serve como guia para a sua implementação. Algumas linhas de ação respeitantes aos direitos das pessoas idosas consagradas nesta recomendação são as seguintes: a) Não discriminação, nomeadamente em razão da idade; b) Promoção da autonomia e participação; c) Proteção contra a violência e os abusos; d) Proteção social e emprego; e) Promoção da saúde; f) Acesso à justiça.

Em especial, na parte relativa à proteção da saúde estabelecem-se disposições específicas sobre o consentimento da atuação médica e a colocação em residências, contemplando-se as situações em que uma pessoa idosa não pode expressar o seu consentimento. O facto de a recomendação se referir a pessoas idosas em instituições de cuidados de longa duração não deve ser visto como um estímulo à institucionalização, mas antes um reconhecimento da existência deste tipo de serviços sociais, chamando a atenção para o facto de que também nas residências geriátricas se devem respeitar os direitos humanos e a dignidade das pessoas idosas.

Embora não fique dentro do sistema internacional de direitos humanos, ao nível da União Europeia, importa desde logo atentar no artigo 1.º da Carta dos Direitos Fundamentais da União Europeia (CDFUE) que proclama a inviolabilidade da dignidade do ser humano, devendo a mesma ser respeitada e protegida. Trata-se não só de um direito fundamental, mas da própria base dos direitos fundamentais.[14] Assim, o artigo 1.º da CDFUE, em conjugação com o artigo 2.º do Tratado da União Europeia (TUE),[15] serve de fundamento a todo o sistema de proteção dos direitos fundamentais na ordem jurídica da União, pois, não sendo subsumível a qualquer dos direitos fundamentais consagrados na CDFUE, adquire conteúdo preciso através da sua expressão e concretização nesses direitos e constitui, em relação a eles, um critério valorativo e interpretativo conferidor de "unidade de sentido".[16] Trata-se no fundo de uma expressão genérica, cujo conteúdo deve ser concretizado através de decisões judiciais proferidas em casos concretos.[17]

Recordando que, segundo Gomes Canotilho e Vital Moreira, uma das dimensões da dignidade é a dignidade como dimensão aberta e carecedora de prestações,[18] que se relaciona com as novas exigências da pessoa humana que podem reclamar a necessidade de prestações (públicas ou privadas) enriquecedoras das irradiações físicas e espirituais da pessoa, pode-se concluir que esta dimensão "justifica a exigência de condições mínimas para uma existência condigna, bem como a proteção de pessoas em situações especiais de risco e de carência (ver artigos 18.º e 19.º, 24.º a 26.º, 32.º, 34.º e 47.º a 50.º da Carta)".[19]

Em especial, o artigo 25.º da CDFUE afirma que "A União reconhece e respeita o direito das pessoas idosas a uma existência condigna e independente e à sua participação na vida social e cultural", reconhecendo que a categoria das pessoas idosas deve ser alvo de uma tutela especial,[20] e parecendo ter recebido a ideia de que é impossível garantir uma tutela efetiva dos direitos civis e políticos sem promover também os direitos sociais e

---

14 SILVEIRA, Alessandra; CANOTILHO, Mariana (org.). *Carta dos Direitos Fundamentais da União Europeia Comentada*. Coimbra: Almedina, 2013, p. 33.

15 Artigo 2.º do TUE: "A União funda-se nos valores do respeito pela dignidade humana...".

16 SILVEIRA, Alessandra; CANOTILHO, Mariana. Op. cit., pp. 33 e 34.

17 SILVEIRA, Alessandra; CANOTILHO, Mariana. Op. cit., p. 34.

18 CANOTILHO, J. J. Gomes; MOREIRA, Vital. Op. cit., p. 199.

19 SILVEIRA, Alessandra; CANOTILHO, Mariana. Op. cit., p. 35.

20 SILVEIRA, Alessandra; CANOTILHO, Mariana. Op. cit., p. 321.

económicos.[21] No entanto, embora o artigo 25.º apresente ligações a valores como a Dignidade, Liberdade e Solidariedade, a sua perspectiva primordial é assegurar a Igualdade (daí a inserção sistemática do mesmo) das pessoas idosas, isto é, a proteção do estatuto da pessoa idosa em condições de igualdade relativamente aos outros membros da sociedade, pondo a tónica na proibição da discriminação em razão da idade ("idadismo" ou "etarismo"), concretizando também neste âmbito o artigo 21.º da CDFUE que proíbe a discriminação nomeadamente em função da idade.[22]

Em matéria de segurança social, cumpre desde logo chamar à colação o artigo 34.º da CDFUE que, sob a epígrafe "Segurança social e assistência social", "surge no capítulo da Carta dos Direitos Fundamentais da União Europeia intitulado «Solidariedade» e visa reafirmar o modelo social europeu, respeitando as competências dos Estados-Membros nesta matéria".[23] Com efeito, "é objectivo da União Europeia contribuir para um *elevado nível de protecção social e de qualidade de vida* nos Estados-Membros",[24] realizando-se tal objetivo pela coordenação de legislações dos Estados Membros e não pela harmonização das mesmas, tal como o Tribunal de Justiça da União Europeia explicou desde cedo.[25]

"Neste contexto, o artigo 34.º, n.º 1, promove, de acordo com uma lógica de justiça distributiva, o acesso a recursos adequados a uma existência condigna. Esta disposição delimita o âmbito material de tutela: «*protecção em casos como a maternidade, doença, acidentes de trabalho, dependência na velhice, bem como em caso de perda de emprego*»".[26]

Finalmente, devemos falar aqui do Protocolo da Carta Africana de Direitos Humanos e dos Povos relativa aos Direitos das Pessoas de Idade em África, aprovada a 26 de janeiro de 2016 pela Assembleia de Chefes de Estado da União Africana. Embora não possamos analisar com pormenor dito diploma, o mesmo destaca-se pela especificidade dos direitos garantidos às pessoas idosas, inclusive alguns não incorporados em outros instrumentos de direitos internacionais, como é o caso dos direitos de grupos específicos. [27]

---

21 SILVEIRA, Alessandra; CANOTILHO, Mariana. Op. cit., p. 313.

22 SILVEIRA, Alessandra; CANOTILHO, Mariana. Op. cit., p. 313.

23 SILVEIRA, Alessandra; CANOTILHO, Mariana. Op. cit., p. 402.

24 SILVEIRA, Alessandra; CANOTILHO, Mariana. Op. cit., p. 403.

25 Neste sentido, SILVEIRA, Alessandra; CANOTILHO, Mariana. Op. cit., p. 405. Mais, "a jurisprudência do TJUE tem, reiteradamente, defendido que os Estados-Membros gozam de ampla margem de apreciação na escolha das medidas adequadas à prossecução dos objetivos de política social e do combate à exclusão social." – cf. SILVEIRA, Alessandra; CANOTILHO, Mariana. Op. cit., p. 412.

26 SILVEIRA, Alessandra; CANOTILHO, Mariana. Op. cit., p. 403.

27 Comisión Económica para América Latina y el Caribe (CEPAL). *Derechos de las personas mayores: retos para la interdependencia y autonomía* (LC/CRE.4/3). Santiago de Chile: CEPAL, 2017, p. 105.

1.3. Em direção a uma Convenção Internacional dos direitos humanos das pessoas idosas. O debate acerca da pertinência.

Embora haja avanços no processo de especificação dos direitos dos idosos, os diferentes comités encarregados da aplicação dos diferentes tratados concordam que esta tarefa é ainda pouco conhecida. Apesar das melhorias e do impulso das duas Assembleias Mundiais sobre o Envelhecimento, assim como da celebração do Ano Internacional das Pessoas Idosas em 1999, da análise global dos diplomas de Direitos humanos podemos concluir que existe uma lacuna normativa, uma vez que em quase todos eles é omitida a idade como uma possível forma de discriminação.[28]

Todavia, temos de reconhecer que houve desenvolvimentos normativos nas últimas décadas no regime de Direitos humanos. Embora de forma limitada, tem-se permitido acrescentar a idade nos motivos de discriminação. Destarte, para Rodríguez-Piñero, "(...) no cabría hablar de un vacío jurídico internacional en la materia, pero sí de un contexto de dispersión normativa en el que los derechos de las personas de edad no cuentan con un sólido sustento".[29]

Assim, os diplomas internacionais atuais não fornecem princípios coerentes que possam guiar a ação normativa e as políticas públicas estaduais. Além disso, as normas gerais de direitos humanos e outras internacionais deixam de lado uma série de direitos específicos que precisam de uma maior elaboração à luz dos novos entendimentos e consensos.[30]

Uma Convenção Internacional poderia significar uma mudança de atitudes em relação às pessoas idosas, aumentando a visibilidade das questões que lhes digam respeito e das suas necessidades. Uma Convenção poderia permitir uma "mudança de paradigma" que visasse substituir a conceção historicamente predominante das pessoas idosas enquanto "objetos de direitos" para passarem a ser vistas como "sujeitos de direitos".[31]

Para alcançar estes objetivos na sua elaboração devem ser ouvidas pessoas idosas de diversas realidades no intuito de evitar visões monolíticas do coletivo. A abordagem na perspetiva de género tem de estar muito presente nos trabalhos preparatórios e, decerto, a questão do direito ao cuidado deveria ser um dos elementos essenciais pressentes no futuro diploma.

---

28 ONU. Asamblea General. *Seguimiento de la Segunda Asamblea Mundial sobre el Envejecimiento*, Informe del Secretario General, A/64/127, 2009, p. 7/8.

29 RODRÍGUEZ-PIÑERO, Luis. Los desafíos de la protección internacional de los derechos humanos de las personas de edad. *Documentos de Proyecto nº 305*, Santiago de Chile: CEPAL, 2010, p. 47.

30 RODRIGUEZ-PIÑERO, Luis. El valor y la necesidad de una Convención internacional. Los derechos de las personas mayores. *Materiales de estudio y divulgación*, 4. Santiago de Chile: CEPAL, 2011, p. 5.

31 RODRIGUEZ-PIÑERO, Luis. Op. cit., 2011, p. 11/12.

Um diploma deste tipo iria contribuir para aumentar a responsabilidade dos Estados relativamente às suas ações no que diz respeito às pessoas idosas, fornecendo informação e mecanismos de controlo adequados a fim de estabelecer um quadro útil de suporte para o desenvolvimento de políticas que respondam aos desafios do envelhecimento global.[32] Iria favorecer a criação de políticas internacionais para as pessoas idosas numa abordagem de Direitos Humanos.[33] Devido à capacidade transformadora dos Direitos Humanos, o reconhecimento dos direitos dos idosos numa convenção específica iria supor uma maior capacitação dos mesmos para alcançarem uma vida segura e condigna, livre de medo e discriminação.[34]

Finalmente, dado o elevado estatuto jurídico, político e normativo de uma Convenção da ONU, seria um gesto de grande importância simbólica para atingir as metas especificamente previstas nos planos de ação internacional acerca do envelhecimento, assim como de diferentes políticas regionais e internacionais, colocando a questão da situação das pessoas idosas num patamar diferente do ponto de vista simbólico.[35]

Como explica muito eloquentemente Sandra Huenchuan,

> Lo importante, en consecuencia, es avanzar y continuar insistiendo en que los derechos de las personas mayores requieren de una legitimación más firme que el sentimiento de piedad que despierta ante situaciones de injusticia. Como todos los derechos humanos, los de las personas mayores requieren también de una legitimación política, de una expresión jurídica que incluya todos los ámbitos de la ciudadanía, el pasivo para vivir con tranquilidad y seguridad, y el activo para poder controlar en última instancia el propio destino. En definitiva, por muy loable que sea, a las personas mayores no les basta la convicción moral de que tienen un derecho.[36]

Finalmente, entre as razões dos diferentes coletivos para reclamarem os seus direitos encontra-se a ideia de que uma vez que estes sejam reconheci-

---

32 HELP AGE. Why it's time for a convention on the rights of older people?. *HelpAge position paper*, 2009, p. 6. Disponível em: <www.helpage.org/Resources/Policyreports>. Acesso em: 11 jul. 2017.

33 RODRÍGUEZ-PIÑERO, Luis. Op. cit., 2010, p. 31.

34 HELP AGE. Op. cit., p. 4.

35 RODRIGUEZ-PIÑERO, Luis. Op. cit., 2010, p. 30.

36 HUENCHUAN, Sandra. "Igualdad y universalidad de los derechos humanos en contexto de envejecimiento". In: HUENCHUAN, Sandra. (org.). *Los derechos de las personas mayores en el siglo XXI: situación, experiencias y desafíos*. Santiago de Chile: CEPAL, 2012, p. 39.

dos, existem estruturas sociais que farão que eles sejam realmente efetivos.[37] É por isto que a abordagem dos direitos, também no que diz respeito ao direito ao cuidado, acaba por ser tão importante no caso concreto das pessoas idosas.

1.4. Um importante antecedente: A Convenção Interamericana sobre a Proteção dos Direitos Humanos dos Idosos (2015)

Contudo, a discussão acerca da oportunidade de uma Convenção Internacional dos Direitos Humanos das pessoas idosas não deve ser um impedimento no desenvolvimento de instrumentos regionais. De facto, esta criação iria permitir atender de una forma mais adequada às diferenças regionais e culturais. Além disto, a monitorização e a legitimidade das pressões para aplicação das Convenções costumam ser melhor aceites pelos Estados membros quando provêm de enquadramentos regionais mais próximos do que das Nações Unidas.[38]

Assim, enquanto aconteciam os debates relativamente à possibilidade da aprovação um diploma global nas Nações Unidas, a OEA (Organização de Estados Americanos) estava a liderar um processo de busca de acordos para alcançar, de forma muito rápida, a elaboração e adoção de um diploma regional americano nesta matéria.

A Assembleia Geral da Organização dos Estados Americanos, a 7 de junho de 2011, concordou em pedir ao Conselho Permanente a criação de um grupo de trabalho constituído por representantes peritos nacionais, bem como organizações e agências internacionais, para preparar um relatório no final de 2011, analisando a situação pessoas idosas no hemisfério, assim como a eficácia dos instrumentos de reconhecimento dos direitos humanos do coletivo. Dentro do mandato do grupo foi preparado um projeto de Convenção Interamericana para a promoção e proteção dos direitos das pessoas idosas que foi apresentada ao Conselho em 2012. Assim, a Convenção foi adoptada no âmbito da XLV Assembleia Geral Ordinária da Organização dos Estados Americanos (OEA),[39] a 15 de junho de 2015 em Washington D.C.[40]

---

37 EEKELAR, John. *Family Law and Personal Life*. Oxford: Oxford University Press, 2006, p. 164.

38 DORON, Israel, APTER, Itai. The Debate Around the Need for an International Convention on the Rights of Older Persons. *The Gerontologist*, vol. 50, n. 5, 2010, p. 592.

39 Até agora, a pesar de ter sido aprovada em 2015, a Convenção apenas foi assinada e ratificada pela Bolívia, pela Costa Rica e pelo Uruguai. A Argentina, o Chile e o Brasil assinaram o diploma, mas ainda está pendente de ratificação. Pode-se consultar esta informação atualizada em OAS, Tratados multilaterales interamericanos, 2017. Disponível em: <http://www.oas.org/es/sla/ddi/tratados_multilaterales_interamericanos_A-70_derechos_humanos_personas_mayores_firmas.asp>. Acesso em: 12 jun. 2017.

40 MORA BIERE, Tania. Convención Interamericana sobre la Protección de los Derechos de las Personas Mayores. *Senama en red*, n. 29, 2015, p. 25-27. Disponível em: <http://www.imserso.es/InterPresent2/groups/imserso/documents/binario/enlace29_11convencion.pdf>. Acesso em: 11 jul. 2017.

A CEPAL reconhece que este novo tratado

> (...) rectifica una omisión del derecho internacional de derechos humanos con relación a este grupo social y estandariza garantías muy relevantes que ningún otro instrumento internacional vinculante había considerado anteriormente de manera explícita en el caso de las personas mayores, como la conjunción entre el derecho a la vida y la dignidad en la vejez, o el derecho a la independencia y la autonomía.[41]

Uma das primeiras questões a decidir aquando da elaboração da Convenção Interamericana foi a escolha da abordagem. Huenchan identificou na altura três abordagens diferentes: uma reiteração do catálogo de direitos humanos já existentes, mas agora referido às pessoas idosas; um diploma que procure avançar na identificação de medidas que visam evitar a discriminação de que é alvo este coletivo (para o qual, talvez não fosse necessário tanto um diploma com um reconhecimento exaustivo de direitos, quanto um documento para a eliminação de qualquer forma de discriminação contra as pessoas idosas); finalmente, uma terceira abordagem que, partindo da ideia de que a violação dos direitos das pessoas idosas apresenta contornos específicos, seria preciso avançar num documento para aprofundar o significado dos direitos que já foram reconhecidos às pessoas idosas de forma geral e também esclarecesse as obrigações dos Estados partes para seu cumprimento efetivo.[42]

A abordagem do Grupo de trabalho na elaboração do texto foi-se aproximando cada vez mais à terceira abordagem, e na sequência desta escolha o texto final oferece novas interpretações e alarga os conteúdos dos direitos estabelecidos nos tratados para os adaptar às necessidades e reivindicações que têm surgido nas sociedades ligadas à questão do envelhecimento.[43]

O texto aprovado da Convenção Interamericana sobre a proteção dos Direitos humanos dos idosos tem um preâmbulo e VII capítulos. O diploma explicita no art. 1.º seus objetivos:

> O objetivo da Convenção é promover, proteger e assegurar o reconhecimento e o pleno gozo e exercício, em condições de igualdade, de todos os direitos humanos e liberdades fundamentais do idoso, a fim de contribuir para sua plena inclusão, integração e participação na sociedade.

41 Comisión Económica para América Latina y el Caribe (CEPAL). *Derechos de las personas mayores: retos para la interdependencia y autonomía* (LC/CRE.4/3). Santiago de Chile: CEPAL, 2017, p. 83.

42 HUENCHUAN, Sandra. Op. cit., 2012, p. 46/47.

43 Comisión Económica para América Latina y el Caribe (CEPAL). Op. cit., 2017, p. 86.

O texto elenca, no art. 3.º, uma série de princípios cujo conteúdo vem ampliar e especificar os cinco princípios das Nações Unidas para as Pessoas Idosas.[44] Estes princípios abrangem uma série de aspetos fulcrais para um reconhecimento real e efetivo dos direitos humanos das pessoas idosas que são recolhidos no texto da Convenção.[45]

Quanto ao catálogo de direitos, são titulares deles as pessoas idosas que, segundo a definição do art. 2.º são "aquelas com 60 anos ou mais, exceto se a lei interna determinar uma idade base menor ou maior, desde que esta não seja superior a 65 anos". Estes direitos encontram-se elencados no capítulo IV. Seguindo a classificação de Dussel,[46] alguns deles podem ser classificados como direitos emergentes, como direitos vigentes ou como direitos estendidos.

Os emergentes seriam aqueles novos direitos recolhidos parcialmente nas normas nacionais e internacionais vigentes. Aqui encontramos o direito à vida e à dignidade na velhice (art. 6.º), o direito à independência e à autonomia (art. 7.º), e os direitos do idoso que recebe serviços de cuidados de longa duração (art. 12.º), de que voltaremos a falar com maior detalhe.

Por seu turno, os direitos vigentes seriam aqueles que já estão contemplados nas normas internacionais, mas que precisam de alterações para serem

44 Estes princípios foram adotados pela resolução n.º 46/91 da Assembleia Geral das Nações Unidas, de 16 de dezembro de 1991 e são a independência, participação, assistência, realização pessoal e a dignidade. Para Maria Isolina Davobe, estes princípios relacionam-se de maneira estreita com os principais eixos do ramo do direito conhecido como Direito da Velhice (Elder Law). Destarte, a problemática da discriminação em razão da idade, a vulnerabilidade, a capacidade jurídica estaria ligada ao princípio de autorrealização. O eixo relacionado com os direitos humanos de autonomia, liga-se ao princípio de independência. Por seu turno, os direitos de participação relacionam-se com o princípio homónimo e os direitos sociais conexionam-se com o princípio do cuidado. Finalmente, o princípio da dignidade informa tudo o que respeita às garantias e aos sistemas de proteção – cf. DAVOBE, Maria Isolina. Op. cit., p. 45.

45 O art. 3.º da Convenção elenca os princípios seguintes: a) A promoção e defesa dos direitos humanos e liberdades fundamentais do idoso; b) A valorização do idoso, seu papel na sociedade e sua contribuição ao desenvolvimento; c) A dignidade, independência, protagonismo e autonomia do idoso; d) A igualdade e não discriminação; e) A participação, integração e inclusão plena e efetiva na sociedade; f) O bem-estar e cuidado; g) A segurança física, económica e social; h) A autorrealização; i) A equidade e igualdade de género e enfoque no curso de vida; j) A solidariedade e o fortalecimento da proteção familiar e comunitária; k) O bom tratamento e a atenção preferencial; l) O enfoque diferencial para o gozo efetivo dos direitos do idoso; m) O respeito e a valorização da diversidade cultural; n) A proteção judicial efetiva; o) A responsabilidade do Estado e a participação da família e da comunidade na integração ativa, plena e produtiva do idoso dentro da sociedade, bem como no seu cuidado e atenção, de acordo com a legislação interna.

46 DUSSEL, Enrique. Derechos vigentes, nuevos derechos y derechos humanos. *Revista crítica jurídica*, n. 29 Ene/Jun, 2010, p. 229/235.

adaptados às necessidades específicas de um coletivo (neste caso, as pessoas idosas). Esta adaptação pode implicar ora uma nova interpretação, ora um alargamento do seu conteúdo. Nesta primeira categoria que supõe uma adaptação do direito encontramos o reconhecimento específico da igualdade e não discriminação por razão de idade (art. 5.º), o direito a manifestar consentimento livre e informado no âmbito da saúde (art. 11.º), o direito à segurança e a uma vida sem nenhum tipo de violência (arts. 9.º e 10.º). Por sua vez, a convenção estabelece um alargamento de conteúdo nalguns dos direitos, como é o caso dos direitos ao trabalho (art. 18.º), à saúde (art. 19.º), ao acesso à justiça (art. 31.º), à educação (art. 20.º) e à cultura (art. 21.º), direito a um meio ambiente saudável (art. 25.º) e direito à recreação, ao lazer e ao desporto (art. 22.º).

Os direitos estendidos seriam aqueles dirigidos a um coletivo determinado (as pessoas idosas, no nosso caso) que até esse momento não tinha usufruído deles, quer por omissão, quer por discriminação. Aqui devemos incluir, no que diz respeito à Convenção Interamericana, o direito à acessibilidade e à mobilidade pessoal (art. 26.º), assim como o reconhecimento das obrigações dos Estados parte de garantir a integridade e os direitos do idoso em situações de risco e emergências humanitárias (art. 27.º).[47] Por razões de abordagem e limitações de espaço, apenas podemos aqui elencar estes direitos e só analisaremos depois com algum detalhe o tratamento do direito ao cuidado.[48]

O capítulo V, composto apenas pelo art. 32.º, é dedicado à tomada de consciência. Aí, os Estados Parte acordam - alínea b) - "fomentar uma atitude positiva em relação à velhice e um tratamento digno, respeitoso e considerado do idoso; e com base numa cultura de paz, impulsionar ações de divulgação, promoção dos direitos e empoderamento".

Finalmente, no que diz respeito às garantias e proteção, a Convenção Interamericana estabelece, no seu capítulo VI, como parte do mecanismo de acompanhamento duas instituições: a Conferência de Estados Parte (art. 34.º) e o Comité de Peritos (art. 35.º). A Conferência de Estados Parte é o

47 O catálogo de direitos elencados na Convenção Interamericana não se esgota com estes direitos. No diploma são também recolhidos outros direitos específicos como o direito à participação e integração comunitária (art. 8.º), à liberdade pessoal (art. 13.º), à liberdade de expressão e opinião e ao acesso à informação (art. 14.º), à nacionalidade e à liberdade de circulação (art. 15.º), à privacidade e à intimidade (art. 16.º), à segurança social (art. 17.º), à propriedade (art. 23.º), à moradia (art. 24.º), à acessibilidade e à mobilidade pessoal (art. 26.º), aos direitos políticos (art. 27.º) e direito de reunião e de associação (art. 28.º). Alguns destes direitos implicam uma reiteração dos direitos já existentes, mas agora referidos às pessoas idosas e vêm completar um amplo catálogo de direitos, avançando no processo de especificação para o coletivo.

48 Para uma análise mais exaustiva deste catálogo de direitos vid. Comisión Económica para América Latina y el Caribe (CEPAL). Op. cit., p. 86/101.

órgão principal de seguimento da Convenção. Tem como funções: fazer o acompanhamento do avanço dos Estados Partes no cumprimento dos compromissos emanados da Convenção, elaborar seu regulamento e aprová-lo por maioria absoluta, fazer o acompanhamento das atividades desenvolvidas pelo Comité de Peritos e formular recomendações com o objetivo de melhorar o funcionamento, as regras e os procedimentos do Comité, receber, analisar e avaliar as recomendações do Comité de Peritos e formular as observações pertinentes, promover o intercâmbio de experiências e boas práticas e a cooperação técnica entre os Estados parte para garantir a efetiva implementação desta Convenção e resolver qualquer assunto relacionado ao funcionamento do Mecanismo de Acompanhamento. Já o Comité de Peritos tem como funções colaborar no acompanhamento do progresso dos Estados Partes na implementação da presente Convenção, sendo responsável pela análise técnica dos relatórios periódicos apresentados pelos Estados Partes,[49] apresentar recomendações para o cumprimento progressivo da Convenção, com base nos relatórios apresentados pelos Estados Partes, em conformidade com o tema objeto de análise e elaborar e aprovar seu próprio regulamento no âmbito das suas funções.

Quanto aos recursos processuais, a Convenção permite a apresentação de pedidos individuais diante da Comissão Interamericana de Direitos Humanos, o que constitui um avanço muito importante do ponto de vista da eficácia dos direitos aqui recolhidos.[50]

Deixamos esta breve panorâmica geral da Convenção Interamericana e voltaremos depois a este diploma para analisar com maior pormenor as previsões que dizem respeito ao direito ao cuidado.

2. DIREITO AO CUIDADO COMO DIREITO HUMANO

De maneira geral, define-se a atividade de cuidar como toda a ação humana que contribui para a ajuda e o pedido perante a necessidade de outrem. Para Huenchuan, é a ação social dirigida a garantir a sobrevivência social e orgânica das pessoas que carecem ou perderam a autonomia e precisam da ajuda de outrem para realizarem os atos essenciais do quotidiano.[51]

---

49 Os Estados parte comprometem-se a apresentar um relatório sobre o cumprimento das obrigações contidas na Convenção, no prazo de um ano após a realização da primeira reunião. Daí em diante, os Estados Partes apresentarão relatórios a cada quatro anos (art. 35.º).

50 DAVOBE, Maria Isolina. Op. cit., p. 53.

51 HUENCHUAN, Sandra. "¿Qué más puedo esperar a mi edad? Cuidado, derechos de las personas mayores y obligaciones del Estado". In: HUENCHUAN, Sandra, ICELA RODRÍGUEZ, Rosa (org.). *Autonomía y dignidad en la vejez: teoría y práctica en políticas de derechos de las personas mayores (LC/L.3942)*, Santiago de Chile: CEPAL, 2014, p. 153.

Por um lado, a experiência de cuidar e de sermos cuidados está a marcar a forma de nos autodefinirmos, assim como os nossos relacionamentos sociais. Hoje em dia o cuidado constitui uma parte integral do processo através do qual a sociedade mantém e reproduz a sua saúde física e a força de trabalho. Como nos relembra Pérez Orozco, o cuidar apresenta uma dupla dimensão: material, corporal - aliás, realizar tarefas concretas com resultados tangíveis que visam atender o corpo e as suas necessidades fisiológicas – e imaterial, afetiva ou relacional – relativa ao bem-estar emocional.[52] Partindo desta dupla dimensão, o cuidado exige tanto de amor, carinho, afeto *(love)*, quanto de trabalho ou tarefa *(labour)*. Aliás, identidade e atividade. Estramos perante, como dizem Finch e Groves,[53] um trabalho do afeto *(a labour of love)*. É também inserida neste contexto social que Gilligan propõe uma ética do cuidado, vista como responsabilidade social que procura o bem-estar das pessoas.[54]

Como relembra Alberdi,[55] na sociedade hodierna há um debate sobre quem e como é responsável pelo cuidado de idosos dependentes. E mais especificamente sobre se deve ser a sociedade como um todo quem deve fazer face a essa tarefa ou devem lidar com ela de forma pessoal os indivíduos e as famílias afetadas. Esta discussão implica, como é lógico, consequências importantes do ponto de vista do desenvolvimento de políticas sociais e familiares.

E aqui temos de ter muito presente uma perspetiva de género uma vez que, como frisa a abundante literatura dedicada ao cuidado em diferentes âmbitos, esta é uma tarefa que se vem atribuindo às mulheres, dando tal origem a graves desigualdades. Como salientam autoras como Ruth Lister,[56] a compreensão da cidadania pode ser enriquecida por uma ética do cuidado, mas deve ser garantida por uma ética dos direitos.

Por conseguinte, é importante perguntarmo-nos se existe um direito humano ao cuidado e, sobretudo, analisar as obrigações no que diz respeito às políticas sociais que o seu reconhecimento supõe para os Estados. Apresentaremos esta questão primeiro de uma maneira geral, para depois analisarmos com algum pormenor como tem sido tratado esse direito ao cuidado na Convenção Interamericana.

---

52 PÉREZ OROZCO, Arantxa. Amenaza tormenta: la crisis de los cuidados y la reorganización del sistema económico. *Revista de Economía Crítica*, n. 5, 2006, p. 7/37.

53 FINCH, Janet e GROVES, Dulcie. *A Labour of Love. Women, Work and Care.* Londres: Routeldge, 1983.

54 GILLIGAN, Carol. *In a different voice. Psychological theory and woman´s development.* Cambridge: Harvard University Press, 1982.

55 ALBERDI, Inés. *La nueva familia española.* Madrid: Taurus, 1999, p. 108.

56 LISTER, Ruth. Dilemmas in engendering citizenship. *Economy and Socety* (1), 1995, p. 1/40.

2.1. O cuidado numa perspetiva de direitos humanos

No debate acerca do cuidado e a sua interligação com os direitos humanos, temos de introduzir o conceito de dependência. A dependência é um risco constante na vida humana. Os indivíduos podem precisar de cuidados por causa de uma deficiência, doença crónica ou trauma, o que limita a sua capacidade de realizar os seus próprios cuidados ou tarefas pessoais básicas no quotidiano.[57]

Mesmo se pensarmos apenas nessa dimensão da dependência, a necessidade, a procura de cuidados continua a ser um elemento essencial na análise da vulnerabilidade das pessoas idosas. Embora nem todas as pessoas idosas estejam dependentes e a precisar de cuidados, a evolução biológica e a proliferação das doenças, designadamente demências, na velhice, significa que muitas pessoas idosas vão necessitar de cuidados específicos de longa duração quando não possam mais cuidar de si mesmas.

Embora muitas pessoas idosas também sejam cuidadoras a gestão social do cuidado, o apoio dos governos, assim como a maneira como os cuidados familiares e institucionais se relacionam através de políticas sociais específicas são questões fundamentais na vida dos idosos e de suas famílias. Como conclui María Ángeles Durán, o modelo de resposta às necessidades geradas pela dependência da população em geral, mas especialmente em pessoas mais velhas, é determinado pela potencial estimativa da oferta de cuidados, o que não é uma categoria demográfica, senão social e política.

> Ese modelo va a depender de la respuesta colectiva que se ofrezca a las siguientes cuestiones: ¿Quién tiene el derecho/obligación de cuidar a quién? ¿Sobre qué bases legales, morales o sociales? ¿Hasta qué límite? ¿Con qué contrapartida? ¿Cuáles son los mecanismos sociales y legales que actúan para garantizar/premiar/castigar el incumplimiento de estos derechos y obligaciones?[58]

Todavia, a plena consideração do cuidado como um direito social está longe de ser uma questão consensual. Numa abordagem de direitos, o cuidado pode ser definido como um direito subjetivo, aliás, como uma expetativa que a pessoa formou acerca da ação do Estado, dos poderes fáticos e do resto das pessoas.[59] A obrigação do Estado perante a procura de cuidados é garantir

---

57 HUENCHUAN, Sandra. Op. cit., 2014, p. 159.

58 DURÁN, Mª Ángeles. Dependientes y cuidadores: el desafío de los próximos años. *Revista del Ministerio de Trabajo y Asuntos Sociales*, n. 60, 2006, p. 57.

59 VAZQUEZ, Luis Daniel, SERRANO, Sandra. Los principios de Universalidad, Interdependencia, Indivisibilidad y Progresividad. Apuntes para su aplicación práctica. *Biblioteca Jurídica Virtual UNAM*, 2013, p. 137-138. Disponivel em: <https://archivos.juridicas.unam.mx/www/bjv/libros/7/3033/7.pdf>. Acesso em: 11 jul. 2017.

o acesso aos serviços sociais para todas as pessoas que se encontrem em situação de dependência, quer de forma temporária, quer permanente.[60] Estaríamos perante um direito estreitamente relacionado com a solidariedade e, especialmente no seu aspeto familiar, também muito conexo com a ideia de afetividade.

Mas, como ressalva Nuria Belloso esta ligação entre cuidados-afetividade-solidariedade pode ser perversa no sentido de colocar a responsabilidade toda do lado das famílias.[61] Portanto, o entendimento da solidariedade, especificamente no caso dos cuidados a idosos, deve ir muito mais além do que a solidariedade intergeracional no seio das famílias até atingir uma dimensão social global. Desta forma, o direito não se pode apoiar num vínculo de afetividade a que não reconhece qualquer efeito, embora o paradoxo se encontre neste caso no facto de o cuidado estar baseado com efeito, como já vimos, também nessa ideia de afetividade. A solidariedade intergeracional no seio das famílias que estaria a suportar uma parte importante dos cuidados nas sociedades não pode ser uma desculpa, a nosso ver, para os Estados não intervirem com políticas públicas adequadas numa perspetiva de direitos.

Sendo assim, a concetualização do cuidado enquanto direito supõe para o Estado, não apenas obrigações negativas (e.g. não impedir o acesso das pessoas idosas ao sistema de saúde), mas também obrigações positivas, tais como o fornecimento dos meios para cuidar (quer no âmbito familiar, quer no institucional) e assegurar que esse cuidado seja exercido em condições de igualdade entre homens e mulheres.[62]

Como destacam Gherardi e Zibecchi:

> El cambio de paradigma que implica el reconocimiento del cuidado como derecho que comprende la existencia del derecho a cuidar, a cuidarse y a ser cuidado, constituye la nueva cuestión social, imprescindible para generar las condiciones para una sociedad más justa y para que la promesa de igualdad de oportunidades para mujeres y varones se encuentre más cerca de ser una realidad.[63]

Este reconhecimento pode ser apoiado não apenas no direito interno dos Estados, o que pode levantar algumas dificuldades, mas também com-

60 HUENCHUAN, Sandra. Op. cit., 2014, p. 158.

61 BELLOSO MARTÍN, Nuria. "La proyección del cuidado y la afectividad en el principio de solidaridad (familiar). Una propuesta del cuidado como derecho social". In: PEREIRA, Tânia da Silva; OLIVEIRA, Guilherme de; COLTRO, Antônio Carlos Mathias (org.). *Cuidado e Afetividade*. São Paulo: Atlas. 2017, p. 435.

62 GHERARDI, Natalia; ZIBECCHI, Carla. El derecho al cuidado: ¿Una nueva cuestión social ante los tribunales de justicia de Argentina? *Revista Política*, vol. 49, n. 1, 2011, p. 114.

63 GHERARDI, Natalia; ZIBECCHI, Carla. Op. cit., p. 136.

plementado e impulsionado pelo reconhecimento em documentos internacionais de direitos humanos que construam esse direito ao cuidado dentro da categoria dos direitos económicos, sociais e culturais. Este caminho pode ser relevante, pois ajudaria a criar *standards internacionais* de direitos humanos nesse sentido e seria importante para a exigibilidade e efetividade dos direitos se pensarmos no desenvolvimento das teorias que estão solidamente a defender que os direitos económicos, sociais e culturais (DESC) possuem a mesma origem, o mesmo titular e o mesmo destinatário que os direitos civis e políticos.[64] Deste ponto de vista, todos os direitos humanos são reclamáveis, indivisíveis, interdependentes e universais sem que haja uma distinção entre DESC e direitos civis e políticos.

2.2. O direito ao cuidado na Convenção Interamericana: reflexões e contributo para uma convenção global

Precisamente pela falha de reconhecimento claro, como vimos, nos diplomas vigentes deste direito ao cuidado como direito humano e pela potencialidade que poderia implicar uma clarificação deste aspeto, tem especial interesse analisar como foi tratada esta questão na Convenção Interamericana de Direitos das Pessoas Idosas. Neste texto de direitos humanos, embora de caráter regional, aborda-se claramente a questão do cuidado como constituindo um direito emergente, pelo menos no que diz respeito às pessoas idosas enquanto titulares.

Assim, para Laura Pautassi,

> (...) el principal aporte del enfoque de derechos, y en este caso de la Convención interamericana sobre la protección de los Derechos Humanos de las Personas Mayores, es habilitar de manera amplia las responsabilidades estatales o de terceros involucrados, bajo un fundamento de un derecho humano, independientemente de la afiliación al seguro social, del carácter contributivo o no contributivo, de la presencia de hijos e hijas adultos con capacidad de cuidar o de sostener, y de los programas sociales vigentes. El imperativo es que de ahora en más los Estados deben brindar respuestas de carácter universal, integral y basadas en derechos, todo lo cual impactará en una mejora sustantiva para la calidad de vida de adultos y adultas mayores.[65]

---

64 ABRAMOVICH, Víctor; COURTIS, Christian. *Los derechos sociales como derechos exigibles*. Madrid: Trota, 2002.

65 PAUTASSI, Laura. Inaugurando un nuevo escenario. El derecho al cuidado de las personas adultas mayores. *Argumentos*, 2015, n. 17, p. 277. Disponível em: <http://argumentos.sociales.uba.ar/>. Acesso em: 11 jul. 2017.

Já nos princípios gerais aplicados à Convenção, no art. 3.º, aparecem duas referências explícitas ao cuidado: na alínea f), em que se fala do bem-estar e cuidado; e na alínea o), em que se fala na responsabilidade do Estado e na participação da família e da comunidade na integração ativa, plena e produtiva do idoso dentro da sociedade, bem como no seu cuidado e atenção, de acordo com a legislação interna. Este reconhecimento vem mostrar que a questão dos cuidados, na perspetiva dos direitos, é um aspeto relevante para a Convenção Interamericana. Por seu turno, no art. 6.º, ao introduzir o direito à vida e à dignidade, temos uma menção específica à obrigação dos Estados de tomar medidas para que as instituições públicas e privadas ofereçam ao idoso um acesso não discriminatório a cuidados integrais, incluindo os cuidados paliativos.[66]

No entanto, é no art. 12.º, no catálogo de direitos, em que são explicitados os direitos das pessoas idosas que recebem serviços de cuidados de longo prazo. O art. 12.º reconhece a existência de um "direito a um sistema integral de cuidados". Este sistema deve garantir a proteção e promoção da saúde, cobertura de serviços sociais, segurança alimentar e nutricional, água, vestuário e habitação, permitindo que o idoso possa decidir permanecer no seu domicílio e manter a sua independência e autonomia.

De igual forma, o texto obriga os Estados Partes a estabelecerem "medidas de apoio às famílias e cuidadores mediante a introdução de serviços para aqueles que realizam atividades de cuidados". Mas, apesar de afirmações como a anterior, dada a definição que a própria Convenção dá de "idoso que precisa de serviços de cuidados de longo prazo", [67] o texto parece estar a excluir os idosos cuidados nas suas casas por familiares. Esta restrição deve ser

---

66 Destarte, a Convenção define no art. 2.º o que se entende por cuidados paliativos como a atenção e o cuidado ativo, integral e interdisciplinar de pacientes cuja doença não responde a um tratamento curativo ou que sofrem dores evitáveis, a fim de melhorar a sua qualidade de vida até ao fim de seus dias. Acrescenta que estes cuidados abrangem o paciente, seu ambiente e sua família e vêm afirmar a vida ao considerar a morte como um processo normal; não a aceleram, nem a retardam. Embora não seja propriamente o tema de nosso trabalho, mais focado nos cuidados de longo prazo (familiares ou profissionais), as conexões com o nosso tema são evidentes. Importa, portanto, dizer que as referências a estes cuidados se encontram recolhidas nalguns outros pontos da Convenção, como o art. 6.º ou o art. 12.º, que foca especificamente os cuidados em geral e que contém referência específica aos paliativos.

67 A Convenção define o idoso que recebe cuidados de longo prazo no art. 2.º da seguinte forma: "pessoa que reside temporária ou permanentemente em um estabelecimento regulado, seja público, privado ou misto, no qual recebe serviços sociossanitários integrais de qualidade, incluindo as residências de longa estadia, que proporcionam esses serviços de atenção por tempo prolongado ao idoso com dependência moderada ou severa que não possa receber cuidados em seu domicílio". Portanto, o texto parece estar a excluir os idosos cuidados nas suas casas por familiares.

superada, pois o grupo de pessoas idosas que recebe cuidados no seu domicílio é também importante e precisa de uma proteção igualmente enérgica na esteira do que acontece, por exemplo, no Protocolo da Carta Africana sobre os Direitos das Pessoas Idosas.[68]

O artigo 12.º vem introduzir uma série de disposições no intuito de efetivar os direitos dos idosos ao cuidado: estabelecer mecanismos para assegurar que o início e termo dos serviços de cuidado de longo prazo estejam sujeitos à manifestação da vontade livre e expressa do idoso; incentivar que esses serviços contem com pessoal especializado; estabelecer um quadro regulatório adequado para o funcionamento dos serviços de cuidado de longo prazo que permita avaliar e acompanhar a situação do idoso (incluindo a adoção de medidas para garantir o acesso do idoso à informação, prevenir ingerências arbitrárias ou ilegais em sua vida privada, promover a interação familiar e social do idoso, levando em conta todas as famílias e suas relações afetivas, proteger a segurança pessoal e o exercício da liberdade e mobilidade do idoso, assim como a sua integridade e a sua privacidade e intimidade nas atividades que realiza, particularmente nos atos de higiene pessoal); estabelecer a legislação necessária para que os responsáveis e o pessoal de serviços de cuidado de longo prazo respondam administrativa, civil e/ou penalmente pelos atos que pratiquem em detrimento do idoso e, finalmente, adotar medidas adequadas, quando aplicável, para que o idoso que esteja recebendo serviços de cuidado de longo prazo conte com serviços de cuidados paliativos.

Além desta referência mais direta, encontramos algumas outras referências ao cuidado espalhadas na Convenção Interamericana. Assim, importa destacar o art. 19.º que fala do direito à saúde. Este artigo recolhe especificamente a obrigação dos Estados Parte de formular e programar políticas públicas intersetoriais de saúde orientadas para uma atenção integral a fim de proporcionar o desfrute do mais alto nível de bem-estar físico, mental e social. Entre as medidas que elenca para conseguir a plena efetividade deste direito à saúde, podemos ressaltar a promoção e garantia progressiva, de acordo com as suas capacidades, do acompanhamento e a capacitação de pessoas que exercem tarefas de cuidado do idoso, incluindo familiares, a fim de assegurar a sua saúde e bem-estar.

Encontramos também algumas referências explícitas aos idosos que precisam de serviços de cuidados de longo prazo no caso do direito à privacidade e à intimidade (art. 16.º), assim como à recreação, ao lazer e ao desporto (art. 22.º) e no caso do direito à moradia (art. 24.º). Nos dois primeiros casos, trata-se apenas de especificar e frisar que são também titulares deste direito as pessoas idosas que recebem serviços de cuidados de longo prazo. Já, no segundo caso, reitera-se a obrigação dos Estados Partes de adotarem as me-

68 Comisión Económica para América Latina y el Caribe (CEPAL). Op. cit., p.147.

didas pertinentes para facilitar o acesso do idoso a serviços sociossanitários integrados e a serviços de cuidados domiciliários que lhe permitam residir em seu próprio domicílio conforme a sua vontade.

Ao falarmos do cuidado, importa também referir os casos de maus-tratos e violência contra idosos que acontecem em muitos casos em contextos de provisão de cuidados.[69] Trata-se de um tema que a Convenção aborda já desde o seu preâmbulo e ao qual dedica o art. 9.º, em que consagra o direito do idoso à segurança e a uma vida sem nenhum tipo de violência.

De forma mais específica, entre as medidas que os Estados parte se comprometem a adotar para lutar contra estas situações o artigo inclui: estabelecer ou fortalecer mecanismos de prevenção da violência, em qualquer das suas manifestações, dentro da família, da unidade doméstica, do lugar onde recebe serviços de cuidado de longo prazo e da sociedade para a efetiva proteção dos direitos do idoso, capacitar e sensibilizar os funcionários públicos, os encarregados de serviços sociais e de saúde, o pessoal encarregado da atenção e cuidado do idoso nos serviços de cuidado de longo prazo ou serviços domiciliares sobre as diversas formas de violência, a fim de dar-lhes um tratamento digno e prevenir negligência e ações ou práticas de violência e maus-tratos, assim como desenvolver programas de capacitação dirigidos aos familiares e pessoas que exercem tarefas de cuidado domiciliário, a fim de prevenir situações de violência no domicílio ou unidade doméstica.

3. ALGUMAS PROPOSTAS E CONCLUSÕES

Em conclusão, uma convenção internacional sobre os direitos humanos dos idosos, a nosso ver, poderia enfrentar o preconceito relativo à idade avançada, enraizado na maioria das sociedades e que torna difícil às pessoas idosas perceber o seu potencial e participar na comunidade em pé de igualdade com os demais. Há, portanto, sólidas razões e bases para trabalharmos num instrumento geral ou vários instrumentos regionais, como tem acontecido na área americana, assim como em várias medidas de monitorização eficazes e transformadoras.

Especificamente, dentro das previsões é preciso ter muito em conta a questão do cuidado. Trata-se de um aspeto essencial no bem-estar das pessoas idosas e que levanta muitas questões relacionadas com a equidade e a justiça social. A pressão demográfica e o envelhecimento social global precisam de mecanismos adequados para enfrentar novos desafios. A abordagem do ponto de vista dos direitos supõe uma nova forma de olhar para estas ques-

---

69 Para uma análise dos maus tratos aos idosos em Portugal em contexto de provisão de cuidados, vid. CARVALHO, Ana Sofia e GRACIA, Jorge. "Os maus-tratos a idosos em contextos de cuidados familiares em Portugal: proposta para uma abordagem ecológico-crítica". In: PEREIRA, Tânia da Silva; OLIVEIRA, Guilherme de; COLTRO, Antônio Carlos Mathias (org.). *Cuidado e Afetividade*. São Paulo: Atlas, 2017, p. 45/76.

tões que está a responsabilizar os próprios Estados no cumprimento efetivo dos direitos reconhecidos e que se prendem com aspetos essenciais como o pleno reconhecimento do direito à vida ou à saúde e que têm uma conexão muito estreita com a dignidade das pessoas idosas.

Uma Convenção Internacional seria um grande avanço no processo de especificação dos direitos humanos das pessoas idosas que devem ser olhados como sujeitos de direitos e não apenas como objetos passivos de proteção numa abordagem apenas assistencial.

Focando na questão do cuidado, a futura Convenção Internacional pode tomar como referência o reconhecimento do direito ao cuidado e das questões conexas previstas na Convenção Interamericana como um antecedente valioso. Talvez fosse preciso ampliar o conceito de cuidado para abranger de forma mais clara os cuidados familiares.

Ademais, nesta futura Convenção, que deveria incorporar também e melhorar as previsões de outros documentos não vinculantes relativamente a esta questão, deviam-se ter em atenção dois elementos: primeiro, o reconhecimento de um direito a um nível de vida adequado e aos serviços sociais; e, segundo, o reconhecimento ao direito à saúde física e psíquica.

No primeiro caso isto supõe que a futura Convenção Internacional deve incorporar normas mínimas relativas aos diferentes âmbitos que guiam um nível de vida adequado, assim como os princípios fundamentais que deviam guiar as políticas sociais e de bem-estar em contextos de envelhecimento. As obrigações dos Estados, das organizações internacionais e de outras partes interessadas devem ser esclarecidas. Esses princípios devem implicar a adoção de políticas de serviços sociais que promovam a manutenção das funções básicas durante o maior tempo possível, respeitando a autonomia individual e numa perspetiva de direitos.

Do ponto de vista do respeito do direito à saúde, dever-se-ia promover o acesso preferencial aos medicamentos em caso de doenças relacionadas com a idade, bem como o apoio económico e técnico na assistência no domicílio e na forma de cuidado nas famílias. Se o internamento for inevitável os Estados devem garantir o respeito à autonomia pessoal e o respeito dos direitos humanos das pessoas idosas.

É também da maior importância que uma futura Convenção Internacional enfrente a questão da violência estabelecendo de forma clara um direito a viver livre de qualquer forma de violência contra as pessoas idosas. Este reconhecimento deveria favorecer políticas de resposta adequada face às diferentes formas de violência e abuso que sofrem as pessoas idosas.

Uma Convenção Internacional tem de ser muito consciente da diversidade do coletivo das pessoas idosas e estabelecer abordagens diferenciais. A perspetiva de género tem de ser introduzida. E deve estabelecer mecanismos efetivos e adequados de monitorização e controlo das obrigações assumidas pelos Estados parte.

O antecedente da Convenção Interamericana é muito valioso, mas, como é evidente pelo seu caráter regional e também pelo escasso número de países que neste momento a assinaram e a ratificaram, não implica senão mais um passo no reconhecimento efetivo dos direitos das pessoas idosas. É claro que este caminho não está isento de dificuldades, uma vez que o foco nos direitos implica neste caso o estabelecimento de uma série de obrigações dos Estados no que diz respeito à efetiva realização de direitos que são sociais e que, na maioria dos casos, implicam a realização efetiva de políticas públicas caras e complexas. Mas devemos pensar nos direitos humanos como um instrumento útil para a justiça social, incluindo o coletivo das pessoas idosas como parte valiosa da sociedade. Sujeitos, portanto, de direitos humanos na base do reconhecimento da sua dignidade e para cuja efetivação a culminação deste processo já iniciado em direção à aprovação definitiva e posterior ratificação massiva pela comunidade internacional de uma Convenção Internacional de Direitos Humanos das Pessoas Idosas seria uma grande notícia.

O DIREITO DE SER E A LEI BRASILEIRA DE PROTEÇÃO AOS DEFICIENTES

Antônio Carlos Mathias Coltro[1]

A pluralidade é a condição da ação humana pelo fato de sermos todos os mesmos, isto é, humanos, sem que ninguém seja exatamente igual a qualquer pessoa que tenha existido, exista ou venha a existir.

Hannah Arendt

Dentre as inúmeras circunstâncias em que o *cuidado* assume relevo, e muitas vezes maior que o normal, está inerente a maneira como são tratadas as pessoas que possuem algum tipo de deficiência.

Muito embora e naturalmente a solidariedade normalmente se faça presente nas relações interpessoais, por vezes isto não ocorre e é preciso chamar a atenção para o ideal igualitário que deve prevalecer no relacionamento entre elas, sem desconsiderar a dignidade de cada qual, de sorte a afastar a eventual separação e restrições que possam decorrer das diferenças existentes entre os cidadãos, ainda que não tenham elas qualquer responsabilidade por tal fato.

Aliás e se a própria CF ocupou-se em instituir a *igualdade* como uma de suas cláusulas inafastáveis, da mesma forma ocupando-se, até como consectário lógico de tal postulado, em afastar o *preconceito* de qualquer espécie, inclusive e como é óbvio o que advenha tanto da circunstância de não ser admitida a exigência sobre o cidadão possuir alguma deficiência como requisito para a admissão em determinado emprego, como também não poder servir o fato como dado negativo a tanto, o mesmo se dando quanto a não poder ser usado para a fixação do nível salarial, afora outros e variados aspectos a que se refere e indicativos da preocupação do constituinte com a condição dos deficientes e a imperiosidade de o assunto ser tratado em amplo viés, principalmente ante a adoção da *dignidade da pessoa humana* e da *cidadania* como *fundamentos republicanos*, tendo-se em conta, ademais, a *prevalência dos direitos* humanos, *princípio* regente da República e cuja significação possui ampla moldura e conteúdo com largo significado.

---

1 Desembargador TJSP. Presidente do IBDC. Mestre em Direito (PUC-SP). Membro Efetivo da Academia Paulista de Direito e Paulista de Magistrados. Vice-Presidente do Tribunal de Alçada Criminal (2005/2006). Presidente do TRE-SP (2014/2015).

Quando a Lei Brasileira de Inclusão dos Deficientes, que nestas notas será mencionada como LBI, se refere à inclusão, ela utiliza o vocábulo com o sentido de inserção, "ato de inserir, introduzir, fazer parte de algo, e nesse caso, a ***inclusão social*** denota pertencer à sociedade e usufruir dos direitos como cidadão. Esse problema, tão antigo quanto o homem, se define por meio da falta de oportunidades, injustiça social, preconceitos e desigualdades, posto que exclui diversas pessoas (exclusão social) da vida social, econômica e política".[2]

A teor do lecionado por Maria Garcia, *inclusão* advém da alteridade, característica própria do direito, conforme Miguel Reale, "e se realiza sempre por meio de dois ou mais indivíduos", acrescentando a renomada constitucionalista: "Inclusão, pois, decorre dessa circunstância humana inarredável: do latim *inclusio, inclusionis* significa 'a ação ou efeito de incluir. E *includere* (incluir): compreender ou abranger, inserir; fazer parte'".[3]

Embora editada a CF em 1988, ainda no ano de 2000 Maria Regina Cazzaniga Maciel assinalava, que, "no Brasil, milhares de pessoas com algum tipo de deficiência estão sendo discriminadas nas comunidades em que vivem ou sendo excluídas do mercado de trabalho",[4] anotando Izabel Maior e Fábio Meirelles, doze anos após, que o "tema da igualdade de oportunidades e não discriminação das pessoas com deficiência está surgindo cada vez com mais ressonância nos debates políticos, dentro e fora do movimento social, no âmbito dos poderes executivo, legislativo e judiciário, nas agremiações partidárias, nos sindicatos patronais e de trabalhadores".[5]

Quanto a isso e aliás, tem-se como conveniente invocar trecho de redação escrita por Jess Rezende, sob o título "O preconceito contra deficientes e sua inclusão na sociedade", onde assinala:

> Desde os tempos da Grécia Antiga, em Esparta, o deficiente é visto como um ser limitado e incapaz. As crianças nascidas na época que tivessem algum tipo de deficiência eram jogadas de um penhasco, pois acreditava-se que elas seriam inúteis um uma pólis militarista.

---

2 Disponível em: <https://www.todamateria.com.br/inclusao-social/>. Acesso em: 19 ago. 2017.

3 LEITE, Flávia Piva Almeida; RIBEIRO, Lauro Luiz Gomes; COSTA FILHO, Waldir Macieira da (coord.). *Comentários ao Estatuto da Pessoa com Deficiência*. São Paulo: Saraiva, 2016, p. 28.

4 MACIEL, Maria Regina Cazzaniga. *Portadores de Deficiência: a questão da inclusão social*. Disponível em: <http://www.scielo.br/scielo.php?script=sci_arttext&pid=S0102-88392000000200008>. Acesso em: 10 ago. 2017.

5 MAIOR, Izabel Maior; MEIRELLES, Fábio. *A inclusão das pessoas com deficiência é uma obrigação do Estado Brasileiro*. Disponível em: <http://www.bengalalegal.com/izabelmaior-fabiomeireles>. Acesso em: 15 jul. 2017.

> Mesmo séculos depois, é assim que a sociedade enxerga a pessoa deficiente. Recorrendo a um caso ocorrido em 2010, em que um médico veterinário passou em primeiro lugar no concurso público da cidade de Jales, interior de São Paulo, mas não foi chamado para tomar posse do cargo devido a sua condição de cadeirante, haja vista ainda que, o edital constava vagas para deficientes físicos. Diante desse caso, é notório o preconceito ainda existente com os deficientes, preconceito que muita das vezes faz a própria pessoa acreditar que não é capaz para realizar tal atividade.[6]

Como afirmado por José Leon Crochík,

> o preconceito é, usualmente, definido como uma atitude, cuja ação correspondente é a discriminação. A discriminação, por sua vez, entre outras formas de manifestação, se apresenta na segregação e na marginalização. A segregação significa separação real ou imaginária de alguém ou de um grupo da maioria ou de outros grupos; a marginalização implica pôr esse alguém ou grupo na beira. O segregado não faz parte; o marginalizado o faz de maneira precária.[7]

A edição da LBI objetivou, na proteção por ela deferida aos deficientes, o afastamento a atitudes como as próprias ao preconceito e à discriminação, além da desconsideração de parte do poder público e da sociedade, observando Izabel Maior e Fábio Meirelles que não "se conseguem programas, ações e orçamento públicos sem críticas e sem demandas políticas. É sabido que a crítica que tem legitimidade vem da sociedade organizada em movimentos chamados de 'minorias marginalizadas'. A partir deles surgem democraticamente as demandas reais, que reclamam, mas que no futuro não se olvidam dos avanços conquistados com programas e investimentos sérios e efetivos tanto no campo normativo como na praxe inovadora".[8]

Conforme Farias, Cunha e Pinto, "não basta uma igualdade formal, isto é, prescrita na lei maior, mas que se restrinja à letra morta da norma, sem aplicação na prática. Por vezes, a implantação do princípio da isonomia ou

---

6 REZENDA, Jess. *O preconceito contra deficientes e sua inclusão na sociedade*. Disponível em: <https://www.projetoredacao.com.br/temas-de-redacao/a-questao-da-inclusao-das-pessoas-com-deficiencia/o-preconceito-contra-deficientes-e-sua-inclusao-na-sociedade/41902>. Acesso em: 15 jul. 2017.

7 CROCHÍK, José Leon. *Preconceito e Educação inclusiva*. Disponível em: <https://www.passeidireto.com/arquivo/4749183/livro-preconceito-e-educacao-inclusiva/25>. Acesso em: 15 jul. 2017.

8 MAIOR, Izabel Maior; MEIRELLES, Fábio. Op. cit.

igualdade exigirá, dos entendes legitimados para tanto, a adoção de medidas que visem à efetivação dos direitos assegurados na Constituição".[9]

Referem-se eles, ademais, a Danilo Nunes Vasconcelos, para quem, apoiado em Boaventura de Souza Santos, "temos o direito a sermos iguais quando a nossa diferença nos inferioriza e a sermos diferentes quando a nossa igualdade nos descaracteriza, exortando, assim, pela necessidade de uma igualdade que reconheça as diferenças e de uma diferença que não produza, alimente ou reproduza as desigualdades",[10] citando, ainda, Ana Paula Crosara Resente, relevando sobre "a importância de fomentar no imaginário coletivo e individual o conhecimento das capacidades e contribuições das pessoas com deficiência, para que elas sejam vistas como parte da diversidade humana e não como problema a ser eliminado ou rejeitado. Importante considerar que as pessoas com deficiência também geram capital social e são agentes do próprio desenvolvimento".[11]

Induvidosamente e em face da edição da CF de 1988 e a imperiosidade de "garantir a inclusão das pessoas com deficiência sociedade", na referência da própria relatora do Estatuto da Pessoa com Deficiência na Câmara dos Deputados, Mara Gabrilli,[12] viu-se o Parlamento compelido a cuidar do assunto, fazendo-o com ideal tendente à inclusão dos que, por conta de alguma forma de deficiência necessitassem da iniciativa legislativa para edição de diploma legal em que, com alicerce nos princípios e normas estabelecidos na CF e que a tanto servissem, fosse reconhecido o forte aspecto social e a necessidade inerentes ao tema, afirmando-se, doutrinariamente, que, a "sociedade tem o poder de contribuir para o alcance da inclusão, processo subversivo do paradigma de integração. Entretanto, para que seu desempenho seja de facilitador da transformação, cabe ao poder público realizar e veicular campanhas educativas",[13] principalmente tendo-se em conta a dignidade da pessoa humana, a liberdade e a igualdade, sem desconsiderar o ideal de justiça e a própria fraternidade expressamente referidos pelo constituinte e que servem como guia orientador do poder legislativo e o que resulta de sua atividade.

---

9 FARIAS, Cristiano Chaves de; CUNHA, Rogério Sanches; PINTO, Ronaldo Batista. *Estatuto da Pessoa com Deficiência Comentado Artigo Por Artigo*. Salvador: Juspodivm, p. 35.

10 Ibidem, p. 36.

11 Ibidem, p. 37.

12 GABRILLI, Mara. *Vozes e sinais da democracia*. Disponível em: <http://maragabrilli.com.br/wp-content/uploads/2016/03/Guia-sobre-a-LBI-digital.pdf>. Acesso em: 19 ago. 2017.

13 *A inclusão das pessoas com deficiência é uma obrigação do Estado Brasileiro*. Disponível em: <http://vias-seguras.com/os_acidentes/as_vitimas_de_acidentes_de_transito/os_direitos_da_pessoa_com_deficiencia/a_inclusao_das_pessoas_com_deficileonencia_e_uma_obrigacao_do_estado_brasileiro>. Acesso em: 19 ago. 2017.

Considere-se, ademais, que "A **inclusão social** é o termo utilizado para designar toda e qualquer política de inserção de pessoas ou grupos excluídos na sociedade. Portanto, falar de inclusão social é remeter ao seu inverso, a exclusão social", como referido em Mundo-Educação,[14] devendo-se ter em conta, como adverte corretamente Crochik, citado por Kátia Monteiro De Benedetto Pacheco e Vera Lucia Rodrigues Alves, "que o preconceito surge no processo de socialização, sendo um fenômeno psicológico, com manifestação individual, afinal "o preconceito diz mais respeito às necessidades do preconceituoso do que às características do seu objeto". Desta forma, ao mesmo tempo que a cultura é a base do preconceito, quem irá atribuir características particulares (de acordo com suas necessidades individuais) ao objeto de preconceito, é o próprio preconceituoso".[15]

Pondera referida autora, ainda:

> O mundo atual permite que o movimento das pessoas com deficiência avance em direção a novas bandeiras e conquistas. No final da década de 1970, o importante era ser protagonista político na conquista e garantia de seus direitos. Nessa luta, as pessoas com deficiência no Brasil passaram pela redemocratização, pelo AIPD, pela Coalizão Pró-Federação, pela Constituição de 1988, pela Convenção da ONU e sua ratificação pelo Brasil, por encontros, congressos, reuniões, simpósios, atos públicos, conferências, etc.[16]

Esta é uma época com constantes e necessárias inflexões e que atingem a fundo conceitos e hábitos antes social e juridicamente solidificados, produzindo alterações intensas e não imaginadas, implicando a necessidade de um novo e diferenciado olhar, dirigido a uma realidade diferente, em que se modifica o cenário antes considerado e a preocupação humanista assume um colorido forte e indicativo da sensibilidade e preocupação legislativa com aspectos inerentes à inclusão e ao maior respeito ao postulado igualitário, no tocante a que e em relação à lei brasileira de proteção das pessoas com deficiência, sem dúvida deu-se um passo importante e demonstrativo de que a luz do sol existe para todos e pode iluminar o caminho de cada um, sendo possível a partir daí e conforme a música de Lulu Santos, de que se vale o

14 Disponível em: <http://mundoeducacao.bol.uol.com.br/educacao/inclusao-social.htm>. Acesso em: 19 ago. 2017.

15 PACHECO, Kátia Monteiro De Benedetto Pacheco; ALVES, Vera Lucia Rodrigues. *A história da deficiência, da marginalização à inclusão social:* uma mudança de paradigma. Disponível em: <http://www.revistas.usp.br/actafisiatrica/article/view/102875>. Acesso em: 19 ago. 2017.

16 Ibidem.

autor deste texto, ver-se "a vida melhor no futuro, mais clara e farta, repleta de toda satisfação, que se tem direito do firmamento ao chão".[17]

Aludindo à Universalidade dos direitos humanos e os direitos da pessoa com deficiência na Constituição Federal de 1988, Yvonete Bazbuz da Silva Santos e Elenilce Gomes de Oliveira observam:

> Após a Segunda Guerra Mundial, os dirigentes das nações que emergiram como potências no período pós-guerra, lideradas pela União das Repúblicas Socialistas Soviéticas (URSS) e pelos Estados Unidos da América (EUA), estabeleceram, na Conferência de Yalta, na Inglaterra, em 1945, as bases de um novo momento histórico, que buscava o princípio da fraternidade, da paz mundial. Foi, então, criada uma organização cujo objetivo era promover negociações sobre conflitos internacionais, na tentativa de evitar guerras, promover a paz e a democracia, além de fortalecer os Direitos Humanos. Surgiu, assim, a Organização das Nações Unidas (ONU).
>
> As discussões coordenadas pela ONU trouxeram a questão da dignidade da pessoa humana em seu contexto, o que, segundo Bonavides, tinha como causa principal a reflexão de que "um indivíduo que antes de ser o homem deste ou daquele país, de uma sociedade desenvolvida ou subdesenvolvida, é pela sua condição de pessoa um ente qualificado por sua pertinência ao gênero humano, objeto daquela universalidade" (2004, p. 574).
>
> Esse movimento de universalidade do gênero humano atingiu as minorias, trazendo para a ONU a discussão da diversidade. Assim, nesse processo de reconhecimento do homem, a pessoa com necessidades especiais também passou a ser foco de discussão através de outras organizações, especialmente: ENABLE – Organização das Nações Unidas para Pessoas com Deficiência; UNESCO – Organização das Nações Unidas para a Educação, Ciência e Cultura; UNICEF – Fundo das Nações Unidas para a Infância; OMS – Organização Mundial da Saúde. Essas organizações contribuíram para a criação de diversos documentos com o intuito de promover condições para que as pessoas com necessidades especiais pudessem viver dignamente e exercer a cidadania.
>
> Um grande momento nessa evolutiva discussão aconteceu em 1948, com a Declaração Universal dos Direitos Humanos, que traz em seu contexto os direitos da pessoa com necessidades especiais:
>
> Toda pessoa tem direito a um padrão de vida capaz de assegurar a si

17 Disponível em: <https://www.letras.mus.br › Pop › Lulu Santos › Tempos Modernos>. Acesso em: 19 ago. 2017.

> e à sua família saúde e bem-estar, inclusive alimentação, vestuário, habitação, cuidados médicos e os serviços sociais indispensáveis, e direito à segurança em caso de desemprego, doença, invalidez, viuvez, velhice ou outros casos de perda dos meios de subsistência fora de seu controle (Art. 25, item 1).[18]

Assim e quanto ao que se denominou Estatuto da Pessoa com Deficiência, chama a atenção, desde logo, a redação de seu art. 5º, orientando, que a pessoa com deficiência será protegida de toda forma de negligência, discriminação, exploração, violência, tortura, crueldade, opressão e tratamento desumano ou degradante e isto, após, em sua abertura, o art. 1º assegurar a promoção, em condições de igualdade, do exercício dos direitos e das liberdades fundamentais por pessoa com deficiência, visando à sua inclusão social e cidadania, não se podendo olvidar, também, o escrito no art. 4º: "Toda pessoa com deficiência tem direito à **igualdade de oportunidades** com as demais pessoas e não sofrerá **nenhuma espécie de discriminação**".

O desrespeito ao Estatuto foi evidenciado em caso submetido ao TJSP e no qual, segundo o noticiário no site da Corte, de 17/07/2017,

> A 22ª Câmara de Direito Privado do Tribunal de Justiça de São Paulo condenou empresa de transporte público do município de Taboão da Serra a indenizar um passageiro cadeirante que em mais de uma ocasião não conseguiu embarcar por problemas na plataforma de embarque de pessoas com mobilidade reduzida. A reparação pelos danos morais foi arbitrada em R$ 50 mil. O autor da ação juntou aos autos boletim de ocorrência sobre o acontecimento, bem como relato do dono de uma banca de jornal próxima ao ponto de ônibus. A testemunha afirmou que em diversas ocasiões o elevador para cadeirantes do ônibus não funcionou e os motoristas e cobradores não ofereceram ajuda. De acordo com o desembargador Roberto Mac Cracken, relator da apelação, a companhia tem o dever de 'transportar o usuário ao seu local de destino de maneira segura e protegida, o que no presente caso não ocorreu, já que não prestou o serviço que lhe competia, o que enseja para o dever da ré em indenizar os danos suportados pelo autor apelante'. 'Deve ser reiterado o fato de que a plataforma destinada a embarque e desembarque de deficientes apresenta problemas, sendo fato notório e sem providências efetivas', destacou o magistrado. O próprio

18 SANTOS, Yvonete Bazbuz da Silva Santos; OLIVEIRA, Elenilce Gomes de. *O princípio da igualdade e a pessoa com deficiência*. Disponível em: <http://www.cch.ufv.br/revista/pdfs/artigo5evol11-2.pdf>. Acesso em: 19 ago. 2017.

> autor da ação já havia proposto anteriormente ação indenizatória em razão das mesmas ocorrências, contra a mesma requerida.[19]

O Estatuto objetivou, sem dúvida, impor o equilíbrio de direitos quanto aos deficientes e os demais cidadãos, com o fim de ser observada a igualdade constitucionalmente prevista e igualar o exercício da cidadania, acerca do que e segundo Luiz Alberto David Araújo, citado por Meirilene Queiroz de Almeida Canjão: "Toda e qualquer interpretação constitucional que se faça deve passar, obrigatoriamente, pelo princípio da igualdade. Só é possível entendermos o tema de proteção excepcional das pessoas portadoras de deficiência se entendermos corretamente o princípio da igualdade".[20]

Todavia e conforme adverte a autora por último citada, no mesmo artigo, "a igualdade de tratamento deve ser quebrada quando, diante de uma determinada situação, o rompimento da igualdade for à única forma possível de efetivamente assegurar a igualdade", sendo razoável, como menciona, que, "diante de indivíduos diferentes, possam existir regulações diferentes. Entendendo que a igualdade de tratamento deve ser quebrada quando, diante de uma determinada situação, o rompimento da igualdade for à única forma possível de efetivamente assegurar a igualdade", arrematando:

> Em qualquer situação, a igualdade funciona como regra norteadora a todo direito à inclusão social de pessoas com deficiência, quer seja para manter ou quebrar a isonomia, depende simplesmente da situação exposta no caso concreto, com suas peculiaridades pessoais e intrínsecas. Desse modo, a definição de "deficiente" na forma exposta pela Constituição Federal de 1988, não está primordialmente no indivíduo, mas na sua capacidade de relacionamento social. O que define a pessoa com deficiência não é falta de um membro nem a visão ou audição reduzidas. O que caracteriza a pessoa com deficiência é a dificuldade de se relacionar, de se integrar na sociedade.

Se, por um lado e sob certos aspectos esse diploma trouxe surpresas quanto ao seu conteúdo, de outro ofereceu o que se impunha necessário à proteção das pessoas com deficiência, com relevo para a preocupação inclusi-

---

19 Como dá conta a notícia, ainda, "O relator determinou ainda, em razão da 'evidente ofensa ao direito das pessoas com deficiência', a remessa de cópia integral dos autos para a Promotoria de Justiça de Direitos Humanos – Área de Pessoas com Deficiência do Ministério Público de São Paulo, para fins de análise e eventuais providências" (Apelação Cível n. 1004081-40.2013.8.26.0609).

20 CANJÃO, Meirilene Queiroz de Almeida. *Dignidade da pessoa humana com deficiência:* Igualdade e inclusão social, legalidade e realidade. Disponível em: <http://www.oprogressonet.com/cidade/dignidade-da-pessoa-humana-com-deficiencia-igualdade-e-inclusao-social-legalidade-e-realidade/77862.html>. Acesso em: 18 ago. 2017.

va e destinada a afastar o preconceito e constrangimento por vezes existente, infelizmente, no tocante à condição dos por ele abrangidos condição e que acabavam por inseri-los em grupo que parecia destinado a situação diferenciada e inferior, no respeitante ao próprio exercício da cidadania, manifestando um confronto com o postulado igualitário que a própria CF já determinara.

A própria redação do dispositivo estatutário inicial (art. 1º)[21] serve a indicar o relevo dado à sua redação e o espírito norteador do Legislativo, prestigiando o uso do vocábulo de forma natural e sem o preconceito que sempre houve, adotando postura positiva e tendente a realçar a inexistência de razão a distinguir os deficientes e os demais cidadãos, a não ser como motivo a afastar discriminação de qualquer ordem.[22]

A jornalista Natalie Garcia publicou referência à LBI, em junho de 2015, em que referiu Glauber Salomão Leite, autor de livro sobre o tema e o fato de que, de um sistema movido a caridade ou assistencialismo, passou-se ao "reconhecimento da pessoa com deficiência como possuidora de direitos" e, indagado Glauber sobre os novos desafios, afirmou que

> O maior desafio é a "invisibilidade" que essas pessoas e seus familiares vivenciam, na medida em que seus direitos são sistematicamente desrespeitados e, na maioria dos casos, nada acontece. E são desrespeitados, em boa parte dos casos, pelo próprio Estado! Observe que antes da aprovação da Lei Brasileira de Inclusão já vigorava (e continuará vigendo) uma gama considerável de leis voltadas à tutela dos direitos das pessoas com deficiência. E o que se via era o desrespeito continuado ao disposto nessas normas.[23]

Apropriado, neste passo, invocar Luzia Gomes da Silva, tratando da consideração à igualdade e aludindo à deficiência: "A expressão "todos são iguais perante a lei", significava, em sua acepção tradicional, "a exigência

---

21 Art. 1º É instituída a Lei Brasileira de Inclusão da Pessoa com Deficiência (Estatuto da Pessoa com Deficiência), destinada a assegurar e a promover, em condições de igualdade, o exercício dos direitos e das liberdades fundamentais por pessoa com deficiência, visando à sua inclusão social e cidadania.
Parágrafo único. Esta Lei tem como base a Convenção sobre os Direitos das Pessoas com Deficiência e seu Protocolo Facultativo, ratificados pelo Congresso Nacional por meio do Decreto Legislativo no 186, de 9 de julho de 2008, em conformidade com o procedimento previsto no § 3o do art. 5o da Constituição da República Federativa do Brasil, em vigor para o Brasil, no plano jurídico externo, desde 31 de agosto de 2008, e promulgados pelo Decreto no 6.949, de 25 de agosto de 2009, data de início de sua vigência no plano interno.

22 O próprio autor do artigo, de forma inusitada e por conta de situação que o fez, a partir dos 45 anos, necessitar bengala em sua locomoção, recebeu comentário discriminatório em seu meio profissional, supostamente integrado por pessoas com nível intelectual razoável.

23 Lei da Inclusão da Pessoa com Deficiência tem como desafio o preconceito, afirma especialista. *Justificando – Mentes inquietas pensam Direito*, 12/06/2015.

de igualdade na aplicação do direito". A igualdade na aplicação do direito continua a ser uma das dimensões básicas do princípio da igualdade constitucionalmente garantido, mas atualmente, essa igualdade perante a lei vem acompanhada da igualdade na lei (na criação do direito), isto é, ser igual "perante" a lei não significa apenas "aplicação igual da lei", pois a lei, ela própria, deve tratar por igual todos os cidadãos. Significa dizer que o princípio da igualdade "dirige-se ao próprio legislador, vinculando-o à criação de um direito igual para todos os cidadãos",[24] logicamente considerando as diferenças advindas da condição de cada qual.

Prosseguindo, refere a articulista:

> O direito à igualdade emerge como "regra de equilíbrio dos direitos das pessoas portadoras de deficiência". Conforme Luiz Alberto David Araujo (2003, p.46); "Toda e qualquer interpretação constitucional que se faça, deve passar, obrigatoriamente, pelo princípio da igualdade. Só é possível entendermos o tema de proteção excepcional das pessoas portadoras de deficiência se entendermos corretamente o princípio da igualdade". Contudo, o princípio da igualdade no Brasil aparece assegurado nos limites de sua definição em cada época, desde a primeira Constituição, outorgada logo depois da Proclamação da Independência, em 07 de setembro de 1822, momento histórico em que se proclamavam os princípios da Revolução Francesa: liberdade, igualdade e fraternidade.

Continuando e ainda ocupando-se da igualdade, pondera:

> O princípio da igualdade está intimamente relacionado com o conceito de lei inerente ao Estado de Direito, sendo uma das suas bases essenciais, postulando o exercício de um direito igual para todos os cidadãos, o que significa dizer que a intervenção do Estado deverá ser efetuada na igual medida para todos. Trata-se, portanto, da igualdade jurídica, que pode ser civil (assegura a igualdade de aptidão de todos para desfrutar dos direitos) e real (garante a todos o exercício atual dos referidos direitos). Nas palavras de Celso Antônio Bandeira de Mello (1997, p.10). "A Lei não deve ser fonte de privilégios ou perseguições, mas instrumento regulador da vida social que necessita tratar eqüitativamente todos os cidadãos. Este

---

24 SILVA, Luzia Gomes da. Portadores de deficiência, igualdade e inclusão social. Princípio: a Dignidade da Pessoa Humana. *Âmbito Jurídico*. Disponível em: <http://www.ambito-juridico.com.br/site/?n_link=revista_artigos_leitura&artigo_id=11413>. Acesso em: 19 ago. 2017

> é o conteúdo político-ideológico absorvido pelo princípio da isonomia e juridicizado pelos textos constitucionais em geral, ou de todo modo assimilado pelos sistemas normativos vigentes".

Buscou-se, com a edição da LBI, consolidar, no atinente aos por ela beneficiados, a prática do princípio igualitário, seja no efeito produzido pela lei, seja em sua produção legislativa, de forma à observância do postulado da igualdade em uma e outra de tais circunstâncias.

Ao indicar os direitos fundamentais da cidadania, a CF tem que ser entendida como a alcançar todos os cidadãos, aspecto em que o princípio inclusive caracteriza direito fundamental de todos, abarcando, assim, aqueles que têm algum tipo de deficiência.

Escrevendo sobre isso, Bruno Ceren Lima e Lucas Emanuel Ricci Dantas referem que,

> [...] internacionalmente o modelo axiológico usado é o modelo social, entretanto, deve ser considerado que este modelo só pode ser entendido a partir do momento que a deficiência também é entendida como uma forma diversa de cultura. Neste ponto, há que se considerar que há uma luta identitária das pessoas com deficiência, que estão debaixo do estado democrático de direito.[25]

Invocam os autores, na sequência, Nancy Fraser e ponderam:

> [...] a luta pelo reconhecimento inaugurara uma fase social multicultural, denominada de multiculturalismo, que se alia ao neoconstitucionalismo, na tentativa de incluir todas as minorias dentro do mesmo estado. Nesse sentido, Habermas (2007, p.172) aduz que "o problema das minorias 'inatas' que pode surgir em todas as sociedades pluralistas, agudiza-se nas sociedades multiculturais. Mas quando estas estão organizadas como estados democráticos de direito, apresentam-se, todavia, diversos caminhos para se chegar a uma inclusão [...].

Advertem sobre o fato de a sociedade com conteúdo multicultural caracterizar

> [...] reflexo do estado multicultural de direito. A participação da pessoa com deficiência na sociedade denota a necessidade denota

---

25 LIMA, Bruno Ceren; DANTAS, Lucas Emanuel Ricci. *Inclusão:* um direito fundamental da pessoa com deficiência. Disponível em: <http://www.univem.edu.br/file/artigo02.pdf>. Acesso em: 15 ago. 2017

> a necessidade do reconhecimento dela, por isso 'tal reinvindicação não visa a valorização da identidade do grupo, mas a superação da subordinação, procurando instituir a parte subordinada como membro pleno da vida social'.

Referindo de forma expressa a inclusão como característica e objetivo, a LBI tem a intenção de sensibilizar a sociedade para a necessidade de tratar os deficientes conforme o postulado igualitário, com o que indica ser preciso tratar a todos os cidadãos, com relevo para o aspecto humano que a todos é próprio e do qual derivam consequências variadas, uma das quais justamente a liberdade que todos têm e permite aos deficientes o exercício de tudo quanto a deficiência que possuam não lhes restrinja a atuação, pessoal e profissional.

Katia Pacheco e Vera Alves, adequadamente colocam, no texto aqui já referenciado:

> [...] a inclusão social é o processo pelo qual a sociedade se adapta para incluir as pessoas com deficiência em seus sistemas, ao mesmo tempo que estas preparam-se para assumir seus papéis na sociedade. É então, um processo bilateral no qual tanto a pessoa ainda excluída, quanto à sociedade, buscam equacionar problemas, buscar soluções.[26]

Consoante acentuam essas autoras,

> Em nossa prática diária na Divisão de Medicina de Reabilitação do Hospital das Clínicas da Faculdade de Medicina da Universidade de São Paulo, nos deparamos frequentemente com o preconceito social e individual que ronda a questão da deficiência física, por vezes de forma latente e outras, claramente manifestas e, segundo Crochik1 em seu artigo sobre preconceito, indivíduo e cultura, esse é um fenômeno social, mas com manifestações pessoais também. O preconceito pode gerar na pessoa com deficiência sentimentos de baixa auto-estima, dificuldades nos relacionamentos afetivos e sociais, prejudicando a qualidade de vida destas pessoas. A forma como se "vê" o indivíduo com deficiência é modificada de acordo com os valores sociais, morais, filosóficos, éticos e religiosos adotados pelas diferentes culturas em diferentes momentos históricos. Desta forma, o preconceito relacionado à deficiência embora muitas vezes apareça com outra configuração, ainda ocorre nos tempos atuais [...].

26 PACHECO, Kátia Monteiro De Benedetto Pacheco; ALVES, Vera Lucia Rodrigues. Op. cit.

Conforme expõe o antes citado José Leon Crochík, a

> [...] pesquisa de Theodor W. Adorno et al. (1950) e a de José Leon Crochík (2004) indicam, o preconceito não tem relação direta e imediata com a vítima, mas com quem não consegue deter o ódio a si mesmo e à sua condição social e psíquica, dirigindo-o para outros grupos e pessoas; esse ódio é marca do preconceituoso, mesmo que apareça em suas formas aparentemente mais inofensivas: o desprezo e a indiferença. Como o preconceito tem relação com necessidades psíquicas, uma pessoa que tem preconceito contra o judeu tende a tê-lo também em relação ao negro, às pessoas com deficiência, enfim, às minorias, cuja existência representa fragilidade e, paradoxalmente, felicidade.[27]

No curso de seu texto, cuja leitura se recomenda aos que com aquilo que o intitula se preocupam, anota:

> A primeira relação a ser feita entre os dois termos que intitulam este texto – preconceito e inclusão – é a de oposição: o preconceito é contrário à inclusão. Numa sociedade contraditória como a nossa, no entanto, o preconceito pode favorecer determinado tipo de inclusão e a inclusão pode favorecer o preconceito. O preconceito arraigado e oculto à própria pessoa que o desenvolveu pode levar à ambiguidade de sentimentos frente a seu alvo, que deveria ser aceito, respeitado, mas que no íntimo sabe que não o é. Assim, como uma maneira de ocultar ainda mais de si mesmo essa não aceitação do outro, exagera-se a defesa do que é hostilizado, forçando a sua inclusão em um grupo do qual o preconceituoso julga, sem poder afirmar manifestamente, que não deveria tomar parte.

Em outro ponto, observa, com propriedade:

> O termo 'inclusão' apresenta, em nosso meio, algumas controvérsias. Bader Sawaia (2006) o define em conjunto com seu antônimo 'exclusão', num par dialético. José de Souza Martins (1997) entende que a discussão sobre inclusão/exclusão contém uma falsa questão, pois só existe inclusão precária, marginal. De fato, o sistema capitalista, ou mais amplamente, a sociedade administrada, a tudo inclui, a todos integra: nada pode ficar de fora, porque o que está fora gera medo, daí que os diferentes são reduzidos aos conceitos prévios, o que ocorre no preconceito.

27 CROCHÍK, José Leon. Op. cit.

O deficiente tem direito a sua própria realidade, que, se não é idêntica a de outros cidadãos, também não pode ser a do preconceito e da restrição de direitos, sendo imperioso, de parte do poder público e da sociedade, adotar-se atitudes positivas e que conduzam à sua participação social e a percepção de serem eles iguais na diferença, conforme manifestado pela CORDE, da Secretaria de Direitos Humanos, a partir de 2009.

Novamente se pedindo licença para citar Luzia Gomes da Silva, adverte ela sobre dever-se chamar a atenção para que

> [...] a Constituição Federal de 1988, ao lado do imperativo todos são iguais perante a lei', acrescenta a expressão 'sem distinção de qualquer natureza', ou seja, para além da base geral em que assenta o princípio da igualdade perante a lei, que consistente no tratamento igual a situações iguais e tratamento desigual a situações desiguais, a Constituição Federal de 1988 'veda distinções de qualquer natureza', pois entre os objetivos fundamentais da República Federativa do Brasil, está o de promover o bem de todos, sem preconceitos de origem, raça, sexo, cor, idade e quaisquer outras formas de discriminação, dentre elas a posse de deficiência (BRASIL, 1989). Conforme Celso Antônio Bandeira de Mello, uma regra, para que respeite o princípio da igualdade, precisa trazer a devida correlação lógica entre o fator erigido em critério de discrímen e a discriminação legal decidida em função dele. Dito de outro modo, o legislador pode tratar desigualmente situações, desde que cumpra o critério de correlação lógica entre o fator de discriminação e a desequiparação pretendida. Nas suas palavras: é o vínculo de conexão lógica entre os elementos diferenciais colecionados e a disparidade das disciplinas estabelecidas em vista deles, o quid determinante da validade ou invalidade de uma regra perante a isonomia' (MELLO,1997).[28]

Valendo-me este texto e novamente de Crochik, há que se considerar, como por ele feito e inclusive a teor do que anteriormente aqui já se acentuou, que,

> Se a igualdade de condições de vida para todos deve ser o objetivo, as condições a serem oferecidas para os indivíduos para atingi-la são distintas; os que têm deficiência visual, auditiva, física ou intelectual precisam de recursos distintos para fazer atividades escolares e para o trabalho, o que os indivíduos sem deficiência não

28 SILVA, Luzia Gomes da. Op. cit.

> precisam. Como se trata também da cidadania e um dos direitos do cidadão é o de deslocamento, deve-se enfatizar que as cidades devem ter meios adequados para que todos possam circular sem correr riscos; o mesmo cabe dizer sobre as diversas instituições existentes. Não há como falar em inclusão na escola se não há banheiros adaptados para cadeirantes, ou se há obstáculos que impeçam alguém que tenha deficiência visual de se locomover. Dá para se pensar no grau de humilhação que sofre aquele que tem de ser carregado por colegas pelas escadas em lugares que não haja elevadores ou rampas [...].[29]

O quanto consta na LBI não foi nela inserido como simples orientação a respeito da forma de agir relativamente à deficiência, constituindo a inclusão a que se refere, uma "caminhada real entre ter direitos e poder efetuá-los no cotidiano, apesar da falta de muitas medidas necessárias para expandir as oportunidades sem restrições de qualquer natureza", segundo ainda Izabel Maior e Fábio Meirelles.[30]

Nesse objetivo, sem qualquer dúvida, deve-se ter presente o direito à felicidade, objeto de referência na própria Declaração dos Direitos do Homem e do Cidadão, onde consta, expressamente, que o fim da sociedade é a felicidade comum. O governo é instituído para garantir ao homem o gozo destes direitos naturais e imprescritíveis.

A teor do escrito por Antonio Rulli Neto, "A formação da idéia de Estado moderno agrega a felicidade como um dos objetivos a serem alcançados, dentro da afirmação da dignidade eminente da pessoa humana e na liberdade consistente na possibilidade de coordenação consciente dos meios necessários à realização da felicidade pessoa".[31]

Sobre esse tópico Epicuro já assinalara, na Carta a Meneceu:

> Consideremos também que, dentre os desejos, há os que são naturais e os que são inúteis; dentre os naturais, há uns que são necessários e outros, apenas naturais; dentre os necessários, há alguns que são fundamentais para a felicidade, outros, para o bem-estar corporal, outros, ainda, para a própria vida. E o conhecimento seguro dos desejos leva a direcionar toda escolha e toda recusa para a saúde do corpo e para a serenidade do espírito, visto que esta é a finalidade da vida feliz: em razão desse fim praticamos todas as

---

29 CROCHÍK, José Leon. Op. cit.

30 MAIOR, Izabel Maior; MEIRELLES, Fábio. Op. cit., p. 6.

31 RULLI NETO, Antonio. *Direitos do portador de necessidades especiais*. Série Serasa Cidadania. Fiuza, 2002, p. 65.

> nossas ações, para nos afastarmos da dor e do medo. Uma vez que tenhamos atingido esse estado, toda a tempestade da alma se aplaca, e o ser vivo, não tendo que ir em busca de algo que lhe falta, nem procurar outra coisa a não ser o bem da alma e do corpo, estará satisfeito. De fato, só sentimos necessidade do prazer quando sofremos sua ausência; ao contrário, quando não sofremos, essa necessidade não se faz sentir.

Como corolário e de forma óbvia, percebe-se que todos os que – de uma forma ou de outra – possuam alguma forma de deficiência, dela decorrendo necessidade específica para a realização de determinada obra ou trabalho, acabam por ter a própria felicidade limitada, por não poderem fazer tudo aquilo que é próprio e natural ao ser humano e, por conta da deficiência – pequena ou maior – que possuam, acabam por sofrer limitação a tal concernente.

Aliás e em face dessa circunstância, muitas vezes acabam por se apresentar maior vulnerabilidade do que teriam, por conta da deficiência possuída.

Como mencionado por Heloisa Helena Barboza,

> No 'mundo social', impera a diferença entre aqueles que são ontologicamente iguais. Todos os humanos são, por natureza, vulneráveis, visto que todos os seres humanos são passíveis de serem feridos, atingidos em seu complexo psicofísico. Mas nem todos serão atingidos do mesmo modo, ainda que se encontrem em situações idênticas, em razão de circunstâncias pessoais, que agravam o estado de suscetibilidade que lhes é inerente.[32]

Nesse aspecto e como claramente exsurge, há um nítido entrosamento entre a vulnerabilidade e o cuidado, citado este como valor que, se antes não era com tal relevo considerado, passou a tê-lo no âmbito jurídico, inclusive porque e segundo referido por Guilherme de Oliveira, da Universidade de Coimbra, "O que nos interessa é que, ao lado das eternas preocupações jurídicas como o patrimônio, a produção e o consumo – com o dinheiro, em geral – surge mais nítido um Direito quanto às pessoas, na sua intimidade. Na sua fragilidade, na sua dignidade, afinal".[33]

Seguindo nas considerações que expõe a respeito do assunto, refere, mais: "Os códigos civis – que pretendiam resumir e disciplinar toda a vida dos indivídu-

---

32 BARBOZA, Heloisa Helena. "Vulnerabilidade e cuidado: Aspectos Jurídicos". In: PEREIRA, Tânia da Silva; OLIVEIRA, Guilherme de (coord.). *Cuidado e Vulnerabilidade*. São Paulo: Atlas, 2009, p. 107.

33 PEREIRA, Tânia da Silva; OLIVEIRA, Guilherme de. *O cuidado como valor jurídico*. Rio de Janeiro: Forense, 2008, p. 395 (Posfácio).

os – premostram-se hoje lacunosos e insolitamente 'patrimonialistas'. Escapam-lhes dimensões fundamentais da vida das pessoas e das comunidades",[34] o que indica a falta de cuidado legislativo quando de sua preparação.

Embora contida em outro trabalho, também inerente à LBI, apropriada a alusão ao seguinte trecho, sem dúvida vinculado ao quanto se vem considerando, a nota de Dalmo de Abreu Dallari, prefaciando a Lei Brasileira de Inclusão da Pessoa com Deficiência Comentada,[35] após aludir à lição de Flávia Piovesan, sobre a existência, nos Direitos Humanos, de aspecto particular e a que chama como Direito dos Direitos Humanos e que se não destina às relações entre aqueles que são iguais, mas justamente aos desiguais e mais fracos, quanto a que, "posiciona-se em favor dos mais necessitados de proteção", o que, induvidosamente, dentre outros inseridos em tal moldura, diz respeito também àqueles alcançados pela LBI.

Com efeito e, se, como já visto, a igualdade constitucionalmente prevista diz respeito tanto ao elaborador legislativo, quanto aos destinatários da lei, principalmente aqueles que sejam vulneráveis e demandem proteção maior e por isto mesmo sejam os desiguais mais fracos antes enunciados.

Para tanto e ainda na esteira do lecionado por Heloisa Helena Barboza, "A vulnerabilidade exige análise mais aprofundada, para que se possa proteger do melhor podo possível todas as pessoas e necessariamente, de modo especial, aqueles que têm potencializada a vulnerabilidade, ou que já se encontram vulnerados", considerando-se, pese a divergência existente cientificamente e a teor da orientação adotada pela mesma doutrinadora, aqui também acolhida, quanto à vulnerabilidade e hipossuficiência como ontologicamente na mesma condição.[36]

Como corolário e após asseverar sobre a tutela geral e em amplo espectro nas várias circunstâncias inerentes à vida e relações a tal pertinentes, com relevo para as que tenham viés existencial, protegendo-se de forma específica os que estiverem em condição desigual, por conta de circunstâncias cujo espectro tenha maior relevo e justamente em face da vulnerabilidade que lhes é própria e acaba por atingir tanto a sua igualdade, como a liberdade, em evidente afronta ao fundamento da dignidade humana a que se refere a CF.

Cuida a última e como afirmado também por Heloisa, de postulado que "deve levar em conta a vulnerabilidade inerente às pessoas humanas e as diferenças existentes entre ela, para que se possa obter, o quanto possível, a igualdade substancial".[37]

---

34 Ibidem, p. 396.

35 SETUBAL, Joyce Marquezin; FAYAN, Regiane Alves Costa (org.). *Lei Brasileira de Inclusão da Pessoa com Deficiência – Comentada*. Campinas: Fundação FEAC, 2016 (Prefácio).

36 BARBOZA, Heloisa Helena. Op. cit., p. 109/110.

37 Ibidem, p. 108.

Não foi sem razão, assim, que à redação do art. 1º da LBI, atribui-se o seguinte enunciado: É instituída a Lei Brasileira de Inclusão da Pessoa com Deficiência (Estatuto da Pessoa com Deficiência), destinada a assegurar e a promover, em condições de igualdade, o exercício dos direitos e das liberdades fundamentais por pessoa com deficiência, visando à sua inclusão social e cidadania, determinando o art. 4º, que terá o deficiente direito à igualdade de oportunidades com as demais pessoas e não sofrerá nenhuma espécie de discriminação, além de determinar o art. 5º, ser-lhes destinada proteção contra toda forma de negligência, discriminação, exploração, violência, tortura, crueldade, opressão e tratamento desumano ou degradante.

Evidencia-se, desde logo e em face do próprio desenho dos dispositivos da LBI, a sua necessária e intrínseca ligação com a CF, em especial no que toca aos direitos fundamentais, sendo relevante não olvidar a preocupação inclusiva nela manifestada e que tem íntimo vínculo com a cláusula igualitária, integrando ambos os aspectos o fundamento constitucional da dignidade da pessoa humana, com o esplendor que lhe é próprio e a moldura ampla em que podem situar-se hipóteses variadas e necessariamente suscetíveis de proteção legal, até por estar a dignidade inserida na própria liberdade, conforme já enunciara Pimenta Bueno em 1857, ao comentar sobre o direito de liberdade em geral.[38]

Apoiado, ainda, no Direito de Igualdade em Geral, observa, que, "qualquer que seja a desigualdade natural ou casual dos indivíduos a todos os outros respeitos, há uma igualdade que jamais deve ser violada, e é a da lei, quer ela proteja, quer castigue, é a da justiça, que deve ser sempre uma, a mesma, e única para todos sem preferência ou parcialidade alguma".[39]

No tocante à LBI, deve-se atentar, conforme Ana Paula Feminella e Laís de Figueiredo Lopes, ser

> [...] baseada no modelo social de direitos humanos, no qual o conceito de pessoa com deficiência depende fundamentalmente do meio em que a pessoa está inserida. Nessa perspectiva, o ambiente tem influência direta na liberdade da pessoa com limitação funcional, que poderá ter sua situação agravada por conta do seu entorno e não em razão de sua deficiência de per si. O parâmetro considera a limitação funcional do indivíduo um fato que, com recursos de acessibilidade e apoios, não se impõe como obstáculo ao exercício de seus direitos. A deficiência é, pois, a resultante de uma equação em que o valor final depende de outras variáveis independen-

38 PIMENTA BUENO, José Antonio. *Direito Público Brasileiro e Análise da Constituição do Império*. Rio de Janeiro: Typographia Imp. e Const. de J. Villeneuve & C., 1857, p. 422.

39 Ibidem.

> tes, quais sejam: as limitações funcionais do corpo humano e as barreiras físicas, econômicas e sociais impostas pelo ambiente ao indivíduo.[40]

Outrossim, e conforme citado em comentário sob o título "Sustentabilidade", exige inclusão de pessoas com deficiência,

> O desenvolvimento sustentável e inclusivo não será alcançado sem a participação das pessoas com deficiência, segundo o secretário-geral da Organização das Nações Unidas (ONU), Ban Ki-Moon. De acordo com o dirigente, 15% das pessoas em todo o mundo têm deficiência e mais de dois terços dos deficientes vivem em países em desenvolvimento. Ele salienta que as taxas de emprego e de presença nas escolas primárias é menor entre as pessoas com deficiência. "Pessoas com deficiência vivenciam taxas altas de pobreza e privação e têm duas vezes mais chances de não receber tratamentos de saúde", acrescenta.[41]

Não parando aí e no mesmo local, acrescenta-se:

> Para o presidente da assembleia-geral da organização, Nassir Abdulaziz Al-Nasser, o desenvolvimento não pode ser inclusivo sem a implementação de políticas e programas que ajudem as pessoas com deficiência. Ele diz que somente com a implementação da Convenção sobre os Direitos das Pessoas com Deficiência será possível ter um impacto positivo na vida dos deficientes.

A iniciativa do Parlamento Brasileiro, assim, com a edição da LBI, é de relevo ímpar, especialmente quando se considera que a própria CF já houvera se ocupado do assunto, tanto de maneira geral, ao aludir à igualdade, tanto em seu Preâmbulo, quanto de forma específica, como no art. 23, inciso II, dentre outros dispositivos, ao referir ser da competência comum da União, dos Estados, do Distrito Federal e dos Municípios cuidar da saúde e assistência pública, da proteção e garantia das pessoas portadoras de deficiência, indicando o princípio antes mencionado estar nele contido, como é possível inferir, a inclusão a que a própria Lei 13.146/2015, em sua denominação e nas regras que contém.

---

40 SETUBAL, Joyce Marquezin; FAYAN, Regiane Alves Costa (org.). Op. cit.

41 Disponível em: <https://www.terra.com.br/noticias/ciencia/sustentabilidade/sustentabilidade-exige-inclusao-de-pessoas-com-deficiencia,0858b920548da310VgnCLD200000bbcceb0aRCRD.html>. Acesso em: 15 ago. 2017.

Anota Rui Portanova, em acréscimo:

> No Direito, o princípio isonômico tem dupla aplicação: teórica, como repulsa a privilégios injustificados; e prática - como igualizador - ajudando na diminuição dos efeitos das desigualdades reveladas no caso concreto. A igualdade, desta forma, é a ponte entre o direito e a realidade que lhe é subjacente. Os desiguais devem ser tratados desigualmente, mas com o sentido de diminuir as desigualdades. O princípio da igualdade está previsto já no preâmbulo da Constituição Federal e no caput do art. 5º. Logo, trata-se de norma supraconstitucional. Sendo princípio, direito e garantia fundamental do cidadão, outras normas constitucionais devem obediência ao princípio em estudo. A doutrina costuma alertar que o princípio se dirige a todos os poderes do Estado e que sua efetiva aplicação impõe o reconhecimento das desigualdades e sua igualização. Só existe igualdade jurídica na medida em que a capacidade de direito é a mesma para todos, nas relações de ordem privada, e, na maioria das vezes, também no que diz respeito à ordem pública [...].[42]

Neste ponto deve-se referir o que se entende por igualdade material, sendo apropriada a citação ao comentado por Marcelo Amaral da Silva, acentuando:

> O entendimento da igualdade material, deve ser o de tratamento equânime e uniformizado de todos os seres humanos, bem como a sua equiparação no que diz respeito à possibilidade de concessão de oportunidades. Portanto, de acordo com o que se entende por igualdade material, as oportunidades, as chances devem ser oferecidas de forma igualitária para todos os cidadãos, na busca pela apropriação dos bens da cultura.[43]

Aqui, entretanto, chega-se a um paradoxo, porquanto para que assim se proceda, a legislação acaba por estabelecer circunstâncias diversas no tocante àqueles que possuam condição diferenciada, o que acaba por conduzir a que, para a prevalência da igualdade, seja preciso um regramento diverso em relação aos destinatários da legislação especial!

---

42 PORTANOVA, Rui. Princípio igualizador. *Revista da AJURIS* - n. 62 - Novembro/1994.

43 SILVA, Marcelo Amaral da. *Digressões acerca do princípio constitucional da igualdade*. Disponível em: <https://jus.com.br/artigos/4143/digressoes-acerca-do-principio-constitucional-da-igualdade>. Acesso em: 19 ago. 2017.

Apropriado aqui, invocar o escrito por Maria Garcia, em referência introdutória à Lei 13.146/15:

> A Lei Brasileira de Inclusão da Pessoa com Deficiência vem introduzir no ordenamento jurídico aquilo que Habermas denomina 'a inclusão do outro' e que envolve a visão dos direitos humanos 'no plano global e no âmbito interno dos Estados'. Uma visão Kantiana, portanto, constante da segunda fórmula do imperativo categórico: 'Age de tal maneira que uses a humanidade tanto na tua pessoa como na pessoa de qualquer outro, sempre, e simultaneamente como fim de nunca simplesmente como meio' – ou instrumento.[44]

Em acréscimo e também comentando a LBI, Farias, Cunha e Pinto, assinalam:

> Dentre inúmeros fundamentos do diploma legal em exame, o que desponta, em primeiro lugar, consiste exatamente na proteção do deficiente como consequência dos desdobramentos dos direitos humanos. Estes, importando em verdadeira superação do modelo egoístico, onde predominava o indivíduo, coloca-se em favor do interesse da sociedade como um todo, aí incluindo, com mais razão, o deficiente, em face de sua notória hipossuficiência.[45]

Essa condição, como à evidência se percebe, tem íntimo contato com o cuidado e a vulnerabilidade, quanto ao primeiro, porque e na esteira do cenário referido por María Teressa Martín Palomo, "*Una parte importante de la literatura sobre el cuidado se desarolla em torno a la ética, o éticas del cuidado (care ethics, ethics of care). Em esta perspectiva se reflexiona em torno a los fundamentos políticos y morales del perspectiva de los otros*".[46]

No tocante à vulnerabilidade, vem a calhar também o escrito por Martín Palomo, dirigido a que,

> *La vulnerabilidade desmente el mito de que somos siempre ciudadanos autónomos y potencialmente iguales. Asumir la igualdade entre los humanos implica dejar de lado e ignorar importantes dimensiones de la*

44 LEITE, Flávia Piva Almeida; RIBEIRO, Lauro Luiz Gomes; COSTA FILHO, Waldir Macieira da (coord.). Op. cit., p. 27.

45 FARIAS, Cristiano Chaves de; CUNHA, Rogério Sanches; PINTO, Ronaldo Batista. Op. cit., p. 18.

46 PALOMO, María Teressa Martín. *Cuidado, vulnerabilidade e interdependências*. Nuevos retos políticos, Premio "Juaqn José Linz", 2014, Centro de Estudios Políticos Y Constitucionales, Historia de la Sociedade Política, Madrid, 2016.

> *existência humana. A lo largo de nuestras vidas, todos nosotros atravessamos grados variables de dependencia e independência, de autonomia y vulnerabilidade. Um orden político que suponha unicamente la independência y la autonomia como la naturaliza de la vida humana se perde com ello uma buena parte de la experiencia humana y debe de algún modo ocultar este punto em outro lugar [...]. Nuestra subsistência, nuestra vida, nuestros proyetos, los sustentan cada dia buen número de cuidados (tan básicos como el descanso, la nutrición, el aseo...), que nos dispensan outras personas o que nos prestamos a nosotros mismos.*[47]

Os cidadãos com algum tipo de deficiência, seja ela qual for, por óbvio que não podem – infelizmente – ser considerados e tratados como aqueles que não possuem situação que tal, demandando, assim, tratamento diferenciado e inclusivo de forma a que, com isto se dê efetivo cumprimento à cláusula constitucional igualitária.

Adequada a citação, neste ponto, de projeto tendente à efetivação de Políticas Públicas no que concerne a grupos sociais de idosos em Três Lagoas, MS e, que, conforme Vanessa Cristina Lourenço Casotti Ferreira da Palma e Mauricio Ferreira da Cruz Junior, "também engloba as pessoas com qualquer tipo de deficiência, onde estas acabam por ter que enfrentar desafios - por falta de estrutura social em todas suas formas, inclusive em relação à questão de acessibilidade; por falta de estrutura domiciliar; financeira; além dos demais fatores decorrentes da própria deficiência - que tornam suas vidas ainda mais complexas. Ressalta-se que existem pessoas que já nascem com algum tipo de deficiência. No entanto, infelizmente o número de acidentes - no transito, no trabalho, em período de lazer - no Brasil cresce assustadoramente, em decorrência destes muitas pessoas acabam por ficar com sequelas e não tão raro adquirem alguma deficiência. Deste modo, as normas regulamentadoras e garantidoras de direitos ao ser humano mostram-se essenciais para que suas vidas sejam realmente dignas. Cristalino dizer que os direitos do Idoso e das pessoas com deficiência estão expressamente positivados no ordenamento jurídico brasileiro, destacando-se a Constituição Federal para ambos e o Estatuto do Idoso e normas infraconstitucionais as pessoas com deficiência",[48] dentre elas, como é lógico e com relevo, a LBI, cujo mérito, segundo Farias, Cunha e Pinto, é inegável, assinalando: "Se, vez ou outra, exagera na preocupação excessiva quanto à proteção do deficiente, impondo

---

47 Ibidem, p. 63, n. 5.3.

48 PALMA, Vanessa Cristina Lourenço Casotti Ferreira da; CRUZ JÚNIOR, Mauricio Ferreira da. *A vulnerabilidade dos grupos sociais*: idosos e deficientes. Disponível em: <http://intertemas.unitoledo.br/revista/index.php/ETIC/article/viewFile/4299/4058>. Acesso em: 19 ago. 2017.

regas de difícil implantação na prática, não há dúvida que, na maioria das vezes, porém, acerta em cheio, conferindo ao portador de deficiência, finalmente, a proteção que lhe é devida".[49]

As preocupações com o tema foram objeto de preocupação dos legisladores, sendo evidente, conforme os autores por último referidos, "o empenho (...) em incluir o deficiente, não mais visto como um ser condenado ao isolamento, segregado mesmo, mas, antes, como alguém que merece viver em sua plenitude, francamente integrado na sociedade que o cerca".[50]

Na realidade e como afirmam, ainda, "é um período de transição entre uma concepção patrimonialista, pela qual a pessoa com deficiência era vista como incapaz, um fardo social, repartido entre família e Estado; e um novo tempo, no qual há uma verdadeira emancipação de direitos existenciais das pessoas com deficiência. **Direitos, não favores**" (negritou-se).[51]

De tudo o que se vem expondo, seja no tocante ao que a CF e a legislação própria aos deficientes estabelece, percebe-se com muita clareza sobre a presença do cuidado, tanto legislativo, quanto de parte dos intérpretes e doutrinadores que sobre o assunto vêm se referindo.

Seja sobre o valor tanto jurídico, quanto social que o cuidado possui, cabe referenciar-se, neste momento e como inclusive já situado pela doutrina estrangeira, acerca do fundamento ético que ele possui, apontando María Teresa Martín Palomo, para o fato de, que, "*Uma parte importante de la literatura sobre el cuidado se desarolla em torno a la ética, o éticas, del cuidado (care ethics, etics of care). Em esta perspectiva se reflexiona em torno a los fundamentos políticos y morales dele cuidado de los otros*".[52]

Essa última referência, nos conduz ao citado por Maria Garcia, na alusão que faz à alteridade, uma vez que o direito se realiza por meio de dois ou até mais indivíduos, como já citado, sendo de lembrar-se, neste passo e como lembrado pela autora,[53] o quanto disposto no art. 3º, inciso IV, da CF, quanto à promoção do bem comum, sem preconceito de qualquer ordem e nenhuma forma de discriminação, aspectos também já aludidos no curso deste texto e que a própria LBI também menciona.

49 FARIAS, Cristiano Chaves de; CUNHA, Rogério Sanches; PINTO, Ronaldo Batista. Op. cit., Apresentação.

50 Ibidem.

51 FARIAS, Cristiano Chaves de; CUNHA, Rogério Sanches; PINTO, Ronaldo Batista. Op. cit., Palavras Introdutórias: à guisa de iniciação.

52 PALOMO, María Teressa Martín. Op. cit., p. 100, n. 3.1.

53 GARCIA, Maria. "Comentários introdutórios ao Estatuto da inclusão e os Direitos e Liberdades". In: LEITE, Flávia Piva Almeida; RIBEIRO, Lauro Luiz Gomes; COSTA FILHO, Waldir Macieira da (coord.). *Comentários ao Estatuto da Pessoa com Deficiência*. São Paulo: Saraiva, 2016, p. 28.

Tornando, todavia, à ética do cuidado[54] e a demonstrar a interdisciplinaridade que possui, ressalta a mesma María Teresa Martín Palomo, que, "*Alice Le Golf y Marie Garrau identifican três etapas distintas em el desarollo de las teorias del care (2012) em relación com la ética, que também mantienem uma filiación com diferentes disciplinas: la teoria del desarrollo moral más próxima al ámbito de la psicologia, la filosofia moral y la filosofia política*".

Não bastasse a menção ao cuidado como ética, aborda a última doutrinadora, também, a interferência que com ela têm, as emoções e sentimentos, o que, segundo aqui se entende possui alto relevo na consideração que se dá ao cuidado, como também relativamente à LBI, isto sem desconsiderar, por lógica conclusão, as normas constitucionais pertinentes à igualdade, cidadania e aos direitos humanos, cuja aplicação resulta tanto do dever jurídico que todos têm de observância às leis, quanto da percepção que possuam, inerente à consideração, respeito e solidariedade pelo próximo e sua dignidade como ser humano.

Se a própria CF ao cuidado não se refere, isto não interfere em sua consideração, a partir do quanto é possível inferir de nosso sistema jurídico.

Afinal e conforme Tânia da Silva Pereira, "Os princípios constitucionais, na contemporaneidade, assumiram papel relevante na identificação de novos valores que compõem os direitos fundamentais do cidadão. Além daqueles direitos estabelecidos no art. 5º incisos da Constituição Federal, já se incorporou ao nosso sistema jurídico o reconhecimento dos 'Direitos Fundamentais Dispersos', preconizados por J.J. Canotilho".[55]

Demais disso e conforme ela própria observa, no mesmo local, "A partir da percepção e convencimento de que o afeto e as relações socioafetivas foram reconhecidas de forma significante no Direito de Família, não podemos afastar a possibilidade de também incluir o cuidado no âmbito do Direito", sendo óbvia a possibilidade de sua inserção e consideração em aspectos variados e inerentes a diversas circunstâncias jurídicas, especialmente aquelas envolvidas com os princípios fundamentais e inseridos na moldura ética, moral e sentimental que se não pode afastar das inúmeras circunstâncias da vida com que o regramento jurídico se entrosa.

Se, conforme Flávia Cintra, a discriminação e o preconceito contra as pessoas com deficiência são reconhecidas e até aceitas e, como consequência, "A elas são negados o acesso à educação, informação, independência, oportunidades de trabalho e controle sobre a própria vida",[56] o quanto disposto

54 PALOMO, María Teressa Martín. Op. cit., p. 100, n. cit.

55 PEREIRA, Tânia da Silva; OLIVEIRA, Guilherme de. *O cuidado como valor jurídico*. Rio de Janeiro: Forense, 2008, Prefácio.

56 FARIAS, Cristiano Chaves de; CUNHA, Rogério Sanches; PINTO, Ronaldo Batista. Op. cit., p. 41.

em nossa CF, no tocante à igualdade, liberdade, solidariedade e em especial a dignidade da pessoa humana, afora princípios outros referentes a específicas normas constitucionais, com relevo ao que consta no art. 5º, § 2º da Carta Constitucional, onde não excluídos outros direitos e garantias decorrentes do regime e dos princípios por ela adotados ou dos tratados internacionais de que o Brasil faça parte, conduz a que com especial olhar se considere a LBI, como forma de garantir-se àqueles que de sua proteção sejam objeto o direito de ser considerados em plano de igualdade – ainda que com as diferenças a eles próprios -, com os demais cidadãos.

Dessa forma, se, como posto por Maria Garcia, "Rawls frequentemente enfatiza que os mais fundamentais de todos os bens primários são o autorespeito (*self-respect*) e a autoestima (*self-esteem*), acompanhados das liberdades básicas, rendas e direitos a recursos sociais como a educação e a saúde" e, de acordo ainda com ele, na leitura da mesma doutrinadora, "todas as pessoas têm igual direito a um projeto inteiramente satisfatório de direitos e liberdades básicos iguais para todos, projeto este compatível com todos os demais e, nesse projeto, as liberdades políticas, e somente estas, deverão ter seu valor equitativo garantido".

Não se limitando a tano, propõe ainda Rawls, de acordo com a mesma autora: "As desigualdades sociais e econômicas devem satisfazer dois requisitos: (a) devem estar vinculadas a posições e cargos abertos a todos, em condições de igualdade equitativa de oportunidades; e, (b) devem representar o maior benefício possível aos membros menos privilegiados da sociedade".[57]

Assim considerando e atentando para o valor jurídico que o Cuidado representa, poder-se-á atingir a exata e adequada interpretação que os dispositivos da LBA demandam, cumprindo não esquecer, como bem advertido por Farias, Cunhas e Pinto, tratar-se de legislação que "Altera a lógica de um sistema, inaugura uma nova forma de tratar o procedimento em juízo para reconhecimento de eventual incapacidade de alguém. Corajoso, harmônico e responsável, o Estatuto da Pessoa com Deficiência inaugura um novo tempo em que, apesar dos perigos, estamos atentos, estamos mais vivos, pra sobreviver, pra sobreviver...".[58]

Cabe a todos o enfrentamento das situações que a vida possa apresentar e a consideração sobre o cuidado com que devam ser examinadas e da mesma forma analisada a Lei 13.146, de 06 de julho de 2015, de maneira a prevalecer o postulado constitucional da igualdade entre deficientes e não deficientes, sem preconceito e discriminação, de sorte a que os primeiros tenham a percepção de que sua autoestima e respeito próprio estão sendo respeitados.

---

57 GARCIA, Maria. Op. cit., p. 35.

58 FARIAS, Cristiano Chaves de; CUNHA, Rogério Sanches; PINTO, Ronaldo Batista. Op. cit., p. 14.

Enfim, não se pode desconsiderar, conforme Maria Teresa Glér Mantoan, que, "Estar junto é se aglomerar com pessoas que não conhecemos", e a "Inclusão é estar com, é interagir com o outro",[59] sendo a segunda exatamente o que a LBI objetiva, de forma igualitária e mediante o respeito ao direito que todos têm, de ser como são.

Acima de tudo, "Nós não devemos deixar que as incapacidades das pessoas nos impossibilitem de reconhecer as suas habilidades",[60] lembrando, como Antoine de Saint-Exupéry, que "É apenas com o coração que se pode ver direito; o essencial é invisível aos olhos".

---

59 Inclusão é o Privilégio de Conviver com as Diferenças. *Nova Escola*, maio, 2005, p. 26.

60 Hallahan e Kauffman, 1994.

O RESPEITO AO DEVER DE CUIDADO COM A INFÂNCIA E A ATUAÇÃO DO MENOR NO PROCESSO CIVIL

Arruda Alvim[1]

1. O *QUE* É O DEVER DE CUIDADO NA INFÂNCIA, NA PERSPECTIVA DO DIREITO?[2]

Abordar o dever*jurídico* de cuidado em confronto com o *direito de ser* implica reconhecer uma extensão que extrapola os limites da responsabilidade civil, para a qual este dever foi inicialmente concebido.[3]

Com isso se quer dizer que a verificação de eventual descumprimento do dever de cuidado, assim como o zelo na observância do referido dever não está atrelada, necessariamente, à identificação de uma conduta culposa ou não-culposa do agente. Para muito além disso, a questão envolve o respeito à dignidade da pessoa humana e, em se tratando da infância, a dignidade do menor.

E, não se confundindo o dever de cuidado, pura e simplesmente, com a ausência de culpa, e compreendendo-o como um consectário da dignidade humana, deve-se indagar quando, sob que condições e por quem deverá ser observado.

Em primeiro lugar, parece-nos que *o cuidar* envolve o respeito às limitações e o estímulo às aptidões e perspectivas do menor, compreendido como ser humano em formação. Por isso, o simples amparo material não se afigura suficiente ao atendimento a esse dever: é preciso mais. Deve-se, no mínimo: ze-

---

1 Doutor e Livre-docente. Advogado em São Paulo, Brasília, Rio de Janeiro e Porto Alegre. Professor Titular da Pós-graduação *stricto sensu* (Mestrado e Doutorado) da Pontifícia Universidade Católica de São Paulo - PUC-SP.

2 As reflexões a que alude este artigo referem-se exclusivamente ao período da infância, compreendido, nos termos legais, dos 0 aos 12 anos incompletos (art. 2º do Estatuto da Criança e do Adolescente). Dessa forma, todas as vezes em que aludirmos à *criança* ou ao *menor* teremos em mente essa concepção.

3 Atribui-se aos irmãos Mazeaud a compreensão da culpa como ausência de cumprimento de dever de cuidado. MAZEAUD, Henri; MAZEAUD, León. *Tratado teórico e practico de laresponsabilidad civil delictual y contractual.* t. I. V. I. Trad. da 5ª ed. francesa por Alcalá-Zamora y Castillo. Buenos Aires: EJEA, 1962, v. I, n. 381. Tratando, ainda, a culpa como a falta do dever de diligência, mas com ressalvas à concepção normativa e abstrata, trazida pelos citados autores, cf. LIMA, Alvino. *Culpa e risco.* 2. ed.São Paulo: RT, 1999, p. 60/65.

lar pela segurança e saúde física e psíquica do menor; orientá-lo em suas ações, respeitando sua individualidade de acordo com o discernimento e faixa etária; educá-lo, consideradas todas as conotações possíveis da palavra; respeitá-lo, considerando suas limitações e valorizando suas opiniões e iniciativas; fazer com que se sinta inserido na família, na escola, no bairro, na sociedade.

Embora o dever de cuidado seja amplamente tratado no âmbito da Constituição, do Código Civil e de legislações específicas, trata-se de tema originariamente abordadopor áreas do conhecimento estranhas ao Direito, tais como a enfermagem[4] a psicologia,a pedagogia, a assistência social, a sociologia, a filosofia[5] e, até mesmo, a literatura.

Sob a perspectiva constitucional, trata-se de um dever conjunto, atribuído à família, à sociedade e ao Estado, consoante se extrai do art. 227 da CF/1988.[6] No âmbito internacional, a Convenção Internacional sobre os Direitos da Criança (art. 12) assegura à criança e ao adolescente o direito de serem ouvidos em todo processo judicial que possa afetar seus interesses e a Convenção Americana de Direitos Humanos (*Pacto de São José da Costa Rica)* traz disposição análoga em seu art. 19.[7]

Infraconstitucionalmente, pode-se extrair idêntica titularidade do disposto no art. 4º, *caput,* do Estatuto da Criança e do Adolescente.[8] A ideia

---

4 *Cf.* WALDOW, Vera Regina. "Cuidar/cuidado: o domínio unificador da enfermagem". In: WALDOW Vera Regina *et. al.Maneiras de cuidar, maneiras de ensinar: a enfermagem entre a escola e a prática profissional.* Porto Alegre: Artes Médicas, 1995.

5 Para uma noção histórica do tema, *cf.* REICH, Warren Thomas. History of the Notion of Care. *Encyclopedia of Bioethics.* Revised edition. Edited by Warren Thomas Reich. New York: Simon & Schuster Macmillan, 1995, p. 319-331. Disponívelem: <http://care.georgetown.edu/Classic%20Article.html>. Acesso em: 14 jul. 2017. Do texto extrai-se que, malgrado a ideia de cuidado tenha sido resgatada e revisitada nos anos 1980, trata-se de conceito já conhecido na mitologia greco-romana, explorado por filósofos ao longo da história (v., sobretudo, HEIDEGGER, Martin. *Being and time.A translation of* Sein und Zeit. Translated by John Stambaugh. Originally published by Max Niemeyer Verlag, Tübingen, 1953. Albany: State University ofNew York Press, 1996, cap. VI, p. 169 e ss.; MAYEROFF, Milton. *On caring,* New York: Harper Perennial, 1971) e psicólogos humanistas (ERIKSON, Erik H. *Childhood and Society.* 2. ed. New York: W. W. Norton, 1963; MAY, Rollo. *Love and Will.* New York: W. W. Norton, 1969.).

6 "Art. 227. É dever da família, da sociedade e do Estado assegurar à criança, ao adolescente e ao jovem, com absoluta prioridade, o direito à vida, à saúde, à alimentação, à educação, ao lazer, à profissionalização, à cultura, à dignidade, ao respeito, à liberdade e à convivência familiar e comunitária, além de colocá-los a salvo de toda forma de negligência, discriminação, exploração, violência, crueldade e opressão". (Redação dada Pela Emenda Constitucional nº 65, de 2010).

7 "Artigo 19. Direitos da criança. Toda criança tem direito às medidas de proteção que a sua condição de menor requer por parte da sua família, da sociedade e do Estado".

8 "Art. 4º. É dever da família, da comunidade, da sociedade em geral e do poder público assegurar, com absoluta prioridade, a efetivação dos direitos referentes à vida, à saúde, à alimentação, à educação, ao esporte, ao lazer, à profissionalização, à cultura, à dignidade, ao respeito, à liberdade e à convivência familiar e comunitária".

de que a sociedade e o Estado devem-se ocupar da dignidade na infância e, mesmo, a necessidade de implementação de políticas públicas que amparem o nascimento e desenvolvimento sadio e harmonioso da criança (art. 7º do Estatuto da Criança e do Adolescente), é inerente ao princípio da solidariedade (art. 3º, I, da CF/1988). Logo, não apenas o aparato estatal, mas todos os cidadãos, individualmente considerados, devem guiar sua conduta de forma cooperativa com os demais e com a coletividade.

A consciência desta relação de interdependência entre os sujeitos é inerente ao advento do Estado Social e à superação do individualismo exacerbado que pautou a era liberal.[9] Daí o surgimento de diretrizes gerais de conduta que se baseiam em deveres recíprocos de solidariedade entre as pessoas (sem olvidar o Estado). Pode-se dizer, aliás, que o princípio da dignidade da pessoa humana e o princípio da solidariedade caminham lado a lado[10] para resguardar o melhor interesse da criança.[11]

---

9 Escrevemos sobre o tema em outra oportunidade, quando frisamos que, num primeiro momento - surgimento dos direitos sociais, sobretudo os de cunho individual - o princípio da solidariedade não abandona completamente a ótica individualista, apenas. Os direitos surgidos no Estado Social são direitos individuais, de cunho *socializante,* porque referentes a sujeitos que se encontram em situações diferenciadas e que, por isso, necessitam de tutela especial do Estado. Marcam, por isso, uma mudança de enfoque acerca do princípio da isonomia, até então visto pela perspectiva meramente formal, que passa a ser encarado sob a ótica substancial, no sentido de se compensarem as diferenças existentes no plano fático (social, econômico etc.) mediante tratamento diferenciado da lei. O equilíbrio social é, pois, a tônica do Estado Social de Direito. Se, no período liberal, partiu-se de uma visão do indivíduo isolado, alheio à sociedade, para conceber os direitos de primeira dimensão, já no Estado Social tem-se em mira o homem inserido na sociedade, do que florescem os direitos de segunda dimensão. Estes direitos, embora já se revistam de cunho social, são ainda, em sua maioria, direitos de natureza individual, eis que somente com a emergência dos direitos de terceira dimensão é que se verão bem definidos os direitos coletivos num sentido amplo e, bem assim, as possibilidades da respectiva tutela pelo Estado (ARRUDA ALVIM. Direitos sociais: qual é o futuro? *Revista Forense*. Vol. 403. ano 105, mai.-jun. 2009, p. 3-30). Já para Manoel Gonçalves Ferreira Filho, embora os direitos sociais tenham algum fundamento na solidariedade, são os direitos de natureza coletiva que devem ser chamados de direitos *da solidariedade* (Cf. FERREIRA FILHO, Manoel Gonçalves. *Direitos humanos fundamentais*.10.ed. São Paulo: Saraiva, 2008. p. 51).

10 Nessa direção, quando se associa a dignidade da pessoa humana à consecução da igualdade na diversidade (igualdade substancial), é possível falar em dignidade social, eis que "não se refere ao indivíduo já desenraizado da abstração contratualista setecentista ('teorias do contrato social'), mas ao ser, na sua dupla acepção de 'cidadão' e 'pessoa', inserido numa determinada comunidade, na sua relação vertical com o Estado e outros entes públicos, e 'horizontal' com os outros cidadãos" (QUEIROZ, Cristina. Direitos fundamentais sociais: questões interpretativas e limites de justiciabilidade. In: SILVA, Virgílio Afonso da (org.). *Interpretação constitucional*.São Paulo: Malheiros, 2005, p. 172).

11 Quanto ao ponto, Paulo Luiz Netto Lobo explica que "A Constituição e o direito de família brasileiros são integrados pela onipresença desses dois princípios fundamentais e estruturantes: a dignidade da pessoa humana e a solidariedade. A solidariedade e a dignidade da pessoa humana são os hemisférios indissociáveis do núcleo essencial irredutível da organização social, política e cultural e do ordenamento jurídico

Ainda no que diz respeito aos titulares do dever de cuidado, deve-se realçar que primordialmente,compete aos pais e/ou responsáveis legais, a partir do exercício do poder familiar, a importante tarefa de zelar pela existência digna da criança.[12]São eles os responsáveis diretos, por assim dizer, pelo cumprimento desse dever.

Fala-se, atualmente, em princípio da *paternidade responsável* (art. 226, §7º, da CF/1988), que determina aos pais os deveres de "sustento, guarda e educação dos filhos menores" (art. 22 do Estatuto da Criança e do Adolescente), o que não pode ser feito de forma dissociada ao dever de cuidado.

E, tanto no âmbito familiar como no âmbito institucional, tem sido inserida, gradativamente, nas diversas áreas do conhecimento, a ideia de que o afeto exerce papel fundamental na observância do dever de cuidado. Assim, no campo da pedagogia:

> As ações relativas ao cuidar [...] são apresentadas de forma a ressaltar o desenvolvimento integral da criança, envolvendo aspectos afetivos, relacionais, biológicos, alimentares e concernentes à saúde. O contexto sociocultural aparece como determinante nas construções humanas e nas necessidades básicas de sobrevivência, diferentes em cada cultura, com isso, fica claro, no papel designado ao cuidar, a necessidade de envolvimento e comprometimento do professor com a criança em todos os seus aspectos, e a compreensão sobre o que ela sente e pensa, o que traz consigo, a sua história e seus desejos.Para cuidar é preciso um comprometimento com o outro, com sua singularidade, ser solidário com suas necessidades, confiando em suas capacidades. Disso depende a construção de um vínculo entre quem cuida e quem é cuidado. É preciso que o professor possa ajudar a criança a identificar suas necessidades e priorizá-las, assim como atendê-las de forma adequada. Deve-se cuidar da criança como pessoa que está num contínuo crescimento e desenvolvimento, compreendendo sua singularidade, identificando e respondendo às suas necessidades. Isso inclui interessar-se

brasileiros. De um lado, o valor da pessoa humana enquanto tal, e os deveres de todos para com sua realização existencial, nomeadamente do grupo familiar; de outro lado, os deveres de cada pessoa humana com as demais, na construção harmônica de suas dignidades". (LÔBO, Paulo Luiz Netto. *Princípio da solidariedade familiar*. Disponível em: <https://jus.com.br/artigos/25364/principio-da-solidariedade-familiar>. Acesso em: 15 jun. 2017).

12 Veja-se, a propósito, a redação do art. 229 da CF/1988: "Os pais têm o dever de assistir, criar e educar os filhos menores, e os filhos maiores tem o dever de ajudar e amparar os pais na velhice, carência ou enfermidade".

> sobre o que a criança sente, pensa, o que ela sabe sobre si e sobre o mundo, visando à ampliação desse conhecimento e de suas habilidades, que, aospoucos, a tornarão mais independente e mais autônoma.[13]

Sob a ótica do direito, a ausência de cuidado já foi identificada pela jurisprudência com o abandono afetivo dos pais,[14]apesar de ser muito controversa a questão de se estabelecer um dever indenizatório pela falta de afetividade, em si mesma considerada, e nada obstante o cumprimento dos deveres jurídicos objetivos, inerentes ao poder familiar. Nesse contexto - o jurídico - é muitas vezes complexa a tarefa de se estipular *em que* consiste a mencionada *falta de afeto* e até que ponto pode (ou deve) ser sancionada pelo direito.

Em verdade, a dificuldade de se detectar *quando* e *sob que circunstâncias* o dever de cuidado deve ser considerado negligenciado não é exclusiva do direito. E assim ocorre porque, embora as demais áreas do conhecimento atribuam extrema importância a este dever - e, também, à questão da afetividade - há diversos fatores que influenciam na árdua tarefa de se diferenciar, por um lado, a criação com afeto da proteção excessiva e incapacitante, e, por outro, a ausência de cuidado do estímulo ou confiança nas aptidões da criança. O desenvolvimento das novas tecnologias (e, sobretudo, o advento da rede mundial de computadores), o superdimensionamento do consumo na sociedade, o crescimento demográfico e o desenvolvimento urbanos e o recrudescimento da violência estabeleceram novos limites e, também, novas possibilidades[15] para as crianças da atualidade. Nessa fase de transição, a insegurança é inerente ao exercício da atividade parental. Diante desse quadro, as escolas oscilam quanto aos comportamentos considerados adequados aos

---

13 FOREST, Nilza Aparecida; WEISS, Silvio Luiz Indrusiak. *Cuidar e educar: Perspectivas para a prática pedagógica na educação infantil.* Blumenau: Revista do Instituto Catarinense de Pós-Graduação, vol. 3, ago-dez 2003.

14 STJ, 3ª Turma, Rel. Min. Nancy Andrighi, REsp 1.159.242/SP, julg.24.04.2012, *DJe* 10.05.2012.

15 "As reflexões deste artigo vão ao encontro do que teóricos e clínicos que se dedicam ao estudo das relações pais/filhos afirmam: hoje a criança já nasce em meio a um contexto que lhe reserva um lugar de maior liberdade para exploração e conhecimento do mundo e do ambiente familiar, já que os valores de democracia, liberdade e igualdade promoveram a abertura deste novo universo à criança. Ao mesmo tempo, esses valores proporcionam uma maior convivência com a diversidade, o que pode trazer contribuições muito ricas para a formação das subjetividades e identidades na família e, consequentemente, para a sociedade". (ZANETTI, Sandra Aparecida Serra; GOMES, Isabel Cristina. A "fragilização das funções parentais" na família contemporânea: determinantes e consequências. Temas em psicologia. Ribeirão Preto, v. 19, n. 2, p. 491-502, dez. 2011. Disponível em <http://pepsic.bvsalud.org/scielo.php?script=sci_arttext&pid=S1413-389X2011000200012&lng=pt&nrm=iso>. Acesso em: 16 jul. 2017.

educadores e educandos, o que torna ainda mais complicada a questão de se definirem os limites do *cuidado*.

Se tudo isso reforça o caráter interdisciplinar do dever de cuidado, também reaviva as discussões sobre as mais diversas formas de exercê-los. Nos tópicos subsequentes abordaremos a questão particular do *cuidado com a infância* nas hipóteses em que a presença do menor em juízo venha a se fazer necessária.

2. QUANDO É NECESSÁRIA E POSSÍVEL A ATUAÇÃO DIRETA E PESSOAL DO MENOR EM JUÍZO?

No que concerne aos conflitos judicializados, devem-se distinguir duas espécies de situações: aquelas em que a criança se insere, de alguma forma, no conflito, como sujeito diretamente interessado em sua resolução e aquelas em que a criança tem conhecimento, de alguma forma, de fatos relativos à controvérsia tratada em juízo, sem necessariamente sofrer as consequências da solução a ser adotada.

No primeiro caso, estamos diante, em geral, da circunstância de ser a criança *parte* na causa ou, ainda que não seja parte, de sofrer consequências (jurídicas ou não) provenientes da solução do processo. Esta segunda hipótese é plenamente possível de ocorrer, devido aos reflexos que os conflitos familiares produzem sobre todos os membros do núcleo familiar. Assim, por exemplo, numa ação de alimentosem que se discuta a extensão da possibilidade financeira de um dos genitores pode, eventualmente, ser necessário o esclarecimento de fatos que sejam de conhecimento de um irmão unilateral (também menor) do alimentando. Nesse caso,não só a criança em questão poderá ter interesse na causa - pois sua condição financeira poderá vir a ser afetada - como o depoimento a ser prestado referir-se-á a fatos e a pessoas com as quais o depoente possui laços profundos e, certamente, vínculos emocionais fortes.

No segundo caso, trata-se de situações em que a criança tem conhecimento de fatos relevantes para a solução de controvérsias que envolvem fatos e sujeitos com os quais ela não possui qualquer vínculo preexistente (*v.g.*, familiar, de amizade ou institucional). Logo, a solução do processo seria, *em tese*, indiferente. Tal indiferença é, por óbvio, relativa, uma vez que, a depender do grau de discernimento da criança e do conhecimento das questões que envolvem a solução do conflito (*v.g.*, condenação civil de caráter patrimonial, desconstituição de relação jurídica ou, até mesmo condenação criminal), é possível que os impactos na esfera psicológica do menor sejam ainda mais intensos do que no quadro precedentemente referido.

A distinção que ora se faz tem em vista, primordialmente: a) a análise da (im)possibilidade de inserção da criança num mecanismo de solução adequada de conflito, e b) a análise da proporcionalidade entre os bens jurídicos em jogo na eventual oitiva do menor como parte ou como informante. Trata-se das formas de atuação *pessoal e direta* da criança no processo civil que serão mais detalhadamente abordadas no tópico subsequente.

As hipóteses de que cogitamos dizem respeito a situações em que a participação da criança seja relevantepara o deslinde - autocompositivo ou adjudicatório - do processo judicial. Contudo, e a despeito do que possa levar a crer a dicção legal (art. 447, § 4º, do CPC/2015, relativamente à prova testemunhal),[16] o critério da *necessidade*[17] não é exclusivo e tampouco suficiente para a participação do menor.

Também não se afigura bastante a verificação do discernimento do menor quanto aos fatos que constituem objeto do processo. No caso da produção de provas orais, aliás, falta de discernimento poderia ser alvo de constatação no momento da sentença judicial (*i.e.*, após a oitiva da criança), quando o juiz procede à valoração do material probatório.[18]

A grande questão, quando se trata da participação *ativa* da criança no processo, que envolveda presença física desta em juízo, diz respeito aos danos que possam daí decorrer, tendo em vista a exposição da criança a um ambiente extremamente formal e pouco familiar, muitas vezes hostil.

De fato, se é certo que todo e qualquer processo causa um "dano marginal"[19] às partes e demais interessados, seja em virtude da demora, seja

---

16 "§ 4º Sendo necessário, pode o juiz admitir o depoimento das testemunhas menores, impedidas ou suspeitas".

17 Tal necessidade é frequentemente interpretada como a inexistência ou a insuficiência de outras fontes de prova (que não a testemunha suspeita, impedida ou incapaz) de determinado fato.

18 A despeito do que dispõe o art. 447 e §§, do CPC/2015, há quem defenda, inclusive, que as restrições atinentes à suspeição, impedimento e menoridade de testemunhas devem ser interpretadas como diretrizes de valoração dos respectivos depoimentos, e não como óbices à sua admissibilidade. Nesse sentido: GRECO, Leonardo, *Instituições de processo civil. Volume II: Processo de Conhecimento.* 3.ed. Rio de Janeiro: Forense, 2015, Capítulo V, item 5.5.1, p. 159; COMOGLIO, Luigi Paolo. *Incapacità e divietiditestimonianzanellaprospettivacostituzionale. Rivistadidirittoprocessuale.* XXXI. Padova: CEDAM, 1976, p. 56 e ss. Na jurisprudência: "(...) Testemunha contraditada – Suspeição reconhecida – (...) – Suspeição que não retira o valor probante, ainda que relativo, da prova considerada em seu conjunto. (...) Embora o MM. Juiz tenha reconhecido a suspeição da testemunha (...), a suspeição, aliada à indispensabilidade da prova no momento da concessão da medida, embora conduza à atribuição de valor relativo, não lhe retira por completo o seu poder de convencimento, de modo que não induz à perda total de seu valor probante, especialmente considerando o conjunto probatório que inclui também provas documentais." (TJSP, 14ª Câmara de Direito Privado, Agravo de Instrumento n. 9002048-61.2009.8.26.0000, Rel. Des. Ligia Araújo Bisogni, julg. 18.11.2009).

19 Cf. PISANI, Andrea Proto. *La nuova disciplina del processo civile.* Napoli: Jovene, 1991, p. 296.

em razão dos desgastes econômicos e psíquicos que lhe são inerentes, é ainda mais certo que o *dever de cuidado com a infância* determina que se evitem ao máximo os referidos danos.

As crianças, em plena fase de desenvolvimento, não estão ainda preparadas para lidar com o ambiente judicial, ainda que em situações conflituosas que não as afetem direta ou indiretamente. Quando se trata de conflitos mais próximos à vivência do menor, os prejuízos eventualmente causados pela necessidade de sua presença em juízo são agravados pelo fato de terem que debater, reviver, explicar ou simplesmente ouvir sobre aspectos que se lhes afiguram íntimos ou restritos ao âmbito familiar.

Por outro lado, no caso específico dos conflitos que interessam mais de perto à criança, entram em jogo, de forma paradoxal, os direitos à liberdade (arts. 15 e 16 do Estatuto da Criança e do Adolescente)[20], à emissão da própria opinião e à participação na tutela dos direitos na infância (art. 100, parágrafo único, inciso XII, do Estatuto da Criança e do Adolescente, relativamente às medidas de proteção).[21]

Diante disso, a verificação da possibilidade de participação ativa da criança em juízo (seja em sede de mediação, depoimento pessoal ou oitiva como informante) depende, muito além da verificação da necessidade da medida, da ponderação de todos os bens jurídicos em jogo, a saber: a) benefícios concretos a serem aferidos com a medida; b) o exercício da autonomia da criança, no sentido de emitir opinião e intervir em questões que, de alguma forma, sejam de seu interesse ou do interesse familiar e c) os possíveis danos psíquicos decorrentes da mera presença ou depoimento em juízo.

---

20 "Art. 15. A criança e o adolescente têm direito à liberdade, ao respeito e à dignidade como pessoas humanas em processo de desenvolvimento e como sujeitos de direitos civis, humanos e sociais garantidos na Constituição e nas leis.

Art. 16. O direito à liberdade compreende os seguintes aspectos:

I - ir, vir e estar nos logradouros públicos e espaços comunitários, ressalvadas as restrições legais;

II - opinião e expressão;

III - crença e culto religioso;

IV - brincar, praticar esportes e divertir-se;

V - participar da vida familiar e comunitária, sem discriminação;

VI - participar da vida política, na forma da lei;

VII - buscar refúgio, auxílio e orientação." (negritos nossos).

21 "São também princípios que regem a aplicação das medidas: (...) XII - oitiva obrigatória e participação: a criança e o adolescente, em separado ou na companhia dos pais, de responsável ou de pessoa por si indicada, bem como os seus pais ou responsável, têm direito a ser ouvidos e a participar nos atos e na definição da medida de promoção dos direitos e de proteção, sendo sua opinião devidamente considerada pela autoridade judiciária competente, observado o disposto nos §§ 1º e 2º do art. 28 desta Lei." (Incluído pela Lei nº 12.010, de 2009).

Todos esses aspectos devem ser analisados de acordo com as peculiaridades do caso, tendo em vista o grau de maturidade e a melhor forma de se atender o interesse do menor.[22] E, evidentemente, em situações conflituosas nas quais a decisão dos genitores e responsáveis pode colidir com tal interesse, ficará a cargo do juiz a última palavra sobre a possibilidade e a forma de participação presencial e efetiva do menor no processo.

Convém não olvidar, ainda, que tal participação deve ser vista como um direito – e, jamais, como um dever – do menor, de tal forma que, no processo civil, não poderá, de modo algum, vir a ser imposta por lei ou pelo juiz, ainda que a pedido de alguma das partes, sob pena de violação à dignidade e ao dever de cuidado na infância.

3. COMO DEVE SE DAR A ATUAÇÃO DO MENOR EM JUÍZO, NO ÂMBITO PROCESSUAL CIVIL?

Uma vez constatadas, a partir das diretrizes mencionadas no tópico precedente, a necessidade e a possibilidade de participação *ativa* da criança num determinado processo cível, vislumbram-se, basicamente, duas formas de participação *ativa* do menor em juízo: a integração da criança nos mecanismos de autocomposição e a oitiva desta em audiência.

Inicialmente, podemos cogitar do comparecimento do menor a sessões de conciliação ou mediação, com vistas a emitir opinião sobre a possibilidade de autocomposição de conflitos que sejam de seu interesse direto ou indireto.

Nesse passo, lembramos de o CPC/2015 incorporou a tendência de estimular a utilização de técnicas e instrumentos de autocomposição,[23] fruto da necessidade de se romper com dogma de que a justiça só pode ser implementada de forma adjudicatória pelo Poder Judiciário.

---

22 Em Portugal, por exemplo, o Código Civil (art. 1878) garante expressamente o direito dos menores de opinar sobre assuntos familiares e terem autonomia para organizarem a própria vida, *de acordo com a sua maturidade*. Já pelo Regime Geral do Processo Tutelar Cível a criança tem direito de ser ouvida e sua opinião levada em conta pelas autoridades judiciárias.

23 Sobre esse tema, *vide* ALVIM, Thereza. O direito de família e o novo CPC. *Revista do IBDFAM*, março de 2016. A mediação e conciliação vêm referidas no início do CPC/2015 (art. 3º, § 3º), o que demonstra a ênfase a elas atribuídas pelo legislador. O que se busca, com o estímulo à conciliação e mediação, não é apenas desafogar o Judiciário, mas também oferecer formas diferenciadas de solução de conflitos. Por tal razão, o Estado estabeleceu formas institucionais para o emprego dos métodos autocompositivos: primeiro, a partir da Resolução nº 125, de 2010, do CNJ, que instituiu nos Tribunais os Centros Judiciários de Solução de Conflitos e Cidadania (CEJUSC), e, depois, o CPC/2015, que prevê a realização de uma audiência de conciliação ou mediação antes mesmo da abertura do prazo para a resposta do réu. A Lei 13.140/2015 reforçou a tendência, ao dispor sobre a mediação judicial nos arts. 24-29.

Embora se possa afirmar que as técnicas de conciliação e mediação podem, em tese, evitar ou encurtar o processo judicial, o certo é que, atualmente, tais mecanismos são tratados sob a perspectiva da necessidade de se oferecer efetiva solução a determinados conflitos, como é o caso dos conflitos familiares.

Com isso, os métodos de autocomposição, antes considerados predominantemente alternativos ao Poder Judiciário, são por ele incorporados, na expectativa de que possam ser oferecidas aos jurisdicionados as mais diversas possibilidades de solução de conflitos. Passa-se, então, a aludir a uma política pública de incentivo e aperfeiçoamento dos mecanismos consensuais de litígios.[24]

Especificamente quanto à pertinência da mediação no tocante aos conflitos de família, que com muita frequência se relacionam com o tema do *cuidado com a infância,* aduz Thereza Alvim:

> O estímulo à mediação, na linha do que já vem ocorrendo com a arbitragem e a conciliação, reflete a tendência atual de se desmistificar a "cultura da sentença". Esse expediente é especificamente voltado aos conflitos presentes em relações continuadas, para os quais a conciliação pontual do litígio é ineficaz, porque não propicia a convivência harmônica entre as partes. Trata-se de uma solução mais adequada para esse tipo de conflito, porque não se restringe à solução da controvérsia atual, atacando questões pertinentes à própria relação entre as partes. Distingue-se, nesse ponto, da conciliação, pois essa última tem por objetivo colocar termo em um litígio específico, sem a preocupação precípua de viabilizar a coexistência entre as partes. Diz-se, por isso, que o objeto da mediação não se limita ao acordo, como na conciliação, mas diz respeito à relação humana, o que torna evidente a adequação dessa prática aos conflitos familiares.[25]

24 Fala-se em Tribunais Multiportas, em alusão à ideia de Frank Sander, segundo a qual as portas correspondem a técnicas diversas de solução de conflitos, cada uma adequada ao tipo de problema apresentado. Frank Sander e Mariana Hernandez Crespo: explorando a evolução do tribunal multiportas". In: ALMEIDA, Rafael Alves de; ALMEIDA, Tania; CRESPO, Mariana Hernandez (org.). *Tribunal multiportas: investindo no capital social para maximizar o sistema de solução de conflitos no Brasil.* Rio de Janeiro: FGV, 2012, p. 30/32. Para uma distinção entre a ideia original e sua implementação em terras brasileiras, sobretudo no que tange ao papel do Judiciário, veja-se o seguinte trabalho: LEAL, Stela Tannure. *Mediação e Judiciário no TJ-RJ: caminhos e descaminhos da institucionalização.* Dissertação de Mestrado. Universidade Federal Fluminense: Niterói, 2016, p. 11 e ss.:40

25 Op. cit.

De fato, o mecanismo da mediação é, em tudo, compatível com a ideia de solidariedade do núcleo familiar[26] sendo sempre preferível a busca de uma solução cooperativa e consensual.

Mas, realçamos, trata-se de mecanismo incompatível com a ideia de imposição, seja porque assim determina o *dever de cuidado com o menor*, seja, ainda, em virtude da autonomia da vontade. Assim, consoante já tivemos a oportunidade de anotar em nosso *Manual de direito processual civil*,[27] não é recomendável a designação da audiência de conciliação ou de mediação (prevista no art. 334 do CPC/2015) ao arrepio da vontade de uma das partes. Por igual, e ainda que o art. 695 do CPC/2015 nada disponha a respeito das ações de família, dando, ao contrário, a impressão de que, nestas, a obrigatoriedade da audiência de conciliação ou mediação seria incontornável até mesmo pelo acordo das partes, certo é que não se pode, em hipótese alguma, impor a presença do menor nas sessões autocompositivas.

Neste ponto, é interessante notar que as técnicas de mediação envolvem a necessidade de diálogos e debates que, muitas vezes, podem culminar num clima de animosidade contrastante com a ideia de *cuidado com a infância*. De fato, a despeito das vantagens de se permitir à criança que emita opinião sobre questões familiares de seu interesse (tais como aquelas relativas à guarda, direito de visita, filiação, adoção, tutela e regulação do exercício do poder familiar), não se podem olvidar os problemas decorrentes de sua inserção ativa nos mecanismos de conciliação e mediação. Estudos teóricos e empíricos apontam como tais, sobretudo: a) a possibilidade de se intensificarem os sentimentos de culpa e ansiedade da criança; b) o receio da criança em expor seus sentimentos verdadeiros diante dos pais; c) a possível desvalorização e desqualificação dos pais em seu exercício legítimo de tomar decisões no melhor interesse da criança; d) a possibilidade de manipulação das crianças pelos pais para serem leva-

---

26 "A solidariedade do núcleo familiar compreende a solidariedade recíproca dos cônjuges e companheiros ou conviventes, principalmente quanto à assistência moral e material. O lar é por excelência um lugar de colaboração, de cooperação, de assistência, de cuidado; em uma palavra, de solidariedade. O casamento, por exemplo, transformou-se de instituição autoritária e rígida em pacto solidário. A solidariedade em relação aos filhos responde à exigência da pessoa de ser cuidada até atingir a idade adulta, isto é, de ser mantida, instruída e educada para sua plena formação social. A Convenção Internacional sobre os Direitos da Criança e o nosso ECA ressaltam a solidariedade entre os princípios a serem observados". (LÔBO, Paulo Luiz Netto. *Princípio da solidariedade familiar*. Disponível em: <*https://jus.com.br/artigos/25364/principio-da-solidariedade-familiar*>. Acesso em: 15 jun. 2017).

27 ARRUDA ALVIM, *Manual de direito processual civil*. 17.ed. São Paulo: RT, 2017, capítulo 19, n. 19.2, p. 764/765.

das a tomarem partido de alguma forma; e) a excessiva responsabilização da criança pelas decisões familiares.[28]

Em contraposição, há quem pontue que o papel da mediação seria apenas de envolver as crianças de modo a lhes permitir melhor entendimento do que está acontecendo em suas vidas e oportunizar-lhes expressar seus sentimentos a alguém que esteja preparado para lidar com tais situações. Desse modo, a fim de verificar a conveniência da inserção do menor, o mediador deve se guiar pelos impactos e pelo resultado gerados *para a criança*, o que constitui uma difícil tarefa, embora sem parâmetros rígidos.[29] Em todo caso, são inumeráveis as alusões à imprescindibilidade da vontade do menor no sentido de integrar-se no processo de autocomposição.[30]

Mesmo para aqueles que defendem a possibilidade de o menor integrar a mediação (como interessado direto ou indireto), como ocorre, por exemplo, no direito português[31] compreendem-nacomo um direito. E, frisemos, o exercício desse direito depende da não violação de outros direitos fundamentais. Nesses casos, além de cuidados atinentes aos requisitos, à forma e aos limites da abordagem,[32] há uma preocupação com o momento em que a presença

---

28 Cf., a propósito do tema e com amplas referências bibliográficas: POÇAS, Isabel. A participação das crianças na mediação familiar. *Revista da Ordem dos Advogados*, Ano 73, II/III, 813-862. Disponível no Repositório UPT, Disponível em: <http://hdl.handle.net/11328/793>. Acessoem 15 jul.2017.

29 BROWN, Carole. *Involving children in decision making without making them the decision makers*. Association of Family and Conciliation Courts. Northwest Regional Conference, Skamania Lodge, November 2nd to 4th, Austrália, 1995, p. 7.

30 A criança deve querer participar da mediação e nessa situação, poderá ser exigido seu consentimento informado mediante explicações detalhadas (British Columbia. Ministry of Attorney General. Justice Services Branch, (2003). *The involvement of Children in Divorce and Custody mediation: A Literature Review*, 2.2.1. Disponível em: <http://www2.gov.bc.ca/assets/gov/law-crime-and-justice/about-bc-justice-system/justice-services-branch/fjsd/mediation.pdf >. Acesso em: 13 jul. 2017).

31 *cf.*POÇAS, Isabel. A participação das crianças na mediação familiar. *Revista da Ordem dos Advogados*, cit., p. 834 e ss.

32 "Com base em estudos realizados em vários países onde a mediação familiar é aplicada há alguns anos, aqueles mostram que relativamente aos requisitos para a participação das crianças eles são: maturidade da criança – 5 anos (Inglaterra) – 5 a 12 anos, na Austrália – idade escolar, em Edimburgo – 8 anos e nos EUA – 6 anos), em função da sua idade e maturidade assim também vão ser utilizados métodos diferentes – com crianças mais novas, os métodos indirectos como o jogo, o desenho da "minha família", pedindo à criança para expor os seus sentimentos, enquanto que com crianças mais velhas, por meio de questionários – a sua idade e nível de desenvolvimento (cognitivo e emocional), a sua dependência de um ou outro pai, a natureza do relacionamento com os seus pais antes e depois da separação, o nível de conflito familiar e se culpa um ou ambos os pais." (POÇAS, Isabel. A participação das crianças na mediação familiar. *Revista da Ordem dos Advogados*, cit., p. 834 e ss., com base em dados extraídos de

do menor ocorrerá. Em geral, concluem os estudiosos, num momento mais avançado, em que os ânimos já estejam arrefecidos.[33]

O CPC/2015, em disposição que muito se coaduna com o *dever de cuidado*,[34] viabiliza a disponibilização de equipe multidisciplinar de apoio à criança em sede de conciliação ou mediação, o que, obviamente, pressupõe a vontade do menor de exercer o direito de atuar ativamente no processo.[35] Também o local da realização das sessões deveria ser objeto de considerações, tendo em vista que nem sempre os centros destinados a este fim (art. 165 do CPC/2015) estão preparados para lidar com a complexidade da integração da criança nos mecanismos de autocomposição.

Especificamente no que diz respeito à necessidade de um ambiente e equipe diferenciados para a colheita das impressões, opiniões e depoimentos da criança, remetemos o leitor à questão do chamado "depoimento sem dano", mais recentemente cunhado de "depoimento especial" pelo CNJ. Trata-se de tema afeto à segunda forma de participação presencial e ativa da criança no processo judicial, que é, justamente, a prestação de depoimento, como parte (depoimento pessoal) ou como terceiro (informante), em juízo.

A princípio, o chamado "depoimento sem dano" recebeu tal denominação por referir-se à ideia de depoimento "sem dano à vítima" de abuso sexual. Porém, de acordo com a Recomendação CNJ nº 33, de 23 de novembro de 2010, o depoimento especial deve ser aplicado em situações nas quais a criança e o adolescente tenham sido *vítimas* ou *testemunhas* de qualquer forma de violência. A norma já faz alusão à alienação parental e a "outras questões de complexa apuração nos processos inerentes à dinâmica familiar", sobressaindo, portanto, a aplicabilidade das técnicas de depoimento especial no âmbito

British Columbia. Ministry of Attorney General. Justice Services Branch, (2003). *The involvement of Children in Divorce and Custody mediation: A Literature Review*, 2.2.1. Disponível em: <http://www2.gov.bc.ca/assets/gov/law-crime-and-justice/about-bc-justice-system/justice-services-branch/fjsd/mediation.pdf >. Acesso em: 13 jul. 2017.

33 *Idem*, p. 854.

34 "Art. 694. Nas ações de família, todos os esforços serão empreendidos para a solução consensual da controvérsia, devendo o juiz dispor do auxílio de profissionais de outras áreas de conhecimento para a mediação e conciliação.
Parágrafo único. A requerimento das partes, o juiz pode determinar a suspensão do processo enquanto os litigantes se submetem a mediação extrajudicial ou a atendimento multidisciplinar".

35 Trata-se de medida que guarda semelhanças, mas não se confunde com o "depoimento especial" ou "depoimento sem dano", a que aludiremos na sequência. Isso ocorre porque, no caso do depoimento, os cuidados da equipe multidisciplinar se restringem ao momento da oitiva da criança, numa situação em que o menor não acompanha outros debates ou atos processuais. A amplitude da atuação dessa equipe será, porém, muito mais abrangente no que concerne à conciliação e à mediação.

do direito processual civil. Isso, todavia, não foi suficiente para que os Tribunais brasileiros instituíssem a prática nos juízos cíveis, sendo mais comum (embora de forma relativamente tímida) a sua utilização na esfera criminal.[36]

Espera-se que, com a promulgação da Lei n. 13.431, de 4 de abril de 2017, a seriedade da questão seja estendida, quando necessário, para o processo civil, devido à abrangência da definição de *violência,* trazida no art. 4º do referido diploma, que inclui diversas formas de violência física ou psíquica, discriminação, depreciação ou desrespeito à criança ou adolescente.[37]

---

36 É o que se infere, por exemplo, dos julgados do STJ a propósito da matéria, todos referentes ao processo criminal: STJ, 6ª Turma, HC 244.559/DF, Rel. Min. Sebastião Reis Jr., julg. 07.04.2016, DJe 20.04.2016; 5ª Turma, AgRg no AREsp 625.573/SP, Rel. Min. Gurgel de Faria, julg. 27.10.2015, DJe 16.11.2015; 5ª Turma, HC 219.277/RS, Rel. Min. Laurita Vaz, julg. 05.11.2013, DJe 12.03.2014; 5ª Turma, HC 226.179/RS, Rel. Min. Jorge Mussi, julg. 08.10.2013, DJe 16.10.2013; 3ª Turma, REsp 1324075/PR, Rel. Min. Sidnei Beneti, julg. 05.06.2012, DJe 03.10.2012. Todos os julgados constatados na pesquisa jurisprudencial no Superior Tribunal de Justiça referem-se à validade do "depoimento sem dano" para inquirição da vítima nos crimes sexuais contra criança e adolescente, em respeito à sua condição especial de pessoa em desenvolvimento, inclusive antes da deflagração da persecução penal.

37 "Art. 4º Para os efeitos desta Lei, sem prejuízo da tipificação das condutas criminosas, são formas de violência: I - violência física, entendida como a ação infligida à criança ou ao adolescente que ofenda sua integridade ou saúde corporal ou que lhe cause sofrimento físico; II - violência psicológica: a) qualquer conduta de discriminação, depreciação ou desrespeito em relação à criança ou ao adolescente mediante ameaça, constrangimento, humilhação, manipulação, isolamento, agressão verbal e xingamento, ridicularização, indiferença, exploração ou intimidação sistemática (*bullying*) que possa comprometer seu desenvolvimento psíquico ou emocional; b) o ato de alienação parental, assim entendido como a interferência na formação psicológica da criança ou do adolescente, promovida ou induzida por um dos genitores, pelos avós ou por quem os tenha sob sua autoridade, guarda ou vigilância, que leve ao repúdio de genitor ou que cause prejuízo ao estabelecimento ou à manutenção de vínculo com este; c) qualquer conduta que exponha a criança ou o adolescente, direta ou indiretamente, a crime violento contra membro de sua família ou de sua rede de apoio, independentemente do ambiente em que cometido, particularmente quando isto a torna testemunha; III - violência sexual, entendida como qualquer conduta que constranja a criança ou o adolescente a praticar ou presenciar conjunção carnal ou qualquer outro ato libidinoso, inclusive exposição do corpo em foto ou vídeo por meio eletrônico ou não, que compreenda: a) abuso sexual, entendido como toda ação que se utiliza da criança ou do adolescente para fins sexuais, seja conjunção carnal ou outro ato libidinoso, realizado de modo presencial ou por meio eletrônico, para estimulação sexual do agente ou de terceiro; b) exploração sexual comercial, entendida como o uso da criança ou do adolescente em atividade sexual em troca de remuneração ou qualquer outra forma de compensação, de forma independente ou sob patrocínio, apoio ou incentivo de terceiro, seja de modo presencial ou por meio eletrônico; c) tráfico de pessoas, entendido como o recrutamento, o transporte, a transferência, o alojamento ou o acolhimento da criança ou do adolescente, dentro do território nacional ou para o estrangeiro, com o fim de exploração sexual, mediante ameaça, uso de força ou outra forma de coação, rapto, fraude, engano, abuso

A dinâmica do depoimento especial visa a inibir o desconforto, constrangimento e estresse inerentes às audiências tradicionais. Trata-se de *técnica humanizada* de escuta, com a proteção psicológica da criança, evitando que ela reviva repetidamente os fatos traumáticos de que tenha sido, em tese, vítima ou testemunha.Também se busca evitar, na medida do possível, a revitimização e a renovação do sofrimento da criança.

A partir da explicação constante do *site* do Conselho Nacional de Justiça, extraída de notícia veiculada entes mesmo da promulgação da Lei n. 13.421/2017, verificam-se os passos a serem seguidos na escuta especializada do menor:

> Para o depoimento especial devem ser seguidos alguns passos que a ciência demonstrou eficazes para proteger o depoente e garantir a fidedignidade do relato. Existem variações, mas o eixo central aponta que a vítima deve ser incentivada a rememorar o fato, sem ser interrompida. As eventuais perguntas do juiz, promotor ou advogado são repassadas por telefone ao entrevistador, para que este adeque os questionamentos aos padrões de perguntas que pesquisas indicam como produtoras de respostas fidedignas e que preservam a criança ou adolescente de violência emocional.
>
> A grande maioria dos tribunais utiliza-se da videoconferência para os depoimentos especiais, onde câmeras de filmagem transmitem em tempo real a imagem da criança ou adolescente para a sala de audiências. Há alguns tribunais que empregam uma divisória de vidro entre a sala de audiência e a sala de depoimento com uma película que impossibilita a criança ou adolescente visualizar os profissionais do Direito e o réu presentes do lado oposto. Em ambos os casos, o magistrado, por meio de telefone ou de microfone, pode fazer perguntas ao profissional que está com a criança, no momento em que o protocolo utilizado permitir.[38]

De forma análoga ao procedimento acima preconizado, prevê o art. 12 da Lei n. 13.421/2017: a) a necessidade de esclarecimentos prévios à criança ou ao adolescente sobre a tomada do depoimento especial, informando-lhe sobre seus direitos e sobre os procedimentos a serem adotados; b) a garan-

de autoridade, aproveitamento de situação de vulnerabilidade ou entrega ou aceitação de pagamento, entre os casos previstos na legislação; IV - violência institucional, entendida como a praticada por instituição pública ou conveniada, inclusive quando gerar revitimização".

38 Disponível em: <http://www.cnj.jus.br/noticias/cnj/80702-cnj-servico-como-funciona-a-sala-de-depoimento-especial-para-criancas>. Acesso em: 15 jul. 2017.

tia de que a criança narre livremente a situação de violência, podendo o profissional especializado intervir quando necessário, mediante técnicas que permitam a elucidação dos fatos; c) a transmissão, em tempo real, do depoimento, para a sala de audiência, preservado o sigilo; d) a adaptação, pelo profissional, das perguntas complementares, formuladas pelos diversos sujeitos processuais, à linguagem de melhor compreensão da criança ou adolescente; e) a gravação do depoimento em áudio e vídeo.

Não se pode, todavia, trabalhar com a ilusão de que a simples observância do procedimento sobredito serão suficientes ao atendimento do *dever de cuidado* e *à proteção integral da infância*. Embora embasada em trabalhos científicos, a própria eficácia do depoimento sem dano na proteçãodo menor é controvertida,[39] além de depender da qualificação adequada dos profissionais (assistentes técnicos e psicólogos, em geral).[40]

Por outro lado, a despeito dos questionamentos de ordem ética que envolvam o tema, cuida-se de mecanismo que visa a amenizar os danos decorrentes da inquirição do menor, sem prejuízo de sua opção de ser ouvido diretamente pelo órgão judicial (art. 12, § 1º, da Lei n. 13.421/2017).

CONSIDERAÇÕES FINAIS

Embora imprecisa, a delimitação do *dever de cuidado com a infância*, no âmbito jurídico ou fora dele, leva em conta diretrizes estabelecidas a partir dos princípios constitucionais da dignidade e da solidariedade.

Diante disso, a observância de tal dever não se restringe aos pais ou responsáveis legais da criança, mas é papel que deve ser desempenhado pelo Estado e por toda a sociedade.

Especificamente na seara judicial, parece-nos que, uma vez que haja o envolvimento (direto ou indireto) da criança com determinado conflito, e desde que tal conflito seja levado a juízo, é praticamente impossível extirpar completamente os danos marginais advindos de tais circunstâncias.

A situação se agrava ainda mais quando se cogita da necessidade de participação ativa do menor no processo, mediante integração das vias au-

---

39 Para a compreender alguns aspectos da problematização do tema, sob a perspectiva da psicologia, *v.* CONTE, Bárbara. Depoimento sem dano: a escuta da psicanálise ou a escuta do direito? *Psico*, v. 39, n. 2, abr.-jun 2008, p. 219-223, em que a autora sustenta as dificuldades de se compatibilizar a escuta terapêutica (voltada à transformação da dor do paciente - sofrimento psíquico, que não necessariamente corresponde à *realidade objetiva*) com os objetivos da escuta judicial (que obriga a criança a revelar a verdade objetiva e traumática que, muitas vezes, ainda não conseguiu processar psiquicamente).

40 Sobre os cursos de capacitação fornecidos pelo Conselho Nacional de Justiça *cf.* notícia veiculada em 18.5.2017, Disponível em:<http://www.cnj.jus.br/noticias/cnj/84792-cnj-toma-medidas-para-adocao-do-depoimento-especial-de-criancas-por-todo-judiciario>. Acesso em: 13 jul. 2017.

tocompositivas de resolução de controvérsias (mediação e conciliação) ou a partir da produção de provas orais.

Em qualquer caso, estamos convictos de que não deve haver imposição da atuação da criança no processo judicial cível, bem como de que a admissibilidade eventual atuação – sempre mediante aquiescência prévia – deverá ocorrer de forma previamente esclarecida, em consonância com a maturidade e discernimento da criança, de forma a viabilizar o melhor resultado possível sob a ótica do atendimento dos interesses do menor.

Ainda, deverão ser utilizadas – e aprimoradas – técnicas que tenham em vista o respeito aos sentimentos, vivências e memórias da criança, de forma a evitar-se que sua participação em juízo constitua uma forma renovada de constrangê-la à prática de atos que estejam além de suas capacidades e limites emocionais.

CUIDADO E "DIREITO DE SER": O QUE FAZER COM A DESIGUALDADE?[1]

Atahualpa Fernandez[2]

Marly Fernandez[3]

> *Todos somos la obra de la naturaleza y de la historia, no sus víctimas pasivas. Todos podemos hacer un esfuerzo para darle la vuelta a la desventura, verla como una injusticia y actuar en consecuencia.*
>
> Judith Shklar

Nas vicissitudes do mundo, a distância mais curta entre dois pontos quase nunca é uma línha reta. A desafortunada e por vezes necessária distinção entre *ser* e *dever ser* leva, com frequência, a um particular tipo de confusão gerada pelas inquietudes que às vezes propõe nossos neurônios e sinapses

---

1 Alguns argumentos deste artigo figuram em trabalhos anteriormente publicados pelos autores.

2 Membro do Ministério Público da União/MPU/MPT/Brasil (Fiscal/Public Prosecutor); Doutor (Ph.D.) Filosofía Jurídica, Moral y Política/ Universidad de Barcelona/España; Postdoctorado (Postdoctoral research) Teoría Social, Ética y Economia/ Universitat Pompeu Fabra/Barcelona/España; Mestre (LL.M.) Ciências Jurídico-civilísticas/ Universidade de Coimbra/Portugal; Postdoctorado (Postdoctoral research)/ Center for Evolutionary Psychology da University of California/Santa Barbara/ USA; Postdoctorado (Postdoctoral research)/ Faculty of Law/CAU- Christian-Albrechts-Universität zu Kiel/Schleswig-Holstein/Deutschland; Postdoctorado (Postdoctoral research) Neurociencia Cognitiva/ Universitat de les Illes Balears-UIB/ España; Especialista Direito Público/UFPa./Brasil; Profesor Colaborador Honorífico (Associate Professor) e Investigador da Universitat de les Illes Balears, Cognición y Evolución Humana / Laboratório de Sistemática Humana/ Evocog. Grupo de Cognición y Evolución humana/Unidad Asociada al IFISC (CSIC-UIB)/Instituto de Física Interdisciplinar y Sistemas Complejos/UIB/España; Independent Investigator and Theoretician.

3 Doutora (Ph.D.) Humanidades y Ciencias Sociales/ Universitat de les Illes Balears-UIB/España; Postdoctorado (Postdoctoral research) Filogènesi de la moral y Evolució ontogènica/ Laboratório de Sistemática Humana- UIB/España; Mestre (M. Sc.) Cognición y Evolución Humana/ Universitat de les Illes Balears- UIB/España; Mestre (LL.M.) Teoría del Derecho/ Universidad de Barcelona- UB/ España; Investigadora da Universitat de les Illes Balears- UIB / Laboratório de Sistemática Humana/ Evocog. Grupo de Cognición y Evolución humana/Unidad Asociada al IFISC (CSIC-UIB)/Instituto de Física Interdisciplinar y Sistemas Complejos/UIB/ España.

ante a contundência incômoda da "desigualdade" que, levando ao fracasso da convivência, se sustenta com a ausência do "direito de ser".[4]

Na verdade, já faz algum tempo que compartimos uma ideia bastante limitada e ingênua do que é a desigualdade, quer dizer, que utilizamos o termo "desigualdade" (com seus distintos significados e matizes, e sempre rodeado de polêmica e ambiguidade) como ponto de partida para professar elegantes teorias e sofisticadas opiniões sobre como edificar uma sociedade mais próspera e livre e ao mesmo tempo mais solidária e igualitária. O inconveniente desta forma como tratamos a desigualdade é o de que, na maioria das vezes, leva-nos a olvidar de acentuar a evidência de seu acelerado crescimento, de expor suas causas reais, de ponderar suas consequências, de repudiar o inaceitável, de estar atento ao cuidado que devemos aos demais e, mais ain-

---

4 Nota bene: Para a finalidade deste artigo consideramos o "direito de ser" como um conceito disposicional: exerço ou pratico o "direito de ser" quando sou livre, e sou livre quando disponho de condições materiais de existência para exercitar a capacidade (real) de resistir à interferência arbitrária de outros (não somente do próprio Estado, senão também de todos os demais agentes sociais) e, em igual medida, para resistir (como o homem *enkratico* de Aristóteles) a interferência arbitrária do "inimigo" que todos nós levamos dentro. Dito de outro modo, usufruo do "direito de ser" quando não estou baixo a mão ou potestade de ninguém, quando ninguém poderá – faça de fato ou não – imiscuir-se caprichosamente em meus planos de vida. Não é livre neste sentido ou está minguado em seu "direito de ser" quem, podendo ser interferido por outros, não se vê interferido de fato, por exemplo, por pura casualidade, debilidade ou artimanha: desfruto dessa «não interferência» só pela muito contingente razão de que, estando rodeado de agentes que me dominam (agentes com poder de interferência arbitrária), sou demasiado cauteloso, renuncio impotentemente a satisfação de alguns de meus desejos e necessidades ou sou muito "astuto" e cuido de manter-me afastado ante a ameaça de problemas. Por outro lado, sem a garantia do direito aos meios materiais de existência (do direito mais essencial de existência material) não pode existir «direito de ser» e a liberdade se converte em mera palavra para descrever um fenômeno sem qualquer conteúdo ou significado absoluto. Desse modo, se tenho que pedir permissão a X para poder viver cotidianamente, minha existência material depende de X; se dependo de outra pessoa para poder sobreviver, não sou plenamente livre. Por isso não tem sentido falar de «direito de ser» e de liberdade se o indivíduo não dispõe das condições e as bases de sua existência material garantidas (sem independência material); quer dizer, se os indivíduos não podem articular seus planos de vida, se não podem levá-los à prática de uma maneira efetiva, o «direito de ser» resulta impraticável e a liberdade uma quimera. Depois de tudo, há algo que possa resultar mais desgarrador e nocivo, em termos igualitários, do que uma situação em que não está garantida a existência material de algumas pessoas e suas possibilidades de viver de acordo com seus próprios planos de vida? Há algo mais atentatório ao «direito de ser», à liberdade, à igualdade e à própria cidadania que umas circunstâncias de existência que permite a uns poucos afortunados fazer que a vida seja miserável para muitos desafortunados?. Sobre o "cuidado": Fernandez, A.; Fernandez, M. "Dignidade: "cuidar" da natureza humana". In: PEREIRA, Tânia da Silva; OLIVEIRA, Guilherme de; COLTRO, Antônio Carlos Mathias (coord.) *Cuidado e Afetividade*. São Paulo: Atlas, 2017.

da, de refutar categoricamente as falsas e falaciosas justificações ideológicas oferecidas pelos habituais peritos em legitimação. Como uma espécie de seres guiados pela mão invisível de Lúcifer, concomitantemente nos esforçamos por ignorar e/ou dissimular deliberadamente o fato de que já faz algum tempo que em questão de desigualdade se rebaixou o nível do social, do ético e do esteticamente tolerável: nunca na história da humanidade houve tão poucos ricos e nem tantos pobres tão pobres; nunca na história da humanidade denegrimos tanto o cuidado humano ao converter o «outro» em pura abstração, um ente etéreo, amputado, alienado e desvinculado de sua concreta e distinta existência pessoal, corporal e social.

Dá a impressão de que a ética (a moralidade, a empatia, o altruísmo, a cooperação, a solidariedade...) de que tanto nos orgulhamos como espécie não passa um triste relato de ideais maravilhosos que ninguém cumpre, porque as deslumbrantes teorias e os discursos afetados por um tipo de "platonismo incurável" ("moral universal", "dignidade humana", "ética do cuidado", "igualdade plena", "justiça global" e um longo etcétera) que tomamos *à tort et à travers* como referência estão assentados sobre circunstâncias completamente fora da humanidade ou em "verdades" independentes que vibram em uma dimensão à parte do "mundo da vida" cotidiana – melhor dito, não estão em relação direta com o que em nosso dia a dia experimentamos. Parece que nos custa demasiado assimilar que as teorias e os discursos são nada mais que isso, "teorias" e "discursos", hipóteses e palavras em sua grande maioria elaboradas por alguém opinando sobre algo e/ou intentando "hacer historia desde el sofa", como disse Camus de Sartre.

Não deixa de ser perturbador perceber que o mundo lúdico e por vezes embusteiro que se constrói (e se construiu) *ad absurdum et ad nauseam* arredor da desigualdade, dividido em uma constelação de ideias contraditórias e diferentes crenças entre castas acadêmicas opostas, já não pareça sequer estranho. Com nossa natural disposição a deixar-nos convencer, aceitamos tão complacentemente as incoerentes versões da "verdade" e da "realidade" que nos exibem que já não sabemos se as coisas funcionam de um modo determinado devido a que existe uma teoria ou se a teoria é formulada porque as coisas funcionam de um determinado modo.

A opinião mais estrambótica ou qualquer laboriosa insensatez minimamente coerente parece estar colmada de justificativa e/ou que se trata de algo admirável. O negativo de tudo isso é que com a perda do sentido do estranho deixamos de perceber que as ideias estúpidas não somente têm consequências estúpidas, senão desagradáveis e, de quando em quando, terríveis. E não cremos que exageramos se dizemos que: i) vivemos uma autêntica pandemia de teorias sobre a desigualdade que intentam "atar todos los cabos y cuadrar el círculo"; ii) a maioria das teorias, como a moda, são cosméticas, episódicos pactos de significado compartidos sujeitos à revisão constante e/ou caprichosa.

Claro que é fácil e barato (divertido, inclusive) jogar com essas especulações, mas recomendamos cautela, porque as coisas são mais complexas do que parece e ter uma percepção e compreensão acertada da realidade não é tão fácil como nos indica nosso sentido comum. Aos filósofos, economistas e juristas de plantão lhes encanta oferecer seus serviços e fazer prestos diagnósticos sem que ninguém lhes peça. Nada obstante, como a gente culta compreende, não só uma teoria errônea não é exatamente o mesmo que uma teoria limitada (de fato, todas as teorias são limitadas, já que qualquer modelo que desenvolvemos são apenas aproximações seletivas da realidade), senão que qualquer teoria ou argumento em contra da realidade é incompatível com o fato de que todos somos capazes de reconhecer as desigualdades, sobretudo em suas formas mais manifestas e mais ainda se nos afetam em primeira pessoa.

"Não é justo!" ou "É injusto!" são expressões que todos empregamos alguma vez, ainda que entendamos mal as coisas mil vezes. Por quê? Porque todos temos essa experiência mais mundana da desigualdade, essa percepção de que não é uma mera ideia, algo que seja cabalmente sugerido na linguagem natural com a expressão "o sentido da justiça". A desigualdade existe como existe a coragem, a dor, o medo e o sofrimento. Podemos queixar-nos ante Deus (que tudo vê e tudo sabe) por haver criado um mundo tão desigual (e nós, francamente, vemos isto como mais um dos firmes motivos para negar a existência de Deus), mas, lamentavelmente, as desigualdades não são invenções que (somente) existem na fértil imaginação dos *sapiens*. A realidade, para o bem ou para o mal, nos vem dada, ainda que a interpretemos a nossa maneira.

Em todo caso, como ocorre em muitas situações cruciais, parece haver muito pouca afeição a reflexionar sobre a desigualdade quando dita reflexão implica algo mais que o meneio de tópicos frívolos e descaradamente banais, ou, melhor dito, quando a falta de igualdade leva ao fracasso o *cuidado do outro* e o próprio *direito de ser*.[5] Tampouco existe um entusiasmo notável para

5 De qualquer maneira, quiçá a situação esteja cambiando rápido. Desde há mais de uma década o desafio da desigualdade crescente poderia ser considerado um problema real que causa uma genuína sinergia interdisciplinar, e está forçando às ciências sociais a reexaminar suas lealdades disciplinares. O significado deste "paradigma da desigualdade" (interdisciplinar) pode ser visto mais diretamente através do surpreendente atrativo dos trabalhos realizados sobre a questão da desigualdade desde diferentes disciplinas das ciências sociais. Uma rápida mirada pelas figuras mais destacadas incluiria a obra de economistas como Tony Atkinson, Joseph Stiglitz e Thomas Picketty; de sociólogos como Beverly Skeggs, John Goldthorpe e David Grusky; de juristas como Kimberlé Crenshaw e Nicola Lacey; de epidemiologistas como Michael Marmot, Richard Wilkinson e Kate Pickett; de filósofos e cientistas políticos como Robert Putnam, Kathleen Thelen, Catherine Boone e Paul Pierson; de geógrafos como Danny Dorling, e de investigadores em políticas sociais como John Hills. A lista está muito distante de ser exaustiva. Nor-

tratar de grandes questões do presente, porque resulta mais fácil dedicar-se apenas a exercer de forenses das ideias de outros autores, à prosaica e sossegada tarefa de glosar, explicar e traduzir repetidamente textos, discursos e teorias normativamente "corretas" em que os anelos de unanimidade acadêmica (e/ou de lealdade disciplinar) superam toda motivação para apreciar com realismo maneiras de pensar e atuar alternativas. Sobretudo, há os que fogem como da peste de toda inquietude teórica que pressuponha o conhecimento um pouco minucioso de qualquer coisa que ocorra mais além do jogo mental de ideias, das especulações e generalizações. Referimo-nos à nossa tendência a fazer filosofia não como um instrumento ao serviço da vida dos seres humanos (Epicuro), senão do dito por alguém importante ("la clave es la autoridad, y no la realidad").

O verdadeiro perigo surge quando, ao centrar-nos em nosso próprio mundo subjetivo – na pequena fração de todos os mundos perceptíveis ou na insignificante parte da realidade objetiva que somos capazes de detectar e conhecer (*Umwelt*[6]) –, ao não frenar a própria suspensão da incredulidade ou a credulidade tonta que provocam as especulações não baseadas em provas ou critérios objetivos e/ou ao fixar-nos nos aspectos meramente teóricos ou metafísicos do problema ao que nos enfrentamos, deixamos de perceber que a extrema desigualdade, de mãos dada com a verborréia meritocrática (cujos valores não somente não se satisfazem, senão que de fato reproduzem

malmente o trabalho destes cientistas sociais atrai mais atenção que o de seus colegas em outros campos, e arrastra sua influência através de outras ciências sociais. Um dos aspectos mais chamativos destes "preeminentes trabajos es que sus autores critican sus propias disciplinas como una manera de enfatizar la gran importancia que tiene poner en el primer plano los estudios sobre las desigualdades. La crítica de Piketty a los economistas no se muerde la lengua: "Por decirlo sin rodeos, la disciplina de la economía debe sobreponerse a su pasión infantil por las matemáticas, la teoría pura y a menudo la especulación extremadamente ideológica, a expensas de la investigación histórica y la colaboración con otras ciencias sociales" (M. Savage. *Are we seeing a new "inequality paradigma" in social science?*. Disponível em: <http://blogs.lse.ac.uk/politicsandpolicy/are-we-seeing-a-new-inequality-paradigm-in-social-science/>). Em resumo: o desejo de combater as desigualdades, especialmente as que dividem o mundo em ricos e pobres, não é somente uma questão moral; também é um fenômeno plenamente social, marcado por um entorno concreto.

6 Para que nos entendamos: No filme titulado *O show de Truman*, o protagonista, que é o próprio Truman, vive em um mundo que um ousado produtor de televisão construiu completamente ao seu arredor. Em um determinado momento do filme, um jornalista pergunta ao produtor: "Como é que Truman nunca chegou a suspeitar sequer qual era a verdadeira natureza do mundo em que vivia?". Ao que o produtor responde: "Porque tendemos a aceitar a realidade do mundo que se apresenta a nossos olhos". Quer dizer: aceitamos nosso próprio Umwelt (nosso «mundo circundante», a realidade tal e como se nos aparece, e que dita o que necessitamos saber) e não nos fazemos mais perguntas.

mecanismos que permitem aos mais afortunados assegurar e reproduzir seus privilégios), está fazendo desse nosso mundo um lugar instável, reprovável, deprimente e feio.

Guiados por uma mente hipercrédula, por nossas cômodas convicções e seguros de ter mais razão que um santo,[7] não nos damos conta do (quase) impossível que resulta evitar cair em um abstracionismo extremo, atroz e demasiado remoto quando permitimos corromper-nos pela mais perversa e fatídica das ideias: a de que «todo mundo é igual», outra das engenhosas representações mistificadoras do credo baseado na dignidade original e sagrada da humanidade, no valor e direitos únicos dos seres humanos e que determina o significado de tudo o que ocorre no universo. Parafraseando a Daniel Defoe,[8] um animal que pode pôr-se de joelhos ante alguma "imagem", chamar-lhe seu Deus e com os olhos cerrados buscar uma resposta, é capaz de crer praticamente qualquer coisa com tal de que se deem as circunstâncias adequadas.[9]

O curioso é que não há nenhuma justificação minimamente honrada e decente para a defesa do que para simplificar poderíamos chamar "igualdade total"; mais bem, se trata de uma espécie de cinismo desapiedado que se impõe por encima do nível moral que reservamos a nossos congêneres verdadeiramente humanos. E não é isto tudo. O tremendo e especialmente irritante é que essa demagógica deformação da ideia de igualdade (somada à ignorância sem paliativos das causas reais e das consequências materiais da

7 A isto se soma que todos, em maior ou menor medida, estamos lastrados pelo chamado efeito do Lago Wobegon, como explica Kathryn Schulz (Schulz, K. *En defensa del error. Un ensayo sobre el arte de equivocarse*, Madrid: Siruela, 2015): "Muchísimos vamos por la vida dando por supuesto que en lo esencial tenemos razón, siempre y acerca de todo: de nuestras convicciones políticas e intelectuales, de nuestras creencias religiosas y morales, de nuestra valoración de los demás, de nuestros recuerdos, de nuestra manera de entender lo que pasa. Si nos paramos a pensarlo, cualquiera diría que nuestra situación habitual es la de dar por sentado de manera inconsciente que estamos muy cerca de la omnisciencia."

8 Defoe, D. *Historia del Diablo*. Madrid: Capitán Swing Libros, S.L., 2010.

9 Não há que descartar a possibilidade de que quando uma pergunta (sobre a desigualdade, por exemplo) segue sem ter resposta, apesar dos esforços dedicados a encontrá-la, pode ser devido, simplesmente, a que pergunta esteja mal formulada. Também cabe a possibilidade de que o debate sobre desigualdade e igualdade seja mais bem uma questão de terminologia ou se reduza a uma questão de escala e de definições. O único realmente lamentável é que o problema da desigualdade/igualdade siga sendo analisado por um largo desfile de teorias que com o tempo foram ou se vão revelando como passageiras e caindo sucessivamente no olvido, dada suas inutilidades para explicar a realidade. O que, dito seja incidentalmente e de passagem, resulta muito menos elegante (e desde logo mais difícil de justificar) na única espécie de primata que presume de cordura e conhecimento, chegando com toda humildade a chamar-se a si mesma como sapiens (quer dizer, nada menos que sábios).

desigualdade) é intrinsecamente má e irracional ao menos pelas seguintes razões de "consequência".

Primeiro, porque torna extremamente vulneráveis, passivos e conformados, em grau diverso, a amplíssimas capas subalternas da sociedade. E com a vulnerabilidade vem a dependência, com a dependência a falta de liberdade e com a falta de liberdade, em grau diverso, a condição servil, o sofrimento,[10] a perda da autoestima e do autorrespeito. Segundo, porque põe em mãos de uns poucos poderes e recursos desmedidos que podem direcionar, condicionar e facilitar seus interesses privilegiados, socavando assim toda esperança de democracia autêntica em condições de liberdade e igualdade (real) de oportunidades que subjaz ao ideal de cidadania. Finalmente, a desigualdade extrema entre ricos e pobres (entendidos estes em sentido amplo) quebra a comunidade, rompe os laços de fraternidade, macula o «cuidado», perverte o «direito de ser» e desata, de um lado, a cobiça de uns poucos e, de outro, quando não a inveja e o ressentimento, sempre ao menos a frustração, e muitas, muitas vezes, a angústia e o desespero de muitos.[11]

---

10 Alguns interessantes estudos (de Richard Wilkinson, por exemplo) mostram que as grandes desigualdades sociais produzem muito sofrimento humano e um aumento da delinquência e os crimes. Para Wilkinson, coautor de *The Spirit Level: Why More Equal Societies Almost Always Do Better* (London: Allen Lane, 2009), a ideia de que a desigualdade é má para a sociedade (para a sociedade em seu conjunto, não só para os particularmente desfavorecidos) não é simplesmente uma intuição arcaica, e tampouco uma divisa de revolucionários radicais. "Es una evidencia racional, verificable y postpartisana. Los 11 gráficos publicados en The equality Trust realmente hablan por sí mismos: Las sociedades con mayor desigualdad en la renta tienen una tasa superior de muertes infantiles, de enfermedades mentales, de abuso de drogas, de fracaso escolar, de población encarcelada o de obesidad. Mayor desigualdad en la renta también predice que las personas tengan menos oportunidad para adquirir un status superior al de sus padres, y también implica un mayor grado de desconfianza social, niveles más altos de criminalidad, menor solidaridad con el exterior e inferior bienestar infantil."

11 Somos conscientes de que escrever sobre a «desigualdade» como se se tratara simplesmente do antigo assunto entre ricos e pobres é uma simplificação excessiva, absurda e injusta. A desigualdade hoje é tão exagerada que um punhado de indivíduos pode enfrentar-se aos mandatos nacionais e internacionais e arremeter contra a sobrevivência dos cidadãos em todo o mundo. Por se isso fora pouco, Daniel Raventós recorda que "todo lo que una vez fue patrimonio común de auténticas comunidades humanas, incluida la tierra, el agua, los bosques, los minerales, el conocimiento tradicional indígena y el entramado de recursos genéticos de la propia vida, además de servicios públicos como la salud, la educación, el transporte, el agua y el saneamiento, es privatizado. Los seres humanos son mercancías destinadas a los mercados de trata de personas, esclavitud sexual, trabajo infantil, vientres de alquiler, tráfico de bebés y niños y compraventa de órganos. O suponen un obstáculo a la generación de beneficios, en cuyo caso se puede prescindir de ellos recurriendo, incluso, al genocidio, si fuera preciso, como sucede hoy mismo, por mero ejemplo como el perpetrado por Indonesia en Papúa Occidental; una horrorosa tragedia que casi nadie conoce" (Raventós, D. *El derecho a la existencia*, Barcelona: Ariel, 1999).

Pese a estas razões, não faltam as justificações da desigualdade “merecida”. Trataremos apenas de duas. A primeira delas vem a dizer que “*a gente tem o que merece*”. Assim como o rico merece sua riqueza, prêmio por seu empreendedor dinamismo, o pobre – por sua falta de aptidão e esforço – merece o seu oposto destino social. Assim como o leal e eficiente trabalhador merece conservar seu emprego, igualmente aquele que o perde merece o escarmento do desemprego, situação na qual merecerá permanecer se não mostra suficiente capacidade, força de vontade e boa disposição para a busca ativa de outro emprego. Afinal, “oportunidades” não faltam, somente há que saber buscá-las.[12] Mentira!

Esta justificação meritocrática da desigualdade é tão demagogicamente falsa como certo é o fato de que ninguém merece moralmente nem seu azar genético nem seu azar social, de por si muito desigualmente distribuídos.[13] Ninguém merece moralmente a família que lhe tocou, por sorte ou azar, nascer (rica ou pobre, decente ou depravada, vencedora ou perdedora), nem muito menos as oportunidades – favoráveis ou não – que essa família possa vir a brindar-lhe.[14]

---

12 A vida não é assim, nunca é assim. Mas esta é a essência do pensamento positivo que tem basicamente duas partes: 1) um pensamento mágico: podes conseguir qualquer coisa com uma atitude positiva e; 2) a responsabilidade pessoal: se fracassas é tua culpa. Uma mensagem que vem muito bem aos políticos para legitimar a injustiça, a pobreza e as desigualdades. Olvidemos das condições econômicas, da desigualdade crescente, da falácia meritocrática, dos salários decrescentes, do deterioro das condições de trabalho... Busca em teu interior. Nada obstante, se buscamos a realidade, sejamos realistas. Isto não somente é delirante, senão também cruel: tens o destino que te mereces (a chamada visão do mundo justo). Teus fracassos não são o produto de complexas circunstâncias. Não! Se devem unicamente ao que tu fazes. E se te morres de câncer é por não ter a atitude adequada e não pôr todo teu empenho na luta. Em suma, o contexto se desatende, a situação não existe, a “cadena causal con muchos eslabones” se despreza, as diferenças e as limitações individuais se menospreza e se ignora a influência biológica e social em uma espécie que nasce, vive e morre em grupo.

13 “Hay mucha hipocresía en toda la sociedad en cuanto a la meritocracia, un discurso exagerado que genera una forma moderna de desigualdad que pesa aún más para los perdedores del sistema” (Piketty, T. *Le Capital au XXIe siècle*, Paris: Seuil, 2013).

14 “La desigualdad de oportunidades empieza desde el mismo momento en que nacemos. Hay padres más cariñosos y más responsables que otros. Ya desde un inicio, unos niños gozan de mejor crianza y tienen más ventajas. ¿El aspirante que tuvo padres irresponsables debe tener ventaja en una oposición, frente al aspirante que tuvo padres responsables, a fin de emparejar la carrera desde el inicio y hacerla verdaderamente justa? ¿Cómo se puede llevar un registro de todas las desigualdades de oportunidades a las que ha estado expuesto un individuo en su vida?” (Andrade, G. *La crianza comunal de los niños, ¿una quimera?*, 2015. Disponível em: <http://www.filosofiaenlared.com/2015/07/la-crianza-comunal-de-los-ninos-una.html>). A implicação de tudo isto parece ser a reafirmação de um velho princípio: devemos reconhecer nossas limitações. Devemos admitir que vivemos em um mundo injusto e que, em muitos casos, não há grande coisa que possamos fazer para evitar os desastres que desembocam em dinâmicas e situações que exageram a desigualdade. A natureza é “injusta”, mas, lamentavelmente, todos somos filhos dela.

O mesmo cabe dizer dos talentos – poucos ou muitos – com que um determinado indivíduo vem ao mundo. Não selecionamos nossos talentos e ninguém os merece moralmente, já que não temos a escolha de nós mesmos, isto é, não elegemos as consequências dos azares biológicos, da "loteria cortical"[15] ou dos infortúnios socioeconômicos de que somos "vítimas". E se é verdade que a justiça aspira a contrapesar os caprichos do azar (social e genético), pouco justo será permitir que os indivíduos sofram ou gozem sem regras nem freios de seus imerecidos diferenciais de oportunidades que esse azar lhes põe de bandeja. A distribuição das dotações sociais e genéticas – como não deixou de advertir John Rawls –, por «não» ser merecida, corresponde a um

15 Por exemplo, a felicidade é um dos aspectos mais hereditários da personalidade. Estudos realizados com gêmeos idênticos mostram que 50 a 80% de toda a variação entre as pessoas e seus níveis médios de felicidade podem ser explicados por diferenças em seus genes, e não por suas experiências de vida (episódios específicos de alegria ou depressão, entretanto, normalmente precisam ser entendidos analisando-se a interação dos eventos e condições da vida com a predisposição emocional da pessoa). O nível médio de felicidade de uma pessoa típica constitui o "estilo afetivo" da pessoa. Seu estilo afetivo reflete o equilíbrio diário de poder entre nosso sistema de aproximação (o sistema de motivação do comportamento humano que provoca emoções positivas e faz querer se aproximar de determinadas coisas) e o sistema de retração (o sistema de motivação do comportamento humano que provoca emoções negativas e nos faz querer evitar determinadas coisas), e esse estilo está praticamente escrito em nossa testa. Há muito se sabe, através de estudos de ondas cerebrais, que a maioria das pessoas apresenta uma assimetria: mais atividade no córtex frontal direito ou no córtex frontal esquerdo. No final da década de 1980, Richard Davidson, da Universidade de Wisconsin, descobriu que essas assimetrias estavam relacionadas com as tendências gerais da pessoa a vivenciar emoções positivas ou negativas. As pessoas que apresentavam maior quantidade de determinado tipo de onda cerebral vinda pelo lado esquerdo da testa relataram sentir-se mais felizes na vida cotidiana e sentir menos medo, ansiedade e vergonha do que as pessoas que apresentavam maior atividade do lado direito. Pesquisas realizadas posteriormente mostraram que as pessoas com maior atividade no lado esquerdo têm menos tendência à depressão e se recuperam mais rapidamente de experiências negativas. A diferença entre as pessoas com maior atividade cortical do lado direito e do lado esquerdo pode ser observada até mesmo em bebês. Bebês de 10 meses de idade que apresentam mais atividade do lado direito tâm mais tendência a chorar quando separados brevemente das mães. Essa diferença na infância parece refletir um aspecto da personalidade que é estável na maior parte das pessoas, em toda vida adulta. Os bebês que apresentam mais atividade do lado direito da testa tornam-se crianças mais ansiosas em relação a novas situações; quando adolescentes têm mais probabilidade de ser medrosas nos namoros e nas atividades sociais; e, por fim, quando adultos têm mais probabilidade de precisar de tratamento psicológico para relaxar. Tendo perdido na loteria cortical, e inocentes de si mesmos, esses indivíduos lutam a vida inteira para atenuar o controle de um sistema de retração excessivamente ativo. Já para as pessoas que ganharam na loteria cortical, seus cérebros foram pré-configurados para ver o mundo pelo lado positivo. A dimensão social da loteria cortical impõe, pois, suas pautas (cf. Fernandez, A. e Fernandez, M. *Neuroética, Direito e Neurociência. Conduta humana, liberdade e racionalidade jurídica.* Curitiba: Juruá, 2008).

"ativo comum" da sociedade, ainda que somente seja porque é a sociedade quem as premia e valora, ou porque somente em seu contexto podem ser exercidas.

A segunda mais comum justificação da desigualdade a converte "*no necessário preço da liberdade*".[16] Em um mundo regido pelo livre mercado e assentado no sacro princípio da liberdade de eleição e decisão, um Estado intervencionista poderia impor políticas redistributivas e regulamentações igualitaristas, mas somente o lograria à base de cercear essa mesma liberdade individual, à base de recortar e limitar a opções sobre as que se pode exercer essa "intocável" e metirória liberdade de eleição e decisão. Também mentira!

Este outro argumento é tão demagogicamente falso como certo é o fato de que a desigualdade implica ela mesma uma falta de liberdade, tanto mais profunda quanto mais dramática seja essa desigualdade. Porque falta de liberdade – de eleger, de decidir, de fazer e ainda de rechaçar e resistir – é o que suporta aquele que vive (ou sobrevive) com a "permissão" de outro, em um mundo que distribui de forma tão grosseiramente desigual recursos, oportunidades e riqueza. E a conclusão mais imediata parece ser bastante óbvia: não existe propriamente liberdade sem igualdade, nem igualdade sem liberdade; se é tanto mais livre na medida em que se é igual, e vice-versa. Dito de forma um pouco vulgar: a liberdade em um contexto que padece de um profundo e crônico problema de falta de igualdade (ainda que aproximada) é uma ilusão.

Nem que dizer que em um cenário de desigualdade está sempre aberta a possibilidade de que alguém reclame, para si e para os seus, o monopólio da excelência, ou (também) de que alguém avoque a faculdade ou o direito de restringir ao seu círculo o abanico das excelências humanas. Um corolário natural, uma característica perversa da psicologia social humana: a tendência a dividir as pessoas em pertencentes ao grupo e não pertencentes ao grupo, e a tratar os de fora como menos do que humanos; odiar os que não pertencem ao nosso círculo ou grupo é uma parte da natureza humana – e dos chimpanzés –, a parte mais repugnante e nocente.[17]

---

16 "De la misma manera que la cultura medieval no consiguió casar la caballería con el cristianismo, el mundo moderno no logra casar la libertad con la igualdad. Desde la Revolución francesa, las personas de todo el mundo han llegado gradualmente a la convicción de que la igualdad y la libertad son valores fundamentales. Sin embargo, estos valores son contradictorios entre sí. La igualdad solo puede asegurarse si se recortan las libertades de los que son más ricos. Garantizar que todo individuo será libre de hacer lo que le plazca es inevitablemente una estafa a la igualdad. Toda la historia política del mundo desde 1789 puede considerarse como una serie de intentos de reconciliar dicha contradicción" (Harari, Y. Noah. *De animales a dioses. Breve historia de la humanidad*, Barcelona: Debate, 2014).

17 "Los pobres nunca, o casi nunca, pedirán una explicación de todo lo que tienen que soportar. Se odian entre ellos, y se conforman con eso. [...] La mayoría de las veces, los odio. Apestan. Apestan a mugre, a pies, a tabaco y alcohol malo. Apestan a odio, ren-

Se, por exemplo, repassamos o repertório léxico grego-clássico sobre a bondade, a virtude, a excelência e a retitude moral, nos encontramos, quase sem exceção, com vozes cuja origem etimológica aponta diretamente ao ódio, ao prejuízo e ao desprezo dos pobres, perdedores e fracassados, a traços inequivocamente patrícios: de um lado, "os grandes", "os capazes", "os notáveis em posição elevada", "os de bom berço", "os excelentes", "os melhores", "vencedores", "os que estão em posição destacada", etc...etc.; do outro , "os egoístas, pobres, vagos, preguiçosos, pestilentos" (tudo isso está na etimologia da palavra grega que ingenuamente se traduz sempre por "maus"), "os que vêm de estar em mau estado, pútrido", "os piores", "os fracassados", "os perdedores", "o vulgar", etc...etc.

Filósofos e escritores respeitáveis já gastaram rios de tinta em criticar e lamentar o que o discípulo tardio de Calicles e Trasímaco, Nietzsche, chamou o "ressentimento", a inveja e a mesquinhez dos pobres, os trabalhadores, os fracassados e o grosso do que Aristóteles considerava classes miseráveis e incapazes de virtude (logo está a emoção da "schadenfreude", uma palavra do alemão que designa o sentimento de alegria pelo sofrimento ou desgraça alheia e que ocorre quando a alguém que invejamos lhe saem mal as coisas). Mas, até onde nosso conhecimento chega, ainda está por se escrever a história do ódio, do prejuízo, do desprezo, e por certo, do pânico que – documentado ao menos desde o Tersites, de Homero, e o "caldeireiro-filósofo" de Platão[18] – vem suscitando entre os "melhores", os vencedores, os ricos,

cores y envidia. Se roban entre ellos. [...] También se matan. A veces violentamente, en la explosión de una conciencia alcoholizada o de manera muy deliberada, tras haber destilado durante mucho tiempo, resentimientos soterrados y pueriles... Es imposible no odiarlos» (Céline, Louis-Ferdinand. *Lettres à son avocat: 118 lettres inédites à Maître Albert Naud*. Paris: La Flûte de Pan, 1984).

18 No livro V da República Platão apresenta ao horror de seus leitores a imagem de um possível filósofo (possível, claro está, na aborrecida democracia) que é caldeireiro de ofício e, naturalmente, pouco mais ou menos, feio, baixo, barrigudo e calvo. Vinte e tantos séculos mais tarde, no elegante salão de uma grande Madame da Paris do séc. XVIII, e talvez recordando esta passagem de Platão, Voltaire deixou cair entre displicentes suspiros de afetação "parvenu": "Ah! Madame, quand la canaille se mêle de penser, tout est perdu."[Em uma carta à M. Damillaville (1er avril 1766) Voltaire repete a assertiva: "Je crois que nous ne nous entendons pas sur l'article du peuple, que vous croyez digne d'être instruit. J'entends par peuple la populace, qui n'a que ses bras pour vivre. Je doute que cet ordre de citoyens ait jamais le temps ni la capacité de s'instruire; ils mourraient de faim avant de devenir philosophes. Il me paraît essentiel qu'il y ait des gueux ignorants. Si vous faisiez valoir comme moi une terre, et si vous aviez des charrues, vous seriez bien de mon avis. Ce n'est pas le manœuvre qu'il faut instruire, c'est le bon bourgeois, c'est l'habitant des villes; [...] Quand la populace se mêle de raisonner, tout est perdu."].

os poderosos e os chamados intelectuais aqueles a quem, de uma ou outra forma, têm estes " baixo sua mão".[19]

E não somente há uma berrante incapacidade para reconhecer as excelências dos menos favorecidos. Também há impostura e abuso de poder sob o pretexto da excelência ou do talento individual. E esse é o lado terrível da desigualdade. Por esse lado se rompe o vínculo comunitário global, se escinde e polariza uma sociedade, e se constitui, enfim, o que o *tory* Benjamin Disraeli descreveu como as "duas nações" (a dos ricos e a dos pobres), ao que o monárquico orleanista Guizot batizou como "luta de classes" (talvez recordando-se da stasiV de Aristóteles) e ao que Marx chamou "a não-existência política" dos que vivem por suas mãos, ou seja, dos que se encontram na parte mais escura da vida e que representam a encarnação da "economia dos serventes" – ou, para ser mais delicado, uma economia rodeada de valores sem conteúdo.

---

19 Os seres humanos se estão comparando continuamente: somos umas máquinas de comparar-nos, uma «necessidade» que tem que ver com a necessidade de conhecer e de controlar. O problema é que estas comparações nos dividem: aos que têm mais ou estão mais arriba na hierarquia lhes invejamos, e aos que têm menos lhes depreciamos ou sentimos inclusive asco. A inveja e o desprezo são emoções que ninguém quer ter, que não gostamos de reconhecer e/ou sentir, porque nos deixam mal e dão uma vil e indigna imagem de nós mesmos: a inveja revela nossas carências e desgraças, e o desprezo nossa catadura e debilidade moral. Daí a precisa observação de Adam Smith (1759): "La disposición a admirar y casi venerar al rico y al poderoso, y a despreciar, o por lo menos a rechazar, a las personas en condiciones de pobreza, aunque necesaria para establecer y mantener la distinción de rangos y el orden de la sociedad, es, al mismo tiempo, la mayor y más universal causa de la corrupción de nuestros sentimientos morales". Pois bem, embora o desprezo seja mais difícil de reconhecer, é algo comprovado que as pessoas de mais status recebem muito mais atenção que as de abaixo. Está no interesse dos subordinados controlarem o que fazem os dominantes pelo que lhes pode passar. Já os dominantes não necessitam preocupar-se de controlar aos débeis. De fato, o silêncio é a expressão mais perfeita de desprezo, como dizia George Bernard Shaw. O desprezo é a ausência de respeito, a falta de atenção, a bruta indiferença e a incapacidade de considerar ao outro. Susan Fiske, por exemplo, estudou a imagem cerebral da inveja e o desprezo. Um descobrimento surpreendente é que há uma parte de nosso cérebro que se ativa (ou "acende") quando encontramos outra gente, sobretudo quando pensamos em seus sentimentos e pensamentos: o córtex pré-frontal medial. Nada obstante, as pessoas ou os grupos sociais que produzem desprezo e/ou asco não fazem com que se nos ative ou "acenda" o córtex pré-frontal medial. É como se não lhes atribuíramos uma mente e não esperáramos interagir com eles; como se os houvéramos desumanizado e lhes negáramos os atributos tipicamente humanos. Dito de forma mais simples: o córtex pré-frontal medial de nosso cérebro não se ativa quando pensamos nas ou na presença de pessoas que depreciamos. Também no que se refere à firma neurológica do desprezo o que se verifica é uma ativação da ínsula, uma estrutura que parece estar especialmente relacionada com o asco. Reagimos ante os marginados, pobres, perdedores e/ou fracassados como se estivessem contaminados, tanto moral como fisicamente. E na "schadenfreude", o que se vê é uma ativação do sistema de recompensa do cérebro; quer dizer, a desgraça de uma pessoa invejada ativa o circuito do prazer do cérebro.

Resultado: as coisas não vão bem. Nosso mundo moderno recente se orgulha de reconhecer, por primeira vez na história, a igualdade básica de todos os humanos, mas pode estar a ponto de criar a mais desigual, indiferente e descuidada de todas as sociedades.[20] É certo – sobra dizer – que a desigualdade tem muitas *causas*,[21] que a vida está atulhada de exemplos de desigualdade e injustiça,[22] que "a igualdade a todo custo não é boa" (é absurda, segundo S.

---

20 Y. N. Harari. Op. cit.

21 Existem múltiplas razões secundárias para esse desgraçado fenômeno, mas parece que a causa subjacente principal há de buscá-la no atual modelo capitalista (e "neoliberal") de crescimento e desenvolvimento e no vigente modelo antissocial de propriedade. De fato, o capitalismo reproduz e amplia a desigualdade porque distribui muitos distintos recursos de poder a proprietários e não proprietários. E distribui tão desigualmente o poder social porque se baseia em um modelo de propriedade e apropriação que não conhece limites a sua acumulabilidade, e permite formidáveis (hiper) concentrações de poder econômico e social que não somente escapam a todo controle democrático, senão que por inúmeras vias conseguem uma sobre-representação institucional e política de seus privilegiados e minoritários interesses. Pensemos, muito sumariamente, no capitalismo como propriedade privada dos meios de produção, mais mercado: por um lado, essa peculiar distribuição (e acumulação) dos direitos de propriedade, carrega consigo importantes implicações distributivas e de relações de poder; por outro, propicia uns determinados dispositivos motivacionais (a desigualdade como estímulo produtivo, o egoísmo) que operam como combustível social. Tudo isso tem consequências relevantes para os vínculos sociais de comunidade, de autoridade e de igualdade: a) o mercado opera sobre um transfundo motivacional egoísta que atenta contra valores ou disposições emocionais como a confiança, a lealdade, a compaixão e a generosidade, que constituem o cimento da comunidade política e cuja relevância para a boa sociedade é, seguramente, superior à importância das virtudes supostamente favorecidas pelo comércio; b) no mercado a participação nas tarefas coletivas é puramente instrumental e com consequências anti-igualitárias: opera segundo um princípio regulador do comportamento que mina a coesão comunitária e que, sem embargo, se associa à eficiência econômica; c) a acumulação da propriedade privada dos meios de produção constitui um importante fator da (desigual) distribuição de poder e da capacidade discricional em uma determinada comunidade; e, por último, d) em um mercado de corte capitalista, inclusive no mais perfeito, as desigualdades de recursos acabam em desigualdades de riqueza que, de diversas formas, atentam contra os vínculos sociais de igualdade (por exemplo, a igualdade de participação e influência política). Em resumo, como modo de produção que vive da desigualdade e a retroalimenta positivamente, o capitalismo carrega consigo um enorme potencial para acabar por complicar a realização dos melhores lados dos vínculos sociais de comunidade e de igualdade: seus dispositivos motivacionais socavam o cenário comunitário; a desigualdade desde a qual funciona atenta imediatamente contra a igualdade de poder e, não menos, contra o sentimento de fraternidade e de cooperação; as relações de produção que por vezes o definem tornam improvável o autogoverno pessoal e propiciam a arbitrariedade e o despotismo – isto é, fomentam a desigualdade social.

22 Uma observação incidental: No conjunto dos discursos em que se emitem juízos acerca da ideia de justiça a "igualdade" parece ocupar sempre uma posição de destaque. Desde suas primeiras formulações a justiça sempre foi associada com a igualdade (sobre a qual Aristóteles desenvolveu sua doutrina da justiça e que ainda hoje representa o ponto de

T. Asma[23]), que a igualdade é um mito (um dos muitos mitos compartidos), que o uso distorcido que cada vez com mais frequência se faz da ideia de (ou que se dá ao termo) "igualdade" pode levar a situações altamente prejudiciais e que "o medo às diferenças" é um claro sintoma de supina estupidez ou de uma ligeireza infantil sem limites.

Mas há poucas tramas no mundo tão absurda como a desigualdade desenfreada, essa "bomba de espoleta retardada" (como disse **Zygmunt Bauman**) que causa um grave dano ao *direito de ser*, à autoestima, aos senti-

partida de todas as reflexões sérias sobre essa questão) e sua caracterização evolucionou ao compasso desse princípio ilustrado. Do mesmo modo, as recentes evidências científicas estão revelando que a igualdade, enquanto intuição, instinto ou emoção moral, tem profundas raízes neurobiológicas e evolutivas, que se acha «gravada» em nosso cérebro, e que, em certo modo, já não pode considerar-se uma capacidade exclusiva do ser humano. A igualdade, portanto, parece ser um desses valores fora de toda discussão no mundo atual. Contudo, como é quase ocioso recordar, a igualdade não é um fato. Dentro do marco da espécie humana, que estabelece uma grande base de semelhança, os indivíduos não são definitivamente iguais; a situação «de fato» não é a igualdade, como mostra às claras não somente a própria circunstância do nascimento (que oferece uma enorme diversidade de cunho social), senão também as diferenças em termos de talentos, caráter, personalidade, inteligência, etc...etc. Na situação inicial, o normal é partir da desigualdade devida a «motivos naturais» (as diferentes capacidades naturais de cada um) e a «motivos sociais» (o desigual reparto dos bens e serviços na sociedade que gera uma enorme diversidade de cunho social). Para onde se mire a vida está atulhada de exemplos de desigualdade e injustiça. E não há grande coisa que possamos fazer a respeito. Portanto, justiça e igualdade não significam ausência de desníveis e assimetrias, já que os indivíduos são sempre ontologicamente diferentes, mas sim, e muito particularmente, ausência de exploração (ou interferência arbitrária) de uns sobre outros. Daí que tratar como iguais aos indivíduos não necessariamente entranha um trato idêntico: não implica (necessariamente), por exemplo, que todos recebam uma porção igual do bem, qualquer que seja que a comunidade política trate de subministrar, senão mais bem a direitos ajustados às diversas condições. Como recorda Peter Singer, a existência de profundas diferenças entre os seres humanos deve levar a certas diferenças nos direitos a serem atribuídos a uns e outros. Quando se invoca um princípio de igualdade ou equidade (presente na maioria das teorias contemporâneas da justiça) não se está em absoluto pretendendo que deva conduzir a uma identidade absoluta de direitos: da mesma maneira que é absurdo conceder a liberdade de aborto a um homem, o é a pretensão de dar a liberdade a uma mulher para contrair matrimônio, por exemplo, com um porco. É a "consideração" a que deve ser mantida por igual; a consideração que merecem diferentes seres conduz a distintos direitos.

23 Asma, S. T. *Against Fairness: In Favor of Favoritism*. Chicago: The University of Chicago Press, 2012.

mentos e às esperanças vitais.[24] Porque que não exista uma sociedade completamente igualitária e ao alcance da mão ou que a desigualdade seja obra da natureza ou de uma invisível mão social não nos absolve do compromisso e da responsabilidade de corrigi-la, de remediá-la, de preveni-la ou de eliminá-la na medida do possível.

Agora: Como podemos ensinar o caminho para intentar encurtar a distância entre o idealizado mundo do *dever ser* de sofisticadas teorias e o *ser* que é viver em um mundo em que o absurdo não prima precisamente por sua ausência? O que fazer com esses tipos de teorias e discursos que são como um subgênero da ciência ficção "en el que el mundo opera de acuerdo a unas reglas completamente diferentes a las del mundo humano rutinario"? Devemos, em nome da iniludível desigualdade ou da loucura que espera ao que deseja o impossível de remediá-la ou eliminá-la (ao absurdo), negar a possibilidade de que esse desejo nos permita evolucionar a maiores cotas de igualdade? Como podemos evitar a conclusão de que encomendar a Deus a solução da desigualdade seja a única resposta possível?

Pois, abraçando o absurdo da desigualdade. E antes que o sofrido leitor (a) se deprima de todo, nos explicaremos melhor com um efêmero argumento e uma ligeira sugestão à inquietude a que nos referimos ao princípio. Assim que vamos ao mais grosso.

É uma evidência real, mais além que qualquer debate razoável, que a vida é complexa, uma mescla do normal e do absurdo em combinações amiúde desorientadoras, e que em qualquer esquina a experiência da absurda desigualdade nos golpeia a cara. Uma espécie de absurdo que parece ser um aspecto comum a toda sociedade humana. Qualquer grupo ou sistema social complexo apresenta alguma forma de desigualdade. Se rechaçamos a ajuda enganosa da religião e das boas intenções filosóficas, então temos que reconhecer que o mundo é um caos, uma anarquia, um universo despojado da ilusória igualdade, um jardim de desigualdades, onde a vida de cada ser humano é um capítulo de acidentes e que nada

24 É um fato que a desigualdade causa um grave dano ao amor próprio da gente, à legitimidade do «interesse próprio» como motivação da ação humana (desde a representação da relação ética do "eu" consigo mesmo por meio do conceito de "amor próprio" de Aristóteles até o «amour de soi» rousseauniano e o "selfinterest" de Adam Smith, passando pela "conservatio sui" spinoziana – ou, para chegar até hoje mesmo, a "ação estratégica" de Habermas). Um amor próprio ou um direito de ser que depende em boa medida do cuidado e do reconhecimento que damos e recebemos dos demais, como demonstraram pensadores que vão de Hegel a Lacan, e, mais recentemente, Richard Sennett, que chega a uma conclusão semelhante quando considera que a pergunta principal dos indivíduos é "Quem me necessita?". Para um grupo cada vez mais seletivo em relação aos "mais desiguais" ou "menos iguais", a resposta é: "ninguém".

pode fazer-nos invulneráveis à fortuna (ao azar social e genético) – de fato, a (grande) vantagem da realidade sobre a ficção é que não necessita fazer malabarismos para parecer realista.[25]

A plena igualdade ou "igualdade total" é fruto de nossa imaginação (não do modo em que vivemos) e o culto à onipotente liberdade (de eleição e de decisão) em uma sociedade igualitária e fraterna é outra das inúmeras fábulas que inventamos e nos contamos uns a outros, um mero reflexo da necessidade que temos de improvisar nossas vidas (J. Gray[26]). Inevitável não pensar em **Albert Camus** que, em outro contexto, insistia em que sempre há que manter uma distância irônica entre a ordem imaginada e inventada da vida e o conhecimento do absurdo "de esta misma vida, no sea que el significado ficticio tome el lugar del real".

Mas, dado que a crença de que todos os humanos são iguais não é mais que uma versão renovada da convicção monoteísta de que todas as almas são iguais ante Deus, muitas pessoas buscam (ou encontram) em instâncias não humanas, transcendentes ou sobrenaturais um meio para proporcionar-lhes comodidade. Ocorre que isto não serve para dar um significado genuíno à igualdade porque se trata de outra fantasia. Por exemplo, ou Deus existe ou não. Se não existe, então é óbvio por que não pode ser a origem do sentido último da igualdade. Se Deus existe, tendo em conta toda a desigualdade, a dor e o sofrimento que há no mundo, a única conclusão racional acerca de Deus é que é um estúpido ou um psicopata. Portanto, a existência de Deus somente pode fazer a vida mais absurda, nunca menos.

Exposto desta maneira, somente nos resta aceitar que a vida é absurda e que buscar o *sentido* do fato de que as ordens imaginadas que a gente crê sempre tendem a ignorar uma parte substancial da humanidade é um absurdo ainda maior. Perguntaremos outra vez: Como instruir o *cuidado* dos demais se assumimos que nossa percepção equivocada do mundo e de como este funciona nunca poderá deter a insuportável multiplicação da desigualdade? A quem importa verdadeiramente o "*direito de ser*" ante tamanha desigualdade? Qual a estratégia ótima para educar o *cuidado* no lado escuro de um mundo tão absurdamente desigual e ao mesmo tempo – como dissemos antes – refutar toda espécie de cinismo desapiedado que se impõe por encima do nível moral que reservamos a nossos congêneres? Como refutar toda teoria ou mecanismo perfeito desenhado para manter a gente convencida de qualquer coisa, apesar da evidência, da razão, da coerência e das estatísticas em contra?

---

25 Ao mundo real "le trae sin cuidado que nos frotemos los ojos estupefactos o que los cerremos negándonos a creer lo que está pasando. Seguirá estando ahí cuando los abramos" (J. Bilbao).

26 Gray, J. *Straw Dogs: Thoughts on Humans and Other Animals*. UK: Granta Books, 2004.

Primeiro é convencer-se de que a dificuldade para explicar uma coisa não significa que essa coisa seja inexplicável. Segundo, que não há que haver lido de criança aos irmãos Grimm ou a Andersen para saber que nenhuma teoria (ou *práxis*), nem da justiça nem da injustiça, pode resultar completa (e/ou ajudar-nos a navegar pelo mundo social) sem ter em conta o problema da desigualdade, porque a preocupação pela justiça e o "cuidado do outro" consiste na eliminação da injustiça manifesta e não em concentrar-se na busca incessante da sociedade perfeitamente justa. (J. **Shklar**).[27]

Já sabemos que não parece uma sugestão reconfortante, mas, sejamos sérios, tenhamos uma confrontação honesta com a sombria realidade e, ao mesmo tempo, posicionemo-nos desafiantes negando a que a verdade nos destrua a capacidade de entender que as grandes desigualdades são essencialmente uma ameaça à liberdade da maioria. Como animais «domesticados» por uma constelação de crenças transmitidas, prejuízos inconscientes e ideias preconcebidas que vamos acumulando ao longo da existência, nos falta perspectiva para entender e aceitar que a realidade – "un concepto de lo que nos limita, de lo que no podemos cambiar o controlar mediante un mecanismo de nuestra voluntad" – sempre será realidade, obstinadamente independente e "distinta de nosotros", sem importar o que pensemos, creiamos ou anelemos.[28]

Porque do que se trata não é fugir da realidade, senão uma aceitação da verdade e uma reação de sobrevivência. Este é um mundo onde se segue discriminando em nome de um Deus de bondade e onde a metade da riqueza é propriedade de menos de cem pessoas. Se necessita uma dose importante de má-fé para negar o absurdo de nossa sociedade. Assim que sim! Sim é possível

---

27 Shklar, J. *The faces of injustice*. New Haven and London: Yale University Press, 1990. Duas coisas, dizia Montesquieu, destroem a República: a ausência de igualdade e a igualdade extrema. Na verdade, uma sociedade perfeitamente justa em que há um predomínio de valores associados à uma imaginária igualdade total apresenta um grande inconveniente: não existe. A ilusão de uma igualdade sem moderação é uma utopia perigosa porque todos os reclamos para uma maior equidade "estão baseados na carência de um frente a abundância do outro" (S. T. Asma. Op. cit.). Para que haja a possibilidade de uma igualdade autêntica ou quando menos aproximada é necessário que as condições em que os indivíduos competem partam de uma igualdade prévia que quase nunca se dá e/ou da eficaz garantia de umas condições mínimas de uma vida digna, satisfatória e plena (o radical direito aos meios materiais de existência). Não é possível realizar na prática a igualdade se esta não se materializa nas humanas condições do processo experiencial de que surge, assegurando a cada indivíduo-cidadão oportunidades reais em uma sociedade solidária. Não se pode simplesmente identificar a igualdade com a "ausência de desigualdade"; cada confusão e identificação deste tipo é uma negação das mesmas, uma declaração a favor da inumanidade digna de condena por sua insanável falsidade - aliás, foi o republicano Robespierre quem por primeira vez falou de "direito à existência"; defendia de forma inigualável que a sociedade deve garantir a todos os seus membros, como primeiro direito, o de existir material e socialmente.

28 Frankfurt, H. G. *The Reasons of Love*, NJ, Princeton: Princeton University Press, 2004.

ensinar a viver eticamente e a *cuidar do outro* em um mundo absurdo, porque, entre outras coisas, a brecha destrutiva em que vive o absurdo é o que nos ajuda a suportar e a reinventar a banalidade da vida cotidiana. Sim é possível evitar toda inquietude, desde que assumamos o compromisso de educar e aprender: *(i)* a prestar atenção às contradições e às contraprovas; *(ii)* a admitir os limites de nosso conhecimento;[29] *(iii)* a cuidar de não recorrer ao comportamento "infame de abusar del lenguaje científico para hacer parecer como profundas afirmaciones sin sentido" (S. Oxenham); *(iv)* a inconveniência de deixar-se seduzir pelas rotinas mentais sacrossantas que governam silenciosamente nossos atos e/ou pela distorção intrínseca de toda observação humana que altera a percepção da realidade de maneira recorrente;[30] *(v)* a viver pacífica e sensatamente em nossas diferenças;[31] *(vi)* a evitar crer que o que pensamos é a última palavra; e, sobretudo, *(vii)* a assegurar que a árvore não nos eclipse o bosque ou que olvidemos por demasiado tempo que nossas crenças mais firmes estão determinadas por acidentes do destino, desde nosso lugar de nascimento até nosso DNA – ninguém disse que cuidar e assegurar o «direito de ser» de cada in-indivíduo não é um assunto demasiado sério e que (também) não demanda toneladas de esforço cognitivo.[32]

---

29 Como supostamente disse Confúcio, o verdadeiro conhecimento é saber o alcance de nossa ignorância.

30 "Antes cada persona tenía derecho a tener su propia opinión, no sus propios hechos. Pero ese ya no es el caso, los hechos ya no importan. La percepción ahora lo es todo, es la certeza." (Stephen Colbert). Por certo, ser consciente do quão imperfeitas são nossas opiniões e quantas vezes nos equivocamos é como perguntar a um peixe sobre a sensação de estar molhado. Quase todos somos vítimas de nossas percepções e autointerpretações, mas quase ninguém é consciente disso: se não sabemos algo, o supomos; se queremos saber algo, o miramos e cremos que o que vemos é a verdade, tanto porque consideramos que sabemos interpretá-lo como porque consideramos fiáveis nossos sentidos. Resumindo: é demasiado complicado refrear o chamado «realismo ingênuo», quero dizer, a tendência automática a crer de verdade que o mundo é exatamente tal e como o percebemos (ou experimentamos).

31 "Las personas como organismos biológicos puede resultar inquietante por muchas razones. Una de ellas es la posibilidad de la desigualdad. Si la naturaleza humana es una tabla rasa, entonces todos somos iguales por definición. Pero si consideramos que la naturaleza determina nuestras cualidades, entonces algunas personas pueden estar mejor dotadas que otras, o con cualidades distintas a los demás. Quienes están preocupados por la discriminación racial, de clase o sexista preferirían que la mente fuese una tabla rasa, porque entonces sería imposible decir, por ejemplo, que los hombres son significativamente diferentes a las mujeres. Yo sostengo que no debemos confundir nuestro legítimo rechazo moral y político a prejuzgar a un individuo en función de una categoría con la reclamación de que la gente es biológicamente indistinguible o que la mente de un recién nacido es una hoja en blanco." (Pinker, S. *The Blank Slate*. New York: The Penguin Group, 2002)

32 Pensemos, a título de exemplo, que não é infrequente aquele tipo de educação que mais se parece a uma receita de cozinha, que não convence a ninguém, nem sequer a

Aqui temos, pois, algumas maneiras em que podemos adestrar adequadamente e tratar de evitar nossas confusões e eventuais angústias. Utilizar nossa tendência natural ou impulso a teorizar (o que William James denominou «instinto teórico») para refazer nossos *modelos de mundo*, para indignar-se e levantar-se contra esse lugar comum – falso, por certo, como a maioria dos lugares comuns – e as metáforas ou retóricas estúpidas sobre a "desigualdade".[33] A autêntica igualdade (ainda que aproximada e sempre dependente de valorações concretas) somente pode dar-se por meio do respeito, do cuidado e do reconhecimento do outro, porque a condição básica para ser um bom cidadão é receber o reconhecimento, o cuidado e o respeito que se lhe deve e outorgá-lo aos demais. Este reconhecimento/cuidado/respeito, para ser pleno e não cair na versão vulgar e perversa da caridade,[34] postula e requer a harmônica integração de seres livres;[35] e, sobretudo, implica exorci-

família; uma estranha prática de ensino-aprendizagem em que há uma muito difundida predileção pelos intercâmbios medíocres: algo assim como uma silenciosa e cômoda preferência pela trivialidade, ainda que alguns se aventurem a afirmar publicamente que o intercâmbio tem em realidade um alto nível de qualidade. Falando rápido e mal, "cretinismo" puro e duro.

33 O problema com as metáforas é que podem ser iluminadoras ou podem ser obscurantistas: podem aclarar algo mais complexo ou confundir mais ainda algo de por si complicado, como é o caso da "desigualdade". Longe de ser um termo científico para analisar a desigualdade é, em realidade, um termo com uma carga emocional para envolver e mover precisamente os sentimentos e não a razão. Sua ambiguidade busca precisamente isso: que todo mundo possa identificar-se como "igual". Daí que é perfeita para a narrativa e a fábula, por essa emotividade e poder de sensibilização que tem, e porque sua ambiguidade serve para não dizer nada aparentando dizer algo muito profundo, ou para poder dizer duas coisas contraditórias ao mesmo tempo.

34 Não percamos de vista o mal que há na caridade: a caridade é a antítese dos direitos humanos. A igualdade é pisoteada pela caridade e sua forma cristã de humanitarismo, donde as espórtulas de "aceitação", "tolerância" e "redenção" se oferecem de forma seletiva ou são impostas desde o exterior de maneira caprichosa, contingente e temporal. A caridade, pelo geral, só beneficia ao doador, quase sempre em algum tipo de ato público interessado, e ofende a humanidade daqueles que se encontram no lado receptor: sua humanidade resulta maltratada pela dependência forçosa de outras pessoas. A caridade, enfim, como uma questão de imagem e sutil forma de perversão da noção de respeito e reconhecimento, "degrada a quien la recibe y enaltece a quien la dispensa" (George Sand).

35 Recordemos que a presença e a aceitação do "outro" na convivência é o fundamento biológico do fenômeno social e qualquer coisa que destrua ou limite a presença e a aceitação do "outro", desde a competição até a cooperação, passando pela manipulação ideológica, destrói ou limita o fato de se dar o fenômeno social – e, portanto, humano –, porque aniquila ou empobrece o processo biológico que o gera e o sentimento de que estamos desenhados pela seleção natural para entender-nos uns aos outros. (Maturana, H. *Emoções e linguagem na educação e na política*. Belo Horizonte: UFMG, 2002).

zar a resignada indiferença, fomentar o exercício de nossas melhores capacidades e demonstrar nossa valia como seres humanos.[36]

Por isso que o caminho para viabilizar uma valoração concreta verdadeiramente transformadora do *statu quo* da ausência de igualdade deve começar por um juízo formulado a partir das vítimas das desgraças e das desigualdades sociais, quer dizer, de adotar a perspectiva dos que se encontram "en *el peor de los mundos posibles*", para usar a expressão de Schopenhauer. Considerar à plena luz as perspectivas das vítimas, saber escutar suas necessidades,[37] cuidar de seus interesses e outorgar a suas vozes seu devido peso implica uma verdadeira disposição e capacidade para atuar (ou não atuar) em nome dos mais desfavorecidos, "para imaginar sus expectativas incumplidas, para absolver, para ayudar, mitigar o compensar, e incluso para no mirar hacia otro lado".[38]

O que modela uma sociedade boa e decente, o que legitima e assegura o «direito de ser» não é a retórica ou discurso de que a igualdade significa simplesmente que as mesmas leis são de aplicação a ricos e pobres. Também nossos pequenos e concretos atos mentais e de comportamento: a generosidade que dispensamos em nossas relações, a maneira como educamos nossos filhos, como ensinamos a nossos alunos, como nos relacionamos com os demais, como respeitamos cotidianamente os limites de nossos direitos e cumprimos com nossos deveres, etc... etc., são todas pequenas atitudes, decisões triviais, gestos da vida privada que, a largo prazo, têm muito mais peso que todas as guerras napoleônicas.

---

36 Parafraseando a Mark Twain, "todo el mundo se queja de la desigualdad, pero nadie hace nada por remediarla". Dizemos mais: a essência da indiferença, do apático menosprezo com relação ao outro, reside precisamente no fato de que carrega consigo a completa perda de interesse no que sucede. Nada nos preocupa nem nos importa. E uma consequência natural disso é que nossa disposição a estar atentos se debilita e nossa vitalidade ou sensibilidade moral se atenua. Em suas manifestações mais habituais e características, o conformismo apático implica uma redução radical da agudeza e constância de atenção ao que realmente importa. Nossa consciência moral perde a capacidade de perceber injustiças, convertendo-se em algo cada vez mais homogêneo. E à medida que se expande e se apodera de nós, a indiferença faz com que nossa consciência ou compromisso ético experimente uma diminuição progressiva de sua capacidade de perceber os fatos importantes. A justiça só é um valor para os que se interessam e desejam a justiça. A humanidade só é um valor para os que desejam viver humanamente; a vida só vale para quem a busca ativamente; e nenhuma coisa comanda a não ser proporcionalmente ao interesse que temos por ela (Spinoza). Dito da forma mais simples possível: ter interesse por ou cuidar de alguém ou algo significa ou consiste essencialmente, entre outras coisas, em considerar suas necessidades e seus interesses como razões para atuar ao serviço dos mesmos.

37 Nas relações humanas, como na vida em geral, escutar é um ato de humildade: diz que as ideias dos demais são interessantes e importantes, que as nossas poderiam ser errôneas, que ainda nos falta muito por aprender. (K. Schulz. Op. cit.).

38 J. Shklar. Op. cit.

Enquanto para os adoradores de grandes modelos abstratos e os idólatras de teorias "universais" puramente especulativas as vítimas são um momento necessário, inevitável, um aspecto funcional ou natural do mundo, para uma consciência crítica e responsável, que só pode existir desde uma «práxis ética» comprometida (uma atividade consciente e transformadora de uma circunstância humana, de certa forma de relações humanas, "a la vez que transforma o moldea el carácter de la persona individual" – A. Sánchez Vázquez), as vítimas ("os pobres", "os piores", "os fracassados", "os perdedores", "o vulgar"...) são reconhecidas como sujeitos morais, como seres humanos que não podem (de forma livre, inviolável, autônoma e digna) produzir, reproduzir ou desenvolver suas vidas em comunidade, que foram excluídos da participação na discussão democrática e que se encontram afetados por alguma situação de verdadeira morte existencial "que la mundanidad renueva continuamente".

São estes, e não mais que estes, os que não deixam de criticar as concepções dogmáticas da justiça e que não ignoram os verdadeiros problemas humanos que existem em um espaço cego detrás de muitos modelos usuais de justiça que oferecem uma visão ajustada do que é uma injustiça; modelos que se aferram à crença infundada de que podemos conhecer e traçar uma definição estável e rígida sobre a igualdade e a desigualdade a partir de seus meros ditados formais.[39]

39 Dizia Richard Alexander que a principal força hostil da natureza para o ser humano é outro ser humano. Os conflitos de interesses estão onipresentes e os esforços competitivos dos outros membros de nossa espécie se converteram no traço mais caracteristicamente marcante de nosso panorama evolutivo. Em virtude de que todos temos as mesmas necessidades, os outros membros de nossa própria espécie são nossos mais temíveis competidores no que se refere a vivenda, emprego, companheiro sexual, comida, roupa, etc. Não obstante, ao mesmo tempo, são também nossa única fonte de assistência, amizade, ajuda, aprendizado, cuidado e proteção. Isto significa não somente que a qualidade de nossas relações sociais foi sempre vital para o bem-estar material de nossa espécie, como a solução pacífica dos conflitos e a igualdade passaram a ser uma estratégia eficaz para evitar os altos custos sociais da competição e da desigualdade material. Essas considerações vão ao âmago mesmo dos dois tipos distintos de organização social encontrados entre os humanos e os primatas não hominídeos: o que se baseia no poder e domínio ("agônico") e o que se baseia em uma cooperação mais igualitária ("hedônico"). Devido a que as sociedades de classes têm sido predominante ao largo da história da humanidade, temos a tendência a considerar como norma humana as formas agônicas de organização social. Isso passa por alto da evidência de que durante nossa pré-história como caçadores-recoletores – a maior parte da existência humana – vivemos em grupos hedônicos. Com efeito, os antropólogos qualificaram de "firmemente" igualitárias as sociedades modernas de caçadores-recoletores. Em uma análise de mais de um centenar de informes antropológicos sobre vinte e quatro sociedades recentes de caçadores-recoletores estendidas ao largo do planeta, David Erdal e Andrew Whiten chegaram à conclusão de que estas sociedades se caracterizavam por um "igualitarismo, cooperação e reparto a uma escala sem precedentes na evolução dos primatas..., de que

Para dizer em termos mais modestos e mais realistas, do que se trata é ensinar a saber ouvir a voz do outro e de abraçar uma igualdade que abranja fraternalmente a todos os indivíduos em condições de liberdade e autonomia plena, isto é, como verdadeiros cidadãos. É necessário, na teoria e práxis do cotidiano, que nos situemos no lugar do outro para reconhecer que cada um de nós não é mais que um ser entre outros, todos os quais têm desejos e necessidades que lhes importam, o mesmo que a nós nos importam nossas necessidades e desejos. Somente por essa via as vítimas sociais ("os pobres", "os piores", "os fracassados", "os perdedores", "o vulgar"...) terão a oportunidade para emancipar a si mesma em uma «sociedade decente» cujas instituições não devem humilhar às pessoas e cujos cidadãos não se humilham uns aos outros, uma sociedade que permite viver juntos sem humilhações, discriminações e com dignidade (A. Margalit[40]). E posto que a igualdade meramente formal não é capaz de garantir a igualdade de todo aquele que tem rosto humano (J. G. Fichte), educar moralmente significa ajudar a extrair o melhor do ser humano para ver a desventura como uma injustiça e atuar em consequência; significa aprender que evitar, eliminar ou mitigar o sofrimento (presente e futuro) é a máxima, a norma moral absoluta, o imperativo categórico supremo, o cuidado definitivo.

Esta é a condição de possibilidade da igualdade, do «direito de ser» e do "cuidado do outro": a ausência ou supressão da dependência, da indiferença e da exclusão social. Um compromisso (uma «práxis ética») que cabe a cada um de nós, no mais íntimo de nossa consciência moral de res-

não há hierarquia dominante entre os caçadores-recoletores..., e de que o igualitarismo é um universal intercultural que provém sem lugar a dúvidas da literatura etnográfica". Provaram que nestas sociedades caracterizadas pelo igualitarismo, cooperação e reparto dos bens não se conhecia a violência. Que os hombres podem manter-se com poucos recursos e felizes, sempre e quando vivam em uma sociedade na qual todos os que a compõe vivem com os mesmos recursos. Mas, à medida que aumentam as desigualdades, a qualidade do entorno social se deteriora: diminui a confiança, a participação na vida social descende e a violência aumenta. No mesmo sentido, Richard Wilkinson expôs que quanto maior seja o grau de desigualdade econômica entre os membros de uma sociedade, tanto mais menos violenta será esta. Em resumo, o igualitarismo das sociedades de caçadores-recoletores – recentes em termos evolutivos –, que marcou as pautas de nossa existência passada enquanto seres humanos "anatomicamente modernos", deveria considerar-se como uma eficaz estratégia sócio-adaptativa que evitava os altos custos sociais da desigualdade. (cf. Fernandez, A. *Direito e natureza humana. As bases ontológicas do fenômeno jurídico.* Curitiba: Ed. Juruá, 2007). Nota bene: uma leitura recomendável sobre o tema é livro de Christopher Boehm, *Hierarchy in the Forest: The Evolution of Egalitarian Behavior* (Harvard University Press, 1999), onde o autor analisa a evolução da conduta igualitária e trata de responder à pergunta de se o ser humano é por natureza hierárquico ou igualitário.

40 Margalit, A. *La sociedad decente*, Barcelona: Paidós, 2010.

ponsabilidade pessoal e solidariedade social. Ignorar esta responsabilidade nos deixa a mercê do azar insensível ou, o que é inclusive pior, dos parasitas exploradores travestidos das mais diversas pelagens: política, religiosa, moralista, relativista, etc... etc. Depois de tudo, o ser humano não é somente a única espécie capaz de coreografar de forma ativa o futuro que quer, senão que é o único animal vivente que está cognitivamente dotado da capacidade para poder superar a indiferença, remover o sofrimento inecessário e eliminar as desvantagens evitáveis.[41]

E não serve de nada fugir de toda essa tensão com a encantadora proclama de que queremos uma democracia com igualdade, ou de que a justiça pressupõe a igualdade, ou de que a igualdade pressupõe a liberdade, ou com qualquer outro *slogan* equivalente. O mundo não é um lugar simples (nem narrativamente nem, bem sabe Deus, eticamente) e a perspectiva de intentar fazer como se o fora é ridícula. A desigualdade como experiência fundamental é prévia a toda reflexão teórica e não precisa para expressar-se de um argumento analítico, de alguma concepção sistemática da justiça ou de qualquer discurso político. Mais bem é ao revés, pois todas nossas categorias normativas e, especialmente, as de caráter moral, jurídico, filosófico, social, econômico e político, provém da experiência e a sensação irada de repúdio ante o intolerável.

Daí que um cidadão intelectualmente honrado, e que queira propugnar de verdade sua causa (quer dizer, honrado também na ação), tem que tomar-se em sério a tensão entre o absurdo da (dolorosamente triste e real) desigualdade e as crenças a que dá culto, elaborá-la como tal tensão, e não aventurar-se em liquidá-la através de ecléticas composições vazias de conteúdo ou, ponhamos o caso, por intermédio do expediente retórico de uma igualdade "materialmente justa" ou "substancial", de alguma artimanha argumentativa que sirva de vaselina para meter até o fundo determinadas ideologias, de barreiras ou contorcionismos linguísticos injustificados que fragmentam e dissimulam a realidade das coisas, de proposições praticamente cósmicas ou de qualquer outro ponto de vista que escraviza a cidadania em uma forma de vida estéril.[42] Nenhuma destas posturas é divertida ou merece dignidade. Os

---

41 Referimo-nos, como não pode ser de outra maneira, ao sofrimento que afeta a seres humanos reais, indivíduos de carne e osso, cada um com seu nome e sua firma, com sua estrutura genética singular, com suas próprias emoções, necessidades e interesses, sua personalidade e caráter, sua forma particular de caminhar pelo mundo, de sorrir, mirar e sofrer, "uno más uno más uno más uno más uno..." (Wark, J. *Manifiesto de derechos humanos*. Barcelona: Ediciones Barataria, 2011); "Tu, eu, miradas concretas". Reconheçamos: ninguém é "humano", "digno" e "igual" em abstrato (Joseph de Maistre).

42 No livro El forastero misterioso, de Mark Twain, o protagonista, Theodor Fischer, resulta seriamente desiludido com a vida. Acompanhado por um anjo, curiosamente chamado Satanás, Fischer vê o lado escuro da vida, e a aparente desesperança que enfrenta toda

relatos, as ideias e as explicações da larga lista de «crenças vudus» matam o pensamento e, na mesma medida, enervam a ação.

Apenas falta dizer o óbvio. Que a "guerra sem quartel" entre as demandas da realidade, as ambições da ética e a voracidade da extrema desigualdade passa por buscar meios e/ou alternativas ao absurdo da vida, meios e/ou alternativas realistas e factíveis (aceitáveis e legítimas) que permitam a sociedade recuperar o controle democrático sobre as decisões sociais, políticas e econômicas, e aos indivíduos - a muitos, a milhões deles – recuperar o controle sobre suas próprias vidas, quer dizer, de viver de acordo com seus próprios planos de vida.[43] E não estamos dizendo que o fim justifique qualquer meio, senão que, eventualmente, o fim termina sendo definido e alcançado pelos meios que utilizamos.

Do contrário, atuaremos como aquele indivíduo a que se referia **Woody Allen** em *Annie Hall*, justo depois da despedida, que vai a ver ao psiquiatra e lhe diz: «"Doctor, mi hermano se ha vuelto loco. Se cree que es una gallina". Y el médico le contesta: "Bueno, ¿y por qué no hace que lo encierren?". Y el tipo le replica: "Lo haría, pero es que necesito los huevos"». Isso expressa muito bem o que alguns sentem acerca da desigualdade, da ausência do «direito de ser» e da falta de cuidado do outro: são completamente irracionais, insofríveis, disparatados, absurdos, inumanos... Mas cremos que seguem mantendo-os porque uma pequena parte necessita "los huevos".

---

a humanidade. Ao final da história, seu bom humor se restaura quando seu angelical companheiro lhe diz que a realidade - com todas suas provas e tribulações – não é mais que um pensamento em sua cabeça. "La vida misma es sólo una visión, un sueño", lhe diz Satanás. O efeito sobre Fischer foi imediato: "Una influencia sutil sopló sobre mi espíritu... trayendo consigo una sensación vaga, tenue, pero bendita y esperanzadora de que las palabras increíbles puedan ser verdad - incluso tienen que ser verdad". É a este tipo demoníaco de sujeito ao que nos referimos.

---

43 Isto implica, desde logo, o pressuposto ("inclusivista") de que todos os indivíduos têm de contar por um, e nenhum por mais de um – o pressuposto que distingue a concepção de um genuíno republicanismo de suas variantes modernas -, e que incorpora já uma sorte de compromisso igualitário: significa que a comunidade política é requerida não somente para tratar os indivíduos como iguais ou como um fim em si mesmo, senão também para criar as condições necessárias e as possibilidades reais para que a anelada igualdade (e o *cuidado* que forçosamente implica) seja (efetivamente) levada a cabo na "vida vivida", "no presente das coisas presentes", para usar a expressão de Agostinho de Hipona.

CUIDADO, REPRODUÇÃO HUMANA E DIREITO DE SER OU NÃO SER PAI E MÃE NO BRASIL

Bruna de Cássia Ferreira Gomes[1]

Carla Carvalho[2]

Luciana Dadalto[3]

INTRODUÇÃO

A noção de família está em constante mutação, diferenciando-se daquela dos modelos clássicos do século passado, baseados em uniões heteroafetivas, formadas em torno do casamento, com a constituição de prole. Os princípios contemporâneos da matéria, especialmente os da liberdade de constituir família, da comunhão de vida com base no afeto e da paternidade responsável, passam a orientar a constituição das novas modalidades, como a família homoafetiva, monoparental e anaparental.

A finalidade do casamento deixa de ser unicamente a procriação com perpetuação da linhagem familiar, e o sexo progressivamente perde sua marca de promiscuidade e proibição, admitindo-se sua prática com finalidade de prazer e não apenas reprodutiva. Ainda assim, a filiação mantém um importante lugar no imaginário social e individual, mantendo-se a valorização do casal fértil como o modelo a ser seguido, a fim de que seus membros consigam realizar-se na família e nos seus descendentes.

A partir dessa evolução dicotômica, consagra-se uma vez mais a autonomia do sujeito, também no que se refere à liberdade para constituir família, se, como e com quem quiser,culminando na importante decisão de ter ou não

---

1 Bacharel em Comunicação Social e bacharelanda em Direito pela Newton Paiva.

2 Doutora, Mestre e Bacharel em Direito pela UFMG. Professora universitária. Advogada.

3 Doutora em Ciências da Saúde pela Faculdade de Medicina da UFMG. Mestre em Direito Privado pela PUCMinas. Administradora do portal www.testamentovital.com.br.

ter filhos. "As formas de convivência – incluindo o casamento e a procriação – se prendem à livre decisão individual ou do casal e não mais à religião e aos preceitos morais de outrora".[4]

O objetivo do presente estudo é analisar o status atual dos direitos reprodutivos e da autonomia no planejamento familiar no ordenamento brasileiro, a fim de extrair conclusões sobre a existência de um verdadeiro direito de ter filhos ou de não ter filhos, e a efetividade deste direito.

Para tanto, empreende estudo da legislação, doutrina e jurisprudência brasileiras em matéria de direitos reprodutivos, a fim de encontrar substratos para a compreensão da saúde reprodutiva como parte da saúde individual e pública.

1. PLANEJAMENTO FAMILIAR

A família é um instituto de enorme relevância no ordenamento jurídico brasileiro, recebendo proteção especial em sede constitucional: "*A família, base da sociedade, tem especial proteção do Estado*" [art. 226, Constituição Federal]. Apesar da curta, a redação do dispositivo tem forte carga principiológica, iluminando a interpretação e regulação de diversos assuntos, inclusive o planejamento familiar, tema do presente tópico.

Para se analisar práticas como as da esterilização voluntária e da reprodução humana assistida, e o direito de ser ou não pai e mãe, é necessário primeiramente entender a previsão legal e o contexto social que baseiam a discussão.

1.1. Planejamento familiar: conceito e previsão legal

Na concepção do Ministério da Saúde, o planejamento familiar refere-se a um complexo de direitos garantidos a toda pessoa, de obter informações e acesso aos recursos que lhe permitam optar com liberdade e discernimento por ter ou não ter filhos.[5]

O embrião da discussão legal brasileira acerca do planejamento familiar encontra-se no parágrafo 7º do art. 226 da Constituição de 1988.

> Art. 226, § 7º Fundado nos princípios da dignidade da pessoa humana e da paternidade responsável, o planejamento familiar é livre decisão do casal, competindo ao Estado propiciar recursos educa-

---

4 VARGAS, Eliane Portes; MOÁS, Luciane da Costa. Discursos normativos sobre o desejo de ter filhos. *Revista de Saúde Pública*, 44(4): p. 758-762, 2010, p. 760.

5 BRASIL, Ministério da Saúde. Secretaria de Políticas de Saúde. Área Técnica de Saúde da Mulher. *Assistência em Planejamento Familiar: Manual Técnico*/Secretaria de Políticas de Saúde, Área Técnica de Saúde da Mulher. 4. ed. Brasília: Ministério da Saúde, 2002.

> cionais e científicos para o exercício desse direito, vedada qualquer forma coercitiva por parte de instituições oficiais ou privadas.

O dispositivo prevê de forma genérica ser dever do Estado de proporcionar os recursos necessários para a concretização do direito ao planejamento familiar conforme a livre decisãodo casal sem, no entanto, regulamentar como e quando o Estado deve agir, deixando uma lacuna na legislação.

Há, pois, um direito ao planejamento familiar, baseado nos princípios da dignidade da pessoa humana e da paternidade responsável, que deve ser garantido pelo Estado mediante a promoção de ações adequadas.Resguarda-se tal direito de formas de coerção pública ou privada, posicionando-o no âmbito da autonomia do sujeito, na medida em que seu exercício é de livre decisão do casal.[6]

A falta de legislação específica para preencher a lacuna constitucional de como e quando deve o Estado agir perdurou até 1996, momento em que foi sancionada a Lei n. 9.263, conhecida como a Lei do Planejamento Familiar.[7]

A partir da lei, a assistência ao planejamento familiar passou a ser entendida como uma modalidade de atendimento à saúde que engloba, além de procedimentos médicos, o acesso a meios preventivos e educativos sobre gravidez e o acesso a informações referentes a fecundidade.

> A Lei 9.263/96 veio preencher uma lacuna que existia em nossa legislação e regulamentou o § 7º do artigo 226 da Constituição Federal – que trata do Planejamento Familiar e fundamenta os princípios gerais que norteiam o assunto. Segundo a lei, o Planejamento Familiar é entendido dentro de uma visão de atendimento global e integral à saúde e deve orientar-se por ações preventivas e educativas e pela garantia de acesso igualitário a informações, meios, métodos e técnicas disponíveis para regulação da fecundidade.[8]

Com a Lei n. 9.263/1996, o planejamento familiar passou a ser definidocomo "o conjunto de ações de regulação da fecundidade que garanta direitos iguais de constituição, limitação ou aumento da prole pela mulher, pelo homem ou pelo casal" (art. 2º), fazendo parte do "conjunto de ações

6 BRASIL, Ministério da Saúde. Secretaria de Políticas de Saúde. Área Técnica de Saúde da Mulher. *Assistência em Planejamento Familiar: Manual Técnico*/Secretaria de Políticas de Saúde, Área Técnica de Saúde da Mulher. 4. ed. Brasília: Ministério da Saúde, 2002, p. 7.

7 ROSAS, Cristião Fernando (coord.). Ética em ginecologia e obstetrícia. *Cadernos Cremesp*. 2. ed. São Paulo: Conselho Regional de Medicina do Estado de São Paulo, 2002, p. 64.

8 ROSAS, Cristião Fernando (coord.). Op. cit., p. 64.

de atenção à mulher, ao homem ou ao casal, dentro de uma visão de atendimento global e integral à saúde" (art. 3º), e orientando-se por "ações preventivas e educativas e pela garantia de acesso igualitário a informações, meios, métodos e técnicas disponíveis para a regulação da fecundidade" (art.4º).

Corroborando o dispositivo, o Ministério da Saúdeestabelece que o planejamento familiar, exercidoa partir da educação da mulher e/ou do homem quanto aos métodos de contracepção e da liberdade de escolha, integra a Política de Assistência Integral à Saúde da Mulher. Os serviços disponibilizados devem, assim, garantir os meios para a concretização do planejamento:

> É importante salientar que o planejamento familiar, com conhecimento dos métodos e livre escolha, é uma das ações da Política de Assistência Integral à Saúde da Mulher preconizada pelo Ministério da Saúde, desde 1984. Portanto, dentro dos princípios que regem esta política, os serviços devem garantir o acesso aos meios para evitar ou propiciar a gravidez, o acompanhamento clínico-ginecológico e ações educativas para que as escolhas sejam conscientes.[9]

Num conceito restritivo, o planejamento familiar é visto como elemento da atenção primária da saúde, garantindo aos usuários dos serviços "informações necessárias para a escolha e o uso efetivo dos métodos anticoncepcionais (MAC) que melhor se adaptem às condições atuais de saúde".[10] Nesta visão, o planejamento familiar constitui instrumento de controle de natalidade, apenas negativo, não abrangendo ações positivas para promoção de fecundidade. Não é esse o conceito albergado na lei brasileira, conforme se observou, tratando esta da questão de forma mais abrangente, contemplando a efetiva escolha de como construir a entidade familiar, seja pela decisão de ter, seja pela de não ter filhos, e quando se decidir por tê-los, podendo-se optar quanto ao tamanho da prole.

Compreende-se a assistência ao planejamento familiar, portanto, como uma série de recursos oferecidos pelo governo para auxiliar o homem e a mulher na decisão de ter ou não ter filhos, ou seja, recursos tanto para concepção quanto para a contracepção. É imprescindível lembrar que estes re-

9 BRASIL, Ministério da Saúde. Secretaria de Políticas de Saúde. Área Técnica de Saúde da Mulher. *Assistência em Planejamento Familiar: Manual Técnico*/Secretaria de Políticas de Saúde, Área Técnica de Saúde da Mulher – 4a edição – Brasília: Ministério da Saúde, 2002, p. 7.

10 SILVA, R.M. *et al.* Planejamento familiar: significado para mulheres em idade reprodutiva. *Ciência & Saúde Coletiva*, 16(5): 2415-2424, 2011, p. 2417.

cursosdevem serem aceitos cientificamente e não podem colocar em risco a vida e a saúde das pessoas.[11]

1.2. O Planejamento Familiar no âmbito dos direitos reprodutivos

Os direitos concernentes ao Planejamento Familiar alocam-se no âmbito dos direitos reprodutivos, apresentando natureza jurídica de direitos humanos, conforme já se reconhece no ordenamento jurídico pátrio e também em documentos internacionais,como fruto de uma luta histórica pela cidadania.[12]

Os direitos humanos constituem, em concepção contemporânea, um construto humano, de caráter plurissignificativo e em constante processo de reconstrução, caracterizando-se por universalidade e indivisibilidade.São universais porque inerentes à condição de pessoa humana, estendendo-se universalmente entre populaçõesde culturas e origens diversas. Compõem, ainda, uma unidade "indivisível, interdependente e interrelacionada, capaz de conjugar o catálogo de direitos civis e políticos ao catálogo de direitos sociais, econômicos e culturais", de modo que a violação de um só deles importa a dos demais.[13]

Conforme Miriam Ventura:

> Os Direitos Reprodutivos são constituídos por princípios e normas de direitos humanos que garantem o exercício individual, livre e responsável, da sexualidade e reprodução humana. É, portanto, o direito subjetivo de toda pessoa decidir sobre o número de filhos e os intervalos entre seus nascimentos, e ter acesso aos meios necessários para o exercício livre de sua autonomia reprodutiva, sem sofrer discriminação, coerção, violência ou restrição de qualquer natureza.[14]

---

11 BRASIL, Ministério da Saúde. Secretaria de Atenção à Saúde. Departamento de Ações Programáticas Estratégicas. *Direitos sexuais, direitos reprodutivos e métodos anticoncepcionais*/Ministério da Saúde, Secretaria de Atenção à Saúde, Departamento de Ações Programáticas Estratégicas. Brasília: Ministério da Saúde, 2009.

12 BRASIL. Ministério da Saúde. Secretaria de Atenção à Saúde. Departamento de Atenção Básica. *Saúde sexual e saúde reprodutiva*/Ministério da Saúde, Secretaria de Atenção à Saúde, Departamento de Atenção Básica. 1. ed. 1. reimpr. Brasília: Ministério da Saúde, 2013.

13 PIOVESAN, Flávia. *Direitos reprodutivos como direitos humanos*. Disponível em: <www.mppe.mp.br/siteantigo/192.168.1.13/uploads/p1KdxISyI758jG-2x2XOxQ/oQBSFV2tIXvW3yLQu7NdnQ/Artigo_-_Direitos_reprodutivos_como_direitos_humanos_-_Flv.doc>. Acesso em 10 jun. 2017.

14 VENTURA, Miriam. Direitos Reprodutivos no Brasil/1. Direitos Humanos 2. Direitos Reprodutivos 3. Reprodução Humana / Câmara Brasileira do Livro, São Paulo. 3. ed. 2009, p. 19

Os direitos reprodutivos provêm de múltiplas fontes, ultrapassando a limitação da legislação positivada formal e nacionalmente, para abranger toda a construção normativa que regula políticas públicas de saúde e educação, inclusiveem âmbito internacional. Tal significa que, "além das leis formais, produzidas pelo Poder Legislativo, toda a regulamentação administrativa, jurisprudência e acordos internacionais, que tratam do tema da reprodução humana são fontes de direitos reprodutivos".[15]

Dentre os marcos internacionais sobre direitos reprodutivos, destaca-se a Conferência Internacional sobre População e Desenvolvimento (CIPD), realizada pela Organização das Nações Unidas no Cairo em 1994. A partir desta, os aspectos demográficos referentes à reprodução foram alocados no ramo dos direitos humanos, reconhecendo-se os direitos reprodutivos como aspectos fundamentais ao desenvolvimento das nações.[16]

Os direitos sociais e reprodutivos passaram a ser vistos como corolários do desenvolvimento do ser humano, abandonando-se a visão de que se restringiriamà necessidade de limitar o crescimento populacional como forma de combater a pobreza e as desigualdades.[17]

Heloisa Helena Barboza entende que os direitos reprodutivos consistem em

> direitos de 'decidir livre e responsavelmente sobre o número de filhos e sobre o intervalo entre eles, e de acessar as informações , instruções e serviços sobre planejamento familiar', compreendendo ainda 'o direito à escolha reprodutiva', como a liberdade reprodutiva relativa a 'se', 'quando' reproduzir-se, ensejando incluir-se nessa escolha o 'como' reproduzir-se, relacionado às técnicas de reprodução artificial.[18]

Segundo Flávia Piovesan, os direitos sexuais e reprodutivos apresentam--se em dupla perspectiva, em caráter complementar, referindo-se à liberdade e autodeterminação, por um prisma, e a questões de saúde pública a demandar ação do Estado, por outro.

Sob o prisma da liberdade e da autodeterminação individual, os direitos reprodutivos compreendem

---

15 VENTURA, Miriam. Op. cit., p. 19.

16 VENTURA, Miriam. Op. cit.

17 BRASIL. Ministério da Saúde. Secretaria de Atenção à Saúde. Departamento de Atenção Básica. *Saúde sexual e saúde reprodutiva*/Ministério da Saúde, Secretaria de Atenção à Saúde, Departamento de Atenção Básica. 1. ed. 1. reimpr. Brasília: Ministério da Saúde, 2013.

18 BARBOZA, Heloisa Helena. "Reprodução humana assistida e o novo Código Civil". In: SÁ, Maria de Fátima de; NAVES, Bruno Torquato de Oliveira de (coord). *Bioética, biodireito e o Código Civil de 2002*. Belo Horizonte: Del Rey, 2004, p. 229.

> o livre exercício da sexualidade e da reprodução humana, sem discriminação, coerção e violência. Eis um terreno em que é fundamental o poder de decisão no controle da fecundidade. Consagra-se o direito de mulheres e homens tomar decisões no campo da reprodução (o que compreende o direito de decidir livre e responsavelmente acerca da reprodução, do número de filhos e do intervalo entre seus nascimentos). Trata-se de direito de auto-determinação, privacidade, intimidade, liberdade e autonomia individual, em que se clama pela não-interferência do Estado, pela não-discriminação, pela não-coerção e não-violência (dimensão típica dos direitos civis).[19]

Ultrapassando os limites do privado, os direitos reprodutivos demandam, sob outro prisma, a intervenção do Estado pela promoção de políticas públicas que assegurem a sua efetividade, no contexto da realização da saúde sexual e reprodutiva:

> Nesta ótica, fundamental é o direito ao acesso a informações, meios e recursos seguros, disponíveis e acessíveis. Fundamental também é o direito ao mais elevado padrão de saúde reprodutiva e sexual, tendo em vista a saúde não como mera ausência de enfermidades e doenças, mas como a capacidade de desfrutar de uma vida sexual segura e satisfatória e reproduzir-se com a liberdade de fazê-lo ou não, quando e com que frequência. Inclui-se ainda o direito ao acesso ao progresso científico e o direito de receber educação sexual. Portanto, aqui é essencial a interferência do Estado, no sentido de que implemente políticas públicas garantidoras do direito à saúde sexual e reprodutiva (dimensão típica dos direitos sociais).[20]

A efetivação dos direitos reprodutivos, portanto, requer a garantia à autonomia das funções reprodutivas, levando-se em consideração a um só tempo as liberdades individuais e uma necessidade de ação político-jurídica emancipatória, criativa e transformadora do Estado.[21] Com isso, a concepção moderna dos direitos reprodutivos vai além da simples proteção à procriação humana e estende-se a ações conjuntas de "direitos individuais e sociais por meio de políticas públicas que estabelecem equidade nas relações pessoais e sociais".[22]

---

19 PIOVESAN, Flávia. Op. cit.

20 PIOVESAN, Flávia. Op. cit.

21 PIOVESAN, Flávia. Op. cit.

22 VENTURA, Miriam. Op. cit., p. 22.

1.2.1. *Saúde reprodutiva*

Diante da consolidação de um sentido amplo para os direitos reprodutivos, além do mero direito de decidir quando procriar, desenvolveu-se o conceito de saúde reprodutiva, como aspecto fundamental do direito à saúde preconizado pela Organização Mundial da Saúde,como estado de completo bem-estar físico, psíquico e social.

O direito à saúde é um direito complexo, de caráter fundamental, transitando entre o público e o privado. No aspecto individual, consiste num direito da personalidade, implicando a autonomia do sujeito para a tomada de decisões sobre tratamentos a que deseja ou não ser submetido, a fim de alcançar o bem-estar biopsicossocial. Complementarmente, em aspecto público, refere-se ao dever estatal de garantia da saúde pública, protegendo a população contra enfermidades e promovendo o viver com qualidade. Tais aspectos complementam-se e harmonizam-se na medida em que a realização do direito à saúde em seu aspecto individual se insere no âmbito da saúde coletiva, por meio da ação do poder público. Ressaltam Souza e Caldas, ser

> plenamente possível defender a coexistência de uma titularidade individual e coletiva do direito à saúde (o individual se insere no âmbito do coletivo), ressaltando-se, inclusive, o seu reconhecimento enquanto direito subjetivo individual à prestação, segundo jurisprudência pátria.[23]

O moderno conceito de saúde, albergado pela OMS, ultrapassa a mera definição tradicional de estado de ausência de enfermidade ou doença, englobando o conceito de saúde reprodutiva, que segundo o Plano de Ação da Conferência do Cairo, sobre População e Desenvolvimento, realizado no âmbito das Nações Unidas em 1994, com a participação do Brasil,

> é um estado de bem-estar físico, mental e social completo em todos os aspectos relacionados com o sistema reprodutivo e com as suas funções e processos. Ela implica que as pessoas tenham a capacidade de se reproduzir e a liberdade de decidir se, quando e quantas vezes o pretendam fazer.[24]

---

23 SOUZA, V. R. C. S.; CALDAS, M. S. C. G. A construção teórica dos direitos reprodutivos e as técnicas de reprodução assistida: acesso e efetividade via poder judiciário. *Revista Nacional de Família e Sucessões*, v. 11. Porto Alegre: Magister, mar/abr 2016, p. 41.

24 NAÇÕES UNIDAS. *Resumo do Programa de Ação da Conferência Interncional sobre População e Desenvolvimento, de 1994.* Disponível em: <http://www.unfpa.org.br/Arquivos/conferencia.pdf>. Acesso em 20 out. 2016.

O respeito da saúde não implica, portanto, apenas a tomada de medidas de preservação de vida, senão que também os procedimentos que contribuem para a garantia de qualidade de vida, o que inclui os campos da sexualidade e reprodução.

O exercício autônomo dos direitos reprodutivos pressupõe informação e discernimento acerca das possibilidades e métodos de concepção e contracepção, em preparação do acesso respectivo.

> Está implícito nesta última condição o direito de homens e mulheres de serem informados e de terem acesso aos métodos eficientes, seguros, aceitáveis e financeiramente compatíveis de planejamento familiar, assim como a outros métodos de regulação de fecundidade a sua escolha e que não contrariem a Lei, bem como o direito de acesso a serviços apropriados de saúde que propiciem às mulheres as condições de passar em segurança pela gestação e parto, proporcionando aos casais uma chance melhor de ter um filho sadio.[25]

Portanto, a garantia da saúde reprodutiva requer que as pessoas tenham liberdade em suas vidas sexuais, exigindo informações e acesso aos diversos métodos de concepção e contracepção reconhecidos pela ciência e oferecidos pelo Estado.

1.3. Concepção e contracepção

Discorrer acerca do planejamento familiar implica, inevitavelmente, tratardos métodos de concepção e contracepção, procedimentos estes que compõem o rol de medidas para a garantia daquele, ou seja, são métodos que oferecem à mulher e/ou ao homem a possibilidade de exercerem o direito constitucional ao planejamento familiar.

A concepção refere-se às técnicas de auxílio ou estimulação da gravidez, podendo variar desde o mero controle hormonal e informação sobre o sistema reprodutivo até a assistência por técnicas de reprodução artificial.

A reprodução humana assistida consiste num conjunto de técnicas utilizadas para auxiliar homens e mulheres com infertilidade ou esterilidade a satisfazer o desejo de se reproduzir, facilitando ou viabilizando a procriação.[26] "Importante lembrar que os métodos de reprodução assistida não curam a esterilidade ou a infertilidade, mas apenas utilizam meios facilitadores para que o processo de fecundação possa ocorrer."[27]

---

25 ROSAS, Cristião Fernando (coord.). Op. cit.,p. 39.

26 SOUZA, V. R. C. S.; CALDAS, M. S. C. G. Op. cit.

27 SOUZA, V. R. C. S.; CALDAS, M. S. C. G. Op. cit., p. 36.

As principais técnicas de reprodução humana assistida são as da inseminação artificial e da fertilização *in vitro*, ambas apresentando diversas variações.

A inseminação artificial consiste na inserção direta no interior do útero da paciente de gametas sexuais masculinos (espermatozoides), para que estes possam fecundar o óvulo, gerando-se então o embrião já no ventre materno. O corpo da mulher será preparado hormonalmente para a ovulação, criando um ambiente propício à concepção.

A fertilização *in vitro*, por sua vez, recomenda-se em situações de impossibilidade de fertilização natural, partindo da extração de óvulos da paciente, que serão fecundados in vitro, isto é, numa espécie de estufa que simula as condições ideais para a concepção. Após a fecundação, que ocorre em ambiente extrauterino, os embriões eventualmente formados serão transferidos para o útero materno, onde se desenvolverão. Trata-se, pois, de procedimento bem mais complexo que uma simples inseminação, não sendo pela mesma abrangido.

A distinção se confirma na doutrina de José Sebastião Espíndola:

> As técnicas de RA, basicamente, pertencem a duas modalidades: Aquelas em que se introduz no aparelho reprodutor da mulher o esperma, denominada simplesmente como inseminação artificial (IA);Aquelas cuja fertilização ocorre em tubos de ensaio, a chamada fertilização in vitro (FIV), onde o óvulo é fecundado pelo esperma, em tubo de proveta, e a seguir os embriões são implantados no aparelho reprodutor feminino.[28]

A reprodução humana assistida pode ser, ainda, homóloga ou heteróloga, conforme faça uso de gametas dos próprios pais da criança ou recorra à doação de material de terceiros, seja dos óvulos, seja do esperma, ou mesmo de ambos:

> Nesse último caso, pode haver utilização de óvulo ou sêmen de um doador, caso em que a técnica será heteróloga unilateral, assim como a doação de ambos os gametas ou até mesmo de embriões de terceiros, quando se terá reprodução humana assistida heteróloga bilateral.[29]

A contracepção refere-se à liberdade que o homem e a mulher possuem de evitar a gravidez, abrangida no âmbito do planejamento familiar na garantia de poder de escolha sobre o "quando" e o "se" a pessoa terá filhos. Os

---

28 ESPÍNDOLA, José Sebastião. Contribuição jurídica para a legislação sobre fertilização humana assistida. *Bioética*. v. 11, n. 2, 2003. Disponível em: <http://revistabioetica.cfm.org.br/index.php/revista_bioetica/article/view/182/186>. Acesso em 27.10.2016.

29 SOUZA, V. R. C. S.; CALDAS, M. S. C. G. Op. cit., p. 37.

métodos utilizados para prevenir a gravidez dividem-se entre os reversíveis e irreversíveis.

Os métodos reversíveis mais conhecidos são:[30]

Tabelinha: método natural que consiste em evitar o ato sexual no período em que a mulher estiver fértil, ou seja, quando estiver ovulando;

Coito interrompido: método em que o homem retira o pênis da vagina antes de ejacular;

Camisinha/condom: consiste numa fina capa de borracha utilizada pelo homem para cobrir o pênis e evitar que o sêmem adentre no útero feminino;

Camisinha feminina: uma espécie de "bolsa" em formato de tubo utilizada pela mulher, colocada no interior da vagina e que evita que o sêmem adentre ao seu útero;

*Diafragma:*pequeno disco colocado dentro da vagina e que possui a função de bloquear a entrada dos espermatozoides;

*Pílula anticoncepcional:*uma mistura de estrógenos e progesterona em pequenos comprimidos com a função de impossibilitar a liberação do óvulo pelo ovário, impedindo a fecundação.

Já os métodos irreversíveis,[31] ou seja, aqueles que são definitivos, mais conhecidos são os seguintes:

Ligação de trompas (laqueadura): é um método cirúrgico que amarra e secciona as trompas de Falópio, impedindo que os óvulos alcancem o útero e sejam fecundados pelo espermatozoide;

*Vasectomia:*método cirúrgico realizado no pênis com o objetivo de seccionar o canal deferente e impedir a condução do esperma para a uretra.

No Brasil, foi lançada em 2007 a Política Nacional de Planejamento Familiar, incluindo, dentre outras ações, a oferta de oito métodos contraceptivos gratuitos pelo Sistema Único de Saúde e a venda de pílulas e injeções anticoncepcionais com valores reduzidos nas chamadas Farmácias Populares. No que tange o auxílio à concepção, concebeu-se a Política Nacional de Atenção Integral em Reprodução Humana Assistida, com a disponibilização do tratamento da infertilidade no âmbito do Sistema Único de Saúde, por meio de hospitais universitários e instituições conveniadas.[32]

30 MOREIRA, LIMA. Métodos contraceptivos e suas características. In: *Algumas abordagens da educação sexual na deficiência intelectual* [online]. 3. ed. Salvador: EDUFBA, 2011, p. 125-137. Disponível em: <http://books.scielo.org>. Acesso em: 10 jun. 2017.

31 MOREIRA, LIMA. Op. cit.

32 BRASIL. *Planejamento familiar.* Disponível em: <http://www.brasil.gov.br/saude/2011/09/planejamento-familiar>. Acesso em: 05 jun. 2017.

2. DIREITO DE NÃO TER FILHOS

Modernamente, passou-se a cogitar do direito de não ter filhos, admitindo-se e mesmo legitimando-se a escolha do sujeito ou do casal por não reproduzir, no âmbito da autonomia e liberdade de planejar a constituição da família. A mudança coincide com um repensar do papel da família na sociedade, especialmente aquela baseada no casamento, e da função do ato sexual em si. Se anteriormente a família tinha por objetivo primordial a perpetuação dos seres por meio da constituição de prole, e o ato sexual era tido como um mero meio para o alcance de tal finalidade, numa nova concepção a entidade familiar passa ser entendida como *locus* de consecução da felicidade e do desenvolvimento da personalidade de seus membros, sob formas plurais e abertas, admitindo-se também que o sexo seja praticado sem finalidades reprodutivas, como uma função natural do ser humano, legitimado o interesse de obtenção de prazer:

> Nos últimos 20 anos, a crítica feminista, inspirada pela perspectiva das relações de gênero, buscou sistematicamente separar as ideias de reprodução e de procriação do sexo e da sexualidade, refutando uma concepção corrente de procriação como um dever "natural", apoiada em uma concepção de sexualidade como um impulso ou instinto (também "natural").[33]

O direito de não ter filhos, legitimamente exercido no ordenamento jurídico brasileiro, se exerce com auxílio de métodos contraceptivos, reversíveis ou não reversíveis.[34] A escolha e uso de tais insumos caracteriza o exercício do direito ao próprio corpo e do direito à saúde, contemplados no ordenamento civil brasileiro como direitos da personalidade. Tais direitos apresentam uma série de características, entre as quais releva a da indisponibilidade, cujo alcance é objeto de ampla discussão na doutrina e jurisprudência, predominando a tese estabelecida no Enunciado n. 4 das I Jornadas de Direito Civil do CJF, em interpretação ao art. 11, CC/2002, a indicar que: "O exercício dos direitos da personalidade pode sofrer limitação voluntária, desde que não seja permanente nem geral."

Com efeito, o uso de métodos contraceptivos de caráter reversível não suscita controvérsias, na medida em que a disponibilidade de aspectos do exercício do direito ao corpo – e dos direitos reprodutivos como uma de suas potencialidades – apresenta caráter temporário e específico. Quando se abor-

33 VARGAS, Eliane Portes; MOÁS, Luciane da Costa. Op. cit., p. 759.

34 Optou-se, no recorte do tema, por não tratar da prática do aborto como mecanismo para consecução do direito de não ter filhos, em face da criminalização da prática no ordenamento jurídico brasileiro e ausência de consenso sobre a sua juridicidade.

da os métodos de esterilização, por sua vez, irreversíveis ou definitivos, surge o questionamento sobre a licitude da utilização e a conveniência da própria disponibilização pelo Poder Público.

Conceitualmente, esterilização é o "1. ato ou efeito de esterilizar 2.cir intervenção cirúrgica que torna uma pessoa ou animal infecundos 3. destruição ou eliminação de germes em substâncias, alimentos, objetos, ambientes".[35]

Do ponto de vista médico, entende-se por esterilização

> uma intervenção médica que elimina a capacidade de reprodução. Numa intervenção cirúrgica, interrompem-se ou cortam-se completamente os canais seminais do homem ou as trompas da mulher. Diferentemente da castração, as glândulas sexuais não são extirpadas ou destruídas e, portanto, conserva-se a capacidade de o homem manter relações sexuais. Hoje em dia, estão se realizando testes de métodos de recuperação da capacidade de reprodução, embora o nível de conhecimento atual não permita oferecer garantias.[36]

A doutrina classifica cinco espécies de esterilização, conforme a finalidade de aplicação da técnica: a) esterilização eugênica, cuja finalidade é impedir a transmissão de doenças hereditárias para novas gerações; b) esterilização punitiva, que visa punir aqueles que praticaram crimes sexuais; c) controladora de natalidade, prática comum em países muito populosos com a finalidade de frear o crescimento populacional; d) terapêutica, em que há indicação clínica de esterilização do indivíduo afim de evitar maiores problemas de saúde; e e) cosmetológica, conhecida também como esterilização voluntária, que visa apenas evitar a concepção sem qualquer motivação outra.[37]

Reconhecendo a importância das demais espécies, o presente artigo centrará sua análise na esterilização voluntária cirúrgica, por ser a modalidade relacionada ao exercício da liberdade de planejamento familiar e dos direitos reprodutivos.

---

35 HOUAISS. Esterilização. *Grande Dicionário Houaiss*. Disponível em: <https://houaiss.uol.com.br/pub/apps/www/v3-0/html/index.htm#1> Acesso em 08 jun. 2017.

36 LILIE, Hans. "Contracepção e esterilização". In: ROMEO CASABONA, Carlos María. *Biotecnologia, Direito e Bioética*. Belo Horizonte: Del Rey; PUC Minas, 2002, p. 128.

37 BOTEGGA, Clarissa. Liberdade de não procriar e esterilização humana.*Revista Jurídica da Universidade de Cuiabá*, volume 9, número 2, 2007, p. 43-64. CHAVES, Antônio. *Direito à vida e ao próprio corpo*. 2 ed. São Paulo: Revista dos Tribunais, 1994. GODINHO, Adriano Marteleto. *Direito ao próprio corpo*: direitos da personalidade e atos de limitação voluntária. Curitiba: Juruá Editora, 2014.

2.1. Esterilização cirúrgica voluntária

Os primeiros trabalhos sobre esterilização cirúrgica voluntária remontam à década de 1960. Estudo publicado pela Johns Hopkins University noticia, já em1982, que

> a esterilização voluntária se encontra legalizada na maior parte dos países do mundo. Na maioria dos países desenvolvidos da Europa Ocidental e da América do Norte, no Japão e em muitos países asiáticos em desenvolvimento, inclusive os dois maiores, a Índia e a República Popular da China, o acesso de adultos à esterilização não sofre, em geral, nenhuma restrição legal. Em vários países da América Latina a esterilização voluntária parece estar restrita por estatutos e códigos médicos, mas a sua prática, não obstante, vem se disseminando sem interferência legal. Na África, onde a esterilização voluntária não é tão difundida como em outras regiões, as leis derivadas do direito inglês não restringem a esterilização voluntária, mas em alguns países as leis emanadas do direito francês exigem maiores esclarecimentos.[38]

Mais recentemente, estudo feito na Universidade de Harvard em 2012[39] compilou as leis de 186 países sobre os direitos reprodutivos nos últimos cinquenta anos. Segundo a pesquisa, em 1960, a esterilização voluntária era legalizada em cinco países e em 2000 já estava legalizada em 86 países. Fica claro nesse estudo que há uma ampliação do reconhecimento jurídico ao direito individual à esterilização voluntária.Contudo, o estudo americano não aprofunda na existência de eventuais restrições ao exercício desse direito.

2.2. Esterilização cirúrgica voluntária no ordenamento jurídico brasileiro

Até o final da década de 1980 a esterilização voluntária cirúrgica era proibida no ordenamento jurídico brasileiro, sendo imputado ao profissional de saúde que a praticasse o crime de lesão corporal grave. Todavia, existiam posições contrárias à criminalização dessa prática quando fosse feita a pedido do paciente.

---

38 JOHNS HOPKINS UNIVERSITY. Tendências e questões legais quanto a esterilização voluntária. *PopulationReports*. Série E, número 6, maio de 1982 (edição em inglês março-abril de 1981). Disponível em: <https://www.k4health.org/sites/default/files/026515POR.PDF>. Acessoem 07 jun. 2017.

39 CANNING, David; FINLAY, Jocelyn E; PO, June Y. T. "Reproductive Health Laws Around the World". In: HARVARD BUSSINESS SCHOOL. *Program of the Global Demograph of Aging*. Disponível em: <https://cdn1.sph.harvard.edu/wp-content/uploads/sites/1288/2013/10/PGDA_WP_96.pdf>. Acesso em: 07 jun. 2017.

Nos anos 1980 o Conselho Regional de Medicina do Distrito Federal exarou o parecer n. 367/80 com o entendimento de que "a função reprodutora, por não ser imprescindível à saúde e à vida, não está incluída naquele dispositivo penal, não sendo portanto a laqueadura de trompas e a vasectomia crime de lesão corporal, salvo se a intervenção for feita sem consenso do paciente".[40]

O posicionamento do órgão de classe estadual, inicialmente isolado,[41] ganhou força com a promulgação da Constituição da República Federativa do Brasil de 1988, que reconheceu o direito constitucional ao planejamento familiar.

A esterilização voluntária foi então regulamentada no âmbito do planejamento familiar, pela Lei n. 9.263/1996, nos seguintes termos:

> Art. 10. Somente é permitida a esterilização voluntária nas seguintes situações: (Artigo vetado e mantido pelo Congresso Nacional – Mensagem nº 928, de 19.8.1997)
> I – em homens e mulheres com capacidade civil plena e maiores de vinte e cinco anos de idade ou, pelo menos, com dois filhos vivos, desde que observado o prazo mínimo de sessenta dias entre a manifestação da vontade e o ato cirúrgico, período no qual será propiciado à pessoa interessada acesso a serviço de regulação da fecundidade, incluindo aconselhamento por equipe multidisciplinar, visando desencorajar a esterilização precoce;
> II – risco à vida ou à saúde da mulher ou do futuro concepto, testemunhado em relatório escrito e assinado por dois médicos.

Importante ressaltar que esse artigo foi vetado pelo Presidente da República à época, embasado em parecer do Ministério da Saúde queindicava que "a esterilização, condicionada apenas à vontade das pessoas, não deve ser praticada, pois se trata de clara mutilação, com perda de função, possível apenas quando haja precisa indicação médica (...)".[42] Persistiam, pois, as controvérsias sobre o tema quando de sua inserção legislativa.

Apesar de ter o legislador optado por inovar ao legalizar a esterilização voluntária, oreferido diploma legal estabelece limitações à autonomia do indivíduo no que diz respeito à esterilização voluntária.

---

40 DINIZ, Maria Helena. *O estado atual do biodireito*. 2. ed. São Paulo: Saraiva, 2002, p. 144.

41 Há dois pareceres posteriores, emitidos pelo Conselho Federal de Medicina, contrários à prática. Parecer CFM n. 35/86 que "condena a prática da anticoncepção cirúrgica por ser um método proibido pela legislação brasileira". Parecer CFM n. 14/90 no qual "O CFM se pronuncia contrário a procedimentos cirúrgicos de esterilização masculina e feminina".

42 PLANALTO. *Veto presidencial ao projeto de lei n. 209 de 1991*. Disponível em: <http://www.planalto.gov.br/ccivil_03/leis/Mensagem_Veto/anterior_98/VEP-LEI-9263-1996.pdf>. Acesso em: 08 jun. 2017.

Yamamoto realizou pesquisa de campo com profissionais de saúde acerca do tema e concluiu que: a) os profissionais têm dúvidas quanto à aplicação do art. 10 da lei do planejamento familiar; b) há divergência entre os profissionais quanto ao cabimento dos limites impostos pela lei; c)os profissionais entendem ser necessária a alteração da lei tendo em vista as novas configurações familiares; d) os profissionais consideram a esterilização cirúrgica um método contraceptivo complexo, que deve ser prescrito como última alternativa; e) há um temor entre os profissionais da esterilização precoce; f) há um temor da banalização do método.[43] Assim, 20 anos após a aprovação da lei do planejamento familiar, não se construiu nacionalmente um consenso sobre a adequação e aplicabilidade da mesma.

Nota-se pontos de contato entre a pesquisa referida e o posicionamento da doutrina jurídica brasileira sobre o tema. Os defensores da proibição da esterilização voluntária argumentam que,por se tratar de uma renúncia permanente e duradoura a partedo corpo, não seria possível que uma pessoa – ainda que capaz – optasse autonomamentepela esterilização. De outro lado, os defensores da possibilidade da esterilização, argumentam que vigora no Brasil a autonomia com respeito ao próprio corpo e que a esterilização limita uma funcionalidade (procriação) e não uma parte do corpo. A limitaçãoda autonomia corporal, em nome da indisponibilidade do direito da personalidade, só seria possível quando se verificasse violaçãodo interesse público, o que não ocorreria no caso, pois nenhuma função vital do indivíduo estaria em jogo.[44]

Anderson Schreiber afirma que o direito ao próprio corpo é uma expressão "que procura enfatizar que o corpo deve atender à realização da própria pessoa, e não aos interesses de qualquer entidade abstrata, como a Igreja, a família ou o Estado".[45] Deste modo, compreende-se o direito ao próprio corpo como um aspecto do direito fundamental à autonomia privada, cabendo apenas à própria pessoa a decisão acerca do uso e da limitação de seu corpo, desde que a referida decisão não viole o interesse público.

É preciso entender a esterilização voluntária para além de um contexto binário absoluto – possibilidade e impossibilidade da esterilização voluntária. A verdade é que o legislador brasileiro já autorizou a esterilização voluntária, tendo estabelecido, contudo, limites à prática, sendo este o cerne das discussões atuais.

---

43 YAMAMOTO, Sérgio Toshio. *A esterilização cirúrgica feminina no Brasil, controvérsias na interpretação e desafios na aplicação da lei 9263*. Dissertação de Mestrado. São Paulo: Faculdade de Saúde Pública, 2011.

44 RODRIGUES, Renata de Lima. *Autonomia Privada e Direito ao Livre Planejamento Familiar: Como as escolhas se inserem no âmbito de autodeterminação dos indivíduos na realização do projeto parental?*. Tese de Doutorado. PUCMinas: Faculdade Mineira de Direito, 2015.

45 SHREIBER, Anderson. *Direitos de Personalidade*. 3. ed. São Paulo: Atlas, 2014.

2.3. Limitações ao direito a não procriar

A Organização Mundial de Saúde[46] estabelece que a esterilização cirúrgica é um método contraceptivo importante e que deve sempre ser precedida de consentimento, de informação acerca das vantagens e desvantagens, dos benefícios, riscos e efeitos colaterais e, principalmente, dealertas acerca da irreversibilidade da medida. A OMS não indica a criação de requisitos para que pessoas maiores e capazes se submetam voluntariamente à esterilização cirúrgica, deixando claro que cabe a cada país legislar sobre o tema.

A livre decisão quanto ao planejamento familiar recebe proteção constitucional, "sendo vedada ao Estado a adoção de meios de restrição do exercício de seu direito ao planejamento familiar, que abarca o direito de decidir se procriará ou não, quantos filhos o indivíduo deseja ter e quais métodos conceptivos ou contraceptivos adotará".[47]

Se por um lado o legislador não limita o número de filhos que uma pessoa pode ter, de modo que o direito a ter filhos é irrestrito, por outro lado, a lei do planejamento familiar limita o exercício do direito a não ter filhos quando o exercício desse direito se der mediante a esterilização.

Em primeiro lugar, o legislador sedesvia da regra geral da capacidade para a prática dos atos da vida civil e estabelece requisito etário qualificado, impondo um limite mínimo de 25 anos ou de dois filhos vivos para que o indivíduo – homem ou mulher – opte pela esterilização cirúrgica.

Neste ponto, o Estado mantem postura paternalista, controlando a manifestação de vontade individual a partir do pressuposto de que a procriação constitui interesse indisponível de certos sujeitos, que não apresentariam maturidade ou liberdade suficientes para optar pela esterilização. Tal significa que até que o indivíduo complete 25 anos ou tenha dois filhos, ele só poderá exercer seu direito a não ter filhos utilizando-se de métodos contraceptivos, revelando-se uma clara limitação estatal ao exercício do planejamento familiar no Brasil.

Godinho entende justificadaa limitação em razão da irreversibilidade da medida, situação que deve pressupor um "maior grau de maturidade, evitando-se, com isso, o posterior arrependimento decorrente de decisões irrefletidas".[48]

---

46 WORLD HEALTH ORGANIZATION. *Eliminating forced, coercive and otherwise involuntary sterilization: An interagency statement.*Disponível em: <http://apps.who.int/iris/bitstream/10665/112848/1/9789241507325_eng.pdf>. Acesso em: 07 jun 2017.

47 ALBUQUERQUE, Aline. Esterilização compulsória de pessoa com deficiência intelectual: análise sob a ótica do princípio da dignidade da pessoa humana e do respeito à autonomia do paciente. *Revista Bioetikos*, Centro Universitário São Camilo - 2013;7(1), p. 18-26.

48 GODINHO, Adriano Marteleto. *Direito ao próprio corpo*: direitos da personalidade e atos de limitação voluntária. Curitiba: Juruá Editora, 2014, p. 249.

Trata-se de argumento compreensível, mas não justificável, já que cercear a autonomia do indivíduo plenamente capaz, com vistas a evitar o arrependimento futuro deste, em matéria de interesse particular sem repercussões no interesse público, é, em verdade, uma ingerência estatal excessiva na vida privada.

O Projeto de Lei n. 4.909/2016, em tramitação no Congresso Nacional, objetiva modificar o art. 10 da Lei 9.263/96, propondo nova redação: "Art. 10 Fica permitida a esterilização voluntária de homens e mulheres, após a manifestação de vontade dos indivíduos interessados nesse procedimento".

O deputado Carlos Henrique Gaguim, autor do projeto, justifica a propostaao argumento de que "a opção por esse tipo de procedimento cirúrgico, com a consequente interrupção da capacidade reprodutiva, deve ser uma decisão de fora íntimo, uma manifestação autêntica da liberdade individual, sem cerceamento pelo Poder Público", entendendo que as atuais limitações à esterilização voluntária constituem "extrema limitação ao direito fundamental da (sic) liberdade individual".

Uma segunda limitação que recebe questionamentos encontra-se no disposto no §5º do mesmo art. 10, que estabelece que "na vigência de sociedade conjugal, a esterilização depende do consentimento expresso de ambos os cônjuges". Apesar de se compreender que o intuito do legislador foi o de contribuir para o equilíbrio e compartilhamento de poderes e responsabilidades entre os membros do casal, o dispositivo promove uma ingerência indevida na autonomia dos sujeitos, condicionando o exercício de um direito da personalidade, de caráter pessoal e intransferível, à vontade de terceiro.

A (in)constitucionalidade do dispositivo aguarda análise do STF no âmbito da ADIN 5.097, proposta pela Associação Nacional de Defensores Públicos (Anadep), sob o argumento de que "condicionar a realização de cirurgia de esterilização voluntária à anuência de terceiro (no caso, do cônjuge) constitui ato atentatório à autonomia corporal e ao direito ao planejamento reprodutivo de forma livre e incondicionada".[49]

A verdadeira efetivação dos direitos reprodutivos depende, assim,da superação dos entraves legais ainda existentes, pela modificação da lei de planejamento familiar, via atividade legislativa ou judicial, para aredução dos limites legais para a esterilização cirúrgica voluntária, ficando essa decisão a cargo do indivíduo com capacidade jurídica para a tomada de decisões, sem a ingerência de terceiros.

---

49 STF. *ADI contesta consentimento de cônjuge para esterilização voluntária*. Disponível em: <http://www.stf.jus.br/portal/cms/verNoticiaDetalhe.asp?idConteudo=262712>. Acesso em: 4 jun. 2017.

3. DIREITO A TER FILHOS E AS TÉCNICAS DE REPRODUÇÃO HUMANA ASSISTIDA

Quando se aborda o planejamento familiar e a previsão constitucional que o erigiu em direito, refere-se em geral a medidas de educação e acesso a métodos de contracepção, como os mencionados usos de pílulas hormonais contraceptivas, preservativos masculinos e femininos, drogas de contracepção de urgência, e até o aborto.

A escolha de não ter filhos envolve essencialmente, contudo, a possibilidade de se escolher ter filhos, razão pela qual também se deve abordar num estudo sobre o cuidado, sob o prisma dos direitos reprodutivos, a liberdade para decidir procriar, planejando a constituição de uma família com filhos.

Em que pese a ressignificação das entidades familiares, que não mais se constituem em torno do núcleo tradicional e necessário "casal heteroafetivo e sua prole", ainda remanesce no seio da sociedade uma marca da procriação como sinal do sucesso e felicidade familiar, e da perpetuação da existência do ser.[50]

> Procriar e constituir família são aspectos altamente valorizados em sociedades como a em que vivemos – e em quase todas as sociedades humanas a infertilidade é repudiada como um infortúnio. Atualmente, a procriação se liga não apenas à ideia de felicidade mas também a de êxito pessoal. Nesse sentido, na maternidade e na paternidade são mobilizados traços arraigados das identidades individuais e sociais dos sujeitos humanos. Por tudo isso, é possível afirmar que a impossibilidade de reprodução biológica fragiliza de forma importante homens e mulheres, particularmente aqueles que se encontram em união.[51]

Assim, o reconhecimento de direitos reprodutivos e da liberdade de escolha quanto ao planejamento familiar implica garantir-se, de forma dialética, tanto a decisão por ter filhos quanto a de não os ter. Em sentido positivo, de ter filhos, os direitos reprodutivos traduzem-se a partir do reconhecimento de um direito a procriar, o qual apresenta uma natureza mista, pública e privada, atendendo simultaneamente a interesses indivi-

---

50 SAMRSLA, Mônica, et al. Expectativa de mulheres à espera de reprodução assistida em hospital público do DF – estudo bioético. *Revista da Associação Médica Brasileira*. 2007: 53(1): 47-52, p. 47

51 CORRÊA, Marilene Cordeiro Dias Villela. Ética e reprodução assistida: a medicalização do desejo de ter filhos. *Bioética*. 2001, v. 9, n. 2, p. 71-82, p. 72.

duais de autonomia e autorrealização do sujeito, e a interesses sociais de garantia da saúde pública.[52]

No aspecto individual, o exercício do direito a procriar contribui para o livre desenvolvimento da personalidade, na medida em que se torna importante fator de realização maternal/paternal, conjugal, financeira e até profissional.[53] "De fato, a impossibilidade de procriação é um obstáculo grave ao projeto de vida das pessoas. A constatação dessa impossibilidade opõe-se às ideias de liberdade, livre arbítrio e controle individual na formação das famílias."[54]

No aspecto público, a questão do direito de ter filhos adquire contornos ainda mais complexos, na medida em que passa a envolver a discussão acerca do elastecimento do conceito de saúde, em consonância com o que preconiza a OMS e diversos documentos internacionais aos quais o Brasil prestou adesão. Com efeito, apesar de a infertilidade ser catalogada no âmbito da Classificação Internacional de Doenças (CID), a saúde não deve ser vista apenas como ausência de doença ou enfermidades que colocam em risco a vida do sujeito, devendo-se entendê-la em seu sentido mais amplo de estado de bem-estar biopsicossocial.

> [...] a respeito do elastecimento do conceito de saúde, trata-se de questão que foge aos limites da análise do Judiciário, que não possui expertise para avaliar o que deve ou não ser incluído naquele conceito, principalmente quando em contrariedade ao disposto na catalogação internacional de doenças; a atribuição de significado à saúde, restringindo-a à preservação da vida, como visto, desrespeita critérios médicos e também constitucionais, eis que não operada essa construção restritiva pelo legislador ordinário [Lei 9.263/1996].[55]

O alcance de tal estado envolve um equilíbrio complexo de interesses emdimensões variadas, entendendo-se atualmente que a saúde reprodutiva compõe a saúde em sentido amplo, e, portanto, deve ser objeto de tutela especial por meio da promoção de políticas públicas que promovam o acesso das famílias às técnicas de reprodução humana assistida.

---

52 SOUZA, V. R. C. S.; CALDAS, M. S. C. G. Op. cit., p. 40-41.

53 VARGAS, Eliane Portes; MOÁS, Luciane da Costa. Op. cit., p. 759.

54 CORRÊA, Marilene Cordeiro Dias Villela. Op. cit., p. 73.

55 SOUZA, V. R. C. S.; CALDAS, M. S. C. G. Op. cit., p. 45/46.

Vislumbra-se, pois, dupla justificativa para que se sustente que a garantia do direito à saúde, no aspecto reprodutivo, insere-se no âmbito das obrigações constitucionais do Estado no que diz respeito ao atendimento universal e integral da saúde do cidadão: (i) de um lado, se a infertilidade e a esterilidade são classificadas internacionalmente como doenças (CID), não se pode negar que os tratamentos respectivos devem integrar as estratégias de saúde pública; (ii) de outro, entendendo-se que a procriação apresenta um significado essencial para a autorrealização do sujeito, afirma-se que a garantia aos métodos reprodutivos contribui para o alcance de bem-estar físico, psíquico e social.

O reconhecimento de que existe um direito a procriar, no seio do direito à saúde, consagrado constitucionalmente, e gerador de dever para o Estado, fez com que o Ministério da Saúde passasse a disponibilizar por meio do SUS tratamento para a infertilidade, com a instituição da Política Nacional de Atenção Integral em Reprodução Humana Assistida.[56]

A efetividade do direito de ter filhos enfrenta, contudo, óbices práticos relevantes, diante da insuficiência da oferta de tratamentos diante da demanda da população.É que, em que pese a Portaria GM 426/2015 do Ministério da Saúde prever em seu art. 1º que a Política Nacional de Atenção Integral em Reprodução Humana Assistida será implantada em todas as unidades federadas, mais de 10 anos após a sua aprovação não há unidades de saúde pública e clínicas aptas e habilitadas a ofertar o serviço pelo SUS em parte considerável do país.Em dados de 2016, havia apenas 12 serviços de saúde vinculados ao SUS que ofereciam a reprodução assistida, no país, tendo um deles sido desativado por carência de recursos financeiros.[57] Como se pode observar da tabela abaixo, as unidades de atendimento concentram-se na região sul-sudeste, não havendo uma distribuição adequada pelo território nacional.

56 BRASIL. Ministério da Saúde. *Portaria n.* 426/GM, de 22 de março de 2005. Institui, no âmbito do SUS, a Política Nacional de Atenção Integral em Reprodução Humana Assistida e dá outras providências. Brasília: 2005.

57 REGINO, Fabiane Alves. *O desejo de ter filhos e a construção de gênero nas políticas de saúde*: análise da Política Nacional de Atenção Integral em Reprodução Humana Assistida. 2016. Tese (Doutorado em Saúde Pública) – Centro de Pesquisas Aggeu Magalhães, Fundação Oswaldo Cruz, Recife, 2016, p. 84

Quadro 5 - Serviços de Reprodução Humana Assistida vinculados ao SUS

	UF	Gestão	Estado/Município/DF	Estabelecimento
1	DF	Estadual	Brasília	HMIB – Hospital Materno Infantil de Brasília
2	MG	Municipal	Belo Horizonte	Hospital das Clínicas da UFMG
3	RS	Municipal	Porto Alegre	Hospital Nossa Senhora da Conceição SA – Fêmina
4	RS	Municipal	Porto Alegre	Hospital das Clínicas de Porto Alegre
5	RS	Estadual	Porto Alegre	Hospital Fêmina – Grupo Hospitalar Conceição
6	SP	Estadual	São Paulo	HC da FMUSP Hospital das Clínicas de SP
7	SP	Estadual	São Paulo	Centro de Referência da Saúde da Mulher – SP – Pérola Byington
8	SP	Estadual	São Paulo	Hospital das Clínicas FAEPAR Ribeirão Preto
9	PE	Dupla	Recife	Insituto de Medicina Integral Prof. Fernando Figueira - IMIP
10	RN	Municipal	Natal	Maternidade Escola Januário Cicco
11	GO	Municipal	Goiânia	Centro de Reprodução Humana do Hospital das Clínicas da UFG

Fonte: REGINO, Fabiane Alves. *O desejo de ter filhos e a construção de gênero nas políticas de saúde*: análise da Política Nacional de Atenção Integral em Reprodução Humana Assistida. 2016. Tese (Doutorado em Saúde Pública) – Centro de Pesquisas AggeuMagalhães, Fundação Oswaldo Cruz, Recife, 2016.p. 86

E mesmo nos estados em que o tratamento é ofertado, como Minas Gerais e São Paulo, não se consegue atender satisfatoriamente a demanda da população, o que traz por consequência a formação de "filas" de pacientes à espera de tratamento, gerando em muitos a desesperança de que um dia serão contemplados com vagas nos serviços, ou a frustação de, ao ser contemplados, já tenham atingidos faixas etárias e condições clínicas que tornem improvável o sucesso dos procedimentos. Tratando dos dramas das filas para o atendimento nos centros de tratamento para infertilidade na rede pública do Distrito Federal, e no contexto nacional, Mônica Samrsla*et al*aponta que o longo período de espera afasta de muitas famílias a possibilidade de ver efetivados os seus direitos:

> A busca pelo tratamento se dá no período fértil da mulher, quando o corpo oferece melhores condições para a reprodução. O tempo de espera pelo tratamento, no entanto, faz com que as mulheres avancem nas faixas etárias e corram o risco de ingressar no período de gravidez de risco sem terem conseguido tratamento.[58]

Por outro lado, nem sempre o SUS custeia o tratamento em sua integralidade, havendo necessidade de custeio de certos insumos ou parte do

58 SAMRSLA, Mônica, *et al.* Op. cit., p. 50.

tratamento pelos entes municipais e até pelo próprio paciente.[59] Concluem os pesquisadores sobre a realidade da assistência à reprodução no âmbito da saúde pública nacional:

> Sendo assim, se o Estado disponibiliza ao cidadão o acesso à RA, mas esta tecnologia está longe de seu alcance; pela escassez de oferta, pode-se dizer que o princípio da equidade na saúde pública brasileira, neste caso, não está atingindo aqueles que precisam ser vistos na sua individualidade.[60]

Apesar de reconhecido, o direito a ter filhos,não encontrando efetividade, torna-se um não direito.

3.1. A judicialização da saúde reprodutiva

A falta de atendimento efetivo das demandas de saúde reprodutiva da população enseja o crescimento da discussão judicial sobre o (des)cumprimento das obrigações dos entes públicos, no âmbito do fenômeno conhecido como "judicialização da saúde". O Judiciário é chamado a se posicionar pela garantia do direito do cidadão, assumindo certo protagonismo ao estabelecer obrigações e mecanismos de coerção contra os gestores e cofres públicos. "Seja em uma pequena comarca ou no plenário do STF, cada vez mais o Judiciário tem sido chamado a decidir sobre demandas de saúde, o que o alçou a ator privilegiado e que deve ser considerado quando o assunto é política de saúde."[61]

A questão de se o Estado tem o dever de custear tratamentos de reprodução humana assistida carece de tratamento mais aprofundado no âmbito dos tribunais superiores, a fim de conferir segurança em torno do próprio direito, já que os tribunais estaduais apresentam posições variadas sobre o tema, e mesmo dentro de um mesmo tribunal, há frequentemente dissidências.

Quando teve oportunidade de analisar o tema, o STJ negou provimento ao agravo manejado para que recurso especial fosse recebido e examinado no âmbito de suas turmas, sob o fundamento de que aquestão da efetivação do direito fundamental à saúde refere-se ao cumprimento e interpretação de norma constitucional, fugindo à sua competência. Com isso, manteve-se a decisão do tribunal de justiça de origem, do Rio de Janeiro, que

---

59 REGINO, Fabiane Alves. Op. cit., p. 85.

60 SAMRSLA, Mônica, *et al.* Op. cit., p. 51.

61 ASENSI, Felipe Dutra; PINHEIRO, Roseni. *Judicialização da saúde no Brasil*: dados e experiência. Brasília: Conselho Nacional de Justiça, 2015, p. 9.

> reprisando os argumentos da sentença proferida pelo Juízo originário, estabeleceu que o caso dos autos não se enquadra no conceito de direito fundamental à saúde, porquanto a fertilização in vitro não é medida essencial à manutenção da vida da parte recorrente. (STJ, AgRg no REsp 1516491/RJ, Ministro Herman Benjamin, DJe 20.11.2015)

No âmbito do Tribunal de Justiça de Minas Gerais, a análise do direito a procriar e à saúde no aspecto reprodutivo varia entre demandas contra o Estado, com fundamento no dever constitucional do art. 226, e contra planos de saúde, discutindo-se a inserção dos procedimentos nas coberturas dos contratos com o consumidor. No que concerne às demandas contra o Estado, que interessam ao presente estudo por analisarem a existência de um direito a ter filhos no âmbito do direito fundamental à saúde, encontram-se decisões que ora determinam o custeio pelo ente público, ora indeferem os pedidos com argumentos ligados à reserva do possível e ausência de risco de morte pela falta do tratamento.

Os julgados mais recentes do TJMG na matéria são favoráveis ao reconhecimento da obrigação do ente público de disponibilização e custeio dos tratamentos de reprodução humana assistida.

> O direito à saúde deve ser preservado prioritariamente pelos entes públicos, vez que não se trata apenas de fornecer medicamentos e atendimento aos pacientes, mas, também, de preservar a integridade física e moral do cidadão, a sua dignidade enquanto pessoa humana e, sobretudo, o bem maior protegido pelo ordenamento jurídico Pátrio: a vida. O procedimento de fertilização "in vitro" é uma técnica de reprodução medicamente assistida. Por se tratar de um procedimento complexo, em alguns casos, é necessário a realização de várias tentativas para se obter um resultado satisfatório.Demonstrada a impossibilidade de a demandante engravidar pelos meios naturais, e, considerando que a infertilidade vem lhe causando transtornos de ordem mental, e, ainda, levando-se em conta a imprescindibilidade do tratamento prescrito, não há como desobrigar o ente público do seu dever constitucional de fornecê-lo. (Apelação Cível n. 1.0145.13.034507-0/002,Rel. Des. DárcioLopardi Mendes, DJe 07.05.2015)

> REEXAME NECESSÁRIO – APELAÇÃO CÍVEL – AÇÃO ORDINÁRIA DE OBRIGAÇÃO DE FAZER – FORNECIMENTO DE MEDICAMENTO - DIREITO À SAÚDE – DEVER DO ESTADO - LEI Nº 8.080/90 - FERTILIZAÇÃO IN VITRO – PRINCÍPIOS DA RAZOABILIDADE E

> PROPORCIONALIDADE – REFORMAR A SENTENÇA, NO REEXAME NECESSÁRIO. 1. O direito à saúde deve ser garantido pelo Estado, com a disponibilização dos recursos que se fizerem necessários ao tratamento da moléstia de que padece a parte, incluindo internações, cirurgias e o fornecimento de medicamentos prescritos, devendo-se ter em conta, entretanto, o princípio da razoabilidade e da proporcionalidade. 2. Reformar a sentença, no reexame necessário, prejudicado o recurso voluntário. (Reexame Necessárion. 1.0145.11.037313-4/002, Rel. Des. Teresa Cristina da Cunha Peixoto, DJe 12.06.2012)

Em sentido contrário, excluindo a responsabilidade do ente público:

> EMBARGOS INFRINGENTES. SAÚDE PÚBLICA. TRATAMENTO DE FERTILIZAÇÃO IN VITRO. PRELIMINARES DE INÉPCIA E DE JULGAMENTO EXTRA-PETITA REJEITADAS. NECESSIDADE DA COMPROVAÇÃO DO RISCO DE VIDA. CLÁUSULA DA RESERVA DO POSSÍVEL. O fornecimento de tratamento de fertilização in vitro pelo Poder Público deve atender à ordem de pedidos a fim de se estabelecerem prioridades no atendimento aos necessitados, ante à notória escassez de recursos públicos e à necessidade de preservação da isonomia. (Embargos Infringentes n. 1.0439.06.049042-2/003, Rel. Des. Carreira Machado, DJe 02.06.2010)
>
> Constitucional e Administrativo. Serviços de saúde pelo SUS. Fornecimento de medicamentos. Infertilidade. Indefere-se pedido de fornecimento de medicamento de alto custo para a realização de Fertilização “”in vitro”, por não envolver hipótese que visa assegurar redução do agravamento de doença e consequentemente do risco à vida. (Apelação Cível n. 1.0024.07.430216-7/001, Rel. Des. DárcioLopardi Mendes, DJe 17.04.2009).[62]

A jurisprudência acaba por refletir o dissenso existente na própria sociedade sobre o tema, variando conforme os valores predominantes levados em conta pelo julgador em sua análise. Espera-se que a decisão de casos nos tribunais superiores seja capaz de pacificar a análise, com a elaboração de precedente a ser seguido, e garantia de segurança na interpretação e aplicação das normas.

---

62 Observe-se que este último desembargador, DárcioLopardi Mendes, apresenta uma mudança de entendimento entre um julgado de 2009 e um novo, de 2015, ambos sobre a obrigação do estado de custeio de técnicas de RHA.

CONCLUSÃO

Os princípios da liberdade do planejamento familiar e da paternidade responsável, extraídos do art. 226 da Constituição de 1988, já se encontram bem consolidados no ordenamento brasileiro, tanto no que diz respeito ao seu reconhecimento doutrinário e jurisprudencial, quanto no que concerne à práxis social, que valoriza a autonomia do sujeito no sentido de se lhe garantir a liberdade de constituir família, na modalidade que lhe aprouver.

O planejamento familiar, e a assistência respectiva por parte do Estado, inserem-se no campo mais amplo dos direitos reprodutivos, consagrados no direito brasileiro a partir da leitura da Constituição, bem como da participação do país em diversas conferências internacionais e aprovação de legislação infraconstitucional sobre o tema.

Tais direitos tem por objeto a proteção da saúde reprodutiva, componente fundamental do conceito amplo de saúde estabelecido pela OMS, como estado de completo bem-estar físico, psíquico e social. O reconhecimento de direitos reprodutivos ou da tutela da saúde e da autonomia reprodutiva apresenta relevância simultaneamente no campo privado e no público, na medida em que (i) permite a autorrealização do sujeito, a partir da definição autônoma do projeto familiar que o mesmo deseja desenvolver, em sua vida privada, e (ii) implica deveres para o Estado de prover meios para que os sujeitos consigam levar adiante seus projetos de família, sejam eles por meio da procriação ou pela proteção contra a mesma.

Reconhece-se, pois, direitos opostos e complementares de ter e de não ter filhos, de caráter individual e fundamental, a serem tutelados pelo Estado por meio da formulação de políticas públicas que garantam ao particular o acesso a mecanismos de concepção e contracepção.

No que tange a contracepção, o Estado desenvolve importante papel na conscientização da população e disponibilização de mecanismos anticoncepcionais, auxiliando a população no exercício da vontade de não procriar. Entre estes mecanismos, destacam-se aqueles que não apresentam reversibilidade, pelo potencial conflito com o dispositivo legal que veda a disposição de direitos da personalidade. Entende-se majoritariamente que o recurso a técnicas de esterilização voluntária não implica disposição de parte do corpo ou da titularidade de direitos da personalidade, mas tão somente a limitação de uma funcionalidade do corpo, definida no âmbito da autonomia do sujeito. Nesse sentido, as limitações legais para a realização de procedimentos de esterilização, seja pela fixação de idade mínima, seja pela exigência de autorização do cônjuge em caso de paciente casado, representam formas de ingerência indevida do Estado na autonomia privada, sem que se verifique interesse público subjacente a justificar o dirigismo. Aguarda-se atualmente posicionamento do STF sobre o tema, a fim de dar aos dispositivos legais a análise e interpretação adequada à principiologia constitucional.

Por outro lado, no que concerne a concepção, reconhece-se um direito a procriar ou ter filhos, ensejador de um dever para o Estado de propiciar ao cidadão acesso a técnicas para contornar suas dificuldades reprodutivas. Apesar de tal direito já estar incorporado em políticas públicas de alcance nacional, previstas desde o ano de 2005, a prática revela uma quase absoluta inefetividade dos comandos legais que impõem ao Estado a atuação na assistência ao planejamento familiar, já que se verifica uma oferta de serviços de reprodução assistida que não atende minimamente ao tamanho da demanda da população. O impasse prático contribui para que o fenômeno da judicialização da saúde também se mobilize no campo da saúde reprodutiva, com o ajuizamento de ações que tem por objeto compelir os entes públicos a custear os tratamentos necessários para fazer frente à infertilidade e esterilidade do sujeito ou do casal. No judiciário, as discussões estão longe de um consenso, vislumbrando-se decisões favoráveis ao custeio pelo ente público dos procedimentos de reprodução humana assistida, confrontadas com decisões que isentam o Estado de responsabilidade, ante a ausência concreta de risco de morte em decorrência da falta do tratamento. Novamente, espera-se que os tribunais superiores enfrentem os questionamentos a fim de estabelecer precedentes que contribuam para uma prestação jurisdicional justa, segura e ágil.

CUIDADO E DIREITOS DO PACIENTE

Christine Santini[1]

A proposta deste estudo é a análise jurídica das várias etapas da relação médico/paciente, sob o aspecto do dever de cuidado imposto ao profissional no processo de diagnóstico e tratamento daquele que se encontra em situação de vulnerabilidade em virtude de moléstia que o acomete.

O dever de cuidado muitas vezes tem sido entendido como circunscrito às relações familiares, nas quais suas implicações efetivamente se mostram mais visíveis.

Entretanto, como bem preleciona Heloísa Helena Barbosa em seu trabalho "Paternidade Responsável: o Cuidado como Dever Jurídico":

> Reconhecido como valor implícito do ordenamento jurídico, o cuidado vincula as relações de afeto, de solidariedade e de responsabilidade não só familiar, pois 'é preciso identificar o cuidado dentre as responsabilidades do ser humano como pessoa e cidadão'. Nesse sentido, o cuidado conduz a compromissos efetivos e ao envolvimento necessário com o outro, como norma ética da convivência. Entendido como 'valor informador da dignidade da pessoa humana e da boa-fé objetiva nas situações existenciais', tem importante papel na interpretação e aplicação das normas jurídicas'.[2]

A relação médico/paciente desenvolve-se desde situações quotidianas, rotineiras, nas visitas periódicas para controle da saúde, até outras em que a crise se mostra com todos os contornos do sofrimento humano, culminado com o tratamento de pacientes terminais. Em todas, entretanto, é sempre de se considerar que o paciente se encontra, em menor ou maior grau, em

---

1 Desembargadora no Tribunal de Justiça do Estado de São Paulo, integrante da 1ª Câmara de Direito Privado. Faculdade de Direito da Universidade de São Paulo (graduação). Universidade de Seijo, Tóquio, Japão (pesquisa).

2 BARBOZA, Heloísa Helena. "Paternidade Responsável: o Cuidado como Dever Jurídico". In: PEREIRA, Tânia da Silva; OLIVEIRA, Guilherme de. *Cuidado e Responsabilidade*. São Paulo: Atlas, 2011, p. 88, com referências a seu anterior trabalho: BARBOZA, Heloísa Helena. "O Cuidado como Valor Jurídico" In: A *Ética da Convivência Familiar e sua Efetividade no Cotidiano dos Tribunais*. Rio de Janeiro: Forense, 2006, p. 237.

situação de vulnerabilidade, até pela falta de conhecimento técnico acerca dos procedimentos levados a efeito. Consequentemente, o dever de cuidado é imposto a médicos e outros profissionais da área da saúde, que devem ter preparo não só técnico, mas emocional para acessar as inseguranças vivenciadas pelo paciente.

E tal cuidado deve ser observado em todas as etapas do processo, desde a anamnese até o tratamento efetivo, sempre respeitados os deveres de informar e de obter consentimento válido do paciente, com utilização de conhecimentos técnicos-científicos modernos e que possibilitem a indicação de procedimentos com correção, consideradas todas as consequências possíveis de sua prescrição.

Assim, para melhor entendimento, as várias etapas do processo serão examinadas individualmente, para que suas peculiaridades sejam estudadas sob o prisma do cuidado e preservação da dignidade humana do paciente, parte vulnerável da relação.

O dever de cuidado já se mostra visível na primeira etapa do contato entre médico e paciente, que se consubstancia na *anamnese*. Nesta estabelece-se a definição da situação vivenciada pelo paciente. Ao médico incumbe a realização de anamnese detalhada, com atenção especial às queixas e descrições do quadro realizadas pelo paciente. Este é um ser humano que está frente a frente com um profissional, que deve estar preparado para com cuidado acessar as informações, para poder, com sua experiência e conhecimento, determinar o procedimento a ser adotado. O contato visual, a demonstração de interesse e o próprio fato do paciente se sentir ouvido e valorizado definem o clima que será estabelecido durante o restante do tratamento.

Sabido é que, nos dias atuais, muitos médicos veem-se obrigados a cumprir jornadas de trabalho excessivas, com remuneração muitas vezes incompatível com o serviço prestado, pressionados por operadoras de plano de saúde e muitas vezes pelo próprio poder público para redução do custo do tratamento. Dessa forma, inúmeras vezes, há pacientes que relatam não ter o médico "sequer tirado os olhos do papel" durante a anamnese. Essa falta de cuidado gera não só ao paciente insatisfação e sensação de desprezo, mas também, na hipótese de insucesso do tratamento, uma maior possibilidade de litígio, com alegação de ocorrência de erro médico, exatamente por sentir o paciente não ter o profissional dado a importância necessária ao relato.

Após a anamnese, o que se espera é a realização de *exame clínico* pelo médico. Muitas moléstias são perceptíveis por exame clínico, o qual hoje infelizmente tem sido relegado a segundo plano. Comuns os relatos de não ter o "médico colocado a mão" naquele que o procura, limitando-se a preencher pedido de exames. Se esse fato é associado a uma anamnese mal realizada, estabelece-se uma distância entre as partes, que dificilmente será transposta durante o tratamento, se for este necessário.

Quanto aos *exames* a serem solicitados, o dever de cuidado impõe muito mais do que mero conhecimento técnico uma explicação ao paciente sobre sua necessidade e forma de realização. O paciente merece ser informado sobre os exames a serem pedidos, seus riscos, sua forma de realização e, em especial, sobre o valor de seus resultados. Cuidar de um paciente consiste em obter seu consentimento informado para todas as etapas do tratamento. Não se está aqui a dizer que o médico deverá providenciar informações técnicas precisas, as quais muitas vezes estariam até mesmo fora da possibilidade de entendimento do paciente. O que se espera é a mínima descrição do que será realizado e de que o médico estará a seguir pronto para uma análise conjunta de todas as etapas já percorridas, anamnese, exame clínico e exames laboratoriais, as quais são interligadas e só analisadas globalmente poderão levar a uma definição do quadro clínico. O paciente deve estar ciente de que o médico fará essa análise global e que meros resultados de exames laboratoriais não são muitas vezes conclusivos.

Pela leitura até agora realizada, poder-se-ia pensar que se está dizendo tão-só o óbvio. E razão assistiria ao leitor. Entretanto, hoje multiplicam-se nos tribunais processos que envolvem alegações de erros médicos que poderiam ser evitados ao seguir tais passos. Inúmeros são os casos que anamneses mal feitas, ausência de exames clínicos associam-se a erros laboratoriais ou a meros resultados laboratoriais inseguros e que necessitam de contraprova para serem tidos como válidos. Hipóteses há de resultados laboratoriais falsos positivos ou falsos negativos, limitados pela técnica existente no momento de sua realização. Um paciente que tenha percorrido as outras etapas sentindo-se acolhido e cuidado pelo profissional tenderá a buscá-lo prontamente em qualquer intercorrência, evitando produção de danos psicológicos muitas vezes graves nas hipóteses mencionadas. E nessa procura, é imprescindível que o médico esteja disponível para atendimento, ainda que não imediato, incumbindo aí a seu pessoal administrativo a orientação do paciente para que este se sinta seguro e amparado.

Imaginemos uma hipótese. Um paciente procura o médico para realização de exames de rotina, inclusive detecção de vírus sexualmente transmissível como o HIV. No exame laboratorial, o resultado é falso positivo. Na hipótese de ter havido anamnese detalhada e de ter sido o paciente informado com precisão da possibilidade de resultados falsos positivos ou inconclusivos, bem como da necessidade de contraprova para confirmação da efetiva presença dos anticorpos nos casos de resultados positivos, em que pese a angústia, tenderá o paciente a procurar o médico e, se este for receptivo e conduzir a situação de forma calma, ainda que o segundo resultado seja negativo, dificilmente será gerada demanda judicial. Por outro lado, se o histórico do atendimento for diverso, com anamnese mal feita, falta de explicação dos exames e riscos no que toca aos resultados, um resultado falso positivo, diga-se perfeitamente possível segundo literatura médica, gerará angústia aliada a sensação de desamparo, com grande possibilidade de haver quebra da relação de confiança não só com relação ao médico, mas com relação ao laboratório, quebra de confiança essa com grande probabilidade de gerar discussão judicial como temos verificado em nossos Tribunais.

O cuidado, pois, tem relevância jurídica imensa. O Direito não existe sem o fato. E a percepção do fato pelas partes é muito modificada quando o dever de cuidado é respeitado.

Questão extremamente relevante é a observância do dever de cuidado quando detectada moléstia grave e proposto tratamento ao paciente.

Por primeiro, mais uma vez, repita-se que o paciente tem o direito de ser informado acerca da moléstia que o acomete e dos tratamentos possíveis, inclusive no que toca à possibilidade de cura e efeitos colaterais. Somente com tal explanação poderá o paciente manifestar seu consentimento válido acerca do tratamento a ser seguido.

Há inúmeras considerações a serem feitas a respeito do tema, mas as mais relevantes dizem respeito à recusa de tratamento e à possibilidade de ser proposto ao paciente tão-somente cuidados paliativos em casos de doenças graves incuráveis.

Quando se menciona a possibilidade recusa de tratamento, de plano deve ser ressaltado que, havendo várias opções de tratamento disponíveis, o dever de cuidado impõe a oferta de todos, com específica explicação de seus efeitos tanto positivos como negativos, cabendo ao médico ainda indicar dentro de seu conhecimento técnico e experiência profissional aquele que considera mais adequado para o caso clínico. Entretanto, a última escolha cabe ao paciente, podendo haver encaminhamento do caso a outro profissional caso o primeiro não concorde com a opção havida.

Aqui surge a questão relativa à sistemática recusa de recebimento de transfusões de sangue por Testemunhas de Jeová, por razões religiosas (Levítico, 17:10-14; Atos, 15:28,29), tema polêmico e que aflige a comunidade médica.

Em princípio, ninguém pode ser obrigado a fazer ou deixar de fazer alguma coisa senão em virtude de lei (Constituição Federal, artigo 5º, inciso II). Quem violar tal direito individual comete o crime tipificado no artigo 146 do Código Penal (constrangimento ilegal). Contudo, o parágrafo 3º desse mesmo artigo exclui a antijuridicidade da "intervenção médica ou cirúrgica sem o consentimento do paciente ou de seu representante legal, se justificada por iminente perigo de vida".

O primeiro problema que surge com a análise de tal artigo reside na interpretação da expressão "*iminente perigo de vida*".

No caso de recusa do paciente a respeito de recebimento de transfusão de sangue, deve em primeiro lugar ser analisada a efetiva existência da necessidade do ato. Se o médico concluir ser o ato tão somente útil ou conveniente, mas não absolutamente necessário para a manutenção da vida do paciente, não deve ser realizada a transfusão havendo recusa, sob pena de ficar caracterizada a prática do crime de constrangimento ilegal, já que a excludente de antijuridicidade inexiste na hipótese.

No caso de concluir o médico ser a transfusão de sangue absolutamente necessária para a preservação da vida do paciente, a resposta não pode ser simplista. Deve o médico, por primeiro, indagar da possibilidade de tratamentos alternativos hoje disponíveis. Deve o médico, por exemplo, estar ciente de que os Testemunhas de Jeová mantêm uma "Comissão de Ligação com Hospitais", cujo principal objetivo é a rápida localização de médicos de outras instituições de saúde que se disponham a aplicar ao paciente tratamentos alternativos. Tal comissão, em casos de emergência, pode ser contatada por telefone. Havendo possibilidade de tratamento alternativo, nada impede a transferência do paciente para outra instituição, já que o paciente e sua família têm o direito de optar pelo tratamento que considerem mais correto, desde que ambas as alternativas sejam fornecidas por médicos habilitados. Em situação de inexistência de tratamento alternativo, deve o médico ainda ponderar haver dois direitos em aparente incompatibilidade na situação: os direitos constitucionais à vida e à liberdade religiosa. A prevalência de um direito sobre o outro não pode ser simplista, merecendo análise eventuais consequências nefastas à saúde mental do paciente criadas pela transfusão não consentida por motivos religiosos. Além disso, deve analisar os riscos da transfusão de sangue em si, não pequenos e desprezíveis, como sabido.

A jurisprudência internacional tem evoluído no sentido de que se respeite a vontade do paciente independentemente dos riscos dela decorrentes. Nos Estados Unidos da América, por exemplo, alguns hospitais e cortes adotam a teoria de que qualquer paciente adulto que não seja declarado incapaz tem o direito de recusar um tratamento, não importa quão prejudicial tal recusa possa ser para sua saúde. Adota-se em regra geral naquele país a teoria da necessidade do consentimento esclarecido do paciente para a prática de intervenção médica.

O problema se agrava quando se trata de paciente menor ou incapaz, no caso de recusa dos pais ou responsáveis na prática de transfusão de sangue.

No Brasil, havendo recusa do paciente maior ou capaz ou do representante legal do menor ou incapaz, concluindo o médico pela absoluta necessidade da transfusão de sangue e pela impossibilidade de aplicação de tratamentos alternativos, deve ser ele extremamente cauteloso na análise dos benefícios, riscos, efetiva necessidade e consequências danosas à saúde física e mental do paciente e de sua família advindos da transfusão não consentida.

Nessa hipótese de emergência, deve o médico avaliar cuidadosamente a situação, tendo em mente sua responsabilidade pessoal pela prática do ato não consentido. Será seu ônus a prova de que tal ato era efetivamente necessário para a preservação da vida do paciente para que possa se beneficiar da excludente de antijuridicidade prevista no parágrafo 3º do artigo 146 do

Código Penal. Caso não se desincumba satisfatoriamente de tal ônus, poderá ser processado e condenado pela prática do delito de constrangimento ilegal, além de responder perante o paciente e sua família por indenização por danos materiais e morais.

No que toca à responsabilidade civil, tratando-se de relação de prestação de serviços, aplica-se o Código de Defesa do Consumidor. O artigo 14 do Código de Defesa do Consumidor fala em responsabilidade objetiva do fornecedor de serviços por defeitos relativos à prestação dos serviços ou por informações insuficientes ou inadequadas sobre seus riscos. Contudo, o parágrafo 1º do citado artigo informa que um serviço deve ser considerado defeituoso considerando-se "circunstâncias relevantes", como o "modo de seu fornecimento, o resultado e os riscos que razoavelmente dele se esperam e a época em que foi fornecido". Logo, no tocante aos serviços de medicina e afins, para o surgimento da responsabilidade, sempre haverá necessidade da análise do chamado "*state of the art*", ou seja, o nível do conhecimento técnico disponível na época da prestação do serviço. É esse nível de conhecimento técnico que determinará a análise da situação concreta, pois, quanto mais avançada, precisa e ausente de riscos a ciência, maior a cautela a ser observada na sua aplicação e maior a obrigação no alcance do resultado almejado. Se o nível do conhecimento técnico não afastar a existência de riscos, obviamente não se poderá exigir que o profissional os supere em todas as circunstâncias. Assim, ainda que não haja falar em "culpa" para análise do surgimento da responsabilidade do prestador de serviços, esta somente emerge na hipótese de mau funcionamento do serviço. Trata-se de forma de responsabilidade primária, decorrente do simples funcionamento defeituoso do serviço que é prestado ao consumidor. Ressalte-se que, no caso, a responsabilidade nasce da *falta* e não do *fato* do serviço, não sendo aplicável a teoria do risco integral, que faz surgir a responsabilidade quer seja o serviço prestado de forma regular quer irregular, o que leva à conclusão de que somente o serviço defeituoso acarreta a responsabilidade do prestador. Por outro lado, a responsabilidade pessoal do médico sempre é apurada com base na existência de culpa. O artigo 6º, inciso VIII, do Código de Defesa do Consumidor, por seu turno, autoriza a inversão do ônus da prova nos casos em que "a critério do juiz, for verossímil a alegação" do paciente ou de seus sucessores no tocante à irregularidade na prestação do serviço. Logo, caberá sempre ao médico ou à pessoa jurídica responsável pelo serviço a demonstração do respeito ao dever de cuidado para prova da correção dos procedimentos adotados.

O dever de cuidado, ainda no que toca à delicada situação dos Testemunhas de Jeová, impõe o acionamento de serviços auxiliares de psiquiatria e assistência social, o eventual contato com o paciente longe de seus parentes, que podem estar exercendo pressão para a recusa. Casos há na literatura médica que o mero atendimento do paciente longe de seus familiares possibilita a definição de não estar este efetivamente convicto da recusa, que pode ser aí superada.

Anote-se que, na inércia do médico, por outro lado, provando estar à disposição para a prática do ato, que somente não foi realizado em face da recusa do paciente ou de seu representante legal, pessoalmente não entendo ser possível concluir haver a tipificação de crime de omissão de socorro ou de homicídio culposo, este último no caso de vir o paciente a falecer em face da falta de aplicação da transfusão de sangue. O delito de omissão de socorro pressupõe a existência de dolo, ou seja, de vontade livre e consciente de omitir o agente assistência ao periclitante. Ora, no caso, o médico que se encontra à disposição do paciente, somente não atuando por respeito à negativa no recebimento de tratamento pelo paciente ou por seu responsável, não tem qualquer vontade de se omitir. Ao contrário, espera tão só que lhe seja autorizado o tratamento para agir. Logo, não existe o dolo exigido para a tipificação do delito de omissão de socorro, que não admite forma culposa. No caso de morte do paciente, por sua vez, somente é possível a caracterização do delito de homicídio culposo caso fique provada a culpa do médico, sob as formas de imprudência, negligência ou imperícia. Ora, na hipótese, não há o que se falar em imprudência ou imperícia. Negligência, por sua vez, não fica caracterizada, já que o médico está pronto para agir, somente não o fazendo por recusa expressa do paciente ou de seus representantes legais. Tampouco entendo ser possível a tipificação do crime de auxílio a suicídio (artigo 122 do Código Penal). Tal delito, como o de omissão de socorro, somente é punível a título de dolo, que é a vontade livre e consciente de prestar auxílio a alguém para que se suicide, ou seja, a vontade de conseguir a morte de alguém. Ora, o médico não age no caso com dolo. Ademais, os próprios Testemunhas de Jeová deixam claro não ter qualquer intenção de suicidar-se ao recusar a transfusão de sangue. Ao contrário, querem viver, mas recusam simplesmente um tratamento que, sob a ótica da religião que professam, torna-os indignos de Deus e descumpridores de Sua palavra.

Note-se que o médico, a meu ver, não tem obrigação legal de agir contra a vontade do paciente. Ao contrário, a jurisprudência tem evoluído em todos os países exatamente para exigir o consentimento esclarecido do paciente ou de sua família para a prática de intervenção médica. Nos casos de recusa expressa no recebimento de determinado tratamento, a situação é ainda mais grave. O artigo 146, parágrafo 3º, do Código Penal, exclui a antijuridicidade da conduta do médico que pratica intervenção médica ou cirúrgica "sem o consentimento do paciente ou de seu representante legal", se justificada por iminente perigo de vida. A exclusão da antijuridicidade não está prevista para o caso de o médico praticar a intervenção "mesmo diante da expressa recusa do paciente ou de seu representante legal". Alguns eminentes juristas passaram a interpretar a exclusão da antijuridicidade de forma restritiva, para somente admiti-la no caso de falta de consentimento, mas não de expressa recusa.

Em minha opinião, portanto, havendo expressa recusa de paciente maior e capaz, recusa essa que possa ser qualificada como livre e consciente, não deve ser realizada a transfusão, por se tratar de verdadeira violência contra a pessoa, ferida em sua liberdade religiosa constitucionalmente protegida. Haverá, sem dúvida, opiniões em contrário, mas a liberdade individual e os direitos das minorias, a meu ver, devem ser protegidos para que possamos viver em democracia. A imposição da vontade de alguém sobre outrem que integre minoria religiosa pode gerar um desequilíbrio no processo democrático, quando os mais profundos sentimentos e crenças religiosos são feridos.

Deixo claro que tais conclusões são minhas opiniões pessoais sobre o tema, que não podem ser vistas sob o ponto de vista absoluto. Contudo, tais conclusões baseiam-se na análise da legislação brasileira hoje em vigor e, em especial, na consideração dos direitos das minorias e do princípio de liberdade religiosa constitucionalmente protegidos. No mesmo sentido, posso citar parecer elaborado pelo eminente jurista Manoel Gonçalves Ferreira Filho, Professor Titular de Direito Constitucional da Faculdade de Direito da Universidade de São Paulo, em resposta a consulta dirigida pela Sociedade Torre de Vigia, que representa legalmente os Testemunhas de Jeová, datado de 24 de outubro de 1994, o que demonstra que há muito se discute o tema.

E, ainda mais importante do que essas linhas básicas, há ainda outras considerações possíveis, já que a medicina não é ciência exata. Ainda que se entenda ser dever do médico agir e realizar a transfusão não consentida, é de se ponderar que cada caso clínico deve ser analisado individualmente. A recusa de uma pessoa jovem, saudável e com grande possibilidade de cura não pode ser tratada da mesma maneira que a recusa de pessoa idosa, portadora de doença incurável e com pequena expectativa de vida. O dever do cuidado impõe que o médico avalie todas as variáveis, para que, com ponderação, analise os benefícios de uma transfusão não consentida no segundo caso, benefícios que não promoverão cura e gerarão por outro lado sentimento de forte dano moral em pessoa idosa que professou religião talvez por toda sua vida e que, em seus momentos finais de vida, vê-se compelida a suportar situação gravíssima sob o ponto de vista subjetivo.

Em suma, o cuidado, a atenção, o respeito ao ser humano modifica o próprio entendimento da situação e todos esses elementos devem ser considerados não só pelos profissionais da área da medicina mas também pelos profissionais da área jurídica, já que em ambas soluções simplistas não atendem à dignidade do ser humano prevista constitucionalmente.

Superado o tema, outros extremamente relevantes dizem respeito à ministração a paciente terminal de cuidados meramente paliativos e à possibilidade da eutanásia e ortotanásia.

Nas palavras de Guilherme Calmon Nogueira da Gama, Mariana de Almeida Gussem e Pedro Henrique da Costa Teixeira em seu trabalho em seu trabalho "Cuidado, Eutanásia e Sacralidade da Vida no Estado Laico: Sob a Sombra de Tânatos":

> É extremamente importante se compreender que a dignidade da morte, assim como da vida, deve ser avaliada, não em conformidade com o sentimento comum da sociedade, mas conforme o sentimento do próprio enfermo.[3]

Importante distinção é necessária, eis que não se deve confundir a ministração de cuidados meramente paliativos com a eutanásia e a ortotanásia, a meu ver. Cuidados paliativos são aqueles ministrados a pacientes portadores de moléstias graves e incuráveis, em que o tratamento convencional mostra-se contraproducente e doloroso, com resultado já sabidamente insatisfatório. Em suma, opta-se por não prolongar a vida e o sofrimento do paciente, mas por cuidar de seu conforto e mínima agonia, quando se antevê que o resultado morte é inevitável ainda que não iminente. Nessa hipótese não se apressa a morte do paciente, mas tão-só não se prolonga a vida por meio de tratamentos altamente dolorosos e com resultados nulos no que concerne à cura. A eutanásia difere dos cuidados paliativos exatamente porque aqui o resultado morte é buscado diretamente, seja por ação ou omissão. E, por fim, a ortotanásia também merece conceito específico, por corresponder ao não prolongamento da vida artificial do paciente terminal, com a interrupção de tratamentos em casos de morte iminente.

Exemplos podem tornar mais clara a questão. Cuidados paliativos são aqueles ministrados a um paciente portador de câncer raro e grave, com nenhuma projeção de cura, ao se optar pela não realização de cirurgias, tratamentos quimioterápicos debilitantes. O fim é a manutenção da vida com qualidade enquanto possível e conforto nos momentos finais. A eutanásia ocorre ao se ministrar medicamento que provocará a morte do paciente ou ao se deixar de manter alimentação a paciente que não consome alimentos por via oral. Por derradeiro, a ortotanásia se dá no desligamento de máquinas que mantem a vida de forma artificial.

Em todas as hipóteses há discussão, mais uma vez, do conflito entre o direito à vida e à dignidade da pessoa humana.

O primeiro ponto a avaliar é a possibilidade ou não de obtenção de manifestação expressa de vontade do paciente.

---

3 GAMA, Guilherme Calmon Nogueira da, GUSSEM, Mariana de Almeida, TEIXEIRA, Pedro Henrique da Costa. "Cuidado, Eutanásia e Sacralidade da Vida no Estado Laico: Sob a Sombra de Tânatos". In: PEREIRA, Tânia da Silva; OLIVEIRA, Guilherme de; COLTRO, Antônio Carlos Mathias. *Cuidado e Afetividade*. São Paulo: Atlas, 2017, p. 161.

Essa manifestação no caso de cuidados paliativos em paciente capaz é, a meu ver, decisiva. Como já acima exposto, não vislumbro como impor a um paciente tratamento não desejado. Importante, mais uma vez, frisar a necessidade de ser o paciente informado de todas as variáveis relativas a seu tratamento, para que juntamente com seu médico possa optar conscientemente sobre o tratamento que lhe será ministrado. Caberá ao profissional médico, dentro de seus deveres de manutenção da qualidade de vida do paciente, discutir as possibilidades de forma honesta e clara, explicando os efeitos colaterais dos tratamentos convencionais e delimitando a diferença de expectativa e qualidade de vida nas diferentes hipóteses. Discussão aprofundada é necessária acerca da tão comum prática nos dias atuais da chamada distanásia, ou seja, do uso de terapias que prolongam a vida do paciente por meio de tratamentos desproporcionais, os quais levam a agonia duradoura e extremamente penosa ao paciente e sua família. O desenvolvimento dos conhecimentos científicos pode, infelizmente, ter esse efeito não desejável e, por seu turno, a mercantilização da medicina de forma extremamente nefasta pode gerar situações condenáveis do ponto de vista ético. Assim, diagnosticada moléstia grave, incurável, com previsão de morte, não se pode, a meu ver, sob o ponto de vista ético e humano, negar ao paciente a opção de submeter-se a tratamento que vise tão-somente o controle dos sintomas, mas que possa proporcionar qualidade de vida superior, ainda que mais breve.

Na hipótese de ortotanásia também inegável a relevância da manifestação expressa da vontade do paciente, válida inclusive na hipótese de ter sido manifestada antes do agravamento da situação clínica. Aqui, mais uma vez, deve-se considerar o sofrimento gerado pela manutenção artificial da vida já inviável por meio de aparelhos, com gastos altíssimos não só de dinheiro como de energia por todos os envolvidos. Optando o paciente ou sua família pela interrupção da artificialidade da vida, não vislumbro hipótese de ilegalidade, mas de respeito ao dever de cuidado e à dignidade da pessoa humana.

Questão mais polêmica é a possiblidade de aquiescência à vontade declarada do paciente de por fim a sua vida de forma ativa. A eutanásia traz à tona questões éticas e religiosas, mas comungo da posição adotada por Guilherme Calmon Nogueira da Gama, Mariana de Almeida Gussem e Pedro Henrique da Costa Teixeira, ao defenderem que, para o fim de

> compatibilizar o respeito à autonomia da pessoa humana com o dever de cuidado nas situações de terminalidade da vida, qualquer avaliação sobre a possibilidade de eutanásia deve ser precedida de um juízo a respeito da assistência prestada ao enfermo terminal: foi prestada toda a assistência social, econômica, psicológica, familiar e médica possível? Se a resposta for negativa, deve-se buscar o alívio da pessoa vulnerável de modo a se concretizar o dever de cuidado, reservando a morte sempre como *ultima ratio*; mas se a

> resposta for positiva, e mesmo assim permanecer o sofrimento e o desejo de morrer, o dever de cuidado se inverteria para admitir que o 'fazer o bem' inscrito no princípio da beneficência poderia ser a própria morte.[4]

Em nosso país, a eutanásia não se encontra disciplinada, mas em outros países é ela admitida por ser entendida como uma concretização do dever de cuidado imposto em benefício do doente cujo sofrimento permite a conclusão de que sua não realização equivaleria não a "fazer o bem", mas exatamente ao contrário. O tema ainda gera debates acalorados daqueles favoráveis ou contrários ao regramento da questão pelo ordenamento jurídico, muitos considerando o proceder como mero auxílio ao suicídio, mas deve, no meu sentir, considerar primordialmente o cumprimento do dever do cuidado e ser solucionado em cada caso concreto, já que respostas automáticas e simplistas, por si só, infringem tal dever, que visa em última análise ao respeito ao ser humano em sua integralidade, física, mental e emocional.

Necessária a menção à validade do chamado *testamento vital*. Segundo Ana Carolina Brochado Teixeira e Luciana Dadalto Penalva ensinam em seu trabalho "Terminalidade e Autonomia: Uma Abordagem do Testamento Vital no Direito Brasileiro":[5]

> o testamento vital é o instrumento garantidor da autonomia do paciente terminal, pois assegura a este que sua morte ocorra de forma coerente com os valores que elegeu como prioritários para guiar a vida; trata-se do autogoverno da vida e da morte. A pessoa é livre para decidir sobre aspectos autorreferentes, especialmente situações da sua maior intimidade e privacidade, conforme já mencionamos. Viver a própria vida e morte estão enquadradas nesse espaço de decisões sobre si mesmas, pois trata-se da essência da pessoa humana. Por isso admitir o testamento vital como instituto viabilizador da autonomia é medida coerente com o catálogo aberto dos direitos fundamentais, de sede constitucional, posto que atrelado à autodeterminação do sujeito.

No Brasil, o testamento vital encontra maior projeção na comunidade médica e bioética, pouco suscitando debate ainda na comunidade jurídica.

4 GAMA, Guilherme Calmon Nogueira da; GUSSEM, Mariana de Almeida; TEIXEIRA, Pedro Henrique da Costa. Op. cit., p. 172.

5 TEIXEIRA, Ana Carolina Brochado; PENALVA, Luciana Dadalto. "Terminalidade e Autonomia: Uma Abordagem do Testamento Vital no Direito Brasileiro". In: PEREIRA, Tânia da Silva; MENEZES, Rachel Aisengart; BARBOZA, Heloisa Helena. *Vida, Morte e Dignidade Humana*. Rio de Janeiro: GZ, 2010, p. 64.

Tal situação não deve prevalecer, pois o Direito não pode seguir desvinculado da sociedade em que aplicável. A sociedade evolui e serve de fator de pressão para a elaboração de normas que regulem seus anseios. Nas palavras de Eugen Ehrlich,

> toda a evolução legal repousa na evolução social e toda evolução social consiste no fato de que os homens e suas relações se modificam no decorrer do tempo.Homens diferentes viverão em relações diferentes; e como as relações jurídicas em grande parte se baseiam em práticas jurídicas, no decorrer do tempo aparecerão novas práticas jurídicas e outras desaparecerão.[6]

Muitas indagações ainda são possíveis, em especial no que se refere às três hipóteses de cuidados paliativos, ortotanásia e eutanásia, quando o paciente se encontra sem condições de expressar sua vontade, quer pela idade, pelas condições mentais ou pela inconsciência. Nesses casos, o dever de cuidado estende-se de forma mais visível aos familiares do paciente, a quem a assistência integral deve ser prestada.

Os temas, tão delicados, devem levar o intérprete à análise do próprio conceito de vida, para que esta seja entendida não em seu aspecto frio, mas considerada a dignidade intrínseca a toda vida. E, comungando da posição adotada por muitos autores modernos, sejam profissionais da área médica ou jurídica, ouso afirmar que o conceito de dignidade não pode ser aqui definido de forma geral, mas observado os princípios da própria pessoa cuja vida é analisada. O desafio é enorme, mas, nas palavras de Marília Campos Oliveira e Telles e Antônio Carlos Mathias Coltro, é preciso proceder "*cuidando do cuidado*".[7] Só assim poderemos alcançar, todos juntos, a harmonização e preservação da dignidade das pessoas em relação tão delicada como a de um paciente e de um profissional da área da saúde.

Em medicina normalmente não se pode falar em certezas absolutas. Mas nessa delicada relação médico/paciente o dever de cuidado deve ser encarado de maneira multidimensional, não apenas no aspecto físico do tratamento, mas da visão do paciente como alguém que não se resume a seu corpo, mas que, como ser humano integral, deve ser cuidado e respeitado para manutenção de sua dignidade, sempre com a consideração da especificidade de seu caso clínico.

---

6 EHLICH, Eugen. *Fundamentos da Sociologia do Direito*. Brasília: Editora Universidade de Brasília, 1986, p. 303.

7 TELLES, Marília Campos Oliveira e; COLTRO, Antônio Carlos Mathias. "Cuidando do Cuidado". In: PEREIRA, Tânia da Silva; OLIVEIRA, Guilherme de. *Cuidado e Vulnerabilidade*. São Paulo: Atlas, 2009, p. 52.

E a nós, os operadores do Direito cabe a responsabilidade de lidar com o ordenamento jurídico de forma a preservar os direitos fundamentais, dentre os quais a dignidade humana. Já mencionamos que a legislação não é estática e sofre a influência das mudanças sociais pela interpretação que lhe é dada pelos operadores do Direito. Por outro lado, no que toca à análise, interpretação e compreensão das normas jurídicas, Karl Engish ensina com maestria que:

> Em primeiro lugar, vimos em acção diferentes métodos e pontos de vista interpretativos, a saber: a interpretação segundo o teor verbal (a interpretação "gramatical"), a interpretação com base na coerência (conexidade) lógica (a interpretação "lógica" ou "sistemática", que se apoia na localização de um preceito no texto da lei e na sua conexão com outros preceitos), a interpretação a partir da conexidade histórica, particularmente a baseada na "história da génese do preceito", e finalmente a interpretação baseada na *ratio*, no fim, no "fundamento" do preceito (a interpretação "teleológica). Sob esta forma ou semelhante, as quatro espécies de interpretação pertencem em certa medida, desde SAVIGNY, ao patrimônio adquirido da hermenêutica jurídica. O Tratado do Direito Civil de ENNECCERUS, que continua a ser um texto modelar, declara que a interpretação tem de partir do teor verbal da lei, o qual há-de ser posto a claro "tendo em conta as regras da gramática e designadamente o uso (corrente) da linguagem", tomando, porém, em particular consideração também os "modos de expressão técnico-jurídicos". Acrescenta, todavia, que além do teor verbal hão-de ser considerados: "a coerência interna do preceito, do lugar em que se encontra e as suas relações com outros preceitos" (ou seja, a interpretação lógico-sistemática), assim como a "a situação que se verificava anteriormente à lei e toda a evolução histórica", bem assim "a história da génese do preceito", que resulta particularmente dos trabalhos preparatórios, e finalmente o "fim particular da lei ou do preceito em singular" (ou seja, a interpretação teleológica). A terminar acentua-se ainda, porém, que também releva ou tem importância o valor do resultado, que o direito apenas é uma parte da cultura global e, por conseguinte, o preceito da lei deve, na dúvida, ser interpretado de modo a "ajustar-se o mais possível às exigências da nossa vida em sociedade e ao desenvolvimento de toda a nossa cultura" (o que, todavia, em minha opinião, pode ser incluído no conceito da interpretação teleológica). A estas representativas formulações muitas outras semelhantes se poderiam acrescentar. Como é natural, há muitas divergências na

> terminologia e também na substância. O essencial é que também a prática jurisprudencial, nas suas grandes linhas, opera com os mesmos pontos de vista.[8]

Resulta, assim, claro que a aplicação do Direito não pode ser fria e distante da realidade, resultando em soluções incompatíveis com a pacificação da vida em sociedade, sempre considerado o princípio fundamental da dignidade da pessoa humana. Aliás, nas sábias palavras de Carlos Maximiliano, "deve o direito ser interpretado inteligentemente: não de modo que a ordem legal envolva um absurdo, prescreva inconveniências, vá ter a conclusões inconsistentes ou impossíveis".[9]

Dessa forma, deve-se cuidar para que a interpretação de normas jurídicas não afronte os direitos fundamentais do homem. Incumbe-nos, como operadores do Direito, a tarefa de garantir em casos concretos o respeito à dignidade humana, consideradas as especificidades de cada situação analisada, em especial no delicado âmbito das relações que envolvem a prática da medicina.

---

8 ENGISH, Karl. *Introdução ao Pensamento Jurídico*. Lisboa: Fundação Calouste Gulbenkian, 1996, p. 136/138.

9 MAXIMILIANO, Carlos. *Hermenêutica e Aplicação do Direito*. Rio de Janeiro: Forense, 1979, p. 166.

CUIDADO E A ESFERA EXISTENCIAL INCLUSIVA DA PESSOA COM DEFICIÊNCIA

Guilherme Calmon Nogueira da Gama[1]

Marina Lacerda Nunes[2]

INTRODUÇÃO

Em 2014, chegava aos cinemas o filme *Still Alice*, baseado no romance de Lisa Genoveva, que conta a história de uma professora de linguística da Universidade de Columbia – Alice Howland – que é diagnosticada com Alzheimer precoce aos 50 (cinquenta) anos e tem sua vida pessoal, profissional e familiar profundamente impactada pelos desdobramentos da doença. A atriz Julianne Moore interpreta a personagem principal e sua autêntica atuação no papel de uma paciente de Alzheimer lhe rendeu o Oscar de melhor atriz neste ano.

O Alzheimer precoce representa cerca de 10% do total de casos identificados no mundo, sendo um tipo mais raro da doença, geralmente transmitido geneticamente, que se manifesta antes dos 65 anos e se caracteriza por um declínio rápido das funções cognitivas. O filme, que teve ampla repercussão em razão dos prêmios conquistados, retratasensível abordagemsobre a dura realidade que enfrentam o paciente de Alzheimer e seus familiares, desde os primeiros sintomas, como lapsos de memória e desorientação espacial, até a completa alienação da pessoa.

Uma das cenas do filme reproduz o discurso de Alice num evento organizado pela *Alzheimer's Association*, integralmente transcrito a seguir:

---

1 Mestre e Doutor em Direito Civil pela UERJ. Professor Titular de Direito Civil da UERJ e Professor Permanente do PPGD da UNESA (RJ). Pesquisador. Desembargador do Tribunal Regional Federal da 2ª Região (RJ-ES). Membro da Academia Brasileira de Direito Civil e do IBDFAM.

2 Advogada. Pesquisadora. Graduada pela Faculdade de Direito da UERJ.

A poetisa Elisabeth Bishop escreveu: 'A arte de perder não é nenhum mistério; tantas coisas parecem ser cheias de intenção de perda que perdê-las não é nenhum desastre'. Eu não sou uma poetisa. Sou uma pessoa vivendo no estágio inicial de Alzheimer. E assim sendo, estou aprendendo a arte de perder todos os dias. Perdendo meus modos, perdendo objetos, perdendo sono e, acima de tudo, perdendo memórias.

Toda a minha vida eu acumulei lembranças. Elas se tornaram meus bens mais preciosos. A noite que conheci meu marido, a primeira vez que segurei meu livro em minhas mãos, ter filhos, fazer amigos, viajar pelo mundo. Tudo que acumulei na vida, tudo que trabalhei tanto para conquistar, agora tudo isso está sendo levado embora. Como podem imaginar, ou como vocês sabem, isso é o inferno. Mas fica pior.

Quem nos leva a sério quando estamos tão diferentes do que éramos? Nosso comportamento estranho e fala confusa mudam a percepção que os outros têm de nós e a nossa percepção de nós mesmos. Tornamo-nos ridículos. Incapazes. Cômicos. Mas isso não é quem nós somos. Isso é a nossa doença. E como qualquer doença, tem uma causa, uma progressão, e pode ter uma cura. Meu maior desejo é que meus filhos, nossos filhos e a próxima geração não tenha que enfrentar o que estou enfrentando. Mas, por enquanto, ainda estou viva. Eu sei que estou viva. Tenho pessoas que amo profundamente, tenho coisas que quero fazer com a minha vida. Eu fui dura comigo mesma por não ser capaz de lembrar das coisas. Mas ainda tenho momentos de pura felicidade e alegria. E, por favor, não pensem que estou sofrendo. Não estou sofrendo. Estou lutando. Lutando para fazer parte das coisas, para continuar conectada com quem eu fui um dia.

'Então, viva o momento', é o que digo para mim mesma. É tudo que posso fazer. Viver o momento e não me culpar tanto por dominar a arte de perder. Uma coisa que vou tentar guardar é a memória de falar aqui hoje. Irá embora, sei que irá. Talvez possa desaparecer amanhã. Mas significa muito estar falando aqui hoje. Como meu antigo eu, ambicioso, que era tão fascinado em comunicação. Obrigada por essa oportunidade. Significa muito para mim.[3]

3 STILL ALICE.Direção: Richard Glatzer eWash Westmoreland. Produção: Lynn Appelle, Declan Baldwin, James Brown e outros. Roteiro: Lisa Genoveva, Richard Glatzer eWash Westmoreland. Intépretes: Julianne Moore, Alec Baldwin, Kristen Stewart, Kate Bosworth, Hunter Parrish, Stephen Kunken e outros. New York: Lutzus-Brown; Killer Films; BSM Studio; Big Indie Pictures; Shriver Films, 2014, 1 filme (101 min).

Esse comovente discurso remete ao cenário alarmante do aumento significativo da incidência da doença de Alzheimer nas últimas décadas, sobretudo entre idosos, revelando-se um grande desafio para família, sociedade e Estados, desde a vida pessoal de cada afetado pela doença até as políticas públicas que devem ser formuladas especialmente para pessoas com alguma demência.

Segundo dados da Organização Mundial de Saúde e da *Alzheimer'sDis easeInternational*, divulgados em 2012, a demência é principal causa de invalidez e dependência entre idosos mundialmente. Estima-se que a cada ano surgem 7,7 milhões novos casos de demência, dentre os quais o Alzheimer é o mais recorrente.[4]

A falta de conscientização e compreensão das demências resulta, na maioria dos países, em estigmatização, em barreiras para o diagnóstico e o cuidado, atingindo os cuidadores, familiares e a sociedade física, psicológica e economicamente. Por isso, é imprescindível que a demência integre a agenda de saúde pública em todos os países.

Enquanto não se lograr encontrar a cura para esse mal que cresce num ritmo epidêmico, urgebuscar novas soluções e mecanismos jurídicos para atender a essa parcela da população afetada pela doença de Alzheimere assegurar-lhes da melhor maneira possível o direito ao livre desenvolvimento de sua personalidade e o exercício de todas as expressões de vida,[5] ainda que numa condição de extrema vulnerabilidade. O diagnóstico de Alzheimer não torna as pessoas menos humanas, nem interfere no núcleo duro de sua dignidade, que deve continuar sendo absolutamente considerado e respeitado. Mesmo acometidas com a doença, continuam traçando suas histórias e experiências, lutando e se superando a cada dia. O que as define não são o senso de desorientação, os esquecimentos constantes, a repetição de frases, o comprometimento cognitivo ou a dificuldade para executar atividades cotidianas, mas sim a sua trajetória de vida, o que construíram, seus valores, sonhos e paixões, sua liberdade de decidir por onde seguir enquanto for possível.

Tendo em vista este panorama, é de suma importância destacar o advento da Lei n. 13.146/15, mais conhecida por Estatuto da Pessoa com Deficiência ou Lei Brasileira de Inclusão, que traz diversas contribuições para o Direito brasileiro no que toca ao tratamento destinado à pessoa com deficiência física, sensorial, mental ou intelectual. De acordo com o art. 1º do referido diploma legal, este pretende "assegurar e promover, em condições

4 World Health Organization 2012.*Dementia*: a public health priority, p.4. Disponível em: <http://apps.who.int/iris/bitstream/10665/75263/1/9789241564458_eng.pdf>. Acesso em: 02 jul. 2016.

5 TEIXEIRA, Ana Carolina Brochado. Deficiência Psíquica e Curatela: Reflexões Sobre o Viés da Autonomia Privada. *Revista Brasileira de Direito das Famílias e Sucessões*, Belo Horizonte, v. 7, 2009, p. 77.

de igualdade, o exercício dos direitos e liberdades fundamentais por pessoa com deficiência, visando à sua inclusão social e cidadania". Nesta linha, o EPD prevê, em seu art. 6º, que "a deficiência não afeta a plena capacidade da pessoa", inclusive para o exercício de seus direitos de natureza existencial (casar-se, ter filhos, direito à convivência familiar e comunitária, direito ao planejamento familiar, entre outros).

Tal circunstância, evidentemente, provocou severas mudanças no tradicional regime das incapacidades do Código Civil de 2002, desvinculando as concepções de deficiência e incapacidade. Com a nova redação atribuída pelo EPD aos arts. 3º e 4º do Código Civil de 2002, "os que, por enfermidade ou deficiência mental, não tiverem o necessário discernimento para prática dos atos da vida civil" e "os que, mesmo por causa transitória, não puderem exprimir sua vontade" saíram da categoria de absolutamente incapazes, permanecendo apenas os menores de 16 (dezesseis) anos. Serão, então, reputados relativamente incapazes os maiores de 16 (dezesseis) e menores de 18 (dezoito) anos, os ébrios habituais e os viciados em tóxicos, os pródigos e aqueles que, por causa transitória ou permanente, não puderem exprimir sua vontade.

A Lei n. 13.146/15 surge como fruto de um movimento mundial de inclusão da pessoa com deficiência nas últimas décadas, que culminou na promulgação da Convenção Internacional dos Direitos da Pessoa com Deficiência pela ONU, da qual o Brasil é signatário. A CDPD foi incorporada ao ordenamento jurídico brasileiro pelo Decreto n. 6949/2009,através do rito do art. 5º, §3º, da Constituição Federal, com *status* de emenda constitucional, no entanto, só com a instituição do EPD as diretrizes da referida convenção passaram a se concretizar no plano infraconstitucional.

O Alzheimer, do ponto de vista da Medicina e da Psiquiatria, é classificado como uma doença mental, assim como as demais demências. Salienta-se que existem distinções na conceituação de deficiências mentais e doenças mentais e que sua diferenciação é importante para fins de promoção de políticas públicas. Sem embargo, este artigo toma como parâmetro uma definição de deficiência em sentido amplo, como um impedimento de longo prazo de natureza física, sensorial, mental ou intelectual que, em conjunto com uma ou mais barreiras, obstrui a participação plena e efetiva da pessoa na sociedade em igualdade de condições com as demais, conforme dispõe o art. 2º do EPD.

A Lei Brasileira de Inclusão (LBI) ou Estatuto da Pessoa com Deficiência (EPD) atendeu aos anseios da maior parte da doutrina e, assim, tratou de separar a esfera existencial da esfera patrimonial da pessoa com deficiência. A proposta deste trabalho cinge-se à análise da esfera existencial da pessoa com deficiência, em especial relacionada à sua inserção na sociedade civil, tratando dos institutos da curatela e da tomada de decisão apoiada. O cuidado se coloca como central no debate e na discussão do tema, especialmente em virtude do reconhecimento da especial condição da pessoa com deficiência e seu tratamento inclusivo. Buscar-se-á também fazer uma análise interdisciplinar, principalmente na perspectiva de se reconhecer o modelo social do tratamento jurídico das questões que envolvem a pessoa com deficiência, e não o modelo médico.

O artigobuscará tratar do tema da capacidade civil consoante as inovações legislativas operadas pela Lei n. 13.146/2015 no que toca à releitura do regime das incapacidades, à ressignificação do instituto da curatela e à introdução do procedimento da tomada de decisão apoiada no sistema jurídico pátrio. Para tanto, a metodologia utilizada para elaboração do trabalho foi a teórico-conceitual, com análise crítica e escorada em pesquisa doutrinária, jurisprudencial e legal sobre o tema. Vale ainda frisar a generosa interdependência do texto elaborado com outros campos do conhecimento:Medicina, Psicologia, Sociologia e Serviço Social.

1. PERSONALIDADE E CAPACIDADE

Nas últimas décadas, o Direito Civil vem sofrendo profundas transformações, afastando-se cada vez mais da perspectiva patrimonialista- individualista do Código Civil de 1916 para buscar novos paradigmas sempre iluminadospelo conjunto de princípios e valores constantes da Constituição Federal de 1988, em especial o axioma da dignidade da pessoa humana e da incidência das normas dos direitos e garantias fundamentais. Pode-se dizer que o Direito Civil brasileiro foi reformado mediante a "articulação entre a eficácia normativa dos princípios e a abertura democrática do sistema jurídico através da aplicação dos princípios constitucionais",[6] cujo papel foi reconhecido nas relações do Direito Privado.

As normas constitucionais estão localizadas no topo do sistema jurídico brasileiro, desempenhando funções de interpretação, integração e de construção das demais normas do ordenamento. Pode-se dizer, portanto, que a Carta Magna alavancou uma autêntica reestruturação da dogmática jurídica, a partir da afirmação da cidadania como elemento propulsor.[7]

A pessoa natural é o ser humano e a sua dignidade é o fundamento principal da República Federativa do Brasil e pilar básico do ordenamento jurídico brasileiro, consubstanciado no art. 1º, III, da CF. A pessoa humana é o "ponto de partida e o alvo, direto ou indireto, de todas as construções jurídicas",[8] sendo a Ciência Jurídica elaborada pelo homem e para o homem.

---

6 MORAES, Maria Celina Bodin de. A caminho do Direito Civil Constitucional. *Revista de Direito Civil*. São Paulo: RT, n. 65, jul./set. 1993, p.24.

7 ROSENVALD, Nelson. FARIAS, Cristiano Chaves de. *Curso de Direito Civil*:parte Geral e LINDB. Salvador: JusPodivm, 2016, p. 61.

8 NADER, Paulo. *Curso de Direito Civil*: Parte Geral. Rio de Janeiro: Forense, 2003, p. 181.

Logo, toda pessoa natural é dotada de personalidade jurídica, adquirindo direitos e contraindo deveres. Daí a cláusula geral de proteção e tutela da pessoa humana, irradiada pelo texto constitucional, conferir à pessoa uma proteção jurídica compatível com sua estrutura biopsicológica.

Neste processo de constitucionalização do Direito Civil, Célia Barbosa Abreu comenta que a visão estrutural da personalidade tornou-se insuficiente, já que ganhou patamar de valor fundamental no ordenamento jurídico pátrio. São dois seus significados doravante: o antigo, de qualidade conferida pela ordem jurídica a todas as pessoas para integrarem os pólos das relações jurídicas; e o de valor prioritário em meio ao sistema jurídico.[9]

É de suma importância ressaltar que a pessoa natural não pode ser definida tão somente como aquela naturalmente concebida, considerando a existência de técnicas de reprodução assistida, como a inseminação artificial e a fertilização *in vitro*, alcançadas pelo avanço da medicina e da biotecnologia na contemporaneidade. Portanto, não importa se a concepção é natural ou artificial para fins de caracterização da pessoa natural. A personalidade pode ser conceituada como a soma de caracteres corpóreos e incorpóreos da pessoal natural ou jurídica, isto é, a reunião de aptidões da pessoa. Nesse sentido, a personalidade é compreendida como aquilo que a pessoa é, tanto no plano corpóreo quanto no social.[10] Conforme o art. 2º do Código Civil de 2002, a personalidade jurídica plena começa com o nascimento com vida. Tal preceito significa que toda e qualquer pessoa natural possui invariavelmente personalidade jurídica, sendo um sujeito de direitos e podendo titularizar relações jurídicas.

O citado artigo coloca a salvo, desde a concepção, os direitos do nascituro, aquele concebido que ainda não nasceu com vida. No entanto, a interpretação desse dispositivo legal gera dúvida sobre se o nascituro poderá ser considerado pessoa, se teria personalidade. Da tentativa de discernir a*mens legis* do art. 2º, CC, surge uma controvérsia doutrinária entre natalistas e concepcionistas. Os primeiros entendem que a personalidade inicia-se com o nascimento com vida, porque esta seria a intenção literal do legislador, enquanto os segundos sustentam a tese de que o nascituro dispõe dos direitos da personalidade desde a concepção e, em razão disso, já adquire a personalidade jurídica, tendo em vista que "a lei coloca a salvo, desde a concepção, os direitos do nascituro", não obstante seus direitos patrimoniais fiquem condicionados ao nascimento com vida.

---

9 ABREU, Célia Barbosa. Curatela: uma Proposta de Leitura Constitucional do Artigo 1.772 do Código Civil Brasileiro. *Revista Brasileira de Direito das Famílias e Sucessões*, Belo Horizonte, v. 7, 2009, p.96.

10 TARTUCE, Flávio. *Direito Civil,* v.1: Lei de Introdução e Parte Geral. 12.ed. Rio de Janeiro: Forense, 2016, p. 118.

Como já dizia a sentença de Hermogeniano – *Omneiushominum causa constitutum est*[11] – na obra *Digesto*, direitos somente se vinculam a pessoas e não a coisas. Deduz-se, por interpretação lógica, que o Código Civil adota a teoria concepcionista e considera o nascituro pessoa humana.

Importante lembrar que a personalidade não depende da consciência ou da vontade do indivíduo. A criança, ainda que recém-nascida, a pessoa com deficiência mental gravíssima ou a pessoa em coma, a despeito da ausência de conhecimento da realidade, ou a falta de reação psíquica, é uma pessoa, logo, dotada de personalidade, qualidade indissociável do ser humano dentro da ordem jurídica que não decorre do preenchimento de qualquer requisito psíquico ou intelectual.

Nesta esteira de raciocínio, surge o conceito de capacidade, medida da personalidade para prática de determinados atos da vida civil. Dessa forma, qualquer pessoa humana pode ser titular de direitos e obrigações, entre outras posições jurídicas, contudo nem toda pessoa praticará atos da vida civil pessoalmente – apenas aqueles que possuem plena capacidade.

A ordem jurídica brasileira reconhece ao indivíduo a capacidade para a aquisição dos direitos e para exercê-los por si mesmo ou por intermédio de um terceiro através das técnicas de representação e assistência. Logo, personalidade e capacidade complementam-se: a personalidade somente se concretiza com a capacidade jurídica, que se amolda ao conteúdo da personalidade. No sentido genérico, não existem restrições à capacidade, vez que todo direito está apto a materializar-se. Quem tem aptidão para adquirir direitos deve ser hábil a gozá-los e exercê-los, pessoalmente ou por via da representação ou assistência, podendo a inércia do sujeito, no que toca ao seu direito, ser uma forma de fruição, inclusive.

A capacidade é o instrumento pelo qual se realiza a personalidade, essência do ser humano. Afirma Silmara Chinellato que "a personalidade é um *quid* (substância, essência) e a capacidade é o *quantum*".[12] Portanto, a privação total de capacidade implica a frustração da personalidade: se o homem, sujeito de direitos, não tivesse capacidade genérica para adquiri-los, o resultado seria seu aniquilamento do mundo jurídico. Porque toda pessoa tem personalidade jurídica, dispõe outrossim da faculdade abstrata de gozar de seus direitos.

2. CAPACIDADE DE DIREITO E CAPACIDADE DE FATO

Faz-se necessário distinguir a capacidade de direito, de gozo ou de aquisição e a capacidade de fato, de exercício ou de ação. A capacidade de direito

11 *Digesto*, Livro I, tít. V, fr. 1: "Todo direito constitui-se em benefício dos homens".

12 CHINELLATO, Silmara Juny (coord). *Código Civil interpretado*. 3. ed. Org. Costa Machado. São Paulo: Manole, 2010, p.27.

é aquela derivada da própria condição de pessoa humana e, por isso, confunde-se facilmente com a concepção de personalidade. Consiste na aptidão genérica reconhecida a todas as pessoas humanas e estendida aos agrupamentos morais, que podem ser titulares de direitos e obrigações. Assim, a capacidade de direito é fundamental, tendo em vista que contém potencialmente todos os direitos de que o homem pode ser sujeito e não pode ser recusada ao indivíduo, sob pena de retirar dele os predicados da personalidade.

Já a capacidade de fato resume-se à aptidão de exercer pessoalmente os atos da vida civil e, por isso, possibilita variação e gradação, abrangendo desde os plenamente capazes aos relativa ou absolutamente incapazes. É exatamente na capacidade de fato que se aplica o regime das incapacidades, pois não é possível nivelar a capacidade de direito, por ser absoluta como a personalidade.

Logo, a capacidade de fato, ou seja, "a possibilidade de praticar atos com efeitos jurídicos adquirindo, modificando ou extinguindo relações jurídicas",[13] advém do preenchimento de requisitos biológicos e legais e pode sofrer limitação proveniente de idade ou estado de saúde da pessoa. Às vezes faltam requisitos materiais para que as pessoas exerçam pessoal e diretamente seus direitos, condicionando seu exercício à atuação de terceiros que os assistam ou representem de acordo com seu grau de incapacidade.

Sob a ótica de Célia Barbosa Abreu, "a capacidade de direito é simples condição de gozo, uma posição estática, ao passo que a capacidade de exercício denota uma atividade dinâmica, compreendendo o poder de pôr em movimento os direitos".[14]

Por conseguinte, toda pessoa tem a faculdade de adquirir direitos, mas nem toda pessoa tem o poder de usá-los por si mesmo ou transmiti-los a outrem por ato de vontade. A regra é a capacidade e a incapacidade é exceção; quer dizer, toda pessoa dispõe de capacidade de aquisição e presume-se a capacidade de ação; somente por exceção expressamente derivada da lei é que se nega a capacidade de fato ao indivíduo. Do mesmo modo, ninguém pode renunciar à sua capacidade, reduzir sua capacidade ou declarar-se incapaz, seja de direito ou de fato.

É, anda, importante a distinção entre capacidade e legitimação ou legitimidade. A legitimação é uma condição especial para celebrar determinado ato ou negócio jurídico; é um requisito específico, legalmente exigido, para a realização de certos atos. É como um *plus* na capacidade jurídica. A título exemplificativo, cita-se o art. 496, CC, que prevê a anulabilidade da venda

---

13 AMARAL, Francisco. *Direito Civil*: Introdução. 5. ed. Rio de Janeiro:Renovar, 2003, p. 229.

14 ABREU, Célia Barbosa. Capacidade Civil, Discernimento e Dignidade do Portador de Transtorno Mental. *Revista Brasileira de Direito das Famílias e Sucessões*, Belo Horizonte, v. 8, 2009, p.5.

de imóvel entre ascendente e descendente sem o consentimento dos demais herdeiros. Neste caso, a concordância dos demais interessados na prática do negócio jurídico é a legitimação imposta pelo ordenamento jurídico, visando proteger o direito à herança.

A legitimidade, por sua vez, diz respeito ao Direito Processual Civil e caracteriza-se como uma das condições da ação. O art. 17 do Código de Processo Civil de 2015, equivalente ao art. 3º do CPC/73, estabelece que para propor ou contestar ação é preciso ter interesse e legitimidade – seja ela ativa (autor da demanda) ou passiva (réu da demanda).

As distinções aqui destacadas entre capacidade de gozo (ser titular da relação jurídica) e capacidade de exercício (poder praticar o ato pessoalmente) somente se aplicam, na atual fase do Direito Civil, na hipótese do exercício dos direitos patrimoniais. Isso significa que, em relação às situações jurídicas existenciais, essa classificação não mais encontra o mesmo respaldo, como no caso dos direitos da personalidade. Qualquer pessoa- maior ou menor, dotada ou não de capacidade de fato – pode efetivar ou reclamar seus interesses existenciais pessoal e diretamente, sob pena de prejuízo à sua dignidade. Patrocinam essa tese os doutrinadores Joyceanne Bezerra de Menezes, Célia Barbosa Abreu, Nelson Rosenvald, Cristiano Chaves e Ana Carolina Brochado Teixeira, como será estudado nos próximos tópicos.[15]

3. REGIME DAS INCAPACIDADES NUMA PERSPECTIVA CONTEMPORÂNEA

De forma objetiva, a incapacidade é o reconhecimento da ausência dos requisitos considerados indispensáveis pela lei numa pessoa para que ela coloque em prática seus direitos por si mesma. O direito positivo trata taxativamente das hipóteses de restrição à plena capacidade – casos de absoluta ou relativa incapacidade -, considerando que a limitação ao exercício dos atos da vida civil, seja por idade ou por motivo de saúde, é excepcional.

O incapaz, portanto, requer um tratamento diferenciado na medida em que não apresenta o mesmo quadro de compreensão da vida e dos atos cotidianos das pessoas plenamente capacitadas. É vital observar a regra de que os desiguais devem ser tratados na medida de sua desigualdade, tendo por fundamento a noção de igualdade substancial, para impor efetividade às garantias fundamentais das pessoas incapazes e resguardar sua dignidade em igualdade de condições às pessoas capazes.

Nesse sentido, a proteção jurídica destinada aos incapazes deve ser realizada através da concessão de um conjunto de medidas diferenciadas e não

15 ROSENVALD, Nelson. FARIAS, Cristiano Chaves de. Op. cit., p. 321.

propriamente da retirada da plena capacidade, no caso, a capacidade de agir pessoal e diretamente. Pontua a doutrinadora Célia Barbosa Abreu:

> uma*ratio* contemporânea do regime jurídico das incapacidades perpassa necessariamente por uma proteção jurídica mais abrangente do cidadão incapaz, pelo enfrentamento das ideias de exclusão e inclusão por uma tutela que não se reduza a resguardar interesse de ordem patrimonial. Assim, o incapaz poderá desenvolver suas potencialidades, superando obstáculos que no passado pareciam intransponíveis e hoje muitas vezes são meramente transitórios.[16]

Resta claro, portanto, que toda a sistemática da denominada interdição reclama uma interpretação restrita, não sendo possível ampliar as hipóteses de incapacidade além das impostas pela lei. Nessa lógica, os arts. 3º e 4º, ambos do CC, estipularam algumas hipóteses de carência de capacidade jurídica plena, elaborando uma gradação ao exercício da capacidade de fato, isto é, a aptidão de praticar atos da vida civil pessoalmente. Faz-se necessário reiterar que esses diferentes graus de incapacidade não se referem à aptidão para ser titular de relações jurídicas, denominada capacidade de direito.

A incapacidade jurídica, no entanto, não pode ser confundida com a deficiência física ou mental propriamente dita. Nem todo incapaz o é por apresentar algum tipo de deficiência, pois a limitação em sua capacidade de agir pode estar associada a outro motivo, tal como a idade. Tal qual preconizam osarts. 3º e 4º, do CC, são absolutamente incapazes os menores de 16 (dezesseis) anos e relativamente incapazes aqueles entre 16 (dezesseis) e 18 (dezoito) anos. E, ainda que se considere uma pessoa com deficiência – de ordem mental, intelectual, física ou sensorial, a existência desta não implica obrigatoriamente na incapacidade jurídica do indivíduo.[17]

---

16 ABREU, Célia Barbosa. *Curatela e interdição civil.* Rio de Janeiro: Lumen Juris, 2009, p. 223/224.

17 A título ilustrativo, merecemdestaque alguns casos concretos de pessoas que, apesar de apresentarem alguma modalidade de deficiência, superaram dificuldades e traçaram histórias de vida admiráveis, revelando a insuficiência do critério do discernimento como único formador da capacidade jurídica. São eles: "o matemático John Forbes Nash Junior, que teve sua trajetória reproduzida no filme *Uma mente brilhante*. Ele, apesar de esquizofrênico, com sintomas paranoicos, delírios, alucinações, bem como o fato de ter sido submetido a tratamentos radicais e internado algumas vezes, recebeu o Prêmio Nobel de Economia de 1994", dentre vários outros. Outro célebre caso é o de Chisty Brown, que nasceu com paralisia cerebral, mantendo apenas o movimento do pé esquerdo e, contra todas as expectativas, logrou, no decorrer de sua vida, tornar-se escritor e artista plástico. Ainda, "casos clássicos da psiquiatria, como os do juiz Schereber e do filósofo Louis Althusser, tantas vezes lembrados por doutrinadores

Certo é que a pessoa humana é valor unitário e fundamental na ordem jurídica, não comportando fragmentações. Isso significa que o ser humano não pode ser visto nem compreendido apenas pelo ângulo da integridade psíquica: a pessoa vai muito além de seu grau de discernimento, é intimidade, privacidade, honra, nome, imagem- é a soma de todas as projeções de sua personalidade. Afora a integridade psíquica, a integridade humana hoje comporta, em sentido amplo, a integridade social, oriunda do direito à inclusão social, e até mesmo ambiental, materializada no direito a um meio ambiente ecologicamente equilibrado, sem o qual restará prejudicado seu direito fundamental à saúde e, consequentemente, seu direito à vida digna.[18]

Nesta perspectiva, cingir a capacidade do indivíduo exclusivamente ao critério do discernimento equivaleria a considerar uma pessoa tomando apenas um dos aspectos de sua personalidade e a colocação da pessoa em regime de curatela, neste caso, poderia configurar medida desproporcional, caracterizando grave violação aos direitos fundamentais e à dignidade da pessoa com deficiência mental.

Por isso, a incapacidade é admitida somente excepcionalmente e resume-se às hipóteses taxativas enunciadas por lei. A rudeza, o analfabetismo, o encarceramento prisional e a senectude, por exemplo, não ensejam o reconhecimento de incapacidade jurídica.

O regime das incapacidades, adotado pela lei civil brasileira, divide os absolutamente incapazes dos relativamente incapazes. Os absolutamente incapazes são aqueles que não possuem qualquer capacidade de agir, sendo irrelevante, do ponto de vista jurídico, sua manifestação de vontade. Embora sejam eles os titulares das relações jurídicas, dependem de terceiros que os representem e pratiquem os atos da vida civil em seu nome. É o caso do menor impúbere representado por seus genitores. Por sua vez, os relativamente incapazes podem praticar os atos da vida civil, sob condição de que haja assistência, ressalvados alguns atos para os quais podem agir sozinhos. A vontade do assistido não é substituída pela do assistente, como ocorre na técnica da representação, mas devem ser manifestadas conjuntamente para que o ato ou negócio jurídico seja reputado válido.

A realização de um ato pelo incapaz, sem a necessária representação ou assistência, acarretará em sua invalidade, absoluta ou relativa, de acordo com o tipo de incapacidade: os atos praticados pelos absolutamente incapazes serão considerados nulos, não produzindo qualquer efeito jurídico (eficácia

pátrios para sustentar a necessidade de um novo tratamento para os temas: interdição e curatela". ABREU, Célia Barbosa. *Capacidade Civil, Discernimento e Dignidade do Portador de Transtorno Mental*. Op.cit., p. 12/13.

18 ABREU, Célia Barbosa. *Capacidade Civil, Discernimento e Dignidade do Portador de Transtorno Mental*. Op.cit., p.12.

extunc); enquanto os atos executados pelos relativamente incapazes serão anuláveis, produzindo efeitos até que lhe sobrevenha uma decisão judicial reconhecendo sua invalidade (eficácia *ex nunc*).

Oportuno observar que alguns atos, relacionados na lei civil, podem ser praticados pelos relativamente incapazes sem assistência, como se casar (nesta hipótese necessitando de autorização dos pais ou representantes), elaborar testamento, servir como testemunha de atos e negócios jurídicos, requerer registro de seu nascimento, ser empresário (com autorização), ser eleitor, ser mandatário *ad negotia* (mandato extrajudicial).[19]

O Código Civil de 2002, em sua redação original, determinava três figuras jurídicas como absolutamente capazes, em seu art. 3º: a) os menores de 16 (dezesseis) anos; b) os que, por enfermidade ou deficiência mental, não tivessem o necessário discernimento para a prática desses atos; c) os que, mesmo por causa transitória, não pudessem exprimir sua vontade. Em seu art. 4º, previa os relativamente incapazes a certos atos ou à maneira de os exercer: a) os maiores de 16 (dezesseis) e menores de 18 (dezoito) anos; b) os ébrios habituais, os viciados em tóxicos, e os que, por deficiência mental, tivessem o discernimento reduzido; c) os excepcionais, sem desenvolvimento mental completo; d) os pródigos.

A Lei n. 13.146/15, alterou expressivamente o rol das pessoas reputadas incapazes do Código Civil. O mencionado diploma legal revogou os incisos II e III do art. 3º, do CC, preservando apenas os menores impúberes como absolutamente incapazes, bem como modificou a redação dos incisos II e III do art. 4º, do CC, mantendo como relativamente incapazes os maiores de 16 (dezesseis) e menores de 18 (dezoito) anos, os ébrios habituais e viciados em tóxicos, os pródigos e aqueles que, por causa permanente ou transitória, não puderem exprimir sua vontade.

A rigor, o EPD transferiu a hipóteseda impossibilidade de expressão da vontade por causa transitória ou permanente, anteriormente ensejadora de incapacidade absoluta, para a lista das causas de incapacidade relativa, além de revogar as demais hipóteses de incapacidade decorrentes da existência de uma deficiência mental. Destarte, não mais se cogita incapacidade jurídica – relativa ou absoluta – derivada de deficiência física, sensorial, intelectual ou mental, por si só. O EPD preocupa-se em assinalar, no *caput* do seu art. 6º, que a deficiência-seja de qual ordem for- não afeta a plena capacidade civil da pessoa, inclusive e sobretudo para realizar seus interesses existenciais, tais quais casar ou constituir união estável, exercer direitos sexuais e reprodutivos ou exercer o direito à família, à convivência familiar e comunitária, entre outros.

Aradical mudança dos textos dos arts. 3º e 4º, do CC, somada à redação do *caput* do art. 6º do EPD, provocaram uma série de inovações no regime das

19 TARTUCE, Flávio. Op. cit., p. 134.

incapacidades, repercutindo diretamente em vários outros temas do Direito Civil, tais como o direito de empresa, prescrição e decadência, invalidade dos negócios jurídicos, curatela, responsabilidade civil, sucessões (testamento).

Na perspectiva de Nelson Rosenvald, ao contrário do que dispunha a redação original do Código Civil, que permitia a retirada da plena capacidade jurídica pelo fato da pessoa apresentar transtorno mental econsequente comprometimento do grau de discernimento, o direito constitucional à dignidade, à igualdade e à não discriminação trazem a reboque o direito à singularidade, que é exatamente o direito de ser diferente.[20]

Dessa forma, o EPD busca harmonizar o regime das incapacidades com o conjunto de axiomas constitucionais, razão pela qual a negativa de plena capacidade jurídica a alguém só se justifica na tutela de sua própria dignidade, devendo o juiz, caso a caso, averiguar o grau de incapacidade pelos efeitos existenciais e não pelas consequências econômicas e sociais.

Por conseguinte, a Lei n. 13.146/15 mitigou, mas não aniquilou, o regime das incapacidades, tal como tratado no Código Civil, apenas adequando-a ao conjunto de regras e princípios da Constituição da República de 1988 e da Convenção das Nações Unidas dos Direitos da Pessoa com Deficiência (CDPD).

4. INCORPORAÇÃO DA CONVENÇÃO INTERNACIONAL DOS DIREITOS DA PESSOA COM DEFICIÊNCIA

A Convenção de Direitos da Pessoa com Deficiência foi aprovada pelo Decreto Legislativo n. 186, de 09 de julho de 2008, e promulgada pelo Decreto n. 6.949, de 25 de agosto de 2009,sendoincorporada ao ordenamento jurídico pátrio pelo rito do art.5º, §3º, da CF (aprovação em cada casa do Congresso Nacional, em dois turnos, pelo quórum de três quintos dos votos de seus respectivos membros), isto é, com equivalência de norma constitucional.

Trata-se do primeiro tratado do sistema universal de direitos humanos do século XXI incorporado pelo Direito brasileiro, cujos princípios basilares são o "*in dubio pro capacitas*" e a "intervenção mínima". Nesse sentido, promove uma transformação no regime das incapacidades e no modelo de direito protetivo pautado na substituição de vontades.[21]

A referida Convenção internacional introduz uma nova concepção, aberta e social, das pessoas com deficiência emseu art. 1°: são "aquelas que

20 ROSENVALD, Nelson. FARIAS, Cristiano Chaves de. Op. cit., p. 329.

21 MENEZES, Joyceane Bezerra de. O direito protetivo no Brasil após a convenção sobre a proteção da pessoa com deficiência: impactos do novo CPC e do Estatuto da Pessoa com Deficiência. *Civilistica.com*. Rio de Janeiro, a. 4, n. 1, jan.-jun./2015, p. 5. Disponível em:<http://civilistica.com/wp-content/uploads/2016/01/Menezes-civilistica.com-a.4.n.1.2015.pdf>. Acesso em: 10 abr. 2016.

têm impedimentos de longo prazo de natureza física, mental, intelectual ou sensorial, os quais, em interação com diversas barreiras, podem obstruir sua participação plena e efetiva na sociedade em igualdades de condições com as demais pessoas".

Infere-se, portanto, que a inaptidão não está na falta de um membro, na audição reduzida ou na existência de um transtorno mental, ou seja, não está na deficiência em si, mas nos obstáculos encontrados pelas pessoas com deficiência para efetivamente se integrarem na sociedade. Daí dizer que a CDPD filiou-se ao modelo social, em contraposição ao modelo médico, marcado pelo enquadramento das pessoas que possuem algum tipo de inabilidade em categorias de deficiência de acordo com a classificação científica: mental, intelectual, física ou sensorial (auditiva e visual).

O propósito da Convenção, enunciado em seu art. 1º, é o de "promover, proteger e assegurar o exercício pleno e equitativo de todos os direitos humanos e liberdades fundamentais por todas as pessoas com deficiência e promover o respeito pela sua dignidade inerente". O legislador internacional preocupou-se mais com a garantia de que pessoas com deficiência possam gozar dos direitos humanos e de sua liberdade fundamental do que propriamente em instituir novos direitos. A técnica empregada foi adotar como parâmetro as *condições de igualdade*, inclusive considerando a redação da segunda parte do art. 1º que traz a definição de "pessoas com deficiência", ratificando a ideia de que barreiras sociais podem prejudicar este grupo na participação na sociedade em condição de igualdade com as demais pessoas.[22]

Conclui-se que, para o legislador internacional, quanto mais se assegura a igualdade de condições entre as pessoas com deficiência e as demais pessoas, maior será a concretização da dignidade do primeiro grupo e, consequentemente, o livre exercício de suas liberdades fundamentais. A igualdade pressupõe respeito às diferenças pessoais, não significando o nivelamento de personalidades individuais, ou seja, a efetiva e substancial igualdade manifesta-se exatamente levando em conta as distintas peculiaridades de cada pessoa.

De forma resumida, a CDPD busca a superação de barreiras externas de modo a preparar a sociedade para o acolhimento e integração das pessoas com deficiência, ao administrar suas diferenças e semear a capacidade de conviver com a diversidade sem se sentir ameaçada por ela. O art. 12, da CDPD, ao cuidar do direito de igualdade perante a lei, reforça a capacidade legal dessas pessoas para todas as questões da vida, em igualdade de condi-

22 RESENDE, Ana Paula Crosara; VITAL, Flávia Maria de Paiva (coords). *A Convenção sobre Direitos das Pessoas com Deficiência comentada*. Brasília: Secretaria Especial dos Direitos Humanos, 2008. Disponível em: <http://www.governoeletronico.gov.br/documentos-e-arquivos/A%20Convencao%20sobre%20os%20Direitos%20das%20Pessoas%20com%20Deficiencia%20Comentada.pdf>. Acesso em 03 set. 2016.

ções com as demais, pretendendo lhes endossar "a possibilidade de condução dos próprios interesses, no exercício de sua capacidade criativa e de sua expressão volitiva, fruto da autonomia que as qualifica na sua humanidade".[23]

Nesse sentido, a Convenção de Direitos da Pessoa com Deficiência estipulou que os Estados Partes devem viabilizar mecanismos de apoio e salvaguardas, quando necessárias, para o exercício pleno da capacidade legal das pessoas com deficiência. Apesar de não determinar taxativamentequais devem ser os instrumentos de apoio, define as salvaguardas como aquelas cautelas ou medidas inclinadas a prevenir abusos, excessos ou ilegalidades que possam ser originados pelo uso indevido de mecanismos de apoio, em consonância com o Direito Internacional dos Direitos Humanos.

Cada Estado é soberano para fixar os métodos de apoio que julgar apropriados e úteis ao exercício dos direitos pelas pessoas com deficiência, sempre em atenção às suas vontades e preferências. Esse apoio deve ser adequado às circunstâncias em que a pessoa se encontra, aplicado pelo período mais curto possível e submetido à revisão regular por uma autoridade ou órgão judiciário competente, independente e imparcial. Assim, as salvaguardas deverão ser proporcionais ao grau em que tais mecanismos de apoioafetarem os direitos e interesses da pessoa.

No Brasil, até janeiro de 2016, a curatela foi o principal método de apoio; no entanto, com a entrada em vigor do Estatuto da Pessoa com Deficiência, foi estabelecida a *tomada de decisão apoiada* (TDA), modificando significativamente o Código Civil de 2002.

Além da capacidade civil, a CDPD destacou outros assuntos diretamente associados ao Direito Civil: o direito das pessoas com deficiência à integridade psicofísica (art. 17); à liberdade de locomoção e à nacionalidade (art. 18); à vida independente e à inclusão na comunidade, permitindo que elas escolham o local de sua residência e com quem desejam morar de modo que não sejam compelidas a viver em determinado tipo de moradia (art. 19); à ampla mobilidade (art. 20); à liberdade de expressão e opinião (art. 21); à privacidade (art. 22); o direito à constituição e proteção da família (art. 23), impondo aos Estados o dever de assegurar à pessoa com deficiência a faculdade de exercer o poder familiar, a guarda, a custódia, a curatela e pleitear a adoção de crianças, observado sempre o melhor interesse destas.

A contribuição cardeal da Convenção estáprecisamente no reconhecimento da autonomia e da capacidade das pessoas com deficiência, em igualdade de condições com os outros, como requisitos de sua dignidade e de sua participação na vida social, familiar e política. A autonomia ou a capacidade de autodeterminação, fundamento material da capacidade de agir, traduz-se numa necessidade humana da qual procedem vários direitos.

23 MENEZES, Joyceane Bezerra de. Op. cit., p. 6.

Maria Celina Bodin de Moraes sintetiza o debate filosófico a respeito da autonomia:

> Aristóteles, Epicuro, Santo Agostinho, Descartes, Kant, Sartre, Habermas, todos os grandes pensadores da Antiguidade aos nossos dias, constataram ser infrutífero discorrer sobre a vida humana sem examinar justamente aquilo que a faz humana, e como tal única, individual e singular: o poder sobre si mesmo.[24]

Todos têm, em menor ou maior medida, capacidade de querer e de se autodeterminar. O discernimento é considerado a baliza que orienta o exercício dessa capacidade, especialmente quando as escolhas realizadas têm efeitos jurídicos sobre a esfera pessoal ou de terceiros. O foco, todavia, não está no diagnóstico médico de uma deficiência psíquica ou intelectual per si, mas no discernimento necessário.

Interessa ao Direito a capacidade para prática de atos que tenham o condão de reverberar na esfera jurídica do agente ou de terceiros, recebendo um tratamento especial sob o título de "capacidade jurídica". O Direito Civil, por exemplo, impõe que as partes tenham capacidade jurídica para celebração de negócios jurídicos, sobretudo os de natureza empresarial e de índole patrimonial/econômico. Já no que tange aos fatos jurídicos ou atos-fatos jurídicos, não há que se falar de incapacidades, pois neste âmbito não há exigência de vontade ou discernimento.

A proposta da CDPD é a de apostar na autonomia da pessoa com deficiência, em igualdade de condições com os indivíduos que não apresentam nenhum tipo de deficiência, afirmando sua condição e capacidade para decidir assuntos importantes para as suas vidas sem a interferência, *a priori*, de terceiros no processo decisório. Se, a despeito de eventual limitação física, psíquica ou intelectual duradoura, preservar o discernimento necessário para prática de um ato civil específico e for apto a exprimir sua vontade, não precisará ser representada ou assistida por terceiros para o exercício de seus direitos e deveres.

No campo do Direito Civil, praticam-se atos de cunho patrimonial, de cunho existencial e aqueles que têm natureza mista (existencial e patrimonial). A título exemplificativo, as relações jurídicas obrigacionais, por vezes, traduzidas em contratos ou as que envolvem direitos reais, tais quais a propriedade, o usufruto ou as servidões, têm natureza eminentemente patrimonial enquanto o casamento, a disposição sobre o próprio corpo, a escolha de um tratamento médico, o reconhecimento de um filho, a liberdade religiosa

24 MORAES, Maria Celina Bodin de. *Na medida da pessoa humana*. Estudos de direito civil-constitucional. Rio de Janeiro: Renovar, 2010, p. 183.

e profissional, a diretiva antecipada de vontade, a nomeação de um tutor ou curador são atos concernentes à seara existencial da pessoa humana. O testamento (disposição de última vontade), bem como os pactos antenupciais, a administração dos bens dos filhos e os alimentos englobam interesses patrimoniais e extrapatrimoniais da vida das pessoas, pois estão associados às relações endofamiliares.

A depender do tipo de ato civil, exige-se certo nível de compreensão. Evidente que o discernimento demandado para a realização de atos civis de caráter patrimonial não é o mesmo que se requer para os atos existenciais, vez que se situam em esferas distintas. Os primeiros abrangem informações mais técnicas e jurídicas, menos subjetivas, ao passo que os segundos estão mais ligados aos vínculos pessoais, às preferências e às circunstâncias típicas da personalidade de cada um, ou seja, o seu modo único de ser.[25]

Deduz-se que uma pessoa com déficit psíquico ou intelectual tenha mais dificuldade de entender as consequências advindas de um contrato de compra e venda ou a dinâmica da administração societária, fazendo-se necessária a atuação de um curador ou o apoio de alguém. Em contrapartida, essa mesma pessoa pode agregar condições de compreender e decidir sobre temas referentes à sua vida pessoal e afetiva, tais como onde deseja residir, com quem pretende morar, com quem deseja se relacionar ou quem lhe inspira confiança para ser seu apoiador/curador.

Enquanto os negócios jurídicos patrimoniais repercutem na esfera disponível do indivíduo, os atos civis existenciais atingem interesses indisponíveis, intransmissíveis e, geralmente, irrenunciáveis, não sendo passíveis de representação (substituição de vontade) na maior parte das vezes, pois a pessoa que titulariza o direito deve praticar pessoalmente o ato. Devido à contiguidade entre os interesses existenciais e os princípios da dignidade da pessoa humana, da integridade psicofísica, da igualdade e do livre desenvolvimento da personalidade, é que se intensifica a proteção constitucional voltada à autonomia decisória do sujeito nesta seara.

Estimula-se que a pessoa, ainda que se utilize de mecanismos de apoio ou cuidado adicional por terceiros ou pelo poder público em razão de uma restrição psíquica ou intelectual, decida sobre as situações existenciais de sua vida, pois isso contribui para o delineamento de sua própria identidade.

5. MUDANÇAS NA LEGISLAÇÃO BRASILEIRA

5.1. Capacidade civil sob a ótica do Estatuto da Pessoa com Deficiência

No panorama atual da legislação brasileira, vale a pena proceder à análise do texto da Convenção dos Direitos da Pessoa com Deficiência, do

25 MENEZES, Joyceane Bezerra de. Op. cit., p. 8.

Código de Processo Civil (Lei n. 13.105, de 16 de março de 2015), cuja vigência iniciou-se no dia 16 de março de 2016, e do Estatuto da Pessoa com Deficiência (Lei n. 13.146, de 6 de julho de 2015), que entrou em vigor em 03 de janeiro de 2016.

Ao CPC/15, no que tange ao procedimento da colocação em regime de curatela (arts. 747 a 758), coube seguir uma disciplina mais aberta, buscando cercear a capacidade do interdito apenas aos precisos limites de sua necessidade e em respeito aos seus direitos fundamentais. O CPC revogou os arts. 1.768 e 1.773 do Código Civil de 2002 e trouxe algumas novidades. No entanto, esse diploma legal não era suficiente para cuidar de todas as mudanças trazidas pela Convenção de Nova Iorque para o ordenamento jurídico brasileiro, tornando-se necessária a elaboração de um estatuto tivesse interferência mais objetiva no plano infraconstitucional.

Então, foi aprovado o Estatuto da Pessoa com Deficiência (EPD), lei que implementou mais efetivamente a *ratio* da CDPD, instituindo profundas alterações no plano das relações públicas e privadas com o fito de assegurar a inclusão da pessoa com deficiência.

Quando o Estatuto assegura o direito à igualdade e à não discriminação (art. 4º e ss.), corrobora o teor da CDPD e o tratamento humanista por ela inaugurado. Rompe-se com a ideia de que a pessoa com deficiência é, em algum nível, inferior às demais e de que a capacidade jurídica é critério para conquistar a titularidade dos direitos fundamentais. A evolução destes direitos está justamente em seu alcance a um público cada vez mais amplo, tendencialmente universal. No mundo ocidental, as garantias oferecidas pelo Direito positivo já não se destinam somente a indivíduos determinados, eleitos pelos critérios de identidade, cidadania e capacidade jurídica.[26]

Em seu art. 6º, o EPD prevê que a deficiência, seja de qual ordem for, não afetará a plena capacidade civil da pessoa, que poderá casar-se e constituir união estável, exercer direitos sexuais e reprodutivos, exercer o direito de decidir o número de filhos, ter acesso às informações adequadas sobre reprodução e planejamento familiar, conservar a sua fertilidade, exercer o direito à família e à convivência comunitária e exercer o direito à guarda, à tutela, à curatela e à adoção, como adotante ou adotado, em igualdade de oportunidades com as demais pessoas.

A Lei n. 13.146/15 revoga expressamente os incisos I, II e III do art. 3º, do CC, de modo que a deficiência deixa de ser um critério hábil para afirmar a incapacidade absoluta do sujeito, permanecendo como absolutamente incapazes para a prática dos atos da vida civil apenas os menores de 16 (dezesseis) anos. Outrossim, altera a redação dos incisos II e III do art. 4º do

---

26 FERRAJOLI, Luigi. *Los fundamentos de losderechosfundamentales*. Madrid: Editorial Trotta, 2001, p. 24.

CC/02, passando a reputar como relativamente incapazes a certos atos ou à maneira de os exercer os ébrios habituais e os viciados em tóxico, bem como aqueles que, por causa transitória ou permanente, não puderem exprimir sua vontade, os pródigos e aqueles entre 16 (dezesseis) e 18 (dezoito) anos.

Para Ronald Dworkin, a autonomia é a qualidade que melhor caracteriza o ser humano, pois a pessoa pode ser protagonista de sua própria história, traçando suas escolhas e assumindo as consequências delas. Nesta esteira de raciocínio, "é sempre melhor reconhecer o direito geral à autonomia e respeitá-lo, em vez de nos reservarmos o direito de interferir na vida das outras pessoas sempre que acreditarmos que tenham cometido um erro".[27] Pode ser que a pessoa decida contrariamente ao que sabe ser melhor para ela e ainda sim esteja no uso de sua autonomia. Esta é centrada na integridade e não necessariamente no bem-estarda pessoa. Importa, portanto, assegurar que o respeito à capacidade geral de agir possibilite à pessoa conduzir a sua existência de modo íntegro e autêntico em conformidade com o que entende ser importante para si.

É o direito à autonomia, decorrente da dignidade da pessoa humana, que viabiliza a autocriação e o desenvolvimento da personalidade do sujeito, nos limites definidos pelo sistema jurídico. O modo como a sociedade enxerga esse protagonismo para a vida de cada um reflete na forma como a lei trata a questão da autonomia e da tomada de decisões. Se o Estado brasileiro garante à pessoa, indistintamente, a dignidade que a qualifica como humana, não pode recusar efeito jurídico a essa autonomia, exceto nos casos extremos e especificamente explanados, sempre com o objetivo de melhor lhe tutelar.[28] O art. 10, do EPD, dispõe expressamente que "compete ao poder público garantir a dignidade da pessoa com deficiência ao longo de toda vida".

Quando, então, seria possível uma intervenção na sua autonomia? Dependerá do grau de discernimento e da aptidão da pessoa com deficiência de expressar sua vontade. Porém, fundamental ressaltar que a análise desse discernimento e dessa capacidade de expressão é casuística, não podendo ser marcada por critérios objetivos, abstratamente adotados pela lei. A regra geral permanece sendo a capacidade plena de modo que, para retirar ou restringir a capacidade de alguém, a pessoa deve ser avaliada na conjuntura de sua própria vida e sua eventual incapacidade deve ser comprovada por meio do devido processo legal e da atuação de uma equipe multidisciplinar, que avaliará minuciosamente as circunstâncias do caso concreto.

Ademais, o Estatuto reconhece à pessoa com deficiência o direito de não ser submetida a qualquer tipo de tratamento médico, intervenção clíni-

27 DWORKIN, Ronald. *Domínio da vida*: aborto, eutanásia e liberdades individuais. São Paulo: Martins Fontes, 2003, p. 317.

28 MENEZES, Joyceane Bezerra de. Op. cit., p.14.

ca, cirúrgica ou institucionalização forçada (art. 12). Exige-se que a própria pessoa assine o termo de consentimento prévio, livre e esclarecido para realização do tratamento, intervenção médica ou pesquisa científica. As únicas ressalvas para atendimento sem consentimento, constantes no art. 13, são nas hipóteses de risco de morte e de emergência em saúde, sempre preservados o superior interesse do indivíduo e as salvaguardas legais.

Se o sujeito estiver com dificuldades reais de exercer sua capacidade civil, antes de ter sua autonomia aniquilada, poderá optar pelo procedimento de tomada de decisão apoiada, medida de apoio mais branda, implantada pelo EPD com o acréscimo do art. 1783-A ao Código Civil de 2002.

Excepcionalmente, constatada a completa ausência de discernimento ou a inaptidão para expressão de vontade, poderá a pessoa com deficiência, observadas as cautelas necessárias e o devido processo legal, ser submetida ao regime de curatela, o que lhe reduz a autonomia, vez que será reputada relativamente incapaz. A curatela passa a ser medida protetiva extraordinária, sempre proporcional às demandas do curatelado e destinada somente aos direitos de natureza patrimonial ou negocial (art. 84, §3º e art. 85, *caput* e §1º). Deverá durar o menor tempo possível, tendo o relativamente incapaz direito de que as decisões tomadas em seu nome se proponham a alcançar seus interesses fundamentais (art. 85, §2º).

A seguir, tratar-se-á da tomada de decisão apoiada.

5.2. Tomada de decisão apoiada

A tomada de decisão apoiada é um mecanismo de apoio ao exercício da capacidade civil, introduzido pela Lei n. 13.146/2015, com a adição do art. 1.783-A, *caput*, e onze parágrafos ao texto do CC/02. Nos dizeres de Nelson Rosenvald e Cristiano Chaves, a TDA surge como um *tertium genus* protetivo, junto à curatela e à tutela, destinado à assistência da pessoa com deficiência que preserva sua autonomia e, portanto, a plenitude de sua capacidade civil.[29] Consiste num modelo protecionista para pessoas plenamente capazes, contudo em situação de vulnerabilidade por conta de uma limitação de ordem física, sensorial, intelectual ou mental.

Esse novo instituto materializa o art. 12.3 do Decreto n. 6.949/09 que promulgou a Convenção das Nações Unidas sobre os Direitos das Pessoas com Deficiência,[30] inspirando-se no Código Civil italiano, que prevê em seus

---

29 ROSENVALD, Nelson. FARIAS, Cristiano Chaves de.Op. cit., p. 338/339.

30 Decreto n. 6.949/2009, "Artigo 12- Reconhecimento igual perante a lei:
1.Os Estados Partes reafirmam que as pessoas com deficiência têm o direito de ser reconhecidas em qualquer lugar como pessoas perante a lei.
2.Os Estados Partes reconhecerão que as pessoas com deficiência gozam de capacidade legal em igualdade de condições com as demais pessoas em todos os aspectos da vida.

arts. 404 a 413 a figura do *amministratoredisostegno* (administrador de apoio), e no novo Código Civil argentino cujo art. 43 dispõe sobre a proteção de indivíduos juridicamente vulneráveis no exercício de sua capacidade civil.

Certo é que a curatela e a tutela são medidas prioritariamente formatadas para o campo patrimonial, tendentes à proteção de um incapaz. Para se aproximar das diretrizes personalistas vislumbradas pelo movimento Civil-Constitucional no Direito, o Estatuto da Pessoa com Deficiência implementa um modelo inclinado à proteção do plenamente capaz, porém vulnerável em virtude de alguma circunstância pessoal, física, psíquica ou intelectual, qual seja, a TDA. Enquanto a curatela e o regime da incapacidade relativa parecem atender preferencialmente aos interesses da sociedade (isolando os incapazes) e da família (impedindo que seu patrimônio seja dilapidado), em detrimento do próprio curatelado, a tomada de decisão apoiada busca garantir à pessoa com deficiência o direito de decidir de acordo com suas preferências, mas ciente dos efeitos de sua escolha. Por isso, o apoio pode incluir o esclarecimento de fatores circundantes à decisão, a avaliação sobre seus efeitos, além do auxílio na comunicação dessa decisão aos interlocutores.

Cuida-se, portanto, de figura bem mais flexível que a curatela, pois não pretende limitar a capacidade, mas sim funcionar como um remédio personalizado para as necessidades existenciais e patrimoniais da pessoa, no qual prevalece o cuidado assistencial e vital ao ser humano. A depender do caso, determina-se o âmbito da vida da pessoa no qual o apoio será conferido. É possível que se requeira apoio somente para situações jurídicas patrimoniais, somente para situações jurídicas extrapatrimoniais ou ainda somente para alguns atos específicos da vida civil. As demandas da pessoa requerente justificarão e identificarão a área na qual ela será apoiada.

3. Os Estados Partes tomarão medidas apropriadas para prover o acesso de pessoas com deficiência ao apoio que necessitarem no exercício de sua capacidade legal.
4. Os Estados Partes assegurarão que todas as medidas relativas ao exercício da capacidade legal incluam salvaguardas apropriadas e efetivas para prevenir abusos, em conformidade com o direito internacional dos direitos humanos. Essas salvaguardas assegurarão que as medidas relativas ao exercício da capacidade legal respeitem os direitos, a vontade e as preferências da pessoa, sejam isentas de conflito de interesses e de influência indevida, sejam proporcionais e apropriadas às circunstâncias da pessoa, se apliquem pelo período mais curto possível e sejam submetidas à revisão regular por uma autoridade ou órgão judiciário competente, independente e imparcial. As salvaguardas serão proporcionais ao grau em que tais medidas afetarem os direitos e interesses da pessoa.
5. Os Estados Partes, sujeitos ao disposto neste Artigo, tomarão todas as medidas apropriadas e efetivas para assegurar às pessoas com deficiência o igual direito de possuir ou herdar bens, de controlar as próprias finanças e de ter igual acesso a empréstimos bancários, hipotecas e outras formas de crédito financeiro, e assegurarão que as pessoas com deficiência não sejam arbitrariamente destituídas de seus bens".

A tomada de decisão apoiada será determinada pelo juiz através do procedimento de jurisdição voluntária, de competência das varas de família. Vale lembrar que, em se tratando de jurisdição voluntária, como enuncia o art. 723 do CPC/15, o juiz poderá deliberar por equidade, não estando adstrito à legalidade estrita.

A própria pessoa que necessita do apoio o requererá perante o juiz de primeira instância da justiça estadual, na comarca de sua residência, seguindo as regras de competência da curatela. No pedido, conforme art. 1.783-A, *caput*, do CC/02, indicará duas ou mais pessoas com quem mantenha vínculo de confiança para prestar-lhe apoio na tomada de decisão sobre atos da vida civil.

No que toca à legitimidade para requerer a TDA, o § 2º do art. 1.783-A da lei civil parece adotar uma posição restritiva, circunscrevendo à pessoa com deficiência o requerimento deste procedimento. Sem embargo, argumentam Nelson Rosenvald e Cristiano Chaves, numa tentativa de interpretação expansiva por tratar-se de norma protetiva da pessoa humana, que não só a pessoa com deficiência poderá pleitear a tomada de decisão apoiada, mas os legitimados para ação de curatela também. Com lastro na tradicional regra do "quem pode mais, pode menos", sustentam que os familiares, o cônjuge ou o Ministério Público poderiam, de igual modo, requerer a tomada de decisão apoiada, consubstanciando o princípio da dignidade da pessoa humana em sua dupla acepção- protetiva e promocional das situações existenciais.[31]

Bem verdade é que só a prática judicial poderá responder sobre esse tema da legitimidade para requerimento da tomada de decisão apoiada, a depender das particularidades de cada caso. *Verbi gratia*, o Ministério Público pode identificar numa pessoa com deficiência, que responda a uma ação de colocação em regime de curatela, aptidão de ainda expressar sua vontade, podendo requerer, em vez da curatela, o procedimento de tomada de decisão apoiada, com a indicação dos apoiadores pela própria pessoa. No caso de alguém que já tenha sido submetido à curatela antes da vigência da Lei n. 13.146/2015, mas que tenha discernimento necessário e condições de exprimir sua vontade, é possível postular o levantamento da curatela e a determinação da TDA pelo Poder Judiciário, com a respectiva nomeação dos apoiadores.

Consoante o art. 1.783-A, §1º, do CC/02, a pessoa com deficiência e os apoiadores devem apresentar termo em que constem os limites do apoio a ser oferecido e os compromissos dos apoiadores, bem como o prazo de vigência do acordo e o respeito à vontade, aos direitos e aos interesses do apoiado. Verifica-se que o núcleo do apoio é proporcionarqualidade de vida à pessoa com deficiência, cabendo aos dois ou mais apoiadores seguirem fielmente o termo levado a juízo, tendo em consideração as reais necessidades e desejos do beneficiário.

---

31 ROSENVALD, Nelson. FARIAS, Cristiano Chaves de. Op. cit., p. 341.

A título ilustrativo, pode-se citar o caso das pessoas com limitações físicas ou sensoriais, tais quais a tetraplegia, a obesidade mórbida, a cegueira, as sequelas provocadas por uma AVC e outras enfermidades que as privem das condições para a realização de certos atos e negócios jurídicos sozinhas. Se eventualmente precisarem de apoio, seus apoiadores não serão representantes ou assistentes, pois não há incapacidade ou submissão ao regime de curatela. O intuito não é restringir a plena capacidade, mas promover a autonomia, sem cerceá-la.

Para prática dos atos não incluídos no termo de apoio, a pessoa conservará sua autodeterminação, não necessitando da assistência dos apoiadores. Desta forma, a tomada de decisão apoiada não pretende substituir a curatela, mas opera lateralmente a ela, em caráter concorrente e não cumulativo.

Observa-se que o legislador nada assentou sobre a remuneração do apoiador, que poderia remeter a uma decisão consignada no próprio termo de acordo. Entretanto, considerando os debates levados a efeito pela "Inclusão Internacional",[32] a concepção que se apregoa quando se trata de apoio é a de embasá-lo nas pautas da solidariedade, o que exaure a discussão sobre remuneração. Isso é corroborado pelo entendimento da doutrina civil contemporânea a respeito do cuidado como valor jurídico e da promoção do princípio da solidariedade social, suscitado no preâmbulo e no art. 3º, I e IV, da Constituição Federal de 1988.

Ademais, para homologação do termo de apoio, o juiz deverá ouvir o representante do Ministério Público, bem como o próprio requerente do apoio e os apoiadores indicados, mediante colaboração de equipe multidisciplinar designada por ele, como afirma o art. 1.783-A, §3º, do CC/02. O Ministério Público atua como fiscal da ordem jurídica (*custos juris*), não porque haja incapaz envolvido (art. 178, CPC/15), mas por expressa disposição da lei.

As decisões tomadas pela pessoa apoiada terão validade e efeito sobre terceiros, sem restrições, desde que inseridas nos limites do apoio acordado, conforme o § 4º do art. 1.783-A. Terceiros que mantenham relação negocial com o apoiado podem exigir a contra-assinatura dos apoiadores no instrumento de contrato ou acordo que veicular o negócio jurídico firmado. Se, relativamente aos negócios jurídicos que podem gerar riscos ou potencial prejuízo à pessoa com deficiência, houver divergências entre a pessoa apoiada e um dos apoiadores, o magistrado deliberará sobre a questão, após a oitiva do Ministério Público e colhido o laudo da equipe multidisciplinar (art. 1.783-A, §6º, CC/02).

32 A *Inclusion Internacional* é organização internacional cujos objetivos são advogar pela inclusão das pessoas com deficiência em suas comunidades e conduzir estudos e pesquisas sobre as áreas de prioridade da Convenção dos Direitos da Pessoa com Deficiência em todo mundo.Segundo o que se acha no sítio eletrônico: <http://inclusion-international.org/wp-content/uploads/2013/07/II-Strategic-Plan-2010-2015_June-2010.pdf>. Acesso em: 13 mai. 2016.

Agindo o apoiador com negligência, exercendo pressão indevida sobre o apoiado ou estando inadimplente com suas obrigações, a pessoa com deficiência ou qualquer outro poderá apresentar denúncia ao Ministério Público ou ao juiz, sem prejuízo de eventual responsabilização civil ou criminal. Em sendo procedente a acusação contra o apoiador, o magistrado o destituirá do cargo, nomeando outra pessoa para a prestação do apoio, se assim for do interesse da pessoa apoiada (art. 1.783-A, §7º, CC/02).

O procedimento da TDA obedecerá, residualmente, as mesmas regras da ação de curatela no que tange à prestação de contas (art. 1.783-A, §11, CC/02). Pode o apoiado requerer, a qualquer momento, a cessação da medida, com extinção do termo de decisão apoiada (art. 1.783-A, 9º, CC/02), bem como o apoiador solicitar a exclusão de sua participação no processo de tomada de decisão apoiada, sendo seu desligamento condicionado à manifestação do juiz sobre a matéria (art. 1.783-A, §10, CC/02).

Por fim, nada impede que a pessoa vulnerável seja preventivamente contemplada pela tomada de decisão apoiada para depois ter sua incapacidade relativa reconhecida em processo judicial, em razão de não mais poder exprimir sua vontade, passando a ser submetida ao regime de curatela. É o exemplo da pessoa com um tipo de deficiência de ordem mental, progressiva e degenerativa, sem perspectiva de melhora ou cura, como o Alzheimer e outras espécies de demência.

5.3. Nova curatela

Com o reconhecimento da plena capacidade civil da pessoa com deficiência e o advento do modelo da tomada de decisão apoiada, graças a determinante influência da CDPD e das mudanças legislativas diretamente manejadas pela Lei n. 13.146/2015, a curatela torna-se medida extraordinária, disciplinada pelo Código Civil de 2002, pelo Estatuto da Pessoa com Deficiência e pelo Código de Processo Civil de 2015.

Nesse novo panorama normativo, busca-se ajustar a curatela à filosofia de inclusão consignada nos documentos internacionais sobre direitos humanos. Ela passa a não ser mais uma medida de substituição de vontade, e sim atribuir maior relevo às circunstâncias pessoais do próprio curatelado, especialmente às suas preferências, vínculos de afetividade e direitos fundamentais (art. 84, §3º, EPD).

Deste modo, constrói-se um perfil funcional para curatela que estabelece o respeito às potencialidades e às "escolhas de vida que o indivíduo for capaz, concretamente, de exprimir, ou em relação às quais manifesta notável propensão".[33] Toda pessoa humana é titular de situações existenciais como

33 PERLINGIERI, Pietro. *Perfis de Direito Civil*: introdução ao Direito Civil-Constitucional. Rio de Janeiro: Renovar, 2007, p. 164.

direito à vida, ao nome, à saúde, à integridade física, à manifestação do pensamento, cujo exercício é essencial para o desenvolvimento de sua personalidade e não carece de sua condição intelectual (art. 85, §1º, EPD).

Tendo em vistaque a incapacidade relativa tem caráter excepcional e, por conseguinte, exige prova contundente, importante sublinhar que o rol de hipóteses de incapacidade contempladas em lei é *numerusclausus*, ou seja, deve ser interpretado taxativamente. Logo, a decisão judicial de curatela não pode atingir valores constitucionalmente preservados em favor da pessoa, como a liberdade e a intimidade. Para a decretação da curatela, não é suficiente a mera existência de uma deficiência, pois a medida tem cunho protecionista, somente se justificando nos moldes prescritos na norma (impossibilidade de exprimir vontade, prodigalidade, embriaguez habitual ou toxicomania). A curatela deve estar respaldada na proteção da dignidade da pessoa a ser curatelada, não de terceiros.

Daí a importância de se distinguir curatela e incapacidade. Ao reconhecer a incapacidade relativa (art. 4º, II, III e IV, do CC), o juiz deferirá uma curatela cuja extensão seja proporcional à necessidade de proteção. Por exemplo, uma pessoa que, em razão de um avançado grau de deficiênciaou por se encontrar em estado vegetativo, não consegue exprimir sua vontade, poderá ser submetida a uma curatela mais ampla, exercendo seu curador a função de representante de atos relativos a situações patrimoniais e situações existenciais. Já aquela pessoa que não exprime sua vontade, todavia guarda um determinado grau de compreensão, terá uma curatela de extensão menor, podendo manter, a título exemplificativo, os direitos políticos e sexuais.

Cristiano Chaves e Nelson Rosenvald advogam no sentido de que

> o princípio da dignidade humana (CF, art. 1º, III) não se compatibiliza com uma abstrata homogeneização de seres humanos em uma categoria despersonalizada de incapacidades. Por isso, a sentença de curatela tem de considerar os aspectos pessoais, individualizados, daquela pessoa humana, levando em conta as suas vontades e preferências, inclusive. Com isso, a sentença de curatela há de corresponder a um projeto terapêutico individual.[34]

É evidente que, suprimida a classe dos absolutamente incapazesquanto aos maiores de 16 anos, não haverá mais espaço para fórmulas genéricas e pronunciamentos judiciais padronizados, isto é, decisões baseadas em modelos pré-existentes nos quais apenas se substitui o nome da parte e o número da autuação do processo. Com isso, constata-se que a sentença de curatela ostentará obrigatoriamente uma forte carga argumentativapara justificar o

34 ROSENVALD, Nelson. FARIAS, Cristiano Chaves de. Op. cit., p. 348.

"processo terapêutico individualizado", além de regulamentar a extensão da intervenção sobre a autonomia privada da pessoa.

Merece atenção a possibilidade de gradação da curatela, devendo o magistrado, de ofício ou a requerimento do Ministério Público, flexibilizar seus limites ao perceber que existem elementos de compreensão e discernimento, sobretudo em relação às situações afetivas e intelectuais da pessoa com deficiência.

Não obstante o Código Processual Civil ainda intitule a ação de "interdição", a superveniência do EPD modificou sua terminologia. Por completa incompatibilidade com a vocação promocional da curatela especialmente projetada pela nova norma estatutária, é pacífico na doutrina civilista que se deve abandonar o vocábulo "interdição" por se revelar preconceituoso e estigmatizante, sinalizando uma noção restritiva de direitos. Esse "giro linguístico" tem como objetivo demonstrar que a pessoa não será interditada em seus direitos, mas curatelada por, objetivamente, não poder exprimir sua vontade de forma ponderada (art. 1767, I, CC/02, com redação nova conferida pelo EPD). Assim, harmoniza-se a proteção à pessoa deficiente com o princípio da segurança jurídica.

Na perspectiva de Nelson Rosenvald,

> o vocábulo 'interdição' revela-se incompatível com o pluralismo inerente ao Estado de Democrático de Direito. Além de medida coercitiva e opressiva, que imprime uma marca indelével na pessoa, ela remete a uma sentença nulificante do exercício de situações existenciais e redutiva da complexidade e singularidade do ser humano a um quadro psíquico- o que, por si só, legitimaria a neutralização da subjetividade pelo *alter ego* do curador. Ao contrário, a eficácia positiva da dignidade da pessoa humana requer a potencialização da autonomia, para que cada indivíduo seja autor de sua própria biografia e desenvolva o seu modus vivendi.[35]

Ademais, ressalta o mencionado autor que

> em verdade, o descaso terminológico demonstra a narrativa da medieval interdição como morte civil e túmulo da personalidade, postergando o inevitável porvir de uma mentalidade afinada com a funcionalização, a flexibilização e a personalização da curatela.[36]

35 ROSENVALD, Nelson. FARIAS, Cristiano Chaves de. Op. cit., p. 349/350.

36 ROSENVALD, Nelson. FARIAS, Cristiano Chaves de. Op. cit., p. 349.

Mais que uma mudança terminológica, é necessário vislumbrar uma atualização procedimental no instituto da curatela, apta a consolidar os direitos fundamentais do curatelado, valorizando sua autonomia. O art. 85, §2º, do EPD esclarece a natureza excepcional da ação de curatela e reclama a aplicação do critério da proporcionalidade em sua configuração.

Quanto à legitimidade ativa para propositura da ação de curatela, essa é uma questão que mereceespecial atenção. Quando publicado, o CPC de 2015 tratava do tema nos seus arts. 747 e seguintes da curatela, revogando inteiramente os arts. 1.768 e 1.769 do CC/02. No entanto, durante a*vacatio legis* do CPC/15, sobreveio o Estatuto da Pessoa com Deficiência e alterou a redação dos arts. 1.768 e 1.769, ainda em vigor em virtude do cumprimento do tempo de vacância da lei processual. Daí surgiu uma situação curiosa e inesperada: a alteração de dispositivos legais que já estavam revogados por outra lei, anteriormente editada, mas que se encontrava em período de vacância.

Considerando que o Estatuto da Pessoa com Deficiência entrou em vigor antes do novo CPC, bem como que se trata de norma especial no que concerne à proteção da pessoa humana em relação ao Código de Processo Civil (que é norma geral), o ideal é desenvolver uma interpretação sistêmica, compatibilizando ambos os diplomas legais para potencializar a tutela jurídica destinada ao curatelado.

O art. 747 do CPC/15aponta os legitimados para ação de curatela: (i) o cônjuge ou companheiro; (ii) os parentes ou tutores; (iii) o representante da entidade em que se encontra abrigado o curatelado e, por fim, (iv) o Ministério Público. Entretanto, adotando a orientação oriunda da redação do art. 1768, IV, do CC/02 (não revogado pela normatividade processual), emprestada pelo EPD, tem legitimidade a própria pessoa a ser curatelada- a denominadaautocuratela. Ora, ninguém mais indicado que a própria pessoa para regulamentar sua proteção. O pedido de submissão ao regime de curatela, certamente, não vincula o juiz, mesmo tendo sido formulado pelo próprio curatelado. Ademais, esse rol de legitimados é taxativo, sem seguir, contudo, uma ordem preferencial.

Nesse sentido, defendem os autores Cristiano Chaves e Nelson Rosenvald que o sistema jurídico ganha uma lógica estruturante. É que a própria pessoa pode realizar as chamadas diretivas antecipadas de acordo com previsão da Resolução n. 1995/12 do Conselho Federal de Medicina. Se é possível a um ser humano algo mais complexo, como recusar tratamento médico ou terapêutico infrutífero, como nos casos de pacientes terminais, com absoluta coerência, também lhe seria possível requerer judicialmente a sua curatela para assegurar-lhe proteção jurídica.[37]

Cabe ressaltar a novidade trazida pelo art. 747, III, do CPC, legitimando o representante da entidade em que se encontra a pessoa com deficiência

37 ROSENVALD, Nelson. FARIAS, Cristiano Chaves de. Op. cit., p. 351/352.

para propor a ação de curatela. Nesse aspecto, a lei atentou para a realidade do processo de institucionalização das pessoas com deficiência, sobretudo de ordem mental. Não é incomum que tais pessoas, em situação de abandono por familiares, possuam direitos a serem exercidos ou protegidos, como o recebimento de um benefício previdenciário. Daí a legitimidade do representante da entidade como mecanismo de solução de um problema social. Segundo entendimento de Fredie Didier Júnior, "cuida-se de uma técnica para proteger o vulnerável. A entidade é legitimada para ação, mas isso não equivale dizer que seu dirigente será curador",[38] na medida em que a nomeação deve atentar para a ordem preferencial determinada por lei (art.85, §3º, EPD).

Enquanto instrumento protetivo extremo e extraordinário, a curatela, sob a nova ótica do EPD,afetará somente atos relacionados ao campo patrimonial e negocial (art. 85, *caput*, da Lei n. 13.146/15), não prejudicando o direito ao próprio corpo, à sexualidade, ao matrimônio, à privacidade, à educação, à saúde, ao trabalho e ao voto (art. 85, §1º, EPD). Dentre outras razões, isso explica o motivo pelo qual a Lei n. 13.146/2015 é considerada um marco revolucionário no sistema jurídico brasileiro: é o primeiro diploma legal a distinguir claramente as situações/interesses patrimoniais dos existenciais.

A tese de que a curatela não deve interferir nos interesses existenciais do curatelado já era patrocinada por alguns doutrinadores antes mesmo do advento da Convenção dos Direitos da Pessoa com Deficiência. Paulo Lôbo sustenta que a capacidade para o exercício dos direitos não patrimoniais, associados ao estado da pessoa humana, tais como o direito à identidade pessoal e ao nome, não são alcançadas pela incapacidade absoluta ou relativa. Nesse sentido, afirma que "o juiz poderá conter a interdição apenas aos atos de emprestar, transigir, da quitação, alienar, hipotecar, demandar e ser demandado, e aos atos que não sejam de mera administração".[39]

Na mesma linha de raciocínio, Célia Barbosa Abreu assevera que

> numa perspectiva contemporânea, somente para os interesses patrimoniais é justificado isolar o momento da titularidade do direito (isto é, o gozo) daquele da sua atuação (o chamado exercício). O mesmo não ocorre em relação aos interesses existenciais. Quando se cuida de direito conferido ao homem com a finalidade de promover seu desenvolvimento enquanto pessoa humana, não há sentido em reconhecê-lo abstratamente sem lhe conceder também a possibilidade de exercê-lo. Essa observação concerne não apenas a situações

---

38 WAMBIER, Teresa Arruda Alvim; DIDIER JÚNIOR, Fredie; TALAMINI, Eduardo; DANTAS, Bruno (coord). *Breves comentários ao novo Código de Processo Civil.* São Paulo: RT, 2015, p. 1735.

39 LOBO, Paulo. *Direito civil:* parte geral. São Paulo: Editora Saraiva, 2010, p. 119.

> definidas como direitos personalíssimos, mas também a atos ou negócios que representam seu exercício, assim como os inúmeros direitos e liberdades fundamentais consagrados no texto constitucional.[40]

Ainda, adverte Pietro Perlingierique o estado pessoal patológico, mesmo que permanente, não sendo absoluto ou total, "não se pode traduzir em uma série estereotipada de limitações e proibições que, no caso concreto, isto é, levando em conta o grau e qualidade do *deficit* psíquico, não se justificam e acabam por representar camisas de força totalmente desproporcionadas e, principalmente, contrastantes com a realização do pleno desenvolvimento da pessoa".[41]

Conquanto se reconheça à pessoa com deficiência a titularidade de situações existenciais e a importância do seu exercício para o desenvolvimento da personalidade, é necessário ponderar sobre se competiria ao curador poderes de representação e possibilidade de intervenção no âmbito de interesses existenciais nas hipóteses em que o sujeito for completamente faltoso de discernimento ou carente do indispensável entendimento para determinadas atividades extrapatrimoniais.

Como a pessoa totalmente impossibilitada de exprimir sua vontade, logo, relativamente incapaz, poderia ser somente assistida por seu curador e não representada? Conclui-se que o curador deve ser efetivo representante da pessoa com deficiência que esteja completamente inapta a expressar sua vontade pelas circunstâncias fáticas, sob pena de inviabilizar o próprio exercício dos direitos do curatelado e a tutela jurídica que a lei lhe confere. Assim sendo, faz-se mister dissociar as técnicas da representação e da assistência dos institutos das incapacidades absoluta e relativa, respectivamente. Em verdade, um relativamente incapaz, por força da norma estatutária, que não consiga expressar sua vontade, poderá se valer da representação ou da assistência, sempre na proporção de suas necessidades.

A depender das singularidades de cada pessoa, bem como de sua condição física, psíquica e intelectual, após a oitiva do Ministério Público, a realização de perícia médica obrigatória por equipe multidisciplinar e a entrevista com a própria pessoa a ser submetida ao regime de curatela (arts. 751, *caput*, e 753, *caput* e §1º, todos do CPC/15), o magistrado proferirá sentença que se traduzirá num autêntico projeto terapêutico individualizado, nomeando o curador, fixando os limites da curatela proporcionalmente às demandas do curatelado e apreciando as características pessoais, habilidades, potencialidades, desejos e preferências do relativamente incapaz.

---

40 ABREU, Célia Barbosa. *Capacidade Civil, Discernimento e Dignidade do Portador de Transtorno Mental*. Op. cit., p. 9/10.

41 PERLINGIERI, Pietro. Op. cit., p. 164.

A extensão da curatela poderá assumir três formas diferentes: (i) o curador pode se apresentar como um representante para todos os atos jurídicos porque o curatelado não tem condições de praticá-los, sequer em conjunto- no caso de alguém em coma ou inteiramente desprovido de discernimento; (ii) o curador pode ser representante para certos atos e assistente para outros, em um regime misto, reconhecendo no curatelado aptidão de praticar alguns atos conjuntamente com seu curador, mas não em outros, nos quais seria representado, por exemplo, nos atos patrimoniais; (iii) o curador operará sempre como assistente, na hipótese em que o curatelado tem condições de praticar todo e qualquer ato, desde que devidamente assistido, para sua proteção.[42]

Por outro lado, é certo que os poderes do curador, ainda que coincidam com a técnica da representação legal, não englobam os direitos políticos ou trabalhistas, bem como as questões relativas ao estado civil do curatelado. Nessa linha, Joyceane Bezerra de Menezes discorda, inclusive, da aplicação do art. 1.582, parágrafo único, do CC, que confere legitimidade ativa ao curador para propositura do divórcio ou separação. Quando muito, a autora aduz que este poderia contestar tais ações.[43]

Com efeito, a nova concepção de curatela introduzida pela Lei n. 13.146/15 visa evitar a coisificação da pessoa submetida a este regime, que não pode ter sua integridade psicofísica prejudicada pela atuação inadequada do curador. A intervenção do curador será sempre com o intuito de concretizar o interesse fundamental do curatelado, compreendido por suas preferências genuínas, convicções, percepções de mundo. Se a pessoa curatelada houver nascido sem capacidade volitiva (ou capacidade de querer), não registrando marcas de sua personalidade e modo de viver, o curador deverá guiar-se pelos princípios da beneficência, adotando padrões respeitáveis à dignidade da pessoa humana, na tentativa de satisfazer, sempre que possível, as inclinações e relações afetivas e comunitárias daquela.[44]

Ainda no que se refere à nomeação do curador, vale lembrar a possibilidade de fixação de curatela compartilhada, no mesmo padrão da guarda compartilhada, conforme texto do art. 1.775-A, acrescentado pelo EPD ao CC/02.

Por fim, cabe salientar a possibilidade de levantamento de curatela, prevista no *caput* do art. 756 do CPC/15, em concordância com a redação do art. 84, §3º, do Estatuto que, em sua parte final, dispõe que a curatela "deverá

42 ROSENVALD, Nelson. FARIAS, Cristiano Chaves de. Op. cit., p. 348.

43 MENEZES, Joyceane Bezerra de. Op. cit., p. 22.

44 BARBOSA-FOHRMANN, Ana Paula. Algumas reflexões sobre os fundamentos dos discursos de direitos humanos e de justiça social para pessoas com deficiência mental ou cognitiva severa ou extrema. *Revista de Direitos Fundamentais & Justiça*. Ano 7, n. 22, 2013, jan./mar., PUCRS, p. 80-97. Disponível em: <http://www.dfj.inf.br/Arquivos/PDF_Livre/22_Doutrina%20Nacional%202_OK.pdf>. Acesso em: 23 jul. 2016.

durar o menor tempo possível". Se, posteriormente ao deferimento judicial da curatela, cessa a causa que a determinou e a pessoa com deficiência recupera a plenitude de sua manifestação de vontade, poderá ser levantado o mecanismo protetivo para retomada da plena capacidade jurídica. Isso se coaduna com as diretrizes da nova curatela, que imputam ao curadordeveres não apenas de administração de bens, mas também de cuidado assistencial à pessoa curatelada para que, sendo factível, recupere a plenitude de sua saúde o mais breve possível.

NOTA CONCLUSIVA

A abordagem desenvolvida neste trabalho teve como fundamento a noção de cuidado como uma atitude de ocupação, preocupação e responsabilização com o outro, distanciando-se do viés paternalista, levando em consideração o envolvimento com outro – ideia de alteridade -, no lugar de submissão à vontade alheia. A solidariedade constitucionalmente assegurada tem por finalidade a proteção e promoção da existência digna, justa e igualitária de todas as pessoas humanas, sem qualquer tipo de exclusão ou marginalização.

A condição jurídica atual das pessoas com deficiência, no âmbito do Direito brasileiro, é demonstração clara da incidência das normas constitucionais de direitos fundamentais nas relações privadas, em especial no que tange ao regime jurídico das (in)capacidades.

O DIREITO DE CONSTITUIR FAMÍLIA DA PESSOA COM DEFICIÊNCIA INTELECTUAL: REQUISITOS E LIMITES[1]

Heloisa Helena Barboza[2]

Vitor Almeida[3]

Toda pessoa tem direito a constituir família, direito esse que deverá exercer de acordo com as disposições da legislação interna correspondente.[4]

SUMÁRIO: Introdução. **1.** Do casamento à pluralidade de entidades familiares. **2.** A capacidade jurídica da pessoa com deficiência constituir família. **3.** Requisitos e limites do consentimento da pessoa com deficiência intelectual para constituir família. Considerações finais.

INTRODUÇÃO

A Convenção Internacional sobre os Direitos das Pessoas com Deficiência (CDPD), internalizada com *status* de emenda constitucional na ordem jurídica brasileira, assegura o reconhecimento do direito das pessoas com deficiência de constituir família pelo casamento, com base no livre e pleno consentimento dos pretendentes e desde que em idade núbil (art. 23, a). O Estatuto da Pessoa com Deficiência (EPD) afirma expressamente, sem

---

1 O tema deste trabalho se insere no âmbito do projeto interdisciplinar e interinstitucional (UFRJ, UFF, UERJ e FIOCRUZ) denominado "Uma perspectiva de justiça mais inclusiva: aplicação do enfoque dos funcionamentos à saúde, à educação, à tecnologia e aos direitos de pessoas com deficiência", desenvolvido pelo Programa CAPES/PGPTA – Programa de Apoio à Pós-Graduação e à Pesquisa Científica e Tecnológica em Tecnologia Assistiva no Brasil, Edital n° 59/ 2014, do qual os autores do presente artigo participam, respectivamente, como Coordenadora Associada da UERJ e Pesquisador vinculado ao projeto em andamento.

2 Professora Titular de Direito Civil da Faculdade de Direito da Universidade do Estado do Rio de Janeiro (UERJ). Doutora em Direito pela UERJ e em Ciências pela ENSP/ FIOCRUZ. Procuradora de Justiça do Estado do Rio de Janeiro (aposentada). Advogada.

3 Doutorando e Mestre em Direito Civil pela Universidade do Estado do Rio de Janeiro (UERJ). Professor Assistente do Curso de Direito da Universidade Federal Rural do Rio de Janeiro (ITR/UFRRJ). Professor dos cursos de especialização e extensão do PUC-Rio, CEPED-UERJ e EMERJ. Advogado.

4 Art. 15 do Protocolo Adicional à Convenção Americana sobre Direitos Humanos em Matéria de Direitos Econômicos, Sociais e Culturais, "Protocolo De San Salvador".

qualquer exceção, que a deficiência não afeta a plena capacidade civil da pessoa para casar-se e constituir união estável (art. 6º, I). De modo a espancar eventuais dúvidas, o EPD revogou os incisos I do art. 1.548 e IV do art. 1.557 do Código Civil que, respectivamente, disciplinavam a nulidade do casamento contraído pela pessoa com deficiência mental "sem o necessário discernimento para os atos da vida civil", e a possibilidade de anulação por erro essencial sobre a pessoa do outro cônjuge em razão da "ignorância, anterior ao casamento, de doença mental grave que, por sua natureza, torne insuportável a vida em comum ao cônjuge enganado". A diretriz do CDPD, de natureza constitucional, e a disposição do EPD, reforçadas pelas revogações mencionadas, asseguram à pessoa com deficiência, inclusive mental ou intelectual, a liberdade na constituição da família, fundada ou não no casamento, bem como o direito fundamental ao planejamento familiar assegurado pela Constituição da República (art. 226, § 7º), como decorrência dos princípios da liberdade, solidariedade familiar e dignidade da pessoa humana. O presente trabalho visa percorrer os fundamentos da liberdade de constituição de família assegurada à pessoa com deficiência mental ou intelectual, como forma de garantir o livre desenvolvimento de sua personalidade e o exercício da plena capacidade que lhe é reconhecida, sem prejuízo da proteção de sua dignidade, igualmente garantida pela Constituição da República. Em face da complexidade do tema, o artigo terá como foco os requisitos e limites que devem ser considerados para reconhecimento de entidade familiar constituída por pessoa com deficiência mental ou intelectual, de modo a se proteger a pessoa com deficiência e a se resguardar os integrantes da família.

1. DO CASAMENTO À PLURALIDADE DE ENTIDADES FAMILIARES

O direito brasileiro por quase um século considerou o casamento como único modo de se constituir família. Desde o advento da República, que promoveu a separação entre Estado e Igreja, o casamento passou a ser regulamentado por lei.[5] As subsequentes Constituições expressamente reafirmaram estar a família, constituída pelo casamento indissolúvel, sob a proteção especial do Estado (CR/1934, art. 144; CR/1937, art. 124; CR/1946, art. 163; CR/1967, art. 167; EC/1 de 1969, art. 175).[6]De início apenas o casamento civil era reconhecido (Constituição de 1891, art. 72, 4º), mas a partir da Constituição de 1934 (art. 146), exceção feita a Carta de 1937, passou-se a admitir a celebração religiosa do casamento, que produzirá efeitos civis

5 Ver Decreto n. 181, de 24.01.1890. Disponível em: <http://www.planalto.gov.br/ccivil_03/decreto/1851-1899/D181.htm>. Acesso: 15 jun. 2017.

6 Sobre a sequência das Constituições brasileiras ver: <http://www.stf.jus.br/portal/cms/verNoticiaDetalhe.asp?idConteudo=97174>. Acesso: 01 jun. 2017.

desde que atendidos determinados requisitos estabelecidos pelo legislador. A CR/1988 inovou não apenas ao considerar a família, como base da sociedade, como ao reconhecer como entidades familiares, além daquela constituída pelo casamento, a união estável entre o homem e a mulher, bem como a comunidade formada por qualquer dos pais e seus descendentes, denominada pela doutrina família monoparental (art. 226, §§ 3º e 4º). A partir da EC 66/2010, foi admitida a dissolução do casamento pelo divórcio (art. 226, § 6º).

O desenvolvimento dos estudos e a aplicação da CR/1988 revelou significativa tendência doutrinária e jurisprudencial no sentido de entender: a) não haver hierarquia entre as entidades familiares enunciadas na Constituição; e b) não ser o elenco constitucional de entidades familiares exaustivo. Esse entendimento ensejou o reconhecimento de novas entidades familiares, dos quais são bons exemplos as famílias constituídas por pessoas do mesmo sexo,[7] constituídas através de união estável ou casamento, bem como de famílias pluriparentais, já admitidas pelo STF,[8] até as famílias simultâneas, e as poliafetivas ou do "poliamor", embora as duas últimas sejam ainda objeto de debates.[9]

De há muito se reconhece a todas as pessoas o direito de constituir família. A Declaração Universal dos Direitos Humanos (DUDH), adotada pela ONU em 1948,[10] em seu artigo XVI, reconhece que a família é "o núcleo natural e fundamental da sociedade e tem direito à proteção da sociedade e do Estado" e que "os homens e mulheres de maior idade, sem qualquer restrição de raça, nacionalidade ou religião, têm o direito de contrair matrimônio e fundar uma família", mas "o casamento não será válido senão com o livre e pleno consentimento dos nubentes" (DUDH, artigo XVI, 1 a 3).

Nessa linha, o Brasil adotou outras normas internacionais relativas ao direito de constituir família. O Pacto Internacional sobre Direitos Econômicos, Sociais e Culturais de 1966, promulgado em 1992, reconhece a família como o elemento natural e fundamental da sociedade, à qual devem ser concedidas as mais amplas proteção e assistência possíveis, especialmente para a sua constituição e enquanto ele for responsável pela criação e educação dos filhos, ratificando a exigência do livre consentimento para

---

7 ADPF n. 132/RJ e ADI n. 4.277/DF.

8 Ver sobre o tema o RE 898060/SC, julgado pelo STF em 21.09.2016.

9 Paulo Luiz Netto Lobo indicada 11 (onze) "unidades de vivência encontradas na experiência brasileira atual, entre outras". LOBO, Paulo Luiz Netto. *Entidades Familiares Constitucionalizadas: para além do numerusclausus*. Disponível em: <http://www.egov.ufsc.br/portal/sites/default/files/anexos/9408-9407-1-PB.pdf>. Acesso em: 30 jun. 2017

10 A Declaração Universal dos Direitos Humanos foi proclamada pela Assembleia Geral das Nações Unidas em Paris, em 10 de dezembro de 1948, por meio da Resolução 217 A (III) da Assembleia Geral. Disponível em: <http://www.onu.org.br/img/2014/09/DUDH.pdf>. Acesso em: 10 jul. 2017.

o casamento (10, 1).[11] Em 1999, foi promulgado o Pacto Internacional sobre Direitos Civis e Políticos, também de 1966, que reconhece igualmente a família como elemento natural e fundamental da sociedade e direito do homem e da mulher de, em idade núbil, contrair casamento e constituir família, exigido o consentimento livre e pleno dos futuros esposos (art. 23, 1 a 3).[12]

A Convenção Americana sobre Direitos Humanos – Pacto de São José da Costa Rica de 1969, adotada no âmbito da Organização dos Estados Americanos, em São José da Costa Rica, em 22 de novembro de 1969, entrou em vigor internacional em 18 de julho de 1978 e foi promulgada no Brasil em 1992, preceitua ser a família o núcleo natural e fundamental da sociedade, que deve ser protegida pela sociedade e pelo Estado (art. 17) e reconhece o direito do homem e da mulher de contraírem casamento e de constituírem uma família, se tiverem a idade e as condições para isso exigidas pelas leis internas, na medida em que não afetem estas o princípio da não-discriminação estabelecido naquela Convenção; o casamento não poderá ser celebrado sem o consentimento livre e pleno dos contraentes (art. 17, 1 a 3).[13]

O Protocolo Adicional à Convenção Americana sobre Direitos Humanos em Matéria de Direitos Econômicos, Sociais e Culturais – "Protocolo de São Salvador" de 1988, promulgado em 1999, destaca o Direito à Constituição e Proteção à Família (art. 15) e reafirma: a) ser a família o elemento natural e fundamental da sociedade, sendo dever do Estado protegê-la e velar pelo melhoramento de sua situação moral e material; b) ter toda pessoa o direito a constituir família, direito esse que deverá exercer de acordo com as disposições da legislação interna correspondente. Em seu artigo 18, trata da Proteção de Deficientes, estabelecendo que toda pessoa afetada pela diminuição de suas capacidades físicas e mentais tem direito a receber atenção especial, a fim de alcançar o máximo desenvolvimento de sua personalidade. Os Estados-Partes comprometem-se a adotar as medidas necessárias para esse fim, dentre as ali especialmente indicadas.[14]

O STF reconhece expressamente que: "Toda pessoa tem o direito fundamental de constituir família, independentemente de sua orientação sexual ou de identidade de gênero. A família resultante da união homoafetiva não

11 Decreto 591, de 06.07.1992. Disponível em: <http://www.planalto.gov.br/ccivil_03/decreto/1990-1994/d0591.htm>. Acesso em: 10 jul. 2017.

12 Decreto 592, de 06.07.1992. Disponível em: <http://www.planalto.gov.br/ccivil_03/decreto/1990-1994/d0592.htm>. Acesso em: 10 jul. 2017.

13 Decreto 678, de 06.11.1992. Disponível em: <http://www.planalto.gov.br/ccivil_03/decreto/d0678.htm>. Acesso em: 10 jul. 2017.

14 Decreto n. 3.321, de 30.12.1999. Disponível: <http://www.planalto.gov.br/ccivil_03/decreto/d3321.htm>.Acesso em: 10 jul. 2017.

pode sofrer discriminação, cabendo-lhe os mesmos direitos, prerrogativas, benefícios e obrigações que se mostrem acessíveis a parceiros de sexo distinto que integrem uniões heteroafetivas. [...]".[15]

Constata-se do breve relato sobre as normas internacionais acima feito que somente após o início do processo de redemocratização do Brasil foram promulgadas as Convenções sobre direitos humanos, que incluem matéria atinente à família. Além disso, percebe-se do Protocolo Adicional à Convenção Americana sobre Direitos Humanos em Matéria de Direitos Econômicos, Sociais e Culturais – "Protocolo de São Salvador" – a desvinculação entre o direito de constituir família e o casamento.[16]

Por outro lado, cumpre lembrar que a teor do art. 5º, §3º, da Constituição da República, os tratados e convenções sobre direitos humanos que observam o procedimento ali previsto são equivalentes às emendas constitucionais, vale dizer, passam a integrar o ordenamentojurídico interno do Estado brasileiro com força, hierarquia e eficácia constitucionais.

Não obstante, até 1988 a concepção de família esteve vinculada exclusivamente ao casamento, e até 2002 o casamento esteve regido pelo Código Civil de 1916, no que tange às suas formalidades preliminares, celebração, validade, efeitos pessoais e patrimoniais. Nesses termos, até a vigência do vigente Código Civil em 2003, o casamento só era permitido às pessoas capazes, por conseguinte excluídos estavam os "loucos de todo gênero", expressão muito criticada, mas que atravessou todo século XX no Brasil. Considerados nos expressos termos do art. 5º, I, do CC/1916, absolutamente incapazes, os atos jurídicos que tais pessoas viessem a praticar seriam nulos, conforme previsão do artigo 145, I, do mesmo Código.

Contudo, no direito civil codificado anterior a lei só previa duas hipóteses de nulidade do casamento em caso de infração de impedimento absolutamente dirimente (CC/1916, art. 207) e o contraído por autoridade incompetente (CC/1916, art. 208). A regra de não haver nulidade de casamento sem expressa disposição legal, adotada pelo direito brasileiro, não contemplava assim os casos não previstos, isto é, de casamentos com defeitos insanáveis, mas não cogitados pelo legislador, os quais não poderiam ser declarados nulos por falta de expressa previsão da lei. A noção de inexistência surgiu na doutrina como complementação da teoria da invalidade como solução para os casamentos que não expressamente considerados nulos pelo CC/1916. Objeto de críticas, a doutrina da inexistência atenderia os casos

15 STF, RE 477554, Rel. Min. Celso de Mello, julg. 16.08.2011, DJe 26.08.2011.

16 A íntegra do Protocolo, bem como de todos os demais documentos internacionais citados, encontra-se disponível em Direitos humanos: atos internacionais e normas correlatas, 4 ed. Brasília: Senado Federal, Coordenação de Edições Técnicas, 2013. Disponível: http://www2.senado.leg.br/bdsf/handle/id/508144 – Acesso em 10 jul. 2017.

em que o casamento não poderia subsistir, por falta de um elemento de fato, como a inexistência de manifestação de vontade dos nubentes.[17]

Fato é que, nulos ou inexistentes, o casamento de pessoa com deficiência mental ou intelectual não era cogitado pelo legislador, e a rigor pela também pela doutrina, sob a égide do CC/1916.O casamento de pessoas por qualquer motivo incapazes de consentir, ou manifestar, de modo inequívoco, seu consentimento seria anulável (art. 209), por infringência do impedimento previsto no art. 183, IX, da codificação anterior.

O Código Civil de 2002 taxativamente considerou nulo o casamento contraído pelo enfermo mental sem o necessário discernimento para os atos da vida civil (art. 1.548, I) e por infringência de impedimento, previsto no art. 1.521. A incapacidade de consentir ou manifestar, de modo inequívoco, o consentimento não consta mais no elenco dos impedimentos para casamento. Assim sendo, até o advento da Lei n. 13.146/2015 (Estatuto da Pessoa com Deficiência – EPD), que revogou expressamente o inciso I, do art. 1.548, o casamento de pessoa com deficiência mental seria considerado nulo apenas no caso de enfermidade mental.

Não é objetivo deste trabalho analisar ou debater a questão da invalidade do casamento contraído por pessoa com deficiência mental ou intelectual, mas a breve incursão nesse campo se impôs para demonstrar duas conclusões a que se pode chegar diante dos textos legais. A primeira é a de que no regime do CC/1916 o casamento da pessoa com deficiência mental ou intelectual não foi cogitado, ensejando toda discussão a respeito da doutrina da inexistência. Se houvesse impossibilidade de consentimento ou de sua manifestação inequívoca, o casamento seria anulável, como acima indicado. Sendo o casamento sinônimo de família até o advento da Constituição da República de 1988, é de se concluir que o direito de constituir família era negado às pessoas com deficiência mental ou intelectual.

As disposições originais do CC/2002 substituíram, de modo discriminatório, os loucos de todo gênero por enfermos e deficientes mentais, vinculando sua capacidade ao discernimento e ao grau de desenvolvimento mental. As pessoas com deficiência mental não poderiam casar, sendo questionável sua possibilidade de constituir união estável ou mesmo família monoparental, diante de sua incapacidade absoluta ou relativa, prevista nos art. 3º e 4º, do CC/2002, em sua redação inicial. Assim sendo, a segunda conclusão possível é no sentido de que, até o advento do EPD, as pessoas com deficiência mental também não tinham o direito de constituir família reconhecido pela codificação civil. O casamento do "enfermo mental", conceito sujeito a

17 Sobre críticas à doutrina da inexistência, ver RODRIGUES, Silvio. *Direito civil*: direito de família, v. 6, 27. ed. Atualizada por Francisco José Cahali. São Paulo: Saraiva, 2002, p. 83/86.

questionamentos de ordem médica, seria nulo conforme o art. 1.548, I, como acima assinalado.

A incapacidade de consentir ou manifestar, de modo inequívoco, o consentimento, de acordo com o art. 1.550, IV, do CC/2002, mantido pelo EPD, possibilita a anulação do casamento de qualquer pessoa, sem qualquer discriminação.

2. A CAPACIDADE JURÍDICA DA PESSOA COM DEFICIÊNCIA CONSTITUIR FAMÍLIA.

Na sequência das normas internacionais adotadas pelo Brasil encontra-se a Convenção Internacional sobre os Direitos das Pessoas com Deficiência (CDPD) e seu Protocolo Facultativo, assinados em Nova York, em 30 de março de 2007, promulgados pelo Decreto 6.949, de 26 de agosto de 2009.[18] Destaca-se a CDPD não apenas por ser a primeira Convenção do século XXI sobre direitos humanos, como também por promover profundas alterações no que tange aos direitos das pessoas com deficiência.

O propósito da CDPD é promover, proteger e assegurar o exercício pleno e equitativo de todos os direitos humanos e liberdades fundamentais por todas as pessoas com deficiência e promover o respeito pela sua dignidade inerente (art. 1). De acordo com a Convenção a deficiência é um conceito em evolução, resultando a deficiência da interação entre pessoas com deficiência e as barreiras devidas às atitudes e ao ambiente que impedem a plena e efetiva participação dessas pessoas na sociedade em igualdade de oportunidades com as demais pessoas. Esse entendimento demonstra a franca adoção do modelo social de deficiência, que modifica a percepção e os modelos até então concebidos sobre a deficiência.[19] Na Antiguidade, acreditava-se que a deficiência consistia num castigo dos deuses por uma falha a moral, um

---

18 Disponível em: <http://www.planalto.gov.br/ccivil_03/_ato2007-2010/2009/decreto/d6949.htm>. Acesso em: 10 jul. 2017.

19 Adota-se aqui o entendimento de SASSAKI, Romeu Kazumi. Deficiência Mental ou Intelectual? Doença ou Transtorno Mental? Atualizações semânticas na inclusão de pessoas.*Revista Nacional de Reabilitação*, São Paulo, ano IX, n. 43, mar./abr. 2005, p. 9-10. Segundo o autor: "Consideremos, em primeiro lugar, a questão do vocábulo *deficiência*. Sem dúvida alguma, a tradução correta das palavras (respectivamente, em inglês e espanhol) "*disability*" e "*discapacidad*" para o português falado e escrito no Brasil deve ser *deficiência*. Esta palavra permanece no universo vocabular tanto do movimento das pessoas com deficiência como dos campos da reabilitação e da educação. Trata-se de uma realidade terminológica histórica. Ela denota uma condição da pessoa resultante de um *impedimento* ("*impairment*", em inglês). Exemplos de impedimento: lesão no aparelho visual ou auditivo, falta de uma parte do corpo, déficit intelectual". Disponível em: <http://www.planetaeducacao.com.br/portal/impressao.asp?artigo=1321>.Acesso em: 15 jan. 2017.

pecado cometido pelos pais da pessoa com deficiência ou uma advertência quanto à proximidade de uma catástrofe. Nessa perspectiva de origem bíblica, a pessoa com deficiência nada tem a contribuir para a comunidade, é um indivíduo improdutivo, verdadeira carga a ser arrastada pela família ou pela sociedade. Essas características configuram o denominado "modelo moral" ou "modelo da prescindibilidade".[20]

Os padrões científicos modernidade deram novos contornos à deficiência, fazendo surgir o "modelo médico" que entende a deficiência como condição patológica, de natureza individual. Assim sendo, a pessoa com deficiência deveria ser tratada e através de intervenções médicas ser "reparada", para ser o quanto possível "normal". Nesse "modelo reabilitador", no qual a divindade é substituída pela ciência, a deficiência decorre de causas naturais e biológicas e se torna passível de modificação, promovendo melhor qualidade de vida para as pessoas afetadas. A pessoa "reabilitada" ou "normalizada" pode ser socialmente "rentável", o tanto quanto se assemelhe às pessoas válidas e capazes.[21]

Embora o "modelo médico" possa efetivamente melhorar a qualidade de vida das pessoas com deficiência, seu foco realça as funções que não podem por elas ser realizadas, em prejuízo de suas aptidões, que muitas vezes permitem que trabalhem e tenham uma vida útil. A proposta reabilitadora mesmo quando permite uma existência útil individual e socialmente, não põe fim à discriminação e muito menos em nada modifica a percepção que a sociedade tem a deficiência, como um problema do indivíduo afetado, mantendo-se como sempre distante e indiferente.

Como se vê estampado no Preâmbulo da Convenção, a deficiência resulta da interação entre o indivíduo com deficiência e barreiras, assim entendidos os impedimentos, que decorrem de atitudes e do ambiente, os quais impedem sua plena e efetiva participação na sociedade em igualdade de oportunidades com as demais pessoas. Essa interação caracteriza o modelo social, no qual a deficiência não é resultante apenas da situação individual, mas sim da interação com barreiras que se apresentam socialmente. A sociedade é assim convocada a agir na medida em que é parte da causa da deficiência.

À luz desse entendimento, os Estados Partes da CDPD se comprometem a adotar medidas imediatas, efetivas e apropriadas para combater estereótipos, preconceitos e práticas nocivas em relação a pessoas com deficiência, inclusive aqueles relacionados a sexo e idade, em todas as áreas da vida, e para promover a conscientização sobre as capacidades e contribuições das pessoas com deficiência (art. 8, 1, b e c). Dentre as medidas previstas para

20 PALACIOS, Agustina. *El modelo social de discapacidad*: orígenes, caracterización y plasmación en la Convención Internacional sobre los Derechos de las Personas con Discapacidad. Cermi. Madrid: Cinca, 2008, p. 37.

21 PALACIOS, Agustina.Op. cit., p. 67.

tanto, inclui-se a promoção do reconhecimento das habilidades, dos méritos e das capacidades dessas pessoas e de sua contribuição ao local de trabalho e ao mercado laboral (art. 8, 2, iii).

As disposições da Convenção de maior destaque, e talvez as que maior controvérsia vem suscitando, são as que dizem respeito ao reconhecimento igual perante a lei. Devem os Estado Partes reconhecer que as pessoas com deficiência gozam de capacidade legal em igualdade de condições com as demais pessoas em todos os aspectos da vida. Para tanto, tomarão medidas apropriadas para prover o acesso de pessoas com deficiência ao apoio que necessitarem no exercício de sua capacidade legal (art. 12, 2 e 3).

Os Estados-Partes devem igualmente assegurar que todas as medidas relativas ao exercício da capacidade legal incluam salvaguardas apropriadas e efetivas para prevenir abusos, em conformidade com o direito internacional dos direitos humanos. Essas salvaguardas devem garantir que:

> [...] as medidas relativas ao exercício da capacidade legal respeitem os direitos, a vontade e as preferências da pessoa, sejam isentas de conflito de interesses e de influência indevida, sejam proporcionais e apropriadas às circunstâncias da pessoa, se apliquem pelo período mais curto possível e sejam submetidas à revisão regular por uma autoridade ou órgão judiciário competente, independente e imparcial. As salvaguardas serão proporcionais ao grau em que tais medidas afetarem os direitos e interesses da pessoa (art. 12, 4).

Nesse passo, tendo as pessoas com deficiência assegurado o exercício de sua capacidade legal em igualdade de condições com as demais pessoas em todos os aspectos da vida, é decorrência necessária que lhes seja assegurado o respeito pelo lar e pela família. Nos termos do art. 23, 1 da CDPD devem os Estados-Partes:

> 1. [tomar] medidas efetivas e apropriadas para eliminar a discriminação contra pessoas com deficiência, em todos os aspectos relativos a casamento, família, paternidade e relacionamentos, em igualdade de condições com as demais pessoas, de modo a assegurar que:a) Seja reconhecido o direito das pessoas com deficiência, em idade de contrair matrimônio, de casar-se e estabelecer família, com base no livre e pleno consentimento dos pretendentes; [...]

Esclarece-se, desse modo, a fonte das disposições constantes da Lei n. 13.146, de 06.07.2015, que institui a Lei Brasileira de Inclusão da Pessoa com Deficiência – Estatuto da Pessoa com Deficiência, em especial a que estabelece não afetar deficiência a plena capacidade civil da pessoa, inclusive para casar-se e constituir união estável e exercer o direito à família e à convivência familiar e comunitária (art. 6º, I e V). Ratifica esse direito o contido no art. 84, o qual reafirmando o mandamento da CPDD assegura à pessoa com deficiência o direito ao exercício de sua capacidade legal em igualdade de condições com as demais pessoas. Mesmo que seja necessária a curatela, qualificada como medida extraordinária (art. 84, § 3º) e limitada tão somente aos atos relacionados aos direitos de natureza patrimonial e negocial, não será alcançado o direito ao próprio corpo, à sexualidade, ao matrimônio (art. 85, e § 3º).

Embora não tenha o EPD feito menção expressa à necessidade de consentimento, este é indispensável como determina a Convenção sobre Consentimento para Casamento e Registro de Casamento de 1970, segundo a qual "nenhum casamento poderá ser legalmente contraído sem o pleno e livre consentimento de ambas as partes, devendo este consentimento ser exprimido por estas em pessoa, depois da devida publicidade, ante a autoridade competente para celebrar o casamento e testemunhas, de conformidade com a lei" (art. I).[22]

De acordo com o CC, embora este não utilize o termo, o consentimento é elemento essencial ao casamento, que só se realiza no momento em que o homem e a mulher manifestam, perante o juiz, a sua vontade de estabelecer vínculo conjugal, e o juiz os declara casados (art. 1.514). Essa manifestação é exigida dos menores em idade núbil (16 anos), mesmo sendo considerados relativamente incapazes e necessitando de autorização dos pais para casar (art. 1.517). O casamento é ato solene e requer a lei que na celebração o presidente do ato ouça dos nubentes a afirmação de que pretendem casar por livre e espontânea vontade, para declarar efetuado o casamento (art. 1.535). Será imediatamente suspensa a celebração do casamento se algum dos contraentes recusar a solene afirmação da sua vontade (art. 1.538, I). Nos casamentos em casos de iminente risco de vida, exige-se que as testemunhas atestem que em sua presença, declararam os contraentes, livre e espontaneamente, receber-se por marido e mulher (art. 1.541, III).

A união estável é situação de fato, na qual não se exige o consentimento formal, o qual se pressupõe presente. A eventual falta de consentimento só poderá ser apurada, em regra, no caso de violação de direitos ou disputa patrimonial.

Considerando ser a proteção da pessoa com deficiência um dos propósitos da CDPD e do EPD, o exercício do direito de constituir família não pode prescindir do consentimento do seu consentimento, o qual, assim como o respeito à idade núbil de 16 anos, se encontra compreendido nas salvaguardas apropriadas e efetivas para prevenir abusos, as quais devem garantir o respei-

22 Disponível em: <http://legis.senado.gov.br/legislacao/ListaTextoIntegral.action?id=95102>. Acesso em: 10 jul. 2017.

to aos direitos, à vontade e às preferências da pessoa, de modo proporcional e apropriado as duas circunstâncias, como determina a CDPD (art. 12, 4).

3. REQUISITOS E LIMITES DO CONSENTIMENTO DA PESSOA COM DEFICIÊNCIA INTELECTUAL PARA CONSTITUIR FAMÍLIA

O casamento, apesar do inerente aspecto negocial presenteno acordo de vontades para a sua consumação e dos efeitos econômicos retratados no regime de bens, visa formalizar a plena comunhão de afetos, com intuito de constituir família, dando-lhe nítida proeminência existencial. A Lei n. 13.146/2015, a um só tempo, provocou profundas mudanças em institutos tradicionais do direito civil, como o regime das incapacidades e a curatela,[23] também alcançou o casamento, como já destacado. Na linha de promoção dos direitos humanos das pessoas com deficiência e sua plena inclusão social, permita-se a insistência, preservou a capacidade da pessoa com deficiência, conforme prevê seu art. 6º, assegurando seu direito ao casamento, inclusive quando submetido à curatela, que somente afeta os atos patrimoniais e negociais (art. 85 e § 1º).

O intuito do EPD foi nitidamente de atribuir autonomia a um grupo historicamente vulnerável e marginalizado, que, não raras vezes, eram tolhidos de livre exercício de suas escolhas, em perceptível movimento personalista. Como visto, a plena capacidade civil das pessoas com deficiência foi assegurada no art. 6º do EPD, inclusive para os atos de autonomia existencial, consoante afirmado nos incisos do mencionado dispositivo. No entanto, permitiu o legislador que em situações extraordinárias a pessoa com deficiência fosse submetida à curatela, "proporcional às necessidades e às circunstâncias de cada caso, e no menor tempo possível" (art. 84, § 3º), afetando tão-somente os seus atos de natureza patrimonial e negocial (art. 84).

A incapacidade de pessoa com deficiência mental ou intelectual, quando admissível, será sempre relativa, eis que limitada aos atos relacionados aos direitos de natureza patrimonial e negocial (art. 85), não atingindo, em regra, os atos existenciais. Não se cogita, no entanto, da incapacidade absoluta, eis que incompatível com a promoção da autonomia da pessoa com deficiência. É de se ressaltar ainda que, nos termos do art. 4º, III, do Código Civil, é considerada relativamente incapaz a pessoa que não possa exprimir sua vontade, temporária ou permanentemente, de forma consciente e autônoma, relativa

---

23 Sobre o assunto, seja consentido remeter a BARBOZA, Heloisa Helena; ALMEIDA JUNIOR, Vitor de Azevedo. A capacidade civil à luz do Estatuto da Pessoa com Deficiência. In: MENEZES, Joyceane Bezerra de (Org.). *Direito das pessoas com deficiência psíquica e intelectual nas relações privadas* – Convenção sobre os direitos da pessoa com deficiência e Lei Brasileira de Inclusão. Rio de Janeiro: Processo, 2016, p. 249/274.

a determinados atos patrimoniais/negociais, mas que, eventualmente, podem atingir os existenciais, desde que como salvaguarda para prevenir abusos e impedir que direitos sejam frustrados.

Entende-se, dessa forma, que o inciso III do art. 4º do CC é compatível com a proteção destinada à inclusão dos direitos e liberdades fundamentais da pessoa com deficiência, pois cria regra genérica que se aplica a qualquer pessoa, independentemente da deficiência, que não puder por motivos físicos (estado comatoso, por exemplo) ou em razão de severa deficiência mental ou intelectual, evitando a discriminação e oportunizando o tratamento em igualdade de condições.

Nessa perspectiva, o EPD revogou as hipóteses de invalidade do casamento vinculadas à incapacidade, não sendo mais nulo o casamento quando contraído por pessoa com deficiência mental ou intelectual sem o necessário discernimento para os atos da vida civil (art.1.548, CC). O mesmo, conforme se verifica, ocorreu com as hipóteses de anulabilidade do casamento (art. 1.550, III, CC) quanto ao erro essencial sobre a pessoa do outro cônjuge em razão de deficiência. O EPD modificou a redação do inciso III do art. 1.557 CC, dissociando o erro essencial da deficiência, e revogou o inciso IV, do mesmo art. 1.557 CC, que considerava como erro essencial a ignorância anterior ao casamento de moléstia mental grave que, por sua natureza, tornasse insuportável a vida em comum ao cônjuge enganado. As hipóteses eram nitidamente discriminatórias e desconsideravam que a comunhão plena de vida pode ser alcançada independentemente da deficiência.

No que concerne à capacidade para o casamento, de acordo com o art. 1.517, os pais ou responsáveis legais deverão autorizar o casamento da pessoa que não possui capacidade plena, podendo revogar essa autorização até a data da celebração. Complementarmente, o art. 1.518, com a redação atribuída pelo EPD,[24] estabelece que os pais e os tutores poderão revogar a autorização até a celebração do casamento. Na redação original do dispositivo, incluía-se a figura do curador. Tal alteração na redação é significativa, eis que ao curador não é dado o poder de revogar a autorização, ou seja, não lhe foi atribuído o poder de consentir com o ato, tal como antes ocorria.

A partir desse novo cenário, se verifica que o consentimento para casar somente pode ser dado pelos próprios nubentes, mesmo no caso de pessoas submetidas à curatela. De fato, a constituição de família é um direito que não pode se delegado ao representante legal, eis que configura ato personalíssimo. Saliente-se que o aspecto negocial somente formaliza uma opção de vida, retrato da comunhão de afetos. O casamento é considerado um direito da pessoa com deficiência e não pode ser objeto de deliberação por parte do curador.

---

24 "Art. 1.518. Até a celebração do casamento podem os pais ou tutores revogar a autorização. (Redação dada pela Lei nº 13.146, de 2015)".

No entanto, o art. 1.550, em seu § 2º, incluído pelo EPD, admite a figura do curador associada ao casamento, ao prever que a pessoa com deficiência "mental ou intelectual", em idade núbil, possa expressar sua vontade diretamente ou por meio de seu responsável ou curador. Trata-se de uma forma de representação para o ato de celebração do casamento, visto que a deliberação quanto ao casamento deve partir da pessoa com deficiência, que deverá ter condições de entender e concordar com o casamento, devidamente comprovadas por documento médico. Lembre-se que a deficiência mental ou intelectual configura em verdade um conceito indeterminado, em razão de sua ampla gama de variações, as quais só podem ser esclarecidas em seus efeitos por médicos especializados. A representação para a celebração já é prevista pelo CC, que admite a manifestação de vontade para casar através de procurador, com poderes especiais em procuração pública específica.[25]

A curatela, no entanto, não afeta o casamento (art. 85, §1º, EPD) e a interferência do curador somente pode ser admitida na qualidade de representante para o ato, devidamente autorizado pelo juiz, uma vez seja comprovada cabalmente a possibilidade de o curatelado entender e concordar com o casamento, bem como seja justificada sua impossibilidade de participar pessoalmente da celebração.

A possibilidade de o curador manifestar a vontade para casar em lugar da pessoa com deficiência mental ou intelectual, deliberando e consentindo por ela, deve ser de todo afastada. Tal cogitação contraria não só a própria natureza e requisitos legais do casamento, como sobretudo contraria disposições expressas da CDPD e do EPD.

O casamento é um ato de autonomia existencial que não permite a substituição de vontades, mesmo ou principalmente na presença de deficiência mental ou intelectual. Embora não tenham cabimento critérios discriminatórios e específicos em relação à pessoa com deficiência, por força da CPDP e do EPD, que asseguram e promovem sua autonomia e capacidade, as circunstâncias pessoais do nubente com deficiência não podem ser preteridas. Como determina a Convenção, devem ser tomadas medidas apropriadas para prover o acesso de pessoas com deficiência ao apoio que necessitarem no exercício de sua capacidade legal (art. 12, 2 e 3). A representação pelo curador para o ato de celebração, acima referida, pode ser um apoio necessário, para os casos em que o deslocamento, ou qualquer outra circunstância, seja penoso ou prejudicial para o nubente com deficiência.

O apoio, qualquer que seja sua forma, não substitui a exigência da manifestação de vontade consciente e autônoma, ou seja, é necessário que os nubentes apresentem comprovada competência para a prática do ato.

25 "Art. 1.542. O casamento pode celebrar-se mediante procuração, por instrumento público, com poderes especiais".

Indispensável destacar que não basta a possibilidade de expressar a vontade em termos físicos, uma vez que a manifestação deve traduzir a competência intelectual para compreender e querer o casamento. Se eventualmente for constatado que a pessoa com deficiência mental ou intelectual não apresenta a competência intelectualnecessária para emissão válida de vontade, a hipótese se enquadraráno art. 4º, inc. III, do Código Civil vigente, segundo o qual são relativamente incapazes as pessoas que não puderem exprimir sua vontade de forma permanente ou temporária, ensejando a anulação do casamento, nos termos do art. 1.550, IV, do CC.

O casamento da pessoa com deficiência mental encontra, assim, limite nas suas próprias circunstâncias pessoais, que determinarão a possibilidade ou não de contrair casamento. Os requisitos para o casamento devem ser os previstos no CC, tanto no que concerne às formalidades preliminares, constantes do processo de habilitação, quanto observância da idade núbil e dos impedimentos previstos no art. 1521. A celebração deverá igualmente cumprir as formalidades concomitantes previstas no art. 1.533 e seguintes do CC, que se revelam de todo útil no caso.

O reconhecimento da existência de união estável da pessoa com deficiência mental ou intelectual deve observar, no que couber, os limites e requisitos acima abordados.

CONSIDERAÇÕES FINAIS

A pessoa com deficiência mental ou intelectual tem assegurado, por força de norma constitucional, seu direito de constituir família. O exercício desse direito deve-se dar na forma prevista no Código Civil. Não devem ser preteridas, especialmente para fins de proteção do nubente com deficiência mental ou intelectual, as circunstâncias de sua situação individual. Nos termos previstos na CDPD, o casamento poderá se realizar com o apoio adequado a cada caso, de que é exemplo a representação pelo curador, conforme acima indicado.

A constituição de família, em qualquer de suas modalidades, é uma das mais legítimas afirmações da capacidade da pessoa com deficiência mental ou intelectual, que deve ser admitida precipuamente nos limites de sua proteção e para atender seus interesses existenciais e patrimoniais.

CUIDADOS A TER NO DIREITO DE CADA CIDADÃO A SER EDUCADO, INDEPENDENDO DA IDADE

João Pedro Gaspar[1]

Carlos Jesus Gil[2]

É preciso uma aldeia inteira para educar uma criança.
Provérbio africano

SUMÁRIO: **1.** Introdução. **2.** Da Etimologia à Teleologia. **3.** Uma criança Dicotómica na Timidez. **4.** Súmula.

1. INTRODUÇÃO

Propomo-nos debater a importância da Educação/Formação nas diferentes etapas da vida de cada indivíduo. Uma vida com um claro sentido de devir será, cremos,inegavelmente mais intensa no desejo de prossecução da mesma. Tal sentido, pensamos, será tanto mais alcançável quanto maior for o capital cultural, o conhecimento e as competências de cada indivíduo. Para cada idade de estudo formal de crianças e jovens são estabelecidos mínimos de competências, conhecimentos a alcançar. Esta filosofia de ensino deve, porém, atender à inexorável dinâmica social, concorrendo para uma não cristalização, no tempo, dos currículos do Ensino formal. Os países que descurarem este preceito correrão o risco de perder o comboio do conhecimento, de obstarem à evolução, ao desenvolvimento; albergarão sociedades díspares e pouco inclusivas.

Porém, devemos pôr cuidados, todos os necessários, para que a Educação que recebemos continuamente, e damos a receber, não consubstancie uma Educação Compulsória, pois esta castra a capacidade crítica, de

---

1 Doutor (PhD) Psicologia da Educação/Universidade de Coimbra/Portugal. Mestre (Sc.M.) Geociências /Universidade de Coimbra/Portugal. Investigador Instituto de Psicologia Cognitiva e Desenvolvimento Humano e Social(FCT-UC)/Portugal; Centro de Estudos Interdisciplinares do Século XX (FCT-UC); Laboratório Interdisciplinar de Pesquisa e Intervenção Social (PUC/RJ – Brasil);Centro do Direito da Família (UC – Portugal). Supervisor de equipas técnicas e educativas. Mentor e coordenador da Plataforma PAJE – Apoio a Jovens (Ex)acolhidos.

2 Geógrafo. Investigador colaborador no Instituto de Psicologia Cognitiva e Desenvolvimento Humano e Social (FCT-UC)/Portugal. Colaborador e membro dos corpos sociais da Plataforma PAJE – Apoio a Jovens (EX) acolhidos. Autor publicado em diversas antologias da lusofonia.

análise que queremos em cada cidadão. Sem estes cuidados cairemos no risco de dar plena razão a Bertrand Russell, quando afirma: "*Os homens nascem ignorantes, não estúpidos. O que os torna incapazes de pensar, é a educação*". Independentemente da idade, o nível de Educação, de conhecimento, de competências, tem um papel importante no desempenho do indivíduo em sociedade: das brincadeiras das crianças e dos jovens, passando pelo papel económico dos adultos, à construção de um agradável envelhecimento activo. Trata-se de cidadania e dignidade humana!

2. DA ETIMOLOGIA À TELEOLOGIA

Temos, sobretudo, de aprender duas coisas:
aprender o extraordinário que é o mundo e aprender a ser
bastante largo por dentro, para o mundo todo poder entrar.

Agostinho da Silva

A palavra educar surge-nos do termo latino *educare*, o qual nasce da junção do prefixo *ex*, que significa "fora", "exterior", com *ducere*, que poderemos traduzir como "conduzir", "levar".

Temos então que, e reportando-nos à etimologia da palavra, educar sugere-nos um movimento no sentido de dentro para fora. Educar constitui-se no processo formal de conduzir uma pessoa para fora de si mesma. Sendo pragmáticos na análise, diremos que educar é todo o processo levado a cabo por uma sociedade tendo em vista a preparação de um sujeito para que saia da sua individualidade e entre no mundo amplo, a sociedade que habita, mas também outras, se disso houver necessidade. Ora, tal processo, e reportando-nos ainda ao que da etimologia se pode inferir, implica a implementação de um sistema de ensino que permita aos indivíduos compreenderem o mundo e as suas diferenças, entenderem a sociedade que vivem, outras que poderão visitar, experimentar, vivenciar, ao mesmo tempo que lhes fornece as competências necessárias à sua integração.

Com os avanços científicos e tecnológicos; com o advento de novos paradigmas sociais, é imperioso que as tutelas da Educação, ministérios dos governos dos estados, dos países, estejam atentas às necessárias adaptações a fazer a cada instante aos currículos em vigor.

Se, portanto, educar é preparar o indivíduo para que, numa perspectiva holística, possa em segurança sair de si próprio e entrar em sociedade, então todo e qualquer cidadão terá o direito a ser educado, independentemente da idade que tiver. Se não o foi na "altura própria", por motivos de sua saúde ou por doença do sistema, pois que o comece a ser assim que possa. É direito de cada um, em todos os Estados de Direito e Democráticos, ter acesso à educação condigna; é dever destes Estados proporcionarem essa mesma educação.

Assim o sentiram os redatores da Declaração Universal dos Direitos do Homem.[3] No seu artigo 26º, professa-se que toda a pessoa tem direito à educação; mais, que esta deve ser gratuita, pelo menos a que corresponde ao ensino elementar fundamental, grau que o documento defende dever ser obrigatório. No mesmo artigo podemos, com clareza, distinguir o relevo dado à necessidade de um sistema de educação capaz, que possa acudir a todas as necessidades de uma sociedade, pois que segue afirmando dever ser generalizado o ensino técnico e profissional, bem como dada a todos os que demonstrarem mérito a possibilidade de prosseguirem, em plena igualdade, os estudos superiores.

Sabiam já, com certeza, da importância, em qualquer sociedade cujos governantes almejem verdadeiramente um cabal e sustentável desenvolvimento, da formação dos recursos humanos, da sua educação. Os países que primeiramente apostaram na qualificação do seu povo são os que mais desenvolvidos se encontram. Existe uma relação inequívoca entre educação, qualificação e desenvolvimento.

No seu número 2, o artigo invocado expõe-nos sublimemente a visão de quem o fez vir até nós. Alguém conhecedor da história e da natureza humana, pessoas acabadas de sair de uma guerra ainda mais atroz que todas as outras que a história encerra; alguém que, mesmo longe da utopia, deseja veementemente diminuir ao mínimo as barbaridades futuras, mitigar na medida do possível a crueldade humana; alguém que está a par da bondade da educação, que sabe que para ser plena e visar o objetivo maior esta deve ter como desígnio a expansão da personalidade humana, alertar para os direitos, liberdades e garantias fundamentais de cada indivíduo, ao mesmo tempo que elucida sobre a necessidade de ensinar a cada um, cada um de nós, as benesses da compreensão mútua entre povos de qualquer nação, credo, cor de pele, das vantagens do desenvolvimento das actividades das Nações Unidas para a manutenção da paz no mundo. Parece que vivemos um período de esquecimento generalizado desta intenção da Declaração Universal dos Direitos do Homem!

Uma educação condigna, aquela a que tem direito cada um dos seres humanos, não só proporciona o desenvolvimento de sociedades sãs, economicamente viáveis, pacíficas, com emprego para todos os que podem e devem trabalhar (sabemos que o emprego pleno integra o mundo dos bondosos sonhos, porém uma sociedade que cumpra as condições que vimos desejando estará em condições de permitir sustento adequado e digno a quem dele periodicamente ou mesmo definitivamente necessitar. Falamos de subsídios, de reformas, de complementos solidários...), como, por outro lado, permite escolhas que não se ficam pelas do labor, pois que vão à esfera do merecido e necessário lazer. O artigo 27º da Declaração Universal dos Direitos do

3 ONU, *Declaração Universal dos Direitos Humanos*. 1948.

Homem advoga formalmente o direito à fruição livre de cada indivíduo da vida cultural da sua comunidade, ao exercício de artes, se a isso for dado, à participação no progresso científico, bem como à justa comunhão dos benefícios que daqui possam advir, tal como aos que procedam das atividades culturais em que participe enquanto autor.

Mas como poderá alguém, por maior que seja o seu talento, vir a criar algo nas artes ou na ciência, algo grande que lhe permita merecer celebridade e auferir bens materiais, fazer do exercício das artes ou da investigação científica um modo de vida, se não puder desenvolver esse mesmo talento, se não estudar, se não lhe for facultada formação? O potencial pode existir no indivíduo, porém sem o seu diligente e dinâmico desenvolvimento nada surgirá. Quando muito umas minudências, as quais ficarão sempre muito aquém das reais possibilidades do criador. Sim, conhecemos inventores, mas estes não são propriamente cientistas; sim, sabemos da existência de artistas – alguns mesmo excelentes – autodidatas, mas se são o que são somente com as ferramentas que informalmente lhes foi dado adquirir, e que andarão muito longe do vasto acervo que as escolas fornecem, o que não seriam se a estas tivessem tido acesso? Um por cento de talento, noventa e nove de tormento, e este não se resume ao trabalho em si, à criação da obra ou ao resultado científico posto no papel, cabe também aqui a inevitável formação inicial e continua.

Depois, como poderá alguém exigir aquilo que por direito é seu, se o bem que lhe é pertençanão se mostrar de modo claro, não passar de uma evidência pueril? Não pretendemos com a narrativa em desenvolvimento defender que todo e qualquer indivíduo deve encontrar-se munido de competências que lhe permitam uma defesa cabal de tudo aquilo a que a todo o momento tiver direito. Não, não é tal a nossa ambição. Tão somente desejamos para as pessoas a luz necessária à lucidez que permita a cada uma saber que tem direitos, pelo menos os fundamentais, e que quando qualquer deles é posto em causa saiba a quem deve recorrer para que a justiça seja reposta. Sabemos que não basta as Constituições consagrarem Direitos Fundamentais, os quais são universais; não é suficiente um ordenamento jurídico que permita a cada cidadão uma defesa em caso de atropelos, venham eles de cima, da superestrutura, ou dos seus pares, não bastam estas prerrogativas, é igualmente necessário que todos, mas todos mesmo, aqueles que mentalmente são capazes, estejam em condições de poder usufruir do grau civilizacional a que ascendemos. O Princípio Primeiro do Direito é servir a Justiça, mas a Justiça para quem? Mário Soares, em "Portugal Amordaçado", e a propósito de um processo de dissuasão levado a cabo por duas das personalidades que, segundo o próprio, mais profundamente o marcaram, Álvaro Cunhal e Agostinho da Silva, dá-nos a conhecer que cursou primeiramente Ciências Histórico-Filosóficas, na Faculdade de Letras da Universidade de Lisboa, e não Direito, que viria a cursar mais tarde, por aquelas duas eminentes personalidades se mostrarem convictas de ser o Direito em si mesmo uma outra superestrutura, estadirectamente representativa da "expressão odiosa e visível da dominação de uma classe", ao fim e ao cabo uma ordem formal e minuciosamente talhada para servir os sectores dominantes de uma sociedade, um instrumento ao disporda designada violência simbólica, conceito social tão lucidamente elaborado e enunciado pelo sociólogo francês Pierre Bourdieu. E, defendemos nós, quando de facto não serve a Justiça, o Direito não vai além disso mesmo; a Ordem Jurídica não será, com certeza, nessas condições, seca que é de dignidade, dogmática. Princípio Primeiro do Direito: servir a Justiça! Mas a Justiça para quem?Por certo para cada sócio da Sociedade onde vigora; para cada cidadão. Sem uma verdadeira cidadania nada destes nobres designíos jamais será alcançado; sem um efetivo e universalsistema de educação é impossível a existência deevidente e real cidadania. Se nosqueremos sãos, se queremos o nosso enorme Fórum, a nossa ampla Ágora, a ecúmena em si sã e próspera, teremos forçosamente de trabalhar por um pleno Direito à Educação, uma educação multidisciplinar, eclética e dinâmica, que dê cumprimento a todos os setores da sociedade, mas que, sem nunca perder a fundamental noção de abrangência, igualmente não esqueça a imprescindível especialidade e a natural vocação de cada indivíduo. Também aqui concordava Agostinho da Silva, "toda a educação verdadeira e sólida é uma auto-educação."[4]

Com o fim de ilustrarmos o quanto um Sistema de Educação cuidado, dinâmico e adequado forma com a devida excelência os utentes comprometidos, bem como o quanto esta formação contribui de modo único para o cabal desenvolvimento económico, social e cultural de uma sociedade, uma vez que a mesma proporciona o conhecimento necessário ao completo desempenho de uma função profissional, quer esta seja praticada pelos ativos em idade formal própria, quer por aqueles que continuam a sê-lo para lá desta, assim como fornece os apetrechos sem os quais nunca poderá existir por parte de cada indivíduo uma fruição digna e plena daquilo que está para além do trabalho e que também é vida, aliás que é a vida em inteira razão do seu surgimento, falamos agora dos tempos de lazer em cultura, desporto, ócio mesmo; falamos de cidadania, tudo enquanto Sócios, tudo em comunidade, com o fim supracitado procederemos a uma breve exposição de duas realidades distintas em termos da produtividade de cada trabalhador, circunstância que induz consequências inevitáveis no Produto Interno Bruto (PIB) de cada país, estado, região,indicador sobejamente utilizado em macroeconomia e que que nos permite observar com rigor aceitável o grau de desenvolvimento de um país, de um estado, de uma região.

Ora, se atendermos à definição que a nosso ver melhor traduz aquilo em que consiste o termo *produtividade*, e que mais não é do que a quantidade (de algo, bem ou serviço) produzida por trabalhador, por unidade de tempo, fácil

4 SILVA, Agostinho. Textos Pedagógicos I. Lisboa: Âncora Editora, 2000, p. 199.

é concluir que, em condições de saúde física desejável, produz mais aquele trabalhador que melhor preparado, em termos de conhecimento do ofício – e também em ramos afins –, se encontrar. A comprovar o que afirmamos são-nos dados os exemplos de países como a Alemanha do pós II Guerra Mundial, a Holanda, o Luxemburgo, os países do Reino Unido, para recorrermos somente a casos de sucesso económico para o qual muito contribuiu a elevada produtividade de cada trabalhador, não fazendo uso de exemplos de sucesso económico baseado nesta realidade mas também noutras, como o ignominioso *dumping* comercial e o recurso a taxações fiscais bem distintas, para baixo, daquelas que vigoram na generalidade dos países desenvolvidos.

Numa definição mais ampla de *produtividade*, vemo-la basicamente como a relação existente entre a produção (quantidade de bens ou serviços produzidos) e os factores de produção utilizados (condições de trabalho, trabalhadores, máquinas, qualidade das matérias-primas...). Quanto maior for a quantidade produzida em relação aos factores de produção utilizados maior será, logicamente, a *produtividade*. Segundo a definição ora exposta, constatamos que a produtividade de uma empresa, de um país não depende apenas de quem opera uma função, tem igualmente a ver com a tecnologia aplicada, o seu nível de desenvolvimento, a qualidade das matérias-primas usadas, bem como com a organização no trabalho. Factores de todo alheios ao papel do colaborador, do trabalhador, independentemente da sua qualificação. Compreendeu-o imensamente bem, no início do século XX, o industrial estadunidense do ramo automóvel, Henry Ford. Almejando uma produção em massa, apenas possível com os automóveis ao mais baixo preço possível, Ford, atento aos estudos de um engenheiro mecânico, Frederick Winslow Taylor, considerado o “pai” da Administração Científica, por defender o recurso, na administração empresarial, a métodos científicos cartesianos, visando a eficácia operacional na administração industrial, vê que apenas com uma outra organização do trabalho a produtividade poderá ser aumentada, baixando consideravelmente os custos de produção. Assim, o operário que antes fazia de tudo ou quase de tudo, passa agora a ter uma tarefa específica. Torna-se um especialista na sua função; mais automóveis são produzidos por hora; o custo destes desce; as suas vendas aumentam sem paralelo na história da indústria automóvel. Surge a linha de produção, ou linha de montagem; nasce a produção em série. Estávamos em 1914, e podia, qualquer industrial, empresário de outros ramos, ler a sua obra “Minha Filosofia da Indústria”, obra prima de administração e gestão empresarial, e implementar o modelo nos seus próprios pavilhões.

Noutra das várias formas de medição da produtividade que a literatura nos oferece, podemos assistir à frieza que a ciência puramente de gabinete por vezes produz. Naquela a que agora fazemos alusão, a *produtividade* é medida recorrendo ao PIB*per capita*. Ora, trata-se de uma forma de medição que leva a um natural enviesamento do fenómeno, no mínimo a uma deformação da realidade, pois que a mesma não é de todo espelhada. Um caso ilustrativo do que acabamos de afirmar: ainda há bem pouco tempo os sapatos italianos eram vendidos a preços muito mais elevados do que os portugueses, sendo que estes já eram, em termos de *design* e qualidade, no mínimo do mesmo nível dos fabricados em Itália. O que se passava, hoje a realidade já é bem outra, não era mais do que a consequência, merecida aliás, de um investimento em dinheiro e trabalho intenso na criação e divulgação de imagem de marca, por todo o mundo desenvolvido, portanto de um amplo, demorado e capaz processo de *branding*. Tal acrescenta, e muito, valor ao produto acabado. Logo que Portugal também o fez, assim os resultados começaram a surgir. Então, como poderia alguém, legitimamente, afirmar que um trabalhador italiano da área dos sapatos produzia mais sapatos por hora que um congénere português? Produzia maior riqueza para o seu país, sim, mas ninguém nos diz, com propriedade, até porque a tecnologia aplicada já era semelhante, igual mesmo, ninguém pode, dizíamos, com rigor afirmar que um italiano produzia por hora mais sapatos que um português. Coisas de técnicos com enormes ligações à esfera política, cremos. Sem qualquer intenção de desmerecer os mesmos, apenas discordando das metodologias usadas e das interpretações que fazem dos fenómenos a que todos assistimos, adiantaremos ainda a possibilidade de ser essa a escola que proclama, e bem alto, que sempre que se dá tolerância de ponto a trabalhadores, não falamos do ou dos motivos para tal, bem como quando se repõe um feriado nacional retirado por motivos de recuo económico, de austeridade severa, de problemas económicos e financeiros de grande envergadura, como os que, por exemplo, Portugal viveu na sequência da enorme crise de 2008 (na verdade com origens anteriores), pensamos, dizíamos, ser essa a escola, ou corrente político-económica que defende levarem, a tolerância de ponto e a reposição, ou mesmo criação, de um feriado nacional a uma baixa na *produtividade*. O que em verdade existe é uma baixa na quantidade produzida – pois se se passa um dia sem produzir... -, não na *produtividade*. Caso tal realidade constitua uma ameaça à Economia de uma país, à estabilidade de uma empresa, por exemplo por incapacidade de fornecimento de um produto, de um bem a um cliente, quer se trate de um bem transacionável ou de qualquer outro, esta ameaça com alguma facilidade cairá por terra, bastando para tal solicitar o trabalho extraordinário de colaboradores durante umas horas assim que possível e dentro do prazo imperioso. Tal medida comportará alguns gastos não programados nas empresas envolvidas? Sim, com certeza, mas, cremos, prejuízo não advirá para as mesmas, e o país, esse é que não perde de todo. Enfim, formas diferentes de sentir a realidade, de ver os traçados; basicamente pura ideologia política. Tudo bem, " O Príncipe pode mentir!", dizia Maquiavel, supostamente crente na bondade, para a nação, da mentira do príncipe.

Vivemos um mundo absolutamente globalizado, onde o efeito de dominó nunca teve tão grande expressão como agora; um mundo de competitividade, mais, de competição, em que para se vencer é forçoso estar-se muito bem preparado. Vence neste mercado brutal, onde cada empresa, cada sociedade para além de ambicionar vender mais usando o preço como trunfo, tem como designío maior o comercializar mais caro e em mais geografias, quem melhor trabalhar, quem maior produtividade conseguir, sim, mas, e isto é essencial, quem mais e melhor inovar. Mas, interroguemo-nos, quem inova sem um excelente Sistema de Ensino, sem Ciência?! Nenhum dos itens essenciais ao desenvolvimento de uma sociedade, à saúdeintegral da mesma e dos seus cidadãos consegue o relevo desejável sem uma Economia sã; esta não se encontra ao alcance de um país, um estado, uma região que não apostem cuidada e condignamente na Educação, numa Educação universal, acessível e mesmo obrigatória a todos os capazes. O tempo da exploração das matérias-primas enquanto base fundamental de um PIB ainda não findou, porém para lá caminha, e convenhamos que ainda bem, pois que com esse paradigma apenas uma pequena elite de privilegiados amantes do atávico nepotismo consegue ternos proveitos e o sol que aos outros queima e a estes ilumina.

É, pois, mister que, em cada sociedade, seja efetivamente posto Cuidado no Direito de cada cidadão a Ser Educado. Enquanto a todos não forem proporcionadas as mesmas possibilidades a uma educação séria e no nível mais elevado ao dispor (e quantos, plenos de capacidade, de talento, de mérito ficam pelo caminho por ausência de recursos económicos...), a uma formação/qualificação fornecedora de reais competências, e apenas são reais as que acordarem com as novas exigência requeridas pelos mercados, enquanto esta vil realidade acontecer viveremos, sem disso termos consciência, a versão actual do obscuro feudalismo; viveremos em feudos e sujeitos aos usos e costumes dos novos senhores, que nos impõem de modo subliminar mas diariamente a sua ancestral violência simbólica. Salvo as excepções que sempre existem, quem pode fruir um mundo, quer a nível profissional quer a nível do necessário lazer; quer no culto do corpo quer no do espírito?; quem pode desfrutar das possibilidades existentes, propiciadoras de uma vida jubilosa, se as não vê? Pois determinadas realidades, tangíveis ou não tangíveis, apenas são susceptíveis de serem sentidas com o espírito iluminado, treinado. Lembramos, a propósito e recorrendo a Luiz Salinas Fortes, especialista em Rousseau, o que este multifacetado intelectual, filósofo, escritor, compositor, teórico político e educador, dizia ser o grande designío da Educação: "uma possibilidade pedagógica de livrar o indivíduo da corrupção circundante". Dado o grau civilizacional já alcançado, o qual nos mostra a virtude da harmonia e os males da barbárie, deveria ser fácil, bastante fácil aos senhores do cume da hierarquia tomar a decisão, as decisões certas, que até são as mais lógicas. Constituem um perigo iminente em qualquer parte da ecúmena, um desassossego, perigo mesmo para aqueles que se julgam seguros nas suas reforçadas fortalezas, muitos dos "sócios" que, despojados e cansados de "lutar", nada têm a perder!

3. UMA CRIANÇA DICOTÓMICA NA TIMIDEZ

O homem não é nada além daquilo que a educação faz dele.
Immanuel Kant

Duarte era, é, um indivíduo teimoso, mesmo muito teimoso. Filho de um casal de caseiros numa quinta aqui, ali, ou lá, consoante a localização do caro leitor, para os lados de Viseu. Como Viriato, desde cedo Duarte aprende a arte da contemplação do Divino presente na amplidão do Céu – com ou sem luz -, permanente em cada centímetro de paisagem, seja ela de rocha feita e à vista, seja ela composta de árvores e demais vegetação. Ao contrário de Viriato, passou eternidades num convívio consigo próprio. Viseu era longe, na altura muito longe; a aldeia mais próxima, cuja escola primária frequentava, ainda ficava a uns bons três quilómetros, de modo que Duarte passa toda a sua infância e boa parte da adolescência brincando consigo próprio, exercitando a imaginação, parindo amigos com quem falar, alguns dos quais permanentes, outros, talvez porque pouco dignos, apenas por um dia, umas horas ou mesmo uns minutos. Ainda não se sabe como conseguiu aquele rapaz não ficar rouco de vez, pois a criatura não parava de falar. Assim que saía da escola – primeiro a primária, na aldeia, depois a Escola dos 2º e 3º ciclos da vila –, e mal chegado à quinta, logo após uma breve merenda que a mãe o obrigava a fazer, era vê-lo, se o procurassem muito, a brincar consigo próprio e a dialogar consigo mesmo. Não sabemos se não trialogava, tetralogava, e por aí fora, de quando em quando. Mas, a saber o que dele se sabe, acreditamos bem nessa hipótese. Também não temos a certeza se falava muito na escola. A acreditar nos professores, e, embora nos custe, vamos acreditar, pouco ou nada falava com os colegas, e apenas muito instado respondia às questões postas por eles, docentes. Um paradoxo! Ou não, talvez o mundo que criou, porque não teve outro remédio, fosse bastante mais atrativo, interessante e digno das suas energias do que aquele para onde o obrigavam a ir, durante alguns meses, três períodos por ano.

Duarte desenvolveu um desajuste social, ou simplesmente não lhe fora dada a hipótese de desenvolver um desejável ajuste. Para o menino, embora lhe fosse consentido o grupo, este não lhe aparecia como absolutamente necessário. Comunicação apenas e tão só quando se mostrasse não ser possívela continuidade – a *existência*, entendida tal qual em Kundera, como *as possibilidades do homem* –, de outra forma. A multidão, que num *realismo* bem vincado não existe, pois que para aquela corrente literária apenas o indivíduo é suscetível de existência, é como que repudiada pelo menino protagonista da vivência aludida. Existe, dando corpo a sua existência a uma personagem/ exemplo de um *quadro* de Heidegger.[5] É um ser-no-mundo (*in-der-Welt-sein*).

5 HEIDEGGER, Martin. *Sein und Zeit*, Gesammtausgabe (GA), t. 2, Frankfurt am Main, V. Klostermann, 1977.

É, na conceção do respeitável filósofo, uma unidade indissociável. Uma unidade primária indissociável.

A conceção de Heidegger acerca desta relação absolutamente inata com o mundo, desta unidade em que a separação não nos aparece como hipótese, implica algo a que, apenas em nome da liberdade individual de buscar lógicas, não podemos conceder crédito. Pois que ela nos impele a um pensamento que descura – e tal não é, de todo, despiciendo – a necessidade fulcral da Educação. Para Heidegger, o ser humano quando é "posto" no mundo já vem, de certo modo, com as habilidades, os "truques" e o conhecimento necessários às primeiras "lutas".

Ainda que desde o nascimento já se encontre inserido no mundo e nas referências que este lhe oferece, não possui, a nosso ver, ao contrário do que diz o filósofo,uma compreensão prévia das coisas. A imersão imediata, quase mágica, no mundo não lhe confere,*deper si*, tal magnificência em termos de competências. O homem nem tão-pouco apresenta essa compreensão num tempo imediato, terá de existir sempre uma mediação temporal, salvo o que aos instintos diz respeito, mas estes em nós, humanos, encontramo-los apenas em alguns gestos, algumas ações/reações – se está quente tiro a mão...-; vemo-los em abundância, sim, em todos os outros animais que não podem aprender senão com a vida e com a genética; testemunhamo-los ainda noutros reinos da natureza, mas sempre porque ao indivíduo em questão somente dessa forma o mundo lhe é possível. A apreensão dos espaços, dos objetos, dos seus significados, dos gestos, de rituais, o homem fá-la observando, gravando na mente e desenvolvendo, assim que possível, processos mentais de cruzamento de informação a fim de chegar a nova informação, a algo novo em termos de conhecimento. Depois, no tempo, onde entra já a maturidade, ainda que em fase incipiente, o homem que se quer ser pleno no mundo e deste retirar a plenitude,não pode prescindir de uma Educação formal e devidamente organizada, não lhe bastando a natural indissociabilidade do mundo; às sociedades que em honestidade intelectual e política tiverem como desígnio principal a plena integração – em unidade com o mundo, sim! – a que fazemos referência, não restará outra atitude que não aquela que vise promover junto de todos, desde a primeira idade própria, o acesso a uma Educação condigna, adequada, dinâmica.

4. SÚMULA

No mundo, e segundo um relatório de junho da HumanRightsWatch (HRW),[6] cerca de 124 milhões de crianças e adolescentes – mais dois milhões do que em 2011 –, estão impedidos de ir à escola por leis discriminatórias,

6 HUMAN RIGHTS WATCH REPORT. *Education 2016*. Disponível em: <www.hrw.org>. Acesso em: 10 mai. 2017.

propinas elevadas ou violência.Já em Portugal, o Ministro da Educação afirmava também, em 2016, que "Há crianças que apenas têm direito à educação na Constituição". Esta realidade remete-nos para a necessidade de possibilitar a todos – crianças, jovens, adultos, idosos – o direito a uma Educação que se adeque a cada realidade individual (atendendo sempre à idade "de cada um", bem como às capacidades cognitivas que apresentem). A vocação individual também não será de desprezar, bem como as necessidades estruturais e conjunturais próprias de cada Sociedade. Quem ganha, pondo cuidado nesta necessidade, é a própria Sociedade, que verá maiores ganhos de desenvolvimento e justiça global.

Apenas uma plena consciência das Possibilidades – Possibilidades em todos os domínios – por parte de cada cidadão, tenha ele a idade que tiver, desde que já um ser consciente, pode levar ao cabal e saudável "uso" da nossa Herdade, o Planeta Terra, pois que apenas com tal designío conquistado cada um pode exercer, como é direito e dever, a plena cidadania, contribuir para a boa, se possível excelente, organização da bela Herdade.

É, pois, dever de cada um de nós, dos que se preocupam com estas Coisas Grandes, trabalhar no sentido de que todos, em qualquer canto do Planeta, desde que habitado, desde que parte da ecúmena, escrutinar a oferta destas Possibilidades e, caso elas não se verifiquem em lugares determinados, dar o seu contributo, o que se encontrar ao alcance, para que as mesmas passem a ser uma realidade.

REFLEXÕES SOBRE A PATERNIDADE E A MATERNIDADE SOCIOAFETIVAS DESEMPENHADAS PELA FAMÍLIA EXTENSA

Kátia Regina Ferreira Lobo Andrade Maciel[1]

SUMÁRIO: **1.** Notas Iniciais. **2.** O estado de filho afetivo frente à árvore genealógica. **3.** Delimitando a noção de família extensa. **4.** Da vedação legal da adoção pelos avós e irmãos do adotado. **5.** Adoção pelos colaterais. **6.** Derradeiras Considerações.

1. NOTAS INICIAIS

Pela Doutrina da Proteção Integral,[2] a responsabilidade com as crianças e os adolescentespelo núcleo familiar não se limita aos ascendentes em 1º grau (genitores), mas recaem sobre toda a rede parental, incluindo avós, bisavós, irmãos, tios, primos, tios-avôs e aos afins (padrasto e madrasta, avós por afinidades). Esta afirmativa está fundamentada no sistema deprincípios e regras norteadoras do direito infanto-juvenilque buscam na solidariedade familiar o esteio para a formação plena da criança como sujeito de direitos.

Embora a corresponsabilidade constitucional para com a infância e a adolescência indique, ainda, como parceiros o Estado e sociedade (art. 227), estes têm se omitido no seu papel de apoio às famílias, de maneira especial às mais vulneráveis, elevando-se, progressivamente, o número de figuras paren-

1 Titular da 2ª Procuradoria de Justiça da Infância e da Juventude do Ministério Público do Estado do Rio de Janeiro. Mestre em Direitos Fundamentais e Novos Direitos pela UNESA. Professora do Curso de Pós-graduação de Direito da Infância e Juventude do Instituto de Educação e Pesquisa do Ministério Público do Rio de Janeiro. Professora do Curso de Pós-graduação de Direito das Famílias e das Sucessões da Pontifícia Universidade Católica do Rio de Janeiro (PUC-RJ). Vice-presidente da Comissão da Infância e Juventude do Instituto Brasileiro de Direito de Família no biênio 2016-2017.

2 A Doutrina da Proteção Integral, incorporada na Lei n. 8.069/90 (art. 1º) a partir da Convenção Sobre os Direitos da Criança, de 20 de novembro de 1989, ratificada pelo Brasil em 1990, pelo Decreto Executivo nº 99.710, consiste no "conjunto de enunciados lógicos, que exprimem um valor ético maior, organizada por meio de normas interdependentes que reconhecem criança e adolescente como sujeitos de direito". (AMIN, Andréa Rodrigues. "Doutrina da Proteção Integral". In: MACIEL, Kátia Regina Ferreira Lobo Andrade (coord.).*Curso de Direito da Criança e do Adolescente. Aspectos Teóricos e práticos*. 10. ed. São Paulo: Saraiva, 2017, p.58).

tais próximas que atuam como rede de apoio de cuidados que suprem as demandas de acesso das crianças e adolescentes aos seus direitos fundamentais, cumprindo, então, a função decooperação solidária estampada na Lei Maior.

Em decorrência da proteção destes sujeitos de direitos ser necessariamente de cunho integral, a interpretação do papel da família não pode ser restrita, acanhadaou limitada. Pelo contrário, a concepção de família trazida pela redaçãodo art. 227 da Carta Magna brasileira situa-se para além da família natural,apreendida como tal a composta pelos pais e filhos ou por um deles e sua prole (art. 25 da Lei n. 8.069/90),desdobrando-se para outros ramos da árvore genealógicaonde estão situadas outras pessoas que, convivendocom o núcleo menor, assumem o relevante papel de cuidadores materiais e afetivos de crianças, cujos pais não desempenham estesencargos, seja por negligência, omissão, falta, abuso ou abandono.

Para que a proteção seja, efetivamente, absolutade maneira a formatar a personalidade e a identidade do sujeito em processo de desenvolvimento, não há como se restringir a responsabilidadesomente àqueles que o geraram, mantendo-o inserido na família naturalquando prejudicial aos seus interesses. Pelo contrário,na estruturade parentesco de muitas famíliasencontram-se,comoverdadeiras responsáveis pela construção do ser das crianças, pessoas com vínculo consanguíneo ou de afinidade e extrema afeição pela criança que cooperam com as tarefas parentaise acabam por substituir as funções maternas e paternas. No dizer de Kellerhals,[3] "é raro alguém sentir um dever de solidariedade relativamente a pessoas de quem não se sente próximo. É a afinidade (no sentido de afeto) que funda a solidariedade".

Busca-se nesta breve reflexão tratar do papel do núcleo familiarampliadoquando este assume a proteção integral de crianças e adolescentes ao ponto de que se transmudarem em pais socioafetivos. Situam-se nesta estrutura osfamiliares da linha ascendente ou colateral, sanguínea ou afim, de diversos graus, que participam diretamente da provisão edo cuidadodos pequenos, com funções de autoridade, contribuindo de forma decisiva para o sustento, guarda e educação dos menores de idade que residemno mesmo ambiente familiar.Esta espécie de família, denominada de multigeracional ou de três gerações,[4] formam, de fato, referências parentais para os mais novos, surgindo daí a necessidade de intervenção protetiva para que a criança possa exercer o

---

3 KELLERHALS, J. et al. *Les Formes de l'equitédanslesséchangesfamiliaux*. Genève: Université de Genéve*apud* SINGLY, François de. *Sociologia da família contemporânea*. Lisboa: Texto e Grafia, 2010, p. 89.

4 KEMP, C. L. Grandparent-grandchild ties: reflections on continuity and change across three generations. *Journal of Family Issues*, v. 28, p. 855-881, 2007 e GOODMAN, C. C. Family dynamics in three generations grandfamilies. *Journal of Family Issues*, London, v. 28, p. 355-379, 2007.

seu direito de ser filho de quem efetivamente representa este papel e a quem ela reconhece como pai ou mãe.

Esta intervenção deve recair sobre as relações entre os membros e partir delas, dando vida a técnicas capazes de fazer com que aquelas entidades familiares, especialmente as em situação de risco, sejam mais famílias, regenerando-as como tais e revertendo processos desagregadores, aumentando o capital social familiar, as relações de confiança, cooperação e crescimento, conforme expõe a teoria da abordagem relacional de Donati.[5]

Sobre a inclusão de outros elos familiares,Gama[6]constata a necessidade de ampliação dos cuidados no próprio seio da família nuclear:

> As próprias exigências socioeconômicas da vida moderna impuseram alterações nos padrões culturais e familiares relacionadas à convivência com as crianças e adolescentes, não sendo incomum que um dos avós (normalmente já aposentado) fique incumbido pelos pais de velar pela segurança, saúde e bem-estar da criança ou do adolescente no período de tempo em que são realizadas atividades laborais.

Em palavras mais diretas, meninos e meninas que estão sob os cuidados de parentes biológicos ou afins,por conta de disfunção dos encargos dos pais, constroem laços de afeto, afinidade, dependência e identidade com seus cuidadores ensejando um novo *status*para aqueles pequenos na tábua do parentesco:o estado de filho afetivo[7] de seu parente, comoresposta àsubstituiçãocooperativa destes encargos, próprios do poder familiar, a outras linhas e gerações da teia familiar.

Diante deste panoramafático de proteção ampliada que redunda em novas formas de parentesco, surge a necessidade de regularização do exercício da maternidade e da paternidade pelos parentes extensos,com a finalidade de conferir ao familiar cuidadora representação legal de pai ou de mãe.

---

5 DONATI, Pierpaolo. *Família no século XXI: abordagem relacional*. Tradução de João Carlos Petrini. São Paulo: Paulinas, 2008, p. 31/32.

6 GAMA, Guilherme Calmon Nogueira da. "Guarda Compartilhada: Novo regime da guarda de criança e adolescente à luz das leis nº 11.698/2008 e nº 13.058/2014". In: COLTRO, Antônio Carlos Mathias e DELGADO, Mário Luiz (Coords.) *Guarda Compartilhada*. São Paulo: Método, 2015, p. 162.

7 Weber afirma que, em decorrência da Constituição Federal de 1988, o vínculo entre pai e filho não é de posse, de domínio, e sim de amor, na busca da felicidade mútua, em cuja convivência não há hierarquia. Portanto, o autor cunhou a expressão de *estado de filho afetivo* em substituição à posse do estado de filho. WEBER, Belmiro Pedro. Igualdade entre filiação biológica e socioafetiva. *Revista Brasileira de Direito de Família*, Porto Alegre: Síntese, n. 14, ano 4, jul.ago.set. 2002, p. 136.

A assunção dos papeis parentais exercidos pela família extensa com relação aos membros menores de idade no meio familiar, sobretudo no ambiente de entidades familiares mais vulneráveis ou em situação de risco nas quais há convivência mútua sob o mesmo teto, tem tido relevante incidência, em especial para suprir a falta dos pais no seio da própria família ou visando à reintegração de infantes institucionalizados em prol de parentes com os quais possua anterior convivência e vínculos socioafetivos.[8]

Nesta hipótese, a regularização de papeis parentais pode se concretizar através da colocação da criança em família substituta adotiva no próprio seio da família extensa (art. 28 da Lei n. 8.069/90), com ou sem a concordância dos genitores, decorrente da perda do poder familiar dos pais ou, ainda, em hipóteses de orfandade.

Em suma, a missão da presentereflexãoé colher na doutrina e na jurisprudência posicionamentosacerca da constituição da *ficto iuris* da adoção pela família extensa, em cotejo com a legislação estatutária de 1990,demonstrando que a medida de colocação em família substituta adotiva tem sido levada a efeito no seio da própria família consanguínea ou afime atinge o escopo de propiciar a proteção integral ao adotando.

2. O ESTADO DE FILHO AFETIVO FRENTE À ÁRVORE GENEALÓGICA

Pelo ensinamento de Legendre,[9] o "*Estado é quem garante os lugares estruturais*, isto é, as categorias de reprodução; ele garante as montagens da filiação. O Estado fornece leis e jurisprudências, ele responde definitivamente por aquilo que denominei de *Justiça genealógica*".Em palavras mais diretas, as regras de filiação não podem ser tratadas e criadas no âmbito privado dos relacionamentos dos pais, pois são normas de ordem pública designadas pelo Estado que apontam os lugares de pai e da mãe, de maneira a garantir vínculos de filiação estáveis, sem os quais não há como assegurar o superior interesse do filho menor.

---

8 Conforme dados estatísticos colhidos no Sistema Módulo Criança e Adolescente do Ministério Público do Estado do Rio de Janeiro, 1.285 crianças institucionalizadas foram inseridas sob guarda da família extensa e deixaram o regime de acolhimento institucional ou familiar entre 25/05/2007 e 31/12/2016, representando 5,63% do total de 22.842 crianças e adolescentes que passaram por esta medida naquele período. O último Censo (18º), de 03/1/2017, informa que há 1781 crianças e adolescentes sob medida de acolhimento institucional ou familiar no ERJ, mas no que concerne aos acolhidos que são colocados em família adotiva extensa, todavia, não estatística específica no MCA. Disponível em: <http://mca.mp.rj.gov.br/18-censo/>. Acesso em: 14 ago. 2017.

9 LEGENDRE, Pierre. "Poder genealógico do Estado". In: ALTOÉ, Sônia (Org.). *Sujeito do direito, Sujeito do desejo*. Direito e psicanálise. 3. ed. rev. Rio de Janeiro: Revinter, 2010, p. 91. [itálico no original]

No caso do direito brasileiro, o *status* filial se adquire através da manifestação expressa dos pais perante o Cartório do Registro Civil, em igualdade de condições; da aplicação da *presunção de paternidade, ampliada à união estável dos pais* (art. 1597 do Código Civil), mediante o *reconhecimento voluntário dos pais* (art. 1607 do CC) ou *forçado da filiação* (art. 1606 do CC), *através da adoção* (art. 41 do ECA) e *da posse do estado de filho (estado de filho afetivo)* (art.1605, II do CC).

No que tange à parentalidade, no direito brasileiro,pode ser examinada a partir dos componentes biológico, doméstico e genealógico. Será denominado de genitor o pai biológico, será o doméstico ou socioafetivo aquele que cria a criança como filho e genealógico aquele designado pela norma legal que inscreve a pessoa humana no sistema simbólico da filiação.

As relações construídas por vínculos familiares além daqueles desenvolvidos entre os pais e filhos, podem ser nomeadas como parentais quando outros da família assumem a posição daqueles em caráter substitutivo. Nas palavras de Teperman,[10] "a introdução do termo parentalidade para designar as funções parentais pode ser lida como sintomática de nossa época, como um dos modos de "sutura da falta". Pode significar parentalidade o meio de nomear aquele que ocupa o lugar (*parent*); o meio de dar conta das transformações na estrutura da família e, ainda, como a forma de desenvolver um discurso de ordem pública.

Por esta razão, oportuna a divisão de Hurstel[11] do campo da paternidade, desmembrada em *função, papel e pessoa.* Destes três termos, a função é determinante para fundar a paternidade, porquanto se refere à eficácia, o inscrito nas leis e transmitido ao sujeito delimitando-o e situando-o num lugar no sistema de nomeação do parentesco. O papel, por outro lado, representa o conjunto de comportamentos e condutas práticas que devem ser assumidos e desempenhados por aquele que ocupa este lugar de pai. A pessoa, por fim, representa o homem que, de acordo com as leis vigorantes, é o pai do sujeito e que será confrontado com as exigências sociais.

A noção de parentalidade, assim, está relacionada a tarefas, encargos, múnus, responsabilidades que recaem primariamente aos pais, mas se espraiam sobre toda a família e que devem ser exercitadas de modo suficienteà formação e ao desenvolvimento da prole, ao nível físico, psicológico e so-

10 TEPERMAN, Daniela. "Família, parentalidade e época: articulações possíveis". In: MOREIRA, Maria Lucia Vaz de Campos, RABINOVICH, Elaine Pedreira. (Orgs.). *Família e parentalidade: olhares da psicologia e da história*. Curitiba: Juruá, 2011, p. 161.

11 HURSTEL, Françoise. "A função paterna, questões de teoria ou – Das Leis à Lei". In: ALTOÉ, Sônia (Org.). *Sujeito do direito, Sujeito do desejo*. Direito e psicanálise. 3. ed. rev. Rio de Janeiro: Revinter, 2010, p. 115/118.

cial.[12] Por ser uma missão das mais complexas e desafiadoras do ser humano, a parentalidade compreende vários e relevantes aspectos que foram pontuados por Barroso e Machado[13] em sua definição multidisciplinar como "o conjunto de atividades propositadas no sentido de assegurar a sobrevivência e o desenvolvimento da criança, num ambiente seguro de modo a socializar a criança e atingir o objetivo de torná-la progressivamente mais autônoma". Como alerta Combes:[14] "[...] é o assumir a responsabilidade das condições de vida (no sentido forte) de uma criança por um adulto que constitui a parentalidade: a responsabilidade material e afetiva em que o adulto se engaja ao se designar como pai ou mãe".

Diante das novas composições familiares da pós-modernidade e a mobilidade intergeracional, as funções se mesclam com mais facilidade:

> As funções maternas e paternas são exercidas pelos membros que protegem, cuidam, preocupam-se e colocam limites para as crianças, independentemente de serrem ou não, seus pais biológicos. Neste sentido, o lugar de pai ou de mãe pode ser ocupado por outras pessoas, como: os irmãos mais velhos, os tios, os avós, os novos cônjuges.[15]

No direito brasileiro, tinha-se no Código Civil de 1916 que parentes seriam aquelas pessoas que possuíssem relação de descendência com outras ou adviessem do tronco comum da consanguinidade (parentesco biológico), da relação com os parentes do cônjuge (afinidade) ou surgissemda relação emanada do vínculo adotivo.

Além desta divisão clássica, aquele código estabelecia linhas e graus entre os parentes, com as consequentes implicações na vida civil. Assim, os

12 Os critérios para considerar suficiente uma parentalidade dependerá da construção social da mesma, dependendo de impressões subjetivas e crenças culturais da família. Hoghughi preleciona a existência de onze dimensões da parentalidade. A parentalidade subdivide-se em *atividades parentais* (conjunto de atividades necessárias para uma parentalidade suficientemente adequada), *áreas funcionais* (principais aspectos do funcionamento da criança) e *pré-requisitos* (conjunto de especificidades necessárias para o desenvolvimento da atividade parental). HOGHUGHI, M. *apud*BARROSO, Ricardo G.; MACHADO, Carla. *Definições, dimensões e determinantes da parentalidade*, Faculdade de Psicologia e de Ciências da Educação da Universidade de Coimbra, n. 52, v. 1, 211-229, Imprensa da Universidade de Coimbra, p. 212/213. Disponível em: <http://hdl.handle.net/10316.2/3447>. Acesso em: 23 jun. 2017.

13 BARROSO, R.G; MACHADO, C. Op. cit., p. 212.

14 COMBES, Danièle; DEVREUX, Anne-Marie. *Construiresa parente*. Reconnaissance, légitimation, dénominationdes enfants. Paris: CSU – Centre de Sociologie Uranie, Institut de Recherchesur lês SocietésContemporaines. Iresco/CNRS, 1991, p. 248.

15 CARDOSO, Andréia Ribeiro. *Avós no Século XXI*. Mutações e rearranjos na família contemporânea. Curitiba: Juruá, 2011, p. 71.

parentes em linha reta possuíam relação de descendência e ascendência, bem como os parentes em linha colateral ou transversal que, embora provenham de um tronco comum, não descendiam uma das outras e estavam limitadas ao sexto grau.Por sua vez, a relação decorrente da procriação chama-se paternidade ou maternidade no que toca aos pais e filiação com relação ao filho para aqueles o geraram ou adotaram.

A partir da promulgação do Código Civil de 2002, embora o parentesco em linha reta tenha permanecido ilimitado em graus, a linha colateral está limitada ao 4º grau (art. 1592), inclusive para os efeitos sucessórios (art. 1839), atingindo até o 2º grau colateral para fins alimentares (art.1687).

Porém, as possíveis qualificações do parentesco representam mais do que a contagem de graus e linhas. Elas derivam da natureza dos vínculos existentes entre as pessoas no seio da família. Veja-se neste sentido, os vários verbetes trazidos por Rodrigo da Cunha Pereira,[16] em seu Dicionário de Direito das Famílias:

> Parentesco; parentesco bilateral, parentesco civil, parentesco colateral, parentesco consanguíneo, parentesco em linha colateral; parentesco em linha direta, parentesco em linha reta, parentesco em linha transversal, parentesco natural, parentesco por afinidade, parentesco socioafetivo, parentesco unilateral.

O parentesco pode se revestir, a princípio,assim, de todas estas espécies e está fundado em liames geracionais e responsabilidades assumidas que imprimem obrigações especialmente em prol dos membros mais novos, haja vista que se consideram família.

> O parentesco [pode ser visto] como um conjunto de pessoas ligadas pelo sangue ou por casamento ou por um laço de pseudo-casamento que se reconhecem não em função de ancestrais, mitos ou territórios em comum, mas, sim, em função de direitos de deveres recíprocos, criados principalmente pela presença de crianças nascidas ou criadas por elas.[17]

A adoção, alvo desta abordagem, é uma via de estabelecimento do elo de filiaçãopela constituição do parentesco civilsurgido na afetividade. Ela

16 PEREIRA, Rodrigo da Cunha. *Dicionário de direito de família e de sucessões ilustrado*. São Paulo: Saraiva, 2015, p. 504/507.

17 SEGALEN, Martine. "Introduction". In: GULLESTAD Marianne; SEGALEN, Martine (Orgs.). *La familleen Europe: parenté et perpétuationfamiliale*. Editions: La Découverte, 1995, p. 15/16.

nasce na escolha dos adotantes e do adotado de formarem uma família através de atos de amor que se expressam no cuidado e na convivência diária.

Derivada do latim *affectus*,[18] a palavra afeto possui a conotação de sentimento, ternura e afeição de uma pessoa por outra. Lôbo[19] instrui que o afeto não é fruto da biologia, mas os laços dele decorrentes e a solidariedade derivam da convivência familiar e não dos limes consanguíneos. O elo que une as pessoas e imanta o desejo de conviver em família é o afeto. Como avanço deste pensamento, entende-se que o estado de filiação de cada pessoa precisa ter a natureza socioafetiva, uma vez que é desenvolvido através da convivência familiar, mesmo que derive biologicamente dos pais, na maioria dos casos. Aliás, como bem assinala Barboza,[20] "[...] o melhor pai ou mãe nem sempre é aquele que biologicamente ocupa tal lugar, mas a pessoa que exerce tal função, substituindo o vínculo biológico pelo afetivo".

Portanto, seja qual for a relação familiar ou parental, o afeto será sempre o seu esteio, não havendo qualquer outro elo justo e legítimo que possa fazê-la surgir.

Todavia, o afeto nem sempre foi o suporte para o surgimento do parentesco civil. As regras que vigoravam na codificação civil de 1916, no que tange ao estabelecimento do vínculo de adoção, eram extremamente rigorosas. Note-se a exigência acerca da idade do adotante (50 anos).[21] Além disto, mantinha-se os liames de parentalidade dos pais biológicos com o filho que fora adotado. O vínculo consanguíneo, na verdade, não era efetivamente rompido, na medida em que poderia ser recuperado pelo desejo do adotado após a maioridade, pelo acordo de vontade das partes ou quando o adotado cometesse ingratidão contra o adotante. Para efeito de impedimento matrimonial, era reconhecida a afinidade em linha reta entre o adotante e o cônjuge do adotado e entre este e o cônjuge do adotante, assim como o adotado e o filho sobrevindo do adotante.

Com o advento da lei da legitimação adotiva em 1965 (Lei n. 4.655), as crianças institucionalizadas até sete anos de idade passaram a integrar de forma mais ampla a família adotiva, no pressuposto de que, quanto mais novo

18 Palavra formada pela justaposição dos termos latinos *ad* (para) e *fectum* (feito), significa "feito um para o outro".

19 LÔBO NETTO, Paulo. "Direito ao estado de filiação e direito à origem genética: uma distinção necessária". In: IV Congresso Brasileiro de Direito de Família,4., 2004, Belo Horizonte. *Anais*... Belo Horizonte: Del Rey, 2004, p. 513.

20 BARBOZA, Heloísa Helena. "Novas relações de filiação e paternidade". In: PEREIRA, Rodrigo da Cunha (Coord.) *Repensando o direito de família.* Belo Horizonte: Del Rey, 1999, p. 140.

21 De modo a incrementar a aplicação da adoção, em 08 de maio de 1957, com a alteração dada pela Lei n. 3.133 reduziu-se a idade mínima do adotante para 30 anos, mas mantiveram-se os vínculos da criança adotada à família de origem.

o filho adotivo, maiores chances de não haver resquício de lembrança da família biológica. O vínculo de filiação civil, então, passou a ser irrevogável, exteriorizando-se através da lavratura uma nova certidão de nascimento do adotado. Contudo, a adoção constante no Código Civil persistiu intacta, com sua nuance tutelar, de cunho revogável.

Promulgada a Lei n. 6.697/79 – Código de Menores – que entronizou a doutrina da situação irregular no Brasil, o sistema de adoções de crianças e de adolescentes, por sua vez, passou a ser dual a partir daquele código menorista – a adoção simples e a adoção plena – revogando-se a legitimação adotiva. A adoção simples era aplicada ao menor de 21 anos (maioridade civil à época) que se encontrasse em situação irregular, sendo realizada através de escritura pública, mediante o consentimento dos pais ou responsável. Nesta modalidade, a família adotiva poderia ser rompida através da revogação daquele ato jurídico, mediante apresentação de motivos pelo adotante e pelo adotado. A adoção plena, por seu turno, era utilizada como medida de proteção aos menores de 07 anos de idade, mediante procedimento judicial, tendo caráter assistencial. Quanto aos efeitos, a adoção plena conferia ao adotando a situação de filho, desligando-o totalmente da família biológica. Concedida a adoção plena, era expedido mandado de cancelamento do registro civil original e lavrado outro com o nome do adotado, estendendo-se o parentesco aos pais do adotante.

A partir de 1990 com a criação do microssistema infanto-juvenil (Lei n. 8.069), passou-se a ter dois regramentos desta família substituta: a adoção restrita às crianças e aos adolescentes e a adoção remanescente do Código Civil, que se destinou ao adotado maior de idade, antes instrumentalizada através de escritura pública e, após 2002, mediante sentença judicial proferida pelo Juízo de Família. Incluída como uma espécie do gênero colocação em família substituta (art. 28 do ECA) e medida de proteção (art. 101, IX do ECA), a adoção foi tratada detalhadamente no ECA em seus inúmeros aspectos, especialmente após a reforma realizada pela Lei n. 12.010/2009, que também ficou conhecida como Lei da Convivência Familiar ou da Adoção. Com a promulgação da mesma, a adoção foi aperfeiçoada e o capítulo do Código Civil que tratava do instituto foi, em grande parte, revogado. A referida lei, também, não alterou os efeitos da adoção, mas disciplinou as questões de cadastro de adotantes e de adotados, da habilitação, do estágio de convivência, do acompanhamento psicossocial da família adotiva e biológica e disciplinou mais detalhadamente a adoção internacional.

Pela lei brasileira, portanto, os laços de parentesco da criança ou do adolescente adotado com a nova família são expressamente irrevogáveis e o desligamento daquela família só poderá ocorrer na hipótese de o filho adotado ser inserido em outra família adotiva. Entretanto, mesmo que os pais adotivos percam a autoridade parental, não haverá o restabelecimento dos laços de parentesco originário. Portanto, com a adoção há um novo *status familiae* – fundado no afeto – de modo a garantir uma identificação completa com a nova família.

Cumpre registrar que o*status familiae* atribuído ao filho adotivo acarreta, assim, os mesmos direitos e deveres aos dos filhos biológicos, inclusive sucessórios (art. 41, §2º do ECA), havendo a inclusão dos nomes dos avós no registro civil de nascimento (art. 47, §2º do ECA); a extinção do vínculo de parentesco anterior (art. 49 do ECA), salvo para impedimentos matrimoniais (art. 1626 do CC). Há, pois, relação de parentesco (art. 1628 do CC) entre adotante e adotado, adotante e filhos do adotado, assim como entre parentes do adotante e adotado e, na hipótese de adoção unilateral, é mantido o parentesco entre adotado e cônjuge ou companheiro e parentes deste.

Deve ser salientado que a criação de vínculos de parentalidade civil não exclui a possibilidade de convivência entre a pessoa adotada e os familiares biológicos, quando mantidos os liames de afetividade e de proximidade, uma vez que, o que se busca na formação integral do sujeito criança é a sua plenitude e não há impedimento legal ao pedido, mas desde que venha ao encontro dos interesses do adotando, pois,*vínculos de afeto devem ser somados, e não excluídos*.[22]

Consumada a adoção, mesmo que mantido o convívio com a família consanguínea, o vínculo filial biológico de parentesco somente será preservado quando a adoção for postulada pelo cônjuge ou companheiro da mãe do adotado ou vice-versa. Denominada de adoção unilateral, o adotado mantém o vínculo de parentesco com sua família de origem (§ 1º do artigo 41 do ECA), posto que criada a paternidade/maternidade/filiação civil somente entre padrasto/madrasta/enteado.[23] Deve-se atentar, no entanto, que na adoção unilateral, há a ruptura de uma linhagem completa paterna ou materna, que inclui a família extensa até o 4º grau.

Portanto, família e parentesco são categorias distintas, conforme aponta Pontes de Miranda.[24] De fato, a pessoa humana é inserida em uma ordem de parentesco, ligada a determinados parentes, conforme estabelecido nas regras legais de seu país, mas somente através do afeto e da convivência, o ser humano se torna verdadeiramente família com *status* de filho.

22 TJRS, 7ª CC, Agravo Regimental n. 70024258766, Relatora Des. Maria Berenice Dias, julg. 28.05.2008.

23 No tocante a esta modalidade de adoção onde há a consolidação de vínculos socioafetivos com os pais de criação e a consequente desfiliação biológica pelo filho adotado que foi abandonado, o Superior Tribunal de Justiça vem reconhecendo a possibilidade de se prescindir da destituição do poder familiar do pai/mãe biológico (STJ, 4ª Turma, REsp. 1207185/MG – Resp. 2010/0149110-0, Relator Ministro Luis Felipe Salomão, julg. 11.10.2011).

24 PONTES DE MIRANDA, Francisco Cavalcanti. *Tratado de direito de família*, São Paulo: Bookseller, v. 1, 2001, p. 24.

3. DELIMITANDO A NOÇÃO DE FAMÍLIA EXTENSA

A expressão família possui numerosas variantes, sendo *família conjugal ou nuclear* (de sentido restrito) a que engloba o pai, a mãe e os filhos (ou um deles e sua prole); em sentido lato, a *família-linhagem*, que comporta todas as pessoas ligadas pelo vínculo do casamento, parentesco, afinidade e adoção, em sentido intermédio, o grupo de pessoas que vivem debaixo do mesmo teto, também denominada de *família-lar*(*adomus*) e, ainda, a *família extensa* que compreende o casal, descendentes, ascendentes e colaterais.[25]

Ao tratar das formas de configurações do grupo doméstico, Santos[26] elabora a diferenciação entre a *família extensa* (*extended-family* ou *familleétendue*) e a *família alargada* do tipo família tronco (*stem-familyoufamille-souche*). Entende o autor que a *família extensa* corresponde a um grupo de consanguíneos, aliados e descendentes, representando no mínimo três gerações coabitando num mesmo local. Para a segunda (alargada ou indivisa), diz o autor que representa uma configuração menos vertical e mais horizontal por constituir um agrupamento por laços de sangue e de residência consiste no conjunto dos germanos casados com os seus filhos e netos.

Assim, a caraterística marcante da família extensa é, a princípio, a convivência, a coabitação, e não o número de pessoas que a compõem.

No âmbito do sistema normativo internacional infanto-juvenil, observa-se a inserção de todos familiares da criança no sistema de solidariedade-nos cuidados daquela, de modo a atingir o alvo de sua proteção integral. A Declaração sobre os Princípios Sociais e Jurídicos Relativos à Proteção e ao Bem-Estar das Crianças, com Particular Referência à Colocação em Lares de Guarda, nos Planos Nacional e Internacional[27] traduz esta preocupação de transferência de cuidados de modo bem claro:

> Artigo 4º. Quando os pais da criança não possam cuidar dela ou seus cuidados sejam impróprios, **deve ser considerada a possibilidade de que os cuidados sejam encarregados a outros familiares dos pais da criança,** outra família substitutiva – adotiva ou de guarda – ou caso seja necessário, uma instituição apropriada. [g.n.]

---

25 Na esteira do ensino de MALAURIE, Philippe;AYNÈS, Laurent. *Cours de Droit Civil – La Famille*. 4. ed. 1993-1994, Cujas, Paris, p. 14/15 e SANTOS, Eduardo dos. *Direito da Família*. Coimbra: Almedina, 1999, p.13 *apud* GLANZ, Semy. A *Família Mutante*. Sociologia e Direito Comparado. Rio de Janeiro: Renovar, 2006, p. 25/26.

26 SANTOS, Armindo dos. *Antropologia do parentesco e da família*. Lisboa: Piaget, 2006, p. 115/116.

27 Adotada pela Assembleia Geral das Nações Unidas, em 3 de dezembro de 1986.

A Convenção dos Direitos da Criança,[28] também conhecida como Convenção de Nova York,de semelhante maneira, traz expressa a responsabilidade e solidariedade familiar dos parentes ampliados:

> Art. 5. **Os Estados Partes respeitarão as responsabilidades, os direitos e os deveres dos pais** ou, **quando for o caso, dos membros da família ampliada** ou da comunidade, conforme determinem os costumes locais dos tutores ou de outras pessoas legalmente responsáveis **por proporcionar à criança instrução e orientação adequadas e acordes com a evolução de sua capacidade, no exercício dos direitos reconhecidos na presente Convenção.** [g.n.]

A Convenção Americana sobre Direitos Humanos (Pacto de São José da Costa Rica),[29] de igual modo, prescreve a solidariedade da família em sentido amplo em cooperação com a Sociedade e o Estado no sentido de assegurar medidas protetivas que a criança necessita: "Art. 19. Toda criança tem direito às medidas de proteção que a sua condição de menor requer por parte da sua família, da sociedade e do Estado".

A extensão dos cuidados com a criança portadora de deficiência a outros parentesfoi inserida expressamente, também, na Convenção Internacional sobre os Direitos das Pessoas com Deficiência e seu Protocolo Facultativo.[30]

> Artigo 23. Respeito pelo lar e pela família [...]5. Os Estados Partes, **no caso em que a família imediata de uma criança com deficiência não tenha condições de cuidar da criança,farão todo esforço para que cuidados alternativos sejam oferecidos por outros parentes** e, se isso não for possível, dentro de ambiente familiar, na comunidade. [g.n.]

No que concerne à adoção pela família extensa, em sua natureza internacional, a Convenção Relativa à Proteção das Crianças e à Cooperação

28 Adotada pela Resolução n. 44 da Assembleia Geral das Nações Unidas em 20.11.1989, subscrita pelo governo brasileiro em 26 de janeiro de 1990, aprovada pelo Congresso Nacional através do Decreto n. 28/90 e promulgada pelo Decreto Executivo n. 99.710 de 21.11.1990.

29 Assinada na Conferência Especializada Interamericana sobre Direitos Humanos, San José, Costa Rica, em 22 de novembro de 1969 e promulgada no Brasil pelo Decreto n. 678, de 06 de novembro de 1992.

30 Assinados em Nova York, em 30 de março de 2007 e promulgados no Brasil pelo Decreto n. 6.949, de 25 de agosto de 2009.

em Matéria de Adoção Internacional[31] excepciona os contatos dos pais biológicos da criança adotanda com os membros da mesma família quando esta assume os encargos parentais socioafetivos:

> Artigo 29. Não deverá haver nenhum contato entre os futuros pais adotivos e os pais da criança ou qualquer outra pessoa que detenha a sua guarda até que se tenham cumprido as disposições do artigo 4, alíneas "a" a "c" e do artigo 5, alínea "a", **salvo os casos em que a adoção for efetuada entre membros de uma mesma família** ou em que as condições fixadas pela autoridade competente do Estado de origem forem cumpridas. [g.n.]

O Código Civil de 1916 e o de 2002, porém, não mencionam expressamente os parentes por extensão, além daqueles contornos estabelecidos nas regras de parentesco antes revelados.

Em 2009, através da Lei nº 12.010,[32] foiincluída no capítulo da família-natural do Estatuto infanto-juvenil (Lei nº 8.069/90) o conceito defamília extensa (art. 25, parágrafo único):

> Art. 25. Entende-se por família natural a comunidade formada pelospais ou qualquer deles e seus descendentes.Parágrafo único. **Entende-se por família extensa ou ampliadaaquela que se estende para além da unidade pais e filhos ou daunidade do casal, formada por parentes próximos com os quais acriança ou adolescente convive e mantém vínculos de afinidade eafetividade.** [g.n.]DO

Como se observa, o legislador estatutário exigiu nos referidos dispositivos legaistrês pressupostos (não excludentes, mas adicionais), de modo acondicionar a compreensãodesta nova modalidade de família. Não basta ao legislador e ao intérprete a comprovação da consanguinidade da criança com taisparentes, mas também, e obrigatoriamente, à presença **de convivência, do vínculo de afinidadee o liame da afetividade** com o infante.

> Nesta conceituação legal se destaca, além do pré-requisito da convivência do infante com os parentes próximos, a presença de liames de afinidade e de afetividade. Este último – *o afeto* – é o suporte

---

31 Concluída na Haia, em 29 de maio de 1993 e promulgada no Brasil através do Decreto n. 3.087, de 21 de junho de 1999.

32 O direito dos parentes extensos à convivência restou assegurada positivada por meio da Lei n. 12.398, promulgada em 28 de março de 2011, que acrescentou o parágrafo único ao art. 1.589 do Código Civil, prevendo que o convívio com a família natural se estende a qualquer dos avós, a critério do juiz, observados os interesses da criança ou do adolescente.

> de todo e qualquer relacionamento familiar. [...]. No entanto, a afinidade existente entre a criança e seu familiar próximo pode surgir independentemente do parentesco consanguíneo (avós/tios/irmãos) ou desta relação afim (enteado/padrasto/madrasta), mas ser oriunda de uma identidade de sentimentos, semelhanças no pensar e agir que tornam as pessoas unidas em razão do próprio conviver diário. Esta interpretação gramatical da relação de afinidade é, sem dúvida, a que mais se equaliza com a sistemática do ECA. Nessa linha de pensar, na falta dos pais ou quando estes não possam garantir o direito à convivência familiar, a busca pela família extensa deve estar pautada em dois aspectos da relação: a afinidade e o afeto, sob pena de ser imposto o convívio com pessoas estranhas à criança ou ao adolescente.[33]

Destarte, a noção de família natural passou a se estender para além da unidade pais e filhos ou da unidade do casal; é formada por parentes próximos com os quais a criança ou o adolescente conviva e mantenha relações de afinidade e de afeto.O espaço topográfico escolhido pelo legislador para inserir a conceituação de família extensa (Seção II do Capítulo III do ECA) constituiu fator decisivo para se concluir que estes parentes que convivem com amor compõe a família natural[34] e, não, representa, a priori, umaforma de família substituta.

Neste sentido, Vilas-Bôas[35] denomina esta modalidade de família criada pelo parágrafo único do art. 25 do ECA como "grande família" a ser acionada somente quando impossível a manutenção da criança junto dos pais:

---

33 MACIEL, Kátia Regina Ferreira Lobo Andrade. "Direito Fundamental à Convivência Familiar". In: _____ (Coord.). *Curso de direito da criança e do adolescente*: aspectos teóricos e práticos. 10 ed. São Paulo: Saraiva, 2017, p. 145/146.

34 Neste sentido, basta observar o que estabelecem os seguintes artigos estatutários: Art. 39. A adoção de criança e de adolescente reger-se-á segundo o disposto nesta Lei. § 1ºA **adoção é medida excepcional e irrevogável, à qual se deve recorrer apenas quando esgotados os recursos de manutenção da criança ou adolescente na família natural ou extensa, na forma do parágrafo único do art. 25 desta Lei.** [...] Art. 100. Na aplicação das medidas levar-se-ão em conta as necessidades pedagógicas, preferindo-se aquelas que visem ao fortalecimento dos vínculos familiares e comunitários. Parágrafo único. São também princípios que regem a aplicação das medidas: [...]X – prevalência da família: na promoção de direitos e na proteção da criança e do adolescente deve ser dada prevalência às medidas que os mantenham ou **reintegrem na sua família natural ou extensa ou, se isto não for possível, que promovam a sua integração em família substituta.**[g.n.]

35 VILAS-BÔAS, Renata Malta. Direito das Famílias: *A figura da Madrasta e sua importância para a Criança ou adolescente.* Disponível em: <http://www.ambito-juridico.com.br/site/index.php?n_link=revista_artigos_leitura&artigo_id=9929#_ftnref21>>. Acesso em: 06 ago. 2017.

> Com a introdução desse parágrafo a ideia da família centrada apenas nos pais – biológicos deixou de existir. Temos então o que se denomina – no âmbito do direito civil – da grande família. Essa alteração no Estatuto da Criança e do Adolescente veio em decorrência de termos amadurecido no campo social, jurisprudencial e doutrinário que os elementos que possam compor uma família podem se apresentar de diversas ordens, e assim, em consonância com o parentesco civil onde se estabelece os vínculos de afinidade a família extensa ou ampliada vem a se adequar a essa previsão. Percebe-se também que o legislador acabou criando uma ordem de preferência para a colocação da criança em qual família, assim a prevalência é pela família natural **e se assim não for possível é que irá partir para a possibilidade de colocação em família substituta. E mesmo para a colocação em família substituta irá prevalecer o grau de parentesco e a relação tanto de afinidade quanto de afetividade para assim, evitar maiores desgastes por parte do menor.** [g.n.]

No entanto, a realidade das famílias brasileiras demonstra de modo nítido que por comporem o mesmo núcleo domiciliar ou estarem próximas nos cuidados diários dos pequenos, estes familiares extensos exerceminúmeras- funções paternas e maternas. Além do papel complementar de guardião,[36] a família ampliadaassume, com muita frequência,uma efetiva *substituição da família natural*, acarretando um novo *status* para a criança: **o estado de filho afetivo de seu parente extenso.**

Assim sendo, nota-se a diferença dos papeis assumidos pelos parentes extensos.Na função de guardiães ou tutores, aqueles exercem o papel parental na falta dos pais, sem, entretanto, haver alteração no *status familiae* da criança, porém acarretando uma identificação relevante para o fortalecimento e resgate da identidade da criança, especialmente quando desligados do ambiente institucional.

Na hipótese de adoção pela família ampliada, alvo deste estudo, diferentemente, a identidade da criança será alterada pelo novo *status* de parentesco assumido com aquela família substituta adotiva, como preconizam os artigos 41 e 47 do ECA.[37]

---

36 MACIEL, Kátia Regina Ferreira Lobo Andrade. SANTOS, Ângela Maria Silveira dos. Guarda exercida pela família extensa: substitutiva e complementar.*Revista IBDFAM Famílias e Sucessões*. V.11, set./out. Belo Horizonte: IBDFAM, 2015.

37 Art. 41. A adoção atribui a condição de filho ao adotado, com os mesmos direitos e deveres, inclusive sucessórios, desligando-o de qualquer vínculo com pais e parentes, salvo os impedimentos matrimoniais.§ 1º Se um dos cônjuges ou concubinos adota o filho do outro, mantêm-se os vínculos de filiação entre o adotado e o cônjuge ou

Todavia, para que a família extensa venha a ser considerada como tal e, mais, passe a substituir as funções inerentes dos genitores, ter-se que apurar não somente o grau de parentesco, mas principalmente a relação de afinidade ou de afinidade com a criança a qual pretende se responsabilizar diretamente:

> Art. 28. A colocação em família substituta far-se-á mediante guarda, tutela ou **adoção, independentemente da situação jurídica da criança ou adolescente, nos termos desta Lei.**
> § 3º **Na apreciação do pedido levar-se-á em conta o grau de parentesco e a relação de afinidade ou de afetividade**, a fim de evitar ou minorar as consequências decorrentes da medida. [g.n.]

Pode-se concluir, então, queas ligações parentais extensas somente serão consideradas como tais quando fundadas na convivência, no afeto e na afinidade, quando há proximidade e identificação com seus pequenos, ora regularizando a situação fática de cuidados, sem alteração no registro civil (guarda e tutela), ora possibilitando a inserção da criança na família ampliada sob a modalidade de adoção, quando o adotado passará a ser filho de seus parentes de outras gerações. [38]

4. DA VEDAÇÃO LEGAL DA ADOÇÃO PELOS AVÓS E IRMÃOS DO ADOTADO

Noticia Pontes de Miranda[39]que, no direito romano, no que tange ao exercício do antigo pátrio poder, competia não somente ao pai este encargo, mas ao chefe da família, que, às vezes, poderia ser até mesmo o avô, durando

concubino do adotante e os respectivos parentes.§ 2º É recíproco o direito sucessório entre o adotado, seus descendentes, o adotante, seus ascendentes, descendentes e colaterais até o 4º grau, observada a ordem de vocação hereditária. [...] Art. 47. O vínculo da adoção constitui-se por sentença judicial, que será inscrita no registro civil mediante mandado do qual não se fornecerá certidão. § 1º A inscrição consignará o nome dos adotantes como pais, bem como o nome de seus ascendentes. § 2º O mandado judicial, que será arquivado, cancelará o registro original do adotado.

38 O Estatuto infanto-juvenil ao cuidar da regra do cadastro prévio de pessoas que desejam adotar excepcionou a adoção pela família extensa da necessidade de habilitação (art. 50, § 13), como se lê: "Art. 50. A autoridade judiciária manterá, em cada comarca ou foro regional, um registro de crianças e adolescentes em condições de serem adotados e outro de pessoas interessadas na adoção. [...]§ 13. **Somente poderá ser deferida adoção em favor de candidato domiciliado no Brasil não cadastrado previamente nos termos desta Lei quando: [...]II – for formulada por parente com o qual a criança ou adolescente mantenha vínculos de afinidade e afetividade; [...]"** [g.n.]

39 PONTES DE MIRANDA, Francisco Cavalcanti. Op. cit., p. 139.

por toda a existência. No direito brasileiro, todavia, a autoridade parental está restrita aos pais (art. 22 do ECA c/c art. 1630 do CC), não se estendendo a outras linhas ascendentes ou colaterais.A representação de crianças e de adolescentes cujos pais sejam mortos ou destituídos do poder familiar é feita pelos parentes extensos mediante o instituto da tutela (art. 1740, 1747 e 1748 do Código Civil).

Anteriormente à promulgação do Estatuto infanto-juvenil em 1990, era possível o exercício da paternidade e da maternidade de meninos e meninas pelos avós e também pelosirmãos bilaterais e unilaterais do adotando. Os artigos 368 a 378 do Código Civil de 1916, na redação original, permitiam a adoção mediante simples escritura pública de qualquer pessoa maior de 18 anos, mesmo com filhos. Com o advento da Lei n.4.655/65, não foiexcluída a possibilidade de adoção pela família extensa de forma ampla.

O Código de Menores de 1979 (Lei n. 6.697), por sua vez, restringiu a constituição dos vínculos adotivos à idade do adotante que deveria ser 16 anos mais velho que o adotado; ao fato de que ninguém poderia ser adotado por duas pessoas, somente se fossem marido e mulher e, no caso de tutor ou curador, enquanto não prestasse conta de sua administração, não poderia adotar o pupilo ou o curatelado. Não se poderia adotar sem o consentimento do adotado ou de seu representante legal. Permitia-se a adoção por escritura pública, não se admitindo condição ou termo.

Em suma, a adoção de descendentes por ascendentes não era vedada nem pelo Código Civil nem pelos códigos menoristas que antecederam a lei infanto-juvenil de 1990. Estes regramentos não condicionavam a constituição do vínculo adotivo ao interesse do adotando, ao prévio estágio de convivência e nem aos motivos justos e legítimos.

Até 1990, portanto, os parentes de qualquer grau, excluindo o primeiro grau, poderiam constituir novos vínculos pela adoção. No presente estado da arte, a impossibilidade legal para adoção formulada por avós ou irmãos do adotado, consta, expressamente, no parágrafo 1º do art.42 do ECA: "Podem adotar os maiores de 18 (dezoito) anos, independentemente do estado civil. § 1º **Não podem adotar os ascendentes e os irmãos do adotando**". [g.n.]

Tal vedação, por força do estabelecido no art. 1619 do Código Civil,[40] não se aplica somente às crianças e aos adolescentes, mas a todos os adotandos maiores também, de modo a não ferir a norma constitucional do art. 227, §6º que dispõe acerca da isonomia entre todos os filhos. Se assim não fosse,

40 "Art. 1.619. A adoção de maiores de 18 (dezoito) anos dependerá da assistência efetiva do poder público e de sentença constitutiva, **aplicando-se, no que couber, as regras gerais da Lei nº 8.069, de 13 de julho de 1990 – Estatuto da Criança e do Adolescente"**. [g.n.]

seria facilmente burlada, bastando que se aguardasse a maioridade civil do adotando para pleitear a adoção.[41]

Os principais argumentos apontados pela doutrina para a inserção deste comando legal no Estatuto infanto-juvenil cingem-se à esfera patrimonial da constituição deste liame de filiação, principalmente à sucessória,[42] porquanto o filho adotivo concorreria com parentes próximos como os próprios pais e herdeiros necessários, bem como eventualmente o intento poderia estar maculado pelo vício da fraude, notadamente com o fito de lesar o erário público para beneficiar o adotado com pecúlios e pensões, pois passaria este a figurar como dependente para fins previdenciários e de assistência de saúde. Chaves[43] alerta sobre o tema:

> A adoção é uma filiação ficta, que, em sua pureza, procura suprir uma falta da natureza, dando pais postiços a crianças que necessitam de amparo e afeto. Como tal deve ser interpretada nos estritos limites de seus altos objetivos, sem pretender estendê-los além do razoável. [...] na adoção de netos pelos avôs sempre existe alguma finalidade oculta, quando não ilícita [...].

A confusão nas linhas e graus da árvore genealógica, de igual modo, tem sido apontada por ampla doutrina pelo fato "dela romper definitivamente com os vínculos naturais de filiação, gerando inconveniências nas correlações de parentesco estabelecidas, inclusive com alteração do registro inicial.[44]

> A família, inclusive, para poupar socialmente a genitora solteira e adolescente dos dissabores de uma maternidade irresponsável e prematura, sem com isso retirar o bebê do convívio dos laços sanguíneos, utilizava-se da adoção pelos avós. Todavia, a proibição do legislador funda-se em argumentos de ordem genética, e de respeito ao direito de família, pois ao adotarem um neto, este será irmão

41 APELAÇÃO CÍVEL. DIREITO CIVIL. PRETENSÃO DE ADOÇÃO DE NETO MAIOR PELA AVÓ PATERNA. IMPOSSIBILIDADE. VEDAÇÃO DA ADOÇÃO ENTRE ASCENDENTES E DESCENDENTES INDICADA NO ARTIGO 42, §1º, DO ECA. AINDA QUE O ADOTANDO SEJA MAIOR, APLICA-SE TAL VEDAÇÃO LEGAL. PRINCÍPIO CONSTITUCIONAL (ART. 227, DA CF) DE QUE TODOS OS FILHOS TÊM OS MESMOS DIREITOS. RECURSO DESPROVIDO. (TJRJ, 11ª CC, Apelação Cível n. 0001808-19.2011.8.19.0012, Relator: Des. Fábio Dutra, julg. 23.09.2014).

42 VERONESE, Josiane Rose Petry; SILVEIRA, Marya. *Estatuto da criança e do adolescente comentado*. Doutrina e jurisprudência. São Paulo: Conceito Editorial, 2011, p. 111.

43 CHAVES, Antônio. *Adoção*. Belo Horizonte: Del Rey, 1995, p. 251.

44 VERONESE, Josiane. Op. cit., p. 111.

> do pai ou da mãe. Por esse mesmo motivo também é proibida a adoção por irmãos do adotando, uma vez que, se irmão adotasse irmão, passaria a ser seu filho. Estes fatos repugnariam o direito de família, provocando uma distrofia familiar.[45]

Nucci[46] afirma que seria "uma ruptura indevida da linha reta ascendente, na verdade, desnecessária" e aponta como solução lógica para a falta dos pais: "Não há motivo a tanto. São avós, cujos vínculos são tão intensos quanto os pais; à falta destes, recebem a tutela do neto e podem continuar a ser uma família normalmente".

Costa,[47] no mesmo passo, se posiciona contrariamente à adoção por ascendente e irmãos acentuando que o instituto da guarda é suficiente para atender plenamente às situações de avós que cuidam de netos, filhos de jovens toxicômanos, traficantes, irresponsáveis, "sem as inconveniências que a adoção entre parentes próximos poderá causar". Ao comentar a vedação estatutária Siqueira[48] comentava:

> A preocupação do legislador foi preservar os conceitos da genealogia (estudo da origem das famílias) e da genética (estudo da hereditariedade evolutiva). No momento em que os avós adotam o neto, este passa a ser irmão da mãe ou do pai. O mesmo teremos com o irmão, este passa a ser filho. Realmente gera uma distrofia familiar e, em face da carência, com o internamento ou o abandono da criança, poderá, ainda que remonta a ideai, ocorrer o casamento ou a vida em comum de consanguíneos. Resta aos ascendentes e irmãos efetivar a guarda ou a tutela.

Bordallo,[49] igualmente, afasta a possibilidade de adoção por avós e irmãos e recomenda a guarda ou a tutela. Diz ele:

> Para a regularização da situação de fato que se criou com a morte, desaparecimento ou total irresponsabilidade dos pais, podem os

45 MARMITT, Arnaldo. *Adoção*, Rio de Janeiro: Ade, 1993, p. 15.

46 NUCCI, Guilherme de Souza. *Estatuto da Criança e do Adolescente Comentado: em busca da Constituição Federal das Crianças e dos Adolescentes*. Rio de Janeiro: Forense, 2014, p. 154.

47 COSTA, Tarcísio José Martins. *Estatuto da Criança e do Adolescente comentado*. Belo Horizonte: Del Rey, 2004, p. 94.

48 SIQUEIRA, Liborni. *Adoção no tempo e no espaço*. Doutrina e Jurisprudência. Rio de Janeiro: Forense, 1991, p. 104/105.

49 BORDALLO, Galdino Augusto Coelho. "Adoção". In: MACIEL, Kátia Regina Ferreira Lobo Andrade (coord.). *Curso de direito da criança e do adolescente:* aspectos teóricos e práticos.10. ed. São Paulo: Saraiva, 2017, p. 349/350.

> avós e irmãos utilizar os institutos da guarda ou da tutela, conforme exigir a situação fática que se apresente. Estes são os institutos ideais para os parentes. [...] Nenhum instituto é mais pautado no afeto do que a filiação e, dentre suas modalidades, a socioafetiva. Quando uma criança/adolescente está sendo criada por seu avô ou irmão, a relação de afeto torna-se mais intensa em virtude da convivência diária. Não será a conversão jurídica do vínculo familiar já existente em relação pai e filho que fará com que o cuidado seja melhor e o amor maior, ledo engano. Do mesmo modo, não há como se conceber a existência de antinomia jurídica entre as regras constantes dos arts. 6º e 42, § 1º, ambos do ECA. Não se pode aceitar que, para atendimento dos fins sociais a que o Estatuto se destina – a proteção integral à criança e ao adolescente –, seja necessário que a criança/adolescente seja adotado por seus avós ou seus irmãos, como se a adoção fosse acarretar uma proteção maior do que aquela que já está ocorrendo. Este entendimento nada mais é do que a utilização dos princípios jurídicos para buscar uma interpretação *contra legem* e dar maior importância ao aspecto patrimonial da adoção do que ao pessoal.

Caminhando na senda da observância da norma proibitória, incluindo pretensos adotantes que tenham ascendência por afinidade, tem-se, com ênfase nossa, julgados de várias Cortes Estaduais:

> **ADOÇÃO.ASCENDENTE. PROIBIÇÃO. INARREDAVEL A NORMA COGENTE DO ART. 42, PAR. 1., DO ESTATUTO DA CRIANÇA E DO ADOLESCENTE, QUE PROIBE A ADOÇÃO POR ASCENDENTE. RECURSO CONHECIDO E PROVIDO.** (STJ, 3ª Turma, REsp 76712/GO, Rel. Min.Waldemar Zveiter. Rel. p/ Acórdão Ministro Paulo Costa Leite, Por maioria, julg. 16.12.1996, DJ 17/03/1997, p. 7498 – RSTJ vol. 93 p. 240).[50]

---

50 Cabe reproduzir a Ementa do voto vencido do Ministro Relator Waldemar Zveiter que entendia cabível a demanda **considerando o caso concreto**: ADOÇÃO POR ASCENDENTES. MEDIDA QUE VISA PROTEGER O MENOR. FINALIDADE MAIOR DO ESTATUTO DA CRIANÇA E DO ADOLESCENTE. ADMISSIBILIDADE. I – **O avô que cria o menor desde tenra idade, como se pai realmente fosse, sendo a genitora mãe solteira, que não goza de plena capacidade de entendimento, além de ser um ato de amor, essa adoção vem ao encontro dos legítimos interesses e direitos do adotando.** II – **Na interpretação da lei deve levar-se em conta 'os fins sociais a que ela se dirige, as exigências do bem comum, os direitos e deveres individuais e coletivos, e a condição peculiar da criança e do adolescente como pessoas em desenvolvimento cedendo à vedação contida no §1º, do art. 42, ao**

AÇÃO RESCISÓRIA – **ADOÇÃO – PARENTES – IMPOSSIBILIDADE** – **ADOTANDO MAIOR DE IDADE** – APLICABILIDADE DO CÓDIGO CIVIL E DO ECA – **VÍNCULO BIOLÓGICO – VEDAÇÃO CONSTANTE DO ART. 42, §1º, DO ECA** – VIOLAÇÃO A NORMA JURÍDICA – ART. 966, INCISO V DO CPC/2015 C/C ART. 42, §1º, DA LEI Nº 8.069/90 – RESCISÓRIA CONHECIDA E PROVIDA. (TJAM, Câmaras Reunidas, Ação Rescisória n. 4003823-04.2015.8.04.0000, Rel. Des. Lafayette Carneiro Vieira Júnior, julg. 25.10.2016).

APELAÇÃO CÍVEL. **AÇÃO DE ADOÇÃO. ADOÇÃO POR DESCENDENTE. IMPOSSIBILIDADE. NECESSIDADE DE OBSERVÊNCIA DO ART. ART. 42, § 1º DA LEI Nº 8.069/90.** RECURSO CONHECIDO E DESPROVIDO. **I- embora se saiba que a adoção tenha por objetivo essencial a proteção integral do menor desprovimento de tutela parental, verifica-se que a legislação pertinente ao caso, veda a adoção nos termos requeridos na inicial** da ação objeto do presente recurso. II- **No caso dos autos, há impedimento à adoção, uma incompatibilidade em decorrência da inexistência de vantagem para aquele que está sendo adotado.Tudo isso possui uma clara e notória intenção de não causar qualquer confusão de parentesco, tendo em vista que no caso dos autos, a adotanda passaria a ser filha dos seus avós, ou confusão patrimonial e emocional.** III- Não se pode ignorar uma vedação instituída por uma legislação que se encontra vigente. IV- Ainda que insistíssemos em julgar procedente ação de adoção, em decorrência dos vínculos afetivos alegados na inicial, inexiste nos autos elementos suficientes que possam autorizar a referida adoção, pois ausente provas que podem ser trazidas para comprovar que os apelantes criaram desde o nascimento a adotanda e por ela são reconhecidos como pais. V- Conheço do recurso, porém nego-lhe provimento. (TJPA, 1ª CC, Apelação Cível n. 0002564-40.2015.8.14.0040, Rel. Gleide Pereira de Moura, julg. 30.05.2016).

APELAÇÃO CÍVEL. AÇÃO DE DESTITUIÇÃO DE PÁTRIO PODER C/C **ADOÇÃO. PARENTESCO. IMPEDIMENTO. 1- Não podem adotar os ascendentes e os irmãos do adotando (art. 42, § 1º, do Estatuto da Criança e do Adolescente), assim entendidos também aqueles que estiverem na posse de**

---

que dispõe o art. 6º, ambos da lei n. 8.069/90 – Estatuto da Criança e do Adolescente – no interesse do menor. III – Nessas circunstâncias, admissível é adoção de criança ou adolescente pelos avós. IV – Recurso conhecido e improvido. [g.n.]

estado de fato idêntico. 2- **Age com acerto o magistrado que indefere a petição de adoção, formulada pelo convivente da avó do menor adotando,** mormente estando todos morando sob o mesmo teto desde o nascimento deste, inclusive, a mãe do menor. APELO DESPROVIDO. (TJGO, 4ª CC, Apelação Cível n. 66848-74.2015.8.09.0144, Rel. Des. Carlos Escher, julg. 20.08.2015).

PROCESSO CIVIL. AGRAVO LEGAL. CIVIL. ESTATUTO DA CRANÇA E DO ADOLESCENTE. DESTITUIÇÃO DO PODER FAMILIAR. ADOÇÃO POR ASCENDENTE. Agravo legal contra decisão que negou provimento ao recurso por manifesta improcedência. Possível o julgamento monocrático pelo Relator quando presente alguma das hipóteses contidas no artigo 557 do Código de Processo Civil. **Nos termos do artigo 42, § 1º da Lei nº 8.069/90, os ascendentes do adotando não podem adotar, certo que o parentesco por afinidade estende a proibição ao marido da avó materna.Precedente da jurisprudência.** Recurso desprovido. (TJRJ, 5ª CC, Agravo Legal na Apelação Cível n. 0001571-90.2010.8.19.0053, Rel. Des. Henrique Carlos de Andrade Figueira, julg. 21.07.2015).

APELAÇÃO CÍVEL. **AÇÃO DE DESTITUIÇÃO DO PODER FAMILIAR C/C ADOÇÃO. AVÓS PATERNOS. IMPOSSIBILIDADE JURÍDICA DO PEDIDO. VEDAÇÃO LEGAL. INDEFERIMENTO DA INICIAL E EXTINÇÃO DO FEITO.** RECURSO QUE NÃO MERECE PROSPERAR. Alegação de que o menor se encontra sob seus cuidados desde tenra idade, tendo fortes laços afetivos com os autores, que suprem todas suas necessidades materiais e emocionais. Genitor falecido e genitora que não tem condições de prover o sustento e criação do menor. **Pretensão autoral, entretanto, que esbarra na vedação legal contida expressamente no § 1º do art. 42 da Lei nº 8.069/90 – Estatuto da Criança e do Adolescente. Possibilidade de verdadeira distorção da própria árvore genealógica familiar, pois já possuem os ascendentes relação de parentesco com o pretenso adotando, o que esvazia o próprio teor da adoção, que é a colocação da criança em família substituta. Ainda que os recorrentes possuam a guarda de fato, tal circunstância, por si só, não dá ensejo a pretendida adoção** e tampouco a destituição do poder de família, que depende de ação própria e comprovação inequívoca. Entendimento jurisprudencial do STJ e deste Tribunal de Justiça. SENTENÇA QUE NÃO MERECE REPARO. RECURSO A QUE SE NEGA SEGUIMENTO, NOS TERMOS DO ART. 557, *CAPUT*, DO CPC. DECISÃO MONOCRÁTICA. (TJRJ,

21ª CC, Apelação Cível n. 0005441-30.2012.8.19.0068, Rel. Des. André Ribeiro, julg.02.09.2014).

CIVIL. FAMILIA. **ADOÇÃO DE MAIOR. EX-COMPANHEIRO DA AVÕ MATERNA. ASCENDENTE POR AFINIDADE. IMPOSSIBILIDADE. O §1º do artigo 42 do Estatuto da Criança e do Adolescente veda a adoção por ascendentes e irmãos do adotando.** Tendo restado demonstrado dos autos que o requerente foi companheiro da avó materna da adotanda, resta configurada a ascendência por afinidade que atrai a vedação do artigo 42, §1º do ECA. Apelação conhecida e não provida. (TJDFT, 6ª Turma Cível, Apelação Cível n. 20110710255623, Rel. Des. Ana Maria Duarte Amarante Brito, julg.10.04.2013).

DIREITO CIVIL E PROCESSUAL CIVIL. **ADOÇÃO. PEDIDO JURIDICAMENTE IMPOSSÍVEL. PLEITO DE ADOÇÃO FEITO PELOS AVÓS EM RELAÇÃO AO NETO. VEDAÇÃO EXPRESSA EM LEI.SENTENÇA QUE EXTINGUIU O FEITO, SEM RESOLUÇÃO DE MÉRITO, POR CARÊNCIA DE AÇÃO.** AUSÊNCIA DE MANIFESTAÇÃO DO MP EM PRIMEIRO GRAU. IRRELEVÂNCIA, VEZ QUE TRATOU-SE DE EXTINÇÃO DE AÇÃO QUE SEQUER DEVERIA TER SIDO ACEITA. RECURSO CONHECIDO E NÃO PROVIDO. (TJAL, Processo APL 00003193720108020017 AL 0000319-37.2010.8.02.0017, 1ª CC, Rel. Des. Tutmés Airan de Albuquerque Melo, julg. 17.12.2012).

Reconhecimento de vínculo socioafetivo. **Avô. Adoção. Impossibilidade jurídica do pedido. Vedação legal. Havendo vedação legal acerca da adoção de neto, o reconhecimento do vínculo socioafetivo entre eles como pai e filho fica prejudicado, tornando juridicamente impossível o pedido.** (TJRO, Processo n. APL 00034157020128220102, RO 0003415-70.2012.822.0102, Rel. Des. Alexandre Miguel, julg. 29.08.2012).

APELAÇÃO CÍVEL. **FAMÍLIA. RECONHECIMENTO DE ADOÇÃO. IMPOSSIBILIDADE. AUSÊNCIA DE ELEMENTO VOLITIVO. ADOÇÃO ENTRE IRMÃOS. VEDAÇÃO LEGAL. ART. 42, §1º DA LEI Nº 8.069/90 (ECA).** INDENIZAÇÃO POR DANOS MORAIS. ABANDONO AFETIVO. INEXISTÊNCIA DE DANO MORAL INDENIZÁVEL. RECURSO CONHECIDO E IMPROVIDO. SENTENÇA INALTERADA. 1. **"A adoção constitui um parentesco eletivo, pois decorre exclusivamente de um ato de vontade". O elemento volitivo relativo ao adotante, fundamental ao**

ato de adoção, não está presente in casu. 2. Ainda que se reconhecesse a possibilidade jurídica do pedido, incidiria a proibição de adoção entre irmãos, vez que a apelante é irmã da falecida esposa do apelado, nos termos do art. 42, §1º do Estatuto da Criança e do Adolescente (Lei nº 8.069/60). 3. O suposto desamor do recorrido em relação à apelante não constitui ação ilícita, passível de reprovação, não havendo norma jurídica que obrigue alguém a amar ou dedicar amor a outrem. Precedentes do STJ. Sentença mantida. Apelação conhecida e improvida. (TJCE, 4ª CC, Apelação Cível n. 0015186-22.2003.8.06.0000, Rel. Des. Vera Lúcia Correia Lima, julg. 12.08.2010).

APELAÇÃO CÍVEL – **AÇÃO DE ADOÇÃO – PEDIDO DE ADOÇÃO DE DESCENDENTE POR ASCENDENTES – VEDAÇÃO LEGAL EXPRESSA – EXTINÇÃO DO FEITO – IMPOSSIBILIDADE JURÍDICA DO PEDIDO** – RECONHECIMENTO – RECURSO IMPROVIDO. (TJMS, 5ª CC, Apelação Cível n. 0003449-20.2009.8.12.0008, Rel. Des. Vladimir Abreu da Silva, julg. 26.11.2009).

APELAÇÃO CÍVEL. 1. POSSIBILIDADE JURÍDICA DO PEDIDO. 2. ADOÇÃO POR ASCENDENTE. 3. CONCLUSÃO. 1. O exercício do direito de ação, como direito subjetivo público abstrato, pressupõe o preenchimento de determinadas condições, quais sejam a legitimidade de partes, a possibilidade jurídica do pedido e o interesse de agir. A ausência de quaisquer desses requisitos implica no indeferimento da inicial, por inépcia, nos termos do artigo 295, I c/c Parágrafo único, III, do CPC, e a consequente extinção do feito sem resolução do mérito (artigo 267, I, do CPC). No que tange ao pedido à pretensão imediata e mediata requerida pela parte, deve ele existir, abstratamente, dentro do ordenamento jurídico. 2. **In casu, a tutela jurisdicional postulada refere-se a pedido de adoção formulado por neta em face de avó paterna, ou seja, de adoção de descendente por ascendente, expressamente vedado pelo artigo 42, §1º do Estatuto da Criança e do Adolescente. Em razão disso, patente a impossibilidade jurídica do pedido deduzido e correto o indeferimento da inicial, por inépcia.** Frise-se que a Lei 8.069/90 (ECA) é aplicável à hipótese por se tratar de criança com 10 anos, nos termos do artigo 2º do Estatuto. Insustentável o argumento trazido à baila pretendendo a sua revogação material pelo Código Civil de 2002. Precedentes no TJ/RJ e no STJ. 3. Negado seguimento ao recurso. (TJRJ, 14ª CC, Apelação Cível n.0055714-62.2008.8.19.0000 (2008.001.60065), Rel. Des. José Carlos Paes, julg. 06.11.2008).

> Apelação Cível. **Adoção requerida pelos avós maternos. Vedação legal. Art. 42, § 1º do ECA. Impossibilidade jurídica do pedido.Extinção do processo sem julgamento do mérito.** Sentença mantida. Recurso conhecido e improvido. **É vedada aadoção de menor por seus ascendentes, conforme disposto no art. 42, § 1º, do ECA.A expressa proibição legal leva àimpossibilidade jurídica do pedido.** (TJSE, 2ª CC, Apelação Cível n. 2005203656, Rel. Des. Manoel Cândido Filho, julg. 13.02.2006). [g.n.]

Note-se que a ilegitimidade dos parentes ascendentes e colaterais em 2º grau para o pleito de adoção foi, em na maioria dos julgados colacionados,a causa da extinção no nascedouro da ação, entendendo que a redação do art. 42, §1º do ECA não permite interpretações ampliativas ou mitigações. A impossibilidade jurídica do pedido, portanto, foi a resposta judicial imediata concedida aos casos concretos, restando sem avaliação o mérito acerca da natureza dos vínculos do adotando com a família extensa ou a avaliação do estado de filho afetivo do adotando.

Diante deste cenário,não há como não constatara ausência de aprofundamento dos pressupostos do reconhecimento socioafetividade. Nas hipóteses trazidas pelos julgados, a perquirição do superior interesse do adotando e sua manifestação quanto à sua real posição identitária no contexto genealógico ficaram sem enfrentamento, pois as decisõesnão verificaram se a medida de adoção estava (ou não) fundada em motivos legítimos e apresentava (ou não) reais vantagens ao adotando (art. 43 do ECA).

Além disto, não se pode deixar de pontuar que a proibição prevista no §1º do art. 42 do ECA foi interpretada, naqueles casos elencados, sem levar em conta os fins sociais a que ela se dirige, as exigências do bem comum, os direitos e deveres individuais do adotando e a sua condição peculiar de pessoa em desenvolvimento (art. 6º do ECA). Esta ponderação foi cirurgicamente dessecada por Hirschfeld,[51] que afirma:

> Perante o que dita o art. 6° da Lei n° 8.069/90, não há como conciliar a vedação do art. 42 quando houver interesse do menor em ser adotado por seus avós. Acreditamos haver uma antinomia jurídica entre as normas contidas nos arts. 6° e 42, parágrafo 1°, uma vez que, se para o estatuto deve haver uma interpretação de suas normas, levando em consideração os fins sociais a que se propõe, em especial, à condição peculiar da criança e do adolescente, a prima-

51 HIRSCHFELD, Adriana Kruchin. "A adoção pelos avós". In: LEITE, Eduardo de Oliveira (Coord.). *Grandes Temas da Atualidade. Adoção-aspectos jurídicos e metajurídicos.* Rio de Janeiro:Forense, 2005.

zia do superior interesse do menor deverá reger a possibilidade ou não da adoção por seus avós. Assim, o impedimento legal dos avós em adotarem seus netos deverá render-se ao princípio geral, frente as peculiaridades e mediante o prudente arbítrio do juiz, visando prevalecer o melhor interesse da criança e do adolescente, conciliado com as legítimas pretensões de seus avós.

Para tanto, a análise de cada situação concreta se faz assaz importante, como ocorreu nos julgados abaixo transcritos com negrito nosso:

> **ESTATUTO DA CRIANÇA E DO ADOLESCENTE. RECURSO ESPECIAL. AÇÃO DE ADOÇÃO C/C DESTITUIÇÃO DO PODER FAMILIAR MOVIDA PELOS ASCENDENTES QUE JÁ EXERCIAM A PATERNIDADE SOCIOAFETIVA. SENTENÇA E ACÓRDÃO ESTADUAL PELA PROCEDÊNCIA DO PEDIDO. MÃE BIOLÓGICA ADOTADA AOS OITO ANOS DE IDADE GRÁVIDA DO ADOTANDO. ALEGAÇÃO DE NEGATIVA DE VIGÊNCIA AO ART. 535 DO CPC. AUSÊNCIA DE OMISSÃO, OBSCURIDADE OU CONTRADIÇÃO NO ACÓRDÃO RECORRIDO. SUPOSTA VIOLAÇÃO DOS ARTS. 39, § 1º, 41, CAPUT, 42, §§ 1º E 43, TODOS DA LEI N.º 8.069/90, BEM COMO DO ART. 267, VI, DO CÓDIGO DE PROCESSO CIVIL. INEXISTÊNCIA. DISCUSSÃO CENTRADA NA VEDAÇÃO CONSTANTE DO ART. 42, § 1º, DO ECA. COMANDO QUE NÃO MERECE APLICAÇÃO POR DESCUIDAR DA REALIDADE FÁTICA DOS AUTOS. PREVALÊNCIA DOS PRINCÍPIOS DA PROTEÇÃO INTEGRAL E DA GARANTIA DO MELHOR INTERESSE DO MENOR. ART. 6º DO ECA. INCIDÊNCIA. INTERPRETAÇÃO DA NORMA FEITA PELO JUIZ NO CASO CONCRETO. POSSIBILIDADE. ADOÇÃOMANTIDA. RECURSO IMPROVIDO.** 1. Ausentes os vícios do art. 535, do CPC, rejeitam-se os embargos de declaração. 2. As estruturas familiares estão em constante mutação e para se lidar com elas não bastam somente às leis. É necessário buscar subsídios em diversas áreas, levando-se em conta aspectos individuais de cada situação e os direitos de 3ª Geração. 3. Pais que adotaram uma criança de oito anos de idade, já grávida, em razão de abuso sexual sofrido e, por sua tenríssima idade de mãe,passaram a exercer a paternidade socioafetiva de fato do filho delanascido quando contava apenas 9 anos de idade.4. A vedação da adoção de descendente por ascendente, prevista no art. 42, §

1º, do ECA, visou evitar que o instituto fosse indevidamente utilizado com intuitos meramente patrimoniais ou assistenciais, bem como buscou proteger o adotando em relação a eventual "confusão mental e patrimonial" decorrente da "transformação" dos avós em pais.5. Realidade diversa do quadro dos autos, porque os avós sempre exerceram e ainda exercem a função de pais do menor, caracterizando típica filiação socioafetiva.6. Observância do art. 6º do ECA: na interpretação desta Lei levar-se-ão em conta os fins sociais a que ela se dirige, as exigências do bem comum, os direitos e deveres individuais e coletivos, e a condição peculiar da criança e do adolescente como pessoas em desenvolvimento.7. Recurso especial não provido. (STJ, 3ª Turma,REsp n. 1448969, Rel. Min. Moura Ribeiro, julg. 21.10.2014).

DIREITO CIVIL. DIREITO DE FAMÍLIA. AÇÃO DE RECONHECIMENTO DE MATERNIDADE E DE PATERNIDADE C/C ANULAÇÃO DE REGISTRO CIVIL, MOVIDA PELOS APELANTES. **ADOÇÃO À BRASILEIRA. ENTREGA DA RECÉM NASCIDA, PELA MÃE, AOS AVÓS MATERNOS.REGISTRO CIVIL DA CRIANÇA, PELOS AVÓS, APENAS DOIS MESES APÓS O NASCIMENTO DA MENINA. PERMANÊNCIA DA ADOLESCENTE COM A FAMÍLIA REGISTRAL E SOCIOAFETIVA, DESDE O NASCIMENTO ATÉ OS DIAS ATUAIS, O QUE CORRESPONDE AOS SEUS 16 (DEZESSEIS) ANOS DE VIDA.** PRETENSÃO DOS PAIS BIOLÓGICOS MANIFESTADA 10 (DEZ) ANOS APÓS A FORMAÇÃO DA UNIDADE FAMILIAR SÓCIOAFETIVA. **REITERADA REJEIÇÃO DA JOVEM À HIPÓTESE DE CONVIVÊNCIA COM OS PAIS BIOLÓGICOS. PREPONDERÂNCIA DO VÍNCULO SÓCIO AFETIVO, CONSTRUÍDO E CONSOLIDADO, ENTRE PAIS E FILHA.** DESCABIMENTO DE SANÇAO ESTATAL. IMPROVIMENTO. Indemonstração de afetividade entre os Apelantes e a filha biológica. Consolidação da unidade familiar sócio afetiva. Desbiologização da relação paterno filial. Conhecimento, pela adolescente, da sua origem genética. Homenagem aos Princípios da Doutrina Integral e do Melhor Interesse da Criança e do Adolescente. Estreito liame afetivo entre a jovem e os pais registrais. Posse do estado de filha. Improvimento. (TJPE, 2ª CC, Apelação Cível n. 286127-80046489-40.2006.8.17.0001, Rel. Des. Cândido José da Fonte Saraiva de Moraes, julg. 19.12.2012, Dje 08/01/2013).

> AGRAVO DE INSTRUMENTO. **AÇÃO DE ADOÇÃO. ADOTANTE. PARENTE POR AFINIDADE. ESPOSA DO AVÔ PATERNO DOS ADOTANDOS. INEXISTÊNCIA DE IMPEDIMENTO LEGAL. OBSERVÂNCIA DO MELHOR INTERESSE DAS CRIANÇAS.** Comprovadas as condições favoráveis e, ausente impedimento legal em razão do parentesco por afinidade da agravante com as crianças, pretendente a adoção dos netos do seu marido, que já estão sob seus cuidados há dois anos, apresentando vínculo afetivo, justifica-se suficientemente a procedência da demanda, nos termos do § 3º do artigo 28, do Estatuto da Criança e do Adolescente. **Descabida a interpretação extensiva do disposto no artigo 42, § 1º, do Estatuto da Criança e do Adolescente, especialmente, quando ponderado o princípio do melhor interesse da criança.** Possibilidade do pedido de adoção pela parte autora. Decisão reformada. (TJRS, 8ª CC, Agravo de Instrumento n. 70044004398, Rel. Des. AlzirFelippeSchimdt, julg. 27.10.2011).

A manutenção da identidade familiar da criança foi fator favorável à flexibilização trazida pelo STJ que, no caso concreto acima transcrito, enfatizou que o adotando e a mãe biológica possuíam laços afetivos de irmãos e não de mãe e filho.

O direito de ser filho afetivo do parente extenso, assim, possui limitações legais, mas tem sido excepcionalmente reconhecido na doutrina (mesmo de forma minoritária) com fundamento em situações fáticas de efetiva omissão dos genitores e assunção dos deveres do poder familiar (guarda, sustento e educação) pelos avós com relação aos netos[52] e, com base na interpretação teleológica do sistema infanto-juvenil esculpida no art. 6ª do ECA,[53] na linha do art. 5º da Lei de Introdução do Código Civil,[54] mediante prudente arbítrio judicial.

A adoção, nas hipóteses ora analisadas, portanto, é excepcional,[55] pois seu escopo somente teria por fundamento a regularização de uma filiação socioafetiva sedimentada.

---

52 Dentre os autores destacam-se: FELIPE, Jorge Franklin Alves. *Adoção, guarda, investigação de paternidade e concubinato*. 3. ed. Rio de Janeiro: Forense, 1992, p. 76 eVIEIRA JÚNIOR, Enio Gentil A Possibilidade de flexibilização das regras impeditivas da adoção para atender a casos peculiares: adoção por avós e tios.*Revista da Esmesc*, v.19, n.25, 2012.

53 "Art. 6º Na interpretação desta Lei levar-se-ão em conta os fins sociais a que ela se dirige, as exigências do bem comum, os direitos e deveres individuais e coletivos, e a condição peculiar da criança e do adolescente como pessoas em desenvolvimento".

54 "Art. 5º. Na aplicação da lei, o juiz atenderá aos fins sociais a que ela se dirige e às exigências do bem comum".

55 ROSSATO, Luciano ALVES; LÉPORE, Paulo Eduardo; CUNHA, Rogério Saches. *Estatuto da Criança e do Adolescente comentado artigo por artigo*. 7. ed. São Paulo: Saraiva, 2015, p. 199.

A questão ora posta não se mostra de forma alguma fácil diante da vedação legal expressa da Lei infanto-juvenil,sendo somente considerada cabível em casos peculiares, excepcionalmente, após a análise da situação fática que justifique a sua concessão, desde que expresse motivos legítimos e comprovado o superior interesse da criança de ser o filho de seus avós ou irmãos.

5. ADOÇÃO PELOS COLATERAIS

No que concerne à inserção de uma criança como filho dos parentes colaterais a partir do 3º grau, o tema ganha contornos mais definidos na lei infanto-juvenil.Ao vedar a adoção apenas aos irmãos, o Estatuto infanto-juvenil permitiu a propositura desta medidapelos tios (colaterais de 3º grau),tios-avôs (colaterais de 4º grau) e primos (colaterais de 4º grau), além de outros membros da família de linhagem mais longínqua, os quais o legislador civil sequer considerou parentes.

Posta a legitimidade ativa para a adoção por parentes, estabelecida pelo legislador estatutário, há de se ressaltar, todavia, que o fato de o adotante possuir vínculos consanguíneos com o adotando não significa qualquer prioridade na aplicação da medida de adoção, uma vez que a primazia está condicionada ao triplo pressuposto antes assinalado: convivência, afinidade e afetividade.

Além deste alerta, há de se pontuar que, embora prevista em lei, a adoção por parentes colaterais (tios,tios-avôs e primos) não é tão pacífica como aparenta ser. Baseadas na interpretação literal da parte final art. 41 do ECA que estabelece como consequência lógica do ato de adoção o desligamento "de qualquer vínculo com os pais e os parentes, salvo os impedimentos matrimoniais", há posições que afastam a pretensão da adoção por estes parentes colaterais sob o pretexto de que a família extensa não pode se transfigurar em substituta por ser ramo da família natural, sendo cabível apenas a guarda e a tutela. Eis o teor do voto proferido na Apelação Cível n. 0016884-57.2009.8.19.0011[56]contrário à adoção por tios:

---

56 Voto da lavra do Relator Des. Eduardo Gusmão Alves de Brito Neto em 10/12/2015 perante a 16ª Câmara Cível do TJRJ. Vale dizer que, embora o douto Relator tenha arrazoado em desfavor da natureza de família substituta do parente extenso, no caso concreto julgado, a adoção foi deferida diante da manifestação da criança de ser adotada: Apelação Cível. **Ação de adoção direta cumulada com pedido de destituição do poder familiar. Criança que, após o abrigamento, teve sua guarda deferida à família extensa.** Pedido de adoção formulado seis anos depois. **Menor que manifesta o desejo de ser perfilhada pelos requerentes, a quem reconhece como seus pais.** Genitora que se contrapôs ao pedido em sede de contestação, mas, posteriormente, quando da realização do estudo social, reconheceu o laço fortificado de afetividade e a conveniência da adoção. Situação fortemente consolidada no tempo (13 anos) que exige a preservação do bem estar da adolescente. **Requerente que é tio paterno da adotanda,**

> Aqui, ressalva-se a opinião deste Relator no que pertine à possibilidade de adoção por integrantes da família extensa. Isto porque, incontestavelmente, o ECA tem como escopo principal a convivência familiar, priorizando a manutenção da criança e do adolescente em sua família, natural ou extensa, sendo a adoção – que é forma de colocação do adotando em família substituta – tida como objetivo secundário daquele diploma legal. Disso se extrai que quando a lei fala em adoção, e nas consequências que esse ato traz, como o desligamento de qualquer vínculo com os pais e parentes (artigo 41), ela está claramente indicando que este instituto tem lugar apenas quando a criança ou adolescente é colocado em família substituta, totalmente desvinculada da sua família natural ou extensa. Essa é a lógica que se retira da interpretação sistemática dos artigos 25, 28 e 39, § 1º, todos da Lei 8.069, [...] Dessa forma, é evidente que o que a lei propõe é a manutenção dos vínculos biológicos da criança ou adolescente, seja com sua família natural ou extensa, colocando-o para a adoção somente nos casos em que não for possível mantê-lo, no mínimo, junto de sua parentela próxima. E essa manutenção da criança com seus parentes, sem sombra de dúvidas, não se dá por meio de adoção. Não há qualquer lógica na adoção da neta pelos avós, ou do sobrinho pelos tios, porque a principal consequência do ato de adotar, que é o rompimento definitivo dos laços de parentesco com a família biológica, simplesmente não vai acontecer. Na hipótese dos autos, por exemplo, a adoção pelo tio leva à inusitada situação em que a criança criou novos vínculos familiares com sua própria família. Em outras palavras: manteve-se a árvore genealógica e simplesmente trocou-se o galho de lugar.

Neste mesmo sentido, na doutrina tem-se o ensinamento de Veronese,[57] que assevera que,embora tenha o Estatuto deixado encoberta a possibilidade de os tios adotarem seus sobrinhos, desde que preenchidos os requisitos necessários, "supomos que o melhor a ser feito é a concessão da guarda ou tutela".

Ocorre que, além de a lei infanto-juvenil não vedar, a finalidade da adoção pela família extensa se insere perfeita e completamente no mais impor-

priorizando a regra de manutenção da menor na família extensa.Inteligência do § 1º do artigo 39 do ECA. Sentença mantida por seus próprios fundamentos. Recurso ao qual se nega provimento. (TJRJ, 16ª CC, Apelação Cível n. 0016884-57.2009.8.19.0011, Rel. Des. Eduardo Gusmão Alves de Brito Neto, julg. 10.12.2015). [g.n.]

57 VERONESE, Josiane. Op. cit., p. 111.

tante alvo da medida protetiva adoção, qual seja, a de amparar e proteger as crianças que possuem vínculos de afeto preexistentes e sólidos com as pessoas que a assumiram como filhos, sejam as tais, parentes, ou não, do adotando.

Portanto, não existe qualquer proibição legal à adoção formulada por parentes de 3º e 4º graus.[58] Seguem, assim, inúmeras ementasnas quais aponta-se para o direito de ser filho por estes parentes ampliados, cuja adoção se concretizou independentemente de habilitação prévia.

> DESTITUIÇÃO DO PODER FAMILIAR. PRESTAÇÃO JURISDICIONAL DE PROCEDÊNCIA FUNDADA EM ACERVO PROBATÓRIO SEGURO QUANTO AO DESCUMPRIMENTO DOS DEVERES INERENTES AO PODER FAMILIAR. **MENOR EM SITUAÇÃO DE RISCO, NEGLIGÊNCIA E ABANDONO.** QUADRO FÁTICO E PSICOLÓGICO DOS GENITORES SEM MODIFICAÇÕES SUBSTANCIAIS AO LONGO DO PERÍODO DE ACOMPANHAMENTO. **GUARDA PROVISÓRIA DEFERIDA À FAMÍLIA EXTENSA. PARENTES INTERESSADOS EM EXERCER A GUARDA E FORMALIZAR A ADOÇÃO DA CRIANÇA. HIPÓTESE RECOMENDADA. ATENDIMENTO AO SUPERIOR INTERESSE DO INFANTE. DOUTRINA DA PROTEÇÃO INTEGRAL.** SENTENÇA MANTIDA. APELO DESPROVIDO. (TJSC, 3ª Câmara de Direito Civil, Apelação Cível n. 0900022-98.2015.8.24.0087, Rel. Des. Maria do Rocio Luz Santa Ritta, julg. 18.10.2016).

> DIREITO DE FAMÍLIA. ESTATUTO DA CRIANÇA E DO ADOLESCENTE. **DESTITUIÇÃO DO PODER FAMILIAR. ABANDONO DE INCAPAZ. PROTEÇÃO INTEGRAL A CRIANÇA. ADOÇÃO. Adolescente entregue pelos pais à avó e tia paternas desde os onze meses de idade. Abandono afetivo e material pelo genitor, que deixou de visitar o filho ou lhe ofertar qualquer ajuda financeira.** Notícias de que o pai visitava o outro filho na casa vizinha, sem também visitar o adolescente pretendido adotar, portador de necessidades especiais. **Quinze anos de guarda fática exercida pelos tios paternos, com evidente configuração de paternidade e maternidade socioafetiva.** Genitor, que apenas propõe ação judicial após dez anos de guarda fática dos tios e mesmo após a celebração de acordo de

58 Neste sentido, ROSSATO, Luciano ALVES; LÉPORE, Paulo Eduardo; CUNHA, Rogério Saches. Op. cit., p. 199.

visitação, descumpre o ajuste. **Resistência injustificada à adoção, em evidente comportamento contraditório. Adolescente, que não possui qualquer afetividade pelo pai e afirma, em juízo, o desejo de ser adotado.** Descumprimento dos deveres inerentes ao poder familiar. Abandono configurado. **Criança sob os cuidados de sua família extensa há quinze anos. Situação excepcional caracterizada na espécie. Prevalência do melhor interesse da criança.** Manutenção da sentença. Determinada a extração de cópia dos autos, com remessa à Corregedoria Geral de Justiça. Recurso a que se nega provimento. (TJRJ, 21ª CC, Apelação Cível n. 0004770-33.2011.8.19.0006, Rel. Des. Denise Levy Tredler, julg. 16.02.2016)

DIREITO CIVIL E ESTATUTO DA CRIANÇA E DO ADOLESCENTE. APELAÇÃO CÍVEL. **AÇÃO DE ADOÇÃO. PRETENSÃO FORMULADA POR TIA MATERNA.** IMPROCEDÊNCIA NA ORIGEM. ADOÇÃO DO PARECER MINISTERIAL COMO RAZÕES DE DECIDIR. POSSIBILIDADE. PRECEDENTES DO SUPREMO TRIBUNAL FEDERAL. NULIDADE DA CITAÇÃO DO GENITOR VIA EDITAL, SUSCITADA PELO CURADOR ESPECIAL. REJEIÇÃO. PARADEIRO DESCONHECIDO PELA AUTORA. VALIDADE DA CITAÇÃO EDITALÍCIA. AUSÊNCIA DE NULIDADE. MANIFESTA AQUIESCÊNCIA DA GENITORA COM A ADOÇÃO POSTULADA. **VÍNCULO PSÍQUICO E AFETIVO ENTRE TIA E SOBRINHO QUE SE RELEVA CONSOLIDADO.RUPTURA DO CONVÍVIO FAMILIAR QUE PODERÁ ENSEJAR SEQUELAS EMOCIONAIS CONSIDERÁVEIS.** PREVALÊNCIA DO MAIOR INTERESSE DO MENOR. ADOTANDO COM NOVE ANOS DE IDADE. POSSIBILIDADE REMOTA DE ADOÇÃO POR FAMÍLIA SUBSTITUTA. SENTENÇA REFORMADA. RECURSO CONHECIDO E PROVIDO. (TJRN, 1ª CC, Apelação Cível n. 2013.011133-4, Rel. Juiz Jarbas Bezerra, julg. 17.12.2015).

APELAÇÃO CÍVEL. AÇÃO DE DESTITUIÇÃO DO PODER FAMILIAR. GENITORA DEPENDENTE QUÍMICA E QUE SOBREVIVE DA PROSTITUIÇÃO. **ENTREGA DA FILHA À TIA-AVÓ MATERNA. MARIDO DA TIA QUE REGISTRA A MENOR COMO PAI. DEMANDA PROPOSTA CONTRA A MÃE E O PAI REGISTRAL. PARCIAL PROCEDÊNCIA. PERDA DO PODER FAMILIAR PELA GENITORA.** RECURSO DO MINISTÉRIO PÚBLICO EM RELAÇÃO AO PAI REGISTRAL. **ALEGADA ADOÇÃO À BRASILEIRA. NÃO OCORRÊNCIA.** TEMOR DE VENDA DA CRIANÇA

PARA A COMPRA DE ENTORPECENTES. **CRIANÇA SOB A GUARDA DA FAMÍLIAAMPLIADA. ARTS. 25 E 28, 3º, DO ESTATUTO DA CRIANÇA E DO ADOLESCENTE. IRMÃO BIOLÓGICO DA MENOR QUE, EM SITUAÇÃO IDÊNTICA, FOI MANTIDO COM OUTROS TIOS-AVÓS MATERNOS POR PLEITO DO MINISTÉRIO PÚBLICO. PREFERÊNCIA NO SEIO DA FAMÍLIA NATURAL E COM VÍNCULO AO IRMÃO. BURLA AO CADASTRO DE PRETENDENTES À ADOÇÃO AFASTADA. EXCEÇÃO PREVISTA NO ART. 50, § 13, INCISO II, DO ECA.** ESTUDO SOCIAL, RELATÓRIO PSICOLÓGICO E DEPOIMENTOS QUE COMPROVAM O **AFETO E TOTAL CUIDADO PARA COM A CRIANÇA.** SENTENÇA CONFIRMADA. RECURSO IMPROVIDO. (TJSC, 2ª Câmara de Direito Civil, Apelação Cível n. 2014.048788-9, Rel. João Batista Góes Ulysséa, julg. 28.05.2015).

APELAÇÃO CÍVEL. **PROCEDIMENTO DE ADOÇÃO REQUERIDO POR TIOS-AVÓS DO MENOR.** INOCORRÊNCIA DE NULIDADE NA CITAÇÃO POR EDITAL DA GENITORA. DIVERSAS DILIGÊNCIAS INFRUTÍFERAS PARA A DE LOCALIZAÇÃO DA MÃE BIOLÓGICA. NEGLIGÊNCIA E ABANDONO DO FILHO POR MAIS DE 14 ANOS. **GUARDA DE FATO QUE VEM SENDO EXERCIDA PELOS REQUERENTES, ESTANDO O MENOR PERFEITAMENTE INTEGRADO AO NÚCLEO FAMILIAR. ADOÇÃO QUE SE REVELA DE ACORDO COM O MELHOR INTERESSE DA CRIANÇA.** PRECEDENTES DO TJRJ. APELAÇÃO A QUE SE NEGA SEGUIMENTO. (TJRJ, 13ª CC, Apelação Cível n.0007297-7320128190021, Rel. Des. Fernando Fernandy Fernandes, julg.03.02.2015).

APELAÇÃO CÍVEL. **AÇÃO DE DESTITUIÇÃO DE PODER FAMILIAR CUMULADO COM PEDIDO DE ADOÇÃO. ADOÇÃO POR TIO. POSSIBILIDADE. MELHOR INTERESSE DA CRIANÇA. INTERPRETAÇÃO DO ARTIGO 43 DO ESTATUTO DA CRIANÇA E DO ADOLESCENTE.** Conhecimento e improvimento I – **é possível o deferimento do pedido de adoção formulado pelos tios,** consoante o entendimento jurisprudencial sobre o tema combinado com a inteligência do artigo 43 do Estatuto da Criança e do Adolescente. II – Recurso conhecido e improvido. (TJAM, 1ª CC, Apelação Cível n. 0004987-43.2013.8.04.0000, Rel. Des. Sabino da Silva Marques, julg. 23.11.2014).

APELAÇÃO CIVEL – **AÇÃO DE ADOÇÃO – TIA PATERNA QUE DETÉM A GUARDA PROVISÓRIA DOS MENORES HÁ QUASE 06 ANOS – CRIANÇAS QUE POSSUEM FORTES VÍNCULOS AFETIVOS COM A ADOTANTE** – PRETENSÃO DA MÃE BIOLÓGICA EM RESTABELECER OS LAÇOS MATERNOS – POSSÍVEIS PREJUÍZOS DE ORDEM PSICOSSOCIAL – OBSERVÂNCIA DO MELHOR INTERESSE DA CRIANÇA – PRINCÍPIO DA PROTEÇÃO INTEGRAL – SENTENÇA MANTIDA – RECURSO CONHECIDO E IMPROVIDO – DECISÃO UNÂNIME. (TJSE, 2ª CC, Apelação Cível n. 201400812887, Rel. Des. José dos Anjos, julg. 22.09.2014).

APELAÇÃO CÍVEL. **AÇÃO DE ADOÇÃO. REQUERENTES NÃO INSCRITOS NO CUIDA – CADASTRO ÚNICO INFORMATIZADO DE ADOÇÃO E ABRIGO, PORÉM PARENTES DO ADOTANDO.** PREFERÊNCIA DE MANUTENÇÃO DO MENOR NA FAMÍLIA EXTENSA. INTELIGÊNCIA DO ARTIGO 39, §1º, DA LEI N.º 8.069/1990 (ESTATUTO DA CRIANÇA E DO ADOLESCENTE). MITIGAÇÃO DA OBSERVÂNCIA RÍGIDA AO SUPRACITADO CADASTRO. PREPONDERÂNCIA DO MELHOR INTERESSE DA CRIANÇA. PRIORIDADE ABSOLUTA. **NECESSIDADE, PARA DEFERIMENTO DA ADOÇÃO, DE PREENCHIMENTO DE UMA DAS HIPÓTESES ELENCADAS NO ARTIGO 50, §13, DA SUPRACITADA LEGISLAÇÃO. NÃO OPORTUNIZADA A PRODUÇÃO DE PROVAS ACERCA DOS VÍNCULOS DE AFINIDADE E AFETIVIDADE. INDEFERIMENTO DA PETIÇÃO INICIAL, DE PLANO, POR CARÊNCIA DA AÇÃO. JUÍZO DE PRIMEIRA INSTÂNCIA QUE SE BASEOU EM PROVAS E INFORMAÇÕES COLHIDAS EM OUTRA AÇÃO, DA QUAL OS ORA APELANTES NÃO ERAM PARTE. IMPOSSIBILIDADE. DIREITO AO CONTRADITÓRIO E À AMPLA DEFESA VIOLADOS. CERCEAMENTO DE DEFESA CARACTERIZADO. REQUISITOS NECESSÁRIOS PARA O EMPRÉSTIMO DE ELEMENTOS COMPROBATÓRIOS DE OUTRO PROCESSO NÃO PREENCHIDOS. VÍNCULOS EXIGIDOS PELA LEI QUE NECESSITAM DE AMPLA DILAÇÃO PROBATÓRIA. SENTENÇA CASSADA. RETORNO DOS AUTOS AO PRIMEIRO GRAU PARA QUE QUE A AÇÃO PROSSIGA ATÉ SEUS ULTERIORES TERMOS, INCLUSIVE COM A PRODUÇÃO DAS PROVAS QUE OS APELANTES**

PRETENDEM UTILIZAR. PLEITO DE GUARDA PROVISÓRIA. NECESSIDADE DE PREENCHIMENTO DOS REQUISITOS CONSTANTES DO ARTIGO 273 DO CÓDIGO DE PROCESSO CIVIL. ADOTANTES PARENTES E PADRINHOS DA CRIANÇA ADOTANDA QUE, ADEMAIS, A CRIARAM BOA PARTE DE SUA VIDA. FORTES INDÍCIOS DE VÍNCULOS SÓCIO-AFETIVOS. FUMUS BONI IURIS SUPRIDO. AFASTAMENTO ENTRE ADOTANTES E ADOTANDA QUE, SE MANTIDO POR MAIS TEMPO, EXTIRPARÁ OS ÚLTIMOS LAÇOS EXISTENTES. PERICULUM IN MORA VERIFICADO. SOPESAMENTO. APLICAÇÃO DO PRINCÍPIO DA RAZOABILIDADE. CONCESSÃO, AOS ADOTANTES, DA GUARDA PROVISÓRIA DA MENOR ADOTANDA. RECURSO PROVIDO PARCIALMENTE. [...] (TJSC, Apelação Cível n. 2012.091196-8, Rel. Des. Carlos Prudêncio, julg. 14.03.2013).

PROCESSO CIVIL E **ESTATUTO DA CRIANÇA E DO ADOLESCENTE.** FUNDAMENTAÇÃO DO JULGADOR. COINCIDÊNCIA COM OS ARGUMENTOS DAS PARTES. DESNECESSIDADE. FUNÇÃO DO MINISTÉRIO PÚBLICO PRESERVADA. **ADOÇÃO.LEI 12.010/2009.** PREPARAÇÃO PSICOSSOCIAL E JURÍDICA. **ADOTANDA NA CONVIVÊNCIA DOS ADOTANTES/PARENTES.** DESNECESSIDADE. 1. O fato de a fundamentação do julgado não coincidir com os interesses defendidos pelos litigantes não implica vício, tampouco compromete a atuação do Ministério Público como custos legis. Tal fundamentação reflete, tão somente, o livre convencimento motivado do juiz, com assento no artigo 131 do Código de Processo Civil. **2. Mostra-se desnecessária a preparação psicossocial e jurídica determinada na Lei n.12.010/2009, que alterou vários artigos do Estatuto da Criança e do Adolescente, na hipótese de a criança já conviver, por tempo razoável, com os adotantes, seus tios.** 3. Rejeitou-se a preliminar e negou-se provimento ao recurso. (TJDFT, 1ª Turma Cível, Agravo de Instrumento n. 20120020123863, Rel. Des. Flavio Rostirola, julg. 26.09.2012).

ADOÇÃO COM DESTITUIÇÃO DO PODER FAMILIAR. ENTREGA DA MENOR PELOS GENITORES AOS TIOS. ANUÊNCIA EXPRESSA SOBRE A ADOÇÃO. AUSÊNCIA DE COMPROVAÇÃO, SEQUER DE ARGUMENTAÇÃO, DE QUE AGORA A GENITORA POSSA CUIDAR DE SUA FILHA. SENTENÇA QUE SE MANTEM. Entrevistas realizadas pela assistente social e declaração em que a genitora/apelante afirma categoricamente não ter condições de cuidar da filha e que concorda com a adoção. Apelante citada, mantendo-se inerte e indiferente ao feito, o que só corrobora o descaso com a situação jurídica da guarda de sua filha. **A menor já conta aproximadamente 7 anos de idade, estando sob a proteção afetiva, material e educacional dos apelados desde fevereiro de 2007, reconhecendo-os como seus verdadeiros pais.** Não há na apelação qualquer argumento ou indicação de que agora a genitora possua condições financeiras e afetivas para assumir a guarda, o que faz crer que as razões que a fizeram entregar a menor aos cuidados dos apelados ainda persistem. É de causar estranheza que a apelante não esclareça como e onde pretende cuidar de sua filha, caso readquira a guarda, e sequer suscite como manterá o tratamento da mesma, que requer cuidados especiais. Proteção dos interesses da menor, em atenção aos princípios do melhor interesse da criança e da proteção integral. A sentença bem avaliou as condições da menor, de modo que merece ser mantida. Nega-se provimento ao recurso. (TJRJ, 1ª CC, Apelação Cível n. 0011971-91.2007.8.19.0014, Rel. Des. Maria Augusta Vaz M. de Figueiredo, julg. 15.05.2012).

AGRAVO DE INSTRUMENTO. **ADOÇÃO.** PREPARAÇÃO PSICOSSOCIAL E JURÍDICA. **ADOTANDA NA CONVIVÊNCIA DOS ADOTANTES/PARENTES. DESNECESSIDADE. 1. É DESNECESSÁRIA A PREPARAÇÃO PSICOSSOCIAL E JURÍDICA ESTIPULADA NO ECA, QUANDO A CRIANÇA JÁ CONVIVE COM OS ADOTANTES POR TEMPO RAZOÁVEL, E TAMBÉM PORQUE OS ADOTANTES SÃO PARENTES (TIOS) DA MENOR.** 2. NEGOU-SE PROVIMENTO AO AGRAVO DO MPDFT. (TJDFT, 2ª Turma Cível, Agravo de Instrumento n. 251339220118070000, Rel. Des. Sérgio Rocha, julg. 18.04.2012).

DESTITUIÇÃO DO PODER FAMILIAR CUMULADA COM ADOÇÃO. AÇÃO JULGADA IMPROCEDENTE. GUARDA DEFERIDA À TIA MATERNA. MANUTENÇÃO DO VÍNCULO COM A FAMÍLIA EXTENSA OU AMPLIADA. APELAÇÃO. PRAZO RECURSAL. TEMPESTIVIDADE 1. Os processos com procedimento específico do Estatuto da Criança e do Adolescente, que são previstos no capítulo III do título VI, estão sujeitos ao prazo recursal estabelecido no art. 198 da lei estatutária. 2. O prazo recursal relativamente aos demais processos ou procedimentos submetem-se aos prazos recursais do Código de Processo Civil, que são mais dilatados. 3. O recurso de apelação contra a sentença que julga ação envolvendo criança que não se encontra em situação de risco submete-se à regra do art. 508 do CPC, que estabelece o prazo de 15 dias para a interposição do recurso de apelação. Inteligência do art. 212, §1º, do ECA. 4. Inexistindo prova cabal de qualquer das causas elencadas no art. 1.638 do CCB, descabe destituir a genitora do poder familiar. 5. A entrega pela tia do infante para os ex-sogros cuidarem durante a semana pelo fato da mesma trabalhar, não constitui situação de abandono, capaz de possibilitar a destituição do poder familiar da genitora. 6. **Sendo a guarda determinada em favor da tia materna, mantém-se a preservação do vínculo da criança com a família biológica. 7. Estando a criança afeiçoada ao casal guardião, mas também à tia materna, deve ser mantida a guarda com esta, pois assim o infante permanecerá vinculado ao âmbito da família extensa ou ampliada, consoante determina o art. 25, parágrafo único, da Lei nº 12.100/2009.** Recurso desprovido. (TJRS, 7ª CC, Apelação Cível n. 70043655539, Rel. Des. Sérgio Fernando de Vasconcellos Chaves, julg. 24.08.2011).

APELAÇÃO. **ESTATUTO DA CRIANÇA E DO ADOLESCENTE. DESTITUIÇÃO DO PODER FAMILIAR E ADOÇÃO. POSSIBILIDADE. COMPROVADA A SITUAÇÃO DE RISCO E VIOLÊNCIA FÍSICA E SEXUAL PERPETRADAS PELA CRIANÇA JUNTO AOS GENITORES. DESTITUIÇÃO DO PODER FAMILIAR QUE SE FAZ IMPERIOSA. ADOÇÃO PELOS TIOS MATE RNOS, GUARDIÃES DA MENINA HÁ MAIS DE DOIS ANOS. POSSIBILIDADE. PRESERVAÇÃO DA CRIANÇA NA FAMÍLIA EXTENSA OU AMPLIADA.** APELAÇÃO DESPROVIDA. (TJRS, 7ª CC, Apelação Cível n. 70040759789, Rel. Des. Roberto Carvalho Fraga, julg. 08.06.2011).

Apelação Cível. Direito do Menor. **Pedido de adoção cumulado com pleito de destituição do poder familiar.** Hipótese em que todos os elementos coligidos sinalizam para o reconhecimento de que os pais do menor, em precárias condições de sanidade mental, não são capazes de exercer o *munus* do poder familiar. **Menor que há quatro anos desfruta dos cuidados dispensados pelos tios, ora autores.** Desprovimento do recurso. (TJRJ, 11ª CC, Apelação Cível n. 0040300-41/2007, Rel. Des. Marilene Melo Alves, julg.05.05.2010).

APELAÇÃO CÍVEL – **ADOÇÃO – PEDIDO FORMULADO POR TIOS PATERNOS DO MENOR – AMBIENTE FAMILIAR PROPÍCIO – MELHOR INTERESSE PARA O**

> **INFANTE – VISLUMBRADO – REQUISITOS LEGAIS – PRESENÇA** – SENTENÇA REFORMADA. Atendidos os requisitos legais e constatado o melhor interesse para o infante, deve ser acolhido o pedido de adoção formulado por seus tios paternos, residentes em País diverso, os quais além de demonstrarem interesse em receber o menor como filho, inserindo-o no ambiente familiar harmonioso, propício a sua formação emocional, psicológica, possuem plenas condição de satisfazer suas necessidades materiais. (TJMG, 2ª CC, Apelação Cível n. 2250770-89.2008.8.13.0024, Rel. Des. Afrânio Vilela, julg. 15.12.2009).
>
> APELAÇÃO CÍVEL. **ADOÇÃO. POR TIOS**. POSSIBILIDADE. SENTENÇA TERMINATIVA. JULGAMENTO DO MÉRITO DO PEDIDO EM CONJUNTO COM A APELAÇÃO. **A limitação para adotar diz respeito aos ascendentes e irmãos do adotado, segundo dispõe o art. 42, § 1º do ECA. Caso em que não se mostra adequada a interpretação extensiva do presente normativo, quando o contexto probatório evidencia que a adoção pelos tios da adotada é medida que melhor atende o princípio do superior interesse da criança.** Tratando-se de sentença de natureza terminativa, a qual excluiu a apelante do polo ativo da demanda, bem como o fato de o feito estar apto para o julgamento, cabível o julgamento do pedido dos autores, juntamente com a apelação, para deferir a adoção da menor, fulcro no art. 515, § 3º do CPC. DERAM PROVIMENTO AO APELO E JULGARAM PROCEDENTE O PEDIDO DE ADOÇÃO. (TJSC, 8ª CC, Apelação Cível n. 70022784490, Des. Rel. Rui Portanova, julg. 15.05.2008). [g.n.]

Da leitura das Decisões colhidas resta evidente a constatação da presença do cuidado prolongado do adotado pela família ampliada em substituição às funções dos genitores omissos ou faltosos, traduzindo, através de atos concretos de afeto, a assunção do múnus materno e paterno. Portanto, então, não basta a comprovação do liame de sangue para que o familiar extenso colateral de 3º ou 4º grau tenha preferência na adoção, há de estar caracterizado o estado de filho afetivo do adotando.

6. DERRADEIRAS CONSIDERAÇÕES

A indagação científica do tema se centrou na observação da efetiva proteção integral de crianças e adolescentes quando estes são cuidados e criados pela família extensa e com esta constrói vínculos socioafetivos filiais que demandam regularização na seara judicial.

O principal objetivo destas breves linhas descritivas foi a de identificar a adoção pela família extensa como uma forma de expressão da proteção integral consagrada no direito infanto-juvenil brasileiro em prol de crianças e adolescentes, especialmente os que se encontram em situação de vulnerabilidade, possibilitando uma ampliação do horizonte de famílias adotivas possíveis dentro do próprio universo biológico e afim do adotando. Para tal intento, foram analisadasas funções destes parentes, traçando seu embasamento de corresponsabilidade e solidariedade para com os detentores do poder familiar e culminando na observação da possibilidade da substituição das referências maternas e paternas do adotando.

O exame do instituto da adoção, deste modo, se concentrou na legitimidade ativa de uma modalidade específica de família – a ampliada – cujas funções ainda se encontram em construção, com exegeses doutrinárias e, em especial, jurisprudenciais que as consideram excepcionais, enquanto outras tantas posições chegam a autorizar a regularização de vínculos adotivos por parentes próximos, confrontando com as normas cogentes da estrutura tradicional civilista do parentesco que impedem o estabelecimento de laços adotivos por avós e irmãos (biológicos e afins).

A busca da família ideal para substituição dos papéis dos genitores que não os exercem adequadamente tem sido uma dura árdua tarefa, pois se tem no imaginário que a organização familiar substituta deve ser capaz de reunir todas as condições indispensáveis de constituição de um sujeito que já está ferido por um rompimento de vínculo. Paralelamente a esta concepção, tem-se em mente a ideia de que o desfazimento dos vínculos com toda a família biológica é fator indispensável para que a criança ingresse em uma família adotiva. Ocorre que as funções parentais (pai e mãe) podem ser transferidas, mesmo tacitamente, ao longo do tempo, e se sedimentar dentro da própria configuração familiar de origem.

Neste caminho, o artigo se debruçou em casos concretos colhidos na jurisprudência para questionar a posição de excepcionalidade desta espécie de família, deixando à parte a ênfase moral da questão para adentrar na esfera relacional-afetiva, mais adequada aos reais benefícios do adotando que possui interesses superiores a serem assegurados.

Assim, verificou-se o movimento jurisprudencial ainda minoritário de deferimento excepcional da adoção por avós e irmãos,fincado em laudos biopsicossociais e especialmente, na real identidade do adotado, observando-se o prudente arbítrio do juiz, na interpretação da lei, levando-se em conta os fins sociais a que se destina, as exigências do bem comum e, notadamente, a condição da criança e do adolescente como pessoas em desenvolvimento que busca no direito de ter regularizado o seu *status* de filho afetivo a implementação de sua proteção integral.

DESESCOLARIZAÇÃO (*"UNSCHOOLING"*) E EDUCAÇÃO DOMICILIAR (*"HOMESCHOOLING"*): UM DESAFIO AO DEVER DE CUIDADO E O DIREITO DE SER DA CRIANÇA E DO ADOLESCENTE

Lauro Luiz Gomes Ribeiro[1]

1. INTRODUÇÃO

O propósito que nos anima no presente ensaio é trazer a reflexão sobre as opções de educação formal (escolar) e as denominadas de *desescolarização ("unschooling") e educação domiciliar ("homeschooling")* para o bom desenvolvimento pessoal das crianças e adolescentes na perspectiva dos objetivos da educação enunciados na CF/88 de pleno desenvolvimento da pessoa, seu preparo para o exercício da cidadania e sua qualificação para o trabalho (art.205).

Pressupõe-se o dever de cuidado dos pais ou responsáveis à luz da legislação vigente, mas se indagará, entre as várias opções de educação propostas no título, qual a que melhor atende ao direito da criança e do adolescente à educação que, dentro do seu desiderato último, o leve a "ser", a se descobrir e a afirmar sua existência, ampliando e consolidando seu conhecimento.

Para tanto é importante uma rápida digressão sobre os propósitos da educação, em sentido amplo, e da educação escolar para, a partir destes parâmetros, envolver no debate as duas propostas de educação referidas e que vêm encontrando eco em algumas famílias brasileiras e já chegou às barras do Poder Judiciário.

Partimos da premissa de que não podemos importar, pura e simplesmente, modelos estrangeiros para nossa realidade, sejam eles quais sejam, como se os moldes fossem facilmente ajustados, sem o risco de sofrermos uma invasão cultural alienante e indesejada.

Embora seja importante aprender com a boa prática, *v.g.* com o que ocorre na sala de aula, o grande "atelier" da educação como destacou Anísio

1 Promotor de Justiça em São Paulo. Especialista pela Escola Superior do MP/SP, Mestre e Doutor em Direito pela PUC/SP. Professor Universitário.

Teixeira em seu discurso "*Ciência e Arte de Educar*", teremos os pés firmes na realidade brasileira, que é única e traz valiosos conhecimentos e boa produção científica a oferecer e que influenciam diretamente nos resultados da educação aqui oferecida, além da reconhecida boa qualidade de nossa legislação educacional sem desconsiderarmos o que há de bom fora de nossas fronteiras, mesmo daquelas vozes mais solitárias e exemplificamos com Joseph Jacotot, retratado na obra "*O mestre ignorante*", de Jacques Rancière.

2. EDUCAÇÃO E ENSINO

Não é novidade entre nós a distinção feita entre educação e ensino. A primeira, de uma forma simplista, pode ser entendida como o processo permanente de desenvolvimento das capacidades física, moral e intelectual do ser humano, para sua melhor e efetiva integração individual e social e que irá acompanhá-lo do nascimento à morte.

Os propósitos sagrados da educação são apresentados de forma muito incisiva por vários doutrinadores, dos quais destacamos alguns:[2]

(a) Kant: o fim da educação é desenvolver em cada indivíduo toda a perfeição de que ele seja capaz;

(b) Cohn: é a influência deliberada e consciente exercida sobre o ser maleável e inculto, com o propósito de formá-lo;

(c) Maritain: é guiar o homem no desenvolvimento dinâmico, no curso do qual se constituirá como pessoa humana – dotada das armas do conhecimento, do poder de julgar e das virtudes morais – transmitindo-lhe ao mesmo tempo patrimônio espiritual da nação e da civilização às quais pertence e conserva a herança secular das gerações;

(d) Adorno:[3]ela é a produção de uma consciência verdadeira, que contribui para a preparação das pessoas;

(e) Anísio Teixeira:[4]é o mais significativo instrumento de justiça social, para corrigir as desigualdades provenientes da posição e da riqueza;

(f) Hugo Assman:[5]educar é fazer emergir vivências do processo de conhecimento. O produto da educação deve levar o nome de experiências de aprendizagem e não simplesmente aquisição de conhecimentos supostamente já prontos e disponíveis para o ensino concebido como simples transmissão;

---

2 A partir de Carlos Rodrigues Brandão, em sua obra *O que é Educação*. 33. ed. São Paulo: Brasiliense, 1995.

3 ADORNO, Theodor. *Educação e Emancipação*. 3. ed. São Paulo: Paz e Terra, 2003, p.141.

4 TEIXEIRA, Anísio. *Educação é um direito*. 2. ed. Rio de Janeiro: UFRJ, 1996, p. 129.

5 ASSMAN, Hugo. *Reencantar a Educação: Rumo à sociedade aprendente*. 7. ed. Petrópolis: Vozes, 2003, p. 32.

(g) Delors: (as políticas educativas) são um processo permanente de enriquecimento dos conhecimentos, do saber-fazer e também uma via privilegiada de construção da própria pessoa, das relações entre indivíduos, grupos e nações.[6]

(h) Freire:uma das fundamentais tarefas da educação libertadora e que respeita o ser humano como pessoa em um regime de dominação de consciências é expulsar a sombra da opressão por meio de conscientização.[7]

O ensino é instrução, formação de hábitos,[8] que surge no momento em que a educação se sujeita à pedagogia e são estruturados modelos e métodos próprios para seu exercício, estabelecem-se regras e tempos, surgindo a escola, o aluno e o professor, enfim, a educação formal.[9]

Desde então se verificam progressos e retrocessos no ensino, as escolas começam a separar pessoas, de acordo com o nível social, sexo, idade, grau de conhecimento, numa divisão social do saber e dos agentes e usuários deste saber, o mercantilismo cada vez assume maior participação neste processo.

Os problemas com a educação são antigos e ainda persistem e não podem ser apontados como problemas localizados e sim de todos os países porque, como anota Hannah Arendt, ao tratar da crise na educação, a essência do problema da educação "é a natalidade, o facto de os seres humanos *nascerem* no mundo".[10]

Não dispomos de espaço para o aprofundamento deste aspecto, mas é possível afirmar que o tempo atual nos mostra um distanciamento entre os fins da educação e a verdade real, entre o dever ser e o ser, um déficit no

6 DELORS, Jacques. *Educação-Um Tesouro a descobrir*. 5. ed. São Paulo: Cotez. Brasília: MEC; UNESCO, 2001, p. 12.

7 FREIRE, Paulo. *Educação como prática da liberdade*. 23. ed. São Paulo: Paz e Terra, 2000, p. 45.

8 Declaração Universal dos Direitos Humanos da ONU – Artigo 26.1. Todo ser humano tem direito à instrução. A instrução será gratuita, pelo menos nos graus elementares e fundamentais. A instrução elementar será obrigatória. A instrução técnico-profissional será acessível a todos, bem como a instrução superior, esta baseada no mérito. 2. A instrução será orientada no sentido do pleno desenvolvimento da personalidade humana e do fortalecimento do respeito pelos direitos humanos e pelas liberdades fundamentais. A instrução promoverá a compreensão, a tolerância e a amizade entre todas as nações e grupos raciais ou religiosos, e coadjuvará as atividades das Nações Unidas em prol da manutenção da paz.

9 Aquela desenvolvida sistematicamente,segundo planos que incluem conteúdos e meios previamente traçados para atingir objetivos intencionalmente determinados e paralelamente à educação informal que ocorre sem esta intencionalidade, sem um processo, decorrendo basicamente da convivência social.

10 A *Crise na Educação*. In: ARENDT, Hannah; GASSET; Ortega; RUSSEL, Bertrand; WEIL, Eric. *Quatro Textos Excêntricos: filosofia da Educação*. Trad. Olga Pombo. Lisboa, Portugal: Relógio D'Água, 2000, p. 23.

sistema de ensino, a ponto de Moacir Gadotti[11] apontar a dupla encruzilhada da educação neste século XXI:de um lado o fraco desempenho do sistema escolar que não tem dado conta da universalização da educação básica de qualidade e, de outro, as novas matrizes técnicas que não apresentam, ainda, a consistência global necessária para indicar caminhos realmente seguros para uma sociedade em uma época de transformações profundas e rápidas; ou seja, há um problema prático sem as armas necessárias para superá-lo.

Há um grande desafio na educação de desenvolver as habilidades cognitivas do aluno, a construção do conhecimento, a formação de valores,[12]enfim preparar a criança e o jovem a ser, a protagonizar sua própria história, a ser um homem-sujeito e não homem-objeto, a cumprir sua vocação ontológica de ser ator e não espectador de sua própria vida e sem que a escola seja autoritária, alienante.[13]

Não restam dúvidas de que houve avanços no panorama da educação mundial, com o progresso obtido na expansão das matrículas e nos novos métodos pedagógicos que se espalharam por vários países, mas há muito para ser construído.

No seio da escola, a crise também existe.

Em recente artigo publicado pela imprensa,[14] Roberto Leal Lobo e Silva Filho, ex-reitor da USP, faz interessante e realista análise da crise escolar a partir da obra de Isabelle Stal e Françoise Thom, autoras francesas de "A *Escola dos Bárbaros*", publicada no Brasil em 1987 pela Edusp.

Destaca Roberto Leal, inicialmente, que a crise nas escolas não é privilégio brasileiro, estando presente em vários países, dentre eles a França, que foi objeto de estudo em aludida obra.

---

11 GADOTTI, Moacir. *Perspectiva atuais da educação*. Porto Alegre: Artmed, 2000, p. xiii.

12 Segundo o respeitável PISA (Programa Internacional de Avaliação de Alunos) de 2016 (ano base 2015), que avalia alunos de 15 anos em 70 países, o Brasil gastou neste ano, por aluno, 42% do gasto dos demais países da OCDE (Organização para a Cooperação e Desenvolvimento Econômico), responsável pelo levantamento. Embora tenha sido maior que o de 2012, isto não se refletiu em melhoria do ensino. O Brasil continua nas últimas posições nas três áreas avaliadas (Ciências, Leitura e Matemática). Na avaliação de todas elas os alunos brasileiros se saíram melhor em questões que envolviam a explicação de conceitos, mas foram mal em questões mais elaboradas, sobre a aplicação prática deles, ou nas que exigiam interpretação de informação e relacionar dados, o que indica necessidade de reformulação na forma de ensinar, para ensinar o aluno a pensar. Em síntese, pode-se apontar que o Brasil necessita: investir mais, valorizar o professor, tornando a carreira atrativa e reformular a forma de ensinar as disciplinas.

13 Nesta linha, vale consultar as obras de Paulo Freire, tido como um dos maiores educadores da atualidade, como "*Pedagogia do Oprimido*" e "*Educação como prática da liberdade*" publicadas pela editora Paz e Terra.

14 Folha de São Paulo, caderno Opinião, p. A3, pub.23.20.2012, "A *escola hoje e os alunos que não aprendem*".

Os principais pontos sublinhados são:

(a) A recorrente violência escolar (alunos com armas, com drogas e agressões a professores);

(b) Pais e filhos que parecem achar que a escola não pode contrariar os alunos ou exigir desempenho, aliás sequer as famílias conseguem estabelecer limites aos filhos (algumas vezes nem os pais os tem), ausência que se reproduz nas salas de aula;

(c) A falta de disciplina nas escolas reflete uma sociedade hedonista, que entende que o objetivo da civilização é se divertir sem limites; ou seja, desistiu-se de conduzir os jovens para a vida adulta;

(d) Dentro desta perspectiva, nota-se uma profusão de práticas extracurriculares, fáceis e sem conteúdo, que servem para passar o tempo do jovem;

(e) Sob o pretexto de instaurar a igualdade na escola, o ensino é nivelado por baixo, abandonando o esforço de aprender, tipicamente individual;

(f) O empenho dos sindicatos em defender mediocridade e o corporativismo.

Acrescentamos outro ponto, bastante atual, que diz com alguns temas tabus que estão sendo corretamente trazidos para dentro das escolas – a questão de gênero e de orientação sexual – e que encontram barreiras dos pais, dirigentes escolares, administradores públicos e legisladores muitas vezes de origem religiosa.

Exemplificamos com as várias ações de arguição de descumprimento de preceito fundamental (ADPF) ajuizadas pela Procuradoria-Geral da República junto ao Supremo Tribunal Federal conta leis municipais que proíbem o ensino destes temas de gênero e orientação sexual (p.ex. transexualidade e a homossexualidade) nas escolas do município.[15]

Outra triste realidade escolar é a violência no entorno da escola, com *v.g.* cenas de troca de tiros entre marginais e policiais próximas às comunidades cariocas e gaúchas, o que obriga ao cancelamento das aulas ou mesmo a transformação das salas de aula em trincheiras.Só que, nestes casos, a falta de recursos financeiros das famílias dos alunos não as autoriza a buscar as duas outras opções, fora do ambiente escolar e, sim, pura e simplesmente, tirar o filho da escola (evasão escolar).

Não se pode esquecer também que o modelo capitalista atual, globalizado, com grandes conglomerados transnacionais dominando o ensino privado e impondo as regras do livre mercado, transformam o ensino em um grande negócio empresarial.

Trazemos advertência que fizemos em outro estudo:

> (...) não tardará a chegar o tempo em que, parafraseando Max e Engels, no Manifesto Comunista de 1848, haverá uma única forma

15 Na ADPF 461 o rel. Min. Luís Roberto Barroso, do STF, concedeu liminar para suspender os dispositivos de lei de Paranaguá (PR) que continha tal proibição.

> de relação escola-família-aluno:o laço do frio interesse, as exigências duras do 'pagamento à vista'; a dignidade pessoal será simples valor de troca e a única liberdade a sobreviver será a liberdade do comércio.[16]

E é dentro deste quadro de incertezas, de mazelas, de acertos e erros na escola que surgem novas propostas de ensino fora do ambiente escolar.

3. DESESCOLARIZAÇÃO ("*UNSCHOOLING*")

O termo "desescolarização" remete para a valorização dos espaços e das oportunidades educacionais fora do ambiente escolar. Para seus adeptos, a aquisição de conhecimento pode ocorrer não só em casa, mas no bairro, na interação com a comunidade, no clube, na *internet,* na igrejaou em qualquer ambiente, pois todos eles são ambientes educacionais.[17]

Surgida no final da década de 1960, esta proposta educacional ganhou impulso em 1971, com a publicação da obra "*Sociedade Sem Escolas*", do austríaco Ivan Illich, que critica as instituições escolares, sob o argumento de que monopolizam os recursos de aprendizado e desincentivam o desenvolvimento da autonomia de aprender e de ensinar fora delas.

Referido autor não acredita na universalização educacional através da escola porque se tornaram burocráticas e hierarquizadoras, afastando-se do propósito de empoderar o aluno a transformar suas próprias experiências em um continuo processo de aprendizado e sugere um sistema alternativo.

A partir de John Dewey, propõe a transformação de cada escola em um embrião comunitário que reflita a vida da sociedade na qual esteja inserida, devendo constantemente estar permeada com a arte, história e a ciência.

Como anota Miguel SgarbiPachioni em seu trabalho "*A desescolarização da sociedade para a construção do conhecimento*", a partir da obra de Illich:

> Ao invés de rotular os recursos educacionais de acordo com as metas curriculares, Illich propõe abordagens que possibilitam aos estudantes acessar recursos para traçar suas próprias metas:reforçar uma sociedade inventiva e criadora, que se relaciona com a natureza (essência) das coisas e não por suas aparências (industrializadas), disponibilizando artefatos e processos de reconhecido valor

---

16 RIBEIRO, Lauro Luiz Gomes. *Direito Educacional – Educação Básica e Federalismo*. São Paulo: QuartierLatin, 2009, p. 142/143.

17 Também a literatura, a poesia, o romance, o cinema são escolas da vida, consequentemente espaços de educação, pelos valores, emoções, descobertas de si e do outro, lições de vida que trazem, auxiliando no conhecimento da complexidade e da própria condição humana.

> educativo para que o jovem possa assumir sua responsabilidade na vida da comunidade; viabilizar o compartilhamento de habilidades não restritas ao reconhecimento público por certificados emitidos, pois estes tendem a abolir a liberdade de educação à medida que confinam o conhecimento; possibilitar o encontro de pessoas com interesses específicos, sejam eles quais forem, para que possam se complementar, estabelecendo uma rede de comunicação que propicie o direito do indivíduo de se fazer ouvido em diversos grupos; incentivar que os conhecimentos sobre a aprendizagem humana (e sobre os recursos educacionais) englobem também os saberes baseados nas experiências em qualquer tipo de pesquisa que, por prazer, reafirma o produtivo lazer (em grego *schole*) na relação horizontalizada entre professores.[18]

Os adeptos deste sistema entendem que o método prioriza as experiências do cotidiano, da família e da comunidade, de forma que o aprendizado seja dotado de significado e afetividade, estimulando o desenvolvimento da autonomia da criança.

Nesta proposta, são as próprias pessoas que criam seu percurso curricular; aprendem a ler e escrever "no seu tempo", sem precisar frequentar a escola. Diferente da educação domiciliar, não há currículo preestabelecido.

4. EDUCAÇÃO DOMICILIAR (*"HOMESCHOOLING"*)

Também apoiada no fracasso da educação formal escolar, a proposta de educação domiciliar em nosso país está mais organizada, contando, *v.g.* com uma Associação Nacional de Educação Domiciliar (ANED) e um Projeto de lei n. 3.179/12[19] além de debates acadêmicos e uma Conferência Global de Educação Domiciliar realizada em março de 2016 na cidade do Rio de Janeiro.

Legalizada em países como Canadá, Austrália, Áustria, Bélgica, Estados Unidos, Itália e França, a educação domiciliar é proibida na Alemanha e na Suécia. Na maior parte dos países onde vigora, a lei exige que os estudantes sejam avaliados anualmente.

---

18 PANCHIONI, Miguel Sgarbi. *Revista Ação Midiática- Estudos em Comunicação, Sociedade e Cultura*. Universidade do Paraná. Programa de Pós-Graduação em Comunicação, Vol. 2, ano 2012.

19 Acrescenta parágrafo ao art. 23 da Lei nº 9.394, de 1996, de diretrizes e bases da educação nacional, para dispor sobre a possibilidade de oferta domiciliar da educação básica:"§ 3º É facultado aos sistemas de ensino admitir a educação básica domiciliar, sob a responsabilidade dos pais ou tutores responsáveis pelos estudantes, observadas a articulação, supervisão e avaliação periódica da aprendizagem pelos órgãos próprios desses sistemas, nos termos das diretrizes gerais estabelecidas pela União e das respectivas normas locais".

Segundo a ANED, no Brasil, apesar de não legalizado, este tipo de educação atende mais de seis mil alunos em 2016.

Por este método as crianças não ficam sem um suporte porque as famílias (ou "*homeschooler*") seguem um roteiro definido, com uso de apostilas e livros baseados no currículo formal escolar, mas a metodologia é diferente – e exige mais disciplina.Isto pressupõe o estabelecimento de horários para começar e terminar os estudos, as matérias a serem tratadas a cada dia, as metas, os períodos destinados ao estudo etc.

Há atividades extracurriculares.Também, para os seus adeptos, a socialização das crianças é mais natural quando elas escolhem seus grupos espontaneamente – e não apenas pelo fato de estudarem no mesmo local.

Enfim, na educação domiciliar o estudante não frequenta escolas formais. Todo o aprendizado se dá em casa, sob a orientação e supervisão dos pais, a partir de um currículo preestabelecido, semelhante ao adotado nas escolas.[20]

Através da educação domiciliar, para seus adeptos, gera-se a autonomia e autodidatismo da criança ou jovem, assim como o gosto pelos estudos e o prazer no aprendizado. Consequentemente, os adultos também serão autoconfiantes, valorizando o questionamento, a busca do conhecimento e a pesquisa.O ambiente de aprendizagem é livre de *bullying*. Pode-se errar sem medo de ser excluído, zombado, exposto. Este modelo lida melhor com o ritmo e o estilo de aprendizado de cada um – alguns são mais auditivos, outros mais visuais, p.ex..

A partir da constatação de que os pais abandonaram a educação de seus filhos às escolas, na educação domiciliar inverte-se esta lógica: a parte da educação acadêmica sai das mãos da escola e é reassumida pelos pais.

Como a educação domiciliar está mais difundida, sua aplicação já chegou ao Supremo Tribunal Federal,[21] com repercussão geral reconhecida, mas pendente de julgamento do mérito e com o seguinte tema: *Possibilidade de o ensino domiciliar (homeschooling), ministrado pela família, ser considerado meio lícito de cumprimento do dever de educação, previsto no art. 205 da Constituição Federal.*

No caso "*sub judice*", a interessada impetrou mandado de segurança contra ato da Secretária Municipal de Educação de Canela/RS, que, em resposta à solicitação dos seus pais, que pretendiam educá-la em regime domiciliar, recomendou a imediata matrícula na rede regular de ensino.Trata-se do RE 888815 RG/RS:

---

20 O recente filme "*Capitão fantástico*" retrata a vida de uma família cujos pais educam os filhos no ambiente familiar (e isolado) e quando estes são obrigados a conviver com as demais pessoas da cidade (inclusive parentes – avós, tios e sobrinhos) vem à tona as dificuldades: apesar de mais preparados intelectualmente, os filhos têm enorme dificuldade de relacionamento.

21 Também no STJ:MS 7.407-DR, rel. Min. Francisco Peçanha Martins.

> DIREITO CONSTITUCIONAL. EDUCAÇÃO. ENSINO DOMICILIAR. LIBERDADES E DEVERES DO ESTADO E DA FAMÍLIA. PRESENÇA DE REPERCUSSÃO GERAL. 1. Constitui questão constitucional saber se o ensino domiciliar (*homeschooling*) pode ser proibido pelo Estado ou viabilizado como meio lícito de cumprimento, pela família, do dever de prover educação, tal como previsto no art. 205 da CRFB/1988. 2. Repercussão geral reconhecida.RE 888815 RG / RS – RIO GRANDE DO SUL – REPERCUSSÃO GERAL NO RECURSO EXTRAORDINÁRIO. Relator: Min. ROBERTO BARROSO – Julgamento: 04/06/2015, Órgão Julgador: Tribunal Pleno (reconheceu a repercussão geral).

Acórdão recorrido:Tribunal de Justiça do Estado do Rio Grande do Sul, com a seguinte ementa:

> APELAÇÃO CÍVEL. ECA. DIREITO A EDUCAÇÃO. DIREITO LÍQUIDO E CERTO AO SISTEMA EDUCACIONAL DOMICILIAR. INEXISTÊNCIA. Inexistindo previsão legal de ensino na modalidade domiciliar, não há no caso direito líquido e certo a ser amparado na estrita arena do *mandamus*. Manutenção do indeferimento da segurança. APELAÇÃO DESPROVIDA.

5. APRENDER A SER: NA ESCOLA OU FORA DELA?

Salientamos que tanto a escola como os demais espaços e instituições sociais são ambientes educacionais, mas neste tópico discutiremos o cerne da questão:educação domiciliar ou escolar?

Não pretendemos avançar na discussão da legalidade destas modalidades extraescolares de educação à luz do que dispõe a CF/88, estruturalmente pensada para a educação escolar (art. 205 e seguintes) e assim reconhecida pela jurisprudência ("*A educação, notadamente a escolar ou formal, é direito social que a todos deve alcançar*" – STF,ADI 3.330, Rel. Min. Ayres Brito, julg. 03.05.2012), o ECA (art. 53 e seguintes), a LDBN (Lei 9394/96, art.1º: *Art. 1º A educação abrange os processos formativos que se desenvolvem na vida familiar, na convivência humana, no trabalho, nas instituições de ensino e pesquisa, nos movimentos sociais e organizações da sociedade civil e nas manifestações culturais*), o papel preponderante dos pais ou responsáveis nesta escolhatal como estabelecido no art.227 da CF/88, no ECA (*Art. 55. Os pais ou responsável têm a obrigação de matricular seus filhos ou pupilos na rede regular de ensino.*), na LDBN (art. 2º e 3º), no Código Civil (art. 1634, I: *Compete a ambos os pais, qualquer que seja a sua situação conjugal, o pleno exercício do poder familiar, que consiste em, quanto aos filhos: I – dirigir-lhes a criação e a educação*") e sim se elas são, de fato, melhores opções que a educação formal escolar para a formação do aluno.

Também não nos anima neste momento, após conhecer melhor a proposta, considerar a viabilidade da desescolarização, porque nesta parece claro que o direito à educação, que pertence à criança e ao adolescente e não a seus pais ou responsáveis, é desrespeitado, dando ensejo, conforme o caso, até mesmo a uma responsabilização penal, por abandono intelectual (art. 246 do CP), em razão da dificuldade de sua implantação, com sucesso, na prática diante das características de nossa sociedade que ainda não despertou nem está preparada para todos os aspectos anotados na proposta e que exigem muito da participação social. O resultado é a simples falta de frequência a um ambiente educacional, formal ou domiciliar; a criança e o adolescente ficam soltos, sem qualquer respaldo, privada do mínimo educacional.

O fracasso escolar é inescondível em razão dos inúmeros argumentos e fatos já alinhavados acima,mas, para nós, ainda é a melhor opção.

Há uma cultura de transferir para a escola o papel de corretora necessária de todos os vícios e insuficiências culturais e, frente à impossibilidade de cumprir esta missão, é taxada de uma das culpadas por grandes problemas da sociedade como a violência juvenil, decadência do nível educacional, do racismo, do *bullying* etc.

Na crise educacional escolar há vários componentes presentes. Cuidemos de alguns deles:a família e os demais integrantes do sistema escolar.

O papel das famílias desde o nascimento da criança é protegê-la do mundo, especialmente sobre o aspecto público deste mundo. É o que se denomina de "socialização primária".

Ela é responsável pela formação do caráter da criança e do adolescente, perpetuando valores éticos e culturais (sejam bons ou ruins) que no modelo tradicional serão compartilhados dentro do ambiente escolar com os demais alunos que trazem experiências familiares distintas e esta soma formará um caldeirão de diversidades muito enriquecedor para o grupo. Isto se perde, certamente, em uma educação "monofamiliar" e "doméstica".

É fato que a família mudou, transformou-se, a figura da mãe como a mais proeminente já quase não existe, o modelo capitalista impõe às famílias e à sociedade seu preço através da mão invisível do mercado e hoje se fala em famílias poliafetivas; sinal inevitável dos tempos.

Tudo isto interfere na educação.

Fernando Savater avalia que as famílias estão desanimadas da tarefa educativa e socializante da prole, e procuram transferir tal encargo para as escolas, aguardando resultados positivos que nem sempre ocorrem.[22]

Para a realidade brasileira este afastamento familiar em parte pode ser atribuído a uma educação elitista que faz com que as classes dominadas (leia-

22 SAVATER, Fernando.O *valor de educar*. Trad. Mônica Sthahel. São Paulo: Martins Fontes, 2000, p. 73.

-se de menor instrução e menor poder aquisitivo) não se sintam integrantes da estruturação e do desenvolvimento da sociedade e, consequentemente, vejam na escola e no que nela é ensinado o reflexo de uma conduta autoritária, impositiva, de forma que os pais mandam os filhos à escola, mas não se comprometem com ela. Uma escola pública é vista como uma "escola do governo" e é igual a outros aparelhos públicos, como a delegacia de polícia, posto de saúde etc., perdendo muito do seu encanto.

Nisto a educação domiciliar merece aplausos e deve ser copiada na educação escolar:as famílias estão voltando a assumir o importante papel na efetivação do direito à educação dos filhos, de forma presente e atuante.

E não pode ser diferente porque, como já destacamos, o direito à educação é um direito subjetivo do próprio aluno e não dos seus pais, da sociedade ou do Estado, embora durante boa parte da vida do cidadão/cidadã aluno será sua família quem exercerá este direito em seu nome, buscando a melhor orientação educacional ao filho, sob a supervisão do Estado e da sociedade (p.ex. via conselheiros tutelares).

Apesar dos textos legislativos inserirem a sociedade e o Estado emparelhados com a família no dever de dispensar educação, os dois primeiros não podem substituir esta última em tal tarefa.Essa aliança legislativa (a principiar pela CF/88 – art. 227, passando pelo ECA – art. 4º) que se pretende entre os três, para o resguardo deste direito fundamental não autoriza interpretar que a intimidade do ser humano possa ser exposta e sujeita ao alvitre de todos como se no seio da família estivesse. A liberdade do indivíduo lhe garante tomar as próprias decisões sobre sua vida e da prole, durante o exercício do poder/dever familiar. A participação social e estatal é subsidiária.

Portanto, a educação escolar requer maior participação familiar.

Já a escola, na feliz definição de Hannah Arendt, é a ante-câmara entre a família e o mundo, a instância educativa com o peculiar papel de criar conscientemente experiências de aprendizagem que são reconhecidas como tais pelos sujeitos envolvidos neste processo educativo.

Diz a filósofa:

> Normalmente é na escola que a criança faz a sua primeira entrada no mundo.Ora, a escola não é, de modo algum, o mundo, nem deve pretender sê-lo. A escola é antes a instituição que se impõe entre o domínio privado do lar e o mundo, de forma a tornar possível a transição da família para o mundo. Não é a família mas o Estado, quer dizer, o mundo público, que impõe a escolaridade.[23]

23 ARENDT, Hannah; GASSET, Ortega; RUSSEL, Bertrand; WEIL, Eric. Op. cit., p. 42.

Sua tarefa é levar a criança a "ser", a se descobrir e a afirmar sua existência, fixando seu centro na ampliação de conhecimento de si próprio, do outro, do tempo e do espaço do seu existir,[24] dentro da diversidade e num ambiente solidário e democrático.[25]

Não se pode perder de vista que a escola reflete muito a sociedade de onde ela retira seu alimento que garantirá sua constituição e alimentará seu crescimento.

É ingenuidade imaginar que a partir de uma sociedade e de pessoas egoístas, individualistas e preocupadas com o sucesso pessoal ou familiare profissional, característica própria do neocapitalismo, irá surgir uma escola eminentemente democrática, solidária e que tenha sucesso numa pregação pela paz.

De nada adiante esta conduta escolar se o aluno, professores e funcionários ao saírem deste ambiente encontrem outro, hostil, competitivo e individualista.

Em síntese: a escola não é um santuário sagrado,[26] impermeável, e sim uma parte e o reflexo de muito do que é a própria sociedade em que está inserida. Um sistema educacional não vai ser muito mais virtuoso que a sociedade da qual extrai sua legitimidade e seus recursos. Se a sociedade é individualista e fecha os olhos para todas as injustiças do mundo, não adianta exigir da escola que professe a solidariedade ou que a ela se atribua toda responsabilidade pelo fracasso educacional.

Portanto, grande parte das mazelas encontradas na escola é fruto da sociedade que vivemos; uma depende da outra para melhorar.

---

24 Discute-se, na atualidade, a pertinência das "*escolas sem partido*". A prática se constitui em editar uma lei que proíbe o professor de colégios públicos e particulares de praticar doutrinação política e ideológica, bem como quaisquer outras condutas por parte do corpo docente ou da administração escolar que imponham ou induzam aos alunos opiniões político-partidárias, religiosa ou filosófica. O STF irá decidir a respeito na ADI 5537 promovida pela Confederação Nacional dos Trabalhadores em Educação contra a Assembléia Legislativa de Alagoas,

25 A diversidade refere-se à educação indígena, das pessoas com deficiência, dos filhos de ciganos e, mais recentemente, a educação dos filhos de refugiados.

26 Na escola, especialmente na concretização do currículo escolar, também há informalidade. Ao lado do currículo escolar formal, há o currículo em ação (o currículo real, aquele que, de fato, acontece na escola e o currículo oculto, aquele que foge das prescrições regulares e diz respeito àquela aprendizagem que escapa ao controle da própria escola e do professor e passa quase sem ser notada, mas exerce intensa interferência formadora; são as relações de poder entre os grupos existentes no ambiente escolar no ambiente escolar, são os comportamentos discriminatórios, mesmo dissimulados, a maneira como os funcionários tratam os alunos e seus pais, o modo de organização das salas de aula, os tipos de mensagens que são passadas nas salas de aula por meio de cartazes, dentre outros (PORTELA, Adélia Luíza; ATTA, Dilza Maria Andrade. A Dimensão Pedagógica da Gestão da Educação, *PRASEM III.*, *Guia de Consulta*, Brasília: FUNDESCOLA/MEC, 2001, p. 143).

E não imaginamos como este problema seja melhor resolvido com uma educação no ambiente domiciliar. Será que nestes locais se constrói um oásis isolado das mazelas e imperfeições do mundo? Evidentemente que não.

O importante papel de socialização – e consequente preparo para o trabalho e o exercício da cidadania[27] (o direito a ter direitos) – realizado nas escolas não pode ser esquecido, como bem anota Cláudia Costin,[28] *verbis*:

> (...) a escola não é apenas lugar de ensinar matérias, é um espaço que deveria formar a criança inteira, desenvolvendo tanto competências cognitivas quanto socioemocionais. Ensinar autoconhecimento e controle, importantes para o desenvolvimento de autonomia, mas também educar para a empatia, o respeito ao outro, percebido como portador de sentimentos e projetos, mesmo que diferentes dos seus.

E exemplifica com uma escola carioca numa área conflagrada que alfabetizou todos os alunos no primeiro ano:

> (...) Ao perguntar à professora como ela fazia, ela respondeu-me: coloco-os em círculo a cada início de aula e cada um fala como se sente, que frustrações teve no dia anterior, depois nos damos as mãos, calamos durante dois minutos para que os problemas possam ir embora e então estamos prontos para aprender.[29]

Ao discorrer sobre o aprendizado humano Fernando Savater resume:

> Das coisas, podemos aprender efeitos e modos de funcionamento, tal como o chimpanzé esperto – depois de várias tentativas – atina em unir duas varas para alcançar o cacho de bananas pendurado no teto; mas do comércio intersubjetivo com os semelhantes aprendemos significados.E também todo o debate e a negociação interpessoal, que estabelecem a vigência sempre movediça dos significados.A vida humana consiste em habitar um mundo no

27 E esta participação deve começar cedo, tal como anunciado no parágrafo único do art. 4º, da Lei n. 13.257/16, conhecida como "Estatuto da Primeira Infância": Parágrafo único. A participação da criança na formulação das políticas e das ações que lhe dizem respeito tem o objetivo de promover sua inclusão social como cidadã e dar-se-á de acordo com a especificidade de sua idade, devendo ser realizada por profissionais qualificados em processos de escuta adequados às diferentes formas de expressão infantil.

28 COSTIN, Cláudia. *Escola e sofrimento*. Folha de São Paulo, caderno A2 opinião, 14.07.2017.

29 COSTIN, Cláudia. Op. cit.

> qual as coisas, além de serem o que são, também significam; o mais humano de tudo, porém, é compreender que, embora o que a realidade é não dependa de nós, o que a realidade significa é, sim, competência, problema e, em certa medida, opção nossa.[30]

Prega-se, hoje, no mundo todo, a importância de educar na diversidade e isto pressupõe a valorização do diferente; é o que se denomina de *educação inclusiva*.

Educação inclusiva é sinônimo de universalização da educação, é um processo de reconhecimento e atenção à diversidade humana, no acolhimento de todas as diferenças, tais como étnicas, de gênero, deficiência, religiosas, de orientação sexual, culturais e outras. A construção da educação inclusiva relaciona-se ao contexto contemporâneo da pós-modernidade e todas as transformações daí decorrentes, com a implantação de uma sociedade inclusiva.

Uma educação inclusiva reconhece, respeita e responde à necessidade de cada aluno, favorecendo a aquisição do conhecimento e a aprendizagem tanto do aluno quanto do professor.

Os benefíciossão o respeito ao desenvolvimento de valores e atitudes de reconhecimento, respeito e valorização da diferença e à promoção da solidariedade,[31] atualmente tão esquecida, contribuindo para a construção de contextos sociais saudáveis e acolhedores.

Estes aspectos nos reportam a dois dos quatro pilares do conhecimento, que são estruturas de uma educação de qualidade e servirão a cada indivíduo ao longo de toda a sua vida, trazidos pelo conhecido Relatório Delors:[32]

(a) aprender a ser, o que está preso com a concepção de que todo o ser humano deve ser preparado para elaborar pensamentos autônomos e formular avaliações críticas próprias, que permitam decidir por si mesmo como agir nas mais diferentes situações da vida, ante a desumanização do mundo gerada pelo avanço da tecnologia e o risco da alienação da personalidade pelas forças exteriores. É pela educação que se pode conferir a todo ser humano a liberdade de pensamento, sentimentos, objetivos e anseios que são fundamentais para que possa desenvolver seus talentos e ser dono do seu próprio destino (na medida do possível), em comunhão com o destino do mundo;

(b) Aprender a viver junto ou a conviver; num mundo historicamente conflituoso é necessário desenvolver-se o conhecimento sobre os outras, suas cul-

30 SAVATER, Fernando. Op. cit., p. 40/41.

31 Diz a LDBN: "Art. 2º A educação, dever da família e do Estado, inspirada nos princípios de liberdade e nos ideais de solidariedade humana, tem por finalidade o pleno desenvolvimento do educando, seu preparo para o exercício da cidadania e sua qualificação para o trabalho".

32 DELORS, Jacques. Op. cit., p. 16.

turas, suas tradições e, a partir de então, desenvolver um espírito novo voltado à efetivação de projetos e objetivos comuns, um espírito de cooperação que possa apaziguar os conflitos inevitáveis e latentes, elaborando-se estratégias e reconstrução da convivência na diferença e na diversidade, cuja dialética se caracteriza pela igualdade sem uniformidade, pela tolerância sem conivência, pela solidariedade sem paternalismo e pela diversidade sem desigualdade.

Este último pilar representa, sem dúvida, um dos maiores desafios da educação no século atual porque o mundo ainda está muito carente do valor de compreender melhor o outro e o próprio mundo, o respeito à alteridade.

O ambiente educacional democrático, acolhedor e inclusivo de que falamos deve ser a escola, este microssistema social, apesar de seus problemas. E para atender a esteimportante desiderato,ela conta com amplo apoio de um sistema pedagógico e legislativo bastante eficientes.

Dificilmente haverá no ambientedomiciliar/educacional esta tão almejada educação na diversidade, embora seja pregada por seus adeptos. A influência familiar é inevitável e os estudantes domiciliares não irão socializar-se, espontaneamente e sim com quem eles se identificam e que nem sempre é o diferente deles (de outra "tribo"); isto não lhes será imposto em casa como necessário e saudável.

Imaginemos pais preconceituosos, por criação ou alguma vocação religiosa – o que não é raro – responsáveis, integralmente, pela educação dos filhos em seus lares. O resultado não será de crianças e jovens que respeitem o outro, suas diferenças e desigualdades ou que busquem conviver com elas.

De igual forma, pais superprotetores não permitirão que os filhos – para eles frágeis porque ostentam uma deficiência ou sofrem *bullying* – enfrentem as intempéries da vida, mantendo-os reclusos numa bolha familiar.

Lastbutnotleast, admirável deve ser a capacidade dos pais e responsáveis para ministrar as aulas de todas as matérias aos filhos, especialmente nos níveis mais elevados (final do fundamental e médio). Irão se socorrer de professores particulares.

Parece claro que as opções extraescolares acabam sendo destinadas a famílias mais abonadas, mantendo as desigualdades sociais hoje tão perniciosas para o avanço da sociedade.

Esse argumento é reforçado por estudo realizado pelo Cenpec (Centro de Estudos e Pesquisas em Educação, Cultura e ação Comunitária) segundo o qual quanto maior a situação de vulnerabilidade dos jovens, mais eles dependem da escola para definir seu destino, pois não possuem outros recursos econômicos, culturais e sociais para diminuir uma trajetória de fracasso escolar.[33]

33 SETÚBAL, Maria Alice. *Reflexos da desigualdade educacional*, Maia Alice Setúbal, Folha de São Paulo, caderno A2 opinião, 18.07.2017.

Desestimulando-se a frequência à escola pela substituição por educação domiciliar e lhes será retirado este importante instrumento de inclusão social.

6. CONCLUSÃO

Muito embora a educação escolar atual passe por inúmeros testes de eficiência, sendo reprovado em alguns, a escola ainda é o "locus" ideal para se promover uma educação de qualidade, garantindo uma convivência democrática entre alunos, professores e funcionários com vivências diferentes e permitindo uma educação na diversidade, que prestigie o respeito pelas diferenças e estimule o espírito de solidariedade na formação de alunos com cabeças bem-feitas.

Se a educação é o problema básico da democracia, não há democracia sustentável sem escolarização, e sem escolarização não há cidadania plena.

Parafraseando Paulo Freire, acreditamos que ainda não se chegou ao triste fim da educação escolar, porque ela não é maior do que o homem, não é uma realidade supra-homem e como tal sagrada, imutável, ao contrário, ela é invenção humana e deve ser desacralizada, para que não sirva – a pretexto de sua condição sagrada – de arma de um poder autoritário.

Mais importante do que criar caminhos alternativos é aproveitar aquilo que a educação domiciliar tem de melhor a oferecer, que é a disciplina no estudo e o interesse dos pais ou responsáveis pela educação dos filhos e agregar-se ao ambiente escolar, tornando-o o espaço mais democrático, solidário e inclusivo para as crianças e adolescentes, permitindo-lhes exercer o direito de ser, dentro de nossa natural incompletude.

O DIREITO DE SER ESQUECIDO

Livia Teixeira Leal[1]

Esquecer é uma necessidade. A vida é uma lousa, em que o destino, para escrever um novo caso, precisa apagar o caso escrito.
Machado de Assis

SUMÁRIO: 1. Memória e esquecimento na era da Internet. **2.** O direito ao esquecimento nos Tribunais Brasileiros. **3.** Por uma concepção ampliada de *esquecimento* - Existe um direito de ser esquecido? **4.** Considerações finais.

1. MEMÓRIA E ESQUECIMENTO NA ERA DA INTERNET

Um homem de meia idade é recorrentemente assombrado por sonhos inquietantes, nos quais ele é perseguido por vários cães ferozes. Ao tentar compreender a origem dos pesadelos, com a ajuda de um amigo, ele estabelece uma relação entre os incômodos eventos e a sua participação como soldado do exército israelense na Guerra do Líbano, no início dos anos 80. No entanto, percebe que não se recorda de mais nada daquele período da sua vida, passando, então, a viver uma longa jornada em busca da lembrança daquele tempo.

A angústia de um homem que não se lembra do seu passado e a busca incessante pelo resgate de sua memória – esse é o enredo que move o filme *Valsa com Bashir*, mas que não se resume ao universo do personagem. Memória e esquecimento são elementos que integram a essência humana, exercendo importante papel na constituição psíquica dos sujeitos. Não apenas na esfera individual, a memória adquire função essencial na construção de uma identidade coletiva, na configuração histórica de um povo.

Com o desenvolvimento das novas mídias, a expansão da memória para a esfera de elementos exteriores ao sujeito adquire especial destaque, na medida em que se viabiliza o resgate de informações pretéritas de forma fácil e recorrente, promovendo-se uma reconfiguração até mesmo da noção temporal.

Nesse sentido, Manuel Castells observa que o "tempo linear, irreversível, mensurável e previsível está sendo fragmentado na sociedade em rede",

---

1 Mestranda pela Universidade do Estado do Rio de Janeiro – UERJ. Pós-Graduada pela Escola da Magistratura do Estado do Rio de Janeiro – EMERJ. Membro do Conselho Assessor da Revista Brasileira de Direito Civil – RBDCivil. Advogada.

de modo que ocorre uma espécie de "mistura de tempos para criar um universo eterno que não se expande sozinho, mas que se mantém por si só, não cíclico, mas aleatório, não recursivo, mas incursor", uma espécie de "*tempo intemporal*, utilizando a tecnologia para fugir dos contextos de sua existência e para apropriar, de maneira seletiva, qualquer valor que cada contexto possa oferecer ao presente eterno".[2] Informações referentes a diversos momentos – e lugares – convivem em um mesmo espaço, ressignificando-se a noção espacial e temporal, que passa a ser representada por um ambiente que agrega toda essa multiplicidade.

É de se notar que, muito embora esse resgate de informações e a reconfiguração do tempo e espaço possam ser observados em relação a outras mídias e meios, é no âmbito televisivo e, hoje, na Internet, que se verificam os maiores conflitos atinentes ao tema. A Internet permite uma continuidade temporal que transborda a memória humana, de tal modo que uma informação veiculada há anos atrás permanece permanentemente acessível a todos, podendo ser resgatada a qualquer momento.

As novas tecnologias invertem uma lógica atinente à natureza humana: enquanto, para os homens, o esquecimento sempre foi a regra e a lembrança a exceção, com o potencial de armazenamento e resgate de informações decorrente do desenvolvimento tecnológico,[3] a regra passa a ser a lembrança.[4] Essa transformação gera reflexos significativos para as relações humanas, ressaltando a importância de um debate sobre um controle temporal das informações dispostas na rede.

A memória digital, sem dúvida, se destaca ao criar uma "perpetuidade" desvinculada da memória humana. O ser humano tende a esquecer determinados detalhes e a dar um novo significado às experiências vividas com o decurso do tempo, o que não é possível pela estaticidade da informação veiculada na rede, que, ao ser retomada, pode impedir ou dificultar esse processo de ressignificação.

---

2 CASTELLS, Manuel. *A sociedade em rede*. 17. ed. São Paulo: Paz e Terra, 2016, p. 516. Grifos nossos.

3 "A informação digital pode ser armazenada em cartões perfurados, fitas magnéticas, discos magnéticos, discos óticos, circuitos eletrônicos, cartões com chips, suportes biológicos etc. Desde o início da informática, as memórias têm evoluído sempre em direção a uma maior capacidade de armazenamento, maior miniaturização, maior rapidez de acesso e confiabilidade, enquanto seu custo cai constantemente". LÉVY, Pierre. *Cibercultura*. 3. ed. São Paulo: Editora 34, 2010, p. 34.

4 "Since the beginning of time, for us humans, forgetting has been the norm and remembering the exception. Because of digital technology and global networks, however, this balance has shifted. Today, with the help of widespread technology, forgetting has become the exception, and remembering the default". MAYER-SCHÖNBERGER, Viktor. *Delete:* the virtue of forgetting in the digital age. Princeton: Princeton University Press, 2009, p. 2.

O professor de Oxford, Viktor Mayer-Schönberger, enxerga o esquecimento como uma necessidade humana, pois, sem ele, os seres humanos permaneceriam acorrentados ao passado, o que os tornariam incapazes de mudar, de evoluir, de crescer como pessoas. Para ele, o direito ao esquecimento estaria ligado ao perdão, que permitiria a continuidade das relações entre os indivíduos.[5]

Daniel Bucar também ressalta essa mutabilidade humana, afirmando que "a única característica imutável da pessoa é sua própria aptidão de mudar ao longo da vida" e que a própria constituição das escolhas existenciais é feita "mediante um processo dialético entre recordações e esquecimentos".[6]

Nesse contexto, adquire relevância o debate em torno do denominado *direito ao esquecimento*, que pode representar, de certa forma, uma limitação a essa "perpetuidade" implementada pela rede. Anderson Schreiber chama atenção para o fato de que dados pretéritos são veiculados na Internet com a mesma clareza de dados recentes,[7] o que torna o tema ainda mais complexo.[8]

O direito ao esquecimento, como a própria nomenclatura indica, refere-se ao direito de ter eventos pessoais de seu passado apagados, de forma que não sejam mais acessíveis pela sociedade em geral, que não fiquem disponíveis pela eternidade. "Trata-se, em síntese, de um direito a não ser constantemente perseguido por fatos do passado, que já não mais refletem a identidade atual daquela pessoa. O direito ao esquecimento é, assim, essencialmente um direito contra uma recordação opressiva de fatos".[9]

Um dos casos paradigmáticos para o reconhecimento desse direito ficou conhecido como *Caso Lebach*, julgado pelo Tribunal Constitucional Alemão na década de 70. Poucos dias antes de um condenado pela chacina de quatro soldados alemães deixar a prisão, tendo cumprido sua pena, uma emissora

---

5 Estadão. *A internet precisa nos permitir esquecer; diz professor de Oxford*. Disponível em: <http://link.estadao.com.br/noticias/geral,a-internet-precisa-nos-permitir-esquecer-diz-professor-de-oxford,10000031345>. Acesso em: 31 jul. 2017.

6 BUCAR, Daniel. Controle temporal de dados: o direito ao esquecimento. *Civilistica.com*. Rio de Janeiro, a. 2, n. 3, jul.-set./2013. Disponível em: <http://civilistica.com/controle-temporal-dedados-o-direito-ao-esquecimento/>. Acesso em: 28 jul. 2017.

7 SCHREIBER, Anderson. *Direitos da personalidade*. Atlas, 2011, p. 164/165.

8 "Outro fator importante quando a memória está relacionada a novos objetos é a presença de acontecimentos do passado em um tempo presente. O passado passa a existir no tempo presente e nesta velocidade registra-se um encurtamento de tempo para que o fato passe a outra esfera da memória". CUNHA, Mágda Rodrigues da. A Memória na era da reconexão e do esquecimento. *Em Questão*, v. 17, n. 2, p. 101-115, Porto Alegre, jul./dez. 2011, p. 112.

9 SCHREIBER, Anderson. *Nossa ordem jurídica não admite proprietários de passado*. Disponível em: <http://www.conjur.com.br/2017-jun-12/anderson-schreiber-nossas-leis-nao-admitem-proprietarios-passado>. Acesso em: 15 jul. 2017.

pretendia relatar o crime por meio de um programa televisivo especial, com fotos reais e o nome dos envolvidos. Diante disso, ele ajuizou uma ação para impedir a exibição do programa, tendo o Tribunal entendido que, muito embora fosse reconhecida a liberdade de informação e de imprensa, no caso, pelo decurso do tempo, o interesse público cederia ao direito à ressocialização, não podendo a imprensa resgatar de forma ilimitada aquele acontecimento.[10]

No caso *Melvin vs. Reid*, julgado em 1931 pelo Tribunal norte-americano da Califórnia, uma mulher que havia se prostituído e sido acusada de homicídio no passado viu esses fatos de sua vida serem retomados ao serem retratados no filme *The Red Kimono*, em 1925. Seu marido, Bernard Melvin, buscou, então, uma reparação no Poder Judiciário, que reconheceu a violação ao direito à privacidade no caso.

Mais recentemente, ganhou destaque o caso do cidadão espanhol Mario Costeja González, que teve divulgada no jornal *La Vanguardia* a notícia de que seu imóvel havia sido levado a hasta pública para pagamento de dívidas com a seguridade social. Mesmo após muitos anos e a quitação da dívida, o seu nome permanecia vinculado a esse fato. Em 2009, ele procurou o jornal para pedir que seu nome deixasse de aparecer veiculado ao evento, mas não obteve sucesso. Em 2010, Costeja recorreu, então, ao *Google Espanha*, solicitando a retirada de seus dados do motor de busca, mas também não teve seu pleito atendido administrativamente.

O caso foi analisado pelo Tribunal Europeu, que, em 2014, com fundamento na Diretiva Europeia 95/46/CE, decidiu que o provedor de buscas é considerado responsável pelos dados pessoais dos usuários, mesmo que seu servidor se encontre fora do território europeu, e que, preenchidos os requisitos legais (nos casos em que a informação seja imprecisa, inadequada, irrelevante ou excessiva), o provedor seria obrigado a retirar determinados resultados da lista de busca, mesmo diante da licitude da publicação. Contudo, ressaltou que tal direito não seria absoluto, devendo-se analisar as circunstâncias do caso concreto.[11]

---

10 Ver: BVerfGE 35, 202. É interessante notar que a retratação jornalística do episódio foi mais uma vez questionada na década de 90, mas teve um desfecho diverso. Na hipótese, uma rede de televisão alemã estava produzindo uma série sobre crimes que entraram para a História e o assassinato dos soldados alemães seria um dos crimes retratados. Houve manifestação dos envolvidos no crime para impedir a produção e divulgação do programa, mas o Tribunal Constitucional Alemão entendeu que, nesse caso, o foco jornalístico seria a retratação do crime – e não dos condenados -, na medida em que os produtores haviam mudado o nome de alguns dos envolvidos e suas imagens não seriam exibidas, e que os riscos para a ressocialização haviam sido reduzidos pelo decurso do tempo. (Ver: BvR 348/98, BvR 755/98. Disponível em: <http://www.bundesverfassungsgericht.de/entscheidungen/rk19991125_1bvr034898.html>. Acesso em: 16 jul. 2017).

11 Ver: Processo C131/12. Disponível em: <http://curia.europa.eu/juris/document/document.jsf?docid=152065&doclang=PT>. Acesso em: 16 jul. 2017.

A partir dessa decisão paradigmática, alguns debates começaram a adquirir especial relevância, como a extensão do referido direito: os resultados de busca deveriam ser excluídos em todo o buscador ou apenas nos domínios do local da determinação?

O caráter global da rede apresenta tal dificuldade, sendo, inclusive, levantados questionamentos quanto à jurisdição e a amplitude das decisões que determinam a exclusão de determinado conteúdo da rede, na medida em que cada ordenamento jurídico interno possui seus nortes próprios.

Além disso, há uma preocupação em torno dos possíveis efeitos da retirada de informações de circulação, do consequente comprometimento da liberdade de expressão e informação que essa ingerência sobre o conteúdo disponível na plataforma pode acarretar.

É sob esse aspecto que se aponta que o debate em torno do direito ao esquecimento envolve precipuamente conflitos entre preceitos fundamentais – sobretudo a liberdade de expressão (art. 5º, IX e art. 220, CF/88) e a privacidade (art. 5º, X, XI e XII, CF/88), ensejando uma ponderação no caso concreto[12] e dividindo a doutrina em relação à análise do tema.

No que se refere ao ambiente da Internet, deve-se observar que a proteção da personalidade adquire contornos diferenciados. Os direitos à privacidade e à imagem, com o redimensionamento do espaço público/privado, passam por um processo de releitura, que deve ser considerado na solução para os mais variados casos que chegam ao Judiciário.

Stefano Rodotà,[13] ao tratar das novas configurações do direito à privacidade, verifica que "as tecnologias da informação e da comunicação contribuíram para tornar cada vez mais sutil a fronteira entre a esfera pública e a privada", de modo que a possibilidade de construção livre da esfera privada de desenvolvimento autônomo da personalidade passou a constituir "condições para determinar a efetividade e a amplitude da liberdade na esfera pública".[14]

---

12 "A ponderação consiste, portanto, em uma técnica de decisão jurídica aplicável a casos difíceis, em relação aos quais a subsunção se mostrou insuficiente, sobretudo quando uma situação concreta dá ensejo à aplicação de normas de mesma hierarquia que indicam soluções diferenciadas". BARROSO, Luís Roberto. Colisão entre liberdade de expressão e direitos da personalidade. critérios de ponderação. Interpretação constitucionalmente adequada do Código Civil e da Lei de Imprensa. *Revista de Direito Administrativo*, 235, p. 1-36, Rio de Janeiro, Jan./Mar. 2004, p. 9.

13 RODOTÀ, Stefano. *A vida na sociedade da vigilância:* a privacidade hoje. Org. Maria Celina Bodin de Moraes. Tradução Danilo Doneda e Luciana Cabral Doneda. Rio de Janeiro: Renovar, 2008, p. 128.

14 No mesmo sentido: "Apesar de possibilitar a construção de uma esfera privada mais diversificada, a tecnologia, paradoxalmente, torna-a mais vulnerável a partir do momento em que sua exposição "pública"" passa a ser constante. Daí emerge a necessidade crescente de um maior fortalecimento da proteção jurídica da privacidade a fim de que o princípio da dignidade da pessoa humana seja efetivamente concretizado e garantido".

Ao afirmar que o direito à privacidade não pode mais ser restrito ao tradicional *right to be left alone*,[15] associando-o, hoje, ao direito à autodeterminação informativa,[16] ou seja, à possibilidade do indivíduo de controlar as informações que lhe dizem respeito, o autor reconhece a insuficiência da autorregulação das relações no âmbito da circulação das informações pessoais, reconhecendo a necessidade da intervenção do Estado, sobretudo com a finalidade de reequilibrar as relações de poder.[17]

Rodotà destaca, ainda, que, se antes as informações pessoais estavam substancialmente sob exclusivo controle dos interessados, hoje as informações são divididas com uma pluralidade de sujeitos. Além disso, torna-se cada vez mais importante o controle das informações que entram, de modo que a possibilidade de construção livre da esfera privada de desenvolvimento autônomo da personalidade passou a ser condição para determinar a efetividade e a amplitude da liberdade na esfera pública.[18]

Nesse contexto, o direito ao esquecimento corresponderia, assim, ao aspecto cronológico do controle de dados e informações a respeito da pessoa, que, somado ao controle espacial e contextual,[19] formaria a "tríade de ferramentas protetivas da privacidade".[20]

BAIÃO, Kelly Sampaio; GONÇALVES, Kalline Carvalho. A garantia da privacidade na sociedade tecnológica: um imperativo à concretização do princípio da dignidade da pessoa humana. *Civilistica.com*. Rio de Janeiro, a. 3, n. 2, jul.dez./2014. Disponível em: <http://civilistica.com/agarantia-da-privacidade-na-sociedade-tecnologica-um-imperativo-a-concretizacao-do-principio-dadignidade-da-pessoa-humana/>. Acesso em: 16 ago. 2017.

15 A privacidade foi definida, inicialmente, por Warren e Brandeis como "direito de ser deixado só". BRANDEIS, Louis; WARREN, Samuel. The right to privacy. *Harvard Law Review*, vol. 4, n. 5, 1890.

16 "Embora pareça excessivo e até perigoso dizer que 'nós somos os nossos dados', é, contudo, verdade que nossa representação social é cada vez mais confiada a informações espalhadas numa multiplicidade de bancos de dados, e aos 'perfis' assim construídos, às simulações que eles permitem. (...) Tornando-se entidades desencarnadas, as pessoas têm sempre mais a necessidade de uma tutela do seu 'corpo eletrônico'". RODOTÀ, Stefano. *Globalização e o Direito*. Palestra proferida em 2003, no Rio de Janeiro. Tradução Myriam de Filippis. Disponível em: <http://www.rio.rj.gov.br/dlstatic/10112/151613/DLFE-4314.pdf/GlobalizacaoeoDireito.pdf.>. Acesso em: 08 ago. 2017.
A privacidade tem sido associada, ainda, à ideia de confidencialidade, de controle e de transparência no uso dos dados pessoais. DANEZIS, George; GÜRSES, Seda. *A critical review of 10 years of Privacy Technology*. Disponível em: <https://www.researchgate.net/publication/228538295_A_critical_review_ of_10_years_of_Privacy_Technolog>. Acesso em: 24 jul. 2017.

17 RODOTÀ, Stefano. Op. cit., p. 27/28.

18 RODOTÀ, Stefano. Op. cit., p. 127/128.

19 Daniel Bucar ressalta que a divulgação de uma informação fora de contexto potencializa a vulneração ao direito à privacidade na medida em que, para que o indivíduo a reinsira no contexto original, terá que fornecer outras informações privadas, o que potencializa a exposição. BUCAR, Daniel. Op. cit., p. 9.

20 BUCAR, Daniel. Op. cit., p. 7.

É nesse sentido que Gustavo Tepedino observa que, nos conflitos do mundo tecnológico, a liberdade deve ser exercida "dentro e conforme o direito, e não fora dele", não configurando um espaço de *não direito*. Ou seja, o espaço de autonomia deve ser exercido em consonância com os demais preceitos do ordenamento jurídico, não havendo direito sem dever e responsabilidade na legalidade constitucional.[21]

No que se refere ao controle temporal de dados, cabe destacar que a Lei n. 8.078/90 (Código de Defesa do Consumidor), em seu art. 43, § 1° estabelece que os "cadastros e dados de consumidores devem ser objetivos, claros, verdadeiros e em linguagem de fácil compreensão, *não podendo conter informações negativas referentes a período superior a cinco anos*".[22] Ou seja, decorrido o prazo definido em lei, cabe aos agentes administradores do cadastro restritivo excluir a informação, reconhecendo-se os prejuízos de uma anotação desabonadora *ad eternum* para o indivíduo.

Também a Lei n. 12.414/11 (Lei do Cadastro Positivo), em seu art. 5º, III, traz como direito do cadastrado "solicitar impugnação de qualquer informação sobre ele erroneamente anotada em banco de dados e ter, em até 7 (sete) dias, sua correção ou cancelamento e comunicação aos bancos de dados com os quais ele compartilhou a informação". Assim, diante de informações inverídicas ou incorretas, pode o cadastrado requerer a sua exclusão ou correção.

No âmbito penal, o art. 748 do Código de Processo Penal, buscando a ressocialização daquele que cumpriu sua pena, estabelece que condenações anteriores "não serão mencionadas na folha de antecedentes do reabilitado, nem em certidão extraída dos livros do juízo, salvo quando requisitadas por juiz criminal".

Apesar de não constituírem exatamente o cerne da questão aqui analisada, essas previsões legais consubstanciam, em sua essência, a ideia de que determinados fatos passados, que possuem um caráter negativo, não devem ficar disponíveis pela eternidade, sob pena de acarretarem sérios prejuízos para o indivíduo.

O Marco Civil da Internet (Lei n. 12.965/14), em seu art. 3º, traz como princípios que regem a disciplina do uso da Internet tanto a garantia da liberdade de expressão, comunicação e manifestação de pensamento quanto a proteção da privacidade e dos dados pessoais. O art. 4º, II da lei apresenta a promoção do acesso à informação como objetivo da regulação da Internet, enquanto o art. 7º, I, assegura a inviolabilidade da intimidade e da vida privada, sua proteção e indenização pelo dano material ou moral decorrente de sua violação.

21 TEPEDINO, Gustavo. Liberdades, tecnologia e teoria da interpretação. *Revista Forense*, vol. 419, ano 110, jan/jun 2014, Rio de Janeiro: Forense, 2014, p. 86/87.

22 Grifos nossos.

Dessa forma, tanto a liberdade de expressão quanto o direito à privacidade são reconhecidos e protegidos como importantes diretrizes que devem reger o uso e a própria regulação da Internet no Brasil, não havendo qualquer preponderância apriorística entre os dois direitos.

As maiores dificuldades surgem, na verdade, na casuística da vida, na medida em que cada situação concreta traz consigo nuances imprescindíveis para uma análise adequada da pertinência ou não da manutenção do conteúdo na rede. Essas particularidades representam verdadeiro desafio para o estabelecimento de parâmetros que, se por um lado, devem garantir um mínimo de segurança jurídica, por outro, também não podem constituir uma verdadeira "camisa de força" para o intérprete.

No Brasil, alguns casos chegaram até o Poder Judiciário, acarretando o enfrentamento e o debate público acerca de aspectos atinentes ao chamado direito ao esquecimento, cabendo sua análise para a compreensão do tratamento que a Jurisprudência brasileira vem dando ao tema.

2. O DIREITO AO ESQUECIMENTO NOS TRIBUNAIS BRASILEIROS

Os Tribunais Brasileiros têm enfrentado, nos últimos anos, algumas situações expressivas que envolvem o direito ao esquecimento, e que vêm sendo analisadas a fim de se pensar em parâmetros adequados de acordo com as possíveis nuances do caso concreto.

Em 2010, uma apresentadora de TV ajuizou uma ação contra o Google Brasil Internet Ltda requerendo a remoção de resultados nos links de busca que remetiam a vídeos de cenas de nudez que a envolviam.

Na origem, a juíza concedeu o pedido de antecipação da tutela, determinando que o provedor deixasse de disponibilizar aos seus usuários quaisquer resultados/links na hipótese de utilização de determinados critérios de busca, ou qualquer grafia que se assemelhasse a estas, e de utilizar/disponibilizar imagens da autora sem vestes e/ou truncadas, independentemente de contexto.

A decisão foi impugnada pelo Google via agravo de instrumento e o Tribunal de Justiça do Rio de Janeiro deu parcial provimento ao recurso, restringindo a liminar apenas às imagens da parte, sem exclusão dos links na apresentação dos resultados de pesquisas.[23]

A empresa recorreu ao Superior Tribunal de Justiça, tendo a 3ª Turma do STJ dado provimento ao Recurso Especial, para cassar a decisão que antecipou os efeitos da tutela. Na análise do recurso, a relatora Min. Nancy Andrighi ressaltou que: (i) os provedores de pesquisa constituem uma espécie do gênero provedor de conteúdo, pois não incluem, hospedam, organizam ou

---

23 TJRJ, 19ª CC, Agravo de Instrumento n. 0056394-76.2010.8.19.0000, Rel. Des. Marcos Alcino de Azevedo Torres, julg. 08.02.2011.

de qualquer outra forma gerenciam as páginas virtuais indicadas nos resultados, limitando-se a indicar links onde podem ser encontrados os termos ou expressões de busca fornecidos pelo próprio usuário; (ii) há relação de consumo nos serviços prestado pelos provedores de busca, havendo uma onerosidade indireta, de modo que se aplica o Código de Defesa do Consumidor; mas que (iii) os provedores de pesquisa não têm a obrigação de filtrar o conteúdo das pesquisas feitas por cada usuário, por não se tratar de atividade intrínseca ao serviço prestado, não respondendo pelo conteúdo do resultado das buscas realizadas por seus usuários.[24] Considerou-se que o controle antecipado do conteúdo pelo provedor acarretaria óbices para a disponibilização de dados em tempo real, afetando o direito à informação.

Na sentença de mérito, os pedidos foram julgados improcedentes, entendendo o magistrado que a parte lesada deveria indicar expressamente os meios para identificação do agente causador do dano, de tal forma a possibilitar que o provedor de acesso adotasse as devidas providências para excluir o conteúdo indesejado. Assim, não seria possível a exclusão genérica de referências que a parte lesada entendesse ofensivas.

A 19ª Câmara Cível do TJRJ manteve a sentença em sede de Apelação, entendendo pela necessidade de indicação da URL da página no qual o conteúdo lesivo estivesse localizado.[25]

Verifica-se que, nesse caso, o pleito da autora foi a retirada de resultados listados no provedor de busca, o que vem sendo denominado de *desindexação*. Sob esse aspecto, adquiriu relevo o entendimento do STJ de que não caberia aos provedores de pesquisa realizar uma filtragem prévia dos resultados de busca, não sendo responsáveis pelas pesquisas de seus usuários.

Em julgados posteriores, a Corte reforçou esse posicionamento,[26] pontuando, contudo, em um caso que envolvia uma incongruência entre o resultado e os termos pesquisados, que "os provedores de pesquisa podem ser excepcionalmente obrigados a eliminar de seu banco de dados resultados

---

24 STJ, 3ª Turma, REsp 1316921/RJ, Rel. Min. Nancy Andrighi, julg. 26.06.2012, DJe 29.06.2012.

25 TJRJ, 19ª CC, Apelação Cível 0024717-80.2010.8.19.0209, Rel. Des. Valéria Dacheux Nascimento, julg. 02.05.2017.

26 PROCESSUAL CIVIL E CIVIL. RECURSO ESPECIAL. AÇÃO DE OBRIGAÇÃO DE FAZER. PROVEDOR DE PESQUISA. DIREITO AO ESQUECIMENTO. FILTRAGEM PRÉVIA DAS BUSCAS. BLOQUEIO DE PALAVRAS-CHAVES. IMPOSSIBILIDADE. – Direito ao esquecimento como "o direito de não ser lembrado contra sua vontade, especificamente no tocante a fatos desabonadores, de natureza criminal, nos quais se envolveu, mas que, posteriormente, fora inocentado". Precedentes. – Os provedores de pesquisa não podem ser obrigados a eliminar do seu sistema os resultados derivados da busca de determinado termo ou expressão, tampouco os resultados que apontem para uma foto ou texto específico, independentemente da indicação da página onde este estiver inserido. – Ausência de fundamento normativo

incorretos ou inadequados, especialmente quando inexistente relação de pertinência entre o conteúdo do resultado e o critério pesquisado".[27] Assim, diante da alteração do conteúdo na sua página original, caberia ao provedor fazer a adequação também nos resultados de busca.

Ganhou destaque, ainda, outro caso a respeito do tema, no qual o autor havia sido inocentado da acusação de participação na chacina da Candelária (ocorrida em 1993 no RJ), mas acabou sendo mencionado no programa televisivo *Linha Direta* realizado em 2006, que tratou do crime. A emissora o havia procurado com o intuito de entrevistá-lo, e ele se recusou a participar do programa. Mesmo assim, a matéria foi transmitida. Diante da retomada de uma situação que já havia sido superada, o autor ajuizou uma ação indenizatória contra a emissora, pleiteando a reparação pelos danos morais sofridos pela divulgação do programa.

Na sentença, o pedido foi julgado improcedente, mas, em grau de Apelação, a sentença foi reformada, considerando que o programa poderia ter sido exibido sem mencionar o nome do autor, de modo que o direito à informação poderia ter sido exercido sem que houvesse a violação à sua dignidade.

A emissora recorreu e a 4ª Turma do STJ, sob relatoria do Min. Luis Felipe Salomão, negou provimento ao recurso, mantendo a indenização fixada, considerando que "se os condenados que já cumpriram a pena têm direito ao sigilo da folha de antecedentes, assim também a exclusão dos registros da condenação no Instituto de Identificação, por maiores e melhores razões

---

para imputar aos provedores de aplicação de buscas na internet a obrigação de implementar o direito ao esquecimento e, assim, exercer função de censor digital. – Recurso especial provido. (STJ, 3ª Turma, AgInt no REsp 1593873/SP, Rel. Min. Nancy Andrighi, julg. 10.11.2016, DJe 17.11.2016).

CIVIL E PROCESSUAL CIVIL. AGRAVO REGIMENTAL INTERPOSTO SOB A ÉGIDE DO CPC/73. AGRAVO EM RECURSO ESPECIAL. PROVEDOR DE PESQUISA. RESTRIÇÃO DOS RESULTADOS. NÃO CABIMENTO. 1. Os provedores de pesquisa virtual não podem ser obrigados a eliminar do seu sistema os resultados da busca de determinado termo ou expressão, tampouco os resultados que apontem para foto ou texto específico, independentemente da indicação do URL da página em que estiverem inseridos. 2. Configura obrigação impossível de ser cumprida o comando judicial que impõe ao provedor de pesquisa a remoção, de seus sistemas, de resultados de buscas e do URL indicado pelo ofendido. 3. Ainda que seja tecnicamente possível a remoção do sistema de resultados de pesquisas e do URL indicado pelo ofendido, tal providência encontra óbice no direito da coletividade à proteção. 4. Agravo regimental provido. (STJ, 3ª Turma, AgRg no AREsp 730119/RJ, Rel. Min. João Otávio de Noronha, julg. 02.06.2016, DJe 09.06.2016).

---

27 STJ, 3ª Turma, REsp 1582981/RJ, Rel. Min. Marco Aurélio Bellizze, julg. 10.05.2016, DJe 19.05.2016.

aqueles que foram absolvidos não podem permanecer com esse estigma, conferindo-lhes a lei o mesmo direito de serem esquecidos".[28]

Na análise do caso, a ausência de contemporaneidade da notícia e o comprometimento do direito à ressocialização com a divulgação do nome do autor foram elementos relevantes para o deslinde da questão.

Solução diversa teve outra situação, também relacionada à exibição do programa *Linha Direta*, que dizia respeito ao caso de Aída Curi, que foi abusada sexualmente e morta em 1958 no RJ. O programa apresentou a história do referido crime, divulgando o nome da vítima e fotos reais do caso, trazendo aos familiares da vítima a lembrança e o sofrimento relacionado a ele. Os irmãos de Aída Curi ajuizaram, então, ação indenizatória contra a emissora, por danos morais, materiais e à imagem. O juízo de 1º grau julgou os pedidos improcedentes, sendo a sentença mantida em grau de Apelação.

O caso chegou ao STJ, tendo a 4ª Turma entendido, por maioria, que não seria devida a indenização, considerando que, no caso, o crime em questão se tratava de um fato histórico, de interesse público, e que seria impossível relatar o crime sem mencionar o nome da vítima, a exemplo do que ocorre com os crimes históricos.[29]

O Ministro Relator Luis Felipe Salomão ressaltou que o passar do tempo fez com que o crime caísse em domínio público e que seria impossível retratar o crime sem mencionar o nome da vítima. Considerou-se, ainda, que o caso foi retratado mediante dramatizações realizadas por atores contratados, tendo havido uma única exposição da imagem real da falecida, tendo o programa tido a retratação do crime em si como foco.

A Ministra Maria Isabel Gallotti e o Ministro Marco Buzzi, que votaram em sentido diverso, apontaram a inexistência de interesse público a autorizar a mitigação da privacidade em prol do direito de informar. Destacaram, ainda, que houve recusa expressa dos familiares em relação à exibição do programa, não podendo a emissora expor ou utilizar a imagem da vítima para fins comerciais.

Os autores também interpuseram recurso perante o STF, que reconheceu a repercussão geral da questão, discutindo-se a aplicabilidade do direito ao esquecimento na esfera cível.[30]

A existência de soluções diversas para ambos os casos – que, diga-se de passagem, foram julgados no mesmo dia, pela mesma Turma e pelo mesmo

28 STJ, 4ª Turma, REsp 1334097/RJ, Rel. Min. Luis Felipe Salomão, julg. 28.05.2013, DJe 10.09.2013.

29 STJ, 4ª Turma, REsp 1335153/RJ, Rel. Min. Luis Felipe Salomão, julg. 28.05.2013, DJe 10.09.2013.

30 STF, Repercussão geral no RE com Agravo 833.248/RJ, Rel. Min. Dias Toffoli, julg. 18.12.2014.

Relator – ressalta a complexidade da questão sob análise, que vem sendo objeto de grandes embates doutrinários, sobretudo quanto à própria existência de um direito ao esquecimento e à sua aplicabilidade e amplitude.

Nos Tribunais estaduais, há decisões reconhecendo o referido direito[31] e outras afastando,[32] e a ausência de parâmetros seguros para o deslinde de questões como essas corre o grande risco de acarretar decisões permeadas pela subjetividade do julgador, comprometendo, em última análise, a segurança jurídica e, por vezes, os próprios preceitos que se pretende proteger.

É relevante, sob esse aspecto, compreender os diferentes posicionamentos e argumentos aventados sobre a temática, a fim de que se possa pensar em

31 RESPONSABILIDADE CIVIL. AÇÃO DE REPARAÇÃO DE DANOS. REPUBLICAÇÃO DE MATÉRIA JORNALÍSTICA DE CONTEÚDO VEXATÓRIO. DIREITO AO ESQUECIMENTO. APLICABILIDADE. CONDIÇÃO DESABONATÓRIA. DANO EXTRAPATRIMONIAL CONFIGURADO. QUANTUM INDENIZATÓRIO MAJORADO. Hipótese na qual a parte autora busca a condenação da ré ao pagamento de danos sofridos em face da republicação de matéria jornalística de 10.12.1977, sob o título "Marido obrigava mulher a usar 'cinto de castidade'", com plena indicação do seu nome e de seu ex-esposo, recordando período de muito sofrimento e humilhação, que sempre buscou esquecer, tanto que nunca mais estabeleceu nova convivência. O direito ao esquecimento costuma ser invocado como o direito de não ser lembrado contra sua vontade, especificamente no tocante a fatos desabonadores. Caso em que restou demonstrado que a demandada agiu com abuso no seu direto constitucional de liberdade de informação e manifestação na medida em que ao republicar fatos passados reabriu antigas feridas e reacendeu comentários desabonatórios, expondo a autora a constrangimento severo e de grande humilhação. A exposição pública e desnecessária realizada pelo meio de comunicação enseja a compensação moral reclamada, uma vez que ultrapassou o espaço da informação, afetando, assim, a moral e o bem-estar social da demandante. QUANTUM INDENIZATÓRIO. Majoração do montante indenizatório fixado em primeiro grau para R$ 40.000,00 (quarenta mil reais), considerando os parâmetros... balizados por esta Corte e atendendo, assim, à dupla finalidade dessa modalidade indenizatória: trazer compensação à vítima e inibição ao infrator. Valor que deverá ser corrigido monetariamente pelo IGP-M, a contar da data da sentença com fulcro na Súmula nº 362 do STJ, e juros de mora a contar da data do fato danoso, nos termos da Súmula 54 do STJ. APELAÇÃO DA AUTORA PROVIDA. APELAÇÃO DA RÉ PREJUDICADA. (TJRS, 10ª CC, Apelação Cível n. 70063337810, Rel. Min. Túlio de Oliveira Martins, julg. 26.11.2015).

32 AGRAVO DE INSTRUMENTO. Obrigação de Fazer. Decisão que indeferiu a antecipação dos efeitos da tutela para determinar que a ré promova a retirada de conteúdo disponibilizado em 'sites' de busca. Irresignação do requerente. Descabimento. Ausente prova inequívoca que convença da verossimilhança das alegações do requerente, posto serem verídicas as notícias impugnadas. Hipótese em que não se vislumbra receio de dano irreparável ou de difícil reparação já que os fatos ocorreram há quase dez anos. Teoria do 'direito ao esquecimento', cuja admissão não é pacífica e, portanto, não se presta a albergar o pedido antecipatório formulado Decisão mantida Recurso não provido. (TJSP, 7ª Câmara de Direito Privado, Agravo de Instrumento n. 2133542-95.2014.8.26.0000, Rel. Des. Walter Barone, julg. 09.10.2014, DJ 09.10.2014)

possíveis caminhos para um tratamento jurídico pelo qual se possa realizar um sopesamento adequado dos princípios colidentes.

3. POR UMA CONCEPÇÃO AMPLIADA DE *ESQUECIMENTO* – EXISTE UM DIREITO DE SER ESQUECIDO?

Relevantes debates vêm sendo travados quanto ao chamado direito ao esquecimento. Discute-se, inicialmente, a própria nomenclatura atribuída a essas situações. Na verdade, se há um apontamento comum aos diversos posicionamentos a respeito do tema, é justamente a de que o termo *direito ao esquecimento* pode acarretar equívocos conceituais relevantes. Primeiro, porque o pleito que envolve o referido direito refere-se à proteção de direitos diversos, como os direitos à privacidade, à imagem, à honra, etc., pretendendo-se o esquecimento como um possível *efeito* da exclusão ou da não divulgação de informações. Segundo, porque, com frequência, as ações judiciais propostas acabam por atribuir maior visibilidade ao fato, gerando efeito inverso do pretendido.

Durante a Audiência Pública realizada pelo STF, na manifestação do Instituto de Tecnologia e Sociedade do Rio de Janeiro (ITS), ressaltou-se que "convencionar o nome de algo como direito ao esquecimento obscurece o tratamento do que está em seu cerne: a proteção de direitos como a privacidade, a imagem e o nome por mecanismos como apagamento de dados, remoção de conteúdo e desindexação de chaves de busca". Deve-se ressaltar, ainda, que o direito ao esquecimento não se confunde com o direito de apagar dados, previsto pelo art. 7º, X do Marco Civil da Internet, que determina como direito do usuário a exclusão definitiva dos dados pessoais que tiver fornecido a determinada aplicação de internet ao término da relação entre as partes.[33]

Com efeito, o chamado *direito ao esquecimento* pode envolver três pleitos diversos, como se pode observar pelas decisões anteriormente mencionadas: a retirada de determinado conteúdo de alguma plataforma, a exclusão de determinado resultado nos provedores de busca (o que vem sendo denominado de direito à desindexação), e a não divulgação de determinada informação.[34]

Podem ser destacadas algumas propostas legislativas que buscaram tratar do tema.

---

33 ITS Rio. *Dez Dilemas sobre o chamado Direito ao Esquecimento*. Manifestação do Instituto de Tecnologia e Sociedade do Rio de Janeiro na audiência pública realizada pelo Supremo Tribunal Federal, em 12.06.2017, sobre o tema "direito ao esquecimento". Disponível em: <https://itsrio.org/wp-content/uploads/2017/06/ITS-Rio-Audiencia-Publica-STF-Direito-ao-Esquecimento-Versao-Publica-1.pdf>. Acesso em: 10 ago. 2017.

34 TEFFÉ, Chiara Spadaccini de; BARLETTA, Fabiana Rodrigues. "O direito ao esquecimento: uma expressão possível do direito à privacidade". In: TEPEDINO, Gustavo; TEIXEIRA, Ana Carolina Brochado; ALMEIDA, Vitor (coord.). *O direito civil entre o sujeito e a pessoa*: estudos em homenagem ao professor Stefano Rodotà. Belo Horizonte: Fórum, 2016, p. 263.

O Projeto de Lei n. 7.881/2014, já arquivado, pretendia positivar um dever de remoção de links dos mecanismos de busca da Internet que fizessem referência a dados irrelevantes ou defasados sobre o envolvido.[35]

O Projeto de Lei n. 2.712/2015, apensado ao Projeto de Lei n. 1.676/2015, por sua vez, sugere o acréscimo do inciso XIV ao art. 7º do Marco Civil da Internet, que trata dos direitos garantidos aos usuários, para prever o direito à "remoção, por solicitação do interessado, de referências a registros sobre sua pessoa em sítios de busca, redes sociais ou outras fontes de informação na internet, desde que não haja interesse público atual na divulgação da informação e que a informação não se refira a fatos genuinamente históricos."[36]

Já o Projeto de Lei n. 1.676/2015, em tramitação, tipifica "o ato de fotografar, filmar ou captar a voz de pessoa, sem autorização ou sem fins lícitos, prevendo qualificadoras para as diversas formas de sua divulgação, e dispõe sobre a garantia de desvinculação do nome, imagem e demais aspectos da personalidade, publicados na rede mundial de computadores, internet, relativos a fatos que não possuem, ou não possuem mais, interesse público". A referida proposição traz expressamente o direito ao esquecimento como expressão da dignidade da pessoa humana, determinando uma obrigação para os provedores de aplicações de criarem departamentos específicos para tratar do direito ao esquecimento, devendo justificar a recusa do reconhecimento desse direito ao serem contatados pelos usuários.[37]

Apesar de buscarem incluir previsões legais expressas sobre um direito ao esquecimento, as propostas não resolvem a questão em seu cerne, na medida em que trazem conceitos vagos como *dados irrelevantes ou defasados* e *interesse público*. Na verdade, o maior desafio é justamente definir o que se inclui ou não como interesse público, devendo ser mantido, e o que poderia ser removido.

No STF, a questão foi amplamente debatida, podendo ser observadas três tendências distintas em relação ao debate: a primeira, que *privilegia o direito à informação*, ressaltando a possibilidade de perda histórica, de comprometimento da memória coletiva, ao se apagar dados;[38] a segunda, que

---

35 BRASIL. Câmara dos Deputados. PL 7881/2014. Disponível em: <http://www.camara.gov.br/proposicoesWeb/fichadetramitacao?idProposicao=621575>. Acesso em: 18 ago. 2017.

36 BRASIL. Câmara dos Deputados. PL 2712/2015. Disponível em: <http://www.camara.gov.br/proposicoesWeb/fichadetramitacao?idProposicao=1672348>. Acesso em: 18 ago. 2017.

37 BRASIL. Câmara dos Deputados. PL 1676/2015. Disponível em: <http://www.camara.gov.br/proposicoesWeb/fichadetramitacao?idProposicao=1295741>. Acesso em: 18 ago. 2017.

38 Nesse sentido: "Na verdade, tanto em sua manifestação individual, como especialmente na coletiva, entende-se que as liberdades de informação e de expressão servem de fundamento para o exercício de outras liberdades, o que justifica uma posição de preferência – *preferred position* – em relação aos direitos fundamentais individualmente considerados". BARROSO, Luís Roberto. Op. cit., p. 20. Daniel Sarmento também

entende que *o direito ao esquecimento deve prevalecer*, como expressão da dignidade da pessoa humana, sobre a liberdade de informação acerca de dados pretéritos; e uma terceira, pela qual *não há uma hierarquização prévia e abstrata* entre a liberdade de expressão e o direito ao esquecimento (como desdobramento da privacidade), devendo haver uma ponderação à luz de cada caso concreto.[39]

Trata-se, na verdade, de visões que refletem perspectivas diferentes de tratamento do problema, mas que, no fim, recorrerão inevitavelmente ao exercício de ponderação que se exige em conflitos de preceitos fundamentais.

Sem dúvida, ao elencar a dignidade humana como fundamento da República no art. 1º, III, a Constituição Federal de 1988 trouxe uma tutela diferenciada em prol do indivíduo, de modo que, diante de situações que possam acarretar lesão a direitos da personalidade, é preciso ponderar, com muita cautela, a existência de um interesse público a justificar a manutenção do conteúdo.

O Enunciado n. 531, da VI Jornada de Direito Civil do CJF, reconhece que a "tutela da dignidade da pessoa humana na sociedade da informação inclui o direito ao esquecimento", compondo a esfera de tutela da dignidade da pessoa humana. Anteriormente, o Enunciado 404, da V Jornada, já havia previsto que a tutela da privacidade da pessoa humana compreenderia "os controles espacial, contextual e temporal dos próprios dados".

Argumenta-se que o direito ao esquecimento constituiria uma vertente do direito à privacidade, nos termos da autodeterminação informativa já apontada anteriormente, sendo relevante seu reconhecimento para a tutela da dignidade da pessoa humana. Seria, sob esse aspecto, necessário "respeitar os processos de desenvolvimento da pessoa, garantindo-lhe alguma privacidade, o respeito à sua honra, imagem e identidade, sob o prisma da solidariedade social e não do individualismo liberal".[40]

---

entende a proteção das liberdades de imprensa e expressão como direitos preferenciais. SARMENTO, Daniel. Parecer. Liberdades Comunicativas e "Direito ao Esquecimento" na ordem constitucional brasileira. *Revista Brasileira de Direito Civil – RBDCivil*, vol. 7, Jan/Mar 2016. Disponível em: <https://www.ibdcivil.org.br/image/data/revista/volume7/parecerrefeito.pdf>. Acesso em: 23 jul. 2017.

---

39 SCHREIBER, Anderson. *As três correntes do direito ao esquecimento*. Disponível em: <https://jota.info/artigos/as-tres-correntes-do-direito-ao-esquecimento-18062017>. Acesso em: 15 jul. 2017.

40 MENEZES, Joyceane Bezerra de; COLAÇO, Hian Silva. Direito ao esquecimento digital e responsabilidade civil dos provedores de busca na Internet: interface entre Marco Civil, experiência nacional e estrangeira e Projetos de Lei nº 7881/2014 e nº 1676/2015. *Revista de Direito, Governança e Novas Tecnologias*. Minas Gerais, v. 1, n. 2, p. 1 – 27, Jul/Dez. 2015. Disponível em: <http://www.indexlaw.org/index.php/revistadgnt/article/view/45/81>. Acesso em: 18 ago. 2017.

Por outro lado, tem-se destacado alguns riscos do acolhimento de pleitos de não divulgação ou de remoção de conteúdo com base no direito ao esquecimento. Os principais aspectos apontados referem-se aos prejuízos que podem ser causados à liberdade de expressão, de informação e de imprensa,[41] essenciais a um Estado democrático, o risco de perda histórica e ausência de registro de crimes relevantes, a privacidade como censura, e o fato de que a simples passagem do tempo não transformaria uma informação lícita em ilícita.

Daniel Sarmento alerta que "a imposição do esquecimento tem sido um instrumento de manipulação da memória coletiva, de que se valem os regimes totalitários em favor dos seus projetos de poder", ressaltando os riscos de agentes estatais definirem o que pode e o que não pode ser recordado pela sociedade.[42]

Indaga-se, ainda, se seria possível determinar *ex ante* se um fato poderia ou não atrair interesse coletivo no futuro, devendo-se considerar os riscos de perda histórica relevante.

Com efeito, deve-se atentar que uma "versão voluntarista do direito ao esquecimento", acabaria por "reconhecer a qualquer usuário a possibilidade de moldar, de acordo com sua vontade, as ocorrências relativas ao seu nome — o que nos levaria, em última análise, a uma espécie de internet de cada um".[43] Contudo, não se pode ignorar que o aprimoramento dos meios de comunicação, sobretudo com a Internet, potencializa os danos decorrentes da exposição de determinado conteúdo desabonador ou simplesmente descontextualizado, demandando um cuidado maior ao se estabelecer parâmetros de ponderação.

Ao tratar da hipótese de colisão entre a liberdade de informação e de expressão e os direitos da personalidade, Luís Roberto Barroso aponta como

---

41 Art. 220, CF/88: A manifestação do pensamento, a criação, a expressão e a informação, sob qualquer forma, processo ou veículo não sofrerão qualquer restrição, observado o disposto nesta Constituição. § 1º Nenhuma lei conterá dispositivo que possa constituir embaraço à plena liberdade de informação jornalística em qualquer veículo de comunicação social, observado o disposto no art. 5º, IV, V, X, XIII e XIV. (...)

42 "O "direito ao esquecimento" mantém também uma tensão insanável com a faceta mais específica do direito à memória. Trata-se da dimensão do direito à memória – por vezes chamada de direito à memória e à verdade, ou apenas de direito à verdade – que envolve a obrigação do Estado de revelar e difundir à sociedade fatos históricos profundamente negativos, consistentes em graves violações de direitos humanos, geralmente ocorridos em períodos ditatoriais, e que eram mantidos em sigilo. Esta é uma faceta importantíssima do direito à memória no país, tendo em vista o período de autoritarismo que vivenciamos no passado, marcado por odiosas afrontas aos direitos humanos, bem como pela cultura de segredo sobre o tema, que sobreviveu ao final do regime de exceção". SARMENTO, Daniel. Op. cit.

43 SCHREIBER, Anderson. *Nossa ordem jurídica não admite proprietários de passado*. Disponível em: <http://www.conjur.com.br/2017-jun-12/anderson-schreiber-nossas-leis-nao-admitem-proprietarios-passado>. Acesso em: 15 jul. 2017.

critérios de ponderação: a veracidade do fato, a licitude do meio empregado na obtenção da informação, a personalidade pública ou estritamente privada da pessoa, o local do fato, a natureza do fato, a existência de interesse público na divulgação e a preferência por medidas que não envolvam a proibição prévia da divulgação.[44]

Pablo Dominguez Martinez também destaca alguns parâmetros a serem considerados na análise de pleitos envolvendo o direito ao esquecimento: "1) domínio público; 2) a preservação do contexto original da informação pretérita; 3) preservação dos direitos da personalidade na rememoração; 4) utilidade na informação e 5) atualidade da informação".[45]

Sem dúvida, a veracidade da informação e o fundamento que justifica a divulgação são importantes instrumentos iniciais para se analisar a permanência ou a exclusão de um conteúdo reputado como danoso. A expectativa de privacidade da pessoa também é um ponto a ser observado, considerando-se o local do fato (se público ou privado) e a natureza do fato ou da informação.

Em relação à personalidade da pessoa, deve-se observar que deve prevalecer a consideração sobre o caráter público ou privado do fato, muito mais do que do indivíduo, na medida em que mesmo as pessoas notórias não deixam de ter direito à proteção de sua privacidade.

Daniel Buscar aponta duas situações em que o controle temporal deve ceder espaço a outros interesses, possibilitando o tratamento atual de dados passados, mesmo diante da recusa ou da ausência de consentimento do indivíduo atingido: "(a) a presença de valor existencial de igual ou superior relevância ao do interessado e (b) tratamento dos dados com conteúdo histórico, cuja divulgação encontra-se inserida em uma das vertentes da liberdade de expressão".[46]

Assim, é preciso considerar que nenhum direito é absoluto, por mais que se busque uma proteção ampla e efetiva, devendo-se analisar em caso concreto as vicissitudes que permeiam a controvérsia, sem partir de uma preponderância prévia.

No que se refere à desindexação, ou seja, à remoção de resultados listados em determinado provedor de busca, questiona-se a seletividade das ações propostas, na medida em que geralmente direcionam-se muitas vezes a um só provedor, e a efetividade de tal medida, tendo em vista que o conteúdo permanece acessível na página na qual foi originalmente vinculada.

Deve-se observar, nesse sentido, que, apesar da exclusão de determinada informação, essa remoção, na maioria das vezes, revela-se inócua em

---

44 BARROSO, Luís Roberto. Op. cit., p. 35/36.

45 MARTINEZ, Pablo Dominguez. *Direito ao Esquecimento*: a proteção da memória individual na sociedade da informação. Rio de Janeiro: Lumen Jures, 2014 p. 207/208, *apud* MENEZES, Joyceane Bezerra de; COLAÇO, Hian Silva. Op. cit., p. 9.

46 BUCAR, Daniel. Op. cit., p. 11.

decorrência das diversas conexões estabelecidas na rede. Como observa Célio Andrade de Santana Júnior *et al*, "as conexões de um indivíduo, sejam estas pessoas ou software, mostram-se tão importantes quanto as informações desse indivíduo em si, uma vez que as conexões determinam não mais apenas para quem (redes sociais), mas para o que e para aonde as informações irão". No caso da exclusão de resultados de busca, sobretudo, pode-se verificar que há uma falsa sensação de controle, na medida em que há a permanência do conteúdo em sua fonte original, que permanece acessível.[47]

Recentemente, o Tribunal Supremo espanhol condenou o Google Espanha a pagar uma indenização de 8 mil euros a um cidadão por não ter excluído dos resultados de busca a referência a um indulto concedido a ele em 1999. O magistrado Francisco Marín Castán destacou que a manutenção dessa informação além de um prazo razoável não subsistiria frente aos direitos à honra, à intimidade e à proteção de dados pessoais. Além disso, considerou-se que a necessidade de o indivíduo recorrer à empresa matriz do Google, com sede na Califórnia, apresentaria um grande obstáculo à efetividade dos direitos fundamentais.[48]

Esse tipo de decisão levanta uma questão relevante sobre a temática: haveria algum parâmetro temporal para se alegar direito ao esquecimento, considerando-se a atualidade ou não da informação? Ou seja, a partir de que momento uma informação verídica se tornaria inadequada, sendo passível de remoção?

Além disso, qual seria a instância competente para analisar se determinado conteúdo deve ou não ser excluído? Se o controle estatal, mesmo pela via judicial, pode se revelar temerário, sobretudo em decorrência do histórico de controle dos meios de comunicação por regimes autoritários, deixar essa escolha nas mãos das grandes empresas que oferecem suas plataformas na

47 "O direito ao esquecimento, da forma como ele vem sendo promovido hoje em dia, apenas transforma, de maneira bastante sutil, a maneira como a informação é utilizada pelos serviços de internet. Os dados não estarão mais visíveis a usuários comuns dos motores de busca, mas podem continuar a ser coletados e interpretados livremente para outros tipos de transações comerciais". SANTANA JÚNIOR, Célio Andrade de *et al.* Uma reflexão sobre o direito ao esquecimento e sua relação com as máquinas sociais: o direito de desconectar-se. *Liinc em Revista*, v.11, n.1, p. 106-121, Rio de Janeiro, maio 2015, p. 119.

48 "Derecho al olvido digital. Legitimación pasiva de la filial española de la empresa titular del buscador Google. El tratamiento de los datos personales vinculados con la concesión de un indulto en un buscador generalista de Internet deja de ser lícito una vez transcurrido un plazo razonable desde que se ha concedido el indulto si el afectado ejercita su derecho de oposición. Equilibrio entre el derecho a la información sobre la concesión de indultos y los derechos al honor, intimidad y protección de datos personales del indultado". Sentencia de 5 de abril de 2016. Recurso 3269/2014 .

rede também apresenta riscos relevantes.[49] Isso porque exigir que os provedores de aplicações possuam estrutura para analisar todos os pleitos de remoção de conteúdo pode impactar a livre iniciativa, e, no fim das contas, a instância com conhecimento técnico para realizar essa ponderação de direitos fundamentais é o Poder Judiciário, que, ademais, possui o dever de fundamentação das decisões prolatadas, o que já representa uma espécie de barreira para o arbítrio.

É nesse sentido que o art. 19 do Marco Civil da Internet prevê que o provedor de aplicações só será responsabilizado civilmente por danos decorrentes de conteúdos gerados por terceiros se deixar de tornar o conteúdo indisponível após ordem judicial específica, que o reconheça como infringente.[50]

Não se pode descurar que, se a remoção de determinada informação da rede revela-se, muitas vezes, como mecanismo de tutela de direitos da personalidade como a intimidade, a imagem, a honra, etc., a exclusão injustificada de um conteúdo que a pessoa desejava que permanecesse disponível também pode acarretar danos significativos a ela. Tal constatação pode ser observada tanto no que se refere à sua liberdade de expressão, quanto a outros direitos tutelados, como no caso da remoção infundada de um perfil de uma rede social, que continha fotos, vídeos e mensagens relevantes para o usuário, ou até mesmo que servisse de meio de divulgação e comunicação profissional.

Por outro lado, a possibilidade de remoção de determinada informação inserida pela pessoa na rede no passado pode representar também um instrumento de garantia da própria liberdade de expressão, na medida em que a permanência de um conteúdo inserido preteritamente pela própria pessoa e a chance de seu resgate de forma indevida pode fazer justamente com que a pessoa deixe de se manifestar, com receio dessa retomada.

Dessa forma, reforça-se o entendimento de que não deve haver qualquer preponderância prévia, devendo-se analisar as nuances de cada caso. O debate, como se vê, não se constitui em uma dicotomia entre liberdade de expressão e direito à privacidade, em uma análise quase que maniqueísta, como se pode pensar.

O controle das informações pelos indivíduos também apresenta vantagens à garantia da liberdade de expressão, sendo certo que, como já dito, não

---

49 Alguns casos de fotos artísticas ou históricas censuradas pelo Facebook ganharam notoriedade, como o caso de uma foto de uma estátua nua e de uma foto histórica da Guerra do Vietnã, que foram removidas da rede social. BBC Brasil. *Facebook se desculpa por censurar por engano foto de estátua nua*. Disponível em: <http://www.bbc.com/portuguese/salasocial-38501017>. Acesso em: 17 ago. 2017. The Guardian. *Mark Zuckerberg accused of abusing power after Facebook deletes 'napalm girl' post*. Disponível em: <https://www.theguardian.com/technology/2016/sep/08/facebook-mark-zuckerberg-napalm-girl-photo-vietnam-war>. Acesso em: 17 ago. 2017.

50 Aponta-se como exceções dessa disposição o art. 19, § 2º e o art. 21 do Marco Civil.

há liberdade sem responsabilidade, e a remoção infundada de determinados conteúdos também pode acarretar danos à pessoa.

A análise do direito ao esquecimento deve, portanto, perpassar pela consideração de todos esses apontamentos, a fim de que seja preservada a pluralidade e o potencial benéfico da rede, sem descurar da proteção da pessoa.

4. CONSIDERAÇÕES FINAIS

A Internet, hoje, apresenta-se como uma das maiores fontes de informações dos mais variados tipos, sendo um importante instrumento para a operacionalização das atividades mais corriqueiras. Contudo, o grande volume de informações e dados contidos na rede potencializa a vulneração da privacidade dos indivíduos, que, na atualidade, se configura como um importante meio de controle desses dados.

Sob esse prisma, reconhece-se a privacidade não mais apenas como o direito de não ser importunado, mas também como o direito à autodeterminação informativa, ou seja, como a possibilidade de o indivíduo controlar as informações que lhe digam respeito, o que também se opera quanto ao aspecto temporal.

Ao viabilizar uma permanência perene do conteúdo disposto em sua plataforma, a Internet promove uma ressignificação da lógica de memória e esquecimento que se tinha até então, viabilizando o resgate de informações que teriam se perdido pelo decurso do tempo, mas que continuam acessíveis na rede.

Nesse contexto, surge a discussão acerca da possibilidade de o indivíduo obter a remoção ou a não divulgação de determinados conteúdos que lhe remetem a um passado indesejado, do qual ele não quer mais ser lembrado. Desse modo, muitas ações têm chegado ao Poder Judiciário com pleitos de garantia de um *direito ao esquecimento*, a fim de impedir esse resgate de informações pretéritas.

Tal direito estaria fundamentado na cláusula geral de tutela da dignidade da pessoa humana, constituindo uma relevante vertente do direito à privacidade, permitindo, assim, a não divulgação ou exclusão de informações que acarretassem danos à pessoa.

Contudo, a remoção descriteriosa de conteúdos dispostos na rede pode acarretar um comprometimento significativo da liberdade de expressão, de informação e de imprensa, que constituem importantes corolários também para a pessoa humana e para a garantia democrática.

Desse modo, nas questões que envolvem pleitos relacionados ao *direito ao esquecimento*, deve o intérprete, diante do conflito entre dois direitos fundamentais, que possuem igual hierarquia, realizar uma ponderação à luz do caso concreto, buscando identificar, através de uma técnica de sopesamento, qual princípio deverá prevalecer.

Estabelecer um parâmetro hierárquico *a priori* entre os dos preceitos configuraria um grande risco à proteção daquele direito que não fosse o preponderante. Portanto, considerar as peculiaridades e vicissitudes de cada caso concreto, na medida em que as situações da vida podem ser das mais diversificadas, é imprescindível para que seja garantido o direito à privacidade, por um lado, mas sem representar um prejuízo à liberdade de expressão.

Alguns aspectos devem ser considerados no momento da análise, como a veracidade da informação, a expectativa de privacidade da pessoa diante do local e da natureza do fato, o caráter público ou privado do fato (mais do que da pessoa), o compromisso com a preservação do contexto original, a atualidade da informação e o caráter pelo qual a informação foi ou será divulgada.

O STF ainda se pronunciará a respeito do direito ao esquecimento, havendo uma grande expectativa de que o debate público e o estudo das questões que permeiam o tema possam viabilizar o estabelecimento de nortes seguros e adequados para o deslinde da problemática.

Em paralelo ao embate jurídico, grandes reflexões passam a integrar as escolhas individuais do que se deve ou não compartilhar na Internet, permeadas pelo receio de ter informações pretéritas retomadas pela Internet, "que nunca esquece".

O CUIDADO E O USO DAS PALAVRAS: ASSUMINDO COMPROMISSOS PELOS TERMOS ESCOLHIDOS

Marcelo Santoro Pires de Carvalho Almeida[1]

SUMÁRIO: **1.** A linguagem jurídica como condição de possibilidade do Direito. **2.** As nomenclaturas adotadas pelo Direito de Família brasileiro e suas consequências dogmáticas. **3.** Considerações finais.

1. A LINGUAGEM JURÍDICA COMO CONDIÇÃO DE POSSIBILIDADE DO DIREITO

Cuidado, do latim, *cogitatus*, significa cautela, zelo, e refere-se àquilo que foi ou deve ser pensado, medido, refletido, calculado, meditado. Tais sinônimos, que denotam o sentido de prudência, nem sempre aparecem, como prioridade, na formação de palavras ou elaboração de termos destinados a definir algo no quotidiano. Naturalmente, por força da informalidade peculiar com que as pessoas se comunicam no dia-a-dia, tolera-se, não raro, o emprego de determinada expressão para significar algo que foge completamente ao sentido consolidado objetivamente nos dicionários.

Poder-se-ia ilustrar tal assertiva com o termo "explanar", hodiernamente proferidopara se referir à exposição pública, vexatória e indesejada de outrem, como forma de afetar-lhe o decoro ou sujeitar-lhe à ignomínia, e não para significar, por exemplo, a exposição de determinado ponto de vista ou a demonstração de certa equação matemática. Outro exemplo seria a palavra "sistemático", costumeiramente verbalizado para qualificar alguém como enfadonho, exigente, chato, que provoca aborrecimento e perturbação, longe de alcançar seu significado aposto nos catálogos lexicais, de que seriam sinônimos organização, planejamento, para aludir àquele que é metódico em seu atuar, disciplinado.

Se o uso da linguagem coloquial passa por informalidades toleráveis, a despeito da infringência à sintaxe, o mesmo não pode nem deve ocorrer com a linguagem científica, que exige rigor, inclusive, na seleção e elaboração das

1 Doutorando em direitos fundamentais pela Unesa. Mestre em Direito pela Unesa. Professor no curso de graduação da Faculdade Presbiteriana Mackenzie Rio. Professor do Curso de Especialização em Direito de Família e das Sucessões na PUC-RJ. Professor dos cursos de extensão em Direito de Família e das Sucessões da Escola de Magistratura do Rio de Janeiro. Membro da Comissão de Direito de Família da OAB/RJ. Vice-presidente da Comissão de Direito de Família e das Sucessões do IAB.

palavras para designar objetos e comportar definições precisas daquilo que se pretende investigar. Neste ponto, o Direito, fenômeno social e cultural que se exterioriza em preceitos linguísticos, "encontra na linguagem sua possibilidade de existir",[2]e, por isso, constrói seu próprio vocabulário. No entanto, essa precisão deve ser ainda mais acentuada ao encará-lo como ciência, é dizer, enquanto "conjunto de conhecimentos racionais, certos ou prováveis, obtidos metodicamente sistematizados e verificáveis, que fazem referência a objetos de uma mesma natureza"[3] porque toda investigação científica requer do cientista aplicação de métodos objetivamente consolidados e aceitos, sem os quais não se pode alcançar a verdade nem catalogar sua descoberta pela linguagem.

Logo, se "onde quer que exista uma ciência, existe uma linguagem correspondente",[4] e se "onde não há rigor lingüístico não há ciência",[5] deduz-se que o Direito, enquanto tal, demandade seus cientistas o dever de aprender e de respeitar seu próprio vocabulário:

> O jurista deve submeter a rigoroso controle o sentido de todos os termos técnicos empregados, para facilitar a adoção de um uso uniforme das palavras; quando adotar uma palavra nova impõe-se que, para sua maior tecnicidade, o jurista determine, rigorosamente, o sentido em que a está empregando; deve construir uma linguagem científica ou rigorosa, ou seja, transformar o discurso legislativo em discurso rigoroso. As proposições normativas devem ser redutíveis a uma linguagem subordinada a regras que levem a uma rigorosa definição de conceitos.[6]

Por ser o Direito obra da existência e vontade humanas, que se jacta na linguagem e comunicação de seus participantes, é natural que partilhem do mesmo idioma e convenções daquela sociedade em que o Direito se constitui, de modo que os signos linguísticos sejam os mesmos,embora não coincidam suas significações.Assim, no mundo jurídico, utilizam-se palavras que a este não pertencem etiologicamente, a fim de emprestar-lhe o sentido imanente ao Direito, para que o termo tenha também significado e eficácia jurídicos. "Benfeitoria", por exemplo, é qualidade daquilo que fora benfeito, mas, em acepção jurídica, refere-se ao instituto que regula a relação dos bens recipro-

---

2 DINIZ, Maria Helena. *Compêndio de introdução à ciência do direito*. 18.ed. São Paulo: Saraiva, 2007, p. 169.

3 ANDER-EGG*apud*LAKATOS, Eva Maria. MARCONI, Marina de Andrade. *Metodologia científica*.4.ed. São Paulo: Atlas, 2006, p. 22.

4 REALE, Miguel.*Lições preliminares de direito*. 27.ed. São Paulo: Saraiva, 2006, p. 8.

5 DINIZ, Maria Helena. Op. cit., p. 170.

6 DINIZ, Maria Helena. Op. cit., p. 170.

camente considerados com os sujeitos de direito envolvidos (Código Civil, art. 96).O mesmo ocorreria, como elucidou Miguel Reale,[7]com o vocábulo "competência", que, em Direito, não quer qualificar, *e.g.*, o modo pelo qual o magistrado proferiu sentença, se benfeito ou malfeito, mas, sim, estender a medida da jurisdição, fixando as raias em que o magistrado poderá fazê-lo.

Mas a recíproca não é verdadeira. Os lexemas exclusivamente jurídicos, formados ao longo da experiência jurídica, nem sempre coincidem com o vernáculo social correspondente, nem têm, fora de sua órbita, sentido outro que não seja aquele que o Direito lhe conferiu. Exemplo disto seria "inconstitucionalidade", que, fora do mundo jurídico, não é adequado para dizer que a constituição de dado objeto seja impertinente ou defasada, porque sua etiologia é técnica, advém da incompatibilidade normativa verificada entre Lei e Constituição. Mas há, entretanto, excepcionais termos "ubíquos", que existiriam no léxico social e no jurídico univocamente, como, *v.g.*, "sanção", que designa a reprimenda ou castigo pela infração cometida — embora no próprio mundo jurídico o termo torne-se equívoco, referindo-se também ao ato do chefe do Poder Executivo no processo legislativo (Constituição Federal, art. 65, *caput*). Nessa paisagem, Karl Larenz explica que a expressão "regra de conduta" é, também, ambivalente:

> Pode significar somente um *modo de conduta* "reiterado", quer dizer, que se apresenta uniformemente na constelação dos casos, ou então, uma *norma* no sentido de uma *pauta* vinculante, de uma *exigência* de conduta que se apresenta com a pretensão de injuntividade. Ambas as definições podem ser condensadas no conceito de "regra de Direito". No primeiro caso, atribuímos-lhe uma certa eficácia no plano dos factos; no segundo caso, o *sentido* de uma norma, e assim, a pretensão de injuntividade ou vinculatividade. Nesta perspectiva, a de um sentido normativo, a regra de Direito apresenta-se à Jurisprudência como "norma".[8]

Como se pode perceber, asraízes linguísticas do Direito não permanecem na superficialidade de formação de seu próprio vocabulário, mas se aprofundam na dimensão de construções linguísticas e semânticas próprias,de que é fruto a norma jurídica, elemento fundamental do Direito que exsurge na medida em que são construídos os sentidos de dever-ser atribuídos aos atos do mundo do ser. Deve-se à dimensão linguística do Direito, portanto, o matiz de juridicidade que auferem os diversos fatos porque àquela incumbe

7 REALE, Miguel. Op. cit., p. 8.

8 LARENZ, Karl. *Metodologia da ciência do direito*. Trad. José Lamego. 7. ed. Lisboa: Calouste Gulbenkian, 2014, p. 262.

atribuir-lhes significação jurídica.A morte, *v.g.*, é fenômeno natural que a todos atinge, mas ganha relevância jurídica quando o sentido objetivo formado pela linguagem do Direito atribui-lhe significado, denominando-a homicídio quando causada por outrem, ou disciplinando os efeitos dela decorrentes, como a prática de atos jurídicos *mortis causa*.É por tal razão que Kelsen, na linha de Kant e Hume, afiança que o Direito não existe em si, enquanto reflexo da natureza, produto do **ser**, porque surge da significação imperativa que pela linguagem se lhe atribui (**dever-ser**):

> O que transforma este fato num ato jurídico (lícito ou ilícito) não é a sua facticidade, não é o seu ser natural, isto é, o seu ser tal como determinado pela lei da causalidade e encerrado no sistema da natureza, mas o sentido objetivo que está ligado a esse ato, a significação que ele possui. O sentido jurídico específico, a sua particular significação jurídica, recebe-a o fato em questão por intermédio de uma norma que a ele se refere com o seu conteúdo, que lhe empresta a significação jurídica, por forma que o ato pode ser interpretado segundo esta norma.[9]

Eis a relevância da Hermenêutica, enquanto "teoria científica da arte de interpretar",[10]para o Direito: orientar o jurista a encontrar e atribuir corretamente o sentido das e às normas, mantendo, num só passo, o rigor científico do vocabulário e do sentido e a conformidade com a ordem jurídica, globalmente considerada.Esta a razão pela quala Hermenêutica jurídica escora-se também no pensamento de Heidegger e Gadamer: porque o jurista, cientista do Direito inexoravelmente inserido (*Dasein*) em (con)textos e envolvido com a linguagem, faz parte do "círculo hermenêutico", ou seja, da estrutura de compreensão em que signos e significados interagem reciprocamente, em razão da compreensão que o sujeito possuiria da essência dos entes, promovendo, nesse ritmo, espécie de cadeia semântica inolvidável, pré-compreensão (*vorverständnis*), ou seja, suporte apriorístico àsfuturas interpretações. Nessa linha, a linguagem, lugar-comum entre sujeito e objeto, ou sujeito-sujeito, deixa de ser vista como mero instrumento, veículo de manifestações de vontade, consectário lógico e derivado do pensamento, e passa a ser sistema objetivo de símbolos e mecanismos que permite a formulação de sequências linguísticas, sem as quais não seria possível conhecer:

---

9 KELSEN, Hans. *Teoria pura do direito*. Trad. João Baptista Machado. 7.ed. São Paulo: Martins Fontes, 2006, p. 4.

10 MAXIMILIANO, Carlos. *Hermenêutica e aplicação do direito*. 19.ed. Rio de Janeiro: Forense, 2010, p. 7.

> Antes disto, a linguagem é que é condição de possibilidade e constituidora do mundo. A linguagem é experiência do mundo. Inserido nesse mundo, isto é, na linguisticidade desse mundo, o intérprete falará a partir da tradição, de uma situação hermenêutica. É impossível o intérprete situar-se fora da tradição.[11]

Portanto, mais do que o cuidado na elaboração de determinada palavra, o jurista tem de ser cauteloso com a produção de sentido jurídico, porque é atividade constante e inexorável do processo cognitivo e da própria estruturação do Direito, sabido que todas as aplicações das normas estarão amparadas numa imbricadae tradicional cadeia de interpretações.

2. AS NOMENCLATURAS ADOTADAS PELO DIREITO DE FAMÍLIA BRASILEIRO E SUAS CONSEQUÊNCIAS DOGMÁTICAS

É conhecido o adjetivo "*líquido*" com o qual ZygmuntBauman definiu o mundo na pós-modernidade, para explicar as drásticas alterações das relações sociais, com deformação de estruturas e conceitos que, se antes poderiam ser representadas pela metáfora física da solidez – como o temor a Deus, dogma cuja desobediência acarretou a morte de inúmeros indivíduos ao longo da história da humanidade –, hoje, são marcadas pela liquidez que denuncia seu derretimento, esfacelando toda certeza e austeridade que outrora vigorava. Dentre essas estruturas antes inquestionavelmente sólidas, mas agora vulneráveis à liquidez descrita por Bauman, está a família:

> Pergunte-se o que é realmente uma família hoje em dia? O que significa? É claro que há crianças, meus filhos, nossos filhos. Mas, mesmo a paternidade e a maternidade, o núcleo da vida familiar, estão começando a se desintegrar no divórcio... Avós e avôs são incluídos e excluídos sem meios de participar nas decisões de seus filhos e filhas. Do ponto de vista de seus netos, o significado das avós e dos avôs tem que ser determinado por decisões e escolhas individuais.[12]

Se, por um lado, a noção de família fora substancialmente modificada pela liquidez que inunda o mundo hodiernamente, provocando nítido esfacelamento de sua estrutura tradicional, por outro trouxe a lume novas formas

---

11 STRECK, Lenio Luiz. *Hermenêutica jurídica e(m) crise*: uma exploração hermenêutica da construção do direito. 10. ed. Porto Alegre: Livraria do Advogado, 2011, p. 275.

12 RUTHERFORD *apud* BAUMAN, Zygmunt.*Modernidade líquida*. Rio de Janeiro: Zahar, 2001, p. 13.

de manifestação social com propósitos de constituir família. No Direito de Família brasileiro, essa transformação em sua dogmática é de tal porte que até mesmo sua nomenclatura tem sido convertida para "Direito das Famílias", já amplamente aceita porque reflete o objeto de tutela jurídica neste quadrante da história: as diversas formas de família, reconhecendo-se, de maneira inquestionável, que o conceito de família abrange diversos modos de relacionamento entre pessoas, sem se limitar ao paradigma "homem-mulher-que-concebem-prole". Segundo Rodrigo da Cunha Pereira, essa transformação tem sido verificada desde de 1997, com a fundação do Instituto Brasileiro de Direito de Família (IBDFAM), e tem sido marcada por

> [n]ovas locuções e substantivos [que] têm ajudado a traduzir esse novo Direito de Família, como afeto, alienação parental, alienação parental [sic], alimentos gravídicos, *bullying*, conjugalidade, convivência familiar, *disregard*, famílias anaparentais, ectogenética, monoparentais, mosaico, mútuas, poliafetivas, simultâneas, guarda compartilhada, homoafetividade, multiparentalidade, parentalidade, socioafetividade etc.[13]

Ora, se o Direito é fenômeno comunicacional e dono de linguagem própria, nada mais natural que seus aspectos mais novos ainda não tenham nomenclaturas selecionadas, ou que os institutos jurídicos existentes antes dessa modificação quase "copernicana" careçam de reformulação e reflexão de seus signos e significados. Em razão desta necessidade, isto é, de repensar o conceito de alguns institutos a partir da nomenclatura que tradicionalmente se lhes atribuiu, pretende-se, neste breve ensaio, examinar os efeitos, sobretudo semânticos, dos termos"pátrio poder", "poder familiar", "guarda" e "visita", começando-se pela demonstração, ainda que perfunctória, da colossal alteração que a singela repaginação daquelas duas primeiras expressões provocou na fundamentação e aplicação do Direito das Famílias.

2.1. A modificação propiciada pela alteração de pátrio poder, poder familiar e responsabilidade parental

Já faz tempo que o Direito de Família brasileiro sofre com a nomenclatura de seus institutos, que mais causa confusões às delicadas situações em que o Estado pouco deveria se imiscuir do que fortalece os laços sanguíneos. Exemplo clássico disso é o de "pátrio poder", que tem origemna concepção de família na Roma Antiga. Do latim *familia*, o vocábulo designava a reunião de

---

13 PEREIRA, Rodrigo da Cunha. A força das palavras no Direito de Famílias e Sucessões. *Revista Consultor Jurídico*. Disponível em: <http://www.conjur.com.br/2017-mai-07/processo-familiar-forca-palavras-direito-familias-sucessoes>. Acesso em: 31 mai.2017.

servos, escravos domésticos pertencentes a determinado senhor, e, posteriormente, passou a se referir a todos os indivíduos que fossem dependentes dele, o*pater familias*, submetidos, pois, a sua autoridade.

O conceito jurídico de família no Direito Romano apoiava-se na atribuição de absoluta autoridade ao *pater*, legitimação essa que conferiria à família conformação política, jurídica, econômica e religiosa, erigida na figura do chefe do grupo, transmitida por meio do nome e da herança,[14] de solidez tal que "nem a evolução dos costumes, nem o direito da Cidade pôde abrandar o rigor deste poder soberano" que o *pater familias* detinha.[15] Mais do que os laços consanguíneos, a família era estrutura hierarquizada, com finalidades estritamente objetivas, tais como conservação dos bens, prática de ofícios, mútua ajuda e proteção da honra e da vida. Referências econômicas e legais norteavam-na, portanto.

Esse cenário alterou-se gradativamente com o avançar dos séculos, mas com a predominância daquele referencial de autoridade paterna sobre o grupo familiar. A mudança drástica de todo esse panorama eclode na segunda metade do século XX, acompanhando o avanço do capitalismo e do movimento feminista. A ruptura daquela concepção clássica de família encontra arrimo, especialmente,no ingresso da mulher no mercado de trabalho, acompanhado da revolução feminista e da divisão sexual do trabalho, que, evidentemente, fragilizaram aquela estrutura familiar hierarquizada de outrora, rompendo com a ideologia patriarcal.[16]

A organização familiar no Brasil foi fortemente influenciada por esses fatores. Num primeiro momento, predominou o modelo de família europeu, ancorado na matriz romana patriarcal, cuja definição encontrava base na autoridade suprema do chefe de família, que exercia poder sobre a esposa (poder marital) e sobre os filhos (pátrio poder), cessado somente com a senilidade ou falecimento. O domínio absoluto do *pater familias*, de tal monta que sequer a maioridade emancipava o filho, fora retomada pelas Ordenações, mas já apareciam, no século XIX, especialmente em Teixeira de Freitas e Lafayette, os primeiros questionamentos e mitigações dessa rijeza. Neste ritmo,a Resolução de 31 de outubro de 1831 delimitaranos vinte e um anos de idade o termo da menoridade para aquisição da capacidade plena, e o Decreto nº 181, de 24 de janeiro de 1890, concedia à viúva o pátrio poder sobre os filhos quando extinta a relação marital, mas o revogava se adquiridas novas núpcias.[17]

14 HUSTEL, Françoise.*As novas fronteiras da paternidade*. Campinas: Papirus, 1999.

15 PEREIRA, Caio Mário da Silva. *Instituições de direito civil*. Vol. V. Revista e atualizada por Tânia da Silva Pereira. 18.ed. Rio de Janeiro: Forense, 2010, p. 445.

16 TEIXEIRA, Ana Carolina Brochado. *Família, guarda e autoridade parental*. Rio de Janeiro: Renovar, 2009, p. 28.

17 PEREIRA, Caio Mário da Silva. Op. cit., p. 447.

Posteriormente, a Constituição de 1891 manifesta-se, ainda que timidamente, sobre o casamento civil, de forma a reconhecê-lo,[18] emais tarde, com a promulgação do Código Civil de 1916 – conhecido como Código de Beviláqua – o tema aufere novas feições, tanto que, em seu art. 233, estabelece-se a entidade familiar como uma instituição jurídica e social.[19] No entanto, a Lei Civil, reflexo de seu tempo, apenas reconhecia e legitimava a supremacia masculina que se fazia presente, limitando o acesso feminino ao emprego e à propriedade. As mulheres casadas ainda eram legalmente incapacitadas, e apenas na ausência do marido poderiam assumir a liderança da família. O homem permanecia como o senhor da família, titular do poder decisório e provedor das necessidades daquele grupo, e a mulher continuava como dona-do-lar, responsável por questões domésticas e atinentes à educação dos filhos. Nesse contexto, o pátrio poder que emanava do matrimônio era a pedra angular da família.[20]

Num segundo instante, os diversos movimentos ocorridos nas décadas de 60 e 70 do século XX também afetaram a noção jurídica de família no ordenamento jurídico brasileiro. A participação da mulher como força produtiva impôs ao homem a divisão das tarefas domésticas e dos cuidados dispensados aos filhos, os quais passaram, inclusive, a ser evitados a partir da difusão da pílula anticoncepcional.Deflagram-se, assim, exigências e reclamações em prol do reconhecimento da equiparação entre os cônjuges, o que de fato toma formalegal a partir do "Estatuto da Mulher Casada". Antes da edição deste documento, novo enlace conjugal da viúva determinava a perda do pátrio poder, cujo exercício o Código Civil de 1916 só lhe autorizaria na hipótese de falecimento do marido.[21]

Com o "Estatuto da Mulher Casada", a mulher deixa de ser considerada relativamente incapaz, e passa a exercer o pátrio poder como colaboradora, mudança tímida, mas progressiva em sua condição perante a sociedade, especialmente porque, pela Lei Civil, deixa de ser considerada incapaz para exercício de atos jurídicos.A plenitude do pátrio poder, então, permaneceria restrito ao homem.Com a publicação da Lei do Divórcio – Lei n. 6.515/1977 –, verificou-se significativa mudança no conceito de família, pela introdução da afetividade como elemento fundamental do casamento, capaz até de nor-

18 Constituição Brasileira de 1981, art. 72, § 4° – A República só reconhece o casamento civil, cuja celebração será gratuita.

19 Código Civil de 1916, art. 233 – O marido é o chefe da sociedade conjugal, função que exerce com a colaboração da mulher, no interesse comum do casal e dos filhos.

20 CALÇADA, Andreia. *Perdas irreparáveis*: alienação parental e falsas acusações de abuso sexual. Rio de Janeiro: Publit, 2014, p. 12.

21 Código Civil de 1916, art. 382 – Dissolvido o casamento pela morte de um dos cônjuges, o pátrio poder compete ao cônjuge sobrevivente.

tear a regulação da guarda dos filhos após a separação. O vínculo conjugal subsistiria, a partir dessa Lei, por força de valores ligados ao bem-estar individual e à concepção de felicidade naquele relacionamento familiar, forma de realização pessoal e de constituição de ambiente necessário ao desenvolvimento da dignidade da pessoa humana.

Na esteira das novas configurações familiares, a Constituição Federal de 1988 cuidou especialmente da entidade familiar, contemplando realidade sociológica que remete ao reconhecimento da união estável como fonte da família, bem como àquelas entidades monoparentais, formadas por um dos pais com seus descendentes, superando-se, assim, a concepção de família como consectário do matrimônio, estigmatizada pelo referencial homem-e-mulher-casados-e-com-filhos. Ademais, a Constituição de 1988 também venceu a clássica ideia de família formada verticalmente pela dominação do homem, ao consagrar, pelo princípio da isonomia,[22] que direitos e deveres relativos à sociedade conjugal seriam exercidos igualmente pelo homem e pela mulher.[23]

No mesmo sentido, o Estatuto da Criança e do Adolescente impõe o exercício igualitário do poder familiar – antes pátrio poder – entre os pais.[24] Em atenção às diretrizes traçadas na Lei Fundamental, operando-se o fenômeno da constitucionalização do Direito Civil, o Código Civil de 2002 equiparou a autoridadedos cônjuges para decidir sobre questões de interesses do casal e dos filhos.[25]

Portanto, a substituição do pátrio poder, regulamentado pelo Código Civil de 1916, operou-se com a instituição do poder familiar, estatuído pelo Código de 2002 como corolário da modificação radical trazida pela Constituição de 1988, aplicou isonomia entre homem e mulher também nas relações familiares, alteração esta que exige reconfiguração de toda noção, jurídica ou sociológica, de família. Logo, o poder familiar destoa do pátrio poder porque se fundamenta na posição de igualdade jurídica reconhecida ao pai e à mãe de uma família, em detrimento da visão tradicional de que o

---

22 Constituição Federal de 1988, art. 5º Todos sao iguais perante a lei, sem distinção de qualquer natureza, garantindo-se aos brasileiros e aos estrangeiros residentes no País a inviolabilidade do direito à vida, à liberdade, à igualdade, à segurança e à propriedade, nos termos seguintes:
I – homens e mulheres são iguais em direitos e obrigações, nos termos desta Constituição.

23 Constituição Federal de 1988, art. 226, §5° – Os direitos e deveres referentes à sociedade conjugal são exercidos igualmente pelo homem e pela mulher.

24 Lei n° 8.069 de 1990, art. 21 – O pátrio poder poder familiar será exercido, em igualdade de condições, pelo pai e pela mãe, na forma do que dispuser a legislação civil, assegurado a qualquer deles o direito de, em caso de discordância, recorrer à autoridade judiciária competente para a solução da divergência.(A expressão pátrio poder foi substituída pela Lei nº 12.010, de 2009)

25 Lei n. 10.406 de 2002.

homem é único senhor daqueles que convivem em seu núcleo, dependentes, assim, da autoridade e prestígio do *pater*.Entrementes, Rolf Madalenosustenta que o poder familiar não exsurge apenas dessa equiparação jurídico-formal entre homem e mulher, pois assenta-se no dever natural de os pais protegerem seus filhos:

> a origem do poder familiar está na razão natural de os filhos necessitarem da proteção e dos cuidados de seus pais, com absoluta dependência com seu nascimento e reduzindo essa intensidade na medida de seu crescimento, desligando-se os filhos da potestade dos pais quando atingem a capacidade cronológica com a maioridade civil, ou através de sua emancipação.[26]

À míngua da fundamentação ética ou jurídica do poder familiar, forçoso convir que se chegou a patamar "histórico de igualdade praticamente total entre os membros da família, onde a autoridade dos pais é uma consequência do diálogo e entendimento, e não de atos ditatoriais ou de comando cego".[27]Porém, se o "poder familiar", por um lado, rompe com a hierarquização e centralização da autoridade familiar no *pater*, por outro, também engendra equivalência de prerrogativas e de responsabilidades parentais, formando-se, assim, o conjunto de direitos e obrigações conferidos aos pais e em favor de seus filhos menores e incapazes (art. 1634, Código Civil), permanecendo obrigados a prover todas as necessidades da prole, educá-los e prepará-los para a vida, dever esse que não se extinguirá sequer com a separação. Isso implica no reconhecimento lógico de que, na hipótese de rompimento conjugal, causado por divórcio ou dissolução de união estável, ainda que a guarda seja exercida unilateralmente por um deles, o outro manterá o poder familiar sobre a prole, solução esta norteada pelo critério da melhor aptidão do genitor, segundo o qual exercerá "guarda" aquele que reunir as melhores condições para tanto.[28]

Definitivamente, o Código Civil eliminou qualquer resquício de privilégio a qualquer um dos genitores. Se durante algum tempo a mãe esteve tacitamente autorizada a exercer a "guarda" unilateral prioritariamente em relação ao pai, o Código de 2002 extinguiu essa prerrogativa, como forma de aplicar isonomia na escolha daquele que cuidará dos filhos. Desta feita, se antes o pai somente se ocupava com seu trabalho e o custeio das despe-

---

26 MADALENO, Rolf.*Curso de direito de família*. Rio de Janeiro: Forense, 2011, p. 655/656.

27 RIZZARDO, Arnaldo. *Direito de família*. Rio de Janeiro: Forense, 2007, p. 603.

28 Código Civil de 2002, art. 1.584 – Decretada a separação judicial ou o divórcio, sem que haja entre as partes acordo quanto à guarda dos filhos, será ela atribuída a quem revelar melhores condições para exercê-la.

sas familiares, hoje ele divide com a mulher a formação e criação dos filhos, além dos afazeres domésticos. Portanto, essa divisão na gestão familiar significa também o exercício compartilhado do poder familiar, intensificando as relações intrafamiliares principalmente no que é concernente ao pai com seus filhos. Assim, na hipótese de divórcio, ambos estão plenamente aptos a cuidar da prole.

Em suma, a modificação de "pátrio poder" para "poder familiar" projeta-se no apanágio de "que a *potestas* deixou de ser uma prerrogativa do pai, para se afirmar como a fixação jurídica dos interesses do filho, visando protege-lo e não beneficiar quem o exercer".[29] Por isso, e sobretudo na tentativa de acompanhar o deslocamento de foco na tutela jurídica, suscitaram-se modificações terminológicas, com destaque para "pátrio dever", "poder parental", "autoridade parental" e "poder-dever".[30] Ora, se o conceito agregadoao *nomen iuris* "poder familiar" representatamanha virada jurídica e social na concepção de família, a romper com o paradigma e com a designação de "pátrio poder" utilizados desde a Roma Antiga, será adequado o emprego do termo "guarda" para designar a incumbência de proteção individual dos filhos, ou "visita", para contemplar o convívio temporário dos filhos com os pais separados?

2.2. O problema das palavras guarda e visita

Nessa mesma virada "copernicana" promovida pela Constituição de 1988 no Direito das Famílias, que alterou completamente a estrutura patriarcal para deitar suas bases no consenso familiar revestido de responsabilidade parental, o constituinte estabeleceu, dentre os deveres da família voltados à prole, a "convivência", familiar ou comunitária, como valor inegociável e imprescindível para a formação cultural e social dos filhos. Novamente, a norma constitucional acerta na seleção terminológica, optando por nomenclatura suficientemente abstrata, que reflete e abrange os objetivos do Estado e do próprio núcleo familiar, na medida em que expande para o grau de convívio, isto é, de *viver* com outrem – e não meramente coabitar ou encontrar –,um dos vetores de relacionamento entre pais e filhos e a sociedade.

A expressão "convivência" desnuda, assim, insuficiência, precocidade, instantaneidade que o termo "visita" pode significar – possua esta palavra sentido jurídico ou não –, ao tempo em que introduz o cultivo à constância, permanência e longevidade que se espera e se esmera em qualquer processo cultural, especialmente tratando-se da formação educacional do menor. De fato, o termo "visita", mesmo que aludaao período em que o filho interage com o genitor separado, não reflete a forma de contato que entre ambos deve

29 PEREIRA, Caio Mário da Silva. Op. cit., p. 447.

30 PEREIRA, Caio Mário da Silva. Op. cit., p. 447.

existir, isto é, de convívio mútuo e constante, inolvidávelentre pessoas que possuam laços fraternos de amor e responsabilidade. O uso do vocábulo "visita" tende a propiciar em todos os envolvidos certa predisposição para equivocado modo de relacionamento, como se incutisse no filho apenas o significado de esperar o pai para brincar e passear, e, no genitor, simplesmente a mitigação da responsabilidade com seu filho, como se estivesse limitada ao pagamento de alimentos, estritamente no que fora convencionado judicialmente, banalizando a inescusável ausência de um dos detentores do poder familiar.

A simples mudança de signo para o termo "convivência" alterou sensivelmente a forma como pais e filhos se relacionarão, inclusive com o seu gradual aumento, numa tentativa, ainda que paradoxal, de manter unido o que foi apartado.O cuidado nessa escolha de palavras, envernizadas ou não pela força normativa do sentido deôntico que o Direito lhes imprime, é de tal relevância que seu menosprezo pode ensejar crises familiares. Segundo o substancioso estudo de Giselle Groeninga,[31] "os termos *visita*, *contato* e *convivência* são, muitas vezes, empregados como se fossem equivalentes, o que fomenta as confusões, por definição, presentes nas crises familiares". Firme nesta premissa, a autora sustenta que o direito de convivência familiar deve ser corolário do que denominou de"princípio do direito ao relacionamento familiar", que compreende a convivência, a companhia, as visitas, o contato permanente, as garantias de efetividade etc., com estribo no art. 227, Constituição Federal. Ao tempo em que a aprofundada tese de doutorado dessa autora demonstra os nefastos efeitos que algumas palavras do Direito de Família podem causar na sociedade, evidenciou-se, noutra ponta, que o **cuidado**, além critério seletor depalavras, deve protagonizar também o esforço hermenêutico dos sujeitos, especialmente dos técnicos em Direito.

À míngua da existência de outros signos no texto da Constituição, como, *v.g.*, "convivência", que norteiem o exegeta para a escolha das terminologias no Direito das Famílias, urge que o operador do Direito não abandone o cuidado hermenêutico em sua atividade, porque também o sentido indolentemente atribuído às palavras pode desvirtuar a aplicação das regras familiares. Assim, ao lado do cuidado na defesa denomenclaturas que denotem ao intérprete – jurista ou não – as consequências provocadas na vida das famílias pela incidência do instituto jurídico representado pelo signo linguístico, devem os atores jurídicos e sociais esforçar-se para construir, hermeneuticamente e ao longo da experiência jurídica, os sentidos que concretizem a razão das normas constitucionais, sempre convergentes à proteção da família e dos filhos, seja

31 GROENINGA, Giselle Câmara. *Direito à convivência entre pais e filhos*: análise interdisciplinar com vistas à eficácia e sensibilização de suas relações no Poder Judiciário. Universidade de São Paulo (USP), São Paulo, tese de doutorado, 2011, p. 240. Grifos da autora.

na facilitação da conversão do casamento, seja na priorização do atendimento aos menores.

Perceba-se, nesse esmero hermenêutico, que o comando normativo do art. 1.589, Código Civil,[32] *exempli gratia*, não pode (continuar a) ser interpretado pela superficialidade literal de suas palavras, sob pena de erodir a constância e perenidade que devem existir no enlace familiar, porquanto o texto legal, ao estabelecer que os pais podem visitar os filhos e tê-los em sua companhia na medida do que convencionar com o outro ex-cônjuge, transmita a conclusão de que o término do relacionamento acarreta também o distanciamento físico e emocional dos filhos, assegurando à família apenas o contato virtual, o afago intermitente, como se a única certeza entre pais e filhos fosse a fragmentação afetiva.

O dispositivo em destaque, por outro lado, traz à baila outra nomenclatura passível de reformulação pelo Direito das Famílias: "guarda". O vocábulo, despudoradamente empregado, pode ensejar lamentáveis confusões familiares – como demonstrou o estudo de Giselle Groeninga – e conduzir o leitor, num exemplo*grosso modo*, à noção de agente público municipal (CFRB, art. 144, §8º), além de aludir à posse e à propriedade. Excelente ilustração do que se busca explanar repousa na advertência introdutória de Pablo StolzeGagliano e Rodolfo Pamplona Filho, quando abordam a guarda dos filhos:

> Inicialmente, frise-se que a guarda de que vamos tratar no presente capítulo, respeitando os limites metodológicos desta obra, não é a medida de colocação em família substituta prevista no ECA, mas, sim, o instituto derivado da própria autoridade parental exercida pelos pais.[33]

Perceba-se que "guarda" – como ocorre com a palavra "sanção" – é equívoca em Direito, porquanto designe mais de um sentido jurídico, seja para se referir ao integrante ou à instituição Guarda Municipal; seja para abordar um dos instrumentos pelos quaisaloca-se o menor em família substituta (ECA, art. 28); seja para explicar o liame mantido entre filhos e um de seus pais após o rompimento da união. Ora, como pode essa palavra, tantas vezes em Direito utilizada para classificar e nomear agentes, institui-

32 Art. 1.589: O pai ou a mãe, em cuja guarda não estejam os filhos, poderá visitá-los e tê-los em sua companhia, segundo o que acordar com o outro cônjuge, ou for fixado pelo juiz, bem como fiscalizar sua manutenção e educação.
Parágrafo único. O direito de visita estende-se a qualquer dos avós, a critério do juiz, observados os interesses da criança ou do adolescente.

33 GAGLIANO, Pablo Stolze. PAMPLONA FILHO, Rodolfo. *Manual de direito civil*: volume único. São Paulo: Saraiva, 2017, p. 1.334.

ções e situações jurídicas que nada têm a ver com afeto, designar relação entre pais separados e seus filhos?Até que ponto a expressão "guarda", ouvida e (mal) compreendida no seio do Direito das Famílias por pais e filhos, não desperta alienação parental?

Parece prudente, ao menos ao longo desse processo de formação e transformação que ainda floresce no Direito das Famílias, enxertar a noção e o disciplinamento do instituto "guarda" na categoria "**responsabilidade**", porque atribuir-se a um dos pais o dever de criar o filho é, em primeiro lugar, ato de responsabilidade, em sentido jurídico ou coloquial. Responsabilidade, portanto, passaria a ser gênero do plexo de deveres e obrigações existentes entre pais e filhos, e abarcaria diversas espécies, tais como "responsabilidade-pelo-convívio", "responsabilidade-alimentícia", "responsabilidade-educacional"...O limite da interpretação e produção sígnica no Direito das Famílias repousa, portanto, na advertência de ZygmuntBauman, como meta a não ser atingida: a erosão do amor nos vínculos familiares e de parentesco, em que

> [o] compromisso com outra pessoa ou com outras pessoas, em particular o compromisso incondicional e certamente aquele do tipo 'até que a morte nos separe', na alegria e na tristeza, na riqueza ou na pobreza, parece cada vez mais uma armadilha que se deve evitar a todo custo.[34]

CONSIDERAÇÕES FINAIS

No mundo líquido moderno, como vaticinou ZygmuntBauman, predomina o "derretimento" das estruturas, isto é, conversão do estado físico sólido para o líquido, desfazendo a rigidez de laços sociais que demandam continuidade, constância. A família é exemplo por excelência deste mister de solidez, e carece de cautelas, adotadas pela sociedade e pelo Estado, para preservar ao máximo seus elementos.

Afigura-se prudente, portanto, cultivar o cuidado na seleção de nomenclaturas e na interpretação da Constituição e das leis no âmbito do Direito das Famílias, de arte a delimitar, já no largo espectro de formas familiares, as raias da volatilidade e da inconstância que a simples aplicação de termos lançados de afogadilho podem despertar, como ocorreu na denominação de "visita" e "guarda", palavras improvisadas que, além de não conceituarem ou abrangerem os institutos em sua completude, ainda põem em risco os delicados enlaces familiares que se deseja preservar e *cuidarad infinitum*.

34 BAUMAN, Zygmunt. *Amor líquido*: sobre a fragilidade dos laços humanos. Rio de Janeiro: Jorge Zahar, 2004, p. 111.

O CUIDADO E O DIREITO DE SER NA ADOÇÃO E AS BASES BIOLÓGICAS DO DNA DA ALMA

Márcia Lopes de Carvalho[1]

> *"O filho biológico tem o DNA[2] do meu corpo, minha porção animal e mortal. O filho adotivo tem o DNA da minha alma, minha porção espiritual que me imortaliza e me aproxima de Deus. Posso sentir este amor adotivo sempre, sejam meus filhos adotivos ou biológicos, porque ele nasce da minha atitude.*
>
> *Sávio Bittencourt, 2008.*

1. INTRODUÇÃO

O presente capítulo tem a intenção de responder a seguinte questão: por que alguns filhos adotivos se parecem fisicamente com seus pais?

Às vezes é intrigante, principalmente em famílias formadas por vínculos biológicos e adotivos, como os filhos adotivos assemelham-se mais aos pais do que os biológicos. Vejamos então o que a ciência tem a nos dizer.

2. AS BASES BIOLÓGICAS DA IDENTIFICAÇÃO

Boaventura de Souza Santos nos diz que: "temos o direito de ser iguais quando a nossa diferença nos inferioriza; e temos o direito de ser diferentes quando a nossa igualdade nos descaracteriza. Daí a necessidade de uma igualdade que reconheça as diferenças e de uma diferença que não produza, alimente ou reproduza as desigualdades".

A pessoa humana – toda e qualquer pessoa humana – é o bem supremo da nossa ordem jurídica, o seu fundamento e o seu fim. Cada um de nós não

---

1 Psicóloga pela UNISAL-SP. Doutora em Psicologia Social na Universidade John F. Kennedy – Buenos Aires – Capital Federal da Argentina. Especialista em Direito Especial da Criança e do Adolescente – UERJ. Psicopedagoga pela UNIFOA – Volta Redonda/RJ. Terapeuta de Família. Especialista em Família Substituta – Núcleo Pesquisa – Rio de Janeiro. Psicanalista pela Letra Freudiana – Rio de Janeiro.

2 DNA da alma – termo cunhado por Sávio Bittencourt.

se reconhece, apenas, como um indivíduo, com determinado código genético, mas também, como grupo.

Na verdade, a Lei Fundamental olha-nos como seres autônomos, livres, em constante adaptação e interação com a realidade socioafetiva.

Cada um de nós, na sua individualidade – identidade pessoal – compreende uma dimensão absoluta e uma dimensão relativa. A nossa dimensão absoluta harmoniza-se com a nota da individualidade que distingue cada pessoa das demais.

2.1. Identidade

A família desempenha funções básicas, tanto em nível pessoal como em nível social, que auxiliam a criança a crescer de forma completa. Na verdade não podemos deixar de evidenciar o papel da família como uma verdadeira comunidade, onde todos os seus membros se sintam amados e respeitados, comunidade que aparece aos olhos da criança como a primeira sociedade, onde ela se reconhece, onde os pais têm uma importância decisiva na sua dinâmica afetiva e, consequentemente, no seu crescimento.

> A família é a escola perfeita para o crescimento e a formação da criança. A criança absorve tudo na família: desde o sentido religioso, às preferências, aos valores, à partilha, ao espírito de sacrifício, à solidariedade familiar e daí que todas as suas experiências futuras sejam condicionadas por aquelas que receberam no seio da família.[3]

Na verdade, é nesse núcleo familiar que, especialmente o adolescente encontra apoio, conforto, segurança e enriquece e expande a sua personalidade.

A personalidade do indivíduo constrói-se nos primeiros tempos de vida, isto é, na infância, desenvolvendo-se na adolescência. Infância e adolescência são estágios básicos no desenvolvimento do ser humano, sendo os pais ou os seus substitutos os responsáveis pelas bases da formação da identidade e da autoestima.

A família é a instituição natural onde se faz a aprendizagem social e moral para a formação da identidade e a integração social.

> Desde os primeiros meses de vida, o bebê começa a elaborar modelos de representação do mundo que o rodeia e de si próprio, enquanto agente desse mundo. De todos os elementos do seu meio, nada desempenha um papel maior que a figura materna. Em consequência, a partir do segundo ano, a vida mental e o

---

3 OLIVEIRA, Sonia Grubits Gonçalves de. A *Construção da Identidade Infantil II*. São Paulo: Casa do psicólogo, 2011, p. 266.

> comportamento da criança são cada vez mais influenciados pelos modelos de representação de si próprios e da mãe, através do qual ela percebe o seu universo, interpreta as suas percepções e conduz as suas ações.[4]

Vemos aí a importância das relações saudáveis para formação da identidade do autoconceito e consequentemente da autoestima.

É na singularidade de cada pessoa que reside o principal elemento da sua própria identidade: todos os demais direitos decorrem do caráter único, indivisível de cada pessoa humana concreta. A dimensão relativa manifesta-se, "pela história" ou "memória" em que se encontra inserida a sua existência no confronto com outras pessoas. Neste confronto, nos relacionamos de forma mais ou menos empática com o nosso grupo social, formando autoimagem e a própria identidade.

A criança, para crescer de forma equilibrada e completa, necessita de um círculo familiar sólido e harmonioso, que a crie e lhe dê afeto.

Conforme o artigo 19 do Estatuto da Criança e do Adolescente – ECA (Lei nº 8.069/1990):

> Art. 19: Toda criança ou adolescente tem direito a ser criado e educado no seio da sua família e, excepcionalmente, em família substituta, assegurada a convivência familiar e comunitária, em ambiente livre da presença de pessoas dependentes de substâncias entorpecentes[5].

No que concerne ao processo de socialização, a família assume, também, um papel decisivo, dado que modela e programa o comportamento e o sentido de identidade da criança.

Segundo Sampaio[6] "a família não é, assim, uma célula indestrutível, mas um espaço emocional onde cada um procura crescer e individualizar-se".

Segundo a ONU "família é a gente com quem se conta".[7]

"O laço afetivo que se estabelece entre pais/filhos é o resultado de um processo ativo".[8]

---

4 OLIVEIRA, Sonia Grubits Gonçalves de. Op. cit., p. 268.

5 BRASIL. *Estatuto da Criança e do Adolescente:* Lei nº. 8.069 de 12 de julho de 1990. São Paulo: CONDECA: Imprensa Oficial, 2000.

6 SAMPAIO, Daniel. *Inventem-se novos pais.* Construindo uma relação mais sólida e confiável entre pais e filhos. São Paulo: Gente, 2004, p. 35.

7 CABRAL, Claudia *et. al. Trabalho social com família.* Série em defesa da convivência familiar e comunitária. 2.ed. Rio de Janeiro: Terra dos Homens, 2002.

8 BOWLBY, J. *Apego e perda.* São Paulo: Martins Fontes, 1990.

Segundo Sá, "num plano psicológico, **a filiação genética representa uma falsidade**".[9] De acordo com o autor, e em resposta ao verdadeiro rigor, a filiação é uma experiência relacional e afetiva e, em circunstância alguma, exclusivamente biológica. Por que é que uma criança chama pelo pai? Porque aquele homem contribuiu com o seu material genético para a sua concepção ou porque a criança sente necessidade de cuidados e de proteção? Ser pai é cuidar, proteger, repreender e até punir, ser pai é estar presente.

Nosso olhar sobre nossa identidade depende de muitos outros olhares e, também da forma como nos vemos. Todos esses olhares se entrelaçam e vão formando o que sou **eu (ego, self)**.

De todos os julgamentos que fazemos, o mais importante é o que fazemos de nós mesmos, ou seja, nosso autoconceito e, imediatamente depois, o que pensam nossos entes queridos. Esses juízos têm repercussão em todos os momentos de nossa vida e condicionam nosso modo de agir, e estabelecer nossos objetivos.

Este capítulo mostra que a criança e o adolescente têm direito a sua história pessoal e as leis brasileiras protegem esse direito. O adolescente está em franco desenvolvimento de sua personalidade formando a sua identidade pessoal.

Essa identidade é formada também a partir de algumas bases biológicas que são explicadas pela existência, em nosso cérebro, de neurônios espelho, os quais são responsáveis pela empatia e pela identificação. Observa-se também no capítulo, como a psicanálise explica a empatia.

O conceito de identidade faz parte, cada vez mais, da linguagem cotidiana: identidade de gênero, identidade de classe, identidade de raça etc.

Sua origem etimológica vem do vocábulo latino *idem* que significa o mesmo que, o que se repete sempre igual. Podemos fazer referência a dois aspectos da identidade: sua unicidade (ser algo, e, portanto, ser diferente de outro) e sua imutabilidade (permanecer igual ao longo do tempo).

A partir daí, podemos perguntar em que medida as mudanças de um indivíduo, ao longo do tempo, o modificarão? Ou seja, como o indivíduo formará sua identidade pessoal?

Só podemos formar a identidade a partir do olhar do outro, pois o que somos na nossa vida interior é o correlato da vida interior das pessoas que nos rodeiam, a multiplicidade de papéis que cada uma delas assume em relação as outras.

Essa é uma das características que diferenciam a espécie humana de outras espécies, então, o *self* é o produto dos outros, que por minha vez, eu produzo.

---

9 SÁ, Alvino Augusto de. Delinquência infanto-juvenil como uma das formas de solução da privação emocional. Trabalho apresentado na Mesa-Redonda Questões Contemporâneas da Adolescência. *I Congresso de Psicologia Clínica*, Universidade Presbiteriana Mackenzie, ocorrido entre os dias 14 e 18 de maio de 2001, São Paulo – SP, p. 71.

Então, uma pessoa é aquilo que dizem que ela é, porém, esse dizer só pode vir de alguém muito significativo a quem a pessoa confere um saber.

Evidentemente, a construção da identidade é um processo complexo, porém, essa construção só é possível com a íntima interação com um "outro".

A identidade se constrói durante as diferentes etapas da vida (infância, adolescência e vida adulta). Na infância, a identificação depende inteiramente do olhar do outro que sanciona o sujeito; na adolescência, assumir uma identidade (e uma prática) sexual faz com que a identificação seja com o grupo de iguais e é também onde se reformulam os ideais que logo estarão na direção da juventude e da vida adulta.

Luis Hornstein coloca-nos que:

> A identificação é um expediente aberto durante toda a vida (e não um trâmite fechado no final da adolescência que agregaria o EU). A identificação não é instantânea como uma fotografia, não há identificação sem trajeto identificatório que dura toda uma vida.[10]

Essa afirmação é importante porque permite explicar as mudanças físicas e psíquicas nesta fase e também as mudanças que ocorrem em uma psicoterapia.

Para a psicanálise, a formação dessa identidade, inicia-se na travessia do que Freud chamou "o complexo de Édipo" mais tarde Jacques Lacan explica esse famoso complexo em três tempos.[11]

1º tempo: o que a criança busca, como desejo do desejo, é poder satisfazer o desejo da mãe, sendo seu objeto,[12] nesse caminho coloca-se que a criança se identifica com a satisfação do desejo da mãe, ou seja, nesse primeiro tempo, a criança se identifica especularmente com aquilo que é objeto do desejo da mãe.

2º tempo: no plano imaginário, a função paterna intervém como privador da mãe. Aquilo que desvincula o sujeito de sua identificação primária com a mãe, liga-o ao mesmo tempo, ao primeiro aparecimento da lei (lei simbólica introduzida pelo pai ou substituto).

3º tempo: o pai pode dar à mãe o que ela deseja, porque o possui e a identificação com a instância paterna se realiza.

Então:

No 1º tempo: a instância paterna se introduz de uma forma velada.

No 2º tempo: o pai se afirma, em sua presença privadora de um modo mediado pela mãe, que é quem o instaura como aquele que lhe faz a lei.

---

10 HORNSTEIN, Luis. *Autoestima e identidad*. Narcisismo y valores sociales. Bueno Aires: Fondo de Cultura Económica, 2011, p. 224.

11 Seminário X.

12 Seminário V, p. 198.

No 3º tempo: o pai se revela como aquele que tem. É a saída do Édipo, onde se faz a identificação com o pai, no ideal do eu, que se inscreve no triângulo simbólico, no polo em que está o filho. No polo materno começa a se constituir o que será realidade, e no nível do pai, o que será o superego.[13]

Então ao final da travessia de Édipo, a criança sairá identificada com um dos seus pais. Isso se dá no plano inconsciente e é a base para a identidade futura.

Na adoção, necessitamos de um fator empático, que nos mostre que aquele é nosso filho e mostre a esse filho que nós seremos seus pais.

2.2. Como se dá a empatia

Para que sejamos empáticos, necessitamos de um arcabouço neurológico que nos possibilite as interações humanas, esse é formado pelos chamados neurônios espelho.

"Os neurônios espelho foram descobertos por Rizzolatti e colaboradores na área pré-motora de macacos Rhesus na década de 90".[14-15]

Estes pesquisadores demonstraram que alguns neurônios da área F5, localizada no lobo frontal, que eram ativados quando o animal realizava um movimento com uma finalidade específica, (como apanhar uma uva passa com os dedos), também eram ativados quando o animal observava um outro indivíduo, (macaco ou ser humano), realizando a mesma tarefa.

A importância desta descoberta para a compreensão direta da ação e/ou da intenção do outro animal ou ser humano, foi imediatamente percebida.[16]

> Ou seja, os neurônios espelho, quando ativados pela observação de uma ação, permitem que o significado da mesma seja compreendido automaticamente (de modo pré-atencional) que pode ou não ser seguida por etapas conscientes que permitem uma compreensão mais abrangente dos eventos através de mecanismos cognitivos mais sofisticados.[17]

Além de um estímulo visual explícito (observação de uma ação), estes neurônios podem também ser ativados por eventos que possuem apenas re-

---

13 Seminário V, p. 201.

14 GALLESE, V; FADIGA, L; FOGASSI, L; RIZZOLATTI, G. Action recognition in the premotor cortex. *Brain, 119*, p. 593-609, 1996.

15 RIZZOLATTI, G; FADIGA, L; GALLESE, V; FOGASSI, L. Premotor cortex and the recognition of motor actions. *Cognitive Brain Research, 3*, p. 131-141,1996.

16 RIZZOLATTI, G; CRAIGHERO, L. The mirror-neuron system. *Annual Review of Neuroscience, 27*, p. 169–192, 2004.

17 GALLESE, V; FADIGA, L; FOGASSI, L; RIZZOLATTI, G. Action recognition in the premotor cortex. *Brain, 119*, p. 593-609, 1996.

lação indireta com uma determinada ação: "(1) a partir de um som habitualmente associado a uma ação, como por exemplo, o barulho da quebra da casca de um amendoim",[18] (2) "pela dedução implícita da continuidade de uma ação, como, por exemplo, quando um macaco observa o movimento de uma mão na direção de um objeto oculto por um anteparo colocado posteriormente à apresentação do objeto ao animal".

> Da mesma forma, não é só a ação manual que é capaz de ativar os neurônios espelho. Por exemplo, existem neurônios-espelho que são ativados quando o macaco executa e/ou observa ações relacionadas com a boca, tais como lamber, morder ou mastigar alimentos. Além disso, na mesma região onde são encontrados estes neurônios existe uma pequena percentagem de células que dispara quando macaco observa o experimentador fazer ações faciais comunicativas na sua frente.[19]

Em outro estudo foram comparadas as regiões cerebrais ativadas pela observação de ações comunicativas da região orofacial de cães (latir), macacos (movimentos labiais) e humanos (fala em silêncio).

> Os resultados, em seres humanos, mostraram que a observação da fala em silêncio ativa a área de Broca[20] no hemisfério esquerdo e a observação dos movimentos labiais de macacos ativa uma parte menor da mesma região cerebral em ambos os hemisférios.[21]

"Ou seja, quando a ação observada (o latir) não faz parte do repertório de ações do ser humano, os neurônios espelho não são ativados".[22]

"Os neurônios espelho foram associados a várias modalidades do comportamento humano: imitação, teoria da mente, aprendizado de novas habi-

18 KOHLER, E; KEYSERS, C; UMILTÀ, M. A; FOGASSI, L; GALLESE, V; RIZZOLATTI, G. Hearing sounds, understanding actions: Action representation in mirror neurons. *Science, 297*, p. 846-848, 2002.

19 FERRARI, P. F; GALLESE, V; RIZZOLATTI, G; FOGASSI, L. Mirror neurons responding to the observation of ingestive and communicative mouth actions in the monkey ventral premotor cortex. *European Journal of Neuroscience, 17*, p. 1703-1714, 2003.

20 Área do cérebro responsável pela fala.

21 BUCCINO, G; BINKOFSKI, F; RIGGIO, L. The mirror neuron system and action recognition. *Brain and Language, 89*, p. 370–376, 2004.

22 GALLESE, V. *What do mirror neurons mean?* Intentional Attunement. The Mirror Neuron system and its role in interpersonal relations. Disponível em: < http://www.interdisciplines.org/mirror>. Acesso em: 22 jun. 2017.

lidades e leitura da intenção em outros humanos"[23] e a "sua disfunção poderia estar envolvida com a gênese do autismo".[24] "Além disso, considerando que a capacidade humana de abstrair intenção a partir da observação de comportamentos específicos é considerada crucial na transmissão de cultura",[25] a descoberta dos neurônios espelho é de importância fundamental para compreendermos o que nos faz diferente de outros animais, em termos cognitivos.

Estes resultados mostraram que a área de Broca não está somente envolvida com o processamento da linguagem oral e do significado de gestos linguísticos. A homologia proposta entre a área de Broca e a área F5 dos macacos, junto com a comprovação recente da participação da área de Broca no sistema de neurônios espelho SNE sugere que os neurônios espelho podem ter contribuído para a gênese da linguagem humana, servindo de base para a apropriação simbólica de atos motores.

2.2.1. Músculos mímicos

Músculos da Expressão Facial: músculos mímicos, músculos cuticulares.
Características:[26]
– Localizados logo abaixo da pele;
– Camada muscular delgada;
– Não possuem fáscia muscular individual;
– As fibras de um músculo se entrelaçam com as do músculo vizinho.

São responsáveis pelas expressões faciais. São músculos delgados cutâneos que de um modo geral se originam ou da fáscia[27] ou dos ossos da face e se fixam à derme (camada mais profunda da pele), desta forma sua contração é capaz de mexer a pele e mudar as expressões faciais, fechar os olhos ou dilatar as narinas entre outros movimentos. As fáscias são consideradas estruturas passivas que transmitem tensões mecânicas geradas pela atividade muscular. Sua função principal é reduzir a fricção permitindo assim que os músculos deslizem uns sobre os outros.

---

23 RIZZOLATTI, G., FOGASSI, L.; GALLESE, V. Espelhos na mente. *Scientific American*, 55, p. 44-51, 2006.

24 RAMACHANDRAN, V. S; OBERMAN, L. M. Espelhos quebrados. *Scientific American*, 55, p. 53-59, 2006.

25 TOMASELLO, M; CARPENTER, M; CALL, J; BEHNE, T; MOLL, H. Understanding and sharing intentions: The origins of cultural cognition. *Behavioral and Brain Sciences*, 28, 675-735, 2005.

26 MOORE, K. L. *Anatomia orientada para a clínica*. 3.ed. Rio de Janeiro: Guanabara Koogan, 1992.

27 Fáscia Muscular é um tecido conjuntivo que envolve músculos, grupos musculares, grupos musculares, vasos sanguíneos e nervos. É constituída por fibras de colágeno produzidas no interior da própria fáscia através dos Fibroblastos. Disponível em: < http://www.musclemass.com.br/musclepedia/fascia-muscular/>. Acesso em: 22 jun. 2017.

É importante lembrarmos que todos os músculos faciais são inervados pelo VII par craniano, o nervo facial.

"Como a face não possui fáscia profunda e a fáscia superficial entre as fixações cutâneas dos músculos faciais é frouxa",[28] essas formam os músculos mímicos.

O músculo é o representante ativo do movimento, sendo o osso, o representante passivo. Neste sentido, os movimentos musculares acabam por moldar ossatura.

Dependendo da idade ou da raça do adotado, o fato de se identificar com um dos pais e imitar os seus movimentos, faz com que apareça uma semelhança física localizada no DNA do amor e não da hélice genética.

O cérebro funciona como um "simulador de ação": ensaiamos ou imitamos mentalmente toda ação que observamos.

Os neurônios espelho foram descobertos por acaso pela equipe do neurocientista Giacomo Rizzolatti, da Universidade de Parma, na Itália. O grupo colocou eletrodos na cabeça de um macaco, um aparato que permitia acompanhar a atividade dos neurônios na região do cérebro responsável pelos movimentos, através de um monitor. Cada vez que o macaco cumpria uma tarefa, como apanhar uvas-passas com os dedos, neurônios no córtex pré-motor, nos lobos frontais, disparavam. Quando um aluno entrou no laboratório e levou um sorvete à boca, o monitor apitou (foi uma surpresa para os cientistas, porque o macaco estava imóvel). O mais intrigante é que sempre que o macaco assistia ao experimentador ou outro macaco repetir essa cena com outros alimentos, os neurônios disparavam.

Mais tarde, exames de neuro-imagem mostraram que nós temos neurônios espelho muito mais sofisticados e flexíveis que os dos macacos. "Nosso conhecimento do motor e a nossa capacidade de 'espelhamento' nos permitem compartilhar uma esfera comum de ação com os outros, dentro da qual cada ato motor ou cadeia de atos motores, sejam eles nossos ou dos demais, são imediatamente detectados e intencionalmente compreendidos antes e independentemente de qualquer mentalização".[29]

"A Psicanálise diferenciou identificação de pura imitação: o que move a identificação é o **desejo**. Para que um indivíduo identifique-se é necessário que tome o OUTRO como modelo, como ideal e que a pulsão seja no sentido de ter em si traços desse OUTRO".[30] Também porque se deseja manter uma

28 MOORE, K. L. *Anatomia orientada para a clínica*. 3.ed. Rio de Janeiro: Guanabara Koogan, 1992.

29 RIZZOLATTI, G; FOGASSI, L; GALLESE, V. Neurophysiological mechanisms underlying the understanding and imitation of action. *Nature Reviews Neuroscience, 2*, p. 661-670, 2001.

30 BLEICHMAR, Hugo. *La identificación y algunas bases biológicas que la posibilitan*. Disponível em: <http://www.aperturas.org/articulos.php?1>. Acesso em: 05 jun. 2017.

estreita relação com o objeto libidinal, busca-se através da identificação, criar uma comunidade com esse outro, onde sejam minimizadas as diferenças, para o fortalecimento dos vínculos com esse outro, como acontece com os integrantes de um grupo.[31]

A identificação constitui o modo pelo qual se transcende o ser e é motivada somente por afetos, ou seja, via identificação, igualo-me ao outro como o qual me identifico.

Não se pode considerar a intersubjetividade como um marco no qual se estrutura o sujeito, mas, como uma forma de repensar a progressiva organização do sujeito para garantir o vínculo com o outro.

Examinar como o outro intervém na formação do sujeito, como o marca com seus desejos e principalmente, com sua sexualidade, significou um grande avanço em relação aos modelos endogenistas existentes no passado. Na verdade, hoje se entende que o modelo intersubjetivo é o que organiza o psiquismo e que este envolve um contexto de gênese do mesmo e mais ainda, o papel do outro. Além disso, essa organização demanda que esse sujeito em formação afete também o papel do outro.

Então o desejo não basta. É necessária a existência de bases neurobiológicas.

Como se produz a identificação? Como que aquilo que observo no outro, se torna algo interno? O que possibilita ao sujeito repetir um gesto visto no outro, apenas pela simples observação desse gesto?

"Os avanços em neurociências permitem algumas respostas a estas questões, e mais, quais são os mecanismos neurobiológicos que permitem atribuir intenções aos atos das demais pessoas?".[32]

Há no córtex cerebral um grupo de neurônios que tem a faculdade de emitir impulsos tanto quando o sujeito observa um outro, quanto como é o próprio sujeito que realiza esse movimento. A esses neurônios se denominou neurônios espelho (mirror neurons).

"Fazem parte de um sistema percepção/execução de modo que a simples observação do movimento de uma mão, da boca ou do pé, ativa os mesmos registros específicos do córtex motor como se estivesse realizando os movimentos".[33]

A evolução da espécie assegurou dessa forma, as bases biológicas para favorecer os processos de identificação essenciais para garantir à criança e seu cuidador que as características do segundo possam passar a ser parte do primeiro, mas também, para que os movimentos dessa criança possam ecoar

31 Idem.

32 BLAKEMORE, S.J; DECETY, J. From the perception of action to the understanding of intention. *Nature Reviews: Neuroscience*, 2, p. 561-567, 2001.

33 Idem.

no cuidador, que passará a senti-los como próprios e atender as necessidades da criança.

As consequências vão além do fato de o movimento observado do outro gerar movimentos iguais no observador. Coloca-se como fundamento a ideia que esse circuito possibilita atribuir/entender as intenções do outro e que estaria na base do que hoje se conhece como teoria da mente – supor no outro, intenções. Quando um sujeito realiza ações simples ou complexas, essas ações vão acompanhadas da captação da própria intenção que as impulsionou. Forma-se aí, uma articulação no psiquismo de modo que a própria ação fica associada à intenção que a colocou em marcha. Cada intenção fica associada a ações específicas que lhe dão expressão, e cada ação evoca as intenções associadas.

Uma vez formado esse complexo associativo, ação/intenção no sujeito, quando o outro realiza uma ação, os neurônios espelho provocam, no cérebro do observador, uma ação equivalente e essa ação evoca a intenção associada. Por isso, o sujeito atribui ao outro a intenção que teria a ação se ele próprio a realizasse.

Entende-se então, que a leitura que alguém faz das intenções de um outro é, na verdade, a atribuição ao outro de suas próprias intenções, com o qual o mecanismo de projeção é estrutural na intersubjetividade e não mero processo defensivo. A defesa na verdade, faz uso da propriedade estrutural do psiquismo.

Ainda ficam muitas perguntas fascinantes para serem respondidas: por exemplo, que papel têm os neurônios espelho no fenômeno de identificação de massa? E na tendência que algumas pessoas têm de se mimetizar com os outros (identificação histérica)? Outra pergunta intrigante: dependerá do neurônio espelho a resposta adequada do cuidador para com a criança?

As respostas só poderão vir de uma séria investigação sobre percepção/ressonância/reconhecimentos de estados emocionais.

"O que já temos comprovado experimentalmente é que estados emocionais de um sujeito fazem ressoar no outro estados equivalentes, ou seja, contagia, e, a partir daí provoca uma mínima similar".[34]

2.2.2. *Questão de empatia*

Alguns pesquisadores especulam quanto à verdadeira função desses neurônios. Podemos dizer que o observador estaria simulando mentalmente a ação ou estaria se preparando para agir? O pesquisador húngaro Gergely Csibra, do Departamento de Psicologia do Birkbeck College, no Reino Unido,

34 HESS, U; BLAIRY S. Facial mimicry and emotional contagion to dynamic emotional facial expressions and their influence on decoding accuracy. *International Journal of Psychophysiology*, vol. 40, n. 2, p.:129-41, 2001.

sugere que o papel dos neurônios espelho talvez não seja exatamente o de espelhar ou simular a ação, mas de antecipar as possíveis respostas a essa ação. O que nos leva a acreditar que o cérebro é um grande gerador de hipóteses que antecipa as consequências da ação e que permite a tomada de decisão.

Devido a essa capacidade, podemos imaginar aquilo que se passa na mente do outro, colocando-nos no lugar da outra pessoa, compreendendo suas ações. Por exemplo: se vemos uma pessoa chorar por algum motivo, os neurônios espelho nos permitem lembrar as situações em que choramos e simular a aflição dela. Sentimos empatia por ela, sentimos o que a pessoa está sentindo. "A capacidade de simular a perspectiva do outro estaria na base de nossa compreensão das emoções do outro, de nossos sentimentos empáticos".[35]

Isso faz toda a diferença, porque é graças a essa capacidade que podemos estabelecer relações sociais.

> A predição das emoções do outro é fundamental para o comportamento social. A pessoa não cometerá um ato que é doloroso ou prejudicial aos demais. Isso se deve à empatia, que é a capacidade de interpretar as emoções alheias. O ser humano é dotado da teoria da mente, isto é, a capacidade de se colocar mentalmente no lugar de outra pessoa. Ela é a base do julgamento de intenções.[36]

A empatia seria determinada biologicamente desde o nascimento. "É preciso existir uma maquinaria inata, que nos permita certas capacidades, porque nem tudo em nosso comportamento é aprendido".[37] Ele lembra que os neurônios espelho ainda são um mecanismo-chave para a aprendizagem. Um exemplo disso é que, desde bebês, somos capazes de imitar expressões faciais dos adultos, instintivamente reproduzimos caras e bocas. Isso acontece porque os neurônios espelho começam a funcionar logo na primeira infância. Podemos, por exemplo, ampliar as nossas chances de sucesso em alguma tarefa, apreendendo com os "*experts*".

> A empatia envolve regiões do cérebro que existem há mais de 100 milhões de anos e funciona como a "cola" que mantém as sociedades unidas, segundo o primatólogo holandês Frans de Wall, em seu livro "A Era da Empatia". Como Wall, os cientistas partem do

35 TEIXEIRA, Hélio. *O que é teoria dos neurônios espelhos?* Disponível em: <http://www.helioteixeira.org/ teoria-dos-neuronios-espelhos/>. Acesso em: 22 jun. 2017.

36 SABATTINI, Renato. *O que é teoria dos neurônios espelhos?* Disponível em: <http://www.helioteixeira.org/ teoria-dos-neuronios-espelhos/>. Acesso em: 22 jun. 2017.

37 Idem.

> princípio de que os nossos cérebros são produto da seleção natural e que as pressões do ambiente social determinaram quais características deveriam ser mantidas para as gerações futuras (e uma dessas marcas seria os neurônios-espelho).[38]

"A maior parte dos gestos motores, como amarrar os sapatos, é aprendido por imitação, ou seja, tentativa e erro. Isso prevalece no reino animal, principalmente nos vertebrados".[39]

> Os estudos desses neurônios nos oferecem uma grande contribuição na compreensão da emoção: hoje sabemos que temos um sistema que partilha percepção e ação. O espelhamento permite o compartilhamento de emoções, presente no estado de empatia. Isso nos possibilita formular teorias mais compatíveis com os achados biológicos.[40]

Em "O Cérebro Empático" – Como, Quando e Por Quê, a neurocientista alemã Tânia Singer e a filosofa francesa Frederique de Vignemont propõem quatro condições para que a empatia aconteça:

1) Alguém está num estado afetivo, como medo, raiva ou tristeza, por exemplo.

2) Esse estado é isomórfico ao estado afetivo da outra pessoa.

3) Esse estado é produzido pela observação ou imaginação do estado afetivo de outra pessoa.

4) Uma pessoa sabe que a outra pessoa é fonte do seu próprio estado afetivo.

> Os achados de imagem cerebral permitem que sejam identificadas áreas de 'espelhamento' do cérebro que são ativadas no estado de empatia, mas não se sabe exatamente como essas áreas cerebrais atuam nos estados da empatia descritos por essas pesquisadoras. Pode ser que um dia possamos ter uma precisão maior do que acontece no cérebro empático.[41]

---

38 MEDEIROS, Roberta de. *Neurônios espelho*. Disponível em: <http://divagacoesligeiras.blogs.sapo.pt/o-que-e-teoria-dos-neuronios-espelhos-622404>. Acesso em: 22 jun. 2017.

39 SABATTINI, Renato. *O que é teoria dos neurônios espelhos?* Disponível em: <http://www.helioteixeira.org/ teoria-dos-neuronios-espelhos/>. Acesso em: 22 jun. 2017.

40 MEDEIROS, Roberta de. *Neurônios espelho*. Disponível em: <http://divagacoesligeiras.blogs.sapo.pt/o-que-e-teoria-dos-neuronios-espelhos-622404>. Acesso em: 22 jun. 2017.

41 TEIXEIRA, Hélio. *O que é teoria dos neurônios espelhos?* Disponível em: <http://www.helioteixeira.org/ teoria-dos-neuronios-espelhos/>. Acesso em: 22 jun. 2017.

Estudos sugerem que as pessoas ajudam mais as outras quando têm empatia por elas, o que explica porque a empatia geralmente é associada ao senso moral, justiça, altruísmo e cooperação. As pesquisas com neurônios espelho despontam como aliadas no debate quanto à natureza de decisões morais. Elas reforçam a tese de que os comportamentos morais têm um traço afetivo porque envolvem a capacidade do indivíduo de sentir as emoções do outro, e dependem do sistema de recompensa (circuitos do cérebro ligados à sensação do prazer).

> Alguns teóricos defendem que as decisões morais são de natureza cognitiva e envolvem um pensamento moral. Mas os experimentos com neurônios-espelho fortalecem a ideia de que as emoções estão na base do sentimento moral. Isso significa dizer que não aprendemos apenas racionalmente, mas também somos educados sentimentalmente.[42]

A Psicologia Social admite a influência da cultura e da educação no comportamento humano, sabe-se com certeza, que o comportamento de grupo é diferente do comportamento individual. Entretanto, a Filosofia e a Psicologia moral olham os achados sobre neurônios espelho com certa desconfiança.

Durante um processo terapêutico de reabilitação motora, por exemplo, as células (neurônios espelho) tanto podem responder a gestos já praticados quanto a não aprendidos. O que significa que a capacidade desses neurônios de reagir à observação de uma tarefa não depende obrigatoriamente da nossa memória. A tendência é imitar, inconscientemente, aquilo que observamos, ouvimos ou percebemos. "Tanto existe reação como aprendizagem durante o processo de reabilitação, há uma dupla função", e se há uma lesão nesse circuito, isso vai levar a um tipo de interferência, talvez não haja integração das informações".[43]

A antiga visão de que o cérebro é dividido em módulos autônomos com funções específicas que interagem pouco uns com os outros vem do século passado e a neurologia ainda tem se baseado nela. Uma lesão em um dos módulos traria um problema neurológico irreversível.

> Os achados, no entanto, sugerem que é necessário repensar a visão de que o cérebro trabalha de forma seriada e hierárquica com seus módulos, e substituí-la por uma nova visão mais dinâmica. O cére-

42 TEIXEIRA, Hélio. *O que é teoria dos neurônios espelhos?* Disponível em: <http://www.helioteixeira.org/ teoria-dos-neuronios-espelhos/>. Acesso em: 22 jun. 2017.

43 Idem.

bro trabalha de forma integrada em paralelo e não de forma seriada. Existe atividade de várias áreas do cérebro ao mesmo tempo.[44]

Ao invés de pensar os módulos cerebrais como inflexíveis, devemos pensar em um equilíbrio dinâmico com conexões sendo constantemente formadas e reformadas em resposta a mudanças ambientais.

2.2.3. O uso do conceito de empatia

Há em psicanálise seis distintos uso do termo, segundo Célis; Bohart; Greenberg.[45]

Primeiro a empatia é uma capacidade de base genética para entender-se, relacionar-se e reagir aos demais. Considera-se que se desenvolve em um contínuo e que já está presente a partir dos primeiros meses de vida, ainda que se mostrando muito diferente em termos de grau em distintos indivíduos. Hoffman nos diz que essa empatia encontra-se subordinada a uma capacidade genética para o altruísmo.

Um segundo diz respeito à empatia entendida como um método de observação e recopilação de dados, conceito este que corresponderia à definição de psicanálise dada por Kohut, segundo o qual esta seria uma disciplina que baseia suas observações na introspecção e na empatia.

Terceiro, pode ser entendida como um modo de escuta que, segundo Schwaber, é característico da psicanálise e supõe uma forma contínua de intenção de entendimento das realidades subjetivas do outro.

Um quarto uso, também atribuível a Kohut, coloca a empatia como uma necessidade de desenvolvimento. A experiência que tem o bebê, da vivência especular em relação a seu cuidador, seria um ingrediente necessário para o desenvolvimento de um self coeso.

Em quinto, se coloca ênfase na empatia como dimensão da comunicação, de tal modo que, a despeito dos métodos usados pelo sujeito para a compreensão do outro, a comunicação do conhecimento adquirido se dá ou não, de maneira empática. Nesse sentido, Schlesinger afirma que a capacidade para comunicar-se empaticamente com os pacientes é a base da psicanálise.

Por último, ainda no trabalho de Kohut, a empatia é considerada como um agente terapêutico central de maneira que o terapeuta satisfaz uma necessidade que foi desatendida de maneira traumática pelos pais do sujeito.

---

44 Idem.

45 CELÍS, M. DE; BOHART, A. C; GREENBERG, L. Reconsideración del concepto de empatía. Nuevas direcciones en psicoterapia. Compilado por Arthur C. Bohart y Leslie Greenberg. *American Psychological Association*, Washington, DC, 1997.

2.2.4. Processos mediante os quais se opera a empatia

Frente alguns autores psicanalíticos que acreditam que o fenômeno da empatia é de natureza tal, que não se pode especificar quais são os processos, há outros autores, que destacam nesses processos programações genéticas capazes de promover uma imitação automática, inconsciente do estado corporal e da expressão facial do outro de tal modo que se experimenta um afeto idêntico.

A partir daí a ressonância afetiva levaria à elaboração de uma interpretação não necessariamente consciente do significado dessas ações corporais.

O autor considera que o conhecimento que se adquire mediante a empatia não se obtém compartilhando os sentimentos com o outro, mas sim, inferindo um julgamento através de processos racionais.

Quase toda a bibliografia psicanalítica relativa à empatia, se centra nas experiências empáticas do observador.

A empatia recebida seria um critério necessário do conhecimento recebido empaticamente.

Heinz Kohut morre em 1981 depois de enviar seu último trabalho "Reflexões sobre a empatia", a um congresso de Psicologia do Self. Preocupava-se com o entendimento errôneo da palavra, pelas futuras gerações de psicanalistas, definindo a empatia como um elemento capaz de promover um grande avanço na compreensão profunda do mundo interno do outro.

3. CONSIDERAÇÕES FINAIS

É evidente que, em laços de puro afeto, como sói acontecer, em famílias formadas por adoção a semelhança física, não tem a menor importância.

Mas o processo identificatório tão necessário à formação da personalidade humana, só se torna possível quando há admiração e desejo de "imitar" quem amamos.

Mais uma vez, a Psicologia como ciência e a neurociência formam uma interface estudando os neurônios da empatia que se tornam **as bases biológicas do DNA da alma.**

DA (IN) JUSTIÇA NO PLANEJAMENTO FAMILIAR NO BRASIL: O DIREITO DE SER (OU NÃO SER) MÃE OU PAI

Marianna Chaves[1]
Rodrigo da Cunha Pereira[2]
Maria Berenice Dias[3]

SUMÁRIO: Introdução. **1.** O inciso I do art. 10 da Lei de Planejamento Familiar. **1.1.** Do critério etário. **1.2.** Do descabimento de imposição de prazos e do "desencorajamento" à esterilização voluntária. **1.2.1.** Da imiscuição ilegítima do Estado na vida privada e familiar das pessoas. **1.2.2.** Da violação dos direitos sexuais e reprodutivos. **1.2.3.** O

---

1 Secretária de Relações Internacionais do Instituto Brasileiro de Direito de Família – IBDFAM. Doutoranda em Direito Civil pela Universidade de Coimbra em regime de cotutela com a Universidade de São Paulo. Mestra em Ciências Jurídicas pela Universidade de Lisboa. Pesquisadora do Centro de Investigação em Teoria e História do Direito da Universidade de Lisboa (THD-ULisboa). Pós-Graduada em Consentimento Informado pelo Centro de Direito Biomédico/Universidade de Coimbra. Pós-Graduada em Direito da Bioética e da Medicina pela APDI e Universidade de Lisboa. Pós-Graduada em Direito e Medicina da Reprodução pelo Centro de Direito Biomédico/Universidade de Coimbra. Membro da *International Society of Family Law*, da *World Association for Medical Law* e da *American BAR Association*, onde faz parte das Comissões de Direito das Famílias e Técnicas de Reprodução Assistida. Advogada e Consultora Jurídica nas áreas de Direito das Famílias, Direito da Medicina e Bioética.

2 Presidente Nacional do Instituto Brasileiro de Direito de Família – IBDFAM. Advogado especializado em Direito de Família, com ênfase interdisciplinar em Psicanálise. Professor de Direito Civil – Direito de Família – PUC/MG, desde 01/09/93 (atualmente licenciado). Doutor em Direito pela Universidade Federal do Paraná. Mestre em Direito Civil pela Universidade Federal de Minas Gerais. Graduado pela Universidade Federal de Minas Gerais. Conselheiro da OAB/MG, no período de 1998 a 2003. Membro da *International Society of Family Law* (Sociedade Internacional de Direito de Família). Autor de Livros e Artigos Jurídicos. Membro do Conselho da Editora Del Rey. Coordenador e Conselheiro da Revista IBDFAM: Famílias e Sucessões.

3 Vice-Presidente Nacional do Instituto Brasileiro de Direito de Família – IBDFAM. Advogada especializada em Direito Homoafetivo, Direito das Famílias e Sucessões. Presidente da Comissão Especial da Diversidade Sexual e Gênero do Conselho Federal da OAB. Membro do Conselho de Desenvolvimento Econômico e Social da Presidência da República. Pós-graduada em Processo Civil pela Pontifícia Universidade Católica do Rio Grande do Sul. Mestra em Processo Civil pela Pontifícia Universidade Católica do Rio Grande do Sul. Desembargadora Aposentada do Tribunal de Justiça do Rio Grande do Sul.

valor da autonomia na ética médica. **2.** O parágrafo 2º do artigo 10 da Lei n. 9.623. **2.1.** Da liberdade de escolha esclarecida do paciente. **2.2.** Do risco acrescido à saúde da paciente. **2.3.** Da negação ao direito à saúde. **3.** O parágrafo 5º do artigo 10 da Lei n. 9.623. **3.1.** O casamento como lócus do livre desenvolvimento da personalidade. **3.2.** O direito à intimidade e à autodeterminação sexual e reprodutiva de cada um dos cônjuges. **4.** Conclusão: uma solução *de iure constituendo*.

INTRODUÇÃO

O presente artigo constitui um parecer elaborado a partir de uma consulta feita ao Instituto Brasileiro de Direito de Família – IBDFAM, relativamente à constitucionalidade do inciso I e dos parágrafos 2º e 5º do artigo 10 da Lei n. 9.623, de 12 de janeiro de 1996. Tal legislação que regula o §7º do art. 226 da Constituição Federal, que trata do planejamento familiar, estabelece penalidades e dá outras providências relativas ao tema.

A resposta ao questionamento levantado liga-se visceralmente à ideia da presente obra coletiva: o direito de ser, em uma lógica de respeito e compromisso. Será que o Estado brasileiro está *cuidando* do *direito de ser* (ou não ser) mãe ou pai de cada um dos seus cidadãos?

Será que o Brasil está *respeitando* os direitos reprodutivos e o *compromisso* social de um planejamento familiar pautado na parentalidade responsável e na observância da autonomia das pessoas? A ideia deste escrito foi a de tentar trazer essas respostas, além de formular uma proposta de *iure constituendo* relativamente aos dispositivos legais analisados.

1. O INCISO I DO ART. 10 DA LEI DE PLANEJAMENTO FAMILIAR

O artigo 10, inciso I da Lei n. 9.623/96, autoriza a esterilização voluntária:

> I – em homens e mulheres com capacidade civil plena e *maiores de vinte e cinco anos de idade ou, pelo menos, com dois filhos vivos, desde que observado o prazo mínimo de sessenta dias entre a manifestação da vontade e o ato cirúrgico*, período no qual será propiciado à pessoa interessada acesso a serviço de regulação da fecundidade, incluindo aconselhamento por equipe multidisciplinar, visando desencorajar a esterilização precoce. (Grifo nosso)

A esterilização é uma forma de controle de natalidade. Todos os procedimentos de esterilização são destinados a serem permanentes. Durante um procedimento de esterilização feminina, um profissional de saúde fecha ou bloqueia as trompas de Falópio de uma mulher. O método pode ser feito de diversas formas. Uma maneira é amarrando e cortando os tubos – isso é chamado de ligadura de trompas. As trompas de Falópio também podem ser seladas usando instrumento com uma corrente elétrica; com grampos, pinças ou anéis; ou ainda, um pequeno pedaço do tubo pode ser removido. Noutras vezes, pequenos enxertos são colocados nos tubos e após o crescimento de tecido ao seu redor há o bloqueio das trompas. O nome de marca desse tipo de esterilização é *Essure*.[4]

Alguma doutrina[5] indica que diversos fatores combinados criaram obstáculos para aqueles que buscam a esterilização voluntária: o legado de esterilizações involuntárias eugênicas ou neo-eugênicas fez com que legislações ao redor do mundo (ou, no silêncio legal, médicos e clínicas) se inclinassem para a imposição de restrições ao procedimento; visões culturais e religiosas sobre a fertilidade e a maternidade também impediram que esses óbices se tornassem preocupações sociais como o direito à interrupção voluntária da gravidez e o acesso igualitário às técnicas de procriação medicamente assistida.

1.1. Do critério etário

O direito ao corpo, nele incluído os seus tecidos e órgãos, é a materialização do princípio da dignidade da pessoa humana e do direito à integridade física. Entre suas partes constitutivas, o corpo humano é, *per se*, objeto de salvaguarda jurídica que se revela nos tipos penais de lesões corporais, nos crimes de perigo para a vida e a saúde e no império da decisão sobre atos e tratamentos médicos.[6]

O art. 13 do Código Civil indica ser defeso o ato de disposição do próprio corpo, quando importar diminuição permanente da integridade física ou contrariar os bons costumes. Certamente, a esterilização voluntária não contraria os bons costumes, caso contrário não estaria prevista em lei, ainda que mediante pressupostos questionáveis.

Tampouco se pode dizer que a esterilização diminua a integridade física das pessoas, já que além de estar regulamentada em lei, o procedimento cirúrgico produz tão somente uma inibição de uma capacidade biológica: a procriativa. Portanto, não cabe se socorrer desse dispositivo do CC para sustentar uma impossibilidade da esterilização voluntária.

---

4 Cf. PLANNED PARENTHOOD. *Sterilization for Women (Tubal Sterilization)*. Disponível em: <https://www.plannedparenthood.org/learn/birth-control/sterilization-women>. Acesso em: 17 mar. 2017.

5 Cf. nesse sentido, TAZKARGY, Ariel S. From Coercion to Coercion: Voluntary Sterilization Policies in the United States. *Law and Inequality: A Journal of Theory and Practice*, vol. 32, n. 1, p. 135-168, 2014, p. 138.

6 Nesse sentido, ver AMARAL, Francisco. *Direito Civil:* Introdução. 2. ed. Rio de Janeiro: Renovar, 1998, p. 250.

De acordo com o art. 5º do Código Civil brasileiro, a menoridade extingue-se aos dezoito anos completos, quando a pessoa está habilitada a todos os atos da vida civil. Essa noção de capacidade revela-se em dois domínios distintos: o da titularidade e o do exercício pessoal e livre.[7]

Nessa lógica, parece de todo absurdo que uma legislação imponha uma idade superior à maioridade civil para a prática de um ato que, mais do que ser a prática de uma ação da vida civil, é um exercício de autodeterminação reprodutiva que se vincula à esfera pessoal e íntima dos indivíduos, sem causar quaisquer prejuízos a terceiros.

Como sabiamente afirmou o *Justice* norte-americano Benjamin Cardozo, no caso *Schloendorff v. Society of New York Hospital*, julgado pela Corte de Apelações do Estado de Nova Iorque em 1914, "todo ser humano em idade adulta e mente sã tem o direito de determinar o que deve ser feito com seu corpo".[8]

A imposição de determinada idade para tal decisão pressupõe a visão de que a pessoa – principalmente a mulher – poderia mudar de ideia no futuro. Tolher a liberdade reprodutiva das pessoas com base em "achismos" sobre possíveis arrependimentos futuros parece ser uma escolha legislativa equivocada. Primeiro porque passa a noção de que, após uma determinada idade, a maternidade deve ser um padrão, revelando uma prescrição social e moral. Depois porque infere que a mulher não poderia ter tomado a decisão (de maneira consciente e esclarecida) de submeter-se à esterilização por ainda não ter experimentado o chamado do "relógio biológico"[9] ou (supostamente) não ser suficientemente madura.

Para ilustrar a irracionalidade da norma em comento, basta fazer uma analogia com a adoção. O Estatuto da Criança e do Adolescente é claro: podem adotar os maiores de dezoito anos, ou seja, os civilmente capazes, independentemente do seu estado civil, como indica o art. 42.

Para exercer a parentalidade adotiva, através de uma decisão perene e irrevogável, a maioridade é suficiente. Então, por que é negado o direito de optar por não exercer a parentalidade natural, à pessoa maior e capaz, até sete anos mais tarde? Tal impedimento insulta os mandamentos constitucionais da liberdade, da igualdade e do direito à diferença. Como já advertiu o Ministro Luís Felipe Salomão, em decisão do STJ:[10]

---

7 Como indica VASCONCELOS, Pedro Pais de. *Teoria Geral do Direito Civil*. 5. ed. Coimbra: Almedina, 2008, p. 90.

8 *Schloendorff v. Society of New York Hospital*, 211 N.Y. 125, 105 N.E. 92 (1914). Disponível em: <http://self.gutenberg.org/articles/eng/Schloendorff_v._Society_of_New_York_Hospital>. Acesso em: 18 mar. 2017.

9 Como afirma TAZKARGY, Ariel S. Op. cit., p. 139.

10 *Vide* STJ, 4ª Turma, REsp 1183378 / RS, Rel. Min. Luís Felipe Salomão, julg. 25.10.2011.

> *A igualdade e o tratamento isonômico supõem o direito a ser diferente, o direito à autoafirmação e a um projeto de vida independente de tradições e ortodoxias.* Em uma palavra: o direito à igualdade somente se realiza com plenitude se é garantido o direito à diferença. Conclusão diversa também não se mostra consentânea com um ordenamento constitucional que prevê o princípio do livre planejamento familiar. (Grifo nosso)

Para demonstrar o quanto o critério brasileiro é falho e ilógico, mormente em termos de coerência sistêmica, pode-se socorrer do exemplo português. De acordo com o art. 10º, n. 1, da Lei n. 3/84, de 24 de março (Educação Sexual e Planeamento Familiar), a esterilização voluntária só pode ser praticada por maiores de 25 anos. Para a adoção conjunta de crianças e jovens, o Estado português exige que o par – casado ou vivendo em união de facto – esteja junto há pelo menos 4 anos e que ambos tenham pelo menos 25 anos. Na hipótese de adoção singular ou unilateral, a pessoa deve ter 30 anos, a não ser que se trate de adoção de enteado, como prescreve o art. 1979º, números 1 e 2 do Código Civil. Legítima ou não, a imposição etária em Portugal, ao menos, guarda alguma coesão sistemática, algo que não é constatado no ordenamento brasileiro.

No caso do Brasil, olhando-se para os requisitos de fundo da adoção, é facilmente constatável a incongruência desse pressuposto da Lei de Planejamento Familiar com o sistema constitucional e com o próprio Direito da Filiação. É preciso lembrar ainda que, de acordo com a ONU,[11] tanto a obrigação de ter atingido certa idade, como a imposição de consentimento do cônjuge ou a necessidade de possuir um número determinado de filhos vivos são requisitos que violam vigorosamente o direito à privacidade das pessoas, mormente das mulheres.

Não faz qualquer sentido considerar uma pessoa capaz e preparada para adotar e se responsabilizar pela vida de uma criança e não reputá-la competente para decidir sobre a própria vida reprodutiva e sobre o próprio corpo. Quem é considerado qualificado para adotar também deve ser considerado autossuficiente para decidir se deseja ou não procriar. Não perceber isso é um contrassenso que vilipendia os direitos à privacidade e à intimidade, à liberdade, à igualdade e à dignidade da pessoa humana.

---

11 ONU. *Reproductive Rights are Human Rights: A Handbook for National Human Rights Institutions*, p. 106. Disponível em: <http://www.ohchr.org/Documents/Publications/NHRIHandbook.pdf>. Acesso em: 18 mar. 2017.

1.2. Do descabimento de imposição de prazos e o "desencorajamento" à esterilização voluntária

Além do critério etário, a fixação de prazos e a imposição de um "desencorajamento" à esterilização voluntária violam frontalmente a letra do art. 226, §7º da Constituição, que estabelece que o planejamento familiar é "livre decisão do casal", devendo ser "vedada qualquer forma coercitiva por parte de instituições oficiais ou privadas".

Ao Estado "só compete, como dever, propiciar recursos educacionais e científicos"[12] para o exercício do planejamento familiar e nada mais. A norma constante da Lei Fundamental Brasileira, harmoniza-se com o Princípio 8 da Conferência Internacional sobre População e Desenvolvimento (CIPD) do Cairo, de 1994:

> Toda pessoa tem direito ao gozo do mais alto padrão possível de saúde física e mental. Os estados devem tomar todas as devidas providências para assegurar, na base da igualdade de homens e mulheres, o acesso universal aos serviços de assistência médica, inclusive os relacionados com *saúde reprodutiva, que inclui planejamento familiar e saúde sexual. Programas de assistência à saúde reprodutiva devem prestar a mais ampla variedade de serviços sem qualquer forma de coerção. Todo casal e indivíduo têm o direito básico de decidir livre e responsavelmente sobre o número e o espaçamento de seus filhos* e ter informação, educação e meios de o fazer.[13] (Grifo nosso).

Sob título de planejamento familiar, está implícita a noção de regulação da descendência, "de contracepção, de esterilização e de todos os outros meios que agem diretamente sobre as funções reprodutoras do homem e da mulher e, especialmente, sobre a saúde de ambos".[14]

A prescrição de dilações temporais e o esforço normativo para esmorecer aqueles que buscam a esterilização voluntária materializa uma intromissão ilegítima no planejamento familiar, planificação que compete apenas à mulher, ao homem ou ao casal. Para além disso, esse expediente dilatório configura uma espécie de aliciamento pró-natalidade, que pode ter como resultado maternidades/paternidades indesejadas, existentes tão-somente pela coação – explícita ou velada – por parte dos agentes públicos.

---

12 Como adverte SILVA, José Afonso da. *Comentário Contextual à Constituição*. 5. ed. São Paulo: Malheiros, 2008, p. 855.

13 Disponível em: <http://www.unfpa.org.br/novo/index.php/biblioteca/cipd>. Acesso em: 18 mar. 2017.

14 BRAUNER, Maria Claudia Crespo. *Direito, sexualidade e reprodução humana*: conquistas médicas e o debate bioético. Rio de Janeiro: Renovar, 2003, p. 15.

1.2.1. Da imiscuição ilegítima do Estado na vida privada e familiar das pessoas

O art. 11, n. 2 da Convenção Interamericana de Direitos Humanos – Pacto de San José da Costa Rica é contundente ao afirmar que ninguém pode ser vítima de "ingerências arbitrárias ou abusivas" em sua vida privada ou familiar. A Constituição Federal, no art. 5º, X, também consagra a inviolabilidade da vida privada e da intimidade. Em igual sentido se manifesta o art. 17, n. 1 do Pacto Internacional sobre Direitos Civis e Políticos.

Apesar de existirem outros métodos de contracepção e a índole radical e perene da esterilização, é preciso ter em consideração que, por razões religiosas, culturais ou outras, a esterilização pode ser o único método contraceptivo factível para determinadas pessoas. Pode-se ilustrar essa ideia com o cenário trazido por uma psicóloga do Estado do Mato Grosso:

> A psicóloga do planejamento familiar da Policlínica do Coxipó, Margarida da Costa Ribeiro, e a assistente social, Rosenil Lúcia Barbosa, contam que ainda existem muitos mitos que impedem que as mulheres, principalmente da periferia, utilizem métodos de evitar uma gravidez. Com muitos anos de experiência, Rosenil conta que *já ouviu histórias de marido que impede a esposa de tomar a pílula quando ele está viajando, para evitar infidelidade.* Tem gente que ao invés de ingerir, tenta colocar o comprimido nas partes íntimas. Outras procuram fazer a "tabelinha" sem muito sucesso. *Há ainda aquelas que alegam passar mal quando fazem uso do medicamento. Outras encontram resistência dos parceiros quando o tema é preservativo masculino.*[15] (grifo nosso)

Há relatos de negativa ao procedimento por parte do Sistema Único de Saúde, sem que haja qualquer tipo de justificação ao cidadão, em clara violação ao direito constitucional à saúde e ao planejamento familiar:

> Maria Patrícia de Barros tem 42 anos e cinco filhos. A idade deles varia entre 5 e 18 anos. *Ela tem problemas com anticoncepcionais, por isso quis fazer uma laqueadura pela rede pública de saúde, mas não conseguiu. "Falaram que a mãe que tem filho normal não faz laqueadura e não deram explicação".*
> Desde 2011, Patrícia tenta a cirurgia. Ela entrou no programa de planejamento familiar da Prefeitura de Suzano, mas os médicos di-

15 DOMINGUES, Rose. *Mulheres carentes "lutam" para conseguir laqueadura.* Disponível em: <http://www.gazetadigital.com.br/conteudo/show/secao/9/materia/202708/t/mulheres-carentes-lutam-para-conseguir-laqueadura->. Acesso em: 17 mar. 2017.

> zem que ela não tem o perfil para laqueadura no SUS. "É uma reunião que eles fazem, você leva o exames, o médico avalia e se tiver tudo certinho, ele dão a cartinha para operar. Eu não recebi porque todos meus filho nasceram de parto normal", completa. (...)
> Aparecida de Jesus está grávida do quarto filho. A filha mais nova tem apenas 1 ano e, antes mesmo de ela nascer, já queria ter feito a laqueadura. *Ela não conseguiu e soube que só poderia fazer o procedimento caso tivesse passado por duas cesarianas anteriormente.* "Eles disseram que eu não poderia fazer a laqueadura porque eu sou nova. Na época eu tinha 23 anos e todos os meus filhos nasceram de parto normal, não tinha nenhuma cesariana", disse.
> Até hoje Aparecida toma anticoncepcional, o problema é que, segundo ela, engravida assim mesmo. Aos 25 anos, a esperança é a laqueadura. "Eu não estou aguentando nem com três, imagina com quatro, cinco? Eu tomo anticoncepcional, mas não adianta, meu hormônio é forte".
> *O que estas mulheres têm em comum é a falta de condições em pagar uma laqueadura. (...)*
> *Clarice Soares tem 39 anos e acabou de ter o terceiro filho. Ela disse que também tentou fazer a laqueadura, sem sucesso.* "Eu estava grávida quando dei entrada na papelada. Eu estava esperando o parto para sair a autorização e até agora nada. Parto normal eles não fazem".[16] (Grifo nosso)

Tais ocorrências violam frontalmente não apenas o direito constitucional à saúde e ao planejamento familiar, mas o próprio direito à autonomia. A Lei n. 8.080/90, de 19 de setembro de 1990, ao dispor sobre as condições de promoção, proteção e recuperação da saúde, indica que as ações e serviços públicos de saúde e os serviços privados contratados ou conveniados que integram o Sistema Único de Saúde (SUS), devem obedecer ao princípio da "preservação da autonomia das pessoas na defesa de sua integridade física e moral", como indica o art. 7º, III da legislação supracitada.

1.2.2. Da violação dos direitos sexuais e reprodutivos

As origens dos Direitos Humanos, compreendidos como um complexo de normas que objetivam salvaguardar a pessoa humana contra os abusos de poder praticados pelos órgãos do Estado, "perdem-se nas brumas da história

16 Cf. "Mulheres de Suzano relatam dificuldades para fazer laqueadura". Disponível em: <http://g1.globo.com/sp/mogi-das-cruzes-suzano/noticia/2017/01/mulheres-de-suzano-relatam-dificuldades-para-fazer-laqueadura.html>. Acesso em 17 mar. 2017.

e confundem-se na luta do homem pelos direitos e liberdades inerentes à sua condição e dignidade".[17]

De acordo com o Enunciado n. 68, aprovado nas II Jornadas de Direito da Saúde promovidas pelo Conselho Nacional de Justiça, "os direitos reprodutivos correspondem ao conjunto de direitos básicos relacionados com o livre exercício da sexualidade e da reprodução humana".

Para a Organização das Nações Unidas,[18] os direitos reprodutivos são direitos humanos e representam uma constelação de liberdades e direitos já reconhecidos nas legislações nacionais, instrumentos internacionais de direitos humanos e outros documentos de consenso. Os direitos reprodutivos referem-se a uma diversidade de direitos civis, políticos, econômicos, sociais e culturais que afetam a vida sexual e reprodutiva de pessoas e pares.

Para alguma doutrina, além de ser um ramo dos direitos humanos e estarem visceralmente ligados aos direitos reprodutivos, os direitos sexuais estão intimamente conectados "com a desigualdade de gênero e com as questões multidisciplinares de saúde pública".[19] Todos os homens e mulheres possuem o direito de decidir – de maneira livre e responsável – se desejam possuir descendência, quantos filhos querem ter e em que época das suas vidas desejam tê-los. Essa prerrogativa faz parte do que se denominou por direitos reprodutivos, que existem em sentido positivo mas também em sentido negativo.

"É um direito fundamental do ser humano o direito a ter (*direito positivo*) e o direito a não ter (*direito negativo*) filhos".[20] Esse direito fundamental deve ser enxergado em uma lógica de "justiça reprodutiva",[21] que considere tão importante o direito à parentalidade quanto o direito à não-parentalidade. Um caso relatado nos EUA pode ilustrar bem esse direito em sentido negativo:

> Sofia escolheu não ter filhos por questões éticas, ideológicas e pessoais. Em primeiro lugar, ela está preocupada com a superpopulação mundial e seu efeito sobre o meio ambiente. Ela acredita que os pais não refletem sobre a questão demográfica mundial e os altos níveis de consumo que a criação de crianças implica são irresponsáveis.

---

17 BARRETO, Ireneu Cabral. *A Convenção Europeia dos Direitos do Homem Anotada*. 4. ed. Coimbra: Coimbra Editora, 2010, p. 17.

18 ONU. Op. cit., p. 21.

19 SCHIOCCHET, Taysa. "Marcos normativos dos direitos sexuais: uma perspectiva emancipatória". In: *Biodireito e Gênero*/Maria Claudia Crespo Brauner (org.). Ijuí: Unijuí, p. 61-106, 2007, p. 62.

20 CHAVES, Marianna. *Homoafetividade e Direito*: Proteção Constitucional, Uniões, Casamento e Parentalidade. 3. ed. Curitiba: Juruá, 2015, p. 309/310.

21 LUNA, Zakia; LUKER, Kristin. Reproductive Justice. *The Annual Review of Law and Social Science*, vol. 9, p. 327–352, 2013, p. 328.

> Além de suas razões éticas para permanecer "*childfree*", Sofia recorda o trabalho como baby-sitter quando adolescente, para famílias em que a mãe suportou sozinha o fardo da educação e da criação infantil. Sofia lamenta o fato de que as mulheres assumam todo o risco físico-corpóreo que acompanha uma gravidez e carreguem a responsabilidade primária pela criação dos filhos.
> Finalmente, Sofia nunca gostou muito de crianças e sabe há muito tempo que nunca desejou tê-las. Como Sofia nunca quis ter filhos, porque discorda das responsabilidades socialmente construídas e imputadas à maternidade e porque acredita que o mundo está superpovoado, ela buscou a esterilização aos vinte e quatro anos. (...)
> Sofia argumentou ter apresentado razões para querer o procedimento como uma jovem racional, bem informada, e educada, mas foi tratada com muito mais ceticismo do que se tivesse buscado uma cirurgia plástica ou tratamento de fertilidade. (...)
> Finalmente, após quase um ano inteiro de processo, Sofia obteve autorização para uma laqueadura na Califórnia. Ela nunca se arrependeu de ter se submetido ao procedimento.[22] (tradução livre)

A outro giro, as pessoas possuem também um direito de ter relações sexuais independentemente de reprodução, prerrogativa que estará sendo tolhida por uma imposição de prazos para forçar uma desistência aos potenciais candidatos à esterilização voluntária. Tal condicionamento revela um cenário de celibato compulsório enquanto a esterilização não for consentida, panorama que materializa uma restrição arbitrária à liberdade sexual das pessoas.

É preciso que o Governo, a legislação e as políticas públicas tenham consciência de que essas decisões, em regra, não são automáticas ou impulsivas. Usualmente constituem o fruto de uma meditação consciente sobre o tema, cuja decisão final cabe àquela pessoa que está exercendo autonomamente o seu direito (fundamental e de personalidade)[23] à (não) reprodução e ao livre exercício da sexualidade sem finalidade procriativa.

Foi ao homem e à mulher que o constituinte de 1988 outorgou a titularidade dos seus direitos reprodutivos, que são direitos humanos, como já advertiu um dos mais importantes instrumentos internacionais sobre os direitos das mulheres, a Declaração de Pequim de 1995:

---

22 TAZKARGY, Ariel S. Op. cit., p. 141/142.

23 Como ressalta Pedro Pais de Vasconcelos, estão englobados no "direito objetivo de personalidade", o direito constitucional sobre os direitos fundamentais e o direito internacional sobre direitos humanos. VASCONCELOS, Pedro Pais de. *Direito de Personalidade.* Coimbra: Almedina, 2006, p. 51.

> (...) os direitos de reprodução abarcam certos direitos humanos que já estão reconhecidos nas legislações nacionais, em documentos internacionais relativos aos direitos humanos e em outros documentos e consensos. *Tais direitos têm por base o reconhecimento do direito fundamental de todos os casais e indivíduos a decidir livre e responsavelmente o número de seus filhos, o momento de seu nascimento e o intervalo entre eles, a dispor de informação sobre os meios para isso e a alcançar o mais alto nível de saúde sexual e reprodutiva. Também inclui seu direito de adotar decisões relativas à reprodução sem sofrer discriminação, coações nem violências*, em conformidade com o que estabelecem os documentos relativos aos direitos humanos.[24] (Grifo nosso)

Como adverte alguma doutrina, o respeito e a salvaguarda do livre exercício dos direitos reprodutivos e sexuais é a diretriz fundamental para "manter-se o bem-estar social, onde a sociedade e a família possam prover seus indivíduos das condições indispensáveis ao bom desenvolvimento físico, mental, intelectual e moral".[25]

O Estado brasileiro está falhando na salvaguarda da saúde reprodutiva, que não se resume à ausência de enfermidades ou moléstias, sendo antes o estado de total bem-estar social, físico e mental em todas as matérias relativas ao sistema reprodutivo, suas finalidades e processos.

Nessa lógica, a saúde reprodutiva equivale a que um indivíduo possa ter uma vida sexual segura e boa, tenha a faculdade de procriar e a liberdade de decidir se, quando e quantas vezes o fará, como proposto pela Conferência do Cairo de 1994, no Capítulo VII, ponto 7.1.

A legislação brasileira deve reconhecer ampla liberdade no exercício da sexualidade e da reprodução (em seus sentidos positivo e negativo), apenas cabendo restrições a tais direitos fundamentais quando esteja em causa violação aos direitos fundamentais de terceiros, bens ou valores constitucionalmente salvaguardados.[26] Certamente esse não é o caso que se revela nas hipóteses de ligadura dos ductos deferentes do homem ou da laqueadura das trompas de Falópio da mulher.

---

24 Declaração e Plataforma de Ação da IV Conferência Mundial Sobre a Mulher. Disponível em: <http://www.onumulheres.org.br/wp-content/uploads/2014/02/declaracao_pequim.pdf>. Acesso em: 18 mar. 2017.

25 BRAUNER, Maria Claudia Crespo. Op. cit., p. 16.

26 Nesse sentido, ver DURÁN, Manuel Carrasco. "Reprodução: Interpretação Constitucional e Biodireito". In: BUGLIONE, Samantha; VENTURA, Miriam (orgs.). *Direito à Reprodução e à Sexualidade:* Uma Questão de Ética e Justiça. Rio de Janeiro: Lumen Juris, p. 237-261, 2010, p. 244.

1.2.3. *O valor da autonomia na ética médica*

Embora a noção de autonomia tenha sido usada em muitos sentidos distintos, na ética biomédica há um entendimento básico comum sobre o significado desse conceito. De acordo com essa ideia, autonomia significa autogoverno.[27]

O exercício da autonomia através do consentimento possui o poder de transformar uma agressão ou lesão corporal em uma prática lícita. No domínio moral, o consentimento é requerido como materialização do respeito ao direito de autodeterminação do paciente.[28] Nesse sentido, o Código de Ética Médica (Resolução CFM n. 1931/2009), estabelece em seu art. 22 que é vedado ao médico deixar de obter consentimento do enfermo ou do seu representante legal, após esclarecê-lo sobre a intervenção a ser realizada, exceto em caso de risco imediato de morte.

Reforçando ainda mais o valor da autonomia, o art. 24 do Código é de clareza meridiana ao indicar que é proibido ao médico deixar de assegurar ao paciente o exercício do direito de escolher livremente sobre a sua pessoa ou seu bem-estar, assim como impor sua autoridade para limitá-lo. Note-se que o Código de Ética Médica veda ao profissional da Medicina aquilo que a Lei de Planejamento Familiar permite e impõe às equipes multidisciplinares: intervir e sugestionar as decisões dos pacientes, desconsiderando o seu autogoverno e autossuficiência.

A autonomia do paciente é um dos pilares do Código e mesmo da Medicina na atualidade. Como advertem Eduardo Dantas e Marcos Coltri, ao paciente cabe optar, dentro dos limites técnicos e em conjunto com o profissional de saúde, qual o tratamento a que deseja se submeter; ou até mesmo eleger, conscientemente e de maneira esclarecida, não realizar nenhuma terapêutica. Para os autores, "somente se vislumbra a possibilidade de o médico interferir nesta livre manifestação de vontade quando a vida do paciente estiver em iminente perigo".[29]

Essa ideia se harmoniza com o princípio fundamental XXI do Código de Ética Médica, que esclarece que, no processo de tomada de decisão, o médico acatará as escolhas dos seus pacientes, no que diz respeito aos diagnósticos e processos terapêuticos, "desde que adequadas ao caso e cientificamente reconhecidas".

Em poucas palavras, "enquanto for capaz de decidir o que deve e o que não deve fazer", o paciente "é responsável por suas ações".[30] Tal previsão

---

27 Cf. VARELIUS, Juka. The value of autonomy in medical ethics. *Medicine, Health Care and Philosophy*, vol. 9, p. 377–388, 2006, p. 377.

28 Como indica JACKSON, Emily. *Medical Law* – Text, Cases and Materials. 2. ed. Oxford: Oxford University Press, 2010, p. 217.

29 DANTAS, Eduardo; COLTRI, Marcos. *Comentários ao Código de Ética Médica:* Resolução CFM nº. 1.931, de 17 de setembro de 2009. Rio de Janeiro: 2010, GZ, p. 115.

30 DANTAS, Eduardo; COLTRI, Marcos. Op. cit., p. 34.

daquele código deontológico representa uma viragem na forma de encarar o papel do médico, passando a conferir ao paciente uma quota da responsabilidade quanto às definições e resultados do seu tratamento ou intervenção. Com o alargamento da liberdade de escolha vem o ônus da repartição das responsabilidades pelos efeitos da decisão.

A liberdade e a igualdade foram os primeiros princípios reconhecidos como direitos humanos fundamentais, de maneira a assegurar o respeito à dignidade da pessoa humana.[31] A Declaração Universal sobre a Bioética e Direitos Humanos adotada pelos 191 Estados-Membros na 33ª Conferência Geral da UNESCO, em 19 de outubro de 2005, indica no art. 3º, n. 1 que "a dignidade humana, os direitos humanos e as liberdades fundamentais devem ser plenamente respeitados".[32]

A relação médico x paciente tem como sustentáculo fundamental o dever de informação, mais especificamente, a obrigação de o médico prestar ao paciente todas as informações possíveis para que ele possa realizar direito seu, apoiado em um dos princípios bioéticos mais elementares, "o da autonomia, ou seja, a possibilidade de dispor de seu próprio destino, decidindo a qual tratamento irá se submeter, embasado em informações claras e precisas sobre os riscos e benefícios possíveis, advindos de sua decisão".[33]

A Declaração Universal sobre a Bioética e Direitos Humanos indica ainda no art. 5º que a autonomia dos indivíduos "no que respeita à tomada de decisões, desde que assumam a respectiva responsabilidade e respeitem a autonomia dos outros, deve ser respeitada".[34] Como se adverte em alguma doutrina, "o reconhecimento das liberdades é o caminho para o desenvolvimento",[35] devendo-se evitar esse cenário de coerção e controle das pessoas, maiores e capazes.

2. O PARÁGRAFO 2º DO ARTIGO 10 DA LEI N. 9.623

O §2º do art. 10 da Lei de Planejamento Familiar proíbe a esterilização cirúrgica da mulher durante a cesariana ou aborto, exceto nas hipóteses de comprovada necessidade, por cesarianas sucessivas anteriores.

---

31 DIAS, Maria Berenice. *Manual de Direito das Famílias*. 9. ed. São Paulo: Revista dos Tribunais, 2013, p. 66.

32 Cf. UNESCO. *Declaração Universal sobre a Bioética e Direitos Humanos*. Disponível em: <http://unesdoc.unesco.org/images/0014/001461/146180por.pdf>. Acesso em: 18 mar. 2017.

33 DANTAS, Eduardo. *Direito médico*. 2. ed. Rio de Janeiro: GZ, 2012, p. 71/72.

34 Cf. UNESCO. Op. cit.

35 BUGLIONE, Samantha. "Esterilização de Mulheres: Desenvolvimento, Preservação de Recursos Naturais e Respeito à Autonomia". In: BUGLIONE, Samantha; VENTURA, Miriam (orgs.). *Direito à Reprodução e à Sexualidade:* Uma Questão de Ética e Justiça. Rio de Janeiro: Lumen Juris, p. 263-293, 2010, p. 282.

2.1. Da liberdade de escolha esclarecida do paciente

A primeira grande resposta ético-jurídica às intervenções médicas não autorizadas foi o chamado Código de Nuremberg (1947) e que resultou do julgamento de médicos nazistas perante o Tribunal Internacional de Nuremberg, por conta de suas práticas de "pesquisas científicas" com prisioneiros de guerra, até hoje tidas como exemplos de indefensável selvageria.

Tal diploma representou um marco na história da humanidade, já que pela primeira vez foi estabelecida uma recomendação internacional relativa aos aspectos éticos envolvidos na pesquisa em seres humanos, em resposta às barbáries e experimentos nefastos executados por médicos nazistas liderados por Josef Mengele, nos mais diversos campos de concentração, em especial em Auschwitz. Dos atos que sacrificaram incontáveis vidas humanas, incluem-se: o contágio proposital de sífilis, inoculação, por via venosa, de tifo, gonococos, células cancerígenas e toda sorte de vírus nos concentrados, com o simples objetivo de "curiosidade científica". Além disso, os profissionais ainda esterilizaram pessoas e procederam a experiências genéticas com o intuito de alcançar uma "raça superior"; causaram queimaduras de 1º e 2º graus com compostos fosfóricos; administraram doses de entorpecentes e outras substâncias nocivas, para analisar empiricamente os efeitos produzidos; deixou-se de tratar pessoas com sífilis ou lesões pré-cancerígenas para avaliar a evolução de cada patologia, entre outras atrocidades aberrantes.[36]

O art. 1º do Código de Nuremberg[37] afirma, entre outras coisas, que o consentimento voluntário do sujeito humano é absolutamente essencial para qualquer experimento científico. Isso significa que a pessoa envolvida deve ter capacidade legal para prestar consentimento; deve poder exercer livremente a escolha, sem a intervenção de qualquer elemento de força, fraude, dolo, coação, excesso ou outra forma ulterior de restrição ou coerção; e deve ter conhecimento e compreensão suficientes dos elementos do assunto em causa, de maneira que a escolha seja informada e esclarecida.

A própria natureza cosmopolita e o momento histórico do julgamento se encarregaram de outorgar ao Código de Nuremberg um incremento na doutrina do consentimento, fazendo com que os mais diversos Códigos Deontológicos e as legislações nacionais passassem a se preocupar não somente com a substância, mas também com a qualidade da informação prestada pelos médicos, e não apenas aquelas relativas a pesquisas, mas especialmente as relativas às terapêuticas e procedimentos cirúrgicos. Em poucas palavras, o consentimento puramente formal do paciente não seria mais suficiente,

---

36 Nesse sentido, ver: DINIZ, Maria Helena. *O estado atual do biodireito*. 7. ed. São Paulo: Saraiva, 2010, p. 441.

37 Disponível em: <https://history.nih.gov/research/downloads/nuremberg.pdf>. Acesso em: 18 mar. 2017.

se isolado da realização plena de sua autonomia.[38] Como adverte Eduardo Dantas:

> Ao paciente, é necessário estar de posse de todos os elementos possíveis a sua compreensão, para que – aí sim – possa exercer a faculdade de consentir com o tratamento ou intervenção proposta, escolher outra das alternativas existentes, ainda que menos indicada pelo profissional que o assiste, ou mesmo recusar-se a se tratar. A este procedimento, que engloba o consentimento informado sem com este se confundir, se atribui o nome de *escolha esclarecida*.[39] (Grifo no original)

2.2. Do risco acrescido à saúde da paciente

A conveniência da conjugação do parto com a esterilização voluntária deve ser resultado da harmonização da vontade do paciente, fruto da sua escolha esclarecida, com a liberdade profissional do médico, que tem direito de indicar o procedimento que considera mais adequado, observando as práticas cientificamente reconhecidas, como prescreve o Código de Ética Médica (Capítulo II, inciso II).

Todavia, ainda que o médico considere oportuno para aquela paciente a realização de laqueadura durante o parto estará impedido, já que o artigo 15 do mesmo diploma indica ser proibido que o profissional da Medicina descumpra a legislação em matéria de esterilização.[40]

Não obstante o óbice legislativo já indicado, já há decisão judicial autorizando a esterilização feminina no mesmo procedimento cirúrgico do parto:

> AGRAVO DE INSTRUMENTO. DIREITO PÚBLICO NÃO ESPECIFICADO. SAÚDE PÚBLICA. GESTAÇÃO DE RISCO. PROCEDIMENTO CIRÚRGICO DE LAQUEADURA TUBÁRIA CONCOMITANTE À CESÁREA. ANTECIPAÇÃO

---

38 Em igual sentido, ver: DANTAS, Eduardo. Op. cit., p. 76.

39 DANTAS, Eduardo. Op. cit., p. 77.

40 Que fique claro que não se está advogando em favor do parto por cesariana sempre, mas apenas quando houver indicação médica, já que a cirurgia apresenta como desvantagens o período de recuperação mais extenso; maior morbidade materna, incluindo risco acrescido de parada cardiorrespiratória pós-cirúrgica; histerectomia; hematoma de incisão; complicações anestésicas; infecção puerperal; risco acrescido de intercorrências neonatais, tais como taquipnéia transitória do recém-nascido e síndrome da angústia respiratória, como indicam AGUIAR DA CRUZ, Lidiane *et al.* Infecção de ferida operatória após cesariana em um hospital público em Fortaleza. *Enfermería Global*, vol. 29, p. 118-129, 2013, p. 120.

> DE TUTELA INDEFERIDA NA ORIGEM. PRESENÇA DOS REQUISITOS DO ART. 273 DO CPC. DETERMINAÇÃO DE REALIZAÇÃO DO PROCEDIMENTO. RESPONSABILIDADE SOLIDÁRIA. RECONHECIMENTO. 1. O art. 196 da Constituição Federal permite o deferimento da antecipação de tutela pleiteada, tendo em vista que a responsabilidade dos entes federados pelo funcionamento do Sistema Único de Saúde (SUS) é solidária. 2. Considerando que resta comprovada a necessidade e a urgência do procedimento cirúrgico, bem como a ausência de condições financeiras para suportar tal custo, cabível o deferimento de medida de antecipação de tutela para a imediata realização do procedimento de LAQUEADURA TUBÁRIA. Afiguram-se preenchidos os requisitos do art. 273 do CPC. *De um lado, porque a realização conjunta de ambos os procedimentos, além de trazer inegável bem estar à paciente, evita que suporte, desnecessariamente, os riscos de um novo procedimento cirúrgico. Ademais, a realização conjunta de ambos os procedimentos cirúrgicos inclusive é mais econômica aos cofres públicos, pois será necessária uma única internação e uma única anestesia. Também, o procedimento tem caráter nitidamente preventivo, evitando assim futuros problemas de saúde, a carecerem de tratamento mais complexo, na hipótese de nova gestação.* AGRAVO DE INSTRUMENTO PROVIDO. (TJRS, 2ª Turma Cível, Agravo de Instrumento n. 70060318128, Rel. Des. Ricardo Torres Hermann, julg. 02.10.2014). (Grifo nosso).

A ligadura das trompas de falópio no momento da cesariana irá implicar trabalho médico adicional, mas é um procedimento relativamente breve e simples. Ao juntar os dois atos médicos em uma mesma intervenção, o consentimento informado – para a consequente escolha esclarecida – deverá evidenciar mais aconselhamento e explanações do médico sobre os potenciais riscos e benefícios desse método em particular. Como aos pacientes é assegurado o direito de mudar de opinião, é importante reconfirmar a decisão da gestante imediatamente antes da cirurgia, como adverte uma recomendação do Colégio Americano de Obstetras e Ginecologistas.[41]

Há estudos[42] que indicam que a esterilização tubária intraoperatória por cesárea é um método prático e seguro, tendo menor efeito sobre a reser-

41 THE AMERICAN COLLEGE OF OBSTETRICIANS AND GYNECOLOGISTS. *Committee Opinion: Tubal Ligation with Cesarean Delivery*. Disponível em: <http://www.acog.org/Resources-And-Publications/Committee-Opinions/Committee-on-Coding-and-Nomenclature/Tubal-Ligation-with-Cesarean-Delivery>. Acesso em: 17 mar. 2017.

42 Nesse sentido, ver ÖZYER, Şebnem *et al.* Tubal sterilization during cesarean section or as an elective procedure? Effect on the ovarian reserve. *Contraception*, vol. 86, n. 5, p. 488-493, 2012.

va ovariana quando comparado à esterilização tubária planejada por mini-laparotomia. Há indicação de que nos Estados Unidos a grande maioria de laqueaduras ocorre imediatamente após o parto, para que as mulheres não tenham que estender o internamento e para que a recuperação da ligadura dos tubos e da parição decorram no mesmo período.[43]

Não é preciso lembrar que a necessidade de dois internamentos e duas intervenções cirúrgicas implica uma maior exposição a infecções relacionadas à assistência à saúde (IRAS). Tais intercorrências são graves eventos adversos associados aos cuidados de saúde e apresentam uma "alta morbidade e mortalidade repercutindo diretamente na segurança do paciente e por sua vez na qualidade dos serviços de saúde",[44] como indica a própria Agência Nacional de Vigilância Sanitária. Sobre a questão, adverte alguma doutrina que:

> Infecções relacionadas à assistência à saúde (IRASs) são, entre as principais causas de morbimortalidade, associadas às pessoas que se submetem a procedimentos clínicos. *São consideradas um problema relevante de saúde pública, que resulta em índices elevados de complicações à saúde, prolongamento do período de hospitalização, aumento direto sobre os custos da assistência, além de favorecer a seleção e disseminação de microrganismos multirresistentes.*[45] (Grifo nosso)

Estar em um nosocômio, por si só, já é um risco para uma pessoa saudável e sem qualquer ferida cirúrgica. O ambiente hospitalar, além de seletar agentes infecciosos persistentes, em razão da utilização inadequada dos antimicrobianos e por aglomerar indivíduos com distintas vulnerabilidades à infecção, apresenta excessiva realização de atos invasivos, circunstâncias que o qualificam como um local propício à disseminação de infecções, como indica alguma literatura médica.[46]

Ser obrigada a submeter-se primeiro a um parto por cesariana e somente *a posteriori* à laqueadura de trompas, com o intervalo prescrito pela legislação, é estar sujeita por duas vezes (e, frequentemente, desnecessariamente) a altos

---

43 Como afirma TAZKARGY, Ariel S. Op. cit., p. 139.

44 ANVISA. Boletim de Segurança do Paciente e Qualidade em Serviços de Saúde nº 14: Avaliação dos indicadores nacionais das Infecções Relacionadas à Assistência à Saúde (IRAS) e Resistência microbiana do ano de 2015, p. 11. Disponível em: <http://www20.anvisa.gov.br/segurancadopaciente/index.php/publicacoes/category/boletins-estatisticos>. Acesso em: 19 mar. 2017.

45 SOUZA, Ester Souza *et al.* Mortalidade e Riscos Associados a Infecção Relacionada à Assistência à Saúde. *Texto & Contexto – Enfermagem*, vol. 24, n. 1, p. 220-228, 2015, p. 221.

46 Nesse sentido, ver: GASPAR, Maria Dagmar da Rocha *et al.* Prevalência de infecções hospitalares em um hospital geral de alta complexidade no município de Ponta Grossa. *Acta Scientiarum – Health Sciences*, vol. 34, n. 1, p. 23-29, 2012, p. 24.

índices de infecções de sítio cirúrgico (da ferida operatória pós-cesárea, da ferida cirúrgica da laqueadura vaginal – colpotomia posterior, histeroscopia ou endoscopia transvaginal – ou da lesão ocasionada pela laqueadura abdominal – laparotomia, minilaparotomia ou laparoscopia)[47] e não só. Há ainda o risco – que não deve ser desconsiderado – de submeter-se a duas anestesias, sendo relevante a informação de que a anestesia obstétrica é considerada uma das modalidades de maior risco da prática anestésica.[48]

Infecções nas regiões lesionadas e por reações a anestesias são algumas causas incluídas no rol das razões de mortalidade materna, quadro que revela parâmetros de desenvolvimento econômico, social, humano e de qualidade de cuidados de saúde. A ocorrência de óbitos maternos frustráveis evidenciam "as precárias condições econômicas, culturais e tecnológicas de um país ou de uma sociedade e constitui-se numa violação dos direitos reprodutivos das mulheres, tratando-se, portanto, de uma preocupação mundial".[49]

Nessa lógica, mulheres que se submetem a duas intervenções cirúrgicas desnecessárias (ou seja, quando o médico considerar que a laqueadura poderia ser feita durante a cesárea sem qualquer risco acrescido ou contraindicação para a paciente) estarão duplamente expostas a: complicações anestésicas, embolias, hemorragias, infecções urinárias, infecções de sítio cirúrgico, entre outras intercorrências evitáveis.

Portanto, impor a uma gestante, com indicação de parto por cesariana e desejo consciente de esterilizar-se, que se submeta a duas intervenções cirúrgicas em momentos distintos, afronta o seu direito à saúde em suas duas vertentes: naquela que exige que o Estado ou terceiros se abstenham de qualquer conduta que lese a saúde das pessoas; e na outra, de índole positiva, que simboliza o direito aos planos e políticas públicas no sentido da prevenção de patologias, terapêuticas e cuidados de saúde.[50]

---

47 Sobre as vias de acesso e os diversos tipos de procedimentos, ver: CAMPAGNOLO, Marcelo Ivo. *Avaliação da cauterização completa da luz tubária com diferentes potências de eletrocoagulação bipolar para esterilização feminina*. (Dissertação de Mestrado em Ciências Médicas). Porto Alegre: UFRGS, 2012, p. 28/29.

48 Como indica JADON, Ashok. Complications of regional and general anaesthesia in obstetric practice. *Indian Journal of Anaesthesia*, vol. 54, n. 5, p. 415-420, 2010.

49 SOARES, Vânia Muniz Néquer *et al.* Causas de mortalidade materna segundo níveis de complexidade hospitalar. *Revista Brasileira de Ginecologia e Obstetrícia*, vol. 32, n. 12, p. 536-543, 2012, p. 537.

50 Sobre a dupla dimensão do direito à saúde, ver: CANOTILHO, J.J. Gomes; MOREIRA, Vital. *Constituição da República Portuguesa Anotada*, vol. I. Coimbra: Coimbra Editora, 2007, p. 825.

2.3. Da negação ao direito à saúde

No Brasil, o óbice a que as mulheres possam se submeter à laqueadura durante o parto, em última análise, pode significar a negação nua e crua ao acesso à saúde e ao seu direito reprodutivo em sentido negativo. Como indicado pelo Dr. Dráuzio Varela: [51]

> As mulheres que desejam fazer laqueadura pelo Sistema Único de Saúde (SUS) encontram muitas dificuldades. São obrigadas a ir várias vezes aos postos de saúde e aos hospitais, fazer exames e assistir palestras sobre planejamento familiar para receber um certificado (que tem validade de um ano) e entrar na fila de espera. *É uma peregrinação quase sempre inútil, pois a maior parte delas jamais terá acesso a uma cirurgia.* (Grifo nosso)

A proibição da laqueadura durante as cesarianas, a ausência de informação por parte dos profissionais de saúde ou as dificuldades enfrentadas no processo, como grandes filas de espera ou demora excessiva, em um Brasil marcado pela pobreza e desigualdade social, produz efeitos nefastos nas mulheres e nas famílias:

> A ex-vendedora de picolé, Edna de Oliveira Paz, 33, moradora do Altos da Glória, já desistiu de tentar a laqueadura, depois de ter que ir e voltar várias vezes à Policlínica do CPA. *Não tem dinheiro para o ônibus, nem entende porque o processo precisa ser tão difícil. Ela tem 6 filhos: Moisés, 14, Isaias, 10, Carolina, 7, Guilherme, 6, Elton, 4, e Camila, de 8 meses.* Para agravar a situação, está com hanseníase em estágio avançado e foi proibida de sair ao sol. A renda da família se resume hoje a R$ 60 do Bolsa Família. Por causa da precariedade, o filho mais velho às vezes falta à escola para trabalhar. Ele limpa quintais para conseguir algum dinheiro e comprar comida.
>
> A dona-de-casa Regina Célia Machado Silva, 36, moradora do bairro Nossa Senhora Aparecida, região do Coxipó, tem 7 filhos. Durante uma consulta de rotina ao ginecologista, no ano passado, foi informada sobre o serviço de planejamento familiar. *Deu entrada à documentação em janeiro deste ano e espera ser contemplada logo, pois "pega filho fácil". Ela nunca toma pílula. Nem o marido faz uso de preservativo.* Os filhos mais novos, Daniel, 4, e Daniela, 1, podem não ser os últimos, ela tem medo de engravidar novamente. "Gostaria de ter menos filhos, porque a nossa vida sempre foi

---

51 Cf. *Laqueadura: direito da mulher*. Disponível em: <http://gshow.globo.com/programas/mais-voce/v2011/MaisVoce/0,,MUL479871-10344,00.html>. Acesso em: 17 mar. 2017.

> de muita luta, não tem uma coisa mais difícil, tudo é difícil, até comprar comida". (...) *Ela conta que o período de entrevista para o planejamento foi rápido. Parece que o difícil vai ser obter a vaga para a cirurgia.* "Casei aos 14 anos, sem nenhum pingo de instrução e conhecimento, depois é que passei a saber que era possível fazer laqueadura".[52] (Grifo nosso)

Essas dificuldades, relativamente ao acesso ao direito à saúde e à concretização dos direitos reprodutivos em sentido negativo, terminam colaborando com a massificação da judicialização da saúde no Brasil. Essas demandas se justificam pelo fato das negativas serem recorrentes, mesmo quando as mulheres se encaixam em todos os critérios indicados pela Lei de Planejamento Familiar, como infere-se de decisões dos tribunais pátrios:

> APELAÇÃO CÍVEL. OBRIGAÇÃO DE FAZER. PRETENSÃO DE CONDENAÇÃO DOS RÉUS A REALIZAREM CIRURGIA GRATUITA DE LAQUEADURA TUBÁRIA. SENTENÇA DE PROCEDÊNCIA. – *De início, impõe-se ressaltar que a pretensão deduzida encontra amparo constitucional, consoante o disposto no art. 196 da CRFB/88. – É de se afirmar que é responsabilidade solidária dos Entes que compõem a Federação, a proteção integral e permanente à saúde, que transmuda no próprio Direito à vida, com fundamento no artigo 6º da CRFB/88, a todos garantido, em atenção ao Princípio da Dignidade Humana, norte de todo o ordenamento jurídico pátrio.* A referida solidariedade encontra guarida no texto constitucional, regulamentada pela Lei nº 8.080/90, que impôs à União, aos Estados, Municípios e ao Distrito Federal o dever de participar das diretrizes do SUS, conforme se infere do disposto no art. 4º do referido diploma. – A questão em julgamento foi inúmeras vezes apreciada por este E. Tribunal de Justiça, que editou a Súmula nº 65. – Nesse contexto, a legitimidade da Municipalidade é uma decorrência da solidariedade imposta por lei aos Entes da Federação, pelo que deve ser rejeitada a preliminar arguida pelo Apelante 2. – O *direito à saúde, insculpido em nossa Carta Constitucional, não merece sofrer quaisquer entraves, sendo certa sua prevalência sobre todos os dispositivos legais que ousarem afrontá-lo, ou mesmo, discipliná-lo de maneira diversa de sua merecedora amplitude. Desta forma, conclui-se que a suposta ausência de previsão orçamentária, à luz do parâmetro*

52 DOMINGUES, Rose. *Mulheres carentes "lutam" para conseguir laqueadura*. Disponível em: <http://www.gazetadigital.com.br/conteudo/show/secao/9/materia/202708/t/mulheres-carentes-lutam-para-conseguir-laqueadura->. Acesso em: 17 mar. 2017.

constitucional da reserva do possível, não pode se erigir em óbice para o fornecimento do tratamento de saúde. – Também não assiste razão ao Apelante 2 quanto ao argumento de que estaria havendo ofensa ao princípio constitucional da separação de poderes, porque cabe ao Judiciário, quando provocado, intervir nas relações jurídicas a fim de solucionar a lesão ou ameaça de direito. – No caso em apreço, a Apelada, à época do pedido, estava com 20 anos de idade, em pleno gozo de sua capacidade civil, já possuía dois filhos e estava grávida de gêmeos. – Dessa forma, não havia restrição legal que justificasse a negativa do Poder Público a proceder à cirurgia da Recorrida, eis que, conforme dispõe o art. 10, I, da Lei Federal 9.263/96, os requisitos são, além de capacidade civil plena, que tenha completado 25 anos de idade, ou, pelo menos, possua dois filhos vivos. – Além do mais, a atitude do Poder Público afronta, inclusive, a garantia constitucional de liberdade de planejamento familiar, prevista no art. 5º da Lei Federal 9.263/96. – Insta salientar que a cirurgia foi realizada, conforme comprovado nos autos. – Por fim, deve ser mantida a condenação do Apelante 2 ao pagamento dos honorários advocatícios, sendo que o seu valor foi corretamente arbitrado pelo Juízo de origem, qual seja, R$ 200,00 (duzentos reais), porquanto compatível com a complexidade da demanda, bem como com o que enuncia a Súmula nº 182 deste E. TJ/RJ. RECURSOS CONHECIDOS E DESPROVIDOS. (TJRJ, 15ª Câmara Cível, Apelação Cível n. 0075320-49.2014.8.19.0038, Rel.ª Des.ª Maria Regina Nova, julg. 07.02.2017).

CONSTITUCIONAL. DIREITO À SAÚDE. DISPONIBILIZAÇÃO DE CIRURGIA DE LAQUEADURA. LEGITIMIDADE PASSIVA. RESPONSABILIDADE SOLIDÁRIA DE TODOS OS ENTES DA FEDERAÇÃO. ARTIGOS 23, II E 196, CONSTITUIÇÃO FEDERAL. PRECEDENTES. IRRELEVÂNCIA DE A CIRURGIA REQUERIDA NÃO ESTAR PREVISTA EM LISTA. JURISPRUDÊNCIA PACIFICADA. De acordo com firme orientação do Supremo Tribunal Federal e do Superior Tribunal de Justiça, o direito à saúde é dever do Estado, lato sensu considerado, a ser garantido modo indistinto por todos os entes da federação – União, Estados, Distrito Federal e Municípios -, forte nos artigos 23, II e 196 da Constituição Federal, sendo irrelevante, no mais, a circunstância da cirurgia não integrar a lista do ente público demandado. VIOLAÇÃO DO PRINCÍPIO DA SEPARAÇÃO DOS PODERES. INOCORRÊNCIA. A decisão judicial que determina o cumprimento de norma constitucional elevada à categoria de direito fundamental, ante a omissão

> do Poder Público, não viola o Princípio da Separação dos Poderes (art. 2.º, CF/88), até mesmo porque a Constituição Federal garante a todos o direito à apreciação, pelo Poder Judiciário, de lesão ou ameaça de lesão a direito (art. 5.º, XXXV, CF/88). INSUFICIÊNCIA DE VERBA ORÇAMENTÁRIA. AUSÊNCIA DE COMPROVAÇÃO. PREVALÊNCIA DO DIREITO À SAÚDE (ART. 196, CF). A alegada insuficiência de verba orçamentária, a par de ceder ante a prevalência do direito à saúde, assegurado pelo art. 196, CF/88, não restou comprovada nos autos. (TJRS, 21ª Câmara Cível, Apelação Cível n. 70052883808, Rel. Des. Armínio José Abreu Lima da Rosa, julg. 20.03.2013).

Além de negar a autorização para a laqueadura das mulheres, pelos mais diversos motivos (como a falta de dotação orçamentária alegada nos dois julgados supracitados, oriundos de dois Estados distintos da federação), a União falha sistematicamente no cumprimento da obrigação de fornecer meios alternativos de contracepção, como afirmado por Assistente Social:

> *Atualmente, segundo Zélia, a dificuldade na rede pública não se atém aos métodos cirúrgicos. "Nem sempre as pessoas conseguem ter acesso a métodos simples, como camisinhas e anticoncepcionais orais", afirma.* Quanto aos procedimentos cirúrgicos, as filas são grandes, porque, conforme conta a assistente social, o número de encaminhamentos foi reduzido drasticamente nos últimos cinco anos. Antes de 2004, o Caism já chegou a registrar 20 vasectomias por mês. Atualmente, são encaminhadas apenas duas por semana (oito por mês) e, ainda assim, nem todas as guias são cumpridas na unidade hospitalar credenciada, na cidade, para a execução do procedimento pelo SUS, que é o Hospital Universitário [HU]. "Sei que a intenção maior do HU é o ensino, e não estou cobrando isso deles, que estão com acúmulo de serviço. Mas acredito que a gestão municipal do SUS tem que dar conta dessa demanda", ressalta Zélia, relatando que, frequentemente, é obrigada a remarcar as cirurgias de pacientes que não foram atendidos no primeiro momento.
> *Conforme conta a especialista, devido à grande demanda, algumas famílias com dois filhos procuram o sistema, mas só conseguem acesso ao procedimento muito tempo depois, quando já somam três ou quatro filhos.* "É muita injustiça, porque elas não estão tendo acesso a um serviço ao qual têm direito", desabafa.[53] (Grifo nosso).

53 Cf. *Casais enfrentam fila para laqueadura e vasectomia*. Disponível em: <http://www.jmonline.com.br/novo/?noticias,7,sa%DAde,6801>. Acesso em: 17 mar. 2017.

Assiste-se a um esforço hercúleo – por parte do legislador e por parte do Estado – para se negar aos homens e mormente às mulheres o direito à contracepção irreversível, ou seja, o direito à esterilização voluntária. A outro giro, a União falha ininterruptamente na promoção de qualidade de vida; no fomento à educação; na melhoria do acesso à saúde; nas políticas de prevenção à gravidez e na distribuição de métodos contraceptivos; na oferta de creches, escolas e amparos sociais.

Há uma política pública quase ilimitada e arbitrária pró-natalidade, sem a respectiva preocupação com a qualidade e com a dignidade das vidas que estão e estarão por vir em razão dessas escolhas legislativas. Como criar, prover, educar todos os filhos indesejados que o Estado deixará ao "Deus dará" por burocracia, em afronta à intimidade e à autodeterminação reprodutiva das pessoas?

De acordo com a Organização das Nações Unidas, a falta de acesso a serviços de planejamento familiar também aumenta a taxa de abortos, incluindo abortos inseguros. Das cerca de 80 milhões de gravidezes indesejadas ou não planejadas a cada ano, cerca de 45 milhões são terminadas. Destas 45 milhões de interrupções voluntárias da gravidez, 19 milhões são inseguras, com 40 por cento delas feitas em mulheres abaixo dos 25 anos de idade.[54] Cerca de 68.000 mulheres morrem todos os anos devido a complicações do aborto precário. No Brasil, o aborto clandestino é a quinta causa de morte materna e estima-se que o país tenha cerca de um milhão de abortos ilegais todos os anos.[55]

Certamente a burocracia e o desserviço prestado pelos entraves incoerentes da Lei de Planejamento Familiar contribuem não apenas para o alto número de abortos, mas também para os infanticídios e para os abandonos selvagens de recém-nascidos que quase diariamente estampam as capas dos jornais brasileiros e são revelados nos noticiários. A ONU, na Conferência do Cairo de 1994 (cf. ponto 7.10), vinculou o aborto como método contraceptivo ("dependência do aborto no controle da fecundidade") à precariedade nos serviços de saúde reprodutiva.

3. O PARÁGRAFO 5º DO ARTIGO 10 DA LEI N. 9.623

O § 5º do art. 10 da Lei de Planejamento Familiar indica que, "na vigência de sociedade conjugal, a esterilização depende do consentimento expresso de ambos os cônjuges". Nos próximos pontos cumpre analisar a desarmonia desse dispositivo com o ordenamento.

---

54 ONU. Op. cit., p. 16.

55 Cf. *Governo afirma à ONU que aborto clandestino no país é problema de saúde pública*. Disponível em: <http://oglobo.globo.com/sociedade/governo-afirma-onu-que-aborto-clandestino-no-pais-problema-de-saude-publica-15550664#ixzz4bdfztPEP>. Acesso em: 18 mar. 2017.

3.1. O casamento como lócus do livre desenvolvimento da personalidade

Uma das consequências mais importantes da dissociação entre reprodução e sexualidade, reside no fato da construção de práticas e representações sociais nas quais a função primordial da conjugalidade deixa de ser certificação da reprodução da espécie humana. Como papel medular da família, deve-se apontar – para além da sobrevivência material – a sobrevivência psíquica e afetiva dos membros, seja na seara das famílias de origem, seja no âmbito das famílias instituídas por adultos que, livre e reciprocamente, se escolhem como companheiros afetivo-sexuais.[56]

A família pós-moderna é a comprovação do crescimento da tolerância e da autonomia, elementos que não existiam nas gerações anteriores. As pessoas não precisam continuar a viver com parceiros abusivos, serem castigadas com o estigma social de serem pais sozinhos, esconder as suas relações homoafetivas ou reproduzirem-se, apenas para cumprir um papel social ou acatar a vontade imposta por terceiros.

Com o casamento, os cônjuges não passam a ser titulares ou possuidores dos órgãos sexuais ou dos sistemas reprodutivos uns dos outros. O fato de uma mulher tornar-se esposa de um homem não o confere o direito de impedir que ela recorra a métodos contraceptivos (transitórios ou perenes), assim como não lhe outorga o direito a impô-la uma gravidez indesejada. De igual maneira, o matrimônio não legitima que uma mulher impeça que seu marido se submeta a uma vasectomia, nem tampouco confere autoridade para que ela obrigue que ele a engravide.

Já não se vive nos tempos do "débito conjugal" ou dos "deveres conjugais sexuais", época em que a mulher deveria dobrar-se às exigências carnais do marido, já que Deus concedia "ao esposo o direito sobre o corpo da mulher. O esposo se torna o usufrutuário, autorizado a servir-se dele, a explorá-lo, a fazê-lo dar fruto".[57]

Muito embora o casamento pressuponha – em regra – a existência de relações sexuais entre o par, não existe "uma carta branca para o marido forçar a mulher, empregando violência física ou moral. Com o casamento, a mulher não perde o direito de dispor de seu corpo, já que o matrimônio não torna a mulher objeto".[58]

56 Nesse sentido, consultar MELLO, Luiz. *Novas famílias*: conjugalidade homossexual no Brasil contemporâneo. Rio de Janeiro: Garamond, 2005, p. 33.

57 DUBY Georges *apud* LINS, Regina Navarro. *A cama na varanda:* arejando nossas ideias a respeito de amor e sexo: novas tendências. Rio de Janeiro: BestSeller, 2007, p. 61.

58 Como afirmou uma magistrada que condenou a 9 anos de reclusão um homem que estuprou a esposa. Cf. *Marido é condenado a 9 anos de prisão por estuprar mulher*. Disponível em: <http://www.tjgo.jus.br/index.php/home/imprensa/noticias/119-tribunal/6398-marido-e-condenado-a-9-anos-de-prisao-por-estuprar-esposa>. Acesso em: 19 mar. 2017.

Na atualidade, o consentimento sexual deve ser prestado a cada ato, a cada relação sexual, tanto que o Judiciário vem combatendo ferozmente os estupros intraconjugais:

> *HABEAS CORPUS*. CRIME CONTRA A LIBERDADE SEXUAL. ESTUPRO MAJORADO PELA RELAÇÃO CONJUGAL EM CONTINUIDADE DELITIVA. DECRETAÇÃO DA PRISÃO PREVENTIVA PARA GARANTIA DA ORDEM PÚBLICA. FUNDAMENTAÇÃO ADEQUADA. INEXISTÊNCIA DE ILEGALIDADE. EXCESSO DE PRAZO PARA FORMAÇÃO DA CULPA NÃO VERIFICADO. MANUTENÇÃO DA DECISÃO. Hipótese em que presentes o *fumus comissi delicti* e o *periculum libertatis*, cabível a segregação cautelar. Decisão do magistrado singular bem fundamentada na garantia da ordem pública, apontando as razões de seu convencimento. Não há prazo determinado para o encerramento da instrução criminal, devendo a duração do processo ser razoável, perante as peculiaridades do caso. Ordem denegada. (TJRS, 7ª Câmara Criminal, HC 70060360617, Rel. Des. José Antônio Daltoe Cezar, julg. 18.09.2014).

O que diferencia uma violação ou abuso de uma relação sexual ordinária e aprazível – marital ou não – é exatamente o consentimento. O exercício da autonomia e a liberdade sexual competem a cada uma das pessoas durante a existência de seus relacionamentos íntimos. A reprodução ou a capacidade procriativa já não são requisitos essenciais para o casamento.

Note-se, todavia, que as mulheres ainda são, em larga maioria, o principal objeto das políticas de planejamento familiar, mas não raras vezes – como observa-se nos dispositivos da lei sob análise – os seus interesses e a sua autonomia são repetidamente vilipendiados. Trata-se de paradoxo e incoerência: por um lado, as mulheres são, maioritariamente, consideradas responsáveis pela procriação, mas por outro não são encarregadas da sua gestão. "É como se a elas fosse destinado o papel de executoras alienadas de uma função biológica. Um corpo sem sujeito, uma *zoe* sem *bios*".[59]

De qualquer maneira, é preciso ter em consideração que uma laqueadura tubária produz uma modificação unicamente no corpo da mulher, pelo que deve ser entendido que só a ela cabe dar o consentimento. Dito de outra forma, na atualidade, "o consentimento é estritamente pessoal, a relação médico-paciente não envolve terceiros, nem mesmo o cônjuge".[60]

---

59 Como adverte BUGLIONE, Samantha. Op. cit., p. 264.

60 Como ressalta PEREIRA, André Gonçalo Dias. *O Consentimento Informado na Relação Médico-Paciente* – Estudo de Direito Civil. Coimbra: Coimbra Editora, 2004, p. 213.

3.2. O direito à intimidade e à autodeterminação sexual e reprodutiva de cada um dos cônjuges

Foi-se o tempo em que a finalidade procriativa era *conditio sine qua non* para existência e validade do casamento; foi-se a época despótica em que o marido avocava a chefia da família e a mulher tornava-se "degradada, convertida em servidora, em escrava da luxúria do homem, em simples instrumento de reprodução".[61]

Na atualidade, o primado da igualdade jurídica entre homens e mulheres é um ponto estrutural para a afirmação da dignidade humana, introduzida como elemento norteador das relações familiares. Assim, consagrou-se um exercício colaborativo da conjugalidade, o que não quer dizer que ao cônjuge tenha sido dado direitos no que diz respeito às intervenções médicas do outro, mesmo que no âmbito reprodutivo.

Sempre e quando a capacidade de julgamento o permita, as decisões nesse domínio são personalíssimas. "O exercício do direito à autodeterminação nos cuidados de saúde e da livre disposição da integridade física deve ser regido pelo princípio da autonomia", como adverte André Dias Pereira.[62] Nessa lógica, o direito à intimidade e à privacidade impõem-se mesmo face à família, nomeadamente aos cônjuges ou companheiros.

Apesar de a lei ser clara e esse requisito, *a priori*, só se aplicar às mulheres casadas, há casos de negativas de laqueaduras em mulheres solteiras, exatamente pelo fato de não terem um cônjuge para "autorizar" ou co-consentir a laqueadura:

> Ela é maior de idade, independente, vacinada, mãe de um garoto de 8 anos, trabalhadora e paga as próprias contas. Aos 31 anos, a analista de comunicação Janaína Rochido acreditava que, adulta, era dona do próprio nariz. Mas descobriu recentemente que para tomar decisões sobre parte de seu corpo, ela ainda não tem tanta autonomia, pelo menos aos olhos da legislação brasileira. *Ao dizer que não pretendia ter mais filhos, durante uma consulta de rotina ginecológica, e perguntar sobre o procedimento de laqueadura, a médica foi categórica: "Você não pode fazer essa cirurgia, por ser solteira e não ter um marido que autorize a decisão com você"*. A frase caiu como uma bomba para a paciente, que logo questionou: "O corpo é meu, mas é o meu marido quem decide?". A especialista, de mãos atadas, foi direta: "É a lei brasileira".[63] (Grifo nosso)

---

61 ENGELS, Friedrich. *A origem da família, da propriedade e do Estado*/H. Chaves (trad.). 4. ed. Lisboa: Editorial Presença, 1891, p. 76.

62 PEREIRA, André Gonçalo Dias. Op. cit., p. 205.

63 Cf. *Ligadura de trompas só poderá ser realizada com autorização do marido*. Disponível em: <http://www.em.com.br/app/noticia/nacional/2012/05/31/interna_nacional,297588/

É óbvio que tal conduta resultou de ignorância e má interpretação da norma por parte da profissional de saúde. Mas ainda que existisse tal diferenciação, a discriminação seria afastada por legislação infraconstitucional e em último caso, pela própria Constituição Federal

O inciso IV do artigo 7º da Lei n. 8.080/90 indica que as ações e serviços públicos de saúde e os serviços privados contratados ou conveniados que integram o Sistema Único de Saúde (SUS) devem – imperativamente – obedecer ao princípio da "igualdade da assistência à saúde, sem preconceitos ou privilégios de qualquer espécie".

Além disso, a Constituição Federal reconheceu expressamente no art. 226 outras formas de famílias para além do casamento, incluindo as famílias formadas por qualquer dos pais e seus filhos, como indica o §4º do artigo mencionado. No Brasil, no ano de 2009, estimava-se que 17,4% de todas as famílias brasileiras eram monoparentais, encabeçada por uma mulher e sua prole.[64]

Nessa lógica, a conduta supracitada da médica (e qualquer outra que vá no mesmo sentido) foi ilegal e inconstitucional, violando a um só tempo os princípios da pluralidade familiar, da igualdade, da não-discriminação, da liberdade, da privacidade, da intimidade e da dignidade da pessoa humana.

Tal juízo remete aos nefastos e iníquos tempos em que a mulher – solteira ou casada – era considerada um ser incapaz, sempre dependente da autoridade de um homem, fosse o pai ou o marido. Não é preciso lembrar que a mulher sempre passou – e ainda passa – por um árduo processo de discriminação na sociedade, em razão do gênero. Essa violência, que pode ser física, verbal, psicológica, cultural ou simbólica possui como raiz essa visão patriarcal enraizada e direcionada à figura do homem.[65] Até hoje a pecha de *capitis diminutio* persegue as mulheres, ainda que simbólica e culturalmente e, não raras vezes, parte das próprias mulheres.

Esse cenário faz lembrar os tempos de "castração feminina" em que o lugar dado pelo Direito à mulher era de um "não lugar", quando a presença feminina era a "história de uma ausência", pois ela existia "subordinada ao marido, sem voz e marcada pelo regime da incapacidade".[66] Na Roma Antiga,

ligadura-de-trompas-so-podera-ser-realizada-comr-autorizacao-do-marido.shtml>. Acesso em: 17 mar. 2017.

64 Dados obtidos em: <seriesestatisticas.ibge.gov.br>. Acesso em: 07 mai. 2017.

65 Como adverte LISBOA, Elder Lisboa Ferreira da Costa. *O Gênero no Direito Internacional:* Discriminação, Violência e Proteção. Belém: Paka-Tatu, 2014, p. 204.

66 PEREIRA, Rodrigo da Cunha. *Direito de Família:* Uma abordagem psicanalítica. 4. ed. Rio de Janeiro: Forense, 2012, p. 107.

> Não passando de simples objeto, ela servia ao homem apenas como instrumento de promoção social pelo casamento, como objeto de cobiça e distração ou como um ventre do qual o marido tomava posse e cuja função principal era a de fazer filhos legítimos. As mulheres não existiam por si próprias. Eram definidas pelo seu relacionamento com o homem. As designações tradicionais para uma mulher demonstram claramente essa verdade na cuidadosa descrição que fazem do seu *status* — senhorita (que não tem homem) ou senhora (que tem um homem ou já teve, mas ele partiu ou morreu) — e no significado da expressão "casar-se bem". (...)
> O patriarcado é um sistema autoritário tão bem-sucedido que se sustenta porque as pessoas subordinadas ajudam a estimular a subordinação. Ideias novas são geralmente desqualificadas e tentativas de modificação dos costumes são rejeitadas explicitamente, inclusive pelas próprias mulheres, que, mesmo oprimidas, clamam pela manutenção de valores conservadores.[67]

Não obstante condutas anacrônicas ainda despontem na sociedade, importa referir que a mulher – solteira, casada, divorciada, em união estável ou viúva – é uma pessoa dotada de capacidade plena. Ademais, por ser uma família constitucionalizada, às famílias monoparentais devem ser aplicados – sem qualquer distinção – os dispositivos de Direito das Famílias sobre as relações recíprocas entre pais e filhos, aplicáveis ao matrimônio e à união estável, observada a circunstância de serem integradas por só um dos pais. Assim, a Lei de Planejamento Familiar também é aplicável às famílias monoparentais ou mesmo às famílias *single*.

4. CONCLUSÃO: *UMA SOLUÇÃO DE IURE CONSTITUENDO*

Diante de todo o exposto, devem ser considerados inconstitucionais todos os dispositivos analisados da Lei de Planejamento Familiar. Relativamente ao §5º do art. 10, entende-se que o dispositivo deveria ser declarado inconstitucional em sua totalidade e suprimido da legislação em causa.

O inciso I e o §2º, em nosso juízo, deveriam ser declarados parcialmente inconstitucionais e passarem a ter seguinte leitura, por interpretação conforme à Constituição:

> Art. 10 (...)
> I – em homens e mulheres com capacidade civil plena, depois de

67 LINS, Regina Navarro. Op. cit., p. 31/32.

propiciado à pessoa interessada o acesso a serviço de regulação da fecundidade, incluindo aconselhamento por equipe multidisciplinar. §2º É permitida a esterilização cirúrgica em mulher durante os períodos de parto ou aborto, caso a gestante tenha feito previamente essa escolha de maneira informada e esclarecida ou na hipótese de comprovada necessidade.

UM OLHAR MULTIDISCIPLINAR SOBRE CUIDADO NA RESOLUÇÃO DE CONFLITOS: MEDIAÇÃO E PRÁTICAS COLABORATIVAS

Marília Campos Oliveira e Telles[1]

O homem é o ser que projeta ser Deus.
Jean Paul Sartre.

Gosto de ser gente porque, como tal, percebo afinal que a construção de minha presença no mundo, que não se faz no isolamento, isenta da influência das forças sociais, que não se compreende fora da tensão entre o que herdo geneticamente e o que herdo social, cultural e historicamente, tem muito a ver comigo mesmo. (...) O fato de me perceber no mundo, com o mundo e com os outros me põe numa posição em face do mundo que não é de quem nada tem a ver com ele. Afinal, minha presença no mundo não é a de quem a ele se adapta mas a de quem nele se insere. É a posição de quem luta para não ser apenas objeto, mas sujeito também da História.
Paulo Freire, em sua Pedagogia da Autonomia.[2]

A proposta deste artigo é abordar como o trabalho multidisciplinar é imprescindível, notadamente na área do Direito de Família, para tratar o indivíduo com respeito e compromisso, acolhendo o ser humano como ele é, tridimensional e em desenvolvimento constante, sujeito de sua história. Pretendemos mostrar como isto acontece na mediação e também nas Práticas Colaborativas, que pressupõem o trabalho em equipe multiprofissional. Como um de seus fundamentos, a compreensão de justiça como o exercício de todas as virtudes dirigidas aos cidadãos, conforme Aristóteles.

Este trabalho encontra seu sentido dentro de um estudo maior que é o Projeto Cuidado que, desde 2008 com a obra "O cuidado como valor ju-

---

1 Advogada. Mediadora de família e Advogada Colaborativa. Formada em Artes Cênicas pela USP. Especialista em Direito de Família e Sucessões pela Escola Paulista de Direito – EPD. Membro do Instituto Brasileiro de Direito de Família – IBDFAM, da International Society of Family Law – ISFL, da IACP – InternationalAcademyofCollaborativeProfessionals e do CBAr – Comitê Brasileiro de Arbitragem – no Gemep – Grupo de Mediação Empresarial. Participante do grupo Novas Configurações Familiares do Instituto Sedes Sapientiae. Coordenadora da obra conjunta "Problemas da Família no Direito", autora de artigos jurídicos e contos de ficção.

2 FREIRE, Paulo. *Pedagogia da autonomia: saberes necessários à prática educativa.* São Paulo: Paz e Terra, 1996, p. 52/54.

rídico", investiga o Cuidado e suas relações com o Direito de forma multi e interdisciplinar, tomando-o como um princípio que extrapola os limites da legalidade, desafiando-nos "a ética da corresponsabilidade, fundada na solidariedade e na cidadania", como bem colocado por Tânia da Silva Pereira.[3]

Dentro do ideal de convocar o ser humano a ser sujeito da sua própria história, há profunda preocupação no trato com o outro. "O que se opõe ao descuido e ao descaso é o cuidado. Cuidar é mais que um ato; é uma atitude. Portanto, abrange mais que um momento de atenção, de zelo e de desvelo. Representa uma atitude de ocupação, preocupação, de responsabilização e de envolvimento afetivo com o outro", conforme a terminologia adotada por Leonardo Boff.[4]

Assim podemos entender que o trabalho multidisciplinar vem da busca deste cuidado, do desejo de encontrarmosuma práxis que possa estimular a pessoa a encontrar seu caminho particular ao bem estar, quando procura ajuda profissional de um advogado em meio a uma crise, para que resolva seus problemas.

Era uma vez o advogado que, munido de seus poderes de mandatário, então representaria a pessoa e acabaria com o problema que a aborrece. A resolução (abracadabra!)viria de uma sentença judicial que colocaria fim ao litígio, condenando o perdedor ao cumprimento de obrigações mais o pagamento da custas e honorários advocatícios, fazendo o ganhador e seu advogado felizes para sempre. Também era uma vez o terapeuta trancado em seu consultório assistindo inerte ao sofrimento de seus pacientes, pessoas perdendo sua saúde, desequilibradas, desmoronando emocionalmente, gastando dinheiro em intermináveis processos judiciais sem conseguir resultados que pudessem servir de alento. Ou, pior, assistirem as pessoas chegarem ao fim de um processo judicial, mas sem tocar no ponto de conflito que, portanto, se perpetua.

Em pleno século XXI já sentimos na carne que na prática a teoria é outra e daí a necessidade de se encontrar outros caminhos – mais proveitosos, mais produtivos e mais econômicos, tanto do ponto de vista emocional quanto do financeiro –, para lidar com os conflitos humanos que são levados a escritórios, gabinetes, salas de audiência e também aos consultórios.

Como precisamente apontado por Mara Caffé,

> Guardadas as especificidades da Psicanálise e do Direito, podemos dizer que ambas as áreas visam a um certo procedimento a partir de conflitos, ou então, um certo processamento de conflitos, ainda

3 Tânia da Silva Pereira, na apresentação da obra em que figura como coordenadora. PEREIRA, Tânia da Silva; OLIVEIRA, Guilherme. *O Cuidado Como Valor Jurídico*. Rio de Janeiro: Forense, 2008, p.XII.

4 BOFF, Leonardo. *Saber cuidar. Ética do humano – compaixão pela terra*. Rio de Janeiro: Vozes, 2004, p.33.

> que com pontos de partida e finalidades muito distintas. As pessoas que recorrem à instância judicial ou que demandam uma análise, para usar as expressões mais comuns em cada caso, o fazem na expectativa de uma solução de conflitos. Portanto, a noção de conflito é bastante central na Psicanálise e no Direito, definindo em grande parte o objeto de suas práticas: respectivamente, o conflito psíquico e o conflito jurídico.[5]

Os próprios magistrados reconhecem hoje que sua atuação precisa se transformar para atender a sociedade, devendo "impregnar-se da contribuição científica da sociologia e da psicologia. Menos juiz, mais pacificador social e conciliador de interesses em conflito real ou virtual, o magistrado do terceiro milênio deverá revestir-se daqueles atributos que guarnecem o bom mediador", como sugere Pedro Caetano de Carvalho.[6]

E talvez estes atributos sejam valiosos não apenas tendo por objetivo julgar as demandas, mas sim para o melhor encaminhamento destas aos meios adequados de solução de conflitos. Afinal, o juiz não necessariamente precisa estar preparado para trabalhar o conflito, porém será imprescindível que possa se utilizar da equipe multidisciplinar de que dispõe para bem atender ao litígio que tem em mãos.

A consciência do magistrado de que não é mais suficiente que profira uma sentença que coloca fim ao processo mas não transforma o conflito já é uma grande conquista para a sociedade, uma vez que serve de motivação para buscar outras formas de atuação, que tragam resultados de fato eficazes.

Nem a sociedade nem os operadores do Direito se contentam mais com estas "vitórias de Pirro". Até porque se o conflito não é transformado, além de permanecer aceso e pulsante na vida das pessoas envolvidas, ele retornará ao Judiciário, na forma de "processos filhotes", como apelidamos as ações nascidas daquele processo original que foi julgado, entretanto não cuidou efetivamente da causa que o motivou.

Como bem avalia Eliana Nazareth, "Fala-se em conclusão do processo, "solução do conflito", mas de fato sabe-se que a sentença judicial conclui o processo "intramuros", no âmbito restrito daquele espaço-tempo recortado de um todo ilimitado, de um tempo que às vezes tem mais de mítico que de cronológico; de um espaço simbólico, mais que real. Pois é o tempo-espaço das emoções. Tempo dos projetos desfeitos, das vidas fracassadas, das esperanças roubadas, a que a solução judicial não põe termo. O ser humano encontra-se

5 CAFFÉ, Mara. *Psicanálise e direito*. 2. ed. São Paulo: QuartierLatin, 2010, p.165.

6 CARVALHO, Pedro Caetano. Contribuição da justiça para a promoção da paz, do cuidado e da resiliência. In: PEREIRA, Tânia da Silva; OLIVEIRA, Guilherme. O *Cuidado Como Valor Jurídico*. Rio de Janeiro: Forense, 2008, p.75.

numa situação trágica: a ação e o pensamento não coincidem"[7] e, nesta situação, carece do cuidado que pode vir do aporte do trabalho multidisciplinar.

É preciso também observar que "a família contemporânea sofreu mudanças significativas, evoluindo-se do modelo da família patriarcal para um modelo de família moderna, e, finalmente, chegou-se ao modelo de família contemporânea ou pós-moderna".[8] E, como bem aponta Roberta Tupinambá,

> Via de consequência, em face deste novo perfil da família contemporânea, a ordem jurídica não pôde ficar alheia a tantas transformações definidoras. E não ficou. A arquitetura transitou para um contexto maior, em que a pessoa humana, o sujeito, passou a ser valorizada como a figura central da ordem jurídica, efeito dos grandes acontecimentos mundiais, inclusive as duas grandes guerras.[9]

Além disto, especialmente no campo do Direito das Famílias, podemos verificar a impossibilidade de os textos legais acompanharem a evolução social das famílias, sendo necessária a utilização de outras técnicas para solução e prevenção de litígios, até porque "a ideia de Direito expressa um procedimento de contínua evolução".[10]

Atualmente podemos considerar já bastante difundida a noção de que o conflito é inerente à existência humana e que, portanto, cabe escolher qual a forma mais adequada para lidar com ele, ficando assim mais palatável aos operadores do Direito a ideia de que poderão desenvolver melhor seu trabalho se puderem conhecer estas formas e métodos.

Acompanhamos Fernanda Tartuceuma vez que "importa-nos, portanto, a noção de conflito como possível objeto de transformação, mudança e, quiçá, evolução do ser humano, razão pela qual sua abordagem deve se dar da forma mais adequada possível".[11]

No Brasil a Resolução n. 125 de 2010 do Conselho Nacional de Justiça foi o embrião das políticas públicas envolvendo os meios adequados de solução de conflitos no âmbito do Poder Judiciário, na medida em que tratava da

---

7 NAZARETH, Eliana Riberti. *Psicanálise e mediação – meios efetivos de ação.* Disponível em:<https://www.pailegal.net/mediacao/mais-a-fundo/monografias/270-psicanalise-e-mediacao-meios-efetivos-de-acao>. Acesso em: 24 jun.2017.

8 TUPINAMBÁ, Roberta. O cuidado como princípio jurídico nas relações familiares. In: PEREIRA, Tânia da Silva; OLIVEIRA, Guilherme. *O Cuidado Como Valor Jurídico.* Rio de Janeiro: Forense, 2008, p.379.

9 TUPINAMBÁ, Roberta. Op.cit.,p.379.

10 TUPINAMBÁ, Roberta. Op.cit.,p.379.

11 TARTUCE, Fernanda. *Mediação nos conflitos civis.* Rio de Janeiro: Forense, São Paulo: Método, 2008, p.33.

necessidade de se implementar outros mecanismos de solução de conflitos, especialmente a conciliação e a mediação.

Cabe aqui o alerta de que "o termo 'composição' revela-se mais adequado na abordagem do tema do que a expressão 'solução'. Em vez de uma finalização 'artificialmente criada', resolvendo (pretensamente) a controvérsia com a imposição de um desfecho por um ato isolado, a composição indica a reorganização e estruturação do conflito em uma nova disposição".[12]

A mediação, conforme definição do Dicionário de Filosofia de Abbagnano, é a função que relaciona dois termos ou dois objetos em geral. Segundo a *Lógica* de Port-Royal, "a mediação é indispensável em qualquer raciocínio. 'Quando apenas a consideração de duas ideias não é suficiente para se julgar se o que se deve fazer é afirmar ou negar uma ideia com a outra, é preciso recorrer a uma terceira ideia'".[13]Esta definição do léxico nos permite ilustrar exatamente o que se dá na mediação: a busca por um terceiro, imparcial,[14] que promova a comunicação entre pessoas que estão em conflito para que, juntas, possam construir umcaminho que acomode seus interesses.

Assim, temos que "é justamente esse o objeto da mediação: auxiliar os seres humanos a investigar suas melhores alternativas, suas mais satisfatórias possibilidades em face das situações de impasse ou até para evitá-las, como tão apropriadamente diz Six, 'nesta sociedade de incertezas em que vivemos'! Não se trata, como querem alguns, de simples resolução de conflitos, pois, o conflito não é algo que se resolve ou mesmo se dissolve, mas algo que se transforma. Sem o conflito, o ser humano não cria, não vive, não se recria".[15]

O uso dos meios adequados de resolução de conflitos também vem sendo mais difundido neste início de milênio, pois hoje a experiência nos permite perceber claramente – e aceitar – que nem advogado nem juizsozinhos tem condições para concluir o que é melhor para o cliente. Mais que isto: cabe ao cliente esta conclusão e lhe devem ser dadas as condições para que, como ser humano carregado de subjetividade, conclua o que é melhor para si, naquele contexto, assumindo sua posição como protagonista da sua história. As escolhas devem ser feitas diante de opções verdadeiramente construídas, dentro de um processo que lhe permita examinar, avaliar e decidir baseado

12 TARTUCE, Fernanda. Op. cit., p.36.

13 ABBAGNANO, Nicola. *Dicionário de Filosofia*. 4. ed. São Paulo: Martins Fontes, 2003, p. 655.

14 Atualmente temos lidado com o conceito de multiparcialidade ou parcialidade ativa, uma vez que o mediador pode reconhecer sua parcialidade e estar atento para que não interfira no trabalho.

15 Na apresentação da obra em que figuram como tradutoras: SIX, Jean- François. *Dinâmica da Mediação*. Belo Horizonte: Del Rey, 2001. Tradução de Águida Arruda Barbosa, Giselle Groeninga e Eliana Riberti Nazareth. p.viii.

em seus interesses, necessidades e valores, objetivos e subjetivos, pensando em benefícios mútuos.

Na convivência entre profissionais de Direito e da Psicologia, entre outras áreas afins, foi possível perceber o longo alcance da mediação, essa "velha e privilegiada técnica cuja eficácia, transcendendo os propósitos imediatos da resolução de conflitos e da pacificação social, serve, em última instância, à necessidade da compreensão, da comunicação e da dignidade humana".[16]

Entretanto, cabe o alerta de que "no contexto da cultura hiperindividualista, característica marcante da sociedade ocidental contemporânea, a escolha de uma forma de resolução de conflitos fundamentada no exercício do diálogo é um desafio cotidiano para homens e mulheres de todas as faixas etárias: crianças, adultos e idosos".[17] Desafio que, cremos, vem sendo enfrentado com entusiasmo no ritmo possível.

A Declaração Universal dos Direitos Humanos estabelece em seu artigo primeiro: "Todas as pessoas nascem livres e iguais em dignidade e direitos e devem agir em relação umas às outras com espírito de fraternidade", qualidade imprescindível para a convivência em sociedade.

Pensar no respeito e no cuidado com o ser humano com espírito de fraternidade nos leva a uma abordagem centrada nas pessoas, baseada no diálogo. É necessário, pois, encorajar a expressão para que seja clara e atenta, da mesma forma que a escuta, para que seja empática e inclusiva, ouvindo e dando espaço a novas perspectivas, respeitando as diferenças.

Não é à toa que "a mediação, como técnica cuja substância está na capacidade de ouvir, entender e libertar as pessoas cativas por uma racionalidade cega, no seu encontro com o 'outro', precede, na origem, ao Direito e a todas as outras especialidades científicas, porque, embora aparente maior familiaridade com a área que se adjudicou à Psicologia, também com esta não se confunde e está aquém da divisão mesma do conhecimento em disciplinas particularizadas. E, nisso, aspira a uma posição epistemológica mais próxima da filosofia do que de qualquer outra esfera do saber. Daí se poder dizer, sem grande impropriedade, que a mediação encarna uma espécie de volta ao conhecimento indiferenciado e que sua ética ultrapassa as questões institucionais", como bem coloca Antonio Cezar Peluso.[18]

Aristóteles, em Ética a Nicômaco, fez um estudo acerca do que seria justiça, o principal fundamento da ordem do mundo e, portanto, todas as virtudes a ela estão subordinadas. Compreendendoassim a justiça como o

---

16 Antonio Cezar Peluso no prefácio da obra: SIX, Jean- François. Op.cit., p.ix.

17 ALMEIDA, Guilherme Assis. Mediação e o reconhecimento da pessoa. Revista do Advogado: *Mediação Conciliação*. Ano XXXIV, Edição n. 123, AASP, São Paulo, p.22, agosto 2014.

18 PELUSO, Antonio Cezar. Op.cit., p.xi.

exercício de todas as virtudes dirigidas ao cidadão, um hábito pelo qual agem os justos e realizam e querem as obras justas. Em seu sentido estrito, a justiça seria uma virtude particular onde se consumam a alteridade e a igualdade e, deste modo, para Aristóteles, a justiça seria uma disposição de caráter que torna as pessoas propensas a fazer o que é justo e desejar o que é justo.

E, neste sentido, os mediadores devem ser, como bem aponta Cezar Peluso, "pessoas competentes na arte política (convidam à cidadania) de superar a lógica da não contradição e de inspirar a descoberta de alternativas entre o certo e o errado, entre o justo e o injusto, entre esta e aquela solução predefinida".[19] O mediador é como um maestro ou diretor, que não tomam o lugar dos atores ou dos músicos, "a quem compreendem, infundem confiança, insuflam ritmo, trazem uma espécie de energia suplementar e impulsionam a dar todo seu talento. Mas, no final das contas, diretor e maestro são tidos como primeiros responsáveis pela obra produzida: solidão do catalisador", na metáfora proposta por Jean-François Six.[20]

É importante destacar que a mediação, assim como veremos nas Práticas Colaborativas, não é para quem quer, mas para quem pode, para quem tem disponibilidade e condições objetivas e subjetivaspara enfrentar o trabalho. Nem o mediador, nem a equipe profissional nas Práticas Colaborativas podem agir se os clientes não se colocarem como participantes ativos do procedimento, se ficarem aguardando passivamente que a resolução venha deste terceiro. O mediador trabalha como catalisador, como impulsionador, devendo se empenhar em manter-se em sua função, sem cair na tentação de atuar como juiz ou árbitro, encontrando ele uma solução externa, que privaria as pessoas do esforço da construção pessoal.

Considerando o cuidado e o respeito com os seres que vivem em sociedade, "O mediador deve então ter como objetivo último permitir às pessoas e aos grupos que se dirijam a ele chegar a uma melhor existência: 'com e para os outros'".[21]

Trabalhando com o mesmo ideal, temos as Práticas Colaborativas, onde "a colaboração é construída sobre as possibilidades criativas, resultado do diálogo e entendimento entre as pessoas. Mediante a colaboração, as pessoas se engajam, significativamente, de forma positiva, favorecendo um campo fértil para ideias e visões, que vão gerando novas ideias e ações inovadoras, que fazem a diferença na vida das mesmas".[22]

---

19 PELUSO, Antonio Cezar. Op.cit., p.xi.

20 SIX, Jean- François. *Dinâmica da Mediação*. Tradução de Águida Arruda Barbosa, Giselle Groeninga e Eliana Riberti Nazareth.Belo Horizonte: Del Rey, 2001, p. 223.

21 SIX, Jean- François. Op.cit., p.247.

22 MANDELBAUM, Helena. Métodos alternativos de resolução de conflitos: práticas colaborativas. In: LAGRASTA NETO, Caetano; SIMÃO, José Fernando (coord). *Dicionário de Direito de família*, volume 2: I-Z. São Paulo: Atlas, 2015, p.706.

As Práticas Colaborativas são um método não adversarial de resolução de conflitos onde cada cliente será representado por um advogado devidamente capacitado e, juntos, todos assinarão um Termo de Participação, comprometendo-se a negociar com transparência e com o compromisso de não litigar durante todo o procedimento, sob pena de interrupção do processo com a retirada dos profissionais. Os advogados comprometem-se a recorrer ao Poder Judiciário apenas para homologar acordos ou tomar medidas legais previamente acordadas entre os clientes no que diz respeito à matéria que está sendo negociada. Desta forma os clientes encontram campo para conversarem com a necessária confiança, tendo ambos advogados como aliados na construção de um acordo que beneficie toda a família.

A esta Equipe Colaborativa é recomendável que se somem dois coaches, um para cada cliente, para que colaborem na elaboração dos processos subjetivos durante a negociação, como também para auxiliar os advogados na identificação dos verdadeiros interesses dos clientes.

Tanto a Mediação quanto as Práticas Colaborativas têm como princípio a boa-fé que, diga-se, é antes de tudo um valor moral e "pode ser entendida sobre as mais variadas acepções, quais sejam, a título de exemplificação, confiança, lealdade, honestidade, sinceridade e fidelidade"[23]. Nas Práticas adotamos o termo "transparência" para designar este compromisso assumido por toda equipe que adotará o procedimento, sendo condição imprescindível para contratá-la e, com o mesmo peso, sua quebra é motivo para interromper o procedimento e obrigar a retirada de toda equipe multidisciplinar, que não mais poderá atender estes clientes em questões de família.

Os dois métodos também têm o mesmo efeito emancipador produzido nos participantes "por se sentirem capazes de analisar e resolver os próprios conflitos e de conduzir a própria vida de maneira responsável, cooperativa e solidária".[24]

O trabalho multidisciplinar para atender os sujeitos que estão feridos, pleiteando respeito aos seus direitos, mostra-se assim imprescindível se pretendemos que haja efetivo cuidado e respeito, especialmente nas questões familiares.

Afinal, "a única família que conta para um sujeito é aquela em que ele, como sujeito, contou. 'Se conta' no duplo sentido em espanhol: de se incluir em um cálculo e de se narrar".[25]

---

23 TUPINAMBÁ, Roberta. Op.cit.,p.367.

24 VEZZULLA, Juan Carlos. Mediação responsável e emancipadora – reflexão sobre a atuação dos advogados. Revista do Advogado: *Mediação Conciliação.* Ano XXXIV, Edição n. 123, AASP, São Paulo, agosto 2014, p.60.

25 GALLANO, Carmen. Família e inconsciente. *Revista Stylus*, n.15, p.11-24, Rio de Janeiro, novembro, 2007.

Ora, se não for dada a oportunidade desta narrativa ao sujeito não só estaremos excluindo-o da conta como estaremos impedindo, negando, tirando, seu papel de protagonista, reduzindo-lhe a zero. Nós, advogados, não queremos mais falar pelos nossos clientes, mas queremos estar junto deles, como parceiros, consultores e não representantes!

Além disto, ao contrário do que acontece no conflito jurídico, "forjado nas malhas de uma temporalidade que não coincide com a temporalidade da vida corriqueira, com os prazos e tarefas do dia-a-dia. A comunicação judicial é inscrita numa temporalidade que separa, no decurso de longos prazos, a emissão e a recepção das informações, estas últimas submetidas, sempre, aos tratos da linguagem jurídica".[26] No trabalho multidisciplinar há o respeito pelo tempo das pessoas, seu ritmo, e a possibilidade de instaurar uma temporalidade que aproxime a emissão e a recepção dos discursos.

Assim, na advocacia colaborativa temos a oportunidade de auxiliar nossos clientes, mas, principalmente, toda a família, na identificação de valores, reais interesses e prioridades, buscando soluções criativas, inclusivas e de benefício mútuo, mantendo o olhar voltado para o futuro, participando desta composição, da criação desta nova trama, deste novo tecido que os revestirá, na cadência e no compasso que lhes são peculiares.

As Práticas Colaborativas requerem uma mudança na postura profissional e na prática da advocacia, com mais respeito e cuidado aos próprios profissionais envolvidos. Nós, advogados, temos que redefinir nossa relação com o outro advogado para passarmos a atuar em parceria, como guias do processo e mentores das negociações, usando a lei como moldura e não como ferramenta, em uma negociação que é pautada pela transparência, pela boa fé, baseada em interesses e critérios objetivos, trabalhando efetivamente em equipe multidisciplinar, uma vez que nosso compromisso é com a saúde da família – e não exclusivamente com a defesa dos interesses de uma parte.

O advogado deve conhecer os princípios da mediação e das Práticas Colaborativas para que possa colaborar esclarecendo ao seu cliente qual a maneira mais produtiva de lidar com sua demanda, de forma que o faça confiar no procedimento escolhido. Para tanto, comunicar-se com o advogado do outro envolvido será de grande valia para que possam compartilhar destes conceitos colaborativos.Porém, assim como Freud no passado, nós também temos que mostrar "as dificuldades do nosso método, o tempo que este vai demandar, os esforços e sacrifícios que vai exigir, e, quanto ao sucesso, dizemos não ser possível promete-lo com segurança, porque ele

26 CAFFÉ, Mara. Op.cit., p.175.

dependerá do comportamento, da compreensão, da obediência e da persistência do próprio doente"[27] – no nosso caso, cliente.

Nas Práticas Colaborativas temos ainda a oportunidade de constituir uma equipe interdisciplinar, trazendo um profissional da saúde especialmente habilitado para atuar como coach, um técnico, dos clientes. Esta função não se confunde com a de um terapeuta individual, na medida em que traz especificidades para auxiliar diretamente o cliente na compreensão e elaboração das emoções provenientes do conflito, na identificação e priorização de temas, interesses, necessidades e valores dos envolvidos; no desenvolvimento e fortalecimento dos próprios recursos e habilidades; no entendimento da dinâmica comunicacional com a outra parte; na compreensão e no lidar com as questões relacionadas aos demais envolvidos (filhos, sócios, empregados); na resolução dos temas pendentes que interferem na relação de uma relação coparental efetiva; na construção de um planejamento parental colaborativo e funcional; na preparação para o diálogo e negociação com a outra parte.

Além do coach para os clientes, quando há filhos envolvidos há a possibilidade de um "coach dos filhos", um terapeuta especializado em crianças e adolescentes, vir integrar a equipe, para atuar como porta voz da prole, de forma neutra, isto é, apenas um profissional será escolhido pelos clientes, que confiarão no seu trabalho. Da mesma forma, será possível chamar para a equipe profissional um consultor financeiro, que também atuará de forma neutra, colhendo as informações dos clientes e ajudando na construção de cenários.

Desta forma, a multidisciplinaridade busca aumentar a autonomia, dar liberdade para pensar em soluções, evita conflitos eventuais estimulando a participação direta e acolhendo o ser com todo seu potencial.Por isto confio vigorosamente no adequado tratamento dos conflitos como forma de garantir a dignidade, o cuidado e o respeito imprescindíveis devidos ao ser humano, como ser que vive em sociedade e deve agir cooperativamente. É desta forma que acredito que deva ser exercida a profissão de advogado na área de família: dando a palavra ao sujeito e proporcionando tempo e escuta para que com o discurso sejam traçados criativamente os caminhos de um consenso e, neste movimento, o próprio cliente tenha oportunidade de se escutar, além de ser escutado. O advogado deve ter formação para tanto, sendo a mediação um valioso caminho de aprendizagem, e deve poder contar com a ajuda de um profissional da saúde mental, igualmente preparado para esta escuta específica para, idealmente, trabalharem em equipe.

Certamente vale a pena: com as pessoas protagonizando suas histórias e os profissionais exercendo todas as virtudes em direção ao cidadão esta-

27 FREUD, Sigmund. Conferências introdutórias à psicanálise. In: *Obras Completas*, vol.13. São Paulo: Companhia das Letras, 2014, p.19.

remos alcançando a verdadeira justiça, atualizando o quanto proposto por Aristóteles, visto que a utilização de métodos adequados tempestivos e efetivos é que viabiliza a ordem jurídica justa.

Compartilho da mesma fé de John Dewey, educador norte-americano que escreveu ainda em 1939:

> [...] Uma fé genuinamente democrática na paz é uma fé na possibilidade de administrar disputas, controvérsias e conflitos como tarefas cooperativas em que ambas as partes aprendam dando à outra chance de se expressar, ao invés de uma parte conquistar pela supressão da outra à força – uma supressão que é violenta quando ocorre através de meios psicológicos de ridicularização, abuso, intimidação, ao invés de aprisionamento aberto ou em campos de concentração. Cooperar dando uma chance às diferenças de se mostrarem por causa da crença que a expressão da diferença é não só direito de outras pessoas, mas um meio de enriquecer sua própria experiência de vida, é inerente ao modo de vida pessoal democrático.[28]

Assim como do mesmo gosto de Paulo Freire:

> Gosto de ser homem, de ser gente, porque não está dado como certo, inequívoco, irrevogável que sou ou serei decente, que testemunharei sempre gestos puros, que sou e que serei justo, que respeitarei os outros, que não mentirei escondendo o seu valor porque a inveja de sua presença no mundo me incomoda e me enraivece. Gosto de ser homem, de ser gente, porque sei que a minha passagem pelo mundo não é predeterminada, preestabelecida. Que o meu 'destino' não é algo dado mas algo que precisa ser feito e de cuja responsabilidade não posso me eximir. Gosto de ser gente porque a História em que me faço com os outros e de cuja feitura tomo parte é um tempo de possibilidades e não de determinismo. (...) Gosto de ser gente porque, inacabado, sei que sou um ser condicionado mas, consciente do inacabamento, sei que posso ir mais além dele.[29]

---

28 Na palestra "Democracia criativa: a tarefa diante de nós", *apud* ALMEIDA, Guilherme Assis. Mediação e o reconhecimento da pessoa. Revista do Advogado: *Mediação Conciliação*. Ano XXXIV, Edição n. 123, AASP, São Paulo, p.23, agosto 2014.

29 FREIRE, Paulo. Op.cit., p. 52/54.

À guisa de arremate, não é à toa que este texto se inicia e termina citando dois grandes educadores, poisseja qual for nossa área de trabalho profissional para haver efetivo respeito e cuidado com os seres precisamos zelar para que todos tenham educação de qualidade desde o nascimento,em casa, em família,em comunidade, na escolae na vida em sociedade, para aprenderem a se comunicar, dialogar, crescendo juntos, mudando sempre, afinando e desafinando, mas sempre em busca de troca, de expressão, de liberdade, com respeito, compreendendo que somos um todo que deve agir imbuído de uma ética cooperativa. Afinal, sempre que uma criança nasce, o mundo torna a começar...

¿HAY UN DEBER DE *CUIDADO* CON RESPECTO A LAS GENERACIONES FUTURAS?

Nuria Belloso Martín[1]

SUMARIO: **1.** Introducción. **2.** Concepto e historia de las generaciones futuras. **3.** El debate sobre las generaciones futuras como sujetos de derechos. **4.** ¿Qué tipo de derechos (morales/jurídicos) se pueden otorgar a las generaciones futuras?. **5.** Objeciones con respecto a la posibilidad de reconocer "derechos morales" a las generaciones futuras. **6.** La teoría de la responsabilidad (moral) hacia las generaciones futuras. **7.** A modo de reflexiones finales.

1. INTRODUCCIÓN

Hay diversos ámbitos relativos a la toma de decisiones que, adoptadas en condiciones de incertidumbre sobre el futuro, y si se verifican, pueden conllevar consecuencias dañosas. Estos daños se pueden imputar a decisiones que, si hubieran sido diversas, hubieran posibilitado que se hubieran evitado las consecuencias negativas o causantes de daño. Programas políticos, legislaciones, políticas públicas suelen trabajar con un "futuro" de horizonte temporal a corto plazo que no se armoniza con una teoría de la responsabilidad hacia las generaciones futuras. Ha sido a partir de los

1 Catedrática Acreditada de Filosofía del Derecho en la Universidad de Burgos –UBU- (España). Mediadora Civil y Mercantil. Directora del Departamento de Derecho Público. Coordinadora del Máster en Derecho de la Empresa y de los Negocios. Directora del Curso de Especialista en Mediación Familiar. Directora del Curso de Mediación Civil, y Mercantil. Miembro del Comité de Evaluación para la evaluación de Complementos Retributivos Individuales al Personal Docente e Investigador de la Universidad del país Vasco (UNIBASQ). En relación a la investigación, es Investigadora del Centro do Estudos Sociológicos –CES- Laboratorio Associado- Universidade de Coimbra (Portugal). Directora de Relaciones Internacionales y Cooperación del Grupo de Investigación "Minga. Constitucionalismo democrático latinoamericano, novas intersubjetividades e emancipação social" (Brasil). Participa del Grupo de Investigación: "Ordenación del territorio, desarrollo y medio ambiente sostenible" -ORDITER- (UBU) y del Grupo de Pesquisa: "Observatório de Politicas Públicas, Direito e Proteção Social" de la UNESA (Rio de Janeiro). Actualmente es miembro del Proyecto de Investigación"Fundamentos teóricos del neoconstitucionalismo: un modelo jurídico para la sociedad global", de la Universidad de Sevilla.

años sesenta cuando en las incipientes sociedades de riesgo[2] occidentales empezaron a aparecer manifestaciones y publicaciones con alusiones y teorizaciones referidas a nuestra responsabilidad en el deterioro de la biodiversidad de la tierra y de la biosfera, en el marco del problema del depósito final de los residuos radiactivos, el peligro de las guerras –con la consiguiente desertización nuclear- y de las manipulaciones genéticas. Todas ellas eran acciones que perjudicaban tanto a los seres humanos vivientes como a las generaciones futuras.

Las decisiones sobre políticas energéticas, cuestiones medioambientales, la (in)aceptabilidad de una deuda pública, sobre la necesidad de prever recursos para el futuro desmantelamiento de las centrales nucleares, política demográfica y sistema de pensiones, biotecnología (genoma humano) y medicina, entre otras, pueden acabar determinando las condiciones de una vida mejor –o peor- para las generaciones futuras (en adelante, GF).[3]Una buena parte de los estudios que versan sobre las GF lo hacen desde la perspectiva del área medioambiental,[4] prestando escasa atención a la potencialidad de los mismos en otras áreas (económico, demográfico, justicia social, educativo y tantos otros).

2 *Vid.* BECK, Ulrich. "De la sociedad occidental a la sociedad del riesgo. Cuestiones de supervivencia, estructura social e ilustración ecológica" en *Revista de Occidente*, n. 150, 1992, p.19-40; también, BECK, Ulrich. *La sociedad del riesgo,* Versión castellana, Barcelona, Paidós Editora, 1998; GIORGI, Raffaele (de). *Direito, Democrazia e Risco. Vinculos com o futuro*, Porto Alegre, C. A. Fabris, 1998.

3 Hacer referencia a lasgeneraciones futuras nos reconduce al término de sostenibilidad, precisamente porque es un concepto que pone en cuestión las acciones y decisiones que se adoptan en el presente con respecto a sus efectos y posibilidades de actuación en el futuro. Suele ser frecuente la confusión entre el concepto de *sostenibililidad y desarrollo sostenible*. No vamos a extendernos ahora en su análisis, sobre el que ya hay numerosos estudios. Nos limitamos a dejar constancia de la n*ecesidad de un* análisis del *principio de la sostenibilidad* como principio informador del sistema jurídico.

4 *Vid.* BALLESTEROS LLOMPART,Jesús. "Interdependencia y cuidado: bases para una justicia ambiental", en Jesús Ballesteros Llompart, Encarnación Fernández Ruiz-Gálvez, Antonio-Luis Martínez-Pujalte (Coordinadores) *Justicia, solidaridad, paz: estudios en Homenaje al Profesor José María Rojo Sanz*, Vol.1, Valencia, Universitat de Valencia, Departamento de Filosofía del Derecho, 1995, p. 19/28.

En la siguiente figura se apuntan las diez principales áreas en las que el *cuidado* por las generaciones futuras puede desarrollarse.

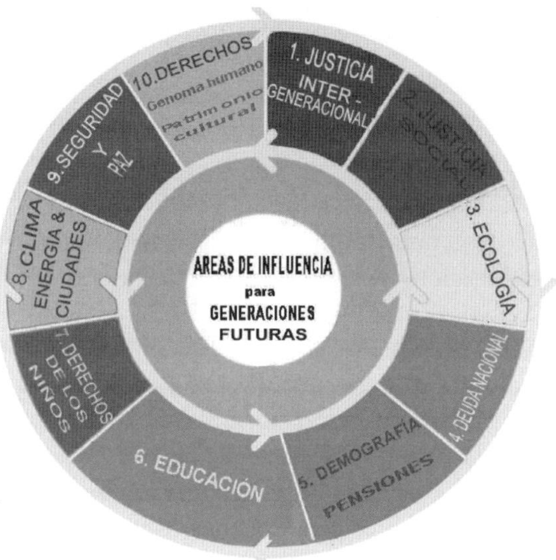

Fuente: elaboración propia

En nuestro estudio comenzaremos por establecer un concepto de generaciones futuras y haremos una breve referencia histórica desde la aparición del término, en el ámbito internacional, hasta que en los últimos diez años ha empezado a despertar un gran interés, apoyándose en instrumentos supranacionales y de ámbito nacional, como algunas Constituciones. Una vez explicada la historia nos centraremos en la definición del estatuto moral de los miembros de las generaciones futuras. El tema plantea problemas morales y metaéticos singulares y extraordinarios, para los que las teorías morales y políticas convencionales son incapaces de ofrecer una respuesta adecuada. Si bien hay un cierto consenso con relación a aceptar una obligación moral[5] de *cuidar de los seres futuros* resulta más controvertido definir si hay una obligación

5 La adopción de políticas públicas afectarían a cuestiones tales como "energéticas y medioambientales (sobreconsumo de los recursos renovables, que los convierte *de facto* en no renovables; acumulación de residuos radiactivos; acumulación de residuos químicos (y difusión de tóxicos organoclorados y diversas sustancias persistentes con efectos hormonales en la biosfera); calentamiento global a causa del 'efecto invernadero'; deterioro de la capa de ozono; acidificación del medio ambiente planetario; desertificación y destrucción del suelo fértil; "destrucción de la biodiversidad silvestre y agropecuaria); sobre la guerra y la paz (acumulación y/o uso de armas de destrucción masiva -nucleares, químicas y biológicas-); pérdida del acervo cultural y los saberes tradicionales de las culturas campesinas y de los pueblos tribales y tantas otras". RIECHMANN, Jorge.*Un mundo vulnerable*. Madrid, Catarata, 2000.

jurídica".[6] Es decir, si las generaciones actuales tienen alguna responsabilidad sobre lo que les suceda a las generaciones futuras. Para ello, analizaremos tres cuestiones: en primer lugar, si las generaciones futuras son sujetos de derecho; en segundo lugar, si existe una obligación moral/responsabilidad de las generaciones presentes con respectoa las futuras; en tercer lugar, cuáles son los principales desafíos/obstáculos para sostener que exista tal obligación moral.

2. CONCEPTO E HISTORIA DE LAS GENERACIONES FUTURAS

El concepto de generación futura no es pacífico. Existen diferentes definiciones de «generación» recogidas en el Diccionario de la Real Academia Española de la Lengua, entre las que podemos destacar las siguientes:

> 1. Conjunto de personas que por haber nacido en fechas próximas y recibido educación cultural y social semejante, se comportan de manera parecida, lo que conlleva a que el término "periodo determinado" sea flexible. De acuerdo con esta definición, puede darse que diferentes generaciones convivan en un mismo periodo de tiempo; 2. Todas las personas que conviven en un periodo de tiempo determinado, pudiendo ser éste un año, una década, etc.

Ello nos lleva a diferenciar entre las relaciones intrageneracionales de las intergeneracionales. En una misma dimensión temporal, pueden llegar a coincidir dos o tres generaciones (abuelos, padres, nietos –G1, G2, G3). Se trataría de relaciones intrageneracionales (generaciones que coexisten y se superponen en el mismo tiempo). En las relaciones intergeneracionales, algunas generaciones más próximas pueden coexistir pero las más lejanas se dan en una distancia temporal (G1, G2, G3, Ga4, G5, G6 y sucesivamente).

El problema intergeneracional surge debido a que las acciones presentes determinan la capacidad (económica y ecológica) que heredará el futuro. Se dan externalidades entre generaciones ya que el futuro no participa en las

6 La principal responsabilidad de una ética que contemple el futuro es la de entregar a las generaciones venideras un mundo en el que haya una probabilidad razonable de ser capaz de enfrentarse con éxito a los problemas que les hayamos dejado en herencia. No solamente se aplica esta estipulación a los casos obvios de población y medio ambiente, sino también a las cuestiones de intervención genética, ingeniería médica, tecnologías de control del comportamiento y otras parecidas". KIEFFER, George H. "Obligaciones respecto a las generaciones futuras" (Capítulo 10) en *Bioética*, versión española de Enrique Sánchez Monge, Madrid, Alhambra, 1983, p.381. Sobre la cuestión de mantener abiertas las opciones futuras *vid.* también GOODIN, Robert E "Ethical principles for environmental protection", en Robert Elliot y Arran Gare (eds.) *Environmental Philosophy*, Open University Press, Milton Keynes, 1983, p. 6/8.

decisiones actuales que le afectan. Estas externalidades tienen una serie de peculiaridades.Por un lado, los no nacidos no tienen ninguna capacidad para defender sus intereses en la toma de decisiones. En concreto, no pueden pujar en el mercado de recursos actual, ni pueden participar del proceso político. Por otro lado, las decisiones actuales pueden tener un carácter irreversible para el futuro. Esto lleva a que las generaciones futuras no puedan defenderse y deban resignarse a sufrir las consecuencias de las decisiones presentes. Los individuos presentes en cada momento del tiempo actúan como 'dictadores' respecto a los individuos no nacidos.[7]

Una de las posibles formas en las que un lego puede ser introducido en lascuestiones de equidad intergeneracional de un modo intuitivo consiste en hacer referencia a las reglas de uso de los espacios comunes empleados por sucesivos usuarios. Se puede citar la *metáfora del refugio de la montaña.* Podemos tomar cierto número de reglas habitualmente colocadas en este tipo de refugios como puntos de salida para las teorías generales:

i)"Por favor, dejen el espacio limpio".

ii)"Por favor, Dejen el espacio tan limpio como les gustaría encontrarlo a su llegada.

iii) "Por favor, Dejen el espacio tan limpio como lo estaba a su llegada".

Estas tres fórmulas son posibles puntos de salida para teorías de la justicia basadas en diferentes lógicas y con un contenido diferente.

Otro posible planteamiento consiste en concebir la naturaleza de nuestras obligaciones a través del prisma del derecho privado, enfocándolo especialmente en la *idea de propiedad* y en los *tipos específicos de contratos*. Recordemos el famoso dicho de los nativos americanos: "Tratemos bien la Tierra: no te fue dada por tus padres sino que te fue prestada por tus hijos. No heredamos la Tierra de nuestros ancestros; la tomamos prestada de nuestros hijos".

Hacia fines del siglo XIX, Jefferson (1789) y Paine (1791), en debate con Burke, ya argumentaban en términos de generaciones. Ellos estaban interesados en saber si la rigidez de una Constitución, o el hecho de sentirnos obligados por una deuda contraída por nuestros ancestros, eran compatibles con la idea de *Soberanía generacional.*Burke (1790) se refería a la idea de colaboración entre "aquéllos que viven, aquellos que están muertos y aquellos que están por nacer". Jefferson (1789) afirma que "la Tierra pertenece *en usufructo* a quienes viven".[8]

---

7 PADILLA ROSA, Emilio.*Equidad intergeneracional y sostenibilidad. las generaciones futuras en la evaluación de políticas y proyectos.*Instituto de Estudios Fiscales, p.15.Disponible en:<www.ief.es/contadorDocumentos.aspx?URLDocumento=/documentos/recursos/.>. Acceso en: 25 sep. 2016.

8 JEFFERSON, Thomas. *Letter to James Madison* (6 sept 1789). Disponible en:<http://odur.let.rug.nl/~usa/P/tj3/writings/brf/jefl81.htmç>.Acceso en: 25 sep. 2016.

Recordemos también el criterio ético-político de la tribu chewapa. Este criterio es el conocido como *regla de la séptima generación*: antes de tomar cualquier decisión comunitaria o personal deberá revisarse qué consecuencias tendrá para las siete generaciones posteriores a la que se plantea la nueva medida. Si alguna de estas siete generaciones posteriores va a sufrir algún perjuicio a raíz de la misma, ésta se considera injusta y no se lleva a la práctica.

Desde fines del siglo XIX, en cambio, autores como Sidgwick y Mill empezaron a examinar el tema desde el ángulo de la *justicia*. Esa transición no había terminado cuando, en 1971, el filósofo John Rawls publicó *A Theory of Justice*. Ese libro fue uno de los motores de la renovación de la filosofía política en general, pero, al consagrar algunas páginas a la justicia intergeneracional, Rawls relanzó asimismo el debate sobre esta cuestión específica.

Los derechos futuros tienen sentido. Pueden ser exigibles ante un tribunal cuando los titulares de un derecho han nacido y los titulares de las obligaciones aún están vivos. Se puede argumentar que nuestros sistemas legales ya aplican derechos que pueden ser vistos como incluyendo derechos futuros hacia sus beneficiarios y que podrían ser exigibles ante un tribunal. Por ejemplo, si un productor de comida para bebés produce comida dañina antes de que el hijo sea concebido y éste termine consumiendo dicha comida después de nacer, sufriendo un daño a consecuencia de ello, sería plausible considerar la obligación previa a la concepción por parte del productor como correlativa a un futuro derecho en ese momento. Y sería posible denunciar al productor en base a ello.

Si bien existe un creciente catálogo de leyes, declaraciones y tratados que utilizan el término de las *generaciones futuras*, no hay pruebas suficientes de que los autores de estas medidas mantengan la creencia de que su práctica era obligatoria por la existencia de un Estado de derecho. De forma similar a lo que sucede con respecto al concepto de *desarrollo sostenible*, puede haber evidencia del uso frecuente del término pero que ello no significa que se trate de una práctica general aceptando el concepto como ley. Posiblemente, el principal obstáculo para reconocer el concepto de *equidad intergeneracional* (o de una consideración intergeneracional más general en materia ambiental) como un principio de derecho es que se trata de un concepto jurídico vago e indeterminado. Además, es frecuente que se confunda con el concepto de *justicia intergeneracional*.

El análisis del *qué* hay que proteger, el *cómo* y el *cuándo* ha sido objeto de amplia controversia. El *qué* nos lleva a la cuestión de si pueden protegerse las generaciones futuras como una "clase", si se las puede considerar como sujeto de derechos y tutelarlas según esa concepción. El *cómo* hay que proteger las generaciones futuras, si es mediante instrumentos y doctrinas legales –asociadas con relaciones de equidad y confianza– tales como Declaraciones de derechos, legislación, jurisprudencia, instituciones (ombudsman, guardián, Alto Comisionado, Oficina de GF), jurisprudencia o si su protección debe limitarse a un plano estrictamente moral. Por último, el *cuándo* hay que proteger las generaciones futuras, si debe hacerse en el presente para prevenir la formación de daños futuros, o si no tenemos deberes más que con el presente. De ahí que se abra un interesante campo de estudio sobre las GF en orden a establecer la fundamentación de las obligaciones morales/responsabilidad con respecto a las GF, la justificación de la justicia intergeneracional y su necesaria institucionalización; y el diseño de fórmula.

Los conceptos de humanidad y de herencia común de humanidad se han apoyado, a lo largo de la historia, en un sustrato ético- filosófico. La responsabilidad de la humanidad hacia nuestros descendientes es uno de los imperativos morales más antiguos. La responsabilidad con respecto a las generaciones futuras se incardina en la obligación moral de dejar a nuestros sucesores la tierra, al menos, en la misma condición a cuando nosotros la heredamos. La base de los derechos de generaciones futuras empezó a plasmarse en tratados internacionales. Desde 1970 la mención explícita del interés de generaciones futuras empieza a ser más frecuente en los documentos legales internacionales.

Los principales hitos que hay que destacar con respecto a la construcción y progresiva consolidación del concepto de GF son los siguientes:

i) Los instrumentos normativos internacionales que mencionan a las generaciones futuras empezaron a emerger una vez finalizada la Segunda Guerra Mundial. En primer lugar, el compromiso adoptado en la Carta de las Naciones Unidas, firmada en San Francisco (Estados Unidos, 26 de junio de 1945), cuando declara que "Nosotros, los pueblos de las Naciones Unidas, decididos a preservar a las generaciones venideras del flagelo de la guerra que dos veces durante nuestra vida ha infligido a la Humanidad sufrimientos indecibles, [...]",[9] puede considerarse como la primera referencia a las generaciones futuras, concretamente, una declaración de responsabilidad frente a las generaciones futuras. Siguiendo esta misma línea se aprobó la "Declaración de los principios de la cooperación cultural internacional", proclamada por la Conferencia General de la UNESCO, en su 14.ª reunión, celebrada el 4 de noviembre de 1966 (artículo X), en la que se hace referencia a las "nuevas generaciones".[10]

9 Disponible en: <www.cooperacionespañola.es/sites/default/files/carta_de_naciones_unidas.pdf>.

10 "Artículo X: En la cooperación cultural deberá concederse particular importancia a la educación moral e intelectual de la juventud con espíritu de amistad, de comprensión internacional y de paz. La cooperación cultural fomentará entre los Estados la conciencia de la necesidad de suscitar vocaciones en los campos más diversos y de favorecer la formación profesional de las nuevas generaciones". Disponible en: <portal.unesco.org/.../ev.php-URL_ID=13147&URL_DO=DO_TOPIC&URL_SECTIO...>. Acceso en: 25 sep. 2016.

Hasta los años 80 eran muy poco los trabajos e investigaciones que incluían referencias a la posteridad o a las futuras generaciones o "no nacidos".[11] A partir de entonces, en el contexto anglosajón, se constituyeron Fundaciones sobre Generaciones Futuras y Programas sobre Futuras Generaciones, se celebraron Reuniones y Congresos, y se publicaron trabajos especializados sobre el tema. El concepto de "sostenibilidad" empezó a estar presente en el área medioambiental y también en la económica. Esta situación contrasta con la escasez de investigaciones y publicaciones en España sobre el tema de la justicia intergeneracional. En otros países europeos se ha trabajado más en esta línea,[12] de forma que Constituciones recientemente adoptadas o modificadas, principalmente en el ámbito europeo, incluyen palabras que se refieren a "generaciones futuras" o "sostenibilidad". Con todo, hay que advertir que la justicia entre las generaciones todavía no es tan importante en la agenda como la justicia entre ricos y pobres (justicia social) o entre hombres y mujeres (justicia de género). Es más, algunos se cuestionan si tiene sentido reflexionar sobre las generaciones futuras cuando las generaciones presentes tienen déficit de derechos humanos o se ven vulnerados en los mismos.

ii)La Comisión de Mundo en el Ambiente y Desarrollo preparados por la Asamblea General de la ONU, conocido como la Comisión de Brundtland, emitió el Informe "Nuestro Futuro Común", en 1987,[13] fecha en que acuñaron y definieron el término el desarrollo sustentable como un "desarrollo que satisface las necesidades del presente sin componer la habilidad de generaciones futuras de satisfacer sus propias necesidades." La definición de Brundtland contiene un nuevo acercamiento intentando equilibrar las necesidades e interés del presente y las generaciones futuras que dan el peso similar a ambos. Esto muestra un compromiso en el desarrollo legal internacional intercambiando el concepto algo polémico de los derechos de genera-

11 AGIUS, Enmanuel; BUSUTTI, Salvino; KING, Tae-Chang; YAKAZI, Katsahiko. *Future Generations and International Law (Earthscan Law and Sustainable Development)*, London and New York, Routledge, 2013.

12 JörgTremmel, DirectorGeneral (GeschaftsfuhrenderVorstand) Fundación para los Derechos de las Generaciones Futuras (Stiftung fur die Rechte Zukunftiger Generationen, desde 1980, viene destacando que a medida que comenzaran las discusiones sobre sostenibilidad, el tema de la" justicia generacional "o los derechos de las Generaciones Futuras alcanzarían un papel central dentro de ellas. Medio ambiente y naturaleza, al igual que genética y biotecnología son temas profundamente interligados con las generaciones futuras. Sin embargo, este concepto representa mucho más que esto. Contiene un programa político completo: desde la política ambiental y financiera hasta la política educativa. *Vid.*TREMMEL, Joerg Chet (Editor) *Handbook of Intergenerational Justice*, Edward Elgar Publishing, 2006. Disponible en: <http://dx.doi.org/10.4337/ 9781847201850>. Acceso en: 07 nov. 2016.

13 Disponible en: <ww.unesco.org/new/es/education/themes/leading-the-international-agenda/education-for-sustainable-development/sustainable-development/#topPage.>. Acceso en: 10 sep. 2016.

ciones futuras con las necesidades de generaciones futuras que también han demostrado fructífero con respecto a las interpretaciones en los sistemas del legislativo nacionales.

iii)En el ámbito internacional, tanto la ONU como la UNESCO[14] han destacado como impulsores de la tutela de las generaciones futuras. Así, la UNESCO, en cooperación con la Sociedad Cousteau, patrocinó una reunión de expertos organizada por el Instituto Tricontinental de la Democracia Parlamentaria y los Derechos Humanos en la Universidad de La Laguna (Tenerife, España) los días 25 y 26 de febrero de 1994, presidida por el entonces director general de la UNESCO, F. Mayor Zaragoza y auxiliado por miembros del equipo de Jacques-Ives Cousteau. Los expertos, de todas las regiones del mundo, adoptaron por consenso una declaración sobre los derechos de las generaciones venideras titulada "Declaración Universal de los Derechos Humanos de las Generaciones Futuras",[15]que constituyó un Anteproyecto de la que, *Declaración sobre las Responsabilidades de las Generaciones Actuales para con las Generaciones Futuras* de la UNESCO (1997),[16]Aprobada en la 29ª

---

14 Las responsabilidades de las generaciones actuales para con las futuras han estado presentes en los programas de la UNESCO desde la década de1970. Así, el primer Plan a Plazo Medio (1977-1982) menciona en su párrafo 80 que el reconocimiento de la unidad de la humanidad, a partir de la aceptación de un cierto sistema de valores -valores de justicia, de igualdad, de libertad, de solidaridad- presupone la "elección de un destino que ha de forjarse en común y una corresponsabilidad con respecto al porvenir de la especie humana".
En la Resolución 4 XC/2/10, aprobada por la Conferencia General en su cuarta reunión extraordinaria, se subrayó la importancia de la preservación de un patrimonio común a toda la humanidad para las generaciones actuales y futuras. En el tercer Plan a Plazo Medio (1990-1995), en el capítulo correspondiente al Área Principal VI del Programa, se subrayó asimismo la necesidad de garantizar "la durabilidad de las riquezas para las generaciones futuras". Anteproyecto de Declaración sobre las responsabilidades de las generaciones actuales para con las generaciones futuras. (La Laguna, 25 y 26 de febrero de 1994), p.4. Disponible en: <unesdoc.unesco.org/images/0010/001018/101848so.pdf>.

15 VASAK, Karen. "La Declaración Universal de los Derechos de las Generaciones Futuras", *Revista de Derecho y Genoma Humano*, Bilbao, n. 1, julio-diciembre, 1994.

16 Declaración sobre las Responsabilidades de las Generaciones Actuales para con las Generaciones futuras<http://portal.unesco.org/es/ev.php-URL_ID=13178&URL_DO=DO_TOPIC&URL_SECTION=201.html>. Acceso en: 25 ago. 2016.
La Declaración de Responsabilidades y Deberes Humanos (o DRDH), se realizó en el marco de la UNESCO y con el apoyo de la Oficina del Alto Comisionado para los Derechos Humanos, fue proclamada en 1998 para conmemorar el 50 *aniversario de la Declaración Universal de los Derechos Humanos* en la ciudad de Valencia. Propone sistemática y exhaustivamente los deberes y responsabilidades colectivos e individuales que resulten necesarios para la implementación efectiva y universal de los Derechos Humanos, en particular, de los consagrados en la Declaración Universal de Derechos Humanos (DUDH).
Otros organismos a nivel internacional, constituidos para trabajar y hacer propuestas sobre otros temas relacionados con las generaciones futuras, también han publicado

sesión de la Conferencia General de las Naciones Unidas, celebrada en París entre los días 21 de octubre y 12 de noviembre de 1997.

El eje de la Declaración es la "responsabilidad" que, en el texto, unas veces es tratada como premisa y otras como objetivo.[17] En esta Declaración sentando las bases para la solidaridad intergeneracional apoyándose, principalmente, en la preservación de los recursos naturales del planeta para beneficio de la humanidad (arts. 4 y 5 de la Declaración) y la protección de la vida humana, el genoma humano y la diversidad biológica (arts.3, 6). La Declaración presenta un catálogo de obligaciones de las generaciones actuales para salvaguardar los intereses y necesidades de las generaciones presentes y futuras.[18] Entre estas obligaciones de las generaciones presentes se cuentan:

Libertad de elección: Garantizar que las generaciones futuras puedan escoger libremente su sistema político, económico y social y preservar su diversidad cultural y religiosa (artículo 2).

Mantenimiento y perpetuación de la humanidad: Asegurar el mantenimiento y la perpetuación de la humanidad, respetando debidamente la dignidad de la persona humana (artículo 3).

Preservación de la vida en la Tierra: Legar a las generaciones futuras un planeta que en un futuro no esté irreversiblemente dañado por la actividad del ser humano, procurando utilizar los recursos naturales razonablemente y atender a que no se comprometa la vida con modificaciones nocivas de los ecosistemas y a que el progreso científico y técnico en todos los ámbitos no cause perjuicios a la vida en la Tierra (artículo 4).

Informes que inciden en las generaciones futuras. Por ejemplo, sobre la gobernanza mundial. *Our Global Neighborhood.* Report of the Commission on Global Governance (Published by Oxford University Press, 1995). Disponible en: <http://www.gdrc.org/u-gov/global-neighbourhood/>.

---

17 Cambrón advierte que esta expresión también aparece en el contenido de numerosos documentos normativos, entre los que cabe citar el Preámbulo de la Constitución Europea que dice: «SEGUROS de que, «Unida en la diversidad», Europa les brinda las mejores posibilidades de proseguir, respetando los derechos de todos y conscientes de la responsabilidad para con las generaciones futuras y la Tierra, la gran aventura que hace de ella un espacio privilegiado para la esperanza humana». La misma expresión aparece después en el artículo I- 3, en el Preámbulo de la Parte II y en el artículo II- 97, éste dedicado a la tutela del ambiente. CAMBRÓN INFANTE, Ascensión. "Generaciones futuras *(Jurídico)*"en Romeo Casabona, Carlos Mª (Director) ENCICLOPEDIA de BIODERECHO y BIOÉTICA, Universidad de Deusto-Universidad del País Vasco, Cátedra de Derecho y Genoma Humano, Bilbao-Madrid, 2011. Disponible en: <http://enciclopedia-bioderecho.com/voces/165>. Acceso en: 17 nov. 2016.

18 El enfoque de las demandas de justicia intergeneracional debería suponer la imposición de obligaciones legales a las generaciones presentes sin derechos correlativos. Este enfoque fue adoptado en última instancia por los redactores de la Declaración sobre las Responsabilidades de las generaciones presentes hacia el futuro Generaciones.

Protección del medio ambiente: Procurar un desarrollo sostenible y preservar las condiciones de la vida y, especialmente, la calidad e integridad del medio ambiente (artículo 5º.). En cuanto a la preservación del equilibrio ecológico existen diversos instrumentos internacionales que obligan a la protección del medio humano para las futuras generaciones.

Genoma humano: Proteger el genoma humano, respetándose plenamente la dignidad de la persona humana y los derechos humanos (artículo 6o.). La misma Declaración Universal sobre Bioética y Derechos Humanos del 2005 señala en su artículo 14 que "se deberían tener debidamente en cuenta las repercusiones de las ciencias de la vida en las generaciones futuras, en particular en su constitución genética".

Diversidad biológica: preservar la diversidad biológica. El progreso científico y tecnológico no debe perjudicar ni comprometer de ningún modo la preservación de la especie humana ni de otras especies (artículo 6).

Diversidad cultural: Preservar la diversidad cultural de la humanidad respetando debidamente los derechos humanos y libertades fundamentales (artículo 7). En el seno de la UNESCO en París se suscribió la Convención sobre la Protección y la Promoción de la Diversidad de las Expresiones Culturales en 2005. Dentro de los principios rectores de dicha Convención se reconoce el principio de desarrollo sostenible que admite la conservación de la riqueza cultural como una condición esencial en beneficio de las generaciones futuras.

Patrimonio cultural: Identificar, proteger y conservar el patrimonio cultural material e inmaterial y transmitir ese patrimonio común a las generaciones futuras (artículo 7º.). Desde 1972 se cristalizó esta protección en la Convención para la Protección del Patrimonio Mundial, Cultural y Natural. En dicho instrumento, y desde esa fecha, ya se reconoce la obligación de los Estados para las generaciones futuras (artículo 4º.). En el 2003 se concluyó la Convención para la Salvaguardia del Patrimonio Cultural Inmaterial. Aún más específico, en 2001 se finalizó la Convención sobre la Protección del Patrimonio Cultural Subacuático.[19]

---

19 Es muy destacable la labor de la UNESCO en las tareas de identificación y preservación del patrimonio cultural de la humanidad. La labor de esta agencia especializada de la ONU no sólo se limita a la elaboración de la lista de sitios merecedores de considerarse en esta categoría, de igual manera involucra esfuerzos de preservación, restauración y rehabilitación en casos de daños. Entre los ejemplos que podríamos citar de los trabajos que lleva a cabo la UNESCO Ferrer citan las tareas de restauración y rehabilitación de sitios afectados en Kosovo, la firma de un Memorando de Entendimiento con Irak para la reconstrucción de la Mezquita de Al–Askari en Samarra, la tarea conjunta con el gobierno japonés para la preservación del Templo Abu Simbel en Nubia, el Temple de Borobudur en Indonesia y el sitio arqueológico de Moenjodaro en Pakistán, sólo por citar algunos. De igual manera, la preservación del patrimonio cultural inmaterial ha tenido un gran empuje en los últimos años.

Patrimonio común de la humanidad: Utilizar el patrimonio común de la humanidad, según lo define el derecho internacional, sin comprometerlo de modo irreversible (artículo 8º.).

Paz: Velar por que tanto éstas como las generaciones futuras aprendan a convivir en un ambiente de paz, seguridad y respeto del derecho internacional, los derechos humanos y las libertades fundamentales (artículo 9º). El mismo preámbulo de la Carta de Naciones Unidas, firmada el 26 de junio de 1945 en San Francisco, señala "Nosotros los pueblos de las Naciones Unidas resueltos a preservar a las *generaciones venideras* del flagelo de la guerra que dos veces durante nuestra vida ha infligido a la humanidad sufrimientos indecibles".[20]

Desarrollo: Legar a las futuras generaciones las condiciones para un desarrollo socioeconómico equitativo, sostenible y universal, tanto individual como colectivo, en particular, mediante una utilización justa y prudente de los recursos disponibles a fin de luchar contra la pobreza (artículo 10º).

Educación: Se reconoce como un instrumento importante para el desarrollo de los seres humanos y las sociedades. Igualmente, se instruye que deberá utilizarse para fomentar la paz, la justicia, el entendimiento, la tolerancia y la igualdad en beneficio de las generaciones actuales y futuras (artículo 10º).

No discriminación: Abstenerse de realizar actividades y de tomar medidas que puedan ocasionar o perpetuar cualquier forma de discriminación para las generaciones futuras (artículo 11º).

Sin duda, bajo el auspicio de la UNESCO se ha fortalecido la teoría de la responsabilidad para las generaciones venideras, y es posible encontrar distintas declaraciones emanadas de dicha organización en las que se ratifica dicho principio. Más allá de la creación de instrumentos internacionales, la UNESCO ha procurado tener una actuación activa encaminada a la protección.

iv) A partir de la Conferencia de las Naciones Unidas sobre el Desarrollo Sostenible - Rio+20- en el 2012, *"El futuro que queremos". La responsabilidad hacia las generaciones futuras,*[21]los países miembros de Naciones Unidas se propusieron iniciar el proceso de definir la agenda de desarrollo que guiaría el trabajo de todo el sistema de Naciones Unidas.[22] Reconociendo la nece-

---

20 La propia idea de humanidad, progreso, vida futura y otras alusiones tiene un ligamen entre sí en la medida en que inciden en la vida de todos los hombres. Como ha subrayado el profesor Pérez Luño, sólo mediante un espíritu solidario será posible satisfacer plenamente las necesidades y aspiraciones comunes relativas a la paz y a la calidad de vida. *Vid.* PÉREZ LUÑO, Antonio Enrique. *Derechos humanos, Estado de Derecho y Constitución*, Madrid, Tecnos, 2005, p.539.

21 Disponible en:<https://rio20.un.org/sites/rio20.un.org/files/a-conf.216-l-1_spanish.pdf.pdf>.

22 Los Objetivos de Desarrollo del Milenio (ODM) guiaron el trabajo de las Naciones Unidas desde el 2000 hasta 2015. En el 2015, tras varias rondas de negociaciones intergubernamentales con aporte de una amplia variedad de actores, se lanza la Agenda

sidad de promover la solidaridad entre generaciones, se invitó al Secretario General de la ONU, Ban Ki-moon, a elaborar un Informe sobre las cuestiones relativas a la justicia intergeneracional. Su Informe "*La solidaridad intergeneracional y las necesidades de las generaciones futuras*" (2013)[23] estableció que el concepto de solidaridad intergeneracional está enmarcado en la idea del desarrollo sostenible y es un valor universal de la humanidad. El Informe aclara a qué generaciones futuras nos estamos refiriendo:

> (12).Los llamamientos a actuar de manera sostenible y a salvar el planeta para las generaciones futuras o para nuestros hijos y nuestros nietos parecen prácticamente intercambiables. No obstante, desde un punto de vista moral, existen importantes diferencias entre nuestros hijos y nuestros nietos y las generaciones distantes, aún nonacidas. Para empezar, las generaciones vivas son, sin ninguna ambigüedad, titulares de derechos. Antes de aplicar el concepto de justicia intergeneracional, debemos tener claro quién exactamente queda englobado dentro del ámbito de la discusión.[...]
>
> (13).Nuestras intuiciones morales y las observaciones sobre el comportamiento humano nos llevan a la conclusión de que muchos de nosotros tendemos a preocuparnos más por quienes tenemos más cercanos a nosotros en el tiempo y el espacio, esto es, nuestra familia inmediata, nuestros amigos y los grupos con los que nos identificamos. Se observa que la distancia geográfica y ni qué decir la temporal supone una diferencia en lo referente a las expresiones concretas de preocupación por nuestros congéneres. Dicho esto, la globalización y la revolución de la información y las comunicaciones han tendido a reducir el espacio en las últimas décadas y, con ello, puede decirse, que se ha ampliado nuestra esfera de empatía fuerte. Hasta la fecha, las tecnologías han hecho poco por

2030 para el Desarrollo Sostenible y los 17 Objetivos de Desarrollo Sostenible (ODS). Estos reemplazan los Objetivos de Desarrollo del Milenio (ODM) a partir del 2016 y guiarán el trabajo de Naciones Unidas por los próximos 15 años. La Agenda 2030 es civilizatoria porque pone a las personas en el centro, tiene un enfoque de derechos y busca un desarrollo sostenible global dentro de los límites planetarios. En el marco del desarrollo sostenible se pueden configurar una buena parte de las políticas públicas, acciones gubernamentales e investigaciones de los últimos diez años.

23 "La solidaridad intergeneracional y las necesidades de las generaciones futuras", *Report of the Secretary-General*, UN Doc A/68/322. Informe del Secretario General de la ONU (15 de agosto de 2013). *Disponible en:* <http://docplayer.es/13093975-Asamblea-general-naciones-unidas-a-68-322-la-solidaridad-intergeneracional-y-las-necesidades-de-las-generaciones-futuras.html>. Acceso en: 15 nov. 2016.

> reducir la distancia temporal entre las generaciones presentes y las futuras. Desde un punto de vista moral, los esfuerzos y sacrificios destinados a proteger y mejorar el mundo por el bien de nuestros hijos y nuestros nietos son las acciones más evidentes; sin embargo, no son inmediatamente evidentes los motivos éticos para tratar de forma diferente a las personas en función de su fecha de nacimiento, dado que ello no tiene ninguna influencia sobre su humanidad. El artículo 1 de la Declaración Universal de Derechos Humanos afirma que todos los seres humanos nacen libres e iguales en dignidad y derechos y, dotados como están de razón y conciencia, deben comportarse fraternalmente los unos con los otros. La base de nuestras obligaciones morales para con las generaciones futuras es, pues, sencillamente la misma preocupación y respeto que debemos a todas las personas, con independencia de dónde y de cuándo hayan nacido.

El Informe del Secretario General resaltó ocho instituciones nacionales de representación de los intereses de las generaciones futuras (Canadá, Finlandia, Hungría, Israel, Nueva Zelanda, Gales, Alemania y Noruega) que pueden servir como modelos importantes para la promoción de la solidaridad intergeneracional a nivel nacional, regional y mundial. Por último, invitó al Foro Político de Alto Nivel a considerar los mecanismos más adecuados para promover la equidad intergeneracional y el desarrollo sostenible en el ámbito de las Naciones Unidas.

De acuerdo con el documento final de la Cumbre Rio + 20, la promoción del intercambio de experiencias y mejores prácticas para la implementación del desarrollo sostenible sobre la base de su especial responsabilidad de promover las necesidades de las generaciones futuras, tal como se indica en el Informe del Secretario General de las Naciones Unidas, el Defensor del Pueblo húngaro para la generación futura decidió organizar una conferencia para reunir a las autoridades e Instituciones nacionales mencionadas en el Informe.

v)Entre el 24 y el 26 de abril de 2014, bajo el patrocinio de János Áder, Presidente de Hungría, se celebró la Conferencia titulada "Instituciones Modelo para un Futuro Sostenible". Dicha Conferencia tuvo como objetivo contribuir a una cooperación más estrecha entre las instituciones nacionales que desempeñan un papel pionero en la implementación del desarrollo sostenible y la solidaridad intergeneracional a nivel nacional. La conferencia se centró en la comprensión de las características únicas de los órganos nacionales pertinentes, así como de los principios y procesos jurídicos subyacentes a su labor. En este evento, muchos participantes expresaron su deseo de formalizar la cooperación de las instituciones actuales estableciendo una red de instituciones nacionales para las generaciones futuras. Con este fin, los participantes adoptaron el Memorándum de Budapest para un Futuro

Sustentable,[24] para la difusión de soluciones institucionales para salvaguardar las necesidades de las generaciones futuras y para pedir a los Estados Miembros que designaran a un representante para las generaciones futuras a nivel de las Naciones Unidas. Asimismo, se comprometían a mantener una relación consultiva continua entre los participantes.

A raíz del Memorándum de Budapest, y como primera reunión, se constituyó la Mesa Redonda de Instituciones para un Futuro Sostenible (*Network of Institutions for Future Generations*), que es una red independiente y no formal de instituciones en todo el mundo para la protección de los intereses de las generaciones futuras. El objetivo principal de la Mesa Redonda es el intercambio de conocimientos y la difusión de las mejores prácticas de sus instituciones miembros comprometidas en la promoción de una gobernabilidad responsable a largo plazo teniendo en cuenta el bienestar de nuestros descendientes y su entorno natural. La Mesa Redonda se compone de una diversidad de instituciones, destacando la necesidad, así como la oportunidad de salvaguardar los intereses de las generaciones futuras a través de diferentes medios ya través de diversas disciplinas. El papel de estas instituciones es amplio: refuerzan el pensamiento a largo plazo en la gobernabilidad y crean un medio capaz de incorporar los principios básicos de la equidad intergeneracional en la vida política y social del Estado. Estos principios son la conservación de las opciones, la calidad y el acceso a los recursos y oportunidades para las generaciones futuras. Intentan influir en los mecanismos legislativos y políticos de toma de decisiones, trayendo a las generaciones futuras a "la mesa de negociaciones".

La segunda reunión de los miembros de la red tuvo lugar en Cardiff (abril de 2015) dentro del marco de la conferencia titulada "Los ingredientes esenciales para un futuro sustentable: Por qué necesitamos las instituciones independientes, y cómo deben trabajar para el largo plazo". Se consideró es necesario establecer y conectar las estructuras institucionales democráticas, así como la representación del interés de generaciones futuras al nivel de ONU. En este espíritu, los participantes de la conferencia discutieron la importancia de construir una red global de tales instituciones.

La tercera reunión de los miembros de la red se celebró en Helsinki (7 y el 8 de junio de 2016). Para ello, el Comité para el Futuro y el Parlamento finlandés, celebraron un Seminario Internacional bajo el título "Para las Próximas Generaciones", del que se publicó un Informe.[25]Además de fortale-

---

24 *Budapest Memorandum,* adoptado en la Conference of the Model Institution for a Sustainable Future, celebrada en Budapest, 24-26 abril 2014. Disponible en:<https://www.nachhaltigkeitsrat.de/.../budapest-memorandum-201.>.Acceso en: 10 jun. 2017.

25 TIIHONEN, Paula (Editora).*Fort he Next Generations*. Report of the International Seminar in the Finnish Parliament 7-8 June 2016. Publication on the Committee for the future 5/2016. Helsinki, Parlamento de Finlandia, 2016.

cer la cooperación existente, los miembros de la red se esfuerzan por aumentar el número de instituciones nacionales y regionales con el propósito de contribuir a planificar el futuro a largo plazo. En el Seminario participaron los defensores de las generaciones futuras y Directores de Oficinas de Desarrollo sostenible más relevantes.[26] Cada uno de ellos explicó cómo están trabajando para contribuir a la preparación del futuro para las nuevas generaciones. Desde la conservación de la naturaleza a la industria bio, la tecnología del gen, la demografía, la fiscalidad y otros temas, todos desde una perspectiva del presente hacia el futuro, bajo la óptica de con qué medidas y organismos cuentan los diversos Estados para evaluar las repercusiones que decisiones gubernamentales actuales tengan sobre las futuras generaciones. Sustentan que es más fácil preparar para el futuro si podemos predecir o anticiparnos a lo que pasará (por ejemplo el problema de la inmigración no debería de haber sido una sorpresa si se hubiera estudiado y previsto cuidadosamente la situación geopolítico-económica circundante).

3. EL DEBATE SOBRE LAS GENERACIONES FUTURAS COMO SUJETOS DE DERECHOS

Tomar en consideración a las generaciones futuras obliga a replantearse una triple perspectiva de análisis como es la ética, la jurídica y la política, cada una con sus presupuestos, sus interrogantes y sus consecuencias y, aunque con su propia entidad, profundamente interrelacionadas. El orden ético, el Derecho Internacional de los derechos humanos, la teoría de la justicia, el orden jurídico y la política se ven interpelados por las GF.

La ausencia de sujeto de derechos humanos constituye uno de los principales problemas que se plantea a la hora de analizar los derechos de las generaciones futuras. Los interrogantes que surgen en relación a la teoría de los derechos y las generaciones futuras son varios: ¿Tiene sentido

26 Oficina Parlamentaria para la Evaluación de Opciones Científicas y Tecnológicas (Francia); el Director titular, la Oficina Parlamentaria de Ciencia y tecnología, (Reino Unido); Ministerio del Consejo Estratégico para el futuro y el mercado financiero (Suiza); la Fundación del Consejo Futuro (Suiza); el Director titular de Instituto de Valoración de Tecnología (ITA/Vienna); el Director a la Dirección de la Planificación, la Oficina de Presupuesto y Planeando (Uruguay); Ministerio de Protección del ambiente (Israel); El Presidente de Países Bajos el Consejo Científico para la Política Gubernamental; El Presidente del Comité de Asuntos Digitales, Innovación y Nuevas Tecnologías (Polonia); Director titular de Justicia Futuro (Wordl Council); el Defensor del pueblo para las Generaciones Futuras, la Oficina del Comisionado para los Derechos de Principio (Hungría); el Vicepresidente Ejecutivo de Banco Industrial y Comercial (China); el Presidente de Países Bajos el Consejo Científico para la Política Gubernamental. Citamos los Organismos e Instituciones que participaron para que pueda constatarse como no hay presencia de España.

asignar derechos a las generaciones futuras? Y si la respuesta es afirmativa, ¿quiénes son los sujetos de tales derechos: generaciones entendidas a modo de grupos, o cada uno de los individuos futuros? Y si es así, ¿a qué tienen derecho? ¿frente a quién tienen derecho? ¿cuándo tendrían derecho? ¿ahora o en el futuro? ¿Y qué tipo de derechos serían? ¿derechos positivos, entendiendo por tales los establecidos en un texto constitucional y en textos legislativos¿ ¿o se trataría de derechos naturales, que podrían no estar recogidos en ningún sistema jurídico? Esos intereses colectivos ¿son nuevos derechos? ¿quiénes son sus titulares? La mejor manera de proteger esos intereses y cumplir con esas responsabilidades ¿consiste en instaurar un mecanismo de tutela y/o representación de los intereses de las generaciones futuras?.[27]

El problema del concepto de "generaciones futuras" es que ha sido aceptado e incorporado en casi todos los escenarios sociales, académicos y políticos, sin haber dado un debate previo sobre los alcances del término como sujetos de derecho, y sin contemplar si realmente lo eran o no. Unido a la polémica de si a las generaciones futuras se les puede considerar como sujetos de derechos está el de si tienen derechos las generaciones futuras Se afirma que las generaciones futuras no pueden tener derechos, ya que los derechos sólo existen cuando hay unos intereses identificables, lo cual sólo ocurre si identificamos a los individuos cuyo interés hay que proteger. Como no podemos saber qué individuos habrá en el futuro, no es posible conceder derechos a la generación futura. Esta paradoja da por hecho que los derechos sólo son derechos en sujetos identificables ahora. Incluso cabría preguntarse si no es preferible hablar solo de obligaciones hacia las generaciones futuras. ¿Pueden existir obligaciones intergeneracionales si no existen los derechos? Los derechos están siempre ligados a unas obligaciones pero al revés no siempre ocurre. Las obligaciones de la generación actual hacia las generaciones futuras pueden constituirse en obligaciones o deberes para los que no haya ningún derecho aparejado porque no hay personas prefijadas a las que atribuir dichos derechos.[28]

27 Por ejemplo, las generaciones futuras no tienen poder político; sus intereses están únicamente representados indirectamente por la preocupación de las generaciones presentes por ellos. Como se afirma en el Informe de la Comisión Mundial sobre el Medio Ambiente y el Desarrollo de las Naciones Unidas titulado "Nuestro futuro común", "[a]ctuamos como si pudiéramos salir[nos] con la nuestra: las generaciones futuras no votan, no tienen poder político ni financiero, no pueden oponerse a nuestras decisiones" (A/42/427, anexo, párr. 25).

28 WEISS, Edith Brown. "Justicia intergeneracional y los derechos de las generaciones futuras" en *Generationen-gerechtigkeit!El debate del desarrollo sostenible en España*", Foundation for the Rights of Future Generations, n. 1, 2007, edición alemana-español, p. 7/11.

En relación a si las generaciones futuras son sujetos de Derecho, cabe afirmar que, a nivel internacional, como la "Declaración sobre las responsabilidades de las generaciones actuales para con las generaciones futuras", de la UNESCO de 1997, y los demás documentos consultados parten tácitamente del reconocimiento de derechos en las generaciones futuras, es decir, los abordan como sujetos de derechos, a pesar de que no hemos logrado encontrar en el Derecho Internacional ninguna norma positiva o consuetudinaria a través de la cual se reconozca la condición jurídica de sujetos de derecho a las generaciones futuras.[29]

En cuanto a si las generaciones futuras tienen derechos, sostenemos que la obligación para con las generaciones futuras es una expectativa pero no un derecho. Resulta evidente que cuando hablamos de derechos de las generaciones futuras nos estamos refiriendo a un tipo de derechos que no pueden ser ni fundamentales, si subjetivos en sentido tradicional. La categoría de derechos subjetivos tampoco consideramos que se ajuste a los derechos de las generaciones futuras. Por ello, probablemente la categoría de derechos morales resulta la más adecuada. Es una categoría más próxima a los derechos de la personalidad. Por tanto, podemos admitir que las GF tienen derechos. Ahora bien, una vez admitida esta premisa, hay que analizar qué tipo de derechos o de intereses.

4. ¿QUÉ TIPO DE DERECHOS (MORALES/JURÍDICOS) SE PUEDEN OTORGAR A LAS GENERACIONES FUTURAS?

El propio enunciado de "derecho morales" da lugar a una controversia, porque, si pertenecen al ámbito de la moral "morales"), no tienen porqué formar parte, ineludiblemente, del ámbito jurídico ("derechos"). Ello nos lleva a cuestionarnos si las obligaciones morales que la generación G2 pueda tener con respecto a la siguiente (G3), pueden

29 LÓPEZ-QUIROZ presenta algunas propuestas con relación a las generaciones futuras: "El concepto de personalidad jurídica debe ser acorde con la realidad social, cultural y ecológica de la especie humana y el resto de seres vivos. Se debe reconocer como sujeto de derechos a las GF entendidas como los probables seres humanos que nacerán después de nosotros en un tiempo indefinido hacia el futuro. El concepto de personalidad jurídica debe ser ampliado en el Código Civil, incorporando lo siguiente: "La personalidad jurídica se adquiere al nacer vivo y estar completamente separado del vientre materno, igualmente se reconoce personalidad jurídica a las GF, entendidas estas como la continuación de la especie humana en el futuro". LÓPEZ-QUIROZ Alexander, "Generaciones futuras y personalidad jurídica" en *DIKAION*, 23-2 (2014), p. 251-275.<dikaion.unisabana.edu.co/index.php/dikaion/article/view/3655/3897>. Acceso en: 13 oct. 2016. Sobre la responsabilidad, *vid.*BIRNBACHER, Dieter. *La responsabilité envers les générations futures*, trad. de O. Mannoni, París, Presses Universitaires de France, 1994.

considerarse que, a la recíproca, son derechos que la generación G3 tiene con respecto a G2.

Hacer referencia a "derecho moral" puede encerrar una contradicción en sí misma. Porque el orden moral es distinto del orden jurídico, lo cual no impide que guarden una estrecha relación. Así, el estatuto jurídico de una persona viene configurado por las obligaciones jurídicas y derechos jurídicos que el sistema jurídico le asigna, y el estatuto moral de una persona queda constituido por los deberes morales y los derechos morales que el sistema moral (o un determinado sistema moral) le asigna. Una definición muy simple de derecho moral podría ser la de un interés o posición de ventaja que encuentra su fundamento en una norma moral. Este esquema conceptual es aceptado por la doctrina.

Sin embargo, la dificultad estriba cuando se invoca el derecho moral con la pretensión de que sea un derecho jurídico. Y ello puede obedecer a dos razones: primera, porque se utiliza a modo de artificio retórico mediante el que se quiere convencer a los jueces para que en sus sentencias decidan en el sentido que interesa; segunda, porque deja traslucir una determinada concepción del Derecho según la cual, la moral o la justicia forma parte necesariamente de los sistemas jurídicos, de manera que las normas morales (o algunas de ellas) son también normas jurídicas y lo son de rango superior al de las normas positivas o legisladas. Ello significaría que los derechos morales son también derechos jurídicos. Se desembocaría en una bipartición de los derechos jurídicos, ya que por un lado, habría derechos puramente jurídicos (aquellos que no tienen correspondencia con un derecho moral) y habría derechos moral-jurídicos, derechos que son jurídicos por ser morales aunque no encuentren su sustento en una norma jurídico-positiva del ordenamiento jurídico de que se trate. Este planteamiento daría lugar a diversos problemas tales como, en primer lugar, cuál es la moral o el sistema moral que tiene esa capacidad para que sus normas no sólo obliguen al sujeto como obligan las normas morales, sino que también obliguen a todos los ciudadanos del modo que obligan las normas jurídicas, con el respaldo de la coacción estatal y de modo que los jueces deban aplicar esas normas morales como normas de Derecho y hasta con preferencia a las normas jurídico-positivas o legisladas.

Aplicada esta categorización a las generaciones futuras, es frecuente encontrar interrogantes acerca de si las generaciones futuras tienen derechos[30] y, para ello, parten de obligaciones morales, generándose un paralelismo entre el ámbito moral y el jurídico que parece coloca en un mismo plano a la obligación moral y a la jurídica, con la consiguiente confusión que ello conlleva.

30 Advertimos que la mayoría de los diversos especialistas de las generaciones futuras que se han planteado si tienen derechos morales, son especialistas en filosofía, ética, sociología y filosofía de la política pero muy pocos tienen formación jurídica.

Si bien hay un cierto consenso con relación a aceptar una obligación moral[31] de cuidar de los seres futuros resulta más controvertido definir si hay una obligación jurídica",[32]como acabamos de poner de manifiesto. El Informe del Secretario General de la ONU, de 2013, también se ha ocupado de esta cuestión y ha analizado el estatuto moral y el estatuto jurídico de las GF:

> (19). Si bien, intuitivamente, muchos tal vez estén de acuerdo en que las generaciones presentes tienen obligaciones para con las generaciones futuras, en términos morales y jurídicos es difícil asignar significación moral a seres que aún no existen. En términos sencillos, se afirma que, por el hecho de no existir todavía, las personas futuras no pueden tener derechos; no pueden poseer nada, tampoco derechos. En términos jurídicos, se afirma que los derechos vienen acompañados de obligaciones; las obligaciones jurídicas no pueden existir si no existen derechos desde el punto de vista jurídico, de modo que las generaciones presentes no pueden tener obligaciones legales para con las futuras. Si el titular de los derechos no existe, es difícil concebir que exista alguien que tenga una obligación correspondiente.

En las democracias actuales la moral constitucionalizada es la que se trasluce en los significados posibles de los enunciados constitucionales. Las propias Constituciones indican cómo salir del conflicto moral, estableciendo que únicamente es la ley la que debe determinarlo democráticamente y, en el proceso político la mayoría, con respeto a las minorías y salvando ciertas esferas de intangibilidad de los individuos. La moral de la mayoría ya está expresada en la ley y la imposición de una moral minoritaria por vía contramayoritaria pondría una flagrante contradicción de la soberanía popular.

5. OBJECIONES CON RESPECTO A LA POSIBILIDAD DE RECONOCER "DERECHOS MORALES" A LAS GENERACIONES FUTURAS

Como hemos explicado, la mayoría de la doctrina reconoce que hay una obligación moral/responsabilidad moral[33] con respecto a las GF.

31 RIECHMANN, Jorge.*Un mundo vulnerable*. Madrid, Catarata, 2000.

32 GOODIN, Robert E. "Ethical principles for environmental protection", en Robert Elliot y Arran Gare (eds.) *Environmental Philosophy*, Open University Press, Milton Keyne, 1983, p.6/8.

33 BARRETO, Vicente. "La cuestión de la responsabilidad y la teoría de la justicia contemporánea" en*Revista Derecho del Estado*, n. 7, Universidad Externado de Colombia, diciembre 1999, p.141-147. Disponible en: <https://dialnet.unirioja.es/descarga/articulo/5119693.pdf>. Acceso en: 06 jun. 2017.

No podemos extendernos en el análisis de la cuestión de la responsabilidad,[34] pero no podemos dejar de hacer algunas observaciones: i) Necesidad de actualizar la idea de responsabilidad, vinculándolo a cuestiones relacionadas con la evolución moral del hombre y con la libertad. El concepto clásico de responsabilidad presenta en el Derecho dos variantes: la primera, en el Derecho Civil, en el que la responsabilidad se define como una obligación de reparar la pérdida (perjuicio) causada por una falta personal y en ciertos casos determinados en la ley; la segunda vertiente, en el Derecho penal, donde se define la responsabilidad como una obligación de recibir el castigo como consecuencia de unos actos delictivos. En ambos casos, el término responsabilidad conserva una referencia común a la obligación, que entendemos que excede el cuadro de la reparación civil y de la sanción penal; ii) En el plano jurídico, el autor es responsable de los efectos de su acción; en el plano moral, el autor es responsable de otra persona. Ya no se menciona la sino la responsabilidad frente al otro. En este marco moral se puede encuadrar la responsabilidad moral de una generación hacia otra, una responsabilidad que no se personaliza. Las diversas cuestiones referidas al medio ambiente, ingeniería genética y energía nuclear, se pueden interpretar bajo ese prisma. En todos estos ámbitos, las decisiones se pueden prolongar durante muchos siglos; iii) La idea de reparación, en este contexto, cuando no existe relación objetivada entre el autor de actos delictivos y las víctimas, y donde por tanto no existe nexo de causalidad, precisa de nuevos enfoques jurídicos. Una vez contrastado que los conceptos jurídicos y el concepto moral de responsabilidad resultan insuficientes en su marco clásico para solucionar los problemas de la sociedad compleja, hay que repensarlos. En el ámbito jurídico, se ha buscado sustituir la idea de la falta y consecuente pena, dada la imposibilidad objetiva de determinarlas, por la idea del riesgo y consecuente pago de seguro. De la idea de responsabilidad individual que sustentaba el Estado liberal, se ha evolucionado hacia la idea de solidaridad como núcleo moral del Estado de bienestar social; v) Con todo, hay que evitar la tentación de convertir a la sociedad en una conjunto de víctimas en búsqueda de culpables institucionales y de indemnizaciones para compensar situaciones socialmente injustas. Se trata de diseñar una orientación prospectiva, de manera que junto a la

34 En la filosofía moral contemporánea, la expresión responsabilidad ha sido considerada como tema central del pensamiento de varios autores tales como Hans Jonas, que consagra el "principio de responsabilidad" (JONAS, Hans. *El principio de responsabilidad: Ensayo de una ética para la civilización tecnológica,* Barcelona, Herder, 2004 (original de 1979). Hart, que analiza las raíces morales de la sanción y su relación con la responsabilidad o Ronald Dworkin, que se ha ocupado de la responsabilidad colectiva (*Justicia para erizos*, México, FCE, 2014).

reparación de daños también se actúa para la prevención de daños (principio de precaución).[35]

Ahora bien, la aceptación de que hay obligaciones morales y responsabilidades con respecto a las generaciones futuras debe superar varios desafíos que la propia categoría de GF supone. En la siguiente tabla resumimos las cincoprincipales objeciones que se han vertido con respecto a la posibilidad de otorgar derechos morales a las generaciones futuras.

OBJECIONES CON RESPECTO A LA POSIBILIDAD DE OTORGAR DERECHOS MORALES A LAS GF	1. *Condición de existencia*: Las generaciones futuras no existen, por tanto, no pueden tener intereses. 2. *Falta de información disponible para individualizar los intereses de las generaciones futuras*. Incluso aunque se acepte la existencia de las generaciones futuras, desconocemos cuáles serán sus intereses. 3. Según ciertas concepciones del Derecho, *sólo se pueden atribuir derechos a sujetos singulares que pueden ser individualizados*. Las generaciones futuras no son sujetos singulares sino colectivos indeterminados. 4. *Se debe de estar en la posición de poder exigir el cumplimiento de la obligación moral correspondiente*. 5. (Im)Posibilidad de actuación procesal para proteger los derechos de GF.

Vamos a analizar, de forma más detallada, estas cinco objeciones y las respectivas respuestas que se han dado a las mismas:

i) El *desafío de la no-existencia*: los derechos necesitan ser atribuidos a alguien. Esto no sólo significaría que los derechos de personas futuras son un sin sentido, sino que incluso no hay ningún deber con respecto a los mismos. La ausencia de sujeto de derecho debe analizarse. Se hace referencia a individuos que, en el presente, carecen de existencia y, por tanto, de autonomía. Como mucho, se ha llegado a admitir que se trata de meros sujetos potenciales de derechos. [36]En este sentido se ha pronunciado Robert Pelloux, quien señala que "los nuevos derechos no corresponden a la noción de derechos del hombre tal como ha sido elaborada durante siglos de reflexión histórica y filosófica. Su titular no es un individuo, sino una colectividad (...) su objeto es, impreciso y el nuevo derecho no hace más que retomar bajo una forma

35 En cuanto a los actos que afectarán a generaciones futuras, se propone la elaboración de un nuevo imperativo categórico que obligue a actuar de tal manera que se garantice, después de nuestra existencia, la continuación de la vida de otros seres humanos. Ricoeur advierte, a este respecto, que la acción humana solo será posible cuando se considere la dimensión de sus consecuencias previsibles porque una responsabilidad ilimitada vuelve la acción imposible (RICOEUR, Paul. "Poder, fragilidad y responsabilidad" en *Cuaderno gris*, n. 2, 1997. (Ejemplar dedicado a: Horizontes del relato: lecturas y conversaciones con Paul Ricoeur / coord. por Gabriel Aranzueque; Olivier Mongin), p. 75/78).

36 ROJO, José María. "Los derechos de las futuras generaciones". En: Jesús Ballesteros (Editor).*Derechos Humanos*. Madrid: Tecnos, 1992.

diferente todo o parte de los derechos ya consagrados". [37] En un sentido semejante se ha manifestado Guy Haarscher, quien sostiene que para que los derechos humanos posean un significado preciso son necesarias cuatro condiciones: un titular, un objeto, una oponibilidad (que permita al titular hacer valer su derecho ante la correspondiente instancia) y una sanción organizada.

Con respecto a la condición de la no-existencia, el Informe del Secretario General afirma que las GF pueden ser consideradas sujetos de derecho y se pueden establecer obligaciones sin necesidad de que exista el titular de derechos correspondiente. La configuración de personas distintas en el futuro, en función de las políticas que se apliquen en el presente, también se toma en consideración:

> (20) El argumento afirma que ninguna vida particular en el futuro puede mejorarse con políticas presentes porque cualquier política que se adopte creará un conjunto diferente de personas futuras. Una respuesta a esta opinión es que la unión entre los derechos y deberes no es férrea, de modo que es concebible que las personas pueden estar sujetas a obligaciones sin la necesidad estricta de que exista el titular de derechos correspondiente. Así, las generaciones futuras pueden ser consideradas sujetos de derechos, por ejemplo, del derecho a no ser privadas de oportunidades por el agotamiento de los recursos naturales, o a no ser dañadas por un medio ambiente degradado. En este caso, las generaciones actuales se considerarían sujetas a la obligación de respetar esos derechos.

ii) Con respecto a la segunda objeción, relativa a que no se puede saber ahora qué intereses tendrán las generaciones futuras, el Informe del Secretario General establece que:

> No existe consenso sobre los derechos que las personas futuras deberían tener: con el rápido avance de la tecnología y los cambios en otros aspectos de la vida humana, es sumamente difícil afirmar que podemos saber lo que las personas futuras querrán. No obstante, sí existe un acuerdo más general sobre el hecho de que existen algunos derechos básicos (a la vida, a la salud, a la subsistencia, a la paz, etc.) que serían pertinentes e importantes para las personas en tanto que seres biológicos en cualquier momento futuro, y que las generaciones actuales deberían proteger esos derechos en la medida en que esté en sus manos hacerlo.

37 ARA PINILLA, Ignacio. *Las transformaciones de los derechos humanos*. Madrid: Tecnos, 1994, p.135.

iii) *¿Sólo los individuos pueden tener derechos y no las generaciones?*: Si fuera así, sólo podremos hablar sobre los derechos de 'los humanos futuros ' intentando buscar posibles soluciones constitucionales que podrían lograr el mismo resultado sin destruir los armazones doctrinales tradicionales. El esfuerzo general de hablar sobre los derechos de 'de generaciones futuras ' no es conceptualmente reconciliable con el idioma actual de derechos. Los derechos fundamentales parecen sólo trabajar para los aspectos medioambientales.

iv) Los derechos como necesariamente correlativos de deberes presentes: Tener un interés no es lo mismo que tener un derecho. Si los individuos futuros no tienen derechos ahora, sino solo derechos entonces, las personas ahora existentes no están sometidas a ninguna obligación concreta o vínculo moral correspondiente a aquellos derechos. Así, si las generaciones futuras tendrán algún derecho, desde el momento en que existan, a una parte de los recursos del planeta, esa parte de los recursos correspondería a la que exista entonces, en un *futuro*, pero no a una parte de recursos que existe en el *presente*. Los argumentos para sustentar esta teoría se basan en dos tesis. La primera, para poder atribuir un derecho a un ser es necesario que tal ser exista y esté en condiciones de hacer valer su exigencia, pudiendo reclamar y defender su derecho; Segunda: los individuos pertenecientes a generaciones futuras, al no existir ahora, no pueden hacer valer sus derechos, por lo que no se les puede atribuir derechos *ahora*.[38] Sin embargo, estas dos tesis son refutables. Primero, porque en el discurso de los derechos humanos, tener un derecho y hacer valer ese derecho son cuestiones diferentes, y la segunda depende de la primera. Segundo, porque hay que diferenciar entre individuos futuros e individuos meramente posibles. Los futuros son todos aquellos que, en relación a determinados individuos existentes en un cierto periodo de tiempo t, existirán después de t (la mayoría, después de que los individuos existentes en el periodo t hayan muerto). Por tanto, los individuos futuros no existen ahora pero existirán en algún momento, como lo son todos los individuos que, habiendo muerto, ya no existen; Por su parte, los individuos meramente posibles son aquellos que se habrían podido o no traer al mundo, pero que de hecho ni han sido traídos al mundo ni lo serán. Es decir, son los individuos posibles que no existirán en el futuro porque no se han realizado aquellas opciones que habrían provocado su existencia. Tercero, porque hay seres que no pueden hacer valer sus derechos y exigencias (menores, personas con discapacidad) y tienen derechos fundamentales a los que el ordenamiento jurídico les proporciona una protección mediante.

Los críticos con respecto a aceptar una teoría de los derechos para las generaciones futuras se preguntan si la afirmación, aceptada por todos hasta ahora de: "Todo ser humano (X) tiene un derecho fundamental a Y", se

---

38 PONTARA, Giulio. *Ética de las generaciones futuras*. Barcelona: Ariel, 1990.

muestran reticentes a aceptar que se convierta en: "Cada ser humano, incluidos aquellos que todavía no existen, pero que existirán en un futuro más o menos remoto, tiene un derecho a X". Aquí es oportuno considerar la noción de obligación para entender el derecho: si X tiene derecho a Y, X tiene ese derecho frente a alguien, P, quien a su vez se somete a la obligación de no interferir con X en relación a Y. Si se trata de un derecho fundamental, la obligación no sólo la tendrá P sino que cualquier persona tiene la obligación de no interferir en mi derecho fundamental a la vida, es decir, nadie puede quitármela. Esta construcción es de más difícil aplicación a las generaciones futuras: los individuos pertenecientes a generaciones futuras ¿tienen derechos?.

v) Con respecto a *(im)Posibilidad de actuación procesal para proteger los derechos de las generaciones futuras*, uno de los desafíos que tienen ante sí las GF es que, como no existen en el tiempo presente, no pueden votar, no pueden manifestar sus preferencias y se cuestiona su capacidad procesal. De ahí que se hayan formulado diversas propuestas para representar y tutelar los intereses de las GF. Defensores del pueblo, guardianes, comisionados parlamentarios son instituciones todas no-judiciales pero que pueden desempeñar una importante labor en orden a ayudar a superar la miopía del cortoplacismo político y de políticas públicas pensadas para las generaciones actuales. Asimismo, fórmulas constitucionales, como ya han contemplado lagunas constituciones, en las que se constitucionalice esta tutela, facilitarán la representación y tutela de sus intereses en vía procesal.Conviene tener presente que, los derechos, una vez reconocidos en una Constitución, implicarán efectos extra-legales (incluyendo al nivel simbólico e ideológico).

Una vez contestadas estas cinco objeciones, analizaremos la teoría de la responsabilidad (moral) hacia las GF.

6. LA TEORÍA DE LA RESPONSABILIDAD (MORAL) HACIA LAS GENERACIONES FUTURAS

La "dedicación a las generaciones futuras" es un valor compartido de manera universal por toda la humanidad, y se encuentra en la base de las Constituciones y los tratados internacionales; es una fuerza motriz de la economía; y en los hogares se manifiesta en las creencias religiosas, las tradiciones y la cultura. Los miembros vivos de una comunidad se benefician de los sacrificios y las inversiones que hicieron las generaciones anteriores. Pocos cuestionarían la responsabilidad que el mundo tiene para con sus hijos y sus nietos, al menos en el sentido moral, sino estrictamente en el jurídico. Sin embargo, el sentido de la responsabilidad hacia las generaciones futuras, en teoría y, sobre todo, en la práctica, es un concepto relativamente nuevo en los ámbitos jurídico y político.

La trasposición moral al principio de la obligación es la contenida en la denominada 'Regla de oro'. Ricoeur nos ayuda a encontrar la Regla de oro en Hillel, el maestro judío de San Pablo (Talmud de babilonia, Shabbat, p. 31ª): "No hagas a tu prójimo lo que aborrecerías que se te hiciera. Aquí está toda ley; lo demás es comentario». Esta misma fórmula se puede encontrar en el Evangelio: "Y según queréis que hagan con vosotros los hombres, así haced también vosotros con ellos" (Lucas 6, 31).[39] Comparando estas dos formulaciones, podemos observar que se equilibran los méritos respectivos de la fórmula negativa (no hagas...) y de la fórmula positiva (haz...). Cada una tiene su matiz particular. La prohibición deja abierto un abanico de posibilidades no prohibidas, y deja espacio a la invención de la moral en el orden de lo permitido; por su parte, el mandamiento positivo, designa más claramente el motivo de la benevolencia que lleva a hacer algo en favor del prójimo. Ricoeur advierte que la fórmula positiva se acerca al mandamiento que se lee en Levítico 19,18 y que se repite en Mateo 22, 39: "Amarás a tu prójimo como a ti mismo".[40]

Las generaciones presentes ¿son responsables de lo que pueda suceder, con sus decisiones, a las generaciones futuras? Este interrogante guarda una estrecha relación con la cuestión de si existen obligaciones y deberes morales que los sujetos, de forma individual o colectiva, de cualquier periodo de tiempo tengan con respecto a las generaciones que vivirán después de ellos.[41] Si la respuesta es negativa, estaríamos ante la tesis de la no responsabilidad. Si es afirmativa, ante la tesis de la responsabilidad. Es más, el desacuerdo puede ser tanto con respecto a si hay o no responsabilidad como sobre "cuánta" responsabilidad. Asimismo, la problemática con respecto a la responsabilidad no sólo se refiere a "si hay" responsabilidad y, en su caso, "cuánta" responsabilidad sino también responsabilidad al cómo, es decir, sobre "qué" hay responsabilidad. Partridge formuló un silogismo en el que prácticamente han convergido todas las posturas críticas: (I) Uno no puede tener deberes hacia lo no-existente. (II) La posteridad no existe. (III) En conclusión: No tenemos deberes para con la posteridad.[42]Por tanto, determinaremos si hay

---

39 También se puede encontrar en Mateo: "Todo aquello, pues, que quisiéreis que hagan con vosotros los hombres, hacedlo así también vosotros con ellos: ésa, en efecto, es la ley y los Profetas" (Mateo 7, 12).

40 El desafío intertemporal lo podemos encontrar en el Evangelio de Lucas 6: 32-34: «Porque si amáis a los que os aman, ¿qué mérito tenéis? Porque también los pecadores aman a los que los aman. Y si hacéis bien a los que os hacen bien, ¿qué mérito tenéis? Porque también los pecadores hacen lo mismo. Y si prestáis a aquellos de quienes esperáis recibir, ¿qué mérito tenéis? Porque también los pecadores prestan a los pecadores, para recibir otro tanto». *Vid.* RICOEUR, Paul. *Sí mismo como otro.* 3. ed. en español, Madrid, Siglo XXI Editores, p.233.

41 GOLDING, M.P. "Obligations to future generations" en *Monist*, 56, 1972, p. 85/99.

42 PARTRIDGE, Ernst. *Responsibilities to Future Generations. Environmental Ethics.* New York, Prometheus Books, 1980.

responsabilidad, sobre qué hay responsabilidad y analizaremos la justificación de la responsabilidad.

Sostenemos que es más correcto defender una responsabilidad (moral) de las generaciones actuales más que configurarlo como un derecho (moral) de las futuras, ya que algunos de los problemas jurídicos se refieren a la dificultad de establecer un derecho para alguien que no está presente, o la necesidad de buscarles una representación a través de una institución. Legalmente tendría más posibilidades de poder sostenerse jurídicamente como un deber moral actual, pero no como un derecho.

La responsabilidad se produce sólo si la actuación no está predeterminada. Por ello, la exigencia de responsabilidad sólo tiene sentido si el acontecer futuro no está completamente abierto (si todo fuera igualmente posible no habría ninguna anticipación del futuro) ni completamente decidido (cuando todo está determinado no hay intervención posible). Incluso en ámbitos donde parece que reina el azar, como pueda ser una catástrofe natural, habría que analizar hasta qué punto la gestión (o la falta de gestión) de las autoridades responsables no habrían podido evitar o aminorar los desastres resultados de las catástrofes naturales (desbordamiento de un río y consiguientes inundaciones, terremotos y desplome de viviendas). El dilema de la política consiste en cómo gobernar procesos que no son directamente gobernables, para lo que se puede recurrir a disposiciones de prevención y de regulación, garantías jurídicas, incentivos económicos o estrategias de promoción de responsabilidad social.[43]

La idea de cercanía o lejanía entre generaciones resulta de gran relevancia si se pretende evadir la responsabilidad hacia generaciones lejanas. Entendemos que no debería haber distinción entre dimensión temporal y espacial relativa a la prohibición de proferir un daño.

En cuanto a las generaciones más próximas entre sí, hay problemas de responsabilidad y de justicia intergeneracional que afectan a las relaciones de tres generaciones relacionadas entre sí y en parte sobrepuestas (siguiendo el concepto que defendemos de coexistencia temporal habitual de un mínimo de tres generaciones): la G1, la de los abuelos; la G2, la de los hijos; la G3, la de los nietos. Cada una de ellas tendrá unas problemáticas diversas (G1, sistema socio-sanitario, pensiones); G2 (mantenimiento de su empleo, contribución al sistema de pensiones, gestionar las necesidades de la G1 y de la G3); y G3 (educación, acceso al mercado de trabajo, vivienda). Se puede afirmar que se trata de problemas de "justicia espacial" pues coexisten en un mismo tiempo y los valores y los avances tecnológicos, son similares.

Con respecto a las generaciones muy distantes en el tiempo, en las que no sabemos cómo estarán los avances genéticos, ni los recursos energéticos,

43 INNERARITY, Daniel. *El futuro y sus enemigos. Una defensa de la esperanza política*, Barcelona, Paidós Ibérica, 2009, p.128.

ni cómo habrá evolucionado su demografía si, por ejemplo, ha habido una gran pandemia o un desastre natural, estaríamos ante problemas de "justicia temporal". Habría que clarificar a cuál generación futura nos referimos ¿Nos referimos a la generación siguiente, o a la que le sigue, o a todas? Si se trata de todas ellas, o de cualquiera de ellas, ¿cómo podemos determinar cuál es el requisito? ¿Cómo podemos determinar cuánta agua debemos conservar, apta para el consumo de las GF, o cuántos bosques conservar y suelos con adecuada cobertura boscosa? Esta sería la fecha incalculable.

En relación a los problemas de justicia correctiva a nivel intergeneracional se puede plantear si existen límites temporales vinculantes para decidir eventuales principios de justa compensación para quienes han sido víctimas indirectas de las injusticias cometidas a sus antepasados. ¿Existe actualmente una determinada responsabilidad moral por parte de ciertos sectores del pueblo alemán con respecto a los descendientes de quienes fueron víctimas de los mismos (por ejemplo, judíos que sobreviven a los campos de concentración)?.

7. A MODO DE REFLEXIONES FINALES

La obligación moral/responsabilidad moral por parte de las generaciones presentes con respecto a respetar los intereses de las GF se inscribe dentro de un deber aún más amplio como es el del cuidado del ser (es) incluyendo no sólo a los contemporáneos sino también a los futuros.

El concepto de cuidado tiene un engarce en la moral, cuidar es una obligación moral que sólo se convierte en jurídica cuando se introduce en un texto legal (como por ejemplo, en el Código Civil cuando se preceptúa la obligación de cuidado y atención hacia los hijos menores y los ascendientes mayores).

El principio de solidaridad ¿puede convertirse en el eje vertebrador de los derechos de las generaciones futuras porque aporta la cohesión necesaria para afrontar los riesgos comunes. La respuesta al miedo a la degradación ambiental, los enfrentamientos bélicos, la lucha contra el subdesarrollo hace que también sea posible optar por alternativas destructivas e insolidarias. La solidaridad excluye la idea de un "yo" unitario y aislado, anclados en preferencias subjetivas y le obliga a sumir una perspectiva de universalidad y orientada a un bien común. Además de una solidaridad sincrónica también se debe valorar la solidaridad diacrónica, dependiente de los otros hombres (estén ellos presentes o por venir, sean parte de la comunidad efectiva de los vivientes o formen parte de una hipotética generación aún no nacida).[44]La solidaridad

44 RAMÍREZ GARCÍA, Hugo Saúl. "La definición de lo justo en el marco de la solidaridad diacrónica: notas en torno al derecho del medio ambiente adecuado a favor de las generaciones futuras" en Legislación ambiental en América del Norte, p. 45-55. Disponible en: <https://archivos.juridicas.unam.mx/www/bjv/libros/6/2954/9.pdf>; también, *vid.* RODRÍGUEZ PALOP. Mª Eugenia. *La nueva generación de derechos humanos. Origen y justificación*, Madrid, Dykinson, 2002.

exige ampliar el sentido que tenemos del "nosotros" (generaciones presentes) a otras personas a las que anteriormente considerábamos "ellos" (generaciones futuras). Ahora bien, la aplicación del principio de solidaridad en la relación entre generaciones no es tarea fácil porque no puede darse el entorno de comunicación en el que todos los individuos puedan participar.[45]

Las respuestas a los problemas que derivan del cortoplacismo político han dado lugar a que en las últimas décadas se hayan producido reformas y propuestas de reforma institucional dirigidas a extender el horizonte temporal de las decisiones políticas y tomar más en consideración los intereses de las generaciones futuras en la toma de decisiones. Las propuestas institucionales dirigidas a ampliar el horizonte temporal de las generaciones futuras y, por ende, a incorporar los intereses de las generaciones futuras son numerosas (cláusulas constitucionales, establecimiento de organismos de tutela y representación de los intereses de las generaciones futuras y otros).

La opción política idónea para hacer factible una ética de la responsabilidad de las generaciones futuras y para que resulte viable una articulación jurídica de diversos mecanismos, aptos para la tutela de los derechos de las generaciones futuras, no sólo ligado al presente, es un sistema democrático. Y tanto la lógica de la transmisión generacional como la dialéctica temporal deberían ayudar a abrir perspectivas que incluyan la idea de *cuidado* de las generaciones lejanas.

45 En este trabajo no hemos podido extendernos en el análisis de las relaciones de justicia entre generaciones y las diversas propuestas al respecto. Con todo, advertimos que los modelos contractualistas de justicia (desde Rousseau a Rawls y de Hobbes a Habermas) están pensados para generaciones que se solapan, en un mismo tiempo, y no para relaciones intergeneracionales (por ejemplo, de una "acción comunicativa" al estilo habermasiano) no estratégica desde posiciones de simetría y reciprocidad. En las relaciones entre generaciones no hay reciprocidad (indirecta sí pero directa no).

CUIDADO, DIREITO E RESPONSABILIDADE DE SER

Paulina Cymrot[1]

A prática psicanalítica tem me mostrado que a personalidade é complexa e que se constrói e se reconstrói durante toda a vida. E, quanto mais a pessoa tem a consciência de si, mais ela pode cuidar de si, fazer escolhas mais em acordo com ela mesma, cuidar de si e se responsabilizar por quem ela é. Perturbações no mundo interior são concomitantes às perturbações nas relações com outros. O aprendizado com as próprias experiências emocionais é interminável. Na análise, o psicanalista ajuda o paciente a se perceber, a se implicar na qualidade da sua existência e a se responsabilizar por quem ele é.

Cada autor que pensa a Psicanálise apresenta uma concepção de ser humano. Na minha visão, o ser humano tem múltiplas facetas,é único e responsável por si naquilo que lhe cabe, necessitando controlar os seus impulsos e enfrentar a sua violência. É um ser incoerente, inconsciente, paradoxal, ambivalente; e também, por vezes, é consciente e, emocionalmente, estável. Tem uma mente turbulenta e complexa, permeável às influências do mundo externo e interno.

Estou de acordo com o psicanalista e psiquiatra Oswaldo Di Loreto,[2] quando ele escreve que acreditamos que as experiências passadas, a infância, explicam numa relação de causa e efeito o presente e o futuro de nossas vidas. Muitos profissionais e muitos pacientes procuram nas explicações de rejeição dos pais, no início da vida,a resposta para os distúrbios psíquicos.

Nas relações humanas, a influência psicológica que um exerce no outro pode ser neutralizada, pode ser potencializada, pode ser transformada. Pode ser experimentada como uma influência boa, como uma influência má, desejável, indesejável, perturbadora para a mente, vivida com desejos contraditórios que conflitam.

O vínculo mãe↔filho, pai↔filho é de mútua afetação, portanto os pais não têm uma ação direta, linear e patológica, ou não, sobre o filho, como o senso comum costuma acreditar. De fato, como a personalidade se constrói é um mistério, como cada um é afetado pelo outro é uma incógnita e não se ex-

---

1 Analista Didata da Sociedade Brasileira de Psicanálise de São Paulo e da Associação Psicanalítica Internacional. Docente e Supervisora da Sociedade Brasileira e Psicanálise de São Paulo. Clinica em Consultório. Doutora em Psicologia Clínica.

2 DI LORETO, O. *Origem e Modo de Construção das moléstias da Mente.* A Psicopatogênese que pode estar contida nas relações familiares. São Paulo:Casa do Psicólogo, 2004, p. 30.

plica por uma relação linear, direta ou de causa e efeito, de proporcionalidade entre o fato e o efeito psíquico.

Ambientes hostis podem não comprometer o psiquismo. Isto quer dizer que pode haver uma desproporcionalidade entre a qualidade do ambiente, os conflitos familiares e a condição psíquica, a perturbação psíquica.

Uma criança vive em um abrigo para menores assistidos, pois o ambiente em sua família está predominantemente hostil, pai alcoolista e agressivo, mãe instável emocionalmente e impaciente com a criança. Esta criança mantém a capacidade de estudar, de se relacionar, e apresenta personalidade preservada, mantém imagos, materna e paterna, positivas.

Verifica-se, mais comumente, que, quando há crianças com distúrbios psíquicos, pode haver conflitos familiares subjacentes. Porém, onde há conflitos familiares, não quer dizer, necessariamente, que há crianças com necessidades de psicoterapia. De condições adversas, de ambientes hostis podem derivar crianças psiquicamente preservadas. Não há regras previamente estabelecidas, não há prognósticos a serem feitos a partir da infância.

Os cuidadores interferem no desenvolvimento emocional da criança, na formação de suapersonalidade. Porém, interferência, influência não é o mesmo que determinação. Os cuidadores não determinam a personalidade da criança. A mente é construída e reconstruída, dinamicamente, durante toda a vida. Não é explicada por causas, por acontecimentos, não é determinada por outros indivíduos. A criança não é moldável pelo adulto.

Há um pressuposto da psicanálise que considera a mútua penetração do mundo interno e do mundo externo. A mente de uma pessoa resulta de uma complexidade de fatores, de sentimentos, da imaginação, das fantasias, dos impulsos, de contínuos processos de introjeção, de projeção, de cisão, de transformação, da modificação de experiências vividas por este sujeito em seus vínculos consigo e com os outros. Desejos inconscientes, fantasias inconscientes, anseios, ideais, contribuem para a construção de imagos, de figuras de cuidadores que condizem com a realidade psíquica do sujeito.

Em 1920,[3] Freud escreveu a respeito de um mecanismo psíquico primordial da mente para a proteção contra os estímulos do mundo exterior, a saber, a projeção. O sistema consciente do aparelho psíquico também recebe excitações vindas de dentro dele. O interior do aparelho psíquico produz sensações de prazer-desprazer em intensidades. Contra o mundo exterior existe proteção de quantidades de excitação e de angústias. Há uma tendência do aparelho psíquico de tratá-las como se agissem de fora e não de dentro deste aparelho, e de poder usar meios defensivos contra elas. Essa é a origem do mecanismo psíquico da projeção, destinado a ter uma função importante nos

3 FREUD, S. "Mais Além do Princípio do Prazer". In: SOUZA, Paulo César de (org.). *Obras Completas de S. Freud*. São Paulo: Cia das Letras, 2009, p. 190/196.

processos psíquicos e patológicos, dependendo das intensidades. As excitações do mundo externo que são suficientes para romper a proteção interior e que transbordam são chamadas de traumáticas, geram perturbações e põem em ação outras defesas contra as angústias.

Freud, em 1926,[4] teorizou sobre a angústia e percebeu que os sentimentos de nostalgia, de solidão, de perda estavam relacionados à angústia de separação de pessoas queridas. Destacou a importância da estabilidade das relações iniciais da criança indispensáveis para que o desamparo da criança não se acentue, e para atender à dependência biológica e psicológica neste período da sua existência. Falou na importância para a criança de ter experiências de satisfação devido ao seu estado de desamparo e imaturidade. Na importância da mútua compreensão entre criança□cuidador, apontando para um vínculo, uma relação, para a noção de continente□ contido, teorizada posteriormente por Bion. E lembrou que a experiência de satisfação pode ser real ou alucinada. Ou seja, na ausência do objeto de satisfação a imagem do objeto que satisfaz pode ser reinvestida como representação simbólica, ou satisfação alucinatória do desejo, quando a criança busca, alucinadamente, reencontrar o objeto perdido. O objeto será amado quando proporcionar prazer; e odiado quando for fonte de desprazer, de dor, de separação, de ausência, de perda da pessoa amada. Isto vale para a criança e o adulto, pois o funcionamento inconsciente é atemporal, não tem idade.

Uma intuição de Freud foi descobrir que quando um paciente depressivo diz "eu me detesto, na verdade ele pode estar acusando alguém "eu te detesto", e, inconscientemente dirigir ódio para este alguém por quem tem um amor frustrado. São ambivalências a serem investigadas. Na vivência da angústia de separação, de perda pode estar presente a fantasia, o temor da perda da integridade física e psíquica, o medo do aniquilamento, do colapso, da loucura.

Na concepção de Klein, desde o início da vida o sujeito tem necessidade de um objeto para introjetar, para projetar, e há confusão entre sujeito e objeto. Ela conceitua um mecanismo de defesa no qual o sujeito identifica e projeta no objeto partes de si. Há modos de dependência do sujeito em relação ao objeto. A dependência infantil baseia-se em não discriminar sujeito e objeto. O chamado narcisismo patológico consiste em permanecer fusionado, negando a separação, acreditando controlar e ter a posse deste objeto.

Da análise com crianças, de suas análises pessoais, da análise das perdas em sua vida, Klein investigou a dinâmica da depressão na infância e durante o desenvolvimento emocional. A autora observou que as crianças têm receio da própria destrutividade. Algumas criam fantasias de pais severos que não

4 FREUD, S. "Inibição, Sintoma e Angústia".In: SOUZA, Paulo César de (org.). *Obras Completas de S. Freud*. São Paulo: Cia das Letras, 2009, p. 13/123.

condizem com a realidade destes. Projetam imagos sádicas nestes pais representativasda autodestrutividade. A agressividade dirigida a si, na análise, é dirigida para o psicanalista. A criança fantasia que a maldade a ameaça do exterior, porém, a totalidade da destrutividade não é projetada e uma parte fica dentro de si. Surgem, então, medos, ameaças e a necessidade de encontrar um objeto idealizado. O psicanalista representará este objeto idealizado. E, na relação com ele será projetado o sadismo da criança (do adulto) e ele representará o objeto temido.

Apesar do ódio, da destrutividade, surge o sentimento de ambivalência e o medo de perder, o desejo de conservar o relacionamento. Há uma ligação, uma identificação com o objeto de amor. Sentimentos de tristeza, de culpa, de remorso também são sentidos pela criança (pelo adulto). Portanto, uma gama de sentimentos amorosos e hostis é experimentada na mente infantil (do adulto).

A rede de relações familiares é intrincada, emocionalmente complexa. Quem é o outro que se abriga na mente, a cada momento, que qualidades de vínculos que estabelece consigo e com este outro, que expectativas que cultiva em relação a este outro, que desejos e que ideais deposita neste outro, tudo isto é variável, é subjetivo.

Entre irmãos, não há o mesmo pai, não há a mesma mãe, não há a mesma lembrança. Cada um tem a sua verdade, a sua história, a sua realidade psíquica. Portanto, cada um tem a sua forma própria de sofrer, obter prazer, amar e existir.

Nesta experiência de uma Supervisão Clínica, apresento algumas impressões.[5]

O psicanalista acompanha este adolescente em análise há um ano. Relata que ele cultiva fantasias e desejos de vingança em relação aos pais (adotivos) e se sente impulsionado a provocá-los. Alimenta a autoimagem de um " louco". Apesar de ser inteligente, apresenta fracasso escolar.

Nesta sessão, entrou no consultório chutando a porta e ameaçando o psicanalista com um soco no rosto. Abriu violentamente a gaveta da escrivaninha, remexeu-a. Depois de um tempo em silêncio, o psicanalista disse-lhe que ele parecia querer se livrar do sofrimento e da dor por ter sido abandonado, rejeitado quando criança; e que ele o agrediu para se livrar do ressentimento por ter sido rejeitado. E abriu a gaveta para saber a sua origem, do seu passado, do corpo de sua mãe.

Este fragmento de experiência clínica presta-se apenas para um exercício, para cogitações. Ocorreu-me que curiosidade, investigação não é o mesmo que maltrato, que destruição. A meu ver, a experiência psicanalítica não pode se tornar uma experiência fora do tempo, nem considera que o trauma

5 CYMROT, P. *Elaboração Psíquica, Teoria e Clínica Psicanalítica*. 2. ed. São Paulo:Escuta, 1999, p. 158/161.

relaciona-se com acontecimentos passados, mas com a sobrecarga emocional não suportada, com a intensidade emocional não tolerada, com os fantasmas psiquicamente incontidos.

Entendo que este adolescente apresenta-se antes como uma criança sádica que abusa, que parece desejar que o psicanalista confirme que ele é um "louco" afirmando a sua autoimagem. Mas, simultaneamente, que o ajude a se conhecer, a poder usar melhor sua potencialidade, a sua força, e o próprio encontro com o psicanalista. Ele sabe a sua idade, sabe que outros rapazes fazem outras coisas, e parece que ele fez um pacto com ele mesmo para não se desenvolver. Por ora, sabe se vincular através da provocação. Na sessão, na relação analítica há acolhimento, não há rejeição. Há respeito. Isto está sendo percebido?

Perguntaria se quer ajuda para se vincular de outros modos.

Acredito que o vínculo amoroso, de cuidado, de confiança, de responsabilidade por si, seja vital para que o paciente libere a continência para o adiamento pulsional. Entendo que o que chamamos de ambiente é constituído por cada um de nós e que ativamente damos sentido às nossas experiências emocionais. Ninguém é uma tela em branco, é virgem e moldável pelo outro. Cada um desenvolve dentro de si elementos por si mesmo. O presente não é justificado pelo passado.

São comuns as situações familiares em que os filhos presenciam e convivem com experiências de mentiras, de seduções, de manipulações, de culpas, de acusações, de ódios, de tensões. Este clima emocional é sentido pelo psicanalista, quando atende estas pessoas. Os que se apresentam como os cuidadores dos filhos, nem sempre o são. A violência nas relações humanas, muitas vezes, não está percebida pelas pessoas envolvidas, na relação da própria pessoa com ela mesma e com o psicanalista. Cuidar com respeito e responsabilidade é para poucos.

Sabemos como a calúnia denigre a imagem, como a maledicência denigre a imagem, comprometendo a honra, a reputação. Há perturbações mentais violentas. Há perturbações mentais mais evidentes, outras silenciosas. Há os que aparentam mais sanidade mental.

Num casal, por exemplo, pode ocorrer de pai e mãe afirmarem que amam seu filho e ambos estarem ativamente ocupados em denegrir a imagem do outro para este filho. E acreditarem que não estão causando sofrimento, que não estão confundindo a criança em seu processo de internalização de valores. Na relação analítica isto pode vir a ser conscientizado e, quem sabe, elaborado por estes pais.

A Constituição Federal promulgou a Lei de Alienação Parental para amenizar este problema. Na prática, sabe-se que a teoria é outra. Para lembrar:

> Lei de Alienação Parental
> Art. 2º. Considera-se ato de alienação parental a interferência na formação psicológica da criança ou do adolescente promovida ou

induzida por um dos genitores, pelos avós ou pelos que tenham a criança ou adolescente sob sua autoridade, guarda ou vigilância para que repudie genitor que cause prejuízo ao estabelecimento ou à manutenção de vínculos com este.
Parágrafo único: São formas exemplificativas de alienação parental, além dos atos assim aclarados pelo juiz ou constatados por perícia, praticados diretamente ou com auxílio de terceiros:
I – realizar campanha de desqualificação da conduta do genitor no exercício da paternidade ou maternidade;
II – dificultar o exercício da autoridade parental;
III – dificultar contato de criança ou adolescente com o genitor;
IV – dificultar o exercício do direito regulamentado de convivência familiar;
V – omitir deliberadamente a genitor informações pessoais relevantes sobre a criança ou adolescente, inclusive escolares, médicas e alterações de endereço;
VI – apresentar falsa denúncia contra o genitor, contra familiares deste ou contra avós, para obstar ou dificultar a convivência deles com a criança ou adolescente;
VII – mudar o domicílio para local distante, sem justificativa, visando dificultar a convivência da criança ou adolescente com outro genitor, com familiares deste ou com avós.

Artigo 227 da CF
Artigo 227. É dever da família da Sociedade e do Estado assegurar à criança, ao adolescente e ao jovem, com absoluta prioridade, o direito à vida, à saúde à alimentação, à educação, ao lazer, à profissionalização, à cultura, à dignidade, ao respeito, à liberdade, e à convivência familiar e comunitária, além de colocá-los a salvo de toda forma de negligência, discriminação e violência, crueldade e opressão.(Redação dada pela Emenda Constitucional n. 65, de 2010)

ECA (Estatuto da Criança e do Adolescente)
Art. 4º. É dever da família, da comunidade, da sociedade em geral e do poder público assegurar, com absoluta prioridade, a efetivação dos direitos referentes à vida, à saúde, à alimentação, à educação, ao esporte, ao lazer, á profissionalização, à cultura, à dignidade, ao respeito, à liberdade, e à convivência familiar e comunitária.
Art. 5º. Nenhuma criança ou adolescente será objeto de qualquer forma de negligência, discriminação, exploração, violência, crueldade, opressão, punido na forma da lei qualquer atentado, por ação ou omissão, aos seus direitos fundamentais.

A alienação parental é um ato que afronta princípios constitucionais: princípio do melhor interesse da criança (art. 227), princípio da dignidade da pessoa humana. (art. 1º, III) e princípio da paternidade responsável. (art. 226, § 7º; e art. 229); e infra constitucionais (art. 5º do ECA; art. 1634, I, do CC; art. 2º, Lei n. 12.318/2010).

Amar, no sentido de respeitar o diferente de si, de tolerar a ambivalência, a decepção, de se responsabilizar por quem se é requer desenvolvimento emocional. Muitas vezes, uma pessoa diz que ama a outra, mas o que faz é denegri-la.

Povos que têm uma organização social mais primitiva nem por isso são menos desenvolvidos emocionalmente. Relato um documentário da tribo, Mabemba, da África do Sul, que vale registrar. Esta tribo tem o costume de dar a chance para uma pessoa que cometeu um erro, algo prejudicial convocando-a para conversar com cada elemento da tribo. O réu fica no centro da tribo e conversa com cada indivíduo, e o tema da conversa é sobre as benfeitorias que ele praticou, até então, em sua vida. Durante dois dias a tribo destaca os bons atos praticados por ele, pois há a crença de que cada ser humano vem ao mundo como um ser potencialmente bom, que deseja segurança, amor, paz, felicidade. Às vezes, na busca destas coisas as pessoas cometem erros que são compreendidos como gritos de socorro da alma. A tribo se une para erguer a pessoa, para reconectá-la, para lembrá-la de quem ela realmente é, de sua verdadeira natureza, até que ela se lembre do que a desconectou, temporariamente, de quem ela é. Para que diga para ela mesma que ela é boa.

A palavra Sawabona é um cumprimento usado na África do Sul e que é traduzido por: eu te respeito, eu te valorizo, você é importante para mim.

Em resposta, usa-se a palavra: Shikoba, que se traduz por: Eu existo para você.

Segundo Freud,[6]a prática psicanalítica mostra que o paciente pode produzir o seu sofrimento psíquico, dada a sua intolerância aos desejos não realizados, à intolerância à realidade frustradora.Queixa-se de desvantagens hereditárias, vê-se imerecidamente privado de afetos, gostaria de pertencer à outra família, de nunca fracassar, de nunca sofrer privações. Acreditam em um destino infeliz, na má sorte, justificam os seus sintomas, entendem que são injustiçados sem implicar a própria personalidade na sua infelicidade dispensando-se das responsabilidades que lhes cabe em seu sofrimento.

Curiosamente, ele também verificou que há pacientes que apresentam fortes resistências à obtenção do prazer, a desfrutar da experiênciaamorosa desejada, a renunciar à vivência de satisfação, ao êxito alcançado, ao su-

6 FREUD, S. "Alguns Tipos de Caráter encontrados na Prática Clínica".In: SOUZA, Paulo César de (org.). *Obras Completas de S. Freud*. São Paulo: Cia das Letras, 2009, p. 253/260.

cesso obtido. Pacientes que quando realizam um desejo, quando alcançam uma meta desejada não suportam desfrutar. Precisam seculpar, se atormentar. Precisam sofrer. E repetem compulsivamente o sofrimento.

UM EXEMPLO DE EXPERIÊNCIA CLÍNICA

Um jovem tem uma carreira bem-sucedida, não apresenta dificuldades financeiras. No entanto, alimenta fantasias de uma tragédia iminente de fracasso, de miséria financeira. Fantasias de desamparo, de impotência são frequentes e acredita que não deveria tê-las. Entende que sempre deveria se sentir seguro, potente e feliz. Quando recebe uma promoção, por mérito, acredita que algo negativo está prestes a lhe acontecer. Recusa a promoção, porque entende que se aceitá-la será demitido da empresa. Sem fazer a experiência, mantém a certeza do futuro. A tragédia está anunciada.

Os indivíduos cometem erros, repetidas vezes,[7] sem conseguirem aprender com as próprias experiências. São previsivelmente irracionais. Esta irracionalidade não é desprovida de sentido e nem é aleatória. Num estado passional, de excitação sexual, jovens americanos responderam a uma pesquisa que teriam sim propensão para atividades sexuais arriscadas, não respeitariam as mulheres, tenderiam a comportamentos imorais. Nesta pesquisa, Ariely (obra citada) supôs que a intensidade do ciúme, da raiva, da fome pode nos tornar estranhos para nós mesmos.

O homem é o médico eo monstro. Abriga um desconhecido em si. Quando nos apaixonamos, nos emocionamos intensamente, nos decepcionamos podemos nos surpreender com a nossa falta de controle emocional.A criança inconscientemente voraz, insatisfeita, sádica está sempre presente em nós e precisamos nos conscientizar, nos comprometer com quem somos.

Se considerarmos as teorias psicanalíticas propostas por Freud, Klein e Bion a personalidade se modifica durante toda a vida e através dos vínculos mais estáveis de confiabilidade, de afetividade, de respeito; da capacidade de contenção das intensidades dos múltiplos fatores internos e externos ao sujeito econforme são filtrados por ele. Cada pessoa, desde sempre e por toda a vida, experimenta uma complexidade de sentimentos, de sensações, de impulsos nas relações consigo e com os outros. Cada pessoa tem o trabalho de filtrar os impactos e as intensidades emocionais que experimenta,de pensar as emoções quando estas podem ser pensadas. E algumas pessoas estão mais aptas do que outras para fazer isto. Cabe ao aparelho psíquico poder pensar as emoções, controlá-las. Cada pessoa reage às situações adversas, às perdas, ao sucesso, a dor, ao sofrimento, ao prazer, às mudanças à sua de uma com-

7 ARIELY, D. *Previsivelmente Irracional*. Rio de Janeiro: Elsevier, 2008.

binação[8] de uma condição do mundo interno, da capacidade para tolerar situações adversas, da capacidade para a expansão de potencialidades que são conhecidas a cada momento,[9] da capacidade para suportar o sentimento de solidão e a angústia de separação.

Os sentimentos, os impulsos inconscientes e a intensidade dos mesmos que prevalecem em cada pessoa, a cada momento, interferem na formação da memória, da percepção, do julgamento, do pensamento, nas ações, nas escolhas que ela produz. O julgamento não é neutro, é afetivo, nele estãoos desejos inconscientes, os anseios, os ideais. Estes desejos, com suas angústias, são transferidos para a relação psicanalítica. Segundo a Psicanálise, padrões de funcionamento infantis e inconscientes atualizam-se na relação do paciente com o psicanalista e podem ser conscientizados e pensados.

Como o psicanalista escuta e observa o que se passa na sessão psicanalítica depende da formação deste psicanalista, de sua ética, de sua responsabilidade profissional,de cada parceria: do psicanalista e do paciente. A escuta do psicanalista transcende a narrativa do paciente, vai além da lógica dita racional e investiga a lógica da realidade psíquica.É preciso observar e escutar cada pessoa, cada dupla analítica, antes de pensar nas teorias. O psicanalista pode escutar o paciente com uma escuta mais humanista ou mais patológica. Com isso, não estou dizendo que os transtornos mentais não existem, mas diferencio sofrimento e doença. E estou dizendo que a formação do psicanalista exige longa análise pessoal, seriedade e responsabilidade para poder estabelecer esta diferença. O psicanalista necessita olhar para dentro de si, consultar a sua interioridade, os seus sentimentos, as suas angústias e utilizá-los como hipóteses de conhecimento. É importante a intimidade do psicanalista consigo para se aproximar da intimidade do paciente, para poder cuidar deste paciente com responsabilidade. Então, faz-se importante a sua análise pessoal, a sua formação.

Segundo Quinodoz, a angústia de separação e o sentimento de solidão podem ser domesticados, contidos, familiarizados, postos a serviço da vida, do pensamento, da criatividade, ou vividos enquanto experiências emocionais dolorosas, sofridas, assustadoras.

A angústia de separação diz respeito à ameaça de rompimento de uma ligação afetiva temporária ou permanente, real ou fantasiosa. Esta angústia nos acompanha a cada momento de nossa vida.[10] A angústia traz consigo a percepção da efemeridade das relações humanas, da consciência de que existimos e de que podemos perder pessoas queridas. A angústia de separação

---

8 QUINODOZ, J.M.A *Solidão Domesticada* – A Angústia de Separação em Psicanálise. Porto Alegre: A. Médicas-1993, p. 21/189.

9 TRINCA, W. *As múltiplas Faces do Self.*São Paulo: Vetor, 2016, p. 9/56.

10 QUINODOZ,J. M. Op. cit., p. 23/24.

é um afeto constituinte do ego, de ser só, de ser único, de que o outro é separado e é diferente de nós. Conforme a intensidade da angústia de separação, esta pode se manifestar em forma de manifestação somática, depressão, delírio, suicídio. Em toda reação psíquica há um funcionamento consciente e inconsciente. A capacidade de conscientização varia de indivíduo para indivíduo. Se a angústia é intensa, mecanismos psíquicos inconscientes estão atuantes e comprometem as funções do pensamento. Muitas vezes a pessoa pode buscar apoio em alguém que não tem condições de atendê-la. E ficar repetindo isto.

A psicanálise (conforme as teorias de Freud, Klein, Bion) nos ensina que as experiências reais de separação não são compreendidas pelo psicanalista como fatos desprovidos de fantasias e de desejos. Estes eventos são sempre interpretados em função das fantasias, e de como cada pessoa experimenta e significa o evento. De como o relato surge na transferência em relação ao psicanalista. O significado da angústia de separação depende também do desenvolvimento emocional que o paciente, momentaneamente, apresenta. Para Klein, a angústia de separação está relacionada ao temor de destruir o objeto, de atacá-lo. E isto é experimentado com perseguição e com depressão. E é vivido na relação com o psicanalista.

Na análise, a angústia de separação está constantemente presente. É observada no término da sessão, entre as sessões, nas férias – do paciente ou do analista, feriados, falta do analista. Reações de descontinuidade podem estimular instabilidade emocional, insegurança, tristeza, raiva, autossuficiência, rejeição, hostilidade, abandono. O paciente pode apresentar a angústia de separação de vários modos inconscientes. Atrasando na sessão, faltando na sessão, queixando-se do tempo da sessão, esquecendo-se de vir à sessão, adoecendo na ausência do psicanalista, cuidando de pessoas necessitadas em períodos da ausência do psicanalista. A consciência e que estes atos ocultam a angústia de solidão, de separação põem ocorrer na análise. Alimenta a fantasia, a ilusão de não sentir a falta, a incompletude. O ego defende-se como pode da realidade frustradora.

Alguns pacientes confundem frustração com desconsideração, abandono. O predomínio de defesas mentais narcísicas e primitivas por parte do paciente exige experiência clínica do psicanalista.

Quinodoz[11] relata uma experiência com uma paciente. No início da análise, ela dizia que não achava que valia a pena vir, pois não podia reter o psicanalista com ela e nem conservá-lo concretamente. Em um estágio mais avançado da análise, ela disse que sentia que recuperou uma parte dela que havia depositado nele, sentia-se separada dele porque não estavam mais encaixados. E sentia medo de perdê-lo. Experimentava um sentimento de ser só e única e o sentimento de responsabilidade de ser. Este sentimento é diferente

11 QUINODOZ, J.M. Op. cit., p. 39/41.

do sentimento angustiante de se sentir desapoiado, abandonado. Na psicanálise ocorrem transformações.

EXPERIÊNCIA CLÍNICA

Com um mês de antecedência, comuniquei sobre as minhas férias para o paciente, como havia feito com os demais pacientes. Ele me disse que, ultimamente, estava com ideias suicidas e as guardava para si, mas estava assustado. Conversamos sobre o que estava pensando e sentindo e acordamos em aumentar a frequência dos nossos encontros de três vezes por semana para cinco vezes semanais. Ele preferiu esta solução a ser medicado. E eu também, confiando em sua capacidade de continência para o seu mundo interno e na minha. Ele me parecia assustado com os seus impulsos, com os seus pensamentos relacionados à angústia de separação, ao sentimento de solidão. Experimentava a dúvida de suas capacidades de tolerância, de confiança em si. Dizia estar confuso, desintegrado, e pode perceber como transformava fantasmas em verdades.

A consciência da incompletude, da falta, da solidão, da consciência de ser só e dependente pode promover crescimento. Pode, também, estimular ódio, revolta, inconformismo, psicose.

Na análise, o psicanalista (cuidador) pode ser percebido pelo paciente (criança, adolescente, adulto) de formas variadas, dependendo das lentes psíquicas predominantes, a cada momento.

Como exemplo, um paciente relata que o seu pai o criticou no passado e que isto prejudicou o seu desenvolvimento como pessoa. Sente-se inseguro, incapaz. Acrescenta que sempre foi positivamente estimulado por sua mãe e por seus avós maternos, que o consideram inteligente e capaz. Teme arriscar novas experiências, com receio de ser rejeitado.

Reitero que, a posição da psicanálise a respeito do que seja traumático evoluiu para uma concepção mais complexa,[12] na qual os desejos inconscientes e as fantasias têm um destaque. A narrativa do paciente não precisa corresponder, necessariamente, a uma realidade fatual. A intensidade da realidade psíquica, do sentimento, da imaginação, transforma-a em traumática devido às fantasias assustadoras, à angústia de castração, ao terror. O paciente tem suas razões, conscientes e inconscientes, para manter preservadas as lembranças das críticas do pai. Até mais nítidas do que as opiniões da mãe e os seus avós.

É possível que haja situações reais de desprezo, de rejeição. Ainda assim, a psicanálise nos ensina que é preciso considerar o poder das fantasias, da imaginação, da vida psíquica de cada sujeito, que pode/não pode conferir um caráter traumático ás experiências. O pai critica. A mãe, e os seus avós, elogia. O que ele faz com isto, o que ele pensa dele mesmo, é ele.

---

12 QUINODOZ, J. M. Op. cit., p. 142/144.

O paciente relaciona os fracassos afetivos com os seus sentimentos de inferioridade. E relaciona estes sentimentos com as críticas recebidas de seu pai. Diz que não tem humor, não tem segurança e nem confiança para se relacionar porque recebeu uma educação rígida.

Através da projeção ele não se implica no que acontece com ele, nas suas escolhas. Na análise ele se comprometeu a frequentar três vezes por semana. Ele não escolheu o seu pai, ele me escolheu para fazer parte da sua vida. No entanto, falta à análise com regularidade. Quando falta, comumente não me avisa. Apresenta impedimentos que não dizem respeito às suas escolhas, diz que são impedimentos impostos por terceiros. E inadiáveis. Quando conversamos, desconsidera qualquer hipótese de que possam ser impedimentos psíquicos, conscientes, inconscientes. Envolve-se precariamente.

Cabe ao psicanalista contar-lhe sobre a qualidade do vínculo que ele estabelece na análise. Implicá-lo nas suas ações, convidá-lo a pensar.

A consciência de separação, de diferenciação é um trabalho de elaboração mental para a vida toda. Nãopressupõe ruptura, desamor e pode despertar ameaças. Supõe liberdade, respeito.

Estou de acordo com Trinca,[13] em sua ideia de que sempre há o temor de perda da segurança interior, da confiança interior, da perda dos objetos de amor. O desenvolvimento psíquico, a responsabilidade pessoal, é experimentado por alguns com ameaças, com regressão, por outros com dor. Bion fez uma comparação entre a relação do cuidador "criança e o psicanalista" paciente na sessão. Ambas as duplas desempenhando um papel ativo no sentido de pensar e elaborar as experiências vividas. Do lado do psicanalista, pode ajudar o paciente a conter as angústias e pensá-las, responsabilizando-se por quem ele é. Do lado do paciente, é preciso haver tolerância à realidade frustradora, capacidade de se comunicar, de conter os impulsos, de pensar as emoções, de tolerar a angústia de perda. Pode acontecer que, em ambos, prevaleça na sessão a parte psicótica da personalidade, a intolerância à dor, à realidade psíquica.

Na clínica, pouco a pouco, e não de modo progressivo e nem linear, o paciente pode perceber que o psicanalista é uma pessoa diferente e separada de si. Perceber que acontecem encontros e desencontros e que não há duas almas gêmeas. As perturbações psíquicas envolvem a falta de diálogo com o mundo interior, com a qualidade da própria existência, com a falta de verdade existencial. Com o quanto a pessoa escuta os seus sentimentos, reconhece os seus valores, harmoniza-se consigo, estabelece vínculos amorosos, aprende com as suas experiências emocionais, responsabiliza-se pela sua pessoa. Tem a consciência dos sofrimentos próprios da vida, da continência para a vida psíquica. Do cuidado a si e à alteridade.

13 TRINCA, W. Op. cit.

COMO A JUSTIÇA INTERFERE (OU NÃO) NO CUIDADO E NO DIREITO DE SER DAS PESSOAS

Pedro Caetano de Carvalho[1]

A proposta é analisar como a atuação da Justiça nem sempre é garantidora do direito de ser das pessoas quando é incongruente ao se ater apenas aos seus ritos e formalidades. Ainda há um longo caminho para o Cuidado se consolidar no Sistema de Justiça, embora já reconhecido como valor jurídico. Daí a importância da reflexão interdisciplinar do tema desta obra do "CUIDADO E O DIREITO DE SER: RESPEITO E COMPROMISSO" para o aperfeiçoamento da Justiça e a consolidação do Cuidado como valor jurídico também no que se refere ao respeito e compromisso decorrente do direito de ser das pessoas. Em se tratando de ser humano, é preciso ter em conta desde logo que *ser* é muitíssimo diferente de *estar*. *Ser* é pleno, *estar* é transitório.

Com o advento do Código Civil Brasileiro de 2002, ganharam destaque as cláusulas gerais e os direitos da personalidade. A pessoa humana está inserida no direito sobre diversas possibilidades, já que passa a integrar a exegese da fundamentação jurídica na contemporaneidade. O direito deve ser interpretado em sintonia com as cláusulas constitucionais protetivas da personalidade, quais sejam: dignidade humana como valor fundamental da Constituição da República (art. 1º, III, da CRFB/88) e igualdade substancial (art. 3º, III, da CRFB/88).

Embora não pretenda aqui mergulhar nas tantas visões da filosofia sobre o tema, não tem como não concordar com o jurista Cleyson de Moraes na sua reflexão, lastreado em autores diversos de que

> é na esteira da filosofia existencialista que a pessoa ganha status de questão prévia para o ordenamento jurídico, já que esta não pode ficar aprisionada ao rol de direitos subjetivos encontrados no sistema jurídico. A pessoa não pode ser considerada como um reduto do poder do indivíduo, mas sim "como valor máximo do ordena-

---

1 Filósofo e Juiz de Direito aposentado. Ex-membro da Ordem dos Clérigos Regulares Teatinos. Autor de diversas publicações sobre família, criança e adolescente.

> mento, modelador da autonomia privada, capaz de submeter toda a atividade econômica a novos critérios de legitimidade".[2] Nesse sentido que o autor fala de uma verdadeira "cláusula geral de tutela e promoção da pessoa humana", tomada como valor máximo pelo ordenamento.[3] (...) É neste ponto que se desvela o sentido existencial do próprio ser humano, visto como valor fundamental de nosso ordenamento jurídico. Neste caso, é o princípio da dignidade da pessoa humana ressoando em sua mais nobre originalidade. É a hermenêutica ontológica (modo de ser) que ajudará o intérprete a conduzir o entrelaçamento entre Pessoa e Direito.[4]

Com o advento da Lei n. 12.376, de 30 de dezembro de 2010, alterou-se o nome desse diploma legislativo, substituindo-se a terminologia "Lei de Introdução ao Código Civil" por outra mais adequada, isto é, "Lei de Introdução às Normas do Direito Brasileiro", espancando-se qualquer dúvida acerca da amplitude do seu campo de aplicação. Ademais, o Código Civil regula os direitos e obrigações de ordem privada, ao passo que a Lei de Introdução em boa hora disciplina o âmbito de aplicação das normas jurídicas. Como ensina o Prof. Flávio Monteiro de Barros "a Lei de Introdução às Normas do Direito Brasileiro é norma de sobredireito ou de apoio, consistente num conjunto de normas cujo objetivo é disciplinar as próprias normas jurídicas. De fato, norma de sobredireito é a que disciplina a emissão e aplicação de outras normas jurídicas".[5]

A Lei de Introdução às Normas do Direito Brasileiro, Decreto-Lei n° 4.657, de 4 de setembro de 1942, na abordagem do Prof. Cristiano Colombo,

> esta Lei é conhecida como *Lex Legum*, por ser a "Lei das Leis", reunindo em seu texto normas sobre as normas. A LINDB está em plena vigência no Direito Pátrio, não tendo sido revogada pelo Código Civil Brasileiro (Lei n° 10.406, de 10 de janeiro de 2002). Há que se ressaltar que a LINDB não é parte componente do Código Civil. Sua aplicação não se restringe tão somente ao Direito Civil, voltando-se aos mais variados ramos do

---

2 TEPEDINO, Gustavo. Crise de fontes normativas e técnica legislativa na parte geral do Código Civil de 2002. In: TEPEDINO, Gustavo. (Org.) *A parte geral do novo Código Civil* – estudos na perspectiva constitucional. Rio de Janeiro: Renovar, 2002, p. XXV.

3 Ibidem, p. XXV. 4 AMARAL, Francisco. *Direito civil* – introdução. 3. ed. Rio de Janeiro: Renovar, 2000, p. 151/153.

4 BARROS, Flávio Monteiro de. *Direito civil* – lei de introdução às normas do direito brasileiro. Disponível em: <http://www.cursofmb.com.br/apostilas/LINDB.pdf>. Acesso em: 24 mai. 2017.

5 Ibidem.

> Ordenamento Jurídico Brasileiro, como o próprio Direito Civil, o Direito Internacional Público e o Direito Internacional Privado, o Direito Penal, o Direito Empresarial, entre outros.[6]

É de se observar que a Lei de Introdução às Normas do Direito Brasileiro traz em seu bojo o comando do art. 5º: "Na aplicação da lei, o juiz atenderá aos fins sociais a que ela se dirige e às exigências do bem comum". Este artigo merece atenção, pois muito tem contribuído para fixação de jurisprudência que em nosso país, em muitos casos, tem levado a mudança inclusive na legislação em temas de direito das pessoas barrados por preconceitos contra as minorias sociais.

Entende-se em tal artigo, que no momento em que o juiz for aplicar a lei é recomendável que ele se atente aos fins sociais a que ela se destina, adequando-a às exigências oriundas das mutações sociais, e às exigências do bem comum. Assim, ao invés de aferrar-se à letra fria do texto, o juiz deve fixar-se claramente no objetivo da lei e da justiça: manter a paz social.

Desta forma, o juiz, ao aplicar a lei, deve interpretá-la, ou seja, buscar o real sentido e o alcance da norma. Para verificar se a norma é aplicável ao caso em julgamento ou se deve proceder à integração normativa, o juiz procura descobrir o sentido da norma, interpretando-a. Interpretar é descobrir o sentido e o alcance da norma jurídica. Toda lei está sujeita a interpretação, não apenas as obscuras e ambíguas.

É de domínio comum que para as teorias da interpretação objetiva e da livre pesquisa, o juiz deve ter função criadora na aplicação da norma, que deve ser interpretada em função das concepções jurídica morais e sociais de cada época. São raros os casos em que o juiz considera a lei inadaptável ao caso concreto, mas isso não quer dizer que este fato seja impossível. Quando isto ocorre, o juiz pode contar com o poder da equidade na correção destas leis.

Contudo, é se observar também a lição do jurista Caio Mário da Silva Pereira: "O aplicador da lei (notadamente o juiz na decisão dos casos de espécie) terá de se valer de toda uma técnica, no plano do desenvolvimento jurídico, ainda que transcendendo à lei [...], porém mantendo-se 'nos limites das valorações fundamentais do ordenamento jurídico' sem penetrar no âmbito do 'arbítrio judicial'."[7]

Aos poucos vai se consolidando uma nova postura de respeito a pessoa do adolescente quando, ao julgá-lo, por exemplo, o juiz da Infância e da

---

6 Disponível em: <http://aulas.verbojuridico3.com/DPE_Processual/Civil_Cristiano_Colombo_08-11-12_Parte1.pdf>. Acesso em: 24 mai. 2017.

7 PEDRA, Anderson Sant'Ana. Os fins sociais da norma e os princípios gerais de direito. *Revista Jus Navigandi*, Teresina, ano 8, n. 62, 1 fev. 2003. Disponível em: <https://jus.com.br/artigos/3762>. Acesso em: 19 mai. 2017.

Juventude decide com um pé na utopia, oportunizando-lhe uma nova vida e não apenas a punição. Esta postura vem encontrando espaço também na justiça criminal dos adultos.

Há também situações em que cabe ao magistrado uma decisão por forma não reducionista na interpretação da própria Constituição Federal, como o fez em boa hora a decisão histórica do STF, valorizando um dos direitos de ser das pessoas ao garantir o direito de adoção a um casal homoafetivo, percebendo-se que implicitamente usou-se o art. 5º do Decreto-Lei n. 4.657, em acórdão publicado em 19 de março de 2015. Segue um extrato elucidativo desta decisão:

> A Constituição Federal não faz a menor diferenciação entre a família formalmente constituída e aquela existente ao rés dos fatos. Como também não distingue entre a família que se forma por sujeitos heteroafetivos e a que se constitui por pessoas de inclinação homoafetiva. Por isso que, sem nenhuma ginástica mental ou alquimia interpretativa, dá para compreender que a nossa Magna Carta não emprestou ao substantivo "família" nenhum significado ortodoxo ou da própria técnica jurídica. Recolheu-o com o sentido coloquial praticamente aberto que sempre portou como realidade do mundo do ser. Assim como dá para inferir que, quanto maior o número dos espaços doméstica e autonomamente estruturados, maior a possibilidade de efetiva colaboração entre esses núcleos familiares, o Estado e a sociedade, na perspectiva do cumprimento de conjugados deveres que são funções essenciais à plenificação da cidadania, da dignidade da pessoa humana e dos valores sociais do trabalho. Isso numa projeção exógena ou extramuros domésticos, porque, endogenamente ou *interna corporis*, os beneficiários imediatos dessa multiplicação de unidades familiares são os seus originários formadores, parentes e agregados. Incluído nestas duas últimas categorias dos parentes e agregados o contingente das crianças, dos adolescentes e dos idosos. Também eles, crianças, adolescentes e idosos, tanto mais protegidos quanto partícipes dessa vida em comunhão que é, por natureza, a família. Sabido que lugar de crianças e adolescentes não é propriamente o orfanato, menos ainda a rua, a sarjeta, ou os guetos da prostituição infantil e do consumo de entorpecentes e drogas afins. Tanto quanto o espaço de vida ideal para os idosos não são os albergues ou asilos públicos, muito menos o relento ou os bancos de jardim em que levas e levas de seres humanos abandonados despejam suas últimas sobras de gente. Mas o comunitário ambiente da própria família. Tudo conforme os expressos dizeres dos artigos 227 e 229 da Constituição, este

último alusivo às pessoas idosas, e, aquele, pertinente às crianças e aos adolescentes.[8]

É importante reconhecer que a aceitação legal da diversidade sexual e da afirmação dos direitos sexuais tem avançado no contexto brasileiro, mais por meio da jurisprudência do que na esfera legislativa e institucional, como no caso de reconhecimento do direito à pensão e à adoção por casais do mesmo sexo, equiparação da união estável de casais do mesmo sexo à união de casais de sexos diferentes etc.

No tocante à atuação do Legislativo nestes temas, o avanço tem sido moroso, bastando ver a demora na aprovação do reconhecimento do crime de feminicídio, apesar dos protocolos internacionais assinados pelo Brasil. Foi sancionada apenas em 09/03/2015 a Lei Ordinária de n. 13.104/2015, que tipifica e qualifica o feminicídio – o homicídio de mulheres em decorrência de violência doméstica ou em contexto de discriminação. Já a criminalização da homofobia, que é a discriminação e demais violências daí decorrentes contra pessoas em função de sua orientação sexual e/ou identidade de gênero continua a passos lentos a tramitação no Congresso, enfrentando todos os preconceitos possíveis.

No mundo do Direito o princípio da separação dos poderes é consagrado no artigo 2º da Constituição Federal e permite, pelo sistema de freios e contrapesos (*check and balances*), a possibilidade de haver uma interferência recíproca entre os poderes, ou seja, um poder pode fiscalizar o outro, de forma a se garantir uma harmonia entre eles.

Outro aspecto a ser observado é o que alerta a então bacharel em direito Juliana Helena Almeida Medeiros:

> é possível que o Poder Judiciário exerça funções que, originariamente, seriam do Poder Legislativo ou do Poder Executivo, bem como é permitido a esses exercerem funções que seriam típicas dos outros poderes. O legislador pátrio, apesar de ter como principal função a elaboração de leis, não poderá, a seu livre critério estabelecê-las, devendo observar normas e princípios reconhecidos, expressa ou implicitamente, no ordenamento jurídico nacional vigente.[9]

8 STF, ADI n. 4.277 e ADPF n. 132, Rel. Min. Ayres Britto, DJe 14.10.2011.

9 MEDEIROS, Juliana Helena Almeida. A proporcionalidade das penas. As incongruências existentes no ordenamento jurídico-penal pátrio e a atuação do Poder Judiciário. *Revista Jus Navigandi*, Teresina, ano 15, n. 2595, 9 ago. 2010. Disponível em: <https://jus.com.br/artigos/17146>. Acesso em: 13 ago. 2017.

A mesma autora antes citada traz um exemplo:

> O legislador, ao elaborar uma norma penal incriminadora, não pode deixar de observar os preceitos constitucionais, tendo como parâmetro, principalmente, o princípio da proporcionalidade, já que é a pena por ele prevista para um tipo penal que irá delimitar a atuação do juiz na aplicação da mesma. Porém, o legislador ao punir com mais rigor um crime revestido com menor gravidade atuou de forma incongruente, transgredindo, de forma evidente, o princípio ora em comento, cabendo ao juiz corrigir essa desproporção.[10]

Para corrigir esta desproporção, um dos recursos que vai se valer o juiz é a equidade. "Diante da eventual severidade de determinada regra jurídica, a eqüidade vem de suavizá-la, conformando-a às necessidades sociais que reclama o caso concreto. Daí dizer-se, com propriedade, que a eqüidade nada mais é do que uma manifestação de Justiça".[11]

Como se vê, cabe ao juiz decidir também em harmonia com a finalidade social da lei em casos que a equidade se relaciona com os princípios de igualdade e justiça.

DIREITO DE SER, JUDICIALIZAÇÃO DA SAÚDE E O HIGIENISMO

Ainda no que diz respeito ao direito de ser das pessoas, cabe o alerta do cuidado que deve ter o julgador em determinadas situações da judicialização da saúde de caráter higienista, atendendo pedidos mal intencionados que visam tão somente a limpeza das ruas recolhendo os dependentes de entorpecentes químicos ou, aleatoriamente, os moradores de rua das cidades. No que diz respeito a estes últimos, muitas vezes nos surpreendemos quando ouvimos um morador bem falante, de gestos gentis e elaborados. Isso porque, no imaginário popular, todos eles são iguais: viciados, sujos e sem estudo. Esquecemos que eles tiveram um passado, alguns inclusive já viveram muito bem, tiveram família, emprego fixo e boa escolaridade. E raramente lembramos que são seres humanos e também merecem viver com dignidade, respeitado seu direito de ser como pessoa.

Quanto à dependência de substâncias entorpecentes, é identificada como doença denominada "Transtornos Mentais e Comportamentais devidos ao uso de múltiplas drogas e ao uso de outras substâncias psicoativas –

---

10 Ibidem.

11 VENOSA, Sílvio de Salvo. *Direito civil*: parte geral. 2. ed. São Paulo: Atlas, 2002, p. 50.

síndrome de dependência", de sorte que o dependente químico é portador de transtorno mental e sujeito de tratamento de saúde.

A lei da Reforma Psiquiátrica vedou a internação em instituições que não assegurem aos pacientes os direitos previstos na lei, como o de acesso ao melhor tratamento do sistema de saúde consentâneo às suas necessidades, o direito à presença médica, para esclarecer sua hospitalização e o de ser tratado em ambiente terapêutico pelos meios menos invasivos possíveis.[12]

Cabe ao magistrado a cautela de verificar antes de optar pela internação compulsória se foram respeitados estes e demais direitos da pessoa antes referida. Neste sentido precisa estar atento que a lei da reforma psiquiátrica permitiu a internação, que ocorrerá de forma *voluntária* – aquela oriunda do consenso do paciente; *involuntária* – que é aquela em que não há consentimento do usuário, mas é realizada por pedido de um terceiro; ou *compulsória* – realizada por força de decisão judicial.

Sendo involuntária, prevê a lei o requisito da subsidiariedade, ordenando que a internação só será indicada quando os recursos extra-hospitalares se mostrarem insuficientes, ou seja, como ultima *ratio*, após a verificação de que nenhum outro tipo de recurso extra-hospitalar se mostrou eficaz.[13] Não é recomendado ao magistrado ignorar esta orientação legal dos requisitos que deve anteceder a internação a ser determinada e compete ao juiz também avaliar as condições de segurança do estabelecimento, a salvaguarda do paciente, dos demais internados e funcionários, sendo formulada a partir de um laudo médico circunstanciado[14] que caracterize os seus motivos.

Ademais, a política pública estatal voltada no âmbito do Ministério da Saúde para a internação do titular de transtorno mental decorrente do uso de drogas impõe como atividades necessárias: avaliação clínica e psicossocial do paciente por equipe multiprofissional e a abordagem familiar com orientações sobre o diagnóstico e tratamento.[15]

Cuidando deste direito de ser destas pessoas no caso de internação de cunho judicial cabe o alerta de Emerson Affonso da Costa Moura e Laila Rainho de Oliveira[16] no sentido de que

> Inclui-se no rol dos direitos desrespeitados o prejuízo da convivência familiar e comunitária causado pela dificuldade de acesso aos abrigos aonde são levados os dependentes, localizados longe

---

12 BRASIL. Lei n. 10.216 de 06 de abril de 2001.

13 BRASIL. Lei n. 10.216 de 06 de abril de 2001. Artigo 4º.

14 BRASIL. Lei n. 10.216 de 06 de abril de 2011, Artigo 9º.

15 BRASIL. Resolução n. 148 do Ministério da Saúde de 31 de janeiro de 2012. Artigo 4º.

16 Disponível em: <http://www.publicadireito.com.br/artigos/?cod=2779d140faa92aa0>. Acesso em: 05 jun. 2017.

> dos centros urbanos o que amplia a resistência ao tratamento e a probabilidade de reincidência, além de desfazer laços familiares necessários à reabilitação. Ademais, muitas Casas de Atendimento mantidas pelo Poder Público com o fim de abrigar esses dependentes químicos são vinculadas a instituições religiosas e mantém práticas de religiosidade na metodologia de tratamento utilizada em violação à laicidade do Estado e de suas políticas públicas.

As pessoas se escandalizam com as "cracolândias" e outros nomes, condenam as pessoas que frequentam esses antros, criticam e responsabilizam exclusivamente os usuários, procuram passar distante desses locais, como se num passe de mágica o problema deixasse de existir. O mesmo se diga quanto a moradores de rua, tanto adulto, quanto de população infantojuvenil. Sem dúvida o problema não é de fácil solução, mas com uma postura de solidariedade operante, tanto do Poder Público quanto da comunidade, aí incluindo os operadores da justiça, a solução é possível desde que não sejam apenas as soluções históricas de camuflar o problema em determinadas ocasiões de visitas de autoridades religiosas ou de governantes ilustres de outros países, acompanhadas da imprensa internacional, bem como por ocasião de eventos como olimpíadas ou copa do mundo.

Que não se alegue a falta de recursos, pois eles existem em abundância. Muito menos se diga que tal população se nega a ser ajudada, pois isso ocorre é pela descrença dela nos programas que até então lhes foi ofertado, que primaram pela falta de completude, continuidade, eficiência e capacidade técnica, isso sem falar na ausência de ação integrada das diversas áreas governamentais e não governamentais.

RESPEITO E COMPROMISSO FRENTE AO CUIDADO E O DIREITO DE SER DAS PESSOAS

Respeito é um substantivo masculino oriundo do latim *respectus* que é um sentimento positivo e significa ação ou efeito de respeitar, apreço, consideração, deferência.

O mundo *on-line* é farto na abordagem do respeito como

> um dos valores mais importantes do ser humano e tem grande importância na interação social. O respeito impede que uma pessoa tenha atitudes reprováveis em relação à outra. Muitas religiões abordam o tema do respeito ao próximo, porque o respeito mútuo representa uma das formas mais básicas e essenciais para uma convivência saudável. Uma das importantes questões sobre o respeito é que para ser respeitado é preciso saber respeitar, o que em muitos casos não acontece. Respeitar não significa concordar em todas as

> áreas com outra pessoa, mas significa não discriminar ou ofender essa pessoa por causa da sua forma de viver ou suas escolhas (desde que essas escolhas não causem dano e desrespeitem os outros). O respeito também pode ser um sentimento que leva à obediência e cumprimento de algumas normas (por ex: respeito pela lei). Falar sobre um tema com respeito (como diferentes religiões, crenças e condutas) é falar de forma ponderada e sensível.[17]

O respeito inclui cuidado, consideração e deferência. O respeito é um valor que permite que o homem possa reconhecer, aceitar, apreciar e valorizar as qualidades do próximo e os seus direitos. Por outras palavras, o respeito é o reconhecimento do valor próprio e dos direitos dos indivíduos e da sociedade.

> O respeito permite que a sociedade viva em paz, numa convivência saudável que assenta em normas e instituições. Implica reconhecer em si e nos demais os direitos e as obrigações, daí ser hábito dizer-se: "Não faças aos outros aquilo que não gostarias que te fizessem a ti".[18]

Visando aprofundar um pouco a reflexão sobre o respeito e aquilo que para muitos trata-se apenas de um ensinamento bíblico na expressão "não faça aos outros aquilo que não gostaria que fizessem a você", usada por Jesus, e anteriormente por Tobias (Livro de Tobias, capitulo 3, versículo 16), ao aconselhar seu filho que ia empreender uma distante viagem para a época, é preciso lembrar que, mesmo com outra redação, a mesma ideia é encontrada em diversas religiões, inclusive mais antigas que o cristianismo.

Muitos autores se reportam a princípios espirituais como norteadores dos valores humanos, entre eles Ervin Laszlo que, no dizer de Luis Henrique Beust, "faz uma exposição bastante completa do que representa um programa de humanização partindo da influência dos valores universais salientados em diversas correntes de pensamento religioso ou humanista (inclusive ateu)".[19]

Segundo Ervin Laszlo:

> a visão cristã da fraternidade universal governada pelo amor que o homem dedica ao Deus de todos os homens e ao próximo. Há a visão histórica do judaísmo, de um povo eleito através do qual todas as famílias da Terra serão abençoadas. O Islã possui a visão universal de uma comunidade derradeira entre Deus, o homem,

---

17 Disponível em: <https://www.significados.com.br/respeito/>. Acesso em: 03 mai. 2017.

18 Disponível em: <http://conceito.de/respeito>. Acesso em: 03 mai. 2017.

19 Pela Justiça na Educação/coordenação geral Afonso Armando Konzen, Brasília: MEC. FUNDESCOLA, 2000, p. 43/44.

> a natureza e a sociedade. A meta essencial da fé Baháí é alcançar uma visão abrangente do mundo que possa conduzir à unidade mundial baseada na paz e na justiça. O hinduísmo percebe a matéria como sendo nada mais que a manifestação exterior do espírito e exorta à sintonia com a harmonia cósmica através dos caminhos variados da yoga. O budismo, também, percebe toda a realidade como interdependente, e ensina o homem a alcançar união com ela através da renúncia aos apelos e apetites de um ego independente. O confucionismo acha a harmonia suprema nas relações humanas disciplinadas e ordeiras, e o taioísmo encontra esta harmonia na natureza e no convívio com ela. As religiões tribais africanas concebem uma grande comunidade dos vivos e dos mortos à qual todas as pessoas pertencem a menos que intencionalmente criem desequilíbrios entre as forças visíveis e invisíveis que estão dentro e ao redor delas.[20]

Precisamos ter em conta que o respeito e o compromisso frente ao cuidado e o direito de ser das pessoas possuem um poder transformador dos valores humanos e dos grandes ideais humanistas, principalmente quando a justiça não se distancia da realidade do seu tempo.

Já no tocante a palavra compromisso, esta vem do latim *compromittere*, que une *com*, que significa junto, e *primotterre*, que é prometer. Seria então um acordo com outra parte, uma promessa mútua.

> No âmbito do direito, um compromisso ou uma cláusula compromissória é uma estipulação contida num contrato, através da qual as partes acordam submeter a arbitragem as divergências que derivem do cumprimento ou a interpretação do respectivo contrato ou de um testamento. O termo é usado para fazer alusão a qualquer tipo de acordo no qual as partes assumem obrigações. Portanto, pode-se considerar que um compromisso é como um contrato não escrito. Por isso, compromisso é sinónimo de acordo embora se refira mais à assunção de uma obrigação jurídica concreta do que ao conjunto propriamente dito de direitos e deveres como um todo.[21]

Aqui a abordagem do compromisso não se restringe apenas as formalidades do mundo jurídico, nem tampouco a abordagem dos aspectos psicoló-

---

20 LASZLO, Ervin. "The inner limits of mankind". In: KONZEN, Afonso Armando (coord.). *Pela Justiça na Educação*. Brasília: MEC. FUNDESCOLA, 2000, p. 43/44.

21 Disponível em: <http://conceito.de/compromisso>. Acesso em: 12 jun. 2017.

gicos da terminologia, mas vai além buscando um olhar mais humano sobre as pessoas, inclusive quando estas dirigem seus pleitos à justiça.

É inegável que, a cada dia, o mais relevante para o Direito é o ser humano, de modo que as especificidades de cada pessoa passam a ter relevância jurídica.[22]

O cuidado como valor jurídico é algo que extrapola o direito de família, revelando-se como uma vertente que se afirma como de suma importância também em questões de ordem variada para assegurar o direito de ser das pessoas.

Trazemos aqui por entendermos pertinente a postura sobre gênero nas reflexões que fizemos na obra CUIDADO E AFETIVIDADE, quando abordamos o tema Cuidado e afetividade quando a opção sexual exacerba a diversidade:[23]

> Qualquer brasileira/o pode se lembrar facilmente de vários nomes da política nacional que defendem publicamente causas ligadas aos direitos das minorias étnicas e raciais, aos direitos da mulher e aos direitos de presidiários/as, mas que se escondem quando o assunto em pauta é o combate à homofobia ou a reivindicação de direitos por parte dos grupos GLBT (gays, lésbicas, bissexuais e transgêneros).[24]
> Cada vez mais vem sendo aceita a educação sexual que possa também lidar com questões de gênero e diversidade que não deve estar restrita apenas a profissionais de psicologia e pedagogia, mas ser extensiva igualmente para as instituições de ensino superior, em seus cursos de habilitação ao magistério e nos cursos ligados à temática, como Enfermagem, Fisioterapia, Medicina, Psicologia, Serviço Social, dentre outros, além dos cursos de Ensino Médio da área da Saúde, devem ser sensibilizados para o tema e incluir a Educação Sexual em seus currículos, visando a formar profissionais já preparados para essa abordagem. No mesmo caminho deveriam seguir os cursos como os de Direito, das Escolas Preparatórias para a Magistratura, Ministério Público, OAB e Defensoria Pública, assim como das Escolas de Governo e do Legislativo. Se essas instituições forem sensibilizadas pelos profissionais que já vêm trabalhando com o tema será possível um grande avanço na supera-

22 PEREIRA, Tânia da Silva; COLTRO, Antônio Carlos Mathias; OLIVEIRA, Guilherme de. *Cuidado e afetividade*. São Paulo: Atlas, 2017, p. XV e XVI.

23 Ibidem, p. 464/468.

24 Disponível em: <http://www.scielo.br/pdf/es/v29n103/09.pdf>. Acesso em: 20 jun. 2017.

> ção desta lacuna tanto na educação formal quanto na atuação da Justiça com seus interlocutores, bem como do Legislativo, sendo que este último já teria superado as amarras que ainda não permite, por exemplo, o reconhecimento da homofobia como crime. Gênero e sexualidade são duas dimensões que estão muito próximas. São também atravessadas por outros marcadores sociais como raça/etnia, religião, classe social, capacidade física e geração. Se o tema não é pacífico, de nada adianta escondê-lo sob o tapete.

Assim, ainda que a discussão do conceito de gênero seja uma questão nova ou distante para a maioria da sociedade, pensar sobre gênero também é pensar sobre liberdade e cidadania. Não existem certezas, mas questões sobre um humano mais plural que merecem amplo debate.

No mundo de hoje onde pessoas se expressam de forma tão diversa e plural, o respeito à singularidade e a tolerância de cada indivíduo torna-se fator de extrema importância. Olhar para um mundo com mais respeito à diversidade dos gêneros é entender que o outro, independente de sua orientação é alguém que merece respeito e direitos políticos, sociais e econômicos. A justiça também não pode fugir deste desafio.

O CUIDADO

Impossível falar sobre o cuidado como valor jurídico em nosso país sem se reportar à advogada e grande jurista Tânia da Silva Pereira, da área de Família, Infância e Juventude, que em entrevista ao Jornal Carta Forense, definiu de forma cristalina o cuidado no contexto jurídico:

> Os estudos desenvolvidos sobre o cuidado no mundo jurídico assumem caráter constitucional ao identificá-lo inicialmente como valor jurídico, conduzindo ao seu reconhecimento como subprincípio do Princípio da Dignidade da Pessoa Humana. Atendendo a inúmeras situações de vulnerabilidade, sua identificação também está ligada à solidariedade, à tolerância, à paciência e, especialmente, à prevenção.[25]

Para definição do cuidado importante as elucidações de Waldow, para quem

> cuidar parece deixar de ser um procedimento, uma intervenção para ser uma relação onde a ajuda é no sentido da qualidade do

25 Disponível em: <http://www.cartaforense.com.br/conteudo/entrevistas/cuidado-no-direito-de-familia-infancia-e-juventude/10588>. Acesso em: 17 mai. 2016.

> outro ser ou de vir a ser, respeitando-o, compreendendo-o, tocando-o de forma mais afetiva.[26]

Antes de prosseguir é bom registrar a definição trazida por Leonardo Boff sobre cuidado como algo

> com dupla função: de prevenção dos danos futuros e de regeneração de danos passados". Entre os diversos estudos trazidos por Leonardo Boff, destacamos o *ethos* que ama e o que cuida. O outro faz surgir o *ethos* que ama, sendo que amar o outro é querer que ele exista, porque o amor faz o outro importante. Conclui que "quando alguém ou alguma coisa se fazem importantes para o outro, nasce um valor que mobiliza todas as energias vitais. É por isso que, quando alguém ama, rejuvenesce e tem a sensação de começar a vida de novo. O amor é a fonte dos valores.[27]

Talvez por isso o poeta Peninha já cantou que "quando a gente ama é claro que a gente cuida...[28]

No que se refere ao cuidado, ao prefaciar a obra "Cuidado e Afetividade", a mesma Tânia antes citada registra a importância do caminho já trilhado pela justiça, inclusive por suas Cortes Superiores, na análise do *cuidado* que se

> consubstancia em cenários que se renovam, sempre por meio de uma visão interdisciplinar, que agrega conhecimentos diversificados para a compreensão do ser humano em sua totalidade.
>
> No ano de 2012, o *cuidado* foi utilizado como parâmetro, no Recurso Especial 1.159.242/SP, analisado pela 3.ª Turma do Superior Tribunal de Justiça, sob relatoria da Ministra Nancy Andrighi, que previu o dever de indenizar em razão do ilícito civil decorrente do descumprimento da imposição legal de cuidar da prole, sob a forma de omissão. Após esse julgamento paradigmático, o *cuidado* ganha maior espaço no cenário jurídico, reconhecida a sua importância para o direcionamento de soluções para casos concretos.
>
> No ano de 2016, o *cuidado* finalmente chega ao Supremo Tribunal

26 Resenha de WALDOW, V. R. Cuidado humano: o resgate necessário. 2. ed. Porto Alegre: Sagra Luzzato, 1999. Disponível em: <https://www.passeidireto.com/arquivo/25333970/resenha----cuidado-humano-o-resgate-necessario-waldow-vr-cuidado-humano-resgate>. Acesso em: 15 ago. 2017.

27 BOFF, Leonardo. *Ética e moral, a busca do fundamento*. Petrópolis: Vozes, 2004, p. 37.

28 PEREIRA, Tânia; COLTRO, Antônio Carlos Mathias, OLIVEIRA, Guilherme de (coord.). *Cuidado e afetividade*. São Paulo: Atlas, 2017, p. 484.

> Federal, com o julgamento do RE 898.060, com repercussão geral reconhecida, no qual a Corte, por meio de seu Plenário, entendeu que a existência de paternidade socioafetiva não exime de responsabilidade o pai biológico. O Tribunal, por maioria e nos termos do voto do Relator Ministro Luiz Fux, negou provimento ao recurso do pai biológico contra acórdão que estabeleceu sua paternidade, com efeitos patrimoniais, independentemente do vínculo com o pai socioafetivo. A presidente da Corte, Ministra Carmen Lúcia Antunes Rocha, ressaltou que "amor não se impõe, mas *cuidado* sim e esse *cuidado* me parece ser do quadro de direitos que são assegurados, especialmente no caso de paternidade e maternidade responsável" [g.n],[29] destacando-se o *cuidado* como norte para o reconhecimento da possibilidade de coexistência entre o vínculo biológico e o socioafetivo.
>
> Adverte o voto condutor do julgado, ademais, para o fato, de que "a partir da Carta de 1988, exige-se uma inversão de finalidades no campo civilístico: o regramento legal passa ter de se adequar às peculiaridades e demandas dos variados relacionamentos interpessoais, em vez de impor uma moldura estática baseada no casamento entre homem e mulher", em adequada "interação com o mundo onde se hospeda, num momento da mais intensa luminosidade, a decisão justa para o caso concreto", na referência do também Ministro Ayres Britto, em lição repleta de sentimento.[30][31]

A intervenção da justiça pode cada vez mais contribuir para efetivação do cuidado como valor jurídico numa época em que escasseia entre nós o sentimento da compaixão, e por consequência, a solidariedade que vem se tornando mais inoperante, pois habituando-se aos próprios problemas e aflições o homem passa a não perceber os sofrimentos de seu próximo. Compaixão não é ter pena, mas sim se colocar em seu lugar. A Justiça pode contribuir para a igualdade do direito de ser de cada pessoa, desde que não se resguarde na couraça da indiferença.

---

29 STF, Tribunal Pleno, RE 898060, Rel. Min. Luiz Fux, Julg. 21.09.2016. Disponível em: <http://www.stf.jus.br/portal/cms/verNoticiaDetalhe.asp?idConteudo=325781>. Acesso em: 22 set. 2016.

30 BRITTO, Carlos Ayres.O *humanismo como categoria constitucional*. Belo Horizonte: Fórum, 2016, p. 77/78.

31 Disponível em: <http://www.cartaforense.com.br/conteudo/entrevistas/cuidado-no-direito-de-familia-infancia-e-juventude/10588>. Acesso em: 17 mai. 2016.

CONCLUSÃO

Ao abordar o cuidado, cada vez mais nos convencemos de que valores caros à promoção dos direitos humanos, como respeito à diversidade sexual e não estigmatização das minorias sexuais, indicam a necessidade premente de indagação sobre as formas de abordagem e de regulação da sexualidade em discursos inclusive religiosos e educacionais, mas também de alerta aos tantos cuidadores das mais diversas instituições que lidam com crianças, jovens e adultos. Indo além, questionamos as consequências sociais e políticas de tais posicionamentos. O desafio que aqui se coloca diz respeito ao impasse referente a conciliar diferentes convicções com as responsabilidades sociais em questão, inclusive da violência de gênero.

Nas intervenções psicossociais e jurídicas dos profissionais é preciso ter em conta que acolher e cuidar implicam em desenvolver no profissional uma escuta competente e afetiva.

À Magistratura que em vários julgados já teve a coragem de não se ater apenas as formalidades das leis, compete sobremaneira continuar nesta saga garantidora do direito de ser das pessoas, principalmente quando deixa de ser incongruente não se atendo apenas aos seus ritos e formalidades. Embora ainda haja um longo caminho para o Cuidado se consolidar de forma consistente no Sistema de Justiça como valor jurídico, acreditamos que muito do avanço até aqui obtido se deve creditar à rica contribuição dos trabalhos acadêmicos que se empenharam com os juristas na consolidação interdisciplinar do Cuidado também como valor jurídico. Esta temática que originou o Projeto Brasil Portugal iniciado em 2005, não teria obtido êxito sem a atuante participação desde o primeiro momento da visionária Dra. Tânia da Silva Pereira que soube congregar diversos autores. Graças ao seu empenho hoje são tantas as obras já publicadas, as quais não temos dúvida alguma foram o mote para a nova postura sobre o Cuidado, inclusive no âmbito da Justiça.

QUEM AMA, CUIDA?UM OLHAR SOBRE O AMOR E AS VICISSITUDES DO CUIDADO

Sergio Nick[1]

Amor será dar de presente um ao outro a própria solidão? Pois é a coisa mais última que se pode dar de si.

Clarice Lispector

SUMÁRIO: 1. Introdução. **2.** O conceito de Transtorno Borderline, sua grande incidência no mundo atual, e sua implicação para o Direito. **3.** Cuidado em D. W. Winnicott. **4.** Quem ama, cuida?.

1. INTRODUÇÃO

Valério olha sua filha e pensa: "Que coisa! Ela se parece mais com a Larissa do que comigo!". Mas é hora de trocar sua fralda e o pensamento se esvai para uma tarefa ainda difícil para ele, que é a de prestar os cuidados ditos maternos à sua filha na ausência da esposa. Enquanto o faz, Clara se mostra agitada, dificultando a (dita) simples função de trocar uma fralda e limpar os genitais de uma criança de pouco mais de um ano de idade. Valério se irrita e solta um grito: "Páára!". Clara se assusta e começa a chorar. Sua agitação se converte em irritação, que logo se transforma em um certo retraimento. Um momento íntimo se transforma em um cenário conturbado e de isolamento mútuo. Valério começa a se auto recriminar, não compreendendo a razão de seu destempero. Logo Larissa chega e se dirige ternamente à Clara: "Meu amor! Que carinha é essa?!". Clara se vira para a mãe e, fazendo um muxoxo, estende os braços para sua mãe. Valério, de volta à sua irritação, ralha com ela dizendo: "Já falei para você ficar quieta, Clara! Ainda não acabei de trocar a sua fralda!". Clara volta-se para o pai e de sua face se vislumbra um movimento hostil em direção ao pai. Larissa intervém, dizendo: "Clarinha, obedece ao seu pai. Não faça pirraça!". Clara volta ao seu estado anterior de irritação e inicia um choro sentido e alto.

Interrompo a descrição dessa cena familiar para fazer uma breve análise das intercessões possíveis num trio às voltas com o difícil manejo de emoções e conflitos próprios do cotidiano.

---

1 Médico psiquiatra e Psicanalista, membro da Sociedade Brasileira de Psicanálise do RJ, filiada à IPA – *InternationalPsychoanalyticalAssociation*.

Valério tem seu narcisismo ferido ao perceber que sua filha saiu mais à mãe do que a si. Clara, captando algo dos sentimentos do pai, responde com uma agitação que expressa seu incômodo. Valério, inadvertidamente irritado com seu pensamento e com sua reação destemperada ante a agitação da filha, perdeu sua condição de praticar a maternagem naquele momento. Larissa chega numa cena onde marido e filha estão desencontrados, ambos necessitados de seu apoio. Mas é uma cena a três. Encontrar uma forma de apoiar aos dois ao mesmo tempo, num cenário de conflito, é tarefa para diplomatas, não para uma mãe de primeira viagem!

Sabemos que a chegada de um bebê, mesmo muito esperado, pode provocar uma série de reações em um casal. Há um choque de culturas que se revela mesmo em casais cujas origens sejam bem próximas.[2] Encontrar formas de convívio diante de um bebê cujo desamparo inicial desperta angústias variadas é sempre uma tarefa que demanda tempo, paciência, e muito trabalho de elaboração psíquica. Segundo Serge Lebovici,[3] a parentalidade se desenvolve em meio ao processo de cuidado ao bebê e é dependente de múltiplas e complexas interrelações. A minha vinheta, colhida durante atendimento a casal em apuros, busca ilustrar algumas das nuances que podem ocorrer no decorrer deste processo. Por mais que pai e mãe estejam imbuídos de fazer o seu melhor, processos inconscientes intervêm de maneira que o resultado – o Cuidado – nem sempre seja aquele que se espera. Não é à tôa que se observa hoje uma tendência maior ao retraimento, visto que ante os conflitos de relacionamento e a falta de um olhar atento, não é incomum que um bebê se recolha a posições mentais antes pouco conhecidas.[4]

Podemos tentar usar a intersecção Direito – Psicanálise para melhor compreender o termo *Cuidado*. Pois não basta amar para prover os melhores cuidados que outro ser humano necessita e demanda. Um olhar ingênuo pode levar a crer que basta amar para cuidar, mas ele deixa de levar em consideração uma série de nuances psíquicas que intervêm neste processo de cuidado. No caso que brevemente citei acima, o cuidado ótimo a um bebê sofre uma interferência que não cabe imputar diretamente a nenhum dos membros da família. Pois como pode um profissional culpabilizar um pai ferido em seu narcisismo sem que ele ao menos tenha como ter consciência dessas nuances e suas implicações no cuidado à filha? Podemos dizer que ele estava tentando fazer o melhor que podia, sem, no entanto, atingir seus objetivos. A mãe, na

2 BRITTON, R. "The Missing Link: Parental Sexuality in the Oedipus Complex". In: *The Oedipus Complex Today: Clinical Implications*. Karnac, J. Steiner (ed.),1989.

3 M. C. P. Silva; L. Solis-Ponton (org.). *Ser pai, ser mãe.* Parentalidade: um desafio para o terceiro milênio. São Paulo: Casa do Psicólogo, 2004.

4 OGDEN, T. H.Sobre o conceito de uma posição autista-contígua.*Revista Brasileira de Psicanálise*, v. 30, n. 2, p. 341/364, 1996.

tentativa de interferir, se vê na encruzilhada de duas demandas diversas, onde atender ao pai seria deixar a filha em apuros, e atender à filha seria desautorizar o pai, o que também não serviria nos seus objetivos de educá-la.

Nas minhas intervenções em Direito de Família vejo, com frequência, situações dramáticas de crise familiar. O Juiz é colocado num lugar onde nem sempre o Direito dá conta de solucionar a situação que se apresenta. Muitas vezes, o Juiz aplica a Lei como última alternativa de intervenção, mesmo sabendo que há algo mais ali que excede a sua capacidade, pois não há lei que dê conta de um conflito cujas nuances psíquicas fogem ao conhecimento dos litigantes. Apenas um trabalho longo de manejo dos conflitos, com a busca incessante de facilitação de diálogo, pode jogar alguma luz sobre tão intrincados processos!

2. O CONCEITO DE TRANSTORNO BORDERLINE, SUA GRANDE INCIDÊNCIA NO MUNDO ATUAL, E SUA IMPLICAÇÃO PARA O DIREITO

Se pensarmos nos distúrbios mais comuns nos dias de hoje, penso que os profissionais serão unânimes em dizer que eles seriam os transtornos Borderline.[5] Muito se escreveu sobre as razões socioculturais para esse aumento de incidência, onde se salienta a 'demanda' que o capitalismo avançado faria por esse tipo de sujeito,[6][7] bem como o tipo de maternagem possível nos cotidianos exaustivos dos cuidadores que levariam a um fracionamento maior no tempo e espaço que os bebês têm que se haver muito precocemente.[8] O resultado seria a tríade de critérios diagnósticos principais que Otto Kernberg[9] cunhou para a Organização Borderline da Personalidade: Difusão da Identidade, Predomínio da Dissociação, e a Conservação do Teste de Realidade. A Difusão da Identidade é a falta de integração dos conceitos do *self* ou das imagens de si mesmo e do objeto, onde o sujeito tem dificuldade de perceber o outro como um todo, baseando sua percepção do outro apenas naquilo que se apresenta em sua conduta imediata. Existe uma capacidade de integrar os aspectos positivos e negativos do outro, que, entretanto, parece uma caricatura com simplificações (bom e mau) unidimensionais, como se a

---

5 Ver, por exemplo: BIRMAN, J. Subjetividades contemporâneas. *Psyche*, v. 5, n. 7, p.151-159, 2001.

6 DUFOUR, D-R. *A arte de reduzir as cabeças*. Rio de Janeiro: Companhia de Freud, 2005.

7 SENNET, R. *A corrosão do caráter:* consequências pessoais do trabalho no novo capitalismo. Rio de Janeiro: Record, 1999.

8 NICK, S. E. Poder, sofrimento psíquico e contemporaneidade.*Congresso Brasileiro de Psicanálise*, 20. Brasília, 2005.

9 KERNBERG, O. F. et al.Transference focused psychotherapy: overview and update. *International Journal of Psycho-Analysis*, v. 89, n. 3, p. 601-620, 2008.

outra pessoa fosse distinta nas diferentes situações, sem continuidade e contraditória. Nas estruturas borderline, encontramos o predomínio da dissociação primitiva, ou seja, a clivagem onde o indivíduo experimenta uma divisão do *self*, o conflito entre amor e ódio se resolve evitando a ambivalência, dividindo a experiência interna entre uma experiência total de ódio e outra total de amor. Como decorrência da dissociação ou clivagem, atribui-se ao outro algo intolerável em si, mas que se continua experimentando; como não há repressão, há a necessidade de controlar o afeto projetado, com consequente distorção na relação interpessoal.

Quando há a preservação do Teste de Realidade, isto é, a capacidade para diferenciar o *self* do não-*self*, o *self* do mundo externo, os estímulos deorigem intrapsíquica dos estímulos externos, temos, por consequência, sujeitos cujo discurso pode facilmente convencer o incauto. Se de um lado, ele vê uma pessoa "normal", com um funcionamento bastante funcional em várias áreas, de outro ele se depara com um sujeito capaz de atitudes agressivas e reações extremadas onde qualquer razoabilidade se mostra distante. Em situações de litígio, essa agressividade destituída de razão toma conta do cenário interpessoal a um ponto que enseja a busca de um árbitro externo, no caso, a Lei e o Judiciário, como única solução possível.

A preservação da lógica e dos relacionamentos pessoais quando não há conflito levam a crer que aquilo que está sendo informado seja a única realidade possível. Tampouco é incomum que o sujeito em conflito, na ânsia de vencer a batalha judicial contra o ex-cônjuge, use de todo o tipo de artifício para fazer com que a balança penda para o seu lado.

Um conflito como esse, quando instalado na Corte, convoca um verdadeiro exército de pessoas para lidar com ele. Juízes, advogados, assistentes sociais, psicólogos jurídicos, mediadores, enfim, todos são instados a opinar, tentar diminuir o conflito, entendê-lo, avaliá-lo, etc. Não há, para o profissional experiente, um horizonte curto para tais embates jurídicos. A falta de razoabilidade se esconde por detrás de pleitos muitas vezes considerados justos. Mas as emoções mal moduladas e impulsos pobremente contidos dão margem a que os ex-cônjuges lutem entre si eternizando as questões jurídicas. Diferentemente do exemplo formulado no início deste texto, quando Valério e Larissa poderiam lidar com o conflito após alguns momentos de reflexão, os casos que aportam ao Judiciário demandam muito mais que reflexão. São necessárias horas e horas de embates e trabalho para que algum tipo de solução seja proposto, muitas vezes desagradando ao menos uma das partes da lide.

3. CUIDADO EM D. W. WINNICOTT

Com base nas reflexões acima, fruto de anos de trabalho em casos jurídicos entre casais separados, penso ser importante pensar mais a fundo a questão do Cuidado.

D. W. Winnicott,[10] em sua extensa obra psicanalítica e com base nos anos de trabalho como pediatra, fez algumas formulações preciosas sobre a importância dos cuidados maternos para o bom desenvolvimento psicoemocional do infante.[11] Seu conceito de "preocupação materna primária" traz à luz a ideia de que seria necessário à mãe uma certa regressão, no período que cerca o parto, para que ela pudesse melhor se conectar ao bebê que está por nascer. Na medida em que o psiquismo do bebê seria ainda muito incipiente, sua comunicação se daria via expressões não-verbais cuja compreensão demandaria essa regressão materna.[12]A importância dos cuidados ministrados pelo pai – ou demais pessoas do meio ambiente – à mãe seriam principalmente no sentido de permitir que ela se desligue um pouco do seu mundo adulto para que essa regressão possa se dar. O pai, portanto, além de cuidar de tudo que envolve as questões práticas enquanto a mãe se ocupa de seu filho, deveria ainda estar pronto a envolver a dupla mãe-bebê com aportes emocionais que dessem a eles a tranquilidade necessária para viverem essa *folie à deux*. Intensas vivencias fusionais entre a dupla permitiriam um maior cuidado e compreensão das necessidades primitivas do bebê. Um nascituro assim cuidado iria desenvolver o que muitos teóricos chamaram de "confiança básica", conceito que inclui a ideia de que o sujeito pode confiar que o meio ambiente irá prover suas necessidades básicas (em suma, prover Cuidado). Decorreria daí uma maior tolerância à frustração, um melhor controle da ansiedade, e um desenvolvimento psicoemocional otimizado.

Winiccott, ancorado em outros autores que também estudaram esses aspectos do desenvolvimento precoce, preconizou ainda a ideia de que 'não existe tal coisa como um bebê'. Queria ele com isso teorizar sobre o desamparo inicial do ser humano, uma vez que sem a presença de um cuidador, não se pode imaginar a existência de um bebê. Seria, portanto, a partir dos cuidados ministrados que o bebê poderia se desenvolver.[13] Sem alimento e os cuidados relativos à puericultura, um bebê recém-nascido não teria a menor chance de sobreviver. Postula-se que ele teria uma noção básica desse desamparo e que a angústia sentida decorreria dessa noção. Ao ver que uma tensão é logo atendida e minimizada pelo cuidador, sua angústia diminui e ele vai desenvolvendo a noção de que existe um meio ambiente capaz de atendê-lo.

---

10 Ver, por exemplo: WINNICOTT, D. W. A *família e o desenvolvimento individual*. Trad. Marcelo Brandão Cipola. São Paulo: Martins Fontes, 1983.

11 WINNICOTT, D. W. The Theory of the Parent-Infant Relationship. *Int. J. Psycho-Anal.*, 41:585-595, 1960.

12 RAPHAEL-LEFF, J. *Pregnancy* – the inside story. London: Karnac, NY: Other Press, 2001.

13 WINNICOTT, D. W. *O ambiente e os processos de maturação*. Trad. Irineu Constantino Schuch Ortiz. Porto Alegre: Artes Médicas, 1983.

Na medida em que esses cuidados são fornecidos de forma muito imprecisa ou intermitente, a mente do bebê é inundada por angústias com as quais ele não estaria ainda bem aparelhado para manejar. O cuidado é aqui entendido, dentro de uma perspectiva psicanalítica da mente humana, como essencial não só à sobrevivência, como também para o desenvolvimento da capacidade para pensar e se relacionar. É a partir das percepções primevas de que existe um outro que o bebê vai desenvolvendo sua capacidade de se relacionar com este outro, bem como suas "capacidades maternas", o que inclui todo um arsenal de potencialidades para o Cuidado.

Outro ponto importante que Winnicott destacou em sua obra foi sobre os efeitos da privação desses cuidados no desenvolvimento do infante. Em "Privação e Delinquência",[14] Winnicott faz uma análise precisa sobre as frustrações derivadas da privação de cuidados maternos e o seu desembocar nas questões ligadas à delinquência. Para ele, uma frustração ótima seria necessária para que o bebê fosse construindo um espaço entre ele e a cuidadora, espaço esse vital para o desenvolvimento psíquico do infante. Uma mãe excessivamente fusional não ofereceria ao bebê o espaço para ele se diferenciar da mãe e assim ir criando a noção eu-outro, fundamental para o desenvolvimento do indivíduo.[15] Por outro lado, uma mãe excessivamente ausente e frustradora deixaria o seu bebê às voltas com inúmeras necessidades básicas mal atendidas. As experiências de frustração iriam construindo no bebê uma imagem de "mundo" frustrador e odioso. A raiva acumulada e toda uma série de processos psíquicos envolvidos poderiam se estender ao meio ambiente maior, com o desenvolvimento da delinquência como corolário de todo um processo que se iniciaria nos primórdios da vida.[16]

Assim, desde Winnicott, pensamos que o cuidado materno tem nuances variadas no início da vida que podem e devem ser estudadas, acompanhadas, e facilitadas para ensejar o bom desenvolvimento das crianças e dos adultos por vir.

4. QUEM AMA, CUIDA?

Esse curto ensaio busca muito mais propor questões ligadas ao cuidado do que tecer largas considerações teóricas sobre o tema. Com esse título, busco demonstrar que o amor materno é mesmo um mito, repleto de variáveis que o tornam sujeito às vicissitudes psíquicas e seus corolários. Pois à uma mãe bem-intencionada corresponde uma relação mãe-bebê que sofrerá

---

14 WINNICOTT, D.W. *Deprivation and Delinquency*. Trad. Privação e delinquência. São Paulo: Martins Fontes, 1984.

15 WINNICOTT, D. W. The Capacity to be Alone.*Int. J. Psycho-Anal.*, 39:416-420, 1958.

16 WINNICOTT, D. W. Becoming Deprived as a Fact: A Psychotherapeutic Consultation. J. *Child Psychother.*, 1(4):5-12, 1966.

inúmeras interveniências tanto do bebê em si, como de todos que rodeiam e cuidam dessa díade. Não basta enamorar-se do bebê, há que compreendê-lo, cuidar dele, suportar as angústias que ele inevitavelmente projetará nela, dentre outros processos.

O mesmo ocorre nas interveniências psíquicas que alteram as relações entre as pessoas. Valério, no exemplo citado, tem no seu narcisismo ferido um determinante inconsciente para as dificuldades havidas na relação com a sua filha. O mesmo ocorre quando há uma separação de casais, onde narcisismos feridos tendem a afetar a relação dos ex-cônjuges, perturbando a função de cuidado aos filhos havidos naquele matrimônio. Desta forma, por mais que os pais amem seus filhos, suas mentes são afetadas pelos conflitos do ex-casal e o cuidado sofre alterações.

Na medida em que há uma maior incidência de transtornos borderline, as situações de conflito ensejam reações extremadas, com uma menor capacidade para cuidar daqueles que fazem parte do entorno da pessoa.

Esse "fenômeno Borderline", que pode ser estudado por inúmeros vieses, implica, como já postulei anteriormente, falhas no cuidado que vão desenvolvendo o advento de um novo ser. Há muito o que estudar e teorizar a respeito, inclusive na interseção com o fenômeno da era digital na qual a nova geração já nasce inserida. Desde ZygmuntBauman e suas teorias sobre a liquidificação das relações interpessoais, temos sido alertados para essas mudanças, que nos aturdem e instigam a busca de novos saberes, novos olhares, e pesquisas que permitam uma melhor compreensão desses fenômenos. Penso que, ao postular o estudo do Cuidado, a Dra. Tânia da Silva Pereira mostra o seu apurado olhar sobre a contemporaneidade e como percebe o papel do Direito de Família na lide com esses fenômenos. Inserir o Cuidado como matéria de Direito é uma iniciativa que nos coloca na dianteira do conhecimento e permite aos sujeitos da Lei compreender aquilo que está acontecendo na sociedade contemporânea como um todo.

Assim, à pergunta 'Quem ama, cuida?', ao invés de darmos uma resposta simples, nos cabe buscar uma serie de reflexões que se estendem desde o Direito até a Psicanálise, fazendo com que a construção de normas legais possa ser sempre temperada pela compreensão das nuances pobremente elencadas neste ensaio.

A VERDADE DO SER NO ÂMBITO DO DIREITO ADMINISTRATIVO

Sérgio Roxo da Fonseca[1]

1. A caleidoscópica relação jurídica mantida entre a sociedade civil e o Estadotem exigido um cuidado frequente da doutrina, ao examiná-la, tanto quanto ao que é, quanto como ao que foi, em busca atrevida da previsão do que poderá ser. Registre-se que o vocábulo "Estado" foi escolhido para significar tanto o conjunto dos órgãos públicos, como também como fonte da intervenção nas relações privadas. É escusado destacar que o resultado encontrado pela doutrina tem sido um dos mais relevantes pontos de progresso para o relacionamento humano.

A humanidade, desde a Antiguidade até recentemente revelou a existência das relações jurídicas privadas que, bem ou mal, serviram de modelo não apenas para definir órgãos do poder como também forma e limite de sua atuação sobre interesses dasociedade civil, seja como instituição organizada, seja como conjunto de súditos.

O exame do nascimento do Direito Privado e do Público,quase sempre, mas nem sempre, deita raízes sobre documentos revelados por entidades religiosas, levando-se em conta uma divisão estipulativa: a) os homens, sem escrita, do passado remoto eram nômades e, portanto caçadores, sob um regime matriarcal, assentado na propriedade comunitária; b) alcançando maior grau de modernidade, o nômade torna-se sedentário e agricultor, abandonando a caça, criando um sistema patriarcal, fundado no casamento monogâmico e na propriedade privada.[2]

No primeiro estágio os conflitos supostamente eram resolvidos pela força bruta e pelos confrontos tribais. No segundo momento, é possível perceber o aparecimento de um culto religioso que acumula as funções de instrumento para a solução de conflitos.

O uso da palavra oral e escrita foi o marco definidor da produção documental da sua evolução cultural. Não apenas o uso das palavras, mas o domínio dos sinais definidores de sua articulação.

---

1 Advogado. Professor Livre-Docente da UNESP (aposentado). Procurador de Justiça (aposentado).

2 GILISSEN, J. *Introdução histórica ao direito*. 2. ed. Lisboa: Fundação Calouste Gulbenkian, p. 35.

O homem batizou a natureza por intermédio de sinais isolados ou misturados. Registre-se que a comunicação por sinais não se trata de característica humana: animaisditos irracionais comunicam-se, como, por exemplo, o casal de pássaros que constroem seu ninho como se informados de regras consagradas anteriormente.E que não se destaque apenas o ninho, mas também o comportamento usado para fertilizar o ovo, como para transmitir aos descendentes conhecimentos surpreendentes, como voar e pousar. Muito embora os irracionais possam transmitir por seus trabalhos um conhecimento historicamente agregado, não se conhece complexidade maior do que o resultante do trabalho humano, valendo lembrar, para examinar o abismo, entrando em contato com a "Paixão segundo São Mateus" de Bach e a "Minha de Réquiem", tanto de Verdi quanto de Mozart.

Com os sinais articulados os homens conseguiram criar categorias de conhecimento petrificado, supostamente impeditivo de qualquer alteração.

Em "El Aleph",[3] Borges comenta a contestação de Averrois à narrativa de Farach, citando Qutaiba, quanto à existência das rosas eterna do Indostão, algumas das quais continham frutos que eram pássaros e outras que traziam nas pétalas vermelhas uma frase de todos conhecida: "Não há outro deus senão Deus, Maomé é o apóstolo de Deus".

Redarguiu o filósofo: "A cor dos pássaros parece facilitar o portento. Ademais, os frutos e os pássaros pertencem ao mundo da natureza, mas a escrita é uma arte. Passar de folhas a pássaros é mais fácil do que de rosas a letras".

As letras são objetos da cultura humana. Os homens valeram-se desses sinais para rebatizar o mundo e a inaugurar a documentação de seus passos.

A observação não se extrai apenas do conhecimento concreto da mais antiga maravilha do mundo ainda em sobrevida, as pirâmides do Egito. Mas, também do fato da obra ter sido projetada para a construção de um túmulo destinado ao corpo de um faraó morto.

Os homens então já conheciam um governo, no qual um faraó expedia ordensa serem obedecidas pelos súditos. Era imposto um comando no sentido de ser erigido necessariamente um enorme túmulo para enterrar o cadáver de um faraó, exigindo uma edificação monumental para os trabalhos funéreos. Aqueles que se dedicaram ao esse trabalho comunicavam-se, certamente, por meio de sinais convencionados pela sua atividade racional.Já fazia muito tempo que os homens usavam sinais orais e escritos, não apenas para edificar túmulos, mas também para definir a sua convivência.

Enfrentando questão semelhante no campo da Ciência Jurídica, Kelsen[4] inaugurou uma de suas mais notáveis obras, referindo-se aos documentos reunidos nas "As Sagradas Escrituras" (1500 a.C.) que, aparentemente são

3 BORGES, J. L. *Obras completas*. Buenos Aires: Emecé, 1974, p. 584.

4 KELSEN, H. *O que é justiça?*.São Paulo: Martins Fontes, 1973.

mais recentes do que as pirâmides da necrópole de Gizé.Marx[5] também invocou esse passado para construir suas conhecidas teorias sobre a natureza das relações humanas, essencialmente transitórias, mas, quase sempre proclamadas como perpétuas.

Os autores voltaram suas atenções, provavelmente, tendo em conta a validade histórica das palavras encontradas nos documentos comprobatórios da convivência humana, demonstrando seu esforço no sentido de compreender a forma e o fundo daquelas exposições: aquelas palavras foram transformadas na mais importante chave para compreender a relação humana.

Portanto, não se pode fugir de examinar o "ser" e a "verdade do ser", na medida de nossas visões e dentro da ciência jurídica, especialmente no interiordo compartimento do Direito Público. Neste sentido, mesmo ressaltando a ambiguidade natural das palavras, e, invocando o quadro "Las Meninas" de Velasquez, exemplo de armadilhas,Foucault[6] sustentou que: "E o mesmo acontecia com a erudição, pois no tesouro que nos legou a Antiguidade a linguagem vale como o sinal dascoisas. Não há diferença entre essasmarcas visíveis que Deus colocou sobre a superfície da terra, para nos dar a conhecer os seus segredos interiores, e as palavras legíveis que a Sagrada Escritura ou dos sábios da Antiguidade, que foram iluminados por uma luz divina, fixaram nesses livros que a tradição salvou".

O publicista Gordillo[7] anota que um juiz inglês negava-se a condenar seu réu antes de ouvi-lo. Impossível, observava, agir de outra maneira: Deus, ao proferir as suas duas primeiras sentenças condenatórias, dirigiu-se aos seus réus, interrogando-os: Adão, você comeu do fruto proibido? E na página seguinte da Bíblica: Caim, o que fizeste com seu irmão Abel? Se o Deus bíblico conhecia todo o passado, o presente e o futuro, por que perguntou a seus réus sobre o limite de suas ações? Com certeza, para ensinar a um modesto juiz inglês que o direito de defesa não foi instituído por lei humana, mas, sim, por revelação divina, não podendo ser contrariado tão vetusto instituto.

O conceito do "ser", em toda a sua dimensão espelha a extensão e o limite históricoda compreensão humano. Se a célula mãe do conhecimento humano é o "ser", forçoso registrar que esse primeiro degrau permanece

---

5 MARX, K. *Contribuição à crítica da filosofia do direito de Hegel (introdução sou o)*.São Paulo: Expressão Popular, 2015, p. 29 e ss.

6 FOUCAULT, M. *As palavras e as coisas: uma arqueologia das ciências humanas*. Lisboa: Portugaliza Editora, 1966, p. 55.

7 GORDILLO, A. *La garantia de defe3nsa como principio de eficácia em el procedimento administrativo*. São Paulo: Editora Revista dos Tribunais: Revista de Direito Público, abril-junho/1970, p.16.

coberto de inarredável obscuridade. Heidegger[8] anotou que "o conceito de "ser" é indefinível" em razão de sua "máxima universalidade".

O redator bíblico, em dois momentos de grande relevância, registra o tema, documentando o relacionamento de Deus primeiramente com Jacó e depois com Moisés.

Jacó, durante a noite, transportou suas duas mulheres e filhos para a outra margem do Rio Jaboc quando é surpreendido pelo Senhor. Imediatamente o Senhor e Jacobpassam a lutar um contra o outro. O final, pede o seu nome, o que lhe é negado. O desconhecido, por sua vez, solicita o nome a Jacob, que é obedecido. Em seguida o desconhecido, sem nome, desfere uma pancada na perna de Jacob e lhe comunica que doravante passará a se chamar Israel.[9]

Afirma-se que a linguagem humana não registra e nem tem como registrar uma palavra para definir o Senhor: o Senhor não se identificou, afirma-se, porque não há palavras com grandeza suficiente para defini-lo. No entanto, valeu-se dos sinais para rebatizar Jacob nas margens do Rio Jaboc.

Episódio mais revelador ainda é o diálogo mantido entre o Senhor e Moisés no alto do Sinai no episódio conhecido como "Sarça Ardente". Novamente, surge a questão. Moisés pergunta às chamasque queimam a sarça: qual é o seu nome? E aschamas respondem: "eu sou aquele que sou".[10]

A resposta do inominado para Moisés não é formula negativa dirigida a Jacob, pois agora vem marcada pelo verbo "ser" ("eu sou aquele que sou").

É escusado lembrar que, em latim, o infinito do verbo ser é "esse", daí derivando a palavra "essência". Assim "essência" é a qualidade que identifica o ser. Quando as chamas da sarça responderam a Moisés que seu nome é "eu sou aquele que sou", revelou-se que o Senhor é a "essência", ou, ainda mais, a "essência de todas as coisas", talvez a "essência de todas as essências", ajustando a resposta à incompossibilidade da linguagem humana criar um vocábulo para nomeá-lo. Ou não:está a admitir a existência de uma só essência, considerando tudo mais como histórico "acidente".A concluir queas sarças são a"essência" e Moisés e a humanidade são o acidente.

Logo depois os judeus deixarão de ser nômades e passarão a ser sedentários.

Firmes na promessa divina, atravessam, com grande sofrimento,as planícies áridas do deserto chegando à proximidade do Rio Jordão. Onde se encontra o Monte Nebo. Do outro lado está a cidade de Jericó com sua população sedentária, convivendo até mesmo com algumas prostitutas. Deus surge para Moisés mostrando a Terra Prometida, dando ordens para que Josué e sua tropa cerquem a cidade, cujas muralhas serão destruídas, devendo a

8 HEIRDEGGER, M. *Ser e o tempo*. Petrópolis: Editora Vozes, 1976, p. 39.

9 Gênesis: 32, 23-30.

10 Êxodo: 3, 1-13.

seguir matar todos os homens, todas as mulheres e até mesmo os cabritos. Menos as prostitutas.

Os nômades, cumprindo a ordem divina, invadiram a Terra Prometida e cumpriram a palavra de Deus. Moisés foi morto no Monte Nebo[11] onde atualmente há um monumento contendo o seguinte registro: "unus Deus, Pater omnium, super omnes", que registra uma fraternidade até hoje não alcançada.

O verbo "esse" – tal como ocorre com quase toda sua descendência vale tanto para "ser" como para "estar", transmitindo pelo menos dupla face. As palavras, ainda quando sirvam para definir uma visão,são tão escorregadias quanto a própria visão ou a imagem do "Las Meninas" de Velasquez. Tropeça-se nos heretro-semânticos. Exemplo clássico é encontrado na segunda parte da oração da "Ave Maria", ainda em latim: "Santa Maria, Mater Dei, ora pro nobis pecatoribus, nunc et in hora mortis nostrae". O advérbio "nunc" traduz-se por "agora, presentemente, neste momento, atualmente",[12] configurando um perfeitoexemplo de um falso cognato, fenômeno bastante registrado tanto no exame das palavras quanto na dimensão do "Las Meninas".

2. Os vestígios da Idade Média foram sacudidos na Europa durante o século XIX, com o aparecimento de uma inclinação teórica para a apreciação da questão jurídica. Extensa publicação doutrinária surge com a promulgação do Código Napoleão, em março de 1804. Sacudida com a notícia da legislação francesa, a Europa como a América passaram a refletir sobre a necessidade de um Código Civil próprio.

Juristas germânicos alinharam-se contra a edição de um Código Civil, considerando que melhor seria manter a aplicação das estruturas provindas do Direito Romanojá consolidadas pelos séculos.

Em 1858, Teixeira de Freitas apresentou a sua Consolidação das Leis Civis, cumprindo em parte o Decreto de 1859 do Imperador Pedro II, Teixeira de Freitas projetou o seu Código Civil inacabado, que com cerca de 5.000 artigos, teve o condão de servir de plano originário para a legislação brasileira e estrangeira. O Código Civil projetado por Clóvis Bevilaqua, 1916, recebeu sua forte influência. Velez Sarsfield projetou o Código Civil da Argentina sobre a estrutura de "O Esboço".

A preocupação com a teorização do Direito foi documentada pelo "O Esboço". Diferentemente do Código Napoleão, o projeto de Teixeira de Freitas apresenta-se dividido em cinco livros: a) Parte Geral, b) Direito de Família; c) Direito das Obrigações; d) Direito Real; Direito das Sucessões (inacabado).

11 Josué; 10-16.

12 SARAIVA, F. R. *Novíssimo dicionário latino-portuguez*. 8. ed. Rio: Livraria Garnir, 1924, p. 793.

A novidade revelada pelo "O Esboço" está na criação, pela primeira vez, de um código para o código, ou seja, a Parte Geral que, abstratamente, disciplinaria: a) o titular do direito; b) o direito; c) a extinção da relação jurídica.

Os Códigos Civis, dali para frente, adotaram a receita de Teixeira de Freitas, inclusive o aplaudido Código Civil alemão, o BGB,[13] que entrou somente em vigor em 1º de janeiro de 1.900, considerado como o marco inovador da Ciência Jurídica e receita dos Códigos Civis posteriores.

Importantes pronunciamentos germânicos proclamam que Teixeira de Freitas, ao revelar a necessidade da "Parte Geral" – no Código Civil -teria copiado a orientação consagrada pelo BGB (1900), colocado em vigor quase cinquenta após o aparecimento de "O Esboço" (1859). O certo é que as duas orientações afastaram-se do modelo do Código Napoleão, ressaltando o cuidado e a importância de legislar também na área do que se convencionou chamar pelo nome de abstração normativa: quem é o sujeito da relação jurídica; o que é a relação jurídica; como se extingue a relação jurídica.

3. A Revolução Francesa, sucedida pelas guerras napoleônicas, marcaram os primeiros passos históricos para o aparecimento de um Direito Público autônomo, ou seja, a existência de um plexo normativo diverso daquele construído pelo antigo Direito Privado: o primado da autonomia da vontade (nem sempre respeitado no âmbito do Direito Privado) foi substituído pelo postulado da legalidade. O Estado e as autoridades públicas têm o poder de sacrificar interesses individuais e grupais da sociedade desde que autorizados por lei e sempre em busca da satisfação do interesse público.

A parêmia "rex est lex" foiformalmente substituída por "lex est rex".

As regras de direito privado incidiam sobre as relações jurídicas de direito público. Henrique IV (1553-1610), "o grande rei da França", era o monarca de Navarra – hoje território espanhol – quando o direito das sucessões o identificou como titular do trono francês. Converteu-se ao catolicismo, abandonando o protestantismo, como pressuposto jurídico para sentar-se no trono francês. Vale dizer, a relação jurídica de Direito Público até então se encontrava sob regras do Direito Privado – Direito das Sucessões – quando não sob imposição normativa religiosa.

A sua sogra, Catarina de Médici (1519-1589), nascida em Florença, foi rainha consorte e duas vezes rainha regente da França, por direito sucessório. Nenhum vestígio de ordenamento público, mas, sim, incidência de normas privadas. Católica fervorosa debita-se ao seu enorme poder a eclosão da Noite de São Bartolomeu[14] (1572), ocasião em que foram assas-

13 *Burgerliches Gesetzbuch.*

14 Ou o Massacre de São Bartolomeu.

sinados cerca de 30.000[15] protestantes (huguenotes). Há quem afirma que a cifra é maior, 70.000, outros contestam, reduzindo para 20.000pessoas assassinadas na França.

Os historiadores ressaltam que o massacre teve como pretexto o casamento da filha de Catarina de Médici, Margarida de Valois, com o até então rei Frederico de Navarra, protestante, que, posteriormente convertendo-se ao catolicismo assumiu o trono "francês", tornando-seRei Frederico IV, o grande rei da França. Para destacar a natureza do processo da sucessão governamental, atribui-se a ele a seguinte frase definidora do ato: "Paris vale um missa". Mais tarde, o rei Henrique IV, o educador, foi assassinado por um católico que, a seguir, foi esquartejado.

Da ligeira notícia história é possível extrair que a sucessão governamental, na então nação mais poderosa do mundo, era disciplinada pelas normas-regentes paratransmissão de herança.

"Rex est lex", ou seja, não existia um Direito Público definido – talvez apenas incidente na área do Direito Penal: tratava-se do Estado-Polícia ou Estado de Polícia que se afatigam os juristas por substitui-lo pelo Estado de-Direito, ou seja, por uma estrutura na qual "lex est rex".

Ainda na França, os ideais de 1789 foram de dificílima aplicação, gerando até mesmo movimentos revolucionários, seja para exigir obediência a sua aplicação mecânica, seja para emprestar outra extensão ao pressuposto da "igualdade". Não somente na França.

A filósofa Hannah Arendt[16] revelou a existência de um degrau que impedia e, com certeza, até hoje impede a aplicação igualitária da lei e da moral como regra de conduta, valendo-se de sua leitura do "Em Busca do Tempo Perdido", especialmente "No Caminho de Swann": os judeus e os homossexuais não são rejeitados se os seus protagonistas já tiverem sidoelevados para o alto da aristocracia, como o judeu Swann, que simboliza o novo rumo das França individualista e republicana, e, o Barão de Charlus, síntese da elevação mesmo quando identificado como homossexual, característica então definidora da derrelicção. A aristocracia republicana tornou-se sucessora da nobreza monárquica. O poder e, sequencialmente, a Justiça passaram a enxergar a sociedade com olhos estrábica ou enviesados, haja vista o tratamento dispensado ao judeu Dreyfus, imortalizado por Zola, no seu J'Accuse, que recebeu tratamento habitualmente dispensado aos judeus franceses, tendo seu destino afastado da imagem de Swann.

Com outras palavras, argumenta-se que o constante aperfeiçoamento do Estado moderno, com todos os seus reconhecidos defeitos, muito

15 O número não é preciso.

16 ARENDT, H. *Origem do totalitarismo, antisemitismo, imperialismo, totalitarismo*. 4. reimp. São Paulo: Companhia de Bolso, 1975, p. 38, 45, 111e 128 (entre outras).

dependeu do nascimento do Direito Público, especialmente no âmbito infra legal.

Não basta ser formalmente igual e livre, impõe-se que seja verdadeira aliberdade, a igualdade e a fraternidade, sob pena da ruina do sistema. Ou seja, os pressupostos clássicos não podem ser convertidos em instrumentos de dominação, que seriam convertidos paradoxalmente em seus contrários.

4. O Decreto número 2.681, de 7 de dezembro de 1912 ao ser convertido no marco histórico do Direito Público brasileiro, ao consagrarum dos princípios reitores da responsabilidade estatal, a responsabilidade sem culpa, tomou como ponto de partida a responsabilidade das companhias de estrada de ferro. É relevante registrar que pouquíssimos países adotavam regra com tão grande relevância para a sociedade civil. Os Estados Unidos da América do Norte, na época, por exemplo, somente admitiam responsabilidade com culpa.

Afirma-se que a posição de vanguarda adotada pelo Direito Brasileiro se deu principalmente pelas seguintes razões: a) estávamos sob o regime republicano; b) o transporte ferroviário era qualificado como serviço público concedido; c) as lavouras eram frequentemente incendiadas pelas máquinas a vapor.

A responsabilidade sem culpa aplicada às empresas ferroviárias, firmada na época da inauguração do primeiro Código Civil brasileiro, não somente atingiu a esfera do Direito Público, como também das relações privadas.

5. O difícil aperfeiçoamento do sistema dependeu sobretudo da produção doutrinária tendo como objeto: a) o delineamento dos poderes do Estado; b) a aplicação de um regime bem definido do controle dos atos emanados da Administração Pública. Em princípio, o regime, tanto, quanto possível, tem como objeto os atos editados por membros de todos os três poderes, com a possibilidade de sua incidência sobre a sociedade civil e individualmente sobre os cidadãos.

Coube a Oswaldo Aranha Bandeira de Melo[17] revelar que no Brasil: a) o Legislativo legisla, julga e edita atos administrativos; b) o Judiciário julga, legisla colmatando os vazios da legislação e também edita atos administrativos; c) o Executivo edita atos administrativos e legisla no âmbito das medidas provisórias, não se reconhecendo em suas competências poderes para julgar com a autoridade do trânsito em julgado.

Vale registrar as reflexões do extraordinário Queiró[18] sobre o Estado de Direito e de Polícia: "E 'sabido que princípio essencial do Estado de Direito é

17 BANDEIRA DE MELLO, O. A. *Princípios gerais de direito administrativo*. Rio de Janeiro: Forense, 1979.

18 QUEIRÓ, A. R. Estudos de direito público. Coimbra: Por ordem da Universidade, 1989, p. 83.

precisamente o de que o Estado se comporta em relação aos particulares na forma do direito, quer dizer, *ligado pelas normas jurídicas,* qualquer que seja sua fonte; e que, diversa e opostamente, no Estado-Polícia a atividade do Estado, incluindo aquela que está em imediata relação com os particulares, não se encontra sujeita, *vinculada a qualquer regra jurídica* de que os particulares possam exigir o cumprimento. Sendo assim, conclui-se, é no regime do Estado-Polícia que existe para os governantes no máximo grau um poder discricionário, isto é, um poder não ligado à observância de normas jurídicas".

Em posição coincidente está a cátedra de Gordillo[19] para quem os atos jurisdicionais refletem a atuação do Estado voltada para a solução de conflitos de interesses públicos ou privados, daí resultando que os atos judiciais tanto destinados para a solução de interesses privados como aqueles editados para o controle interno estão sob o regime jurídico administrativo. Daí deriva que os atos judiciais decididos no âmbito da pessimamente batizada com o nome de jurisdição voluntária não são atos jurisdicionais, mas, sim, atos administrativos, estando, pois, sob este regime: a) prévia autorização legal; b) editados por autoridade pública ou seus delegados; c) dirigidos para a satisfação do interesse público.

A doutrina lembra que a jurisdição voluntária nem é jurisdição e nem muito menos é voluntária, coincidindo com a ideia que nominou o Sacro Império Romano do Oriente que, consabidamente, não era império, nem sacro, muito menos romano e que ficava no ocidente.

Os atos administrativos e julgamentos proferidos pelo Poder Legislativo, estão sob o regime jurídico dos atos administrativos e das sentenças judiciais. O seu controle não é exercido invocando o regime jurídico da legislatura.

O mesmo se dá quando o Judiciário preenche lacunas do ordenamento legal ou quando administra, como quando cuida de interesses individuais no âmbito da denominada jurisdição voluntária que, portanto, nem reflete jurisdição e nem é voluntária, mas impositiva.

Quanto ao Executivo ao editar atos administrativos e medidas provisórias está sob o controle do regime jurídico administrativo e sob o controle do regime do Legislativo respectivamente.

O presente trabalho cuida do controle de legalidade imposto aos atos emanados de todas as autoridades que possam deter poderes estatais. O tema é amplo, mas o discurso tem o dever de buscar limite até mesmo espacial. Tal é o plano.

Mas, a doutrina mais moderna, em síntese, vem proclamando que tanto o Legislativo quanto o Judiciário também editam atos administrativos, sendo impossível sustentar que tal controle de legalidade fuja do regime jurídico que submete a Administração, sob pena de se alinhar, surpreendentemente esses

19 GORDILLO, A. *Tratado de derecho administrativo*. Buenos Aires: Macchi, 1984, tomo I.

atos como reveladores do relicário de atos identificadores do Estado-Polícia ou Estado de Polícia. O princípio da legalidade "é o capital para a configuração do regime jurídico-administrativo. Justifica-se, pois, que seja tratado – como o será – com alguma extensão e detença. Com efeito, enquanto o princípio da supremacia do interesse público sobre o interesse privado é da essência de *qualquer Estado*, de qualquer sociedade jurídica amente organizada com fins políticos, o da legalidade é *específico do Estado de Direito*, é justamente aquele que o qualifica e que lhe dá a identidade própria", como testemunha, com extraordinária síntese e brilho Celso Antônio".[20]

Sustenta-se assim que o ato administrativo não é identificado pelo órgão que o edita, mas, sim, pelo seu regime jurídico, resultante dos sinais internos e externos que conformam sua face e estrutura: se a manifestação do Legislativo não couber nos limites da produção da lei e da solução de conflitos, então necessariamente o comportamento será identificado como ato administrativo; paralelamente, se o ato do Judiciário não se referir à solução de conflitos de interesse, nem de colmatar vazio do ordenamento jurídico, por exclusão, figurará como ato submetido ao regime administrativo, fazendo surgir a possibilidade do seu controle, segundo a mais festejada doutrina: a) vício de incompetência; b) vício de forma; c) violação de regra de direito de fundo; d) vício de ausência ou de inexatidão de motivo (pressuposto fático); e) vício de desvio ou ausência de poder.[21]

A imprensa brasileira, na data de hoje, 24 de agosto de 2017, publicou notícia segundo a qual o Ministro Alexandre de Moraes, do Supremo Tribunal Federal,indeferiu ordem requerida pela Ordem dos Advogados do Brasil endereçada contra a conduta do Presidente da Câmara dos Deputados que, imotivadamente, nega-se a dar prosseguimento a seu pedido de impeachment do Presidente Michel Temer. Ainda segundo a imprensa, o Ministro Moraes fundamentou sua decisão fundado na incompossibilidade de controlar a legalidade de atos regimentais do Poder Legislativo, tendo em conta o princípio da separação constitucional dos Poderes.

Examinando-se a notícia indaga-se: o ato impugnado, ou seja, a omissão do Presidente da Câmara, que nega ação ao jurisdicionado, OAB,não afastando a muralha que impermeabiliza a omissão da autoridade impetrada que se nega a submeter o exame da matéria pelo plenário dos representantes do povo, tem a) a natureza de ato legislativo?; b) ou transmite exercício de julgamento processual defronte de uma relação juridicamente definida?

Sugere-se a negativa tanto da primeira quanto da segunda questão, ensejando a hipótese de ser identificada a presença de um ato administrativo.

20 BANDEIRA DE MELLO, Celso Antônio. *Curso de direito administrativo*. 21. ed.São Paulo: Malheiros, 2006, p. 96/97.

21 WALINE, M. *Droit administratif*. Paris: Editions Sirey,1963, p. 451.

Tratando-se de ato administrativo, a conduta omissiva da Presidência da Câmara dos Deputados, encontra-se protegida pelo manto da impermeabilidade? A Constituição de 1988 reconheceu a impermeabilidade, outorgando ao ato impugnado a mesma sacralidade derramada sobre os atos da recente ditadura militar, livre de qualquer controle externo?

A resposta encontrada é negativa. Na constância do Estado Democrático de Direito, submetidas todas e quaisquer autoridades do Estado ao princípio da legalidade, não há como deixar de condenar a decisão do Ministro Alexandre de Moraes que, seguramente, deu as costas ao marco atual de evolução do Direito Público brasileiro.

6. Entre as intervenções estatais de grande vulto nos tempos modernos, é preciso registrar a existência dos planos e dos programas, por isso que, um e outro, espelham intervenções em um número incalculável sobre as pessoas e seus bens. Os planos seriam qualificados originariamente por uma sanção, digamos, tradicional; o programa seria um "índice" da intenção do Estado: se numa ou noutra hipótese ocorrer restrição ao direito ou à liberdade individual, com certeza, ficamexpostas ao controle de legalidade.

A sua importância ganhou tamanho para o exame jurídico após a definição do que recebeu o nome batismal de "sanção premial" em oposição à sanção, digamos tradicional, da qual invariavelmente revela um sofrimento ao homem comum com restrição a seus direitos.

A proposição de raiz positivista anotada por Alf Ross[22] quanto à incidência da norma revela uma proposição condicional, quase sempre de cunho "suficiente", mais do que "necessária": se "a" é verdadeiro, "b" deve ser verdadeiro, se houve um crime então deve haver "sanção.

O vocábulo "sanção" tem dupla face, segundo a lição de Silveira Bueno:[23] a) significa aprovação oficial de uma lei ou de um ato; b) como também penalidade ou castigo.

A linguagem jurídica consagrou a aplicação das duas hipóteses, valendo a segunda para indicar o objeto vislumbrado e assim transformado na proposição jurídica, já anteriormente validada o que corresponderia à primeira hipótese.

Nos dias contemporâneos, o vocábulo alcançou nova significação para qualificar a intervenção do Estado no âmbito da sociedade civil, restringindo direitos individuais, dando em contraprestação um prêmio àquele que se submetesse a sua intenção.

Afirma-se, sem confirmação histórica, que a "sanção premial"ganhou foros de importância jurídica durante a aplicação de política de contenção da explosão demográfica, encetada há mais de cinquenta anos na Índia, opor-

22 ROSS. A. *Direito e justiça*. São Paulo: Edipro, 2000.

23 SILVEIRA BUENO, F. *Grande dicionárioetimológico-prosódico da língua portuguesa*. V. 7. São Paulo: Saraiva, 1968, p.3637.

tunidade na qual o Estado premiava com um rádio todos os homens que se submetessem "voluntariamente" à vasectomia. Não ocorria uma imposição estatal exigindo a esterilização masculina, mas, sim, a implantação de uma política de cooptação ao projetoplanificado.

O registro abre raso espaçopara afirmar que tanto o plano como o programa, configurando intervenção do Estado na sociedadecivil, estão submetidos ao controle de legalidade nasdemocracias moderna, seja ao ser considerada a "sanção premial", seja à frente da "sanção tradicional".

7. Merece ser registrada a tormentosa questão da improbidade administrativa.

Indaga-se se o ordenamento jurídico sanciona com o peso da improbidade administrativa os autores ou o autor do ato administrativo assim que configurada a sua ilegalidade: a ilegalidade é de ser considerada como o pressuposto suficiente para a punição por improbidade, quanto à incidência do art. 11, da Lei n. 8.429/1992?

A respeito registra-se com insistência o voto do Ministro Luiz Fux (REsp 721.190), ao proceder à investigação paralela entre a sentenças ilegais e os atos administrativos: "inafastável a conclusão inaceitável de que os *errores in judicando* e *in procedendo* dos magistrados implicam sempre e sempre improbidade, o que sobressai irrazoável".

E ainda: "a aferição da improbidade nas hipóteses em que a conduta é inferida e não descrita, notadamente naquelas infrações contra os princípios da Administração Pública, impõe-se a análise do fato ao ângulo da razoabilidade, por isso que, não obstante a indeterminação do conceito, assentou-se em notável sede clássica que se não se sabe o que é razoável, é certo o que não é razoável, o bizarro, o desproporcional".

É acrescentado:"É uníssona a doutrina no sentido de que quanto aos aspectos sancionatóriosda Lei de Improbidade, impõe-se exegese idêntica a que se empreende com relação às figuras típicas penais, quanto à necessidade de a improbidade colorir-se de atuar imoral com feição de corrupção de natureza econômica".

Sustentando a mesma posição, segundo a qual a ação civil pública é uma ação penal que tramita na jurisdição civil está a orientação extraordinário do Desembargador Ricardo Dip, em voto vencido na Apelação 002396.38.2009.8.26.0291 do egrégio Tribunal de Justiça de São Paulo.

Daí é surpreendente, por duas razões, a jurisprudência extraída da leitura do inciso X, do art. 29, da Constituição Federal, que reconheceu foro privilegiado aos prefeitos municipais:"julgamento do Prefeito perante o Tribunal de Justiça".

O magistério jurisprudencial acrescentou uma vírgula no preceptivo constitucional para reduzir ao máximo a sua incidência, passando a valer com a seguinte redação:"julgamento do Prefeito perante o Tribunal de Justiça, *só e somente só na esfera penal*".

O propósito da redução foi alargar a competência da primeira instância, ensejando a propositura de ações civis contra o Prefeito neste degrau, vale dizer, perante o juízo de sua comunidade. Foi o que se deu contrariando a política judiciária que à época – e até hoje – se propunha a diminuir o colossal ajuizamento de processos, que entope os escaninhos da Justiça.

Porém, surgiu outra questão.

A ação, palco da responsabilização do Prefeito por improbidade tem natureza penal e não civil, o que a empurraria para a inicial competência indicada pela Constituição, ou seja, o Tribunal de Justiça seria a primeira instância para tomar conhecimento desses feitos.

Para contornar, desastradamente, a elasticidade apontada, a solução foi encontrada pelo legislador infraconstitucional, batizando a ação penal de improbidade com o apelido de "ação civil".

Mas se todas as ações, excluídas as penais, refletem o exercício da jurisdição civil por que uma e somente uma passou a receber o apelido de "civil"? O contorcionismo normativo autoriza crer que o excepcional adjetivo qualificativo, que serve de sobrenome para a ação de improbidade tem a finalidade de disfarçar uma ação penal que, contrariando a redação originária da Constituição, remeter o seu conhecimento para a primeira instância do nosso ordenamento jurídico-processual.

Com grande perda doutrinária.

8. A enorme extensão dos sinais tem a força de conferir um discurso flexível ao discurso normativo, especialmente no âmbito de uma esfera nova – e tão relevante – do conhecimento humano, qual seja, do Direito Administrativo.

Tem sido registrada a importantíssima questão da legalidade dos atosprovindos do Estado. A linguagem da lei se não estiver estampada na linguagem do ato administrativo, perdido estará o esforço de implantar o Estado de Direito, frustrada a possibilidade da instalação de uma igualdade ao menos formal.

A verdade contida na estrutura jurídica que também pode estar retratada na tela de Velasquez, "Las Meninas", leva consigo a genialidade do artista que ou diz o que não quer dizer ou não quer dizer aquilo que propositadamente diz.

O CUIDADO E O DIREITO AO RESPEITO

Tânia da Silva Pereira[1]

SUMÁRIO: **1.** Considerações iniciais. **2.** O direito ao respeito como instrumento de tutela de vulnerabilidades. **3.** Cuidado e respeito. **4.** Conclusão.

1. CONSIDERAÇÕES INICIAIS

O *respeito* é um conceito relativo que, para a maioria das pessoas, está diretamente vinculado aos valores individuais e possui relação com valores culturais e educacionais.

O vocábulo "respeito" origina-se do latim *respectus* (consideração, merecimento) e exprime o conjunto de qualidades que se atribui à pessoa, em virtude das quais é merecedora de um trato atencioso ou da consideração de seus pares. Respeito, no sentido jurídico, tem o mesmo sentido vulgar – "é o tratamento atencioso, a própria consideração que se deve manter nas relações com as pessoas respeitáveis, seja pela idade, por sua condição social, pela ascendência ou grau de hierarquia em que se acham colocadas".[2]

Respeitar também significa *aceitar as diferenças*;é conviver em harmonia com as vontades e necessidades do próximo; é não abusar dos sentimentos dos outros. Respeitar é o primeiro passo para qualquer relacionamento e, sem ele, nada consegue se manter.[3]

O Respeito pode ser uma forma de veneração, de prestar culto ou fazer uma homenagem a alguém, como indica a expressão "apresentar os seus respeitos". Ter respeito por alguém também pode implicar um comportamento de submissão e temor. O Respeito pode envolver, ainda,a obediência e o cumprimento de determinadas normas (por exemplo, respeito pela lei).

---

1 Advogada especializada em Direito de Família, Sucessões, Infância e Juventude. Autora de obras e textos nessas especialidades. Mestre em Direito Privado pela UFRJ, com equivalência em Mestrado em Ciências Civilísticas pela Universidade de Coimbra (Portugal). Professora de Direito aposentada da PUC-Rio e da UERJ. Membro do IBDFAM.

2 DE PLÁCIDO E SILVA. *Vocabulário Jurídico* (atualizado por Nagib Slaibi Filho e Gláucia Carvalho). Rio de Janeiro: Forense, 2005, p. 124.

3 Disponível em: <https://www.google.com.br/amp/s/paradisegekiga.wordpress.com/2013/11/17/um-texto-sobre-o-respeito-que-devemos-ter/amp/>. Acesso em: 05 abr. 2017.

Ainda em um critério puramente subjetivo, alerta Saulo Fond: "aqueles que estão apegados rigidamente aos seus valores pessoais provavelmente entrarão em conflito com outras pessoas que tenham valores diferentes e que também estejam rígidos em sua postura, criando assim um grande conflito interno em ambas as partes".[4]

Em uma visão logosófica, "nunca se poderá negar que o respeito mútuo entre os povos e entre os homens seja o agente ou fator essencial da paz, já que, enquanto ele existe, se aplainam todos os caminhos que levam a encontrar soluções para as diferenças criadas. Ao contrário, caso deixem de ser respeitados os tratados que foram assinados em solenes cerimônias, e se violem também as normas do direito internacional, as guerras se tornam inevitáveis, pois nada há que fira mais a dignidade de uma nação, de um povo ou de um homem do que sentir que essa dignidade foi desvalorizada pela falta de respeito. Quando isso ocorre, quando o respeito deixa de ser a fiança que resguarda os convênios e as considerações mútuas, começa a rachar-se a estrutura jurídica, econômica e social dos povos".[5]

O compromisso de *respeitar* os direitos e liberdades reconhecidos nos diversos Documentos Internacionais de Direitos Humanos,após a Segunda Guerra Mundial,aliadoà*garantia* de seu livre e pleno exercício,sem qualquer discriminação, sempre sujeito à jurisdição dos Estados,foiincluído na*Convenção Americana sobre Direitos Humanos,*aprovada na Conferência Especializada Interamericana de 1969.

Também denominada de "Pacto de São José da Costa Rica", a referida Convenção é reconhecida atualmente como uma das bases do sistema interamericano de proteção dos Direitos Humanos. Com a ratificaçãoatravés do Decreto Legislativo n. 678 de 06 de novembro de 1992, assumiu o Brasil o compromisso de adequar a legislação interna aos seus parâmetros.

O respeito aos direitos protegidos pela Convenção é uma obrigação de caráter geral e significa um dever de se abster de interferir no exercício de tais direitos. A Jurisprudência da Corte Interamericana de Direitos Humanos estabelece que o dever de respeito não implica somente em uma obrigação negativa, mas impõe também obrigações de caráter positivo,que estabelecem uma ponte entre essas e as garantias dos direitos humanos, aliado ao dever de adotar as medidas que sejam necessárias para serem efetivos tais direitos e liberdades.[6]

4 FONG, Saulo.*O respeito*. Disponível em: <http://www.saulofong.com/textos/artigos/o-respeito.php>. Acesso em: 29 jan. 2017.

5 O respeito, fator essencial da paz. *Trechos extraídos da Coletânea da Revista Logosofia*, tomo 1, p. 175.Disponível em: <http://www.logosofia.org.br/artigos/o-respeito-fator-essencial-da-paz/204.aspx>. Acesso em: 29 jan. 2017.

6 LEDESMA, Hector Faundez.*El Sistema Interamericado de Protteccion de losDerechosHumanoa: aspectos instotitucionales y procesales*. 3. ed. San José: C.R. Instituto Interamericano de Derechos Humanos, 2004, p. 77.

A obrigação de garantir o pleno exercício dos direitos humanos é o resultado de seu "efeito horizontal", e tem, ao inverso do que sucede com a obrigação ao respeito, um caráter positivo. Efetivamente, ela implica no dever do Estado de adotar todas as medidas que sejam necessárias e que, de acordo com as circunstâncias, resultem razoáveis para assegurar esses direitos e impedir a interferência de terceiros.

Paralelamente ao dever de respeito, alerta Lebesma que essa obrigação impõe ao Estado o dever de proteger o indivíduo dos atos de particulares que tenham o efeito de obstaculizar o exercício de seus direitos, impedindo ou sancionando, por exemplo, a ação de grupos armados que podem atentar contra a vida ou contra a integridade física das pessoas, a interferência na vida privada de terceiros ou a instigação à descriminação racial sob qualquer forma.[7]

Como complemento das obrigações de respeito e garantia dos direitos humanos, o art. 2º da Convenção determina que os Estados se comprometem a adotar, em conformidade com seus procedimentos constitucionais, aquelas que forem necessárias para tornar efetivos tais direitos e liberdades. Conclui Lebesma, que também o art. 2º consagra uma obrigação de caráter geral que se soma às obrigações específicas, em relação a cada um dos direitos protegidos.[8]

No que concerne à proibição de discriminação no gozo e exercício dos direitos humanos estabelecida no art. 1º da Convenção, "o compromisso dos Estados implica no dever de garantir o livre e pleno exercício dos direitos consagrados na Convenção".[9]

Dentre os vários direitos indicados na Convenção Americana, o respeito à integridade física, psíquica e moral (art. 5º), o respeito à honra e ao reconhecimento de sua dignidade (art. 11), o direito à liberdade de pensamento e expressão são elementos que conduzem a efetivas reflexões sobre a relação do "Respeito" e o "Cuidado".

Alerte-se que o art. 1º da Convenção declara expressamente: "para efeito desta Convenção pessoa é todo ser humano".Há que se entender a relação entre *ser humano/homem* e *pessoa* e sua vinculação aos estudos do *cuidado*.

Ao declarar a Constituição de 1988, no seu art. 1º, inciso III, que o Estado Democrático de Direito tem como fundamento a dignidade da pessoa humana, identificou-se no nosso Sistema Jurídico um novo cenário de reconhecimento de direitos fundamentais, estendendo-se inclusive às relações de Direito Privado. O princípio da dignidade da pessoa humanapassou a redirecionar as relações patrimoniais e extrapatrimoniais.

O conceito de dignidade da pessoa humana se centra na impossibilidade da pessoa ser tratada como mero objeto, o que terá como consequência lógica

7 LEDESMA, Hector Faundez. Op. cit., p. 77/78.

8 LEDESMA, Hector Faundez. Op. cit., p. 82/83.

9 LEDESMA, Hector Faundez. Op. cit., p. 85.

sua plena assunção como sujeito responsável, "cabendo-lhe primacialmente, a configuração e a densificação do conteúdo preciso de sua dignidade".[10]

Buscamos não apenas o sentido de assegurarumtratamentohumano e não degradante; tampouco consideramos o mero oferecimento de garantias à integridadefísica do serhumano. Devemos assumir o princípio da dignidade humana como "umvalorabsoluto, intrínseco à essência da pessoahumana, que deve servir comonortena interpretação e aplicação de normas jurídicas sempre considerado na proteção e tutela dos direitos da personalidade do homem e nas suasrelações jurídicas".[11]

Vale lembrar que "a dignidade evidentemente não existe apenas onde é reconhecida pelo Direito e na medida que este a reconhece, já que constitui dado prévio no sentido de pré-existente e anterior a toda experiência especulativa".[12]Ingo Sarlet refere-se também à dupla função do princípio da dignidade humana. Em sua função defensiva, encerra normas que outorgam direitos subjetivos de cunho negativo (não violação da dignidade); em sua função prestacional, o princípio impõe condutas positivas no sentido de proteger e promover a dignidade.[13]

A dignidade da pessoa humana, para Maria Celina Bodin de Moraes, encontra expressão jurídica nos princípios da igualdade, da tutela da integridade psicofísica, da liberdade e da solidariedade. Segundo a autora, é possível haver conflitos entre duas ou mais situações subjetivas, amparadas por esses princípios, que deverão ser ponderados, tomando a dignidade da pessoa humana como objetivo a ser alcançado, a qual é, por conseguinte, a "medida de ponderação".[14]

No que concerne ao *cuidado*, lembra Heloisa Helena Barboza que é noção tratada por várias áreas do Direito,[15] de modo expresso ou implícito, in-

---

10 NOVAIS, Jorge Reis. *Dignidade da Pessoa Humana.* Coimbra (Portugal): Almedina, 2015, p. 62.

11 MULHOLLAND, Caitlin Sampaio. "Interdisciplinaridade no ensino jurídico: a experiência do Direito Civil". In:*Diálogos sobre Direito Civil:*construindo uma racionalidade contemporânea. Rio de Janeiro: Renovar, 2002, p.467.

12 SARLET, Ingo Wolfgang. *Dignidade da Pessoa Humana e Direitos Fundamentais na Constituição Federal de 1988.* Porto Alegre: Livraria do Advogado, 2008, p. 44.

13 SARLET, Ingo Wolfgang. Op. cit., p. 73.

14 MORAES, Maria Celina Bodin de.*Danos à Pessoa Humana:* uma leitura civil-constitucional dos danos morais.Rio de Janeiro: Renovar, 2009, p. 81/115 *apud* BARBOZA, Heloisa Helena. "Vulnerabilidade e cuidado: aspectos jurídicos". In: PEREIRA Tânia da Silva; OLIVEIRA, Guilherme de. *Cuidado e vulnerabilidade.* São Paulo: Atlas, 2009, p. 108.

15 A título de exemplo: Direito Penal (a violação do dever de cuidado objetivo caracteriza a culpa; tipos penais que tem o cuidado como elemento); Código de Trânsito Brasileiro (Lei n. 9.503/1997).

clusive no Direito Civil,[16] mas sua caracterização nas relações familiares ainda não se completou. A busca de elementos para sua conceituação em outros campos do saber pode não só contribuir para sua melhor compreensão, como conferir legitimidade ao perfil que lhe for traçado, especialmente para fins de atribuição de efeitos perante o Direito de Família. O cuidado integra também uma das dimensões do Plano Nacional de Humanização de Atenção e Gestão do SUS – Sistema Único de Saúde (PNH), o qual tem dentre seus propósitos fortalecer iniciativas de humanização existentes, necessárias à garantia dos direitos dos usuários do sistema.[17] O PNH compreende um modelo de acolhimento amplo, de dimensão ético-política-estética, que ultrapassa a noção de dar atenção, tratar, respeitar e acolher o ser humano, nas práticas de saúde.[18]

O *cuidado* é parte integral da vida humana, envolvendo um processo eminentemente interativo, dinâmico e criativo reflete interesse e solidariedade. Aquele que é, será cuidado. A *responsabilidade* e o *compromisso* completam a verdadeira dimensão da "presença" proposta por Heidegger.[19]

Bernardo Toro, ao apresentar a *Ética do Cuidado,* nos convida a despir o arquétipo do guerreiro, impregnado do paradigma do êxito pessoal. Neste novo modelo, nos reconheceremos como uma só espécie – os seres humanos – capaz de usar a inteligência altruísta, de quem sabe pedir e dar ajuda. Esta transformação passaria pela observação de seis valores: saber cuidar de si, do outro e do planeta; fazer transações ganha-ganha; saber conversar/dialogar; ter respeito pelos outros; permitir a todos acesso à alimentação de qualidade; e ser hospitaleiro.

Para o mesmo autor, a ética do Cuidado requer transformações pessoais, profundas, de modo a substituir antigos hábitos pelos novos valores. Começa com cada indivíduo buscando se autoconhecer, permitindo-se sair da zona de conforto em que se encontra, e observando cada nuance do seu Ser interior. Ao mesmo tempo, este indivíduo deve buscar ajuda para mudar aquilo que precisa ser mudado, porque não basta diagnosticar que algo não está bem, mas é preciso ter vontade e coragem de desenvolver novos hábitos.[20]

16 Direito das obrigações e contratos. Código Civil (Lei n. 10.406/2002), arts. 569, I; 629; 696.

17 O PNH tem objetivos e busca resultados bem mais amplos e definidos, de que são exemplos os acima referidos. Ver sobre o assunto: <http://www.redehumanizasus.net/36080-area-da-pnh>. Acesso em: 13 jul. 2016.

18 Assim observam Nayra Muniz e Emilia Alves de Sousa. Disponível em: <http://www.redehumanizasus.net/89342-o-que-e-cuidado-em-saude>. Acesso em: 14 jul. 2016.

19 HEIDEGGER, Martin.*El Ser y el Tiempo*. 7. ed. (Trad. de J. Gaos). México/Madrid/Buenos Aires: F. Cultura Economica, 1989.

20 TORO, Bernardo. *El cuidado*. Disponível em: <http://www.youtube.com/whatch?v=1AQLkAT6xmE>*apud* CASTILHO, Bernadette Soares da Cunha de. In: PEREIRA, Tânia da Silva; OLIVEIRA, Guilherme de; MELO, Alda Marina de Campos (coord.). *Cuidado e Sustentabilidade*. São Paulo: Atlas, 2014, p. 105/106.

Considerando o *cuidado* como "verdadeiro postulado do substrato material da dignidade humana", Roberta Tupinambá o identifica como princípio que extrapola os limites da legalidade, mas não deixa de decorrer da própria sistemática do ordenamento jurídico – daí se falar em princípios e subprincípios. Da mesma forma que o princípio da afetividade não tem expressa previsão legal, mas é amplamente aplicado no âmbito das relações familiares e de filiação, pois ele decorre da dignidade humana, também o cuidado impõe imediata aplicação, pois também decorre da dignidade humana, encontrando respaldo dentro do próprio ordenamento jurídico pátrio, embora sem previsão expressa. Ao frisar que a Constituição Federal (art. 5º, §2º) prevê que os direitos e garantias expressos em seu corpo não excluem outros decorrentes do regime e dos princípios por ela adotados (...), sugere a autora que "deve o cuidado ser reconhecido como um componente significativo das regras vigentes no ordenamento jurídico brasileiro, convocando-se o Judiciário a apreciar os casos concretos sob a sua égide, sempre se atentando para a efetivação de ética e entendendo-se o princípio do cuidado como uma das dimensões do princípio da dignidade humana, como verdadeiro subprincípio que é".[21]

Partindo desta ótica, assim entendeu a Ministra Nancy Andrighi,da 3ª Turma do Superior Tribunal de Justiça, ao reconhecer a legitimidade e interesse de agir do padrasto para requerer a adoção do enteado, alertando que o alicerce do pedido de adoção reside no estabelecimento de relação afetiva mantida entre o padrasto e a criança, em decorrência de ter formado verdadeira entidade familiar com a mulher e a adotanda, composta também por filha comum do casal. Destaca também o V. Acórdão o *cuidado* inerente aos cônjuges em reciprocidade e em relação aos filhos, seja a prole comum, seja ela oriunda de relacionamentos anteriores de cada consorte, considerando a família como espaço para receber cuidados.

A Ilustre Relatora reporta-se a Leonardo Boff ao interpretar o conceito de cuidado desenvolvido por Martin Heidegger: "a atitude de ocupação, preocupação, responsabilização e envolvimento com o outro, entre na natureza e na constituição do ser humana. O modo de ser cuidado, revela de maneira concreta como é o ser humano. Sem cuidado ele deixa de ser humano. Se não receber cuidado desde o nascimento até a morte o ser humano desestrutura-se definha, perde sentido e morre. Se ao largo da vida não fizer com cuidado tudo que empreender, acabará por prejudicar a si mesmo e por destruir o que tiver à sua volta. Por isso o cuidado deve ser entendido na linha da essência humana".[22]

---

21 TUPINAMBÁ, Roberta. "O Cuidado como Princípio Jurídico nas relações familiares". In:O *Cuidado como valor jurídico*. Rio de Janeiro: Forense, 2007, p. 357/358.

22 STJ, 3ª Turma, REsp.1.106.637/SP, Rel. Min. Nancy Andrighi, julg. 01.06.2010, DJe01.07.2010.

A violação ao *dever objetivo de cuidado* vem sendo, inclusive, reconhecida como ilícito civil sob a forma omissiva, legitimando o pleito indenizatório, o que se tem denominado de reparação civil por abandono afetivo. Neste sentido, no julgamento do Recurso Especial n. 1.159.242/SP, a 3ª Turma do Superior Tribunal de Justiça, ainda sob a relatoria da Ministra Nancy Andrighi, entendeu que "o *non facere*, que atingeum bem juridicamente tutelado, leia-se, o necessário dever decriação, educação e companhia – de cuidado – importa em vulneraçãoda imposição legal, exsurgindo, daí, a possibilidade de se pleitearcompensação por danos morais por abandono psicológico".[23]

Em recente decisão da 1ª Vara de Família da Comarca de Ananindeua (TJPA), buscando subsídios na Douta decisão da Ministra Nancy Andrighi do STJ, foi concedida em tutela de urgência um regime provisório de convivência, justificando: "por dever de cuidar compreende-se dever de criação, educação e companhia. Por conseguinte, somente com a convivência, presença, pai e mãe têm a possibilidade de cumprir este dever jurídico, cujos titulares são os filhos. Em sendo, por conseguinte, um dever dos pais para com os filhos, estes são, por óbvio, parte legítima para exigir-lhes o cumprimento. Não se pode admitir como resposta do Poder Judiciário a inércia e espera de concretização de dano irreversível para, somente então, buscar-se uma reparação. Urge, por conseguinte, a tutela inibitória, antecipada, como resposta eficaz a cessação da conduta ilícita, bem como, o perigo na demora, pois, em se admitindo a postergação da conduta omissiva os infantes terão, certamente, danos psicológicos pela orfandade de pai vivo".[24]

Também no Supremo Tribunal Federal o cuidado já foi reconhecido como princípio norteador. No julgamento do RE n. 898.060, sob a relatoria do Ministro Luiz Fux, a Ministra Carmen Lúcia ressaltou que "amor não se impõe, mas *cuidado* sim e esse *cuidado* me parece ser do quadro de direitos que são assegurados, especialmente no caso de paternidade e maternidade responsável",[25] destacando-se o *cuidado* como norte para o reconhecimento da possibilidade de coexistência entre o vínculo biológico e socioafetivo. No caso, que teve repercussão geral reconhecida, a Corte, através de seu Plenário, entendeu que a existência de paternidade socioafetiva não exime de responsabilidade o pai biológico.

---

23 STJ, 3ª Turma, REsp 1.159.242/SP, Rel. Min. Nancy Andrighi, julg. 24.04.2012, DJe 10.05.2012.

24 TJPA, 1ª Vara de Família da Comarca de Ananindeua, Processo n. 2016.8.14.0006, Juiz Carlos Márcio de Melo Queiroz, julg. 15.02.2017.

25 STF, Tribunal Pleno, RE 898060, Rel. Min. Luiz Fux, julg. 21.09.2016. Disponível em; <http://www.stf.jus.br/portal/cms/verNoticiaDetalhe.asp?idConteudo=325781>. Acesso em: 22 set. 2016.

Portanto, o desenvolvimento do cuidado como valor e princípio jurídico não é uma utopia. Opera-se no terreno prático do Direito, uma efetiva transformação de concepções, ante o emaranhado de circunstâncias novas a que a vida nos submete e a que os intérpretes e doutrinadores não podem ficar indiferentes, inclusive, como uma das maneiras por que se manifesta a concretização da dignidade da pessoa humana, adotada em nossa Constituição Federal.[26]

Outros valores decorrem do princípio da dignidade humana: destacam-se, não só a *tolerância* que mereceu profundas reflexões por parte de Norberto Bobbio,[27] a *solicitude,* definida por Antônio Houaiss[28] como um "cuidado atencioso" e tão bem analisada por Heloisa Szymanski.[29] Temos que assumir a *solidariedade* como um valor essencial a todas as formas de convivência humana.

A centralidade atribuída pela nova ordem constitucional à pessoa humana gera uma releitura dos três pilares de base do Direito Privado – propriedade, família e contrato, "redirecionando-os de uma perspectiva fulcrada no patrimônio e na abstração para outra racionalidade que se baseia no valor da dignidade da pessoa".[30]

O Código Civil de 2002, liderando o capítulo da *Personalidade*, estabelece no art. 1º a "pessoa" como ente "capaz de direitos e deveres na ordem jurídica". Segundo Limonge França, a referência à *pessoa* servia, inicialmente, para designar a máscara usada pelos atores teatrais, graças à qual lhes era assegurado o aumento de volume de voz.Por analogia passou a palavra a ser utilizada no Direito para designar o ser humano, enquanto desempenha o seu papel no teatro da vida jurídica.[31]

Considerando a conexão do atual Direito Civil com as normas constitucionais, "a simples existência do homem confere-lhe a qualidade de *pessoa*. Como acentua Miguel Reale, a palavra *homem* tem o sentido genérico e abstrato de *indivíduo*, ao passo que a palavra *pessoa* indica o ser humano enquanto situado perante os demais componentes da coletividade.[32]

---

26 PEREIRA, Tânia da Silva. Prefácio da obra *Cuidado e responsabilidade.* (coord. Tânia da Silva Pereira e Guilherme de Oliveira) São Paulo: Atlas, 2009.

27 BOBBIO, Norberto.*A era dos Direitos.* Traduzido porCarlos Nelson Coutinho do original "L'etá dei diritti" (1990). Rio de Janeiro: Campus, 1992.

28 HOUAISS, Antônio.*Mini Houaiss- Dicionário da Língua Portuguesa.* Rio de Janeiro: Objetiva, 2001.

29 SZYMANSKI, Heloisa. Viver em família como experiência de cuidado mútuo: desafios de um mundo em mudança.*Revista Serviço Social e Sociedade,*n. 71, Ano XXIII. São Paulo: Cortez, 2002, p.11/15.

30 FACHIN, Luiz Edson. *Direito Civil:* sentidos, transformações e fim. Rio de Janeiro: Renovar, 2015, p. 51.

31 LIMONGE FRANÇA, R.*Instituições de Direito Civil.* São Paulo: Saraiva, 1996,p. 45.

32 DUARTE, Nestor.*Código Civil Comentado* (coord. Ministro Cesar Peluso). Barueri/São Paulo: Manole, 2014, p. 15, ao citar o artigo de Miguel Reale intitulado "A Constituição e o Código Civil", publicado no jornal "O Estado de São Paulo" de 18.11.2003.

Caio Mário da Silva Pereira, fiel à corrente dominante dos civilistas nacionais, aderiu também à designação *pessoa natural*, "para enxergar a pessoa, tal como existe, com todos os predicados e a sua individualidade enfeixa, a fim de lhe conferir nesse estado, os atributos da personalidade". Refere-se também o autor à terminologia *pessoa física*,"que adquiriu importância na legislação sobre Imposto de Renda, bem como, nos Projetos de Código Civil, mas não foi mantida no Código Civil de 2002. A Constituição Federal, como se sabe, optou pela designação *pessoa humana*".[33]

Dessa forma, a ideia de *Respeito* encontra-se intrinsecamente interligada à dignidade da pessoa humana, como manifestação da consideração do indivíduo como um fim em si mesmo, mas também sob o aspecto relacional, como sujeito de direitos e deveres na ordem jurídica e social.

Os estudos sobre cuidado e respeito nos remete também a efetivas reflexões sobre situações de vulnerabilidade que atingem o ser humano como pessoa e também como membro de determinados grupos sociais, geográficos e culturais.

2. O DIREITO AO RESPEITO COMO INSTRUMENTO DE TUTELA DE VULNERABILIDADES

A busca pela efetivação da igualdade material, como uma das irradiações do direito ao respeito, traduz a necessidade de se considerar as diferenças existentes entre os indivíduos no seio social, a fim de promover condições que lhes permitam conviver em grau de paridade. Neste sentido, a tutela de vulnerabilidades adquire especial atenção, sendo imprescindível compreender suas facetas no contexto atual.

Na visão de Heloisa Helena Barboza, "todos os humanos são, por natureza, vulneráveis, visto que todos os seres os são passíveis de serem feridos, atingidos em seu complexo psicofísico. Mas nem todos serão atingidos do mesmo modo, ainda que se encontrem em situações idênticas, em razão de circunstâncias pessoais, que agravam o estado de suscetibilidade que lhes é inerente. Embora em princípio iguais, os humanos se revelam diferentes no que respeita à vulnerabilidade. É preciso, portanto, indagar quais os significados da vulnerabilidade, e quais as circunstâncias que podem agravá-la. Paralelamente deve-se analisar o cuidado, que se expressa como zelo, desvelo, ou diligência, sob o aspecto jurídico, e seu papel no âmbito da tutela da pessoa humana".[34]

Reportando-se a Lúcio Kowarick, a mesma autora esclarece: "indispensável registrar que a questão da vulnerabilidade apresenta especificidades,

---

33 PEREIRA, Caio Mário da Silva. *Instituições de Direito Civil*. v. I(atualizado por Maria Celina Bodin de Moraes). Rio de Janeiro: Forense, 2017, p. 182/183.

34 BARBOZA, Heloisa Helena. Op. cit., p. 107.

tanto no que respeita ao diagnóstico do problema, quanto no que se refere à implementação de políticas públicas. A vulnerabilidade socioeconômica e civil constitui tema vasto e complexo, que tem se desenvolvido sob diferentes orientações, objeto de vivo debate acadêmico".[35]

Como exemplo, pode ser citada a vulnerabilidade do consumidor, denunciada e protegida na legislação própria (Lei n. 8.078/90) a qual "indica o respeito à sua dignidade, saúde e segurança, a proteção de seus interesses econômicos, a melhoria da sua qualidade de vida, bem como a transparência e harmonia das relações de consumo" (art. 8º).

Sergio Cavalieri Filho, ao tratar do princípio da vulnerabilidade no âmbito do direito do consumidor, ressalta que o tratamento diferenciado (protetivo e defensivo) não fere o princípio da isonomia; pelo contrário, é legitimado justamente pela discrepante relação de forças existentes entre os consumidores e os fornecedores, na medida em que esses detêm os mecanismos de controle do mercado de consumo. Esclarece o autor que "a igualdade entre sujeitos desiguais é uma falsa igualdade; igualdade de uns e escravidão de outros".[36] É reconhecida, assim, a vulnerabilidade fática, técnica e jurídica do consumidor, a fundamentar o tratamento diferenciado.

No que concerne ao Estatuto da Criança e do Adolescente (Lei n. 8.069/90), a iniciativa constitucional de declarar, dentre os Direitos Fundamentais da população infantojuvenil, os valores da *liberdade, do respeito e da dignidade*, representou avanço significativo em nosso ordenamento jurídico, lembrando que o art. 3º do ECA declara expressamente que "a criança e o adolescente gozam de todos os direitos fundamentais inerentes à pessoa humana". O seu reconhecimento como sujeitos de direitos pela CF/88 é uma manifestação do direito ao respeito pela sua condição de pessoa humana; é um reconhecimento jurídico que traduz, em última análise, o respeito pelas peculiaridades da infantoadolescência, permitindo que os infantes possam pleitear a garantia de seus direitos subjetivos.

O respeito, direito fundamental da criança e do jovem, vincula-se à sua condição de ser dependente de outras pessoas. Dalmo Dallari, destacando o "direito de ser", alerta contra a ideia de que "a criança não é um projeto de pessoa, como alguma coisa que no futuro poderá adquirir a dignidade de um ser humano".(...) "Pelo simples fato de existir, a criança já é uma pessoa e por esta razão merecedora do respeito que é devido exatamente na mesma medida, a todas as pessoas". Para o mesmo autor, "não ter família, ter nascido

35 Ver sobre o tema: KOWARICK, Lúcio. *Sobre a vulnerabilidade socioeconômica e civil:* Estados Unidos, França e Brasil. Disponível em: <http://www.scielo.br/pdf/rbcsoc/v18n51/15986.pdf>. Acesso em: 10 abr. 2017.

36 CAVALIERI FILHO, Sergio. *Programa de direito do consumidor*. 4. ed. São Paulo: Atlas, 2014, p. 50.

pobre, ter deficiência física ou por ser vítima de alguma discriminação social não afasta a sua condição de ser humano em absoluta igualdade de condições das demais crianças".[37]

O direito de dar e receber afeto se identifica com o seu direito de ser. A criança gosta de agradar os que vivem ao seu lado e isso não pode ser interpretado, como fazem muitos adultos, como atitude calculada e interesseira, de quem está procurando uma retribuição.[38]Na criança os sentimentos estão, praticamente, desvinculados da razão. "Por esse motivo se revelam com mais facilidade e nitidez, reagindo favoravelmente a qualquer estímulo. Ao mesmo tempo, sofrem com maior intensidade os impactos das agressões e repressões e se forem sufocados ou violentados, isso acarretará dificuldades para o relacionamento humano da criança e poderá criar problemas muito graves para o desenvolvimento de sua personalidade."[39]

O direito a relações de amizade faz parte das necessidades fundamentais da criança. Estabelecendo relações puramente afetivas, marcadas por um sentimento de simpatia e solidariedade, de lealdade e confiança recíprocas, a criança cria seu mundo, seu ambiente humano, no qual poderá agir sem convencionalismos, sem prevenções e com toda a confiança. É a intimidade com respeito recíproco, que permite a expansão dos sentimentos e torna a vida mais fácil, mais alegre, mais rica de comunhão humana e de solidariedade". Os pais devem sentir-se felizes quando seus filhos têm amigos e devem procurar contribuir para que se cultive o sentimento de amizade".[40]

Nos termos do art. 17 do ECA, o direito ao respeito consiste na "inviolabilidade da integridade física, psíquica e moral da criança e do adolescente, abrangendo a preservação da imagem, da identidade, da autonomia, dos valores, ideias e crenças, dos espaços e objetos pessoais".

A *identidade pessoal* da criança e do adolescente tem vínculo direto com sua identificação no grupo familiar e social. Seu nome ou alcunha o localiza em seu mundo. Sua expressão externa é a sua imagem, a qual vai compor a sua individualização como pessoa, fator primordial em seu desenvolvimento.

Onome e os apelidos o localizam em seu mundo. Sua expressão externa é a sua imagem, a qual vai compor a sua individualização como pessoa, fator primordial em seu desenvolvimento. É vetada a publicação da imagem da criança e do jovem nos meios de comunicação, salvo, expressamente autorizada. Também é impedida a divulgação dos atos judiciais e policiais adminis-

37 DALLARI, Dalmo de Abreu; KORCZAK, Jamusz. *O Direito da Criança ao Respeito* (trad. Yan Michalski). São Paulo: Summus Editorial, 1986, p. 21.

38 DALLARI, Dalmo de Abreu; KORCZAK, Jamusz. Op. cit., p. 36.

39 DALLARI, Dalmo de Abreu; KORCZAK, Jamusz. Op. cit., p. 37.

40 DALLARI, Dalmo de Abreu; KORCZAK, Jamusz. Op. cit., p. 39.

trativos que se referem a crianças e adolescentes a quem se atribua autoria de ato infracional, bem como, da imagem e identificação pessoais pertinentes (art. 143, ECA).

Tratando-se de *identificação e localização dos pais ou responsável* na hipótese de crianças e adolescentes desaparecidos (art. 87, IV, ECA) a divulgação pode ser autorizada pelo Juiz da Infância e Juventude. A utilização da imagem para fins publicitários de crianças e jovens deve ter a autorização dos responsáveis e do Juízo da Infância e Juventude.

O Estatuto inclui, ainda, como direito fundamental o "*respeito às ideias e crenças*, dos espaços e objetos pessoais". Toda criança é dotada de inteligência e é inerente seu direito de raciocinar e pensar por si própria. Deve-se evitar a atitude deliberada de impor ideias e impedir que a criança conheça outras, além daquelas que os adultos consideram as melhores. Em relação ao uso de informações pela criança, dois pontos devem ser considerados: o tipo de informação que será transmitido à criança e o estímulo à sua capacidade de usar as informações já recebidas.[41]

Tratar a criança como ser inteligente, reconhecendo e assegurando seu direito de pensar, é uma exigência de sua condição humana, seja qual for a criança, e seja qual for o adulto que com ela se relacione.[42]

Considerando a adolescência como "o momento crucial na vida do ser humano e etapa decisiva de um processo de desprendimento, (...) sua problemática deve ser estudada em sua interrelação com o meio familiar e social".[43] Embora seja o momento de o jovem buscar romper limites, deve também o adulto diminuir o impulso de deter o adolescente em sua marcha de emancipação. Neste período marcado por ambivalências e ansiedades, "o adolescente necessita de uma liberdade adequada, com segurança de normas que sigam ajudando-o a adaptar-se, sem entrar em conflitos graves com seu ambiente e com a sociedade".[44]

A *integridade moral*, um dos fundamentos do direito ao respeito, se apresenta como projeção da personalidade e deve refletir os elementos integrantes da vida interior da pessoa desde sua infância. Como pessoas em fase de desenvolvimento, crianças e jovens devem ser preservados em sua integridade moral e psíquica, respeitados os seus sentimentos e emoções, e assistidos em suas fragilidades.

Entende Fabio Maria De Mattia que, no direito à integridade moral, inclui-seo*direito ao segredo*, que se pode admitir na forma de a criança, o adolescente, "secorresponder com seus parentes e amigos, respeitada sua priva-

---

41 DALLARI, Dalmo de Abreu; KORCZAK, Jamusz. Op. cit., p. 28.

42 DALLARI, Dalmo de Abreu; KORCZAK, Jamusz. Op. cit., p. 33.

43 ABERASTURY, Arminda. *Adolescência*. Porto Alegre: Artes Médicas, 1980, p. 11.

44 ABERASTURY, Arminda. Op. cit., p. 29.

cidade, dentro das normais condições de controle necessárias com relação à criança e ao adolescente".[45]

No que concerne à *proteção à integridade física* da criança e do adolescente,Fabio Maria De Mattia evidencia que "deve objetivar a garantia de todas as oportunidades e facilidades, a fim de lhes facultar o desenvolvimento físico que tem como conteúdo o direito subjetivo de preservar ou ser preservada sua incolumidade física". (...) O mesmo autor destaca três bens da personalidade componentes da integridade física: "a vida, o corpo e a saúde".[46]

Segundo José Afonso da Silva, "agredir o corpo humano é um modo de agredir a vida, pois esta se realiza naquele. A integridade físico-corporal constitui, por isso, um bem vital e revela um direito fundamental do indivíduo".[47] Para ele, "a vida humana não é apenas o conjunto de elementos materiais. Integram-na, outrossim, valores imateriais como morais. A moral individual sintetiza a honra da pessoa, o bom nome, a boa fama, a reputação que integra a vida humana como dimensão imaterial. Ela e seus componentes são atributos sem os quais a pessoa fica reduzida a uma condição animal de pequena significação. Daí por que o respeito à integridade moral do indivíduo assume feição de direito fundamental".[48]

Considera Fabio Maria De Mattia que o *desrespeito à integridade psíquica*provoca danos da maior seriedade, que acompanharão o desenvolvimento psíquico da criança e do adolescente, os quais jamais deixarão de perturbar a vida emocional ou exigirão tratamentos especializados a que poucas criaturas terão acesso, em face dos custos e da falta generalizada de cumprimento de seus deveres pelos órgãos públicos, inclusive previdenciários".[49]

Ressalta ainda que "o atentado ao direito à integridade moral gera a configuração de dano moral, que, no caso, será pleiteado pela criança ou adolescente através de seu representante legal".[50]

Discorrendo sobre dano moral e criança e adolescente, Roberto Senise Lisboa analisa o requisito de existência do interesse da vítima para a aceitabilidade da indenização por danos morais, inclusive como base e limites das obrigações.[51] Conclui o mesmo autor que,se o incapaz tivesse discernimento

---

45 DE MATTIA, Fabio Maria. *Estatuto da Criança e do Adolescente Comentado* (coord. Cury, Amaral e Silva e Méndez). São Paulo: Malheiros, 2005, p. 92.

46 DE MATTIA Fabio Maria. Op. cit., p. 73.

47 SILVA, José Afonso da. *Curso de Direito Constitucional Positivo*. São Paulo: Malheiros, 2000, p. 138.

48 SILVA, José Afonso da. Op. cit., p. 134.

49 DE MATTIA Fabio Maria. Op. cit., p. 74.

50 DE MATTIA Fabio Maria. Op. cit., p. 77.

51 LISBOA, Roberto Senise. O Dano Moral e os Direitos da Criança e do Adolescente. *Revista de Informação Legislativa*, n. 118, Brasília, abril/junho, p. 462.

cabível, defenderia seus direitos. Crianças e jovens deverão ser indenizados sempre que sofrerem lesões a direito da personalidade."Não caberá ao Direito analisar se a vítima sofreu ou não. Deverá ser estabelecida uma presunção de sofrimento que não pode jamais ser derrubada, precisamente por estarmos diante da proteção de interesses socialmente relevantes".[52]

Também o direito de não ser educado ou cuidado com o uso de castigo físico ou de tratamento cruel ou degradante, incluído pelo art. 18-A ao ECA, com o advento da Lei n. 13.010/14 ("Lei Menino Bernardo"), traduz uma das facetas do direito ao respeito do qual são titulares crianças e adolescentes.

Buscando respaldo na lições de Luiz Antônio Miguel Ferreira,[53] Andréa Rodrigues Amin afirma que uma das manifestações mais evidentes de ofensa do direito aorespeito consiste na prática de violência doméstica, que se manifesta sob modalidades de agressão física, sexual, psicológica ou em razão de negligência, que está presente em todas as classes sociais, sem distinção, e ocorre de forma intensa como resultado do abuso de poder disciplinado dos adultos, sejam eles pais, padrastos, responsáveis que transformam a criança e oadolescente em meros objetos, com consequente violação de direitos fundamentais, em especial o direito ao respeito como ser humano em desenvolvimento.[54]

No julgamento do REsp 509.968/SP, a 3ª Turma do STJ, sob relatoria do Ministro Ricardo Villas BôasCueva, considerou que a veiculação de imagens de crianças e adolescentes em situações vexatórias ou constrangedoras em matéria jornalística violava a dignidade dos infantes, de modo que a lei restringiria, nesse caso, o direito à informação para proteger a pessoa em condição peculiar de desenvolvimento.[55]

---

52 LISBOA, Roberto Senise. Op. cit., p. 470.

53 FERREIRA, Luiz Antônio Miguel.*O Estatuto da Criança e do Adolescente e os Direitos Fundamentais*. Edições APMP, 2008, p.38.

54 AMIN, Andrea Rodrigues. In:MACIEL, Kátia Regina Ferreira Lobo Andrade (Coord.). *Curso de Direito da criança e do Adolescente: Aspectos Teóricos e Práticos*. Rio de janeiro: LumenJuris, 2011, p. 61.

55 RECURSO ESPECIAL. INFÂNCIA E JUVENTUDE. PROCESSUAL CIVIL. AÇÃO CIVIL PÚBLICA. LEGITIMIDADE DO MINISTÉRIO PÚBLICO. DIREITO À INFORMAÇÃO. ESTATUTO DA CRIANÇA E DO ADOLESCENTE – ECA. VEICULAÇÃO DE IMAGENS CONSTRANGEDORAS. IMPEDIMENTO. 1. O Ministério Público é parte legítima para, em ação civil pública, defender os interesses individuais, difusos ou coletivos em relação à infância e à adolescência. 2. Por não serem absolutos, a lei restringe o direito à informação e a vedação da censura para proteger a imagem e a dignidade das crianças e dos adolescentes. 3. No caso, constatou-se afronta à dignidade das crianças com a veiculação de imagens contendo cenas de espancamento e tortura praticada por adulto contra infante. 4. Recurso especial não provido. STJ, 3ª Turma, REsp 509.968/SP, Rel. Min. Ricardo Villas BôasCueva, julg. 06.12.2012, DJe 17.12.2012.

Recentemente, a mesma Turma do STJ entendeu que a agressão a criança dispensa prova de dano moral, apontando que as "crianças, mesmo da mais tenra idade, fazem jus à proteção irrestrita dos direitos da personalidade, assegurada a indenização pelo dano moral decorrente de sua violação, nos termos dos arts. 5º, X, in fine, da CF e 12, caput, do CC/02". Trata-se, assim, de situação de dano moral *in reipsa*, ou seja, de dano presumido, decorrente, em última análise, da violação ao direito ao respeito e à dignidade do infante.[56]

O Estatuto do Idoso (Lei n.10.741/03), em seu art. 10,§ 2º, ao dispor sobre o direito à liberdade refere-se especificamente ao direito ao respeito: "consiste na inviolabilidade da integridade física, psíquica e moral, abrangendo a preservação da imagem, da identidade, da autonomia, de valores, ideias e crenças, dos espaços e dos objetos pessoais".

A abrangência da norma legal, ao mesmo tempo que nos reporta à dignidade humana, nos convocam a repensar a proteção do idoso não só no âmbito do atendimento à saúde, como também na manutenção da qualidade de vida, dentro ou fora da família, sendo certo o incontestável envelhecimento da população, o que representa preservar as habilidades físicas e mentais necessárias à manutenção de uma vida independente e autônoma, ainda que convivendo com limites, identificada por Renato Veras como *capacidade funcional*.[57]

O mesmo autor propõe uma mudança radical no "paradigma do cuidado" para com os idosos, rompendo com a tradição da assistência orientada para a doença e buscando uma abordagem orientada para a função e a qualidade de vida. A história, o exame físico e o diagnóstico diferencial não são suficientes para um levantamento amplo das diversas variáveis físicas, psicológicas e sociais, essenciais à vida diária, em uma perspectiva de fato abrangente. Para ele, "a prática clínica deve, quando preocupada com a busca da qualidade de vida, realizar uma ampla avaliação funcional com o propósito de detectar as prováveis perdas nessas áreas. Conclui, finalmente, que a capacidade funcional deve ser entendida como um elemento central na formulação e efetiva implementação de uma nova política de cuidado com a saúde".[58]

A atenção à pessoa idosa não se limita à garantia de uma fila especial ou de pequenos privilégios concedidos de mau grado e como prova da benevolência da sociedade – sentimento que, nesse sentido, prejudica o próprio exercício da cidadania – e sim implica o respeito às suas peculiaridades e limitações, investindo-se na formação humana, no tratamento com os idosos, seja no seio da escola, com a adequação dos programas didáticos, seja no

56 STJ, 3ª Turma, REsp 1642318 / MS, Rel. Min. Nancy Andrighi, julg. 07.02.2017, DJe 13.02.2017.

57 VERAS, Renato Peixoto (org.). *Terceira Idade: alternativas para uma sociedade em transição.* Rio de Janeiro: Relume-Dumará, 1999, p. 158/159.

58 VERAS, Renato Peixoto (org.). Op. cit., p. 158/159.

mercado de trabalho e na prestação de serviços, a partir do treinamento específico de pessoal para atender – e entender – melhor os idosos e encarecer sua dignidade.[59]

O direito à *preservação da autonomia*deve abranger o respeito de suas decisões no seu cotidiano como o que comer e vestir, bem como a definição de prioridades financeiras. Além do se locomover livremente, de acordo com as suas condições de saúde, é seu direito não ficar em instituições contra a sua vontade, podendo, ainda, optar pelo tratamento que julgar mais adequado às suas necessidades, quando for possível, e também dispor de seus bens. A garantia de liberdade de locomoção é viabilizada, ainda, pela gratuidade nos transportes públicos, que devem contar com assentos preferenciais para idosos e dar prioridade a estes no embarque.

No âmbito da proteção do idoso, a falta de cuidado, o descaso e a negligência representaram especial preocupação na Lei n. 10.741/2003, ao indicar a corresponsabilidade da família, da comunidade, da sociedade e do Poder Público, pela efetivação de direitos fundamentais, com absoluta prioridade (art. 3º). Além de especificar as obrigações das entidades de atendimento (arts. 49/50), identificou responsabilidades na esfera criminal, por ação ou omissão, (arts. 95/108), visando o tratamento privilegiado aos maiores de sessenta anos.

Alerta Morton Luiz Faria de Medeiros para a importância da*preservação de valores e ideias*dos idosos, sobretudo na sociedade capitalista que mede e rotula as pessoas segundo sua capacidade de consumo- algo que entre os idosos, surgiu tímida mas vem aumentando a cada dia em face do envelhecimento proporcional da população mundial.[60]

Quanto à*preservação dos espaços e objetos pessoais,* o mesmo autor indica a sua importância pelo temor dos idosos em ver seus pertences serem subtraídos; muitas vezes, são eles a janela do tempo para rememorar as alegrias pretéritas e para reviver as eras passadas, em que gozavam da dignidade e do respeito da sociedade, algo que, simbolicamente, veio o Estatuto do Idoso perseguir e cabe a todos nós defender.[61]

Na medida em que o ordenamento estabelece como dever de todos a proteção dos direitos do idoso, é necessário que haja uma atuação conjunta para prevenir e acabar com os casos de violência e discriminação contra os mais velhos. O art. 19 do Estatuto do Idoso, em seu § 1º, prevê como violência contra o idoso qualquer "ação ou omissão praticada em local público ou privado que lhe cause morte, dano ou sofrimento físico ou psicológico", podendo ocorrer de várias formas: física, psicológica, sexual e financeira.

---

59 MEDEIROS, Morton Luiz Faria. In: PINHEIRO, Naide Maria (Coord.).*Estatuto do Idoso comentado.* Campinas/SP: Servenda, 2012, p. 150.

60 MEDEIROS, Morton Luiz Faria.Op. cit., p. 152.

61 MEDEIROS, Morton Luiz Faria. Op. cit., p. 153.

É importante observar que a efetiva garantia do direito ao respeito encontra-se também ligada à prevenção e combate às formas de violação aos direitos fundamentais da pessoa idosa.

Em 2013, a 3ª Turma do STJ concedeu *habeas corpus* a uma mulher de 77 anos, para lhe garantir o direito a cumprir, no próprio domicílio, a pena de prisão civil que lhe foi imposta por inadimplemento de pensão alimentícia. A decisão, em caráter excepcional, amparada no princípio da dignidade da pessoa humana, levou em conta que se tratava de pessoa com idade avançada e portadora de cardiopatia grave.[62] Trata-se de entendimento que consubstancia o direito ao respeito, ao considerar as peculiaridades do caso para garantir à pessoa idosa condições adequadas para o cumprimento da penalidade imposta.

Em nossos estudos sobre a *sustentabilidade do idoso*[63]alertamos para a necessidade de redefinição de prioridades e do apoio de uma rede social, a qual, buscando consensos possíveis, deve existir, sobretudo, em parceria com a família. Foi possível constatar que as sociedades conferem valores diversos aos seus idosos. Se nas sociedades primitivas, os anciãos mereceram maiores considerações, por serem os portadores de conhecimentos acumulados e experiências, a cada dia seus conhecimentos passaram a ter menor valor no mercado de trabalho e fora dele.

Diante do acelerado processo de envelhecimento da população brasileira, efetivas políticas sociais devem garantir a convivência interfamiliar com os idosos, visando adaptá-los a exigências do mundo moderno e às mudanças que afetam as outras gerações com as quais convive. Tais dificuldades se devem, em parte, à deficiência educacional desta geração, de uma época em que frequentar escola era privilégio de poucos. Por isso, o alto nível de analfabetismo que atinge 4.6 milhões de idosos.[64]

Vive-se o desafio de se implementar habilidades para que as pessoas assumam, responsavelmente, as diferentes etapas de suas vidas. As *vivências intergeracionais* destacadas por Maria Helena Novaes permitem ao idoso ser

---

62 STJ, 3ª Turma, HC 38.824/SP, Rel. Min. Nancy Andrighi, julg. 17.10.2013.

63 Os estudos desenvolvidos em 2014 sobre *Cuidado e Sustentabilidade* resultaram na obra coletiva (coord. Tânia da Silva Pereira, Guilherme de Oliveira e Alda Marina de Campos Melo) com o mesmo nome, editada pela Atlas em 2014. De autoria conjunta com Livia Teixeira Leal,foi publicado o texto"A sustentabilidade do idoso: as conquistas e desafios para um envelhecimento sustentável" (PEREIRA, Tânia da Silva; LEAL, Livia Teixeira. "Sustentabilidade do Idoso: as conquistas e desafios para um envelhecimento sustentável". In: PEREIRA, Tânia da Silva; OLIVEIRA, Guilherme de; MELO, Alda Marina de Campos (coord.). Cuidado e Sustentabilidade. São Paulo: Atlas, 2014, p. 411/433).

64 R7. *Número de idosos analfabetos cresce 12% no Brasil*. Disponível em: <http://noticias.r7.com/educacao/ noticias/numero-de-idosos-analfabetos-cresce-12-no-brasil-20101209.html >. Acesso em: 25 abr. 2016.

aceito, reconhecido e amado, encontrando, assim, força para enfrentar inseguranças e possibilitando um relacionamento mais prazeroso e gratificante, numa visão ampla de tempo, na qual todos encontram seu lugar e compreendem as peculiaridades de cada geração.[65]

As vantagens da troca intergeracional são importantes não somente para neutralizar a tendência dos idosos de afastamento dos contextos sociais, como de preparar tanto crianças, jovens, adultos e idosos a conviverem numa sociedade solidária, validando estratégias sociais e comunitárias, com mensagens de tolerância e de harmonia relacional.[66]

Esta troca favorece a construção de uma cultura solidária e evita o isolamento das gerações, neutralizando tensões, desacertos e conflitos. Para isso, é preciso respeitar as características de cada geração. Neste contexto de evolução, é fundamental que a família, não importa o modelo assumido, represente um referencial e um estímulo para se encontrar novas alternativas de convivência, reforçando a solidariedade nas instituições, predispondo as atitudes de tolerância, de aceitação mútua e dedicação aos outros, contribuindo para a construção de uma sociedade solidária e cidadã.[67]

Nos Estados Unidos, a creche ILC, localizada em Seattle, viabiliza que crianças de até cinco anos brinquem e façam companhia para os mais de 400 idosos que residem no local, apostando na importância da convivência intergeracional. O ganho é recíproco: enquanto as crianças têm a oportunidade de aprender a se relacionar com pessoas mais velhas, com as limitações físicas ou até mesmo com algum tipo de deficiência, entendendo que o processo de envelhecimento é algo normal, os idosos são estimulados pelas atividades realizadas em conjunto, tornando-se mais ativos.[68]

Com a entrada em vigor da Lei n. 10.216 de 2001, depois de longa tramitação do projeto liderado pelo Deputado Paulo Delgado, merecem referências especiais as mudanças introduzidas no tratamento às *pessoas portadoras de transtornos mentais*. Comentando esta lei, Caio Mário da Silva Pereira observou que "o doente mental passou a ter direito ao melhor tratamento realizado com humanidade e respeito, tendo assegurado a proteção contra qualquer forma de exploração e o direito de receber informações a respeito de sua doença".[69]

65 NOVAES, Maria Helena Novaes. *Paradoxos Contemporâneos*. Rio de Janeiro: E-papers, 2008, p. 125.

66 NOVAES, Maria Helena Novaes. Op. cit., p. 127.

67 PEREIRA, Tânia da Silva; LEAL, Livia Teixeira. Op. cit., p. 431.

68 UOL. *Idosos e crianças trocam afetos em espaço que junta asilo e pré-escola*. Disponível em: <http://educacao.uol.com.br/noticias/2015/06/19/idosos-e-criancas-trocam-afetos-em-espaco-que-junta-asilo-e-pre-escola.htm#fotoNav=1>. Acesso em: 25 abr. 2016.

69 PEREIRA, Caio Mário da Silva. *Instituições de Direito Civil*. v. V (atualizado por Tânia da Silva Pereira). Rio de Janeiro: Forense, 2017, p. 603.

Assim, conforme estabelece o art. 2º, parágrafo único, II, da Lei n. 10.216/01, é direitoda pessoa portadora de transtorno mental "ser tratada com humanidade e respeito e no interesse exclusivo de beneficiar sua saúde, visando alcançar sua recuperação pela inserção na família, no trabalho e na comunidade".

O *Estatuto da Pessoa com Deficiência* (Lei n. 13.146/15),ao regulamentar a Convenção Internacional sobre os Direitos das Pessoas com Deficiência, internalizada pelo Brasil através do Decreto n. 6.949/09, garantiu a prioridade absoluta aos seus destinatários, e dentre outros, destacou o*direito ao respeito* no art. 8º, como dever do Estado, da sociedade e da família.

A*ratio legis* dos direitos específicos das pessoas com deficiência consiste em propiciar-lhes a proteção a seus bens mais fundamentais (vida, saúde, trabalho, previdência social, etc.), à sua autodeterminação (sexualidade, paternidade e maternidade) e à sua integração na sociedade (cultura, desporto, turismo, lazer,etc.).[70]

Alerte-se que a deficiência de qualquer tipo não implica na incapacidade para a prática dos atos da vida civil. Todavia, a pessoa com deficiência pode reclamar uma proteção diferenciada em determinadas situações, como estado de risco, emergência ou calamidade. Bem, por isso, é enquadrada, nessas situações, como vulnerável, merecendo atenção e tutela prioritárias, Além do atendimento prioritário, devem ter proteção compatível com o tipo de deficiência respectivo, garantindo a sua dignidade.[71]

Esclarece Nelson Rosenvald que, pelo modelo social de direitos humanos, o tratamento jurídico direcionado às pessoas com deficiência "não deve partir de um fundamento exclusivamente científico, porém preponderantemente social", na medida em que a "deficiência é um fenômeno complexo que não se limita a um atributo médico e individual da pessoa".[72]

O mencionado Estatuto, enfim, trouxe como princípios fundamentais a autonomia da pessoa com deficiência, a não-discriminação, a sua plena e efetiva participação e inclusão na sociedade, o respeito pela diferença, a igualdade de oportunidades e a acessibilidade (art. 3º da Convenção). O respeito envolve inclusive odireito de não ser obrigada a se submeter a intervenção clínica ou cirúrgica, a tratamento ou a institucionalização forçada (art. 11 do EPD), sendo seu consentimento prévio, livre e esclarecido indispensável para

70 FARIAS, Cristiano Chaves; CUNHA, Rogério Sanches; PINTO, Ronaldo Batista. *Estatuto da Pessoa com deficiência comentado.*Salvador: JusPodivm, 2016, p. 50.

71 FARIAS, Cristiano Chaves; CUNHA, Rogério Sanches; PINTO, Ronaldo Batista.Op. cit., p. 62.

72 ROSENVALD, Nelson "O modelo social de direitos humanos e a Convenção sobre os Direitos da Pessoa com Deficiência – o fundamento primordial da Lei nº 13.146/2015". In: MENEZES, Joyceane Bezerra de (org.). *Direito das pessoas com deficiência psíquica e intelectual nas relações privadas* – Convenção sobre os direitos da pessoa com deficiência e Lei Brasileira de Inclusão. Rio de Janeiro: Processo, 2016, p. 100.

a realização de qualquer tratamento, procedimento, hospitalização e pesquisa científica (art. 12 do EPD).

Enfim, a vulnerabilidade da pessoa humana exige análise mais profunda para que se possa proteger do melhor modo possível, todas as pessoas e necessariamente, de modo especial, aqueles que têm potencializada a vulnerabilidade, ou que já se encontram vulnerados.[73] Para os fins do Direito, se todas as pessoas são vulneráveis,é preciso estar atento a "situações substanciais específicas" para que seja dado o tratamento adequado a cada uma delas. Não basta, portanto, afirmar a vulnerabilidade que têm todas as pessoas humanas e que se encontram protegidas pela cláusula geral de tutela implícita na Constituição Federal. Recomenta Heloisa Helena Barboza: "é indispensável verificar as peculiaridades das diferentes situações de cada grupo, como se vem sendo feito com as crianças e os adolescentes, com os consumidores, com o idoso".[74]

Considerado o direito ao respeito como reflexo da tutela da dignidade humana e também como fundamento para a proteção de grupos especialmente vulneráveis, é possível compreendê-lo em diálogo com o dever de cuidado, já reconhecido pela Jurisprudência pátria. O estudo do *Cuidado* vinculado ao *Respeito* e à *garantia de direitos* é o grande desafio!

3. CUIDADO E RESPEITO

O ser humano, ao nascer, está desprovido de equipamentos para agir adequadamente; ele depende de alguém que cuide dele, ajudando-o a passar pelos perigos e temores. Abandonada a fase do agir instintivo, abre-se para ele a possibilidade de escolher caminhos.

Pensar e optar por diferentes linhas de ação leva-o a criar mecanismos de ação em face da natureza e perante os seres humanos. Consciente, então, de si próprio, ele reage aos comandos da natureza e do grupo social em que vive, o qual, também, significa segurança e proteção.

Através da História confrontam-se sentimentos de solidariedade e parceria que convivem com intolerância e agressões, conduzindo a humanidade, muitas vezes, às guerras e revoluções. Ao mesmo tempo, destacam-se atitudes de solidariedade e iniciativas de superação de conflitos.

A palavra "*cuidado*" deriva da palavra latina *cura*, que significa "*cuidado, atenção, interesse*". No mundo antigo, o cuidado era visto sob dupla perspectiva: ora como fardo, ora como solicitude. Entendia-se o cuidado como algo que oprime o homem, mas também como algo que o elevaria ao nível dos deuses.[75]

---

73 BARBOZA, Heloisa Helena. Op. cit., p. 109.

74 BARBOZA, Heloisa Helena. Op. cit. p. 111/112.

75 JUNGES, José Roque. "CUIDADO, Ética do: A palavra e o tema do cuidado". In: BARRETO, Vicente de Paulo (coord.).*Dicionário de Filosofia do Direito*. São Leopoldo: Unisinos; Rio de Janeiro: Renovar, 2009, p. 175.

Para o Cristianismo, o cuidado aparece como *cuidado das almas*, como *solicitude* e *preocupação pela experiência espiritual e cura interior do outro*. Contemporâneos de Cristo, os *Terapeutas* de Alexandria no Egito, na função de hermeneutas do Livro das Escrituras, buscavam, além das meras explicações analíticas, desvelar o sentido orientador dos eventos da existência. Antecipando a abordagem junguiana em dois milênios, os Terapeutas liam as Escrituras como textos do inconsciente.

Caberia aos Terapeutas *cuidar*,já que é a Natureza quem cura. Antes de tudo, cuidar do que não é doente em nós, do Ser, do Sopro que nos habita e inspira. Além de cuidar do corpo, templo do Espírito, cuidar do desejo, reorientando-o para o essencial; cuidar do imaginal, das grandes imagens arquetípicas que estruturam a nossa consciência e cuidar do outro, a serviço da comunidade, implicando o próprio centramento do Ser. O templo era também hospital e escola, um jardim para o cultivo o pleno florescimento do ser humano. "Os Terapeutas de Alexandria, ao mesmo tempo, sacerdotes, médicos, psicólogos e educadores, constituem para os pós-modernos, uma admirável referência histórica inspiradora de uma abordagem transdisciplinar holística, aplicada ao campo da saúde integral".[76]

Em 1988, o filósofo alemão Martin Heidegger passou a atribuir fundamentação antropológica ao cuidado, que se torna um *modo de ser*, abrindo a perspectiva para a constituição de uma ética do cuidado.[77] Na obra *Ser e Tempo,* o autor, a partir da "fábula de Higino", procurou identificar o *cuidado* como a condição do humano. "Não é um conceito ao lado dos outros, mas um ponto central do seu sistema filosófico".[78]

Em uma leitura interpretativa de Heidegger, Alexandre Costa esclarece que, na obra *Ser e Tempo,* "a questão do cuidado abre-se em associação a uma série de outros elementos ou características inevitáveis e consequentemente estruturais do ser humano. De fato, não há como isolar uma das outras, uma vez que parecem fazer sentido apenas em conjunto. Se todo ente é num mundo, o ente que possui caráter existencial, o ente humano, é num mundo, é temporalmente, e seu modo de ser e estar no mundo e no tempo é o cuidado. Ser-no-mundo e cuidado partilham, como características que lhes são próprias, a *continuidade* e a *totalidade*. Eis o momento que se tocam e se entrela-

76 Ao traduzir e interpretar os textos de Filon de Alexandria, coube a Jean-Yves Leloup, na obra Cuidar do Ser: Filon e os Terapeutas de Alexandria, editada pela Editora Vozes (Petrópolis, 2005), identificar os Terapeutas como filósofos, cuja sabedoria hermenêutica permite na pós-modernidade uma visão holística da realidade.

77 JUNGES, José Roque. Op. cit., p. 175/176.

78 BARRETO, Vicente de Paula (coord). *Dicionário de Filosofia de direito*. Rio de Janeiro: Renovar, São Leopoldo Editora Unisinos, 2006, p. 175.

çam. A relação que estabelecem entre si é de incorruptível copertinência".[79] Sempre se reportando à Heidegger, o autor conclui que "o cuidado é um fenômeno, um estado de *ânimo* que sempre nos acompanha e nos *anima*. É anterior a qualquer escolha que possamos fazer. Não é por isso uma atitude isolada que uma pessoa possa ter para consigo mesmo: todos, sem exceção e por todo tempo cuidamos".[80]

Analisando o pensamento de Heidegger, Zeferino Rocha salienta que o Cuidado, no que diz respeito às coisas que se encontram ao alcance do ser humano, manifesta-se em uma *ocupação*, enquanto que, no que se refere à relação do ser humano com os demais, adquire uma nova dimensão, traduzindo sobretudo uma *preocupação*. Assim, com os outros homens, "o homem não apenas se ocupa, mas se preocupa e, para eles, dirige sua atenção e deles cuida com dedicação e ternura".[81]

Para Carol Gilligan, a *Ética do cuidado* concentra-se mais na atitude ou caráter da pessoa do que no seu comportamento ou ato correto, insere-se mais no paradigma da virtude do que da norma. "O cuidado não é primeiramente uma característica da ação, mas um traço do caráter da pessoa que se interessa pelo ser em sua particularidade e fragilidade, situado numa teia de relações".[82]

Para Vera Regina Waldow, "o processo de cuidar representa o desenvolvimento de ações, atitudes e comportamentos com base em conhecimento científico, experiência, intuição e pensamento crítico realizados para e com o paciente/cliente/ser cuidado no sentido de promover, manter, e/ou recuperar sua dignidade e totalidade humanas. Essa dignidade e totalidade englobam o sentido de integridade e plenitude física, social, emocional, espiritual e intelectual nas fases do viver e do morrer e constitui, em última análise, um processo de transformação de ambos, cuidadora e ser cuidado".[83]Waldow explica ainda que "o cuidado se dá de duas formas: como uma questão de sobrevivência e como uma expressão de interesse e carinho. Na verdade, a primeira forma não deixa de incluir o ser, estar no mundo, a buscar sua identidade. A segunda forma em que o ser expressa interesse e carinho, ele o faz em relação a outro ser e passa a se relacionar com ele. Essas duas concepções abraçam as fundamentações filosóficas do cuidado".[84]

79 COSTA, Alexandre. "A Fabula de Higino em Ser e Tempo". In: MAIA, Marisa S. Chargel. *Por uma ética do cuidado*. Rio de Janeiro: Garamond, 2009, p. 37/38.

80 COSTA, Alexandre. Op. cit., p. 51.

81 ROCHA, Zeferino. Para uma clínica psicanalítica do cuidado. *Tempo psicanalítico*, Rio de Janeiro, v. 45.1, p. 453-471, 2013, p. 457.

82 GILLIGAN, Carol*apud* BARRETO, Vicente de Paula. Op. cit., p. 176.

83 WALDOW,Vera Regina [1].*O cuidado na saúde: as relações entre o eu, o outro e os cosmos*. Petrópolis: Vozes, 2004, p. 159.

84 WALDOW, Vera Regina [1]. Op. cit., p. 131.

Leonardo Boff,em obra editada em 2006, incluiu o *respeito* entre as "virtudes para um outro mundo possível", acrescentando também a *tolerância* e a *convivência*.Para o autor, "o *respeito* supõe reconhecer o outro em sua alteridade e perceber seu valor intrínseco. Tal atitude representa um desafio imenso para cada pessoa e para as sociedades.[85](...) O *respeito* implica reconhecer que os outros são mais velhos que nós e que, com mais razão, merecem existir e coexistir junto conosco. Respeitando-os, impomos limite à nossa autocentrarão e à nossa prepotência. Esse limite foi, lamentavelmente, quase sempre desrespeitado ao longo da história.[86](...) O *respeito* e a *veneração*, o *cuidado e a responsabilidade*, estão presentes, apesar das contradições, em todo processo de hominização. As culturas mais originárias, atestam a veneração face a majestade do universo e o respeito pela natureza e para com um dos seus representantes".[87]

Buscando subsídios emAlbert Schweitzer, Boff alerta para a *ética do respeito e do cuidado*, que une inteligência emocional, cordial e inteligência racional, num esforço de tornar a ética um caminho de salvaguarda de todas as coisas e de resgate do valor que elas possuem em si mesmas. "O maior inimigo desta ética é o embotamento da sensibilidade, a inconsciência e a ignorância que fazem perder de vista o dom da existência e a excelência da vida em todas as suas formas". (...) "O ser humano é chamado a ser o guardião de cada ser vivo. Ao realizar esta missão, ele alcança o grau maior de sua humanidade. E se sentirá pertencendo a um Todo maior, superando a falta de enraizamento e a solidão dos filhos da modernidade".[88] Conclui o autor: "existir é sempre co-existir, viver é sempre com-viver. Coexistir e conviver exigem, como primeira atitude, o respeito pelo outro enquanto outro, diferente de mim. É esta distância que permite a proximidade enriquecedora, a troca das complementaridades e também a relativização da própria posição".[89]

O indivíduo que cuida de seu pai ou de sua mãe estará mais preparado para receber os cuidados que necessitará no futuro. Aquele que deixa de prestar este cuidado pode sentir-se culpado e isso implicará em dificuldade na relação com seus próprios filhos. De cuidadores dos filhos, os pais, ao envelhecerem, passam a ser cuidados. Embora seja um processo paulatino, nos momentos de crise, se alteram de forma drástica; devido às dificuldades de se decidirem, os idosos perdem o poder de encontrar soluções para si próprios.

85 BOFF, Leonardo [1].*Virtudes para um outro mundo possível – II*.Petrópolis: Vozes, 2006, p. 54.

86 BOFF, Leonardo [1]. Op. cit., p. 56.

87 BOFF, Leonardo [1].Op. cit., p. 66.

88 BOFF, Leonardo [2].*Cuidar e respeitar o valor intrínseco de cada ser*, publicado em 18.10.2015. Disponível em:<https://leonardoboff.wordpress.com/2015/10/18/cuidar-e-respeitar-o-valor-intrinseco-de-cada-ser/>. Acesso em:17 abr. 2017.

89 BOFF, Leonardo [1]. Op. cit., p. 125.

Essa troca de papeis familiares impõe novos hábitos e rotinas e exige paciência e tolerância.

Na contemporaneidade, o *cuidado* permanece ligado à ideia de *solidariedade*, mas a sua concepção enquanto *fardo* é substituída pela noção de *responsabilidade*, na medida em que passa a gerar direitos e deveres não só no âmbito social, como também no universo jurídico.

O cuidado com os nossos recursos naturais e a consciência ecológica estão intimamente ligados e servem de alerta neste conturbado momento de mudanças. Enquanto todos os países estão repensando as suas usinas atômicas, prosseguimos na obsessão de construí-las. "Não precisamos mais de construção de usinas nucleares, hidroelétricas; necessitamos saber utiliza melhor as fontes de energia que já temos. O consumo consciente, economizando energia com pequenas atitudes, desde desligar alguns aparelhos, consumir menos para que não haja tanto desperdício dos nossos recursos naturais, é o passo para a sustentabilidade da vida no nosso planeta".[90]

Sempre oportuno lembrar da Carta Encíclica de 2015, "Cuidado com a casa comum", na qual o Papa Francisco propôs uma "ecologia integral", que incluísse claramente as dimensões humanas e sociais, indissoluvelmente ligadas com a questão ambiental. Propôs ainda que fosse empreendido em todos os níveis da vida social, econômica e política um diálogo honesto, que estruturasse processos de decisão transparentes.

Cuidar também significa respeitar, considerar as necessidades de cada indivíduo e tratá-lo em conformidade com suas particularidades. O respeito é o cuidado posto em prática na relação com o outro, ao considerá-lo como sujeito único e especial por suas diferenças.

4. CONCLUSÃO

O peixe descobre, por último, a água.

Questiona-se qual o significado do provérbio francês? Para os peixes a água é uma constante. É o seu habitat, ela os cerca. Eles estão tão imersos em sua presença que ignoram a sua existência – até que a água se torne poluída e desapareça. É imediata e dramática a constatação de que a água de qualidade é absolutamente essencial para seu bem-estar. Sem ela eles morrerão. De forma semelhante, nós seres humanos descobrimos a *confiança* por último. A *confiança* faz parte integral do tecido de nossa sociedade. Dependemos dela. Assumimos que ela sempre existirá, a menos que se torne poluída, ou seja, destruída. Então, repentinamente,acordamos para a dura realidade de que a

90 LIMAVERDE, Fátima. "Uma introdução ao conceito de consciência ecológica". In:*Dimensões do cuidar- uma visão integral* (Coord. Jean-Yves Leloup e Roberto Crema.).Petrópolis: Vozes, 2015, p. 118.

confiança pode ser tão vital para o nosso bem-estar quanto a água é para o peixe. Sem confiança a sociedade se fecha e, por fim se destrói.[91]

O Brasil e o mundo vivem, atualmente, uma grave *crise de confiança*. Pessoas, empresas e países não confiam uns nos outros e isso inibe o desenvolvimento de uma sociedade saudável em todos os níveis. Enquanto somos treinados para valorizar competências, a confiança exige o desenvolvimento de outro campo: a moral.Explicou SubramanianRandan: "precisamos treinar nossas escolhas para que sejam morais. Essa desconfiança generalizada que o mundo vive hoje reflete o nosso desapontamento. Decidimos com o cérebro, mas escolhemos com o coração. "Devemos integrar os dois". (...) "A confiança não pode ser comprada, ela é sempre fruto de uma construção e um desafio individual".[92]

Reina a desconfiança em múltiplas esferas, inclusive no que se refere ao emprego e às relações comerciais. Isso afeta duramente a nossa capacidade de inovação, vital para o desenvolvimento do país e o aumento de sua competitividade.

Um estudo denominado *Global Edelman TrustBarometer 2017*, realizado recentemente pela agência de comunicação *Edelman Significa*, aponta a maior queda já registrada na confiança da população sobre as principais instituições: empresas, governo, ONGs e mídia. No Brasil, 62% das pessoas que acreditam que o sistema como um todo falhou,[93] o que revela a importância de se reavivar o debate sobre o *Respeito*.

Paul J. Zak, diretor do Centro de Estudos de Neuroeconomia (*Center for NeuroeconomicStudies*), ressalta a importância de se construir uma cultura de confiança para o bom desempenho de uma organização e para um relacionamento saudável no ambiente de trabalho.[94] Não apenas sob o aspecto empresarial, o estabelecimento de uma relação de confiança entre os indivíduos proporciona uma atmosfera favorável para a convivência humana como um todo e para a constituição e manutenção de vínculos.

Falar *de cuidado e direito ao respeito* em meio a tantas perplexidades não é uma utopia. Lembra Sergio Abrantes, buscando subsídios em Boaventura de

---

91 COVEY, Stephen M.R. *The speedoftrust: theonethingthatchangeeverything* ou *O poder da confiança: o elemento que faz toda a diferença*(tradução de Tom Venetianer). Rio de Janeiro: Elsevier, 2008, p. 279.

92 MACIEL, Daniela. "Brasil atravessa crise de confiança". Matéria publicada em 05.08.2016 no *Diário do Comércio*, sobre palestra do Professor SubranianRandanna Fundação Dom Cabral em Belo Horizonte.

93 EDELMAN SIGNIFICA. *Edelman TrustBarometer 2017 aponta crise generalizada nas instituições no Brasil*. Disponível em: <http://www.edelman.com/trust2017/>. Acesso em: 03 mai. 2017.

94 ZAK, Paul J. The Neuroscience of Trust. *Harvard Business Review*, jan/fev 2017. Disponível em: <https://hbr.org/2017/01/the-neuroscience-of-trust?sf53886485=1>. Acesso em: 03 mai. 2017.

Souza Santos, que "esse é o horário de utopias realistas"(...)"A utopia pode indicar novos caminhos e ajudar a promover mudanças"[95](...)"Uma utopia realista não pode se realizar como um ideal longínquo. O realismo a limita a tempo presente. Uma utopia para o presente seria, talvez, a mais compatível com a grande transição".(...) "Os realistas rejeitam essas fantasias. (...)"Baseados nas reais potencialidades da humanidade, o que nós precisamos é de ideais utópicos, destinações utópicas que tenham pontos pragmaticamente acessíveis, desenhos utópicos de instituições que podem orientar as tarefas práticas de nos virarmos em um mundo em que as condições para mudança social são imperfeitas. Nas grandes transições talvez tenhamos mesmo que recorrer a utopias realizáveis para resgatar a capacidade de sonhar mais livremente".[96]

O *direito ao respeito*, previsto e garantido por meio de instrumentos normativos internacionais e nacionais, constitui importante mecanismo de tutela de vulnerabilidades e, em última análise, da própria dignidade da pessoa humana. A partir do reconhecimento da necessidade de um tratamento diferenciado a grupos especialmente vulneráveis, é possível estabelecer uma efetiva consideração em relação ao outro, considerado em sua singularidade.

Em todos os tempos, o respeito constituiu o meio imprescindível que fez realizável a convivência entre os seres humanos. Respeitar para ser respeitado: eis uma expressão que, por ser axiomática, se explica por si mesma. Quando os homens de maior responsabilidade, por exemplo os estadistas e demais figuras do governo, fazem desse respeito um culto e põem nisso sua mais fervorosa e sincera fé, instituindo-se em exemplos, atraem a simpatia e a adesão plena de seus povos e até mesmo do mundo.[97]

Neste contexto, há que se identificar a essência do *cuidado* afirmada por Vera Regina Waldow: "o ser humano precisa cuidar de outro ser humano para realizar a sua humanidade, para crescer no sentido ético do termo. Da mesma maneira, precisa ser cuidado para atingir sua plenitude, para que possa superar obstáculos e dificuldades da vida humana".[98]

O desenvolvimento doutrinário do *cuidado* como subprincípio da dignidade humana faz com que ele adquira importante função hermenêutica, de integração e complementação das normas jurídicas, quando as previsões

---

95 ABRANTES, Sergio (reportando-se a Erik Olin Wright).*A era do imprevisto: a grande transição do Século XXI*. São Paulo: Companhia das Letras, 2017, p. 51.

96 ABRANTES, Sergio. Op. cit., p.49/50.

97 O respeito, fator essencial da paz. *Trechos extraídos da Coletânea da Revista Logosofia*, tomo 1, p. 175.Disponível em: <http://www.logosofia.org.br/artigos/o-respeito-fator-essencial-da-paz/204.aspx>. Acesso em: 29 jan. 2017.

98 WALDOW, Vera Regina [2]. *Cuidar: expressão humanizadora da enfermagem*. Petrópolis: Vozes, 2006, p.10.

legais não sejam suficientes para atender de forma plena às peculiaridades dos casos concretos.

Novas diretrizes são necessárias para seimplantar relações de confiança que reflitam não só desafios alcançáveis como objetivos concretos que permitam construir conexões sociais responsáveis e cooperativas.

Construir uma relação de confiança, seja na família, seja nas organizações, impõe etapas próprias de conquistas, as quais, algumas vezes violadas, exigem rever posições e oportunidades para se recuperar a confiança ou estendê-la, se a situação permitir. Cuidado e Respeito são significativos valores nas etapas de conquistas ou no retorno da confiança.

A PRESTAÇÃO DE ALIMENTOS COMO FORMA DE RESPEITO E COMPROMISSO

Tatiana Rocha Seixas[1]

Rodrigo Cardoso Fernandes[2]

O fundamento para a estipulação da obrigação alimentar vai muito além do poder familiar, ou das relações de parentesco, ou seja, vem, não de uma simples previsão de lei infraconstitucional, mas sim da necessidade de obedecemos às diretrizes básicas fixadas na Constituição da República Federativa do Brasil – CRFB.

O legislador pátrio trouxe como princípios fundamentais, dentre outros, o da Cidadania e o da Dignidade Humana, respectivamente nos incisos II e III do art. 1º da Carta Magna. Afirmou nos incisos do art. 3º que são objetivos fundamentais da nossa República a construção de uma Sociedade livre, justa e SOLIDÁRIA (inciso I).

É claro que a regulamentação do dever de alimentos era essencial, até em observância a regra constitucional do art. 5º, II, que estabelece a necessidade de previsão legal para obrigar alguém a ser forçado a fazer ou deixar de fazer algo, mas, entender que os Alimentos e sua regulamentação devem sempre ampliar sua abrangência, e ponderar os seus conflitos com fulcro na visão que Alimentos (e os direitos que eles visam garantir) estão ligados à vida, e a forma como ela se desenvolverá, livre de situações degradantes ou desumanas, é fundamental.

Considerando nossa história e nossos costumes, e o espírito de nossa CRFB (e de nosso povo, quando esta foi promulgada), não restam dúvidas da importância do tema em nossa sociedade uma vez que a prisão civil por dívida, apesar de excepcionalíssima, tinha como um dos motivos para tal restri-

1 Bacharel em Direito. Especialista em Direito Especial da Criança e do Adolescente. Professora do Curso de Pós-graduação de Direito Especial da Criança e do Adolescente da Universidade do Estado do Rio de Janeiro (UERJ). Funcionária Pública do Tribunal de Justiça do Estado do Rio de Janeiro. Membro do IBDFAM.

2 Advogado. Professor Convidado do Curso de Pós-graduação de Direito Especial da Criança e do Adolescente da Universidade do Estado do Rio de Janeiro (UERJ). Professor Titular de Prática Processual Civil da Universidade Candido Mendes – Campus Tijuca. Professor da Pós-Graduação de Direito Imobiliário da Universidade Candido Mendes – Campus Jacarepaguá. Advogado responsável pelo setor Cível do Escritório Modelo – FUCAM, do Campus Tijuca da Universidade Candido Mendes (2011/2014).

ção de liberdade o débito alimentar, prevista em nossa CRFB -art. 5º LXVII, destacando que o outro motivo vinha, há muito tempo, sendo ponderado pela jurisprudência até a sua proibição (vide ementa 419 da súmula do STJ[3] e RE 466.343/SP[4] – julgado em 2009), hodiernamente indiscutível, face a edição da súmula vinculante 25 (DJe nº 238 de 23/12/2009, p. 1.DOU de 23/12/2009, p. 1.).[5]

O banimento da prisão civil do depositário infiel decorreu do entendimento firmado pelo STF que o Brasil ao tornar-se signatário do Pacto de San José da Costa Rica, a Convenção Americana Sobre Direitos Humanos de 1969,[6] ratificando-o em 1992, sem qualquer reserva, através do Decreto 678/92,[7] aquiesceu, tacitamente, não com a revogação da parte final do inciso LXVII, mas sim, com a perda de sua aplicabilidade por conta do efeito paralisante dos tratados internacionais de Direitos Humanos, considerando o seu caráter supralegal, já que referendado antes da EC45.

Urge destacar que o art. 7º (nº 7) do Pacto de San José,[8] que serviu para a perda da eficácia das normas infraconstitucionais que previam a prisão civil por dívida, ressaltou que a prisão por débito alimentar, nos países que a adotam, não era limitada pela aquela norma.

Ou seja, no sistema internacional de Direitos Humanos, o direito a mantença digna ou mesmo à subsistência é mais importante que o direito a liberdade do devedor injusto.

Porém, antes de avançarmos para a análise de julgados sobre o tema Alimentos, precisamos fixar a noção do que estaria englobado neles, ou seja, o valor repassado mensalmente deve ser suficiente para fazer frente, em tese, a que despesas?

Primeiro não podemos esquecer que a adequação do valor a ser pago ou da obrigação de pagar diretamente determinadas despesas, em que pese deva custear, além da alimentação propriamente dita outras despesas igualmente fundamentais a sobrevivência do alimentado, está sempre condicionada ao Binômio Necessidade-Possibilidade.

---

3 Disponível em: <https://ww2.stj.jus.br/docs_internet/revista/eletronica/stj-revista-sumulas-2014_40_capSumula419.pdf>. Acesso em: 08 jun. 2017.

4 Disponível em: <http://www.stf.jus.br/imprensa/pdf/re466343.pdf>. Acesso em: 08 jun. 2017.

5 É ilícita a prisão civil de depositário infiel, qualquer que seja a modalidade de depósito.

6 Disponível em: <http://www.pge.sp.gov.br/centrodeestudos/bibliotecavirtual/instrumentos/sanjose.htm>. Acesso em: 08 jun. 2017.

7 Disponível em: <http://www.planalto.gov.br/ccivil_03/decreto/d0678.htm>. Acesso em: 08 jun. 2017.

8 Artigo 7º – Direito à liberdade pessoal: 7. Ninguém deve ser detido por dívidas. Este princípio não limita os mandados de autoridade judiciária competente expedidos em virtude de inadimplemento de obrigação alimentar.

Nossa Constituição prevê, no art. 227, que é garantido às crianças, aos adolescentes e aos Jovens, além do direito à vida, como um direito maior e que só é plenamente atendido com o preenchimento dos demais elencados no artigo, ou seja, é o direito intangível de todo Cidadão, o direito "à saúde, à alimentação, à educação, ao lazer, à profissionalização, à cultura".

Embora igualmente importantes, até porque, como os supracitados no parágrafo anterior, os demais direitos elencados no artigo estão muito mais ligados ao Cuidado, que é o objeto da obra, do que às condições financeiras, deixamos de analisá-los neste momento, optando por determos naqueles que auxiliam a compreensão do que constituirá o norte para a apreciação da necessidade como parte do Binômio analisado.

Mas o legislador, tendo como o norte o Cuidado com os mais frágeis e vulneráveis, mesmo que não incluindo a palavra, mas sempre usando o seu significado como base, ainda na regra constitucional tratou de fixar obrigações recíprocas entre ascendentes e descendentes no art. 229, mas não deixou de tratar, mesmo que indiretamente, de na falta destes, seja pela impossibilidade financeira ou pela sua inexistência, do compartilhamento desta obrigação, assim como fez com os mais jovens, com a família, a sociedade e o Estado.

Numa sociedade que pretende dizer-se contemporânea aos avanços do mundo moderno, o cuidado com o próximo deve ser o seu paradigma, assim, nada justificaria que pensássemos em valor dos alimentos como algo pueril, que se limitasse ao necessário para matar a fome.

Nada mais justo, ressalvados casos excepcionalíssimos (parágrafo único do art. 1704), que os alimentos compreendam bem mais do que o necessário para a sobrevivência, tentando fixá-lo, sempre que possível em um valor que garanta uma vida digna, compreendendo o necessário para a mantença da sua moradia, saúde, alimentação, vestuário, cultura, lazer, e tudo mais que seja "compatível com sua condição social",[9] sem que iguais direitos sejam retirados do alimentante e dos seus demais familiares.

Muito embora, diversas vezes, a realidade não permita que o valor fixado para a Obrigação Alimentar seja efetivo para proporcionar o custeio das necessidades do alimentando, temos que a fixação do valor deva buscar, no mínimo, atender às "necessidades vitais básicas" elencadas no inciso IV do art. 7º da CRFB,[10] já que mais amplo que o rol do art. 6º, sempre considerando a condição social dos envolvidos.

---

9 Código Civil – Art. 1.694. Podem os parentes, os cônjuges ou companheiros pedir uns aos outros os alimentos de que necessitem para **viver de modo compatível com a sua condição social**, inclusive para atender às necessidades de sua educação (grifo aditado).

10 CRFB – art. 7º – IV – salário mínimo, fixado em lei, nacionalmente unificado, capaz de atender a suas necessidades vitais básicas e às de sua família com moradia, alimentação, educação, saúde, lazer, vestuário, higiene, transporte e previdência social, com reajustes periódicos que lhe preservem o poder aquisitivo, sendo vedada sua vinculação para qualquer fim

Para melhor ilustrar a presença do Cuidado como um conceito jurídico presente e fundamental na Obrigação Alimentar, citamos a lição de Arnoldo Wald,[11] segundo a qual esta"é uma manifestação de solidariedade econômica que existe em vida entre os membros de um mesmo grupo, substituindo a solidariedade política de outrora. É um dever mútuo e recíproco entre descendentes e ascendentes e entre irmãos, em virtude do qual os que têm recursos devem fornecer alimentos, em natureza ou dinheiro, para sustento dos parentes que não tenham bens, não podendo prover pelo seu trabalho a própria mantença".

É certo que esta "solidariedade' econômica" que substituiu a "solidariedade política" é decorrente de previsão legal na CRFB, e disciplinada por normas infraconstitucionais, p.ex. Código Civil, Estatuto do Idoso, Estatuto da Pessoa com Deficiência, etc., e decorre, mesmo que, também, pela a incapacidade de um Estado onipotente e onisciente, da evolução da sociedade, que passou a ter o conceito de cuidado como próximo como algo fundamental e mais próximo, agindo, ou sendo chamada a agir, sempre que possível, deixando para o Estado somente os casos em que aquele núcleo próximo (família ou a coletividade) não consiga atuar.

Uma vez fixada a obrigação constitucional de mútuo amparo, passou ao legislador ordinário a tarefa de detalhar as situações onde este dever seria imposto e de que forma, sempre com a observância do dever de cuidado.

Assim, o legislador, ao elaborar o novo código Civil de 2002, Lei n. 10.406/02, tratou especificadamente do assunto nos arts. 1694 a 1710 (devemos citar, sobre este tema, a previsão do art. 1566, III e IV); muito embora o amplo espectro do art. 1694 já possibilitasse o pedido de pensão àqueles que se encontrem, no que convencionou-se chamar de terceira idade, ao elaborar o Estatuto do Idoso, Lei n. 10.741/2003, reservou os arts. 11 a 14 (destacando relevância dos arts. 12 e 13) para tratar do assunto.[12]

Voltando ao Código Civil, e olhando para um relativamente novo tipo de entidade familiar, em que pese o legislador tenha reservado um título para tratar da união estável como uma entidade familiar, e tomado o cuidado de dizer isto no art. 1723, bem como de estender as garantias e obrigações do art. 1556 aos companheiros através do disposto no art. 1724 do mesmo código, muito antes, em 1994, com a edição da Lei n. 8.971, os companheiros já pos-

11 Disponível em: <http://www.direitonet.com.br/artigos/exibir/1699/Os-alimentos-no-Estatuto-do-Idoso>. Acesso em: 08 jun. 2017.

12 Art. 11. Os alimentos serão prestados ao idoso na forma da lei civil.
Art. 12. A obrigação alimentar ésolidária, podendo o idoso optar entre os prestadores.
Art. 13. As transações relativas a alimentos poderão ser celebradas perante o Promotor de Justiça ou Defensor Público, que as referendará, e passarão a ter efeito de título executivo extrajudicial nos termos da lei processual civil.
Art. 14.Se o idoso ou seus familiares não possuírem condições econômicas de prover o seu sustento, impõe-se ao Poder Público esse provimento, no âmbito da assistência social.

suíam algum tipo de equiparação com os cônjuges, assim como já possuíam direito ao pedido de alimentos, na forma do art. 2º, II, da Lei n. 8.9278/1996.

Outra prova da correção do sustentado no início deste artigo, que "os Alimentos e sua regulamentação devem sempre ampliar sua abrangência, e ponderar os seus conflitos com fulcro na visão que Alimentos (e os direitos que eles visam garantir) estão ligados à vida, e a forma como ela se desenvolverá" é a edição da Lei n. 11.804/2008, que fixou os alimentos em favor do nascituro e de sua mãe, visando uma gestação segura, e ampliou o rol de despesas ou atos cobertos por este pensionamento, pois considerou despesas (ou eventos) específicos desta condição.

Cremos que até aqui, fazendo uma análise de nossa legislação alcançamos o objetivo inicial de relacionar a Obrigação Alimentar como forma de Cuidado com o próximo, como uma obrigação derivada do Respeito que devemos manter e do Compromisso que assumimos com pessoas, voluntariamente ou não, mas que, desde cedo, devemos ter consciência de sua existência.

Porém, principalmente pelo anteriormente defendido neste artigo, é importante comparar algumas decisões Judiciais sobre o tema alimentos,[13] e destacar alguns elementos importantíssimos, seja pela sua novidade, seja pela ampliação de um conceito, ou pela fixação de um importante paradigma, mas sempre observando o Valor Jurídico do Cuidado como norteador das mesmas.

Mas, antes de iniciar a análise das decisões optamos por trazer à baila a ementa 358 da Súmula do Superior Tribunal de Justiça – STJ, por entender, principalmente pela fundamentação para a sua criação, que não só pela observância dos princípios da Ampla Defesa e do Contraditório, mas pelo dever de Cuidado com outrem, justamente pelo Respeito que este alimentando merece e pelo Compromisso existente entre as partes, é que entendeu, mesmo que invertendo a obrigação de provar a necessidade da continuidade do pensionamento, que este mantém-se não mais pelo Poder Familiar, mas pela relação de parentesco.[14]

---

13 Todas as decisões analisadas constam dos boletins do IBDFAM.

14 Agravo regimental. Civil. Família. Exoneração de alimentos. Maioridade. Universitário. Extinçãoautomática. Impossibilidade. Julgamento *extra petita*. Ausência de prequestionamento. Incidência da Súmula n. 7. – No caso de rejeição de embargos de declaração sem o saneamento de omissão ou contradição apontada, cabe ao recorrente alegar ofensa ao art. 535 do CPC, pedindo a anulação do julgado e o exame da questão necessária ao deslinde da controvérsia. – O STJ já proclamou que o advento da maioridade extingue o pátrio poder, mas não revoga, automaticamente, o dever de prestar alimentos, que passam a ser devidos por efeito da relação de parentesco.- A teor dessa orientação, antes de extinguir o encargo de alimentar, deve-se possibilitar ao alimentado demonstrar, nos mesmos autos, que continua a necessitar de alimentos. – A pretensão de simples reexame de prova não enseja recurso especial. (Agravo Regimental no Agravo de Intsrumento n. 655.104-SP). Esta decisão é citada como um dos precedentes para a edição da Ementa 358.

Assim posicionou-se o STJ em sua súmula:

> O cancelamento de pensão alimentícia de filho que atingiu a maioridade está sujeito à decisão judicial, mediante contraditório, ainda que nos próprios autos.

Mas, por que dizer que vai além do respeito ao princípio do Contraditório, citado na ementa?

Fácil, se considerarmos a sistemática processual vigente à época da edição da súmula e a atual, veríamos que os princípios da duração justa do processo, da celeridade e economia processual justificariam muito melhor a posição. Ora se o entendimento é que se deixa de dever alimentos por conta do término do exercício do Poder Familiar e passa-se a devê-lo por conta do parentesco, e neste caso o alimentando deve provar ainda necessitar do "benefício", a regra processual vigente (tanto antes quanto agora) indica que ele deveria ter ajuizado nova demanda pedindo a conversão da obrigação.

Veremos claramente em julgados que tratam do tema que o Poder Judiciário unissonamente entende que o alimentando tem que, ao contestar o pedido, requerer a manutenção e provar que necessita do pensionamento e que não pode se auto sustentar.

Então, notamos que a edição da Ementa considerou a manutenção do *status quo* até decisão final era mais compatível com os fundamentos do dever de prestar alimentos do que determinar que o alimentado buscasse preventivamente o Poder Judiciário para requerer a manutenção do Compromisso, sob nova fundamentação legal, mantendo o Respeito ao direito à vida digna do mesmo.

O ideal seria que este Respeito e Compromisso fossem voluntariamente observados pelos alimentantes, mas diversos motivos, e devem ser pessoal e individualmente analisados podem levar esta obrigação a ser discutida em juízo.

Sobre o tema vejamos uma decisão da Comarca de Rio Grande/RS, proferida nos autos do Processo n. 0419058-55.2016.8.21.7000, de 28/06/2017, da lavra da Ilma. Sra. Desembargadora Sandra Brisolara Medeiros da Sétima Câmara Cível daquele Tribunal:

> Apelação cível e recurso adesivo. 1. Revisão de alimentos. filho maior de idade. Alegada incapacidade financeira do alimentante para arcar com o encargo no valor originariamente fixado. Alteração do binômio necessidade/possibilidade não comprovada. advento de nova prole. sinais exteriores de riqueza. descabimento da redução dosalimentos. 2. Impugnação ao benefício da gratuidade judiciária. Alegação de carência financeira não demonstrada. Hipótese em que os gastos demonstrados pelo beneficiário não condizem com a alegação de incapacidade financeira. 1. O implemento da maioridade

> pelo alimentando, por si só, não dá causa à extinção ou redução da obrigação alimentar, porquanto permanece, em relação aos genitores, o dever de solidariedade em relação ao filho.2. A revisão de alimentos somente se justifica quando comprovada alteração do binômio necessidade/possibilidade. A obrigação deve ser fixada na proporção das necessidades do reclamante e dos recursos da pessoa obrigada, o que significa dizer, por outras palavras, que os alimentos devem ser fixados observando-se o binômio necessidade-possibilidade, visando à satisfação das necessidades básicas dos filhos sem onerar, excessivamente, os genitores. 3. A comprovação do advento de nova prole, por si só, não afasta o dever de manter os alimentos no patamar atéentão adimplido se há sinais de que o alimentante não teve redução das suas possibilidades com o nascimento do novo filho.4. O conjunto probatório conduz à conclusão de capacidade financeira do autor, cuja remuneração média é superior àquela demonstrada nos autos, considerando os sinais exteriores de que seus rendimentos ultrapassam aqueles constantes dos comprovantes de rendimentos. Apelação desprovida. Recurso adesivo provido. (TJRS, 7ª CC, Apelação Cível n. 70072088644, Rel. Des. Sandra Brisolara Medeiros, julg. 28.06.2017).

Encontramos na decisão acima um exemplo do que ocorre no dia a dia do Judiciário, constituição de nova família, normalmente com o aumento da prole e o filho do relacionamento anterior atingindo a maioridade.

É comum, no dia a dia fora dos tribunais, a ideia de que se casou de novo e teve novo(s) filhos aquele da união anterior, automaticamente deva ter seu pensionamento reduzido, e se "ficou maior" tem que se sustentar.

Vemos nas razões lançadas no voto deste julgado que deve sempre ser buscada a isonomia e proporcionalidade entre os filhos, mas comumente é esquecido que aquele "novo filho" além do parente que paga pensão, tem outro que deve dividir esta tarefa (de criar e sustentar o "novo filho").

Ainda com relação ao pensionamento dos filhos, outra questão que deve ser ponderada é que este não é pago só até o término do Poder Familiar, e sim até que se consiga terminar a criação, ou seja até a efetiva entrega de todos os meios para que aquele indivíduo possa passar a se manter com suas próprias forças, daí ser comum falarem "nas ruas" que se fizer faculdade a pensão continua até "se formar ou completar 24 anos".

Indiscutivelmente, ao alcançar a maioridade a fundamentação legal para a manutenção do benefício é outra, como já dito e será reiterado em outros julgados deixa-se de ter a obrigação decorrente do poder familiar e passa-se a, comprovada a continuidade da necessidade dos Alimentos, dever prestá-los com base na relação de parentesco, mas fundado, ainda, na relação de filiação existente (regra geral).

Assim, a necessidade de quem pede a manutenção destes alimentos continua baseada na necessidade de solidificação do seu aprendizado e de sua evolução como Cidadão, ou seja, não seria a simples falta de emprego, que justificaria que o filho maior que não demonstre estar tentando qualquer capacitação para um melhor ingresso no mercado de trabalho, ou ainda, ao menos, buscando oportunidades, que autorizaria a manutenção da obrigação alimentar.

Na decisão enunciada, o filho comprova que está estudando medicina e que com isto não dispõe de tempo para trabalhar, necessitando uma dedicação exclusiva.

Porém, nos comprometemos neste artigo a analisar os Alimentos com base no Compromisso e Respeito inerentes nesta obrigação, demonstrando que o Valor Jurídico do Cuidado está intrinsecamente ligado a ele.

Para tanto passaremos a analisar outro julgado, de 06/06/2017, agora do Tribunal de Justiça de Santa Catarina, originalmente tramitando na Comarca de Curitibanos – Processo n. 0303582-98.2015.8.24.0022, cujo órgão julgador, em segunda instância, foi a Quinta Câmara de Direito Civil, tendo como relator o Des. Luiz Cézar Medeiros que, ao enfrentar a alegação do Pai (autor na ação de exoneração de alimentos, e apelante no Tribunal) de que o Filho maior (réu na ação e apelado no recurso ao Tribunal), ainda estava no primeiro ano do segundo grau, estando muito atrasado e que só se mantinha "matriculado" para receber os alimentos, assim asseverou em seu voto:

> É fato que existem situações bem claras de procrastinação nos estudos com o intuito de se manter na posição cômoda de alimentando. Contudo, parece não ser o caso. Se assim fosse, nada impediria o apelado de prestar concurso vestibular e se manter estudando. O direito de receber alimentos o assistiria da mesma forma que o assiste hoje. **Por isso, há a possibilidade de que o atraso nos estudos do apelado tenha se dado principalmente pela falta de efetivo acompanhamento da vida do filho por parte dos pais, o que, sugere-se, seja revisto por ambos.** (Grifo aditado)

Note-se que, ao contrário do caso anterior, neste o filho não está cursando uma faculdade, pelo contrário, está há no mínimo dois anos de ingressar num curso superior, mas analisando os fatos postos nos autos assim como toda prova carreada, se não firmou certeza, passou a considerar fortemente que a falta de interesse/Cuidado com a educação e até com a vida do filho causou o seu atraso.

Neste ponto devemos pensar no título do artigo, pois propomos que seja vista "A Prestação de Alimentos como forma de Respeito e Compromisso", ou seja, apesar de termos falado muito de "valor da obrigação", parâmetros para a sua adequação, esta não se limita a pagar um valor.

Nas leis mencionadas, como não poderia deixar de ser, ao disciplinar uma obrigação pecuniária tratou-se de apontar quem deve pagar, quem pode pedir, quando, para que, mas a intenção, como buscamos demonstrar logo no início do trabalho, não é simplesmente pagar, promover meios de "alcançar algo", mas entender que a Alma desta "obrigação Legal" não se resume ao pagamento, pois, p.ex. o art. 1566, IV, além do sustento trata de prever a obrigação de Educar, e de tê-los sob sua guarda (vigilância, atenção, cuidado).[15]

Se voltarmos para a CRFB veremos que os artigos 227, 229 e 230, preveem obrigações muito mais profundas que o simples custeio de despesas, e algumas daquelas garantias sequer dependem de pensionamento, vide o direito de participação na comunidade garantido ao idoso (art. 230), o direito à dignidade, ao respeito, e a convivência familiar , dentre outros, garantidos aos menores (art. 227), bem como o dever dos pais de criarem os filhos menores, e dos filhos ampararem os pais na velhice (art. 229).

Por exemplo, podemos ter uma situação onde o Estado ampare financeiramente um indivíduo, um idoso sem aposentadoria ou uma pessoa mais jovem que tem alguma doença incapacitante. Seria pago para esta pessoa um Benefício de Prestação Continuada (BPC),[16] previsto na Lei Orgânica da Assistência Social (LOAS – Lei n. 8.742/93),[17] mas isto não bastaria para conservarmos os direitos fundamentais, a Família e a Sociedade continuariam "obrigadas" a preservar os direitos imateriais daquele indivíduo.

Usemos como base o caso a seguir, o Processo n. 0056408-81.2012.8.26.0554, originário da Comarca de Santo André, cuja a apelação fora julgada pela Sexta Câmara de Direito Privado do Tribunal de Justiça de São Paulo, sendo relator o Desembargador Eduardo Sá Pinto Sandeville, e a notícia do Acórdão circulou em 27/06/2017.

Tratava-se de um pedido de interdição de um homem cego, em decorrência de diabete mellitus, pugnado pela esposa do requerido sob o fundamento de que ele estaria incapaz e que o INSS impôs como condição, para o pagamento do BPC da LOAS, a curatela do mesmo.

Ou seja, para que o suposto plenamente incapaz mantivesse o direito ao benefício legalmente previsto seria necessária a completa retirada de sua individualidade, o que já foi uma realidade antes da entrada em vigor do

15 Dentre tantos significados possíveis escolhemos esta pelo fato de exprimir o resultado mais próximo da essência que queríamos passar: p.ex. 1. princípio vital; vida.Disponível em: <https://www.google.com.br/search?q=ESPIRITO+significado&rlz=1C5CHFA_enBR704BR704&oq=ESPIRITO+significado&aqs=chrome..69i57.10470j0j7&sourceid=chrome&ie=UTF-8#dobs=alma>. Acesso em: 20 jun. 2017.

16 Disponível em: <http://www.previdencia.gov.br/servicos-ao-cidadao/todos-os-servicos/beneficio-assistencial-bpc-loas/>. Acesso em: 20 jun. 2017.

17 Disponível em: <http://www.planalto.gov.br/ccivil_03/leis/L8742compilado.htm>. Acesso em: 20 jun. 2017.

Estatuto da Pessoa com Deficiência, Lei n. 13.146/2015, mas, como resultado da evolução de nossa sociedade, o olhar e o cuidado com as pessoas com deficiência precisava mudar.

Entender que a pessoa que ficou cega deva receber um benefício pecuniário do Estado, corresponde ao pensamento da Sociedade atual, mas, por conta da impossibilidade de enxergar retirar dele a capacidade de se exprimir, de decidir o que prefere, isto não pode corresponder a um pensamento da sociedade nos dias de hoje.

Note-se, como foi registrado na decisão em contento, que a exigência do INSS apresentada como fundamento para a interdição total, desde a entrada do Estatuto enunciado, está proibida, pois, através do seu art. 101, incluiu o art. 110-A, na Lei n. 8.213/91 (Lei de Benefícios da Previdência Social).

Abaixo trazemos a ementa do julgado, e, em seguida, trecho destacado no boletim do IBDFAM para análise e melhor compreensão do aduzido.

> Curatela Interditando cego, em decorrência de diabete mellitus. Ausência de incapacidade permanente ou transitória que afete a manifestação da vontade. Laudo pericial que aponta pelo discernimento do periciando. Caso em que não se verifica incapacidade relativa, o que desautoriza o estabelecimento de curatela. Limitação de direitos da pessoa sobre sua própria gestão que, com a introdução das alterações realizadas pelo Estatuto da Pessoa com Deficiência, se tornou medida excepcionalíssima. Termo de curatela de beneficiário com deficiência que não mais pode ser exigido pelo INSS Art. 110-A, da Lei no 8.213/91. Hipótese em que outros meios jurídicos, como o mandato ou tomada de decisão apoiada, se mostram mais adequados Sentença mantida. Recurso improvido. (TJSP, 6ªCâmara de Direito Privado, Apelação Cível n. 0056408-81.2012.8.26.0554, Rel Des. Eduardo Sá Pinto Sandeville, julg. 02.06.2016)

Agora, passemos a leitura do trecho do voto em destaque.

> Como ensinam os já citados autores Cristiano Chaves de Farias e Nelson Rosenvald, "as pessoas com deficiência não podem ser reputadas incapazes em razão, apenas, de sua debilidade. **É que naótica civil- constitucional, especialmente à luz da dignidade humana (CF, art. 1o, III) e da igualdade substancial (CF, arts. 3o e 5o), as pessoas com deficiência dispõem dos mesmos direitos e garantias fundamentais que qualquer outra pessoa,** inexistindo motivo plausível para negar-lhes ou restringir-lhes a capacidade. **E, muito pelo contrário, reclamam proteção diferenciada, de modo a que se lhes garanta plena acessibilidade,**

> **como, aliás, bem previsto na legislação específica.** [...] exclusivamente se não puder externar os seus desejos, a pessoa com deficiência pode ser considerada incapaz relativamente" (op.cit,[18] pág. 910). (Grifos aditados)

Considerando que o tema deste artigo trata de Respeito, e com foco nos dois princípios enunciados no trecho em destaque do voto, faremos uma breve análise em outra decisão, que para proteger o direito à inclusão e os interesses de uma pessoa com deficiência negou sua transferencia de um colégio convencional para um especializado no atendimento de pessoa com deficiência.

O Acórdão sob análise foi proferido nos autos do Agravo de Instrumento n. 1.0024.16.071072-9/001, decidido pela Terceira Câmara Cível do Tribunal de Justiça do Estado de Minas Gerais, e teve como relator o Des. Amauri Pinto Ferreira, julgado em 27/04/2017 (DO de 07/06/2017), e, por unanimidade, negou provimento ao Recurso.

Este Recurso fora manejado para o enfrentamento da Decisão do Juízo Singular da Vara Cível da Infância e Juventude da Comarca de Belo Horizonte/MG, que indeferiu o pedido de Tutela, que requeria a transferencia ainda no início da lide.

Trazemos para análise o trecho em destaque no Boletim do IBDFAM.

> (...) a convivência do Agravante com os demais alunos e sua integração no sistema regular de ensino têm contribuído significativamente com seu desenvolvimento e com sua integração social. **Aliás, modernamente, promover a integração dos deficientes à comunidade é mesmo um objetivo que vem sendo perseguido com afinco pelo Estado**, por meio de ações administrativas e também pela adequação do ordenamento jurídico a este fim. **Nesse contexto, a normatização das matérias que envolvem direitos dos deficientes é cada vez mais inclusiva e não segregadora, como era no passado.**"(Grifos aditados)

Em ambos os trechos destacados vemos que o Ilmo. Desembargador Amauri P. Ferreira aborda que atualmente a forma de cuidar das as pessoas com deficiência evoluiu, passou a ser inclusiva, sendo-lhe dedicada mais atenção no meio da sociedade ao invés de segregá-los para dar mais atenção.

Em que pese o atual estágio de evolução do pensamento de nossa Sociedade, refletido em leis mais modernas, inclusivas e com o foco no Cuidado com as pessoas, ainda temos, nesta mesma sociedade pensamen-

18 FARIAS, Cristiano Chaves de;ROSENVALD, Nelson.*Curso de Direito Civil*: Famílias. V. 6. 8. ed.Salvador: JusPodivm, 2016.

tos retrógrados e tabus, que mesmo sendo isolados, ou perpetrados por uma minoria, nos fazem ver a necessidade da evolução das leis com um viés de Cuidado e Respeito.

Ao relatar o REsp 1.431.888 – SP, o Sr. Ministro Ricardo Villas Bôas Cueva, integrando a Terceira Turma, destacou que o Pai, autor de ação de exoneração de alimentos, com pedido Julgado improcedente argumentou, dentre outras coisas, que seu filho maior era saudável por que realizava "todas as atividades que quaisquer rapazes de sua idade e status sócio-econômico, **inclusive a prática de masturbação**" (e-STJ fl. 470)". (grifo aditado)

> O genitor, irresignado, interpôs apelação, aduzindo a plena capacidade do filho. Afirma que se efetivamente fosse acometido por esquizofrenia, o que, a seu ver, não é o caso, como demonstra a períciamédica de fls. 283290, o trabalho deveria ser incentivado por ser primordial para a melhora dos sintomas e a integração na vida social e econômica. Sustenta, ainda, que o apelado é absolutamente normal, pois "realizatodas as atividades que quaisquer rapazes de sua idade e status sócio-econômico, inclusive a prática de masturbação" (e-STJ fl. 470). Assim, reputa incabível o pensionamento alimentar, porquanto "cessadas suas necessidades vez que é maior, capaz e apto para o trabalho" (e-STJ fl. 471)."

Como sua apelação obteve sucesso, sendo provida pelo Tribunal de origem, o processo com argumentação tão vergonhosa chegou a uma das mais altas cortes do País.

Claro que tal assertiva restou desimportante no resto do voto, merecendo destaque parte da conclusão pelo reestabelecimento da Obrigação, que usou como fundamento parte da sentença de primeira instância.

> A sentença de improcedência da ação exoneratória de obrigação alimentar (fls. 449-456 e-STJ) na qual restou assentada, à luz das provas documentais e testemunhais, a incapacidade civil do recorrente e a necessidade de manutenção da obrigação alimentar decorrente de acordo celebrado entre as partes (e-STJ fls. 14-15) merece ser reestabelecida integralmente, restando oportuno transcrever a seguinte conclusão do juízo de primeira instância.

Passando a analisar a prestação de alimentos entre Cônjuges ou Companheiros, temos o Acórdão da Apelação Cível n. 0025251-06.2011.8.02.0001, que teve como relator o Sr. Des. Fernando Tourinho de Omena Souza, da Primeira Câmara Cível do Tribunal de Justiça do Estado de Alagoas, e que, por unanimidade, deu provimento ao recurso de apelação, e reformou a Sentença da 24ª Vara Cível da Capital daquele Estado.

Para um melhor desenvolvimento da análise pretendida, deixaremos de analisar a parte eminentemente processual, detendo-nos aos relativos ao Direito Material. Assim, deixaremos de transcrever parte da ementa, que acabou ficando extensa, para mantermos o foco no tema.

> Apelação cível. Direito de família. Alimentos entre ex-cônjuges. Ausência de comprovação da alteração das condições que determinaram anteriormente a fixação dos alimentos em favor da apelada. Manutenção do dever de alimentar. Subsistência da necessidade dos alimentos.1 – tratando de alimentos entre **ex-cônjuges ou conviventes**, como é a hipótese em julgamento, a **obrigação se origina do dever de mútua assistência**, o qual, mesmo na hipótese de rompimento do vínculo existente anteriormente, não desobriga um dos cônjuges de prestar auxílio ao outro, desde que comprovadas as suas necessidades. 2 – (...). 3 – (...). 4 – **arealidade narrada nos presentes autos revela, de fato, a necessidade de a apelante receber um auxílio por parte de seu ex- marido**, haja vista a sua idade avançada (à época da propositura da ação, estava com 54 anos de idade, o que faz presumir hoje estar com 59 anos), o que sobremaneira reflete na dificuldade de inserção do mercado de trabalho. 5 – **na faixa etária da apelada, sabe-se ser extremamente difícil a integração ao mercado de trabalho, pois as condições físicas ePsicológicas** da pessoa com essas características **coloca-a em condições de desigualdade com os demais candidatos** a um emprego, ainda mais quando nunca exerceu atividade laboral anterior, afora os afazeres domésticos, presumindo-se que tal se deu por conveniência e concordância do casal e em prol da família. 6 – outrossim, sob a ótica de **quem teria o dever de prestar alimentos** – o apelado –, é de se ressaltar que, por ocasião da apresentação de sua defesa, **não apontou ele um fato concreto capaz de evidenciar que o fornecimento dos alimentos, no montante pretendido, lhe causaria algum tipo de dificuldade para si ou para seu sustento.** (Grifos aditados)

Vemos que neste caso, conforme os trechos em destaque ressaltam, que analisada a possibilidade jurídica do pedido, o preenchimento do Binômio Necessidade/Possibilidade, e verificada a Adequação do valor pretendido, os Desembargadores optaram por restabelecer a decisão que fixou os alimentos provisórios em 25% dos vencimentos do Alimentante, que havia sido revista na Sentença, quando fixou os alimentos definitivos em 12% da renda daquele.

Importante destacar que a decisão de majorar considerou minúcias do caso posto, pois não basta a possibilidade de pagar, há que se apurar a necessidade e em que grau, ou seja quanto é o necessário para a mantença digna com base na situação sociocultural e condições específicas do alimentando, ou seja, o elemento Adequação.

Usaremos outra decisão para melhor exemplificar esta necessidade de análise minuciosa das condições das partes, pois em recente Acórdão da Terceira Turma do STJ, com relatoria da Ilma. Ministra Nancy Andrighi, de 28 de março de 2017 (publicado em 22/05/2017), quando julgaram o REsp.1.642.323 – MG – Processo original n. 0041691-35.2013.8.13.0637-, a questão posta era um pedido de exoneração de pensão de filho que alcançou a maioridade e passou a auferir renda.

Urge informar, para contextualização sobre os fatos do processo, que se tratava de filho que alcançou a maioridade, mas é incapaz, e que passou a receber o BPC previsto na LOAS.

> CÍVEL. PROCESSUAL CIVIL. RECURSO ESPECIAL. EXONERAÇÃO DE ALIMENTOS. POSSIBILIDADE. MAIORIDADE CIVIL. DOENÇA MENTAL. RECEBIMENTO DE BENEFÍCIO ASSISTENCIAL.I. O advento da maioridade não extingue, de forma automática, o direito à percepção de alimentos, mas esses deixam de ser devidos em face do Poder Familiar e passam a ter fundamento nas relações de parentesco, em que se exige a prova da necessidade do alimentado.II. No entanto, quando se trata de filho com doença mental incapacitante, a necessidade do alimentado se presume, e deve ser suprida nos mesmo moldes dos alimentos prestados em razão do Poder Familiar.III. Mesmo que haja variações positivas nos rendimentos do alimentado – in casu, recebimento de Benefício de Prestação Continuada – se o valor auferido não é suficiente para o suprimento das necessidades básicas de filho com doença mental, mantém-se a obrigação alimentar. IV. Recurso especial provido. Acórdão reformado.

Porém, no caso em tela, devemos destacar importante lição constante do voto da Sra. Ministra, quando analisa que, por vezes, na fixação do valor da Prestação Alimentar, este não é suficiente para fazer frente a todas as necessidades do alimentando, mas é o máximo suportado pelo Alimentante, e assim, não pode ultrapassar aquele limite (no caso *sub judice* a pensão alimentícia, que se pretendia rever, fora estipulada no equivalente a 30% do salário mínimo).

Tece importantes ensinamentos sobre a fixação dos alimentos, mas aborda esta realidade do nosso cotidiano, e termina por afirmar que se não houve perda da capacidade de quem paga, e se o que era pago anteriormente, mesmo sendo o limite do Alimentante, não era suficiente para satisfazer a necessidade do Alimentando, esta "variação positiva" não pode ser considerada para reduzir e nem mesmo excluir a obrigação, pois o que houve foi uma melhora sem que isto signifique perda da necessidade de receber os Alimentos.

Vejamos a exposição dos fatos e sua análise doutrinária.

> 02. O argumento central constante tanto do acórdão, quanto da sentença que o precedeu para exonerar o genitor do pagamento de pensão alimentícia, foi o fato de o recorrido passar a receber benefício de prestação continuada (BPC), garantido pela Lei Orgânica da Assistência Social (LOAS – Lei 8.74293) à pessoa com deficiência de qualquer idade com impedimentos de natureza física, mental, intelectual ou sensorial de longo prazo, fato que teria alterado o binômio necessidadepossibilidade, no seu primeiro elemento, e tido como suficiente para a exoneração." 03- [...] "convém inicialmente se fixar que a obrigação alimentar relativa a filho maior, porém incapaz, embora migre, tecnicamente, dos alimentos devidos em face do Poder Familiar para alimentos devidos por vínculo de parentesco, não importa em significativa alteração quanto à abrangência desses alimentos." "04- Essa assertiva decorre, entre outras regulações, do quanto preconizado no art. 8o da Lei 13.1462015 (Estatuto da Pessoa com Deficiência), que fixa a obrigação da família de assegurar à pessoa com deficiência que não possa prover o próprio sustento, a efetivação de toda a gama de direitos relativos a seu bem estar pessoal, social e econômico." "05- Sob esse foco, ao se destrinçar a operação lógica usualmente efetuada na fixação dos alimentos para, é de se ver que o julgador, diante do pedido formulado por um possível alimentado, não se volta inicialmente para a capacidade do alimentante, mas procura encontrar, diante da análise dos elementos que dispõe e do que vislumbra ser as necessidades do alimentado, o ideal dos alimentos ad necessitatem." [...] "07- Apenas quando ultrapassada essa análise preambular, passa-se a laborar sobre a possibilidade de adequar a realidade conceitual descortinada, às condições financeiras do alimentante." "08. Voltando os olhos, então, para a capacidade econômica do alimentante, verifica se ele tem condições de suprir o ideal para o sustento do alimentando." "09. Em caso afirmativo, fixa-se os alimentos com o valor correspondente ao dos alimentos ad necessitatem, inicialmente apurados." "10. Deparando-se o julgador, contudo, com situação contrária, onde o valor percebido pelo alimentante não é suficiente para o pagamento do quantum ideal, será este valor (dos alimentos) glosado, até torná-lo factível com a realidade do alimentante.

Avançando no raciocínio, passa, a ilustre Ministra, ainda analisando teoricamente os elementos para a alteração na Obrigação Alimentar, a começar o cotejo com fatos presentes nos autos.

> 11. Exsurge, dessa visão conceitual do processo de fixação dos alimentos, que possível aumento na fortuna do alimentante somente estará associada a um aumento nos alimentos se, inicialmente, o alimentante não houver satisfeito o ideal de necessidade da sua prole.12. Na mesma toada, porém em mão inversa, possível aumento na renda do alimentado somente importará em redução, ou exoneração dos alimentos, se ela suprir o ideal de necessidade daquele alimentado.13. Cotejando essa teóricafórmula de fixação de alimentos com as bases fáticas construídas na origem, nos diz as máximas da experiência, que os gastos teóricos necessários para a manutenção do bem estar de filho que tenha grave comprometimento mental, usualmente ultrapassam, em muito, a capacidade financeira dos seus genitores, razão pela qual, nessas circunstâncias, fixa-se o valor dos alimentos, não pela necessidade do alimentado, mas pela possibilidade do alimentante.14. Nesse contexto, o Benefício de Prestação Continuada (BPV) recebido pelo recorrente, que equivale a um salário mínimo, por óbvio lhe agregou significativa qualidade de vida, mormente por se considerar a situação de penúria absoluta que deveria existir antes da sua percepção.

Passando a parte final do voto encerrando suas considerações, pondera que, mesmo que o total do valor mensal do Filho (BPC + Pensão) ultrapasse o valor mensal que restará a disposição do Alimentante, isto não é suficiente para a exoneração ou mesmo redução de sua obrigação, até porque (e mesmo sem citar o trinômio Proporcionalidade/Necessidade/Possibilidade) há, para a mãe, evidente sobrecarga com os cuidados da prole comum.

> Nesse cenário, embora seja veraz que a soma dos valores percebidos pelo recorrente hoje, ultrapassam o quanto dispõe o próprio alimentante para a sua mantença, a singularidade do comprometimento mental do filho-alimentado, da qual decorre a sua avultada necessidade de suprimento material e o ululante descompasso entre o baixo comprometimento paterno e a sobrecarga materna nos cuidados com a prole comum, impõem ao, menos, a manutenção da prestação de alimentos, tal qual previamente se fixara.

CONCLUSÃO

Buscou-seneste trabalho apresentar a Prestação Alimentar como mais do que um dever de pagar as despesas de outrem, seja decorrente do exercício do poder familiar, seja pela relação de parentesco ou afinidade. Nosso intuito era apresentá-la como uma ação de solidariedade, demonstrado que, mesmo sendo uma obrigação legal, e desta forma imposta a todos, ela está alinhada com os princípios fundamentais de nossa Constituição.

Neste contesto a análise das decisões desempenhou papel fundamental, pois possibilitou a comprovação de que o olhar sobre este tipo de relação não é com o foco no enriquecimento do alimentando, e sim com a busca de viabilizá-lo uma vida mais digna possível.

Podemos observar que sempre que havia o choque de interesses, os julgadores buscaram resolvê-lo com base no Binômio Necessidade/Possibilidade, sem o desamparo do Alimentando, mas sem o sacrifício do Alimentante.

Esta mesma análise possibilitou destacar que a Prestação de Alimentos é mais um dos elementos do Cuidado com o próximo, mas não é a única obrigação prevista na lei. O prestador dos alimentos tem deveres muito maiores, e tão importantes quanto prover a sobrevivência digna do Alimentando. Deve, p.ex., acompanhar e auxiliar emocionalmente no crescimento e desenvolvimento do filho, como ressaltado num dos julgados analisados, visto que, muitas vezes, mesmo com a prestação dos Alimentos, a falta de amparo, acompanhamento, ou mesmo interesse, acaba tendo um efeito tão nocivo quanto o desamparo material.

Esta visão é o que fundamenta o título do artigo, ou seja, a Prestação Alimentar deve vir como forma de demonstrar o respeito e compromisso do Alimentante para com o Alimentado. O Ideal seria que este tipo de relação, embora permaneça sob a tutela do Estado (mesmo no caso do art. 13 do Estatuto do Idoso, Lei n. 10.741/2003), só chegasse ao Poder Público para homologação e verificação do cumprimento integral da lei.

É necessário que os próprios Operadores do Direito envolvidos, na esteia da "nova"ordem processual civil, atuem pró-ativamente para evitar o litígio, para a busca da composição extrajudicialmente, tomando a frente junto ao seu mandante para encontrar o ponto de equilíbrio.

O Cuidado com próximo não é só uma diretriz, mas sim,o ponto de partida, o fio condutor de nossos atos, o paradigma nas relações, e quando falamos em fornecer os meios para a vida digna de quem conta conosco no início ou final de sua caminhada, devemos ter uma postura de Respeito com aquela pessoa e cumprir nossa obrigação, não como algo imposto pela lei, mas com o Compromisso de fazê-lo seguindo os parâmetros legais como o mínimo.

Este livro foi impresso nas oficinas gráficas da Editora Vozes Ltda.,
Rua Frei Luís, 100 – Petrópolis, RJ.